소프트웨어 빌드 시스템
원리와 활용

소프트웨어 빌드 시스템
원리와 활용

피터 스미스 지음
김선일 · 권오범 · 윤창석 · 정승원 옮김

i!i
에이콘

그레이스와 스탠에게 바침

추천의 글

이 책은 소프트웨어 빌드 시스템의 선택과 각 빌드 시스템의 장점, 그리고 잘 디자인된 빌드 시스템을 구성하기 위해 해결해야 할 문제에 대해 완전하고도 포괄적인 방법을 보여준다. 효율적인 소프트웨어 개발 과정에서 잘 디자인된 빌드 시스템은 중요한 역할을 한다. 소프트웨어 빌드 엔지니어뿐만 아니라 모든 소프트웨어 개발자에게 이 책을 추천하고 싶다.

– **캐빈 보디**(Kevin Bodie) / 피트니 보우스(Pitney Bowes) 소프트웨어 개발 이사

이 책은 소프트웨어 개발 프로젝트에서 중요하지만, 종종 소홀해지기 쉬운 빌드 시스템을 훌륭하고 상세하게 설명한다. 빌드 시스템의 생산성에 관한 논의만으로도 이 책을 읽을 만한 충분한 가치가 있다.

– **존 팬톤**(John M. Pantone) /
오브젝테크 사(Objectech Corporation) IT 교육자 겸 코스 개발자

피터 스미스Peter Smith는 여러 종류의 소프트웨어 빌드 도구에 관한 수년간의 경험을 바탕으로 소프트웨어 빌드 시스템을 흥미롭고 이해하기 쉽게 설명한다. 이 책은 훌륭히 구성되고 잘 쓰였을 뿐만 아니라 포괄적인 내용을 담고 있다. 빌드 시스템 담당자 모두에게 이 책을 추천하고 싶다.

– **제프 오버베이**(Jeff Overbey) / 포트란(Photran) 프로젝트 공동 리더

이 책은 소프트웨어 빌드에 관해 어떻게 생각해야 하는지를 가르쳐 준다. 저자 피터 스미스는 소프트웨어를 빌드하기 위한 도구와 기술을 조사했으며, 무엇이 잘못된 방법인지를 조사했다. 빌드 시스템 초보자는 물론 숙련된 빌드 엔지니어에게도 도움이 될 책이다.

– **몬테 다비도프**(Monte Davidoff) /
얼루비얼 소프트웨어(Alluvial Software) 소프트웨어 개발 컨설턴트

피터 스미스 Peter Smith

캐나다 밴쿠버에 있는 아라피키 솔루션Arapiki Solutions(www.arapiki.com)의 프리랜서 컨설턴트다. 1998년 브리티시 컬럼비아 대학University of British Columbia에서 컴파일러와 프로그래밍 언어 디자인에 관해 박사학위를 취득했으며, 수년 동안 학부 학생들을 위해 컴파일러 디자인과 프로그래밍 언어 디자인, 소프트웨어 공학, 컴퓨터 네트워크를 강의했다. 또한 3년 동안 OOPSLAObject-Oriented Programming, Systems, Languages & Application 컨퍼런스 위원회의 일원으로 활동했다. 주로 통신 관련 산업에서 소프트웨어 엔지니어, 프로젝트 매니저, 툴 지원 팀의 매니저로 활동했다. 최근에는 고객의 생산성 향상을 위한 신규 소프트웨어 도구의 개발이나 적용에 관련된 컨설팅 업무를 하고 있다.

감사의 글

내 아내 그레이스Grace에게 매우 고맙게 생각한다. 그녀의 도움이 없었다면 이 책은 완성될 수 없었을 것이다. 매일 저녁과 주말을 작업실의 키보드 앞에서 보내야 했지만, 그녀는 내 평생 소원 중 하나인 이 책의 집필을 이해해줬고 그녀의 인내심과 지원이 이 모든 것을 가능하게 해줬다. 그리고 나의 애견인 스탠에게도 고맙게 생각한다. 그 녀석은 가끔은 내 무릎이나 키보드 위에 앉는 것보다 바닥에 앉는 것이 더 옳은 선택이라는 것을 알았다.

부모님 샐리와 스미시에게, 그들의 식탁에서 이 책의 몇 챕터를 쓸 수 있게 허락해 주신 것을 매우 감사히 생각한다. 또한 수년 동안 문법과 맞춤법을 교정해준 것에 감사한다. 부모님이 아니었다면 이 정도 분량의 책을 쓰기는 쉽지 않았을 것이다.

이 책을 집필하고 편집하는 데 도움을 준 피어슨 에듀케이션의 레이나 크로바크Raina Chrokbak, 크리스 잔Chris Zahn, 크리스 구지코우스키Chris Guzikowski에 감사의 말을 전하고 싶다. 그리고 실무자와 빌드 전문가로서 피드백을 해준 리뷰어인 몬테 다비도프Monte Davidoff, 제프리 오버베이Jeffrey Overbey, j.T 콘클린j.T.Conklin, 캐빈 보디Kevin Bodie, 브래드 애플턴Brad Appleton, 존 팬톤John Pantone, 우스만 무지파르Usman Muzaffar에게도 감사의 말을 전하고 싶다.

다음으로 지속적인 재계약으로 이 책을 집필하는 데 충분한 시간을 제공해준 캐빈 치크Kevin Cheek와 밥 맥라렌Bob McLaren 등 에릭슨 사람들에게 고마움을 전하고 싶다. 또한 이 책을 집필하는 데 빌드 시스템에 관한 많은 경험과 지식을 전해준 친구들과 동료에게 고마움을 전하고 싶다. 그들의 경험이 이 책을 통해 바르게 전달되기를 희망한다.

마지막으로, 빌드 도구를 디자인하고 만든 사람들에게 고마움을 표시하고 싶다. 대부분의 소프트웨어 프로젝트는 빌드 도구를 사용하고, 아주 중요한 부분을 차지하지만 합당한 대우를 받지 못하는 경우가 종종 있다.

김선일 suninno@gmail.com

일본 야마카타대학에서 컴퓨터 공학을 전공한 후 동경대학에서 전자정보학 석사과정을 졸업했다. 그후 삼성테크윈㈜에서 서버 및 플랫폼 개발 업무에 종사했으며, NHN㈜에서 LINE 게임 플랫폼 일에 종사했다. 현재 LG전자㈜ CTO 부문 소프트웨어 역량 강화 센터에서 소프트웨어 개발에 필요한 방법론과 개발 툴킷, SW 인프라 구축에 매진 중이다. 관심 분야는 네트워크 프로토콜, 개발 툴킷, 대형 플랫폼 개발과 운영이며, 머리가 복잡할 때에는 양재천을 달리거나 첼로 연주를 한다.

권오범 okwon78@gmail.com

플로리다 주립대학University of Florda에서 컴퓨터 공학과 석사학위를 받았고, 삼성테크윈을 거쳐 현재는 NHN㈜ 엔터테인먼트에서 모바일 게임을 위한 UDP 기반 네트워크 엔진 및 프레임워크를 개발 중이다. 초급 개발자를 벗어나기 위해 열심히 공부 중이고, 사랑스런 아내와 두 아들과 함께 살고 있는 행복한 개발자다.

윤창석 yoondu@gmail.com

포항공과대학교 컴퓨터공학과 학사과정을 마쳤고, 졸업에 앞서 알티캐스트에서 IPTV 미들웨어를 개발했다. 졸업 후 삼성테크윈㈜ 선행기술연구소에서 참조 아키텍처 구축과 플랫폼 개발 업무를 수행했다. 현재 다음커뮤니케이션에서 행복한 개발자 라이프를 즐기고 있다. 관심 분야는 확장 가능한 웹 아키텍처의 구축과 소프트웨어 제품 라인이다.

정승원 csw1988@gmail.com

고려대학교 정보공학과 및 동 대학원에서 네트워크를 전공했으며, 미국 플로리다 주립대학 전자 및 컴퓨터 공학에서 석사 및 박사과정을 졸업 후 현재 삼성 테크윈㈜ R&D 센터에서 통합 통제 SW 시스템 개발에 종사 중이다.

옮긴이의 말

유닉스 계열 시스템에서 C/C++를 개발한 적이 있다면 한 번쯤 Makefile을 접해 봤을 것이다. 이때, 시간에 쫓긴 채 소스 파일 간의 종속성이나 구조에 크게 신경 쓰지 않고 Makefile을 작성한 기억도 있을 것이다. 하지만 시스템 규모가 점점 커지고 복잡해지면 빌드 작업은 서서히 느려지고, 최적화를 위해 무엇을 해야 하는지 갈피를 잡지 못할 때가 있으며, 개발 일정에 쫓기다 보니 방치하는 경우도 허다하다. 이 책은 이런 개발자들을 위한 책이라 할 수 있다.

이 책은 소프트웨어 빌드 시스템에 관한 기본적인 개념뿐만 아니라 고급 주제, 더 나아가 소프트웨어 패키징과 설치, 버전 관리 등을 다루고 있어, 개발자, 빌드 담당자를 아울러 소프트웨어에 직간접적으로 관련된 이들에게 귀중한 정보를 제공한다. 또한 빌드 도구로는 널리 사용되는 GNU Make, Ant, SCons, CMake가 소개돼 친숙하다. 특히 C/C++와 자바, C# 소스 파일을 예제로 사용함으로써 많은 이에게 이해도를 높여준다. 뿐만 아니라 다양한 빌드 도구의 사용법과 장단점을 다루고 있어, 빌드 도구 선택에도 많은 도움이 되리라 믿는다.

여러분의 동료와 상사가 빌드 시스템 구축에 관심이 없다면 이 책의 일독을 권하라. 그리고 빌드 시스템 구축의 중요성을 공감 받고, 구축 시간을 확보 받아라. 이미 IT 선진업체에서는 빌드 시스템과 더불어 테스트 자동화를 바탕으로 품질을 확보 중이기 때문이다. 이는 더 이상 간과할 수 있는 일이 아니다. 실례로 NHN에서는 nForge를 바탕으로 빌드에서 테스트, 릴리스까지 관리한다. LG전자 역시 빌드 자동화를 통해 소프트웨어 품질을 확보하고 있으며, 고도한 테스트 자동화를 점차 구현해 가고 있다.

책을 옮기면서 한국어를 매끄럽게 하려고 많은 노력을 기울였다(예를 들면, dependency graph를 의존성 그래프로 할지 종속성 그래프로 할지를 이 글을 쓰면서도 아직 고민 중이다^^;). 번역이 매끄럽지 못한 점이 있더라도 너그러이 용서해주길 바란다.

마지막으로, 이 책을 통해 우리나라의 많은 소프트웨어 개발자들이 빌드 시스템을 구축할 때 조금이나마 도움이 됐으면 좋겠다. 더 나아가 세계 최고의 소프트웨어 인재와 회사가 많이 배출되는 데 이 책이 일조했으면 하는 바람이다.

이 책을 번역하는 동안 몇 가지 대형 서비스 프로젝트를 맡다 보니 번역에 매진할 시간이 없어 새벽잠을 줄이면서 번역을 했던 기억이 난다. 서울, 동경, 파리, 심지어 비행기 안에서도 번역했던 기억이 서늘하다.

바쁜 일정 가운데 번역에 같이 참여한 권오범, 윤창석, 정승원 님에게 이 글을 빌어 감사의 뜻을 전한다.

대표 역자 **김선일**

양재의 어느 한적한 곳에서

목차

2부 _ 빌드 도구 153

✻4부 _ 확장 *563*

이 책을 읽고 있는 여러분은 빌드 시스템에 관심이 있는 개발자라고 생각한다. 하지만 대다수 소프트웨어 개발자는 자신의 프로그램이 어떻게 컴파일되는지 관심이 없다. 그저 단순히 버튼을 눌러 소스코드가 실행 파일로 만들어지기를 원하는 것이 일반적이다. 또한 소스코드가 변경되면 같은 버튼을 눌러 단순히 컴파일을 수행할 뿐이다. 이런 개발자의 즐거움은 흥미로운 프로그램을 만들고 실행시키는 데 있다. 그리고 빌드 시스템은 그저 백그라운드에 당연히 있어야 할 시스템 중 하나라고 생각한다.

아주 적은 양의 소스코드가 아니라면 자동화된 빌드 시스템이 필요하다. 이런 빌드 시스템은 각 소스코드 변경 후 실행시키는 셸 스크립트이거나, 소스코드와 오브젝트 파일 사이의 관계를 명시한 makefile, 또는 수천 개의 소스 파일을 관리할 수 있는 더욱 복잡한 빌드 프레임워크일 수도 있다.

여러분이 유닉스나 윈도우 커맨드라인 환경에서 개발 중이라면 컴파일을 위한 명령은 다음과 유사할 것이다.

```
cc -o sorter main.c sort.c files.c tree.c merge.c
```

위 컴파일 명령에서 `sorter`라는 하나의 실행 파일을 만들기 위해 다섯 개의 C 언어 파일들이 컴파일되고 링크된다. 통합 개발 환경IDE, Integrated Development Environment에서 개발하는 사람들에게는 익숙하지 않을 수 있지만, 통합 개발 환경에서 프로젝트를 생성하고 다섯 개의 소스코드를 작성한 후 빌드 버튼을 통해 컴파일하는 과정과 기본적으로 동일하다.

좀 더 개발을 진행하면 이 명령을 셸 스크립트에 저장하고 코드를 수정할 때마다 셸 스크립트를 통해 컴파일하거나, 커맨드라인 히스토리에서 이전 명령을 불러와 컴파일을 수행하게 된다.

Make에 대한 기본적인 지식이 있다면 makefile을 만들고 빌드가 필요할 때 커맨드라인에서 `make` 명령을 통해 빌드를 수행할 수 있다. Make의 장점은 마지막 컴파일 이후로 소스코드 변경이 됐을 때만 컴파일을 수행한다는 점이다.

```
sorter: main.c sort.c files.c tree.c merge.c
        cc -o sorter main.c sort.c files.c tree.c merge.c
```

Make에 대한 기본 지식이 있다면 위와 같이 makefile을 만드는 방법이 좋지 않다는 사실을 이미 눈치 챘으리라 생각한다. 첫 번째 실수는 종속성 관계와 컴파일 명령을 위해 소스 파일명을 두 번씩 나열한 점이다. 두 번째 실수는 소스코드가 모두 수정되지 않아도 빌드 때마다 모두 다시 빌드된다는 점이다. 마지막으로 헤더 파일에 있는 종속성 관계를 명시하지 않았다는 점이다.

위 예제를 개선하는 방법은, 소스 파일별로 컴파일 단계를 나눠 개별적으로 컴파일하게 만든다. 그리고 헤더 파일의 사용을 추적하기 위한 종속성 파일(확장자 .d)을 추가시킨다. 추가적인 자세한 내용에 들어가기 전에 최종 makefile을 살펴보자. 필요한 내용을 모두 확인할 수 있다.

```
SOURCES = main.c sort.c files.c tree.c merge.c

OBJECTS = $(SOURCES:.c=.o)

sorter: $(OBJECTS)
        $(CC) -o $@ $^
-include $(SOURCES:.c=.d)

%.d: %.c
      @$(CC) -MM $(CPPFLAGS) $< | sed 's#\(.*\)\.o: #\1.o
➥\1.d: #g' > $@
```

반복을 최대한 줄여 작업량을 최소화한 makefile이다. 이런 식으로 쉽게 할 수 있다.

여러분이 빌드 시스템에 익숙하지 않은 개발자라면 위 예제를 완전히 이해하기는 쉽지 않을 것이다. 반면 숙련된 Make 전문가라면 전체 구문을 이해할 뿐만 아니라 위 예제보다 더 좋은 방법을 제안할 수도 있다. 하지만 빌드 버튼에 익숙한 대다수는 정확한 첫 makefile을 만들기 위해 많은 시간과 노력을 투자해야 할 것이다.

빌드 시스템을 구현하고 유지 관리하는 일은 결코 쉽지 않다. 잘못 설계된 빌드 시스템에서 컴파일돼야 하는 파일이 컴파일되지 않으면 개발자는 많은 시간을 허비하게 된다. 예를 들면 수천 개의 코드로 구성된 개발 환경에서 유사한 문제에 직면하면 단순히 클린 빌드clean build만이 프로그램을 정상적으로 컴파일하는 유일한 문제 해결 방법이라는 점을 알아차리는 데에만 반나절 이상 걸린다. 이는 빌드 버튼에만 익숙한 개발자에게 흔히 벌어지는 일이다.

✲ 빌드 시스템이 복잡해지는 이유

그래픽 유저 인터페이스가 일반화된 요즘, 빌드 시스템 역시 사용하기 쉬워졌을 것이라고 기대했다면 빌드 시스템의 유지 관리가 쉽지 않고 복잡하다는 점에서 놀랐으리라 생각한다. 그리고 안타까운 일이지만 많은 개발자는 빌드 시스템을 마치 마술처럼 생각한다. 일부 빌드 전문가만 빌드 도구의 전체 구문과 종속성 관계에서의 미묘한 차이를 이해한다. 통합 개발 환경이 개발자가 빌드 시스템을 쉽게 사용하도록 돕고는 있지만, 아직 복잡한 대형 빌드 시스템을 지원하지 못한다.

대부분의 소프트웨어 제품은 적은 수의 소스코드 파일로 시작하게 되는데, 이 경우 Make 사용자 매뉴얼에서 makefile 템플릿을 복사해 간단한 수정만으로 사용한다. 그리고 이렇게 만든 makefile은 충분히 효율적으로 사용된다. 하지만 빌드 시스템을 관리하지 않고 소스 파일과 라이브러리만 추가해 가면서 몇 달 동안 개발했다고 가정해보자.

시간이 조금 지나면 빌드 시스템에 문제가 발생하기 시작한다. 당연히 컴파일돼야 하는 파일이 컴파일되지 않거나, 종속 관계에 있는 어떤 파일도 변경되지 않았음에도 컴파일이 수행된다. 또 다른 경우는, 단일 빌드 과정에서 여러 번 컴파일되는 파일이 발생해 빌드 시간을 지연시키는 경우다. 결국 개발자는 매번 모든 오브젝트 파일을 삭제한 후 컴파일을 수행하는 클린 빌드를 수행하고, 한 번의 컴파일을 위해 파일을 수정하게 된다. 그리고 이것을 당연하게 받아들인다.

이처럼 이전에 간단하게 만들어진 빌드 시스템이 사용하기 어려워지면 makefile 전문가는 빌드 시스템의 재설계를 고민하게 된다. 그리고 모든 문제를 해결하면서 개발자들이 빌드 시스템의 구현에 신경을 쓰지 않도록 프레임워크를 만들게 된다. 실제로 개발자 대다수는 소스 파일 리스트와 사용되는 라이브러리 리스트, 그리고 컴파일 옵션에는 관심이 있지만, 파일 간의 종속성이 어떻게 관리되는지는 관심이 없는 편이다. 다음 예제를 살펴보자.

```
SOURCES := main.c sort.c files.c tree.c merge.c

PROGRAM := sorter
```

```
LIBRARIES := libc libz

include framework.mk
```

famework.mk 파일 안에 복잡한 모든 것을 숨겨 놓고, 모든 기능이 잘 동작하면서 사용하기 쉬운 빌드 시스템을 구성했다. 이는 빌드 버튼을 통해 빌드를 원하는 개발자들에게는 이상적인 방법이다.

이 프레임워크는 한동안 효율적으로 동작하지만, 그 후에는 문제를 야기할 소지가 크다. 특히 수년 이상 성장해 성공한 소프트웨어가 된 제품이 이에 해당한다. 제품 초기 중소 규모에서는 잘 동작하지만 확장되면 더 이상 동작하지 않게 된다.

서드파티로부터 새로운 코드 모듈을 구해 기존 시스템에 통합한다고 생각해보자. 새로운 코드 모듈은 독립적인 빌드 시스템을 갖고 있고 기존 시스템과는 다른 빌드 프레임워크를 사용한다고 가정해보자. 개발자가 코드를 수정하면 기존 시스템과 새로운 모듈 사이에서 종속성 관계가 생성되므로, 빌드 시스템은 더욱 복잡해진 모듈 간의 관계를 이해해야 한다. 결국 둘 또는 하나의 프레임워크에 대규모 수정을 가하거나 처음부터 다시 만들어야 할지도 모른다.

일반적으로 프레임워크가 커지면 관리는 더욱 어려워진다. 때에 따라서는 프레임워크를 만든 원 개발자가 없는 경우가 발생하기도 한다. 이럴 때 미숙한 개발자는 빠르지만 능숙하지 못한 기술을 사용해 빌드 시스템을 수정한다. 형편없이 작성된 셸 스크립트shell script와 과도하게 사용된 심볼릭 링크symbolic link, 그리고 최악의 방법으로 컴파일을 위해 소스코드를 중복으로 복사해 사용하는 일 등이 일어난다. 결국 빌드 시스템은 뒤죽박죽돼버려 아무도 관리할 수 없는 지경에 이른다.

많은 개발 조직은 빌드 시스템을 유지 보수해야 한다고 느끼지 못한다. 특히 특정 분야(컴퓨터 게임, 통신, 비즈니스 애플리케이션)에 초점이 맞춰진 조직의 경우 제품을 만들고 사용자를 더 끌어 모을 방법을 구상하는 데 모든 열정을 쏟는다. 한편 빌드 시스템은 단순히 제품 생명 주기Product Life Cycle에 필요한 하나의 부속으로만 간주하고, 지속해서 관리해야 하는 대상이라고 생각하지 않는다. 그 결과 회사의 목표 수립과 분기별 계획 수립에서 늘 빌드 시스템은 고려 대상으로 포함되지 못한다.

이 책을 통해 단순히 도움을 요청할 빌드 전문가가 있는가에 대한 문제가 아닌, 빌드 시스템을 설계할 때 고려해야 할 수많은 내용을 보게 된다. 개발 환경을 항상 유지 관리할 수 있는 상태로 유지하기를 바란다. 개발 팀의 전체 생산성을 고려할 때 빌드 시스템을 정리하는 데 사용된 시간과 비용은 몇 배의 가치로 돌아올 수 있다.

✻ 빌드 시스템의 실제 비용

신뢰성 있는 빌드 시스템이 중요하다고 생각하지 않는다면 실제 비용에 대해 생각해보자. 그리고 잘 구성된 빌드 시스템이 없다면 어떤 비용이 발생하는지 함께 알아보자. 이런 비용은 재무 도표에 나타나지 않고 개발자의 하루하루 생산성 속에 숨어 있게 된다.

조사[1]에 따르면 일부 응답자는 20~30%의 생산성 저하를 느낀다고 응답했지만, 평균적으로 개발자는 빌드 문제 때문에 12% 생산성 저하를 느낀다고 한다. 이 조사를 주목할 만한 이유는, 20명 이하의 소규모 개발 조직을 중점적으로 조사했다는 사실이다. 빌드 시스템은 소프트웨어가 커졌을 때 문제가 자주 발생하는데, 소규모 개발 조직은 이런 문제와 거리가 멀다고 느껴지기 때문이다.

팀에 있는 모든 개발자가 빌드 시스템으로 인해 10%의 시간을 허비한다고 생각해보자. 이전 소프트웨어 프로젝트 경험에 따라 각기 다르게 느끼겠지만, 일부는 10%의 생산성 저하는 비중이 크다고 생각할지 모르지만, 대다수 조직은 대수롭지 않게 생각한다.

10%의 생산성 저하를 발생시키는 원인은 도대체 무엇일까? 과거에 팀이 경험했던 문제들을 상기해보자.

- **컴파일 에러를 발생시키는 잘못된 종속성** 빌드 시스템에서 잘못된 종속 관계 때문에 코드 일부분에서 컴파일에 실패했다고 생각해보자. 이런 일이 발생하면 자신이 수정했던 부분과 전혀 상관없는 곳에서 나오는 알 수 없는 에러 메시지와 마주하게 되며, 이때 개발자는 빌드를 성공하기 위해 많은 시간을 허비한다. 결국 빌드 문제를 해결하기 전까지 생산적인 업무 수행을 할 수 없게 된다.
- **이상한 소프트웨어 이미지를 생성하는 잘못된 종속성** 앞에서는 잘못된 종속성 정보에 의해 컴파일이 실패했지만, 이번 경우는 어떤 에러 메시지도 발생하지 않은 채 잘못된 바이너리가 생성되는 경우다. 이때 개발자와 소프트웨어 테스터는 소프트웨어가 잘못 만들어져서 나오는 버그라고 흔히 생각한다. 그래서 빌드 시스템을 의심하지 않고 자신의 실수라고 생각한다. 하지만 하루에서 이틀 정도 디버깅을 수행하고 난 후 결국 자신이 수정한 코드에서 나온 문제가 아니라는 점을 알게 된다. 이때 모든 오브젝트를 삭제하는 클린 빌드를 통해 문제는 사라지게 된다.

- **느린 컴파일 속도** 이 경우는 몇 분 안에 컴파일이 끝나는 작은 소프트웨어가 아닌 이보다 큰 소프트웨어 시스템에 해당한다. 소프트웨어 코드가 컴파일되는 데 몇 시간씩 걸린다면 개발자는 컴파일이 완료될 때까지 무작정 기다려야 한다. 특히 소스 파일 하나를 수정한 증분 빌드가 5~10분 정도의 컴파일 시간이 필요하게 된다면 문제가 심각하다.

  컴파일을 기다리는 동안 개발자들은 다른 생산적인 일을 할 것으로 생각할 수도 있지만, 항상 그렇지는 않다. 실제로 개발자는 컴파일을 기다리는 시간 동안 뉴스를 읽거나, 소셜 네트워크 사이트에서 업데이트하기도 하고, 커피를 마시거나 친구들과 채팅을 한다. 개발자는 컴파일을 완료할 때까지 다양한 일들을 동시에 처리할 수도 있지만, 작업 전환 비용은 생산성 저하로 이어진다. 결국 개발자는 집중력을 잃기도 하고 동시에 하던 업무 중 하나를 놓치기도 한다.

- **빌드 기술(build description) 파일을 업데이트하기 위해 사용한 시간** 빌드 프레임워크를 이해하기 쉽지 않다면 개발자는 수정을 위해 전문가의 도움을 요청하게 된다. 예를 들어 새로운 타입의 소스코드나 새로운 컴파일러 도구를 추가해야 한다면 개발자는 먼저 빌드 전문가와 토론을 해야 한다. 또한 빌드 전문가의 일정에 맞춰 기다려야 할 뿐만 아니라 빌드 전문가가 작업하는 데 몇 주의 시간이 필요할 수도 있다.

10% 생산성 저하가 실제 수치라면 이를 재무비용으로 생각해보자. 가장 좋은 방법은 전체 개발자 월급의 10%를 이 비용으로 평가하는 것이다. 오픈소스처럼 자발적으로 소프트웨어를 개발하는 경우는 이에 해당하지 않지만, 이 수치는 우리 모두에게 흥미로울 수 있다.

10명의 개발자를 고용하고 그들 각자에게 75,000달러를 지급한다고 생각해보자. 이 수치는 도시마다 높을 수도 있고 낮을 수도 있기 때문에 자신의 기준에 따라 생각하기 바란다. 재무 담당자는 직원을 위한 의료 혜택과 전기세, 임대료, 주차료, 이외 여러 부대비용을 포함해 이 금액을 두 배로 평가하게 된다. 그래서 한 해 각 개발자 비용을 150,000달러로 산정한다.

결국 빌드 문제로 말미암아 발생한 재무적 비용 계산은 다음과 같다.

10% × 한 해 150,000달러 × 10명의 개발자 = 한 해 150,000달러

이 수치는 한 명의 정규직 근로자가 한 해 동안 아무런 생산적인 일을 하지 않고

자리만 지키는 비용과 같다. 한 해에 250일을 일한다면 빌드 관련 문제로 회사는 매일 600달러씩 지급한다고 생각하면 된다.

여러분이 소프트웨어 매니저라면 어떻게 할 것인가? 계속해서 하루에 600달러씩 낭비하겠는가? 아니면 문제를 해결하기 위해 하루에 600달러를 주고 빌드 전문가를 채용하겠는가? 여러분의 회사가 현재 어떻게 하고 있는지 생각해보라. 회사는 두 가지 방법으로 이익을 창출한다. 첫 번째는 제품을 파는 일이고, 두 번째는 원가를 절감하는 일이다.

주요하게 다루는 내용

이 책을 읽어야 하는 두 가지 이유는 다음과 같다.

- **빌드 시스템의 기본 원리 이해** 이 책은 빌드 도구의 전체적인 특징과 사용 시나리오를 설명함으로써 여러분이 빌드 도구의 동작 방식을 이해할 수 있게 했다.
- **빌드 시스템에 대한 경험 획득** 이 책은 수년간 많은 빌드 도구를 사용해 빌드 시스템을 만들고 관리했던 경험을 함축했다. 책을 읽고 나면 많은 빌드 개발자들이 겪었던 실수를 반복하지 않을 수 있다.

이와 같은 지식을 통해 빌드 도구 선택과 신뢰성 있는 빌드 시스템을 구성하는 방법, 빌드 관련 문제에 대한 사전 예방 방법 등에 대한 현명한 기술적 선택을 할 수 있을 것이다.

이 책은 다음과 같은 사항을 다루지 않는 점을 알아 두기 바란다.

- **튜토리얼을 제공하지 않음** 몇 개의 간단한 예제(2장의 'Make 기반 빌드 시스템')를 제외하고 이 책은 특정 빌드 도구와 기술에 대한 튜토리얼을 제공하지 않는다. 보편적으로 많이 사용되는 빌드 도구는 이미 웹사이트와 책들이 나와 있으니 각 빌드 도구에 대한 상세한 내용은 다른 자료를 참고하기 바란다.
- **모든 기능이 동작하는 빌드 시스템을 설명하지 않음** 이 책은 많은 빌드 도구와 지원 도구의 사용 예제를 제공하고는 있지만, 처음부터 끝까지 어떻게 빌드 시스템을 구현하는지에 대한 설명은 하지 않는다. 이와 같은 내용은 앞에서 언급했듯이 각 빌드 도구에 대한 문서를 참고하기 바란다.

이 책을 먼저 읽고 각 빌드 도구의 장단점을 이해하고, 여러분의 빌드 시스템을 구성할 각 빌드 도구의 기능들을 선택하기를 권한다.

이 책은 하나의 개발 환경이나 프로그래밍 언어에 대한 자세한 내용을 다루기보다는 여러 관점에서 다양한 예제와 개념들을 다룬다.

- **C/C++ 빌드** 가장 전통적인 방식의 빌드 프로세스다. 1970년대부터 시작됐으며, 그때 이후로 많이 변하지도 않았다. 최근 해결해야 할 문제는 일반적인 소프트웨어 제품을 만드는 데 사용되는 파일 수가 너무 많다는 점과, 사용해야 하는 서드파티 라이브러리 수가 계속 증가하고 있다는 점이다.
- **자바 빌드** 자바는 1990년 후반부터 많이 사용되고 있으며, 빌드 시스템 설계에 큰 영향을 끼쳤다. 예를 들면 자바 소스 파일은 소프트웨어 패키지와 같은 디렉터리 계층 구조를 가져야 한다.
- **C# 빌드** C/C++와 자바는 플랫폼 중립적 프로그래밍 언어로 어떤 운영체제(리눅스와 솔라리스, 맥 OS X, 윈도우)에서든 사용될 수 있지만, C#은 그렇지 않다. C#의 빌드 환경은 마이크로소프트만의 방식을 따른다.

여러 가지 프로그래밍 언어와 함께 이 책은 규모가 큰 소프트웨어를 만드는 데 두 가지 방식으로 설명한다.

- **모놀리식 빌드(Monolithic build)** 전체 코드가 소스코드에서 단일 실행 프로그램으로, 하나의 빌드 프로세스를 통해 컴파일되는 방식이다. 작은 프로그램에서 일반적으로 사용되는 방식이지만, 확장성이 떨어진다. 이는 소스 트리가 커지게 되며, 컴파일 시간이 길어지기 때문이다.
- **컴포넌트 빌드(Component build)** 모놀리식 빌드와는 반대로 소스코드가 나눠져 따로 컴파일되며, 나눠져 빌드된 컴포넌트들이 최종 단계에서 통합돼 최종 실행 프로그램이 생성된다.

마지막으로 Make가 C/C++ 개발에 있어 주로 사용되는 도구이며, 자바와 C#은 IDE를 통해 빌드해야 한다는 상식을 바꿔 보겠다.

이 책의 대상 독자

이 책은 소프트웨어 개발자를 위해 중점적으로 기술했지만, 소프트웨어 개발자가 아닌 사람에게도 유용할 수 있다.

- **개발자** 여러분이 수년간 소프트웨어를 개발해 왔지만 빌드 시스템에 대해 잘 모른다면 빌드 시스템을 어떻게 만들고 유지 보수해야 하는지를 배운다. 또한 빌드 프로세스와 관련된 여러 도구에 대해서도 배운다.
- **관리자** 이 책을 통해 상위 수준에서의 개념과, 개발자와 대화하는 방법을 배운다. 이를 통해 여러분의 팀이 하는 일을 평가할 수 있으며, 팀이 나아갈 방향을 설정할 수 있을 것이다.
- **빌드 전문가** 빌드 시스템에 대한 많은 경험이 있다면 무엇인가 새로운 점을 기대할 것이다. 이 책은 사용해보지 않았던 최신 빌드 도구들과 규모가 큰 빌드 시스템에서 확장성과 성능에 관한 내용을 제공할 것이며, 새로운 빌드 프레임워크를 만들 때 여러분의 빌드 시스템을 다시 한 번 생각할 기회를 제공한다.

이 책의 구성

이 책은 네 개의 부로 구성돼 있으며, 각 부는 빌드 시스템에 대해 각기 다른 방식으로 기술한다. 경험과 관심도에 따라 관심 있는 부분이 다를 것이다. 초보 개발자라면 1, 2부를 중점적으로 읽기 바라며, 경험이 많다면 1부는 생략하고 2, 3, 4부를 집중적으로 읽기 바란다.

1부: 빌드 시스템의 기초

1부에서는 빌드 시스템에 익숙하지 않은 개발자를 위해, 빌드 시스템에 대한 기본적인 사항을 소개한다. 1부를 생략해도 되는 경험이 많은 개발자이더라도 빌드 시스템의 기본적인 큰 그림을 확인할 수 있다. 예를 들어 C/C++ 개발자라면 C#에 대한 새로운 점을 배울 수 있다.

1장, '빌드 시스템 개요'에서는 소스 트리와 오브젝트 트리, 빌드 도구, 컴파일 도구 등과 같은 빌드 시스템에 대한 상위 개념을 소개한다.

2장, 'Make 기반 빌드 시스템'에서는 makefile을 한 번도 작성해 보지 않은 개발자를 위해 가벼운 튜토리얼을 제공한다.

3장, '프로그램의 런타임 뷰'에서는 빌드 시스템을 구축하는 데 필요한 것들을 설명할 목적으로, 컴퓨터에서 실행하는 프로그램 구조를 설명한다.

4장, '파일 타입과 컴파일 도구'에서는 C/C++와 자바, C# 예제를 통해 각 빌드 프로세스에서 사용되는 여러 입/출력 파일에 대한 상세한 내용을 다룬다.

5장, '하위 타겟과 빌드 변형'에서는 후반부에서 더욱 자세히 다룰 빌드 변형에 대한 기본 개념을 설명한다.

1부를 읽고 나면 빌드 시스템 디자인에 대한 기본적인 개념을 얻게 될 것이다.

2부: 빌드 도구

2부에서는 다섯 개의 빌드 도구를 비교한다. 이 빌드 도구들은 대중성과 소프트웨어 빌드 방법을 고려해 선택했다. 각 장에서는 먼저 빌드 도구에서 사용되는 구문을 소개한 후 빌드 도구의 주요한 사용 시나리오를 설명한다. 의미 있는 비교를 위해 모든 장에서 같은 예제를 사용했다.

6장, 'Make'에서는 C/C++ 개발에서 가장 널리 사용되는 GNU Make 도구에 대해 설명한다.

7장, 'Ant'에서는 자바에서 사실상 표준으로 사용되는 Ant 빌드 도구에 대해 설명한다.

8장, 'SCons'에서는 비교적 최신 빌드 도구인 SCons를 다룬다. SCons는 빌드 프로세스를 서술할 때 파이썬Python 언어를 사용한다.

9장, 'CMake'에서는 이 단원의 핵심 주제인 CMake를 살펴본다. CMake는 빌드 프로세스에 관한 상위 수준 서술을 토대로 Make와 같은 네이티브 빌드 시스템을 생성한다.

10장, '이클립스'에서는 이클립스 IDE에서의 빌드 관련 기능에 대해 설명한다.

2부를 읽고 나면 최신 빌드 도구의 종류와 각 빌드 도구의 장단점을 이해할 수 있다.

3부: 고급 주제

3부는 종속성 분석, 소프트웨어 패키지, 설치, 버전 관리, 빌드 머신 관리, 컴파일 도구 등과 같은 빌드 시스템에 관한 고급 주제를 다룬다. 각 장에서는 여러분이 까다로운 소프트웨어 프로젝트를 접한 경험이 있다는 전제하에 이와 관련된 내용을 살펴본다.

11장, '종속성'에서는 컴파일돼야 하는 파일을 알아내는 다양한 종속성 검사 방법에 관해 자세히 다룬다.

12장, '메타데이터로 빌드'에서는 빌드 시스템이 디버깅과 프로파일링, 소스코드 문서화를 지원하기 위한 메타 파일 생성 방법을 살펴본다.

13장, '소프트웨어 패키징과 설치'에서는 간단한 예제를 통해 소프트웨어 패키징과 타겟 머신에서의 설치 준비에 필요한 내용을 설명한다.

14장, '버전 관리'에서는 빌드 시스템과 소프트웨어 버전 관리에 관련된 고려 사항을 알아본다.

15장, '빌드 머신'에서는 소프트웨어를 컴파일하기 위해 사용되는 빌드 머신 관리에 관한 모범 사례를 제공한다.

16장, '도구 관리'에서는 컴파일 도구에 대해 다룬다.

3부를 통해 많은 모범 사례와 빌드 시스템 구성에 필요한 고급 개념을 익히게 된다.

4부: 확장

4부는 대규모 소프트웨어를 위한 빌드 시스템의 설계 방법을 살펴본다. 소프트웨어의 규모가 커지면, 복잡성 증가와 물리적 디스크 사용량 증가, 빌드 시간 지연 등과 같은 문제를 수반한다. 이런 문제는 소프트웨어 개발 생산성을 저하시킨다.

17장, '최종 사용자를 위한 복잡성 감소'는 빌드 시스템 사용자가 느끼는 복잡성을 줄이는 방법을 살펴본다.

18장, '빌드 크기 관리'는 더욱 효율적인 개발을 위해 규모가 큰 소프트웨어 제품을 여러 개의 컴포넌트로 나누는 방법을 설명한다.

19장, '더 빠른 빌드' 는 소프트웨어 빌드 시간을 측정하고 줄이는 방법을 살펴본다.

4부를 읽고 나면 앞으로 규모가 커질 소프트웨어를 규모가 작은 초기 단계에서 어떻게 빌드 시스템을 설계해야 할지 알게 될 것이다.

글을 맺으며

잘 구성된 빌드 시스템을 만들기는 쉽지 않다. 그리고 잘못 구성된 빌드 시스템은 개발 팀에 큰 영향을 미친다. 컴파일돼야 하는 파일이 컴파일되지 않으면 개발자는 클린 빌드로 인한 오랜 컴파일 시간과 간헐적으로 발생하는 빌드 실패를 경험하게 된다. 그리고 개발자는 잘못 생성된 소프트웨어 이미지를 며칠 동안 디버깅하게 된다. 여러분의 빌드 시스템이 잘 동작하는지 확인하는 일은 충분한 값어치가 있다는 사실을 꼭 알아두기 바란다.

잘못된 빌드 시스템으로 낭비되는 실제 비용은 다음과 같이 계산할 수 있다. 일반적인 소프트웨어 개발 조직은 업무 시간 중 10%를 빌드 관련 문제로 낭비하는데, 이를 인건비와 시간으로 계산해 매년 낭비되는 비용으로 산출해보기 바란다.

이 책은 빌드와 관련된 다양한 개념들과 일반적으로 많이 사용되는 빌드 도구를 소개한다. 뿐만 아니라 많은 모범 사례를 살펴보면서 규모가 큰 빌드 시스템의 구성과 관리에 관련된 내용을 알아본다.

빌드 시스템의 기초

1부는 빌드 프로세스 단계의 개요와 빌드 시스템이 지향하는 목표, 컴파일이 진행되는 동안 사용하는 다양한 입출력 파일, 빌드 타겟과 빌드 변형variant에 대한 개념 등을 알아보면서 소프트웨어 빌드 시스템의 전반적인 개념을 소개한다. 1부에서 다루는 각 장의 주제는 다음과 같다.

- **1장, 빌드 시스템 개요** 빌드 시스템을 구성하는 주요 컴포넌트들에 관해 간략히 알아보고, 앞으로 사용될 중요한 정의들을 정리한다.
- **2장, Make 기반 빌드 시스템** 텍스트 기반 빌드 시스템을 접해보지 못한 독자들을 위해 간단한 튜토리얼을 통해 GNU Make 빌드 도구에 대해 알아본다.
- **3장, 프로그램의 런타임 뷰** 프로그램이 컴퓨터에 로드되고 실행될 수 있는 다양한 방법을 알아본다. 소프트웨어 빌드 시스템은 메모리에 로드될 수 있는 실행 가능한 프로그램, 라이브러리, 데이터 파일을 생성해야 한다.
- **4장, 파일 타입과 컴파일 도구** C/C++, 자바, C# 등의 소스코드를 컴파일하기 위해 사용되는 도구를 알아본다. 이런 컴파일 도구는 완전한 빌드 시스템을 구축하기 위한 기반 요소다.
- **5장, 하위 타겟과 빌드 변형** 소프트웨어를 다양한 종류의 CPU 타겟에 따라 빌드하는 방법과 여러 에디션으로 배포되는 제품을 생성하는 방법을 알아본다.

위와 같이 1부에서는 빌드 시스템의 개념과 그 목적을 알아본다.

2부에서는 널리 사용되는 빌드 도구(예, GNU Make와 Ant, SCons, CMake, 이클립스)에 대해 알아본다. 여러분이 1부를 다 읽고 나면 빌더 도구를 평가할 수 있을 것이다.

1 빌드 시스템 개요

1장은 소프트웨어 빌드 시스템의 전반적인 개요를 알아본다. 빌드 시스템의 동작 방식을 자세히 알아보기 전에 소프트웨어 빌드의 상위 프로세스를 먼저 이해해야 한다. 따라서 1장에서는 이런 빌드 시스템을 개략적으로 살펴보며, 이 책의 전반적인 로드맵을 제시한다.

빌드 시스템의 가장 기본적인 목표는 사람이 읽을 수 있게 작성된 소스코드를 실행 프로그램으로 변환하는 데 있다. 또한 빌드 시스템은 웹 기반 애플리케이션의 패키징과 문서 생성, 소스코드 자동 분석 등의 다양한 관련 활동을 지원한다. 이런 프로세스에 대한 빌드 시스템의 세부 사항은 운영체제와 프로그래밍 언어의 종류에 따라 다르지만, 이런 가변성에도 빌드 시스템의 기본 개념은 모든 빌드 시스템에 포괄적으로 적용된다.

자, 그럼 대표적인 빌드 시스템 시나리오의 구석구석을 살펴보며 1장을 시작해 보자. 여기서 소개하는 빌드 시스템의 상위 개념에 대한 자세한 내용은 나머지 장에서 차차 자세히 다루기로 한다. 1장을 마치면 빌드와 관련된 일반적 개념과 통용되는 용어, 빌드 프로세스의 주요 단계를 이해할 수 있으리라 믿는다.

✲ 빌드 시스템이란?

프로그래밍 언어와 개발 환경의 다양성 때문에 어떤 단일 모델로든 빌드 시스템의 모든 구성 가능성을 완벽히 표현할 수는 없다. 빌드 시스템은 특정 유형의 데이터(입력물)를 다른 유형의 데이터(출력물)로 변환하는 과정에 포함된 어떤 종류의 활동이든 관리할 수 있다. 이 책에서는 소프트웨어의 빌드 시스템이라는 점을 강조하며, 소프트웨어 구축에 초점을 맞춰 설명한다.

어떤 소프트웨어 개발 환경에서든 빌드를 위해 다음과 같은 상황에 마주칠 가능성이 크다.

- C와 C++ 같은 전통적인 컴파일형 언어Compiled Language로 작성된 소프트웨어의 컴파일로, 이때 소프트웨어는 자바나 C# 같은 최근 소개된 언어를 포함하며 확장될 수 있다.
- 펄Perl이나 파이썬Python 같은 인터프리트형 언어Interpreted Language로 작성된 소프트웨어의 패키지와 테스트
- 웹 기반 애플리케이션의 컴파일과 패키지로, 애플리케이션은 다양한 유형의 설정 파일을 포함한다. 이뿐만 아니라 정적 HTML 페이지, 자바나 C#으로 작성된 소스코드, JSPJava Server Page나 ASPActive Server Page, PHPHypertext Preprocessor 등의 문법으로 작성된 하이브리드 파일 등도 포함할 수 있다.
- 단위 테스트unit test 수행으로, 소프트웨어의 작은 부분을 나머지 전체 소스코드로부터 분리해 독립적으로 검증한다.
- 정적 분석 도구 실행으로, 프로그램의 소스코드로부터 버그를 찾아내기 위해 정적 분석을 진행한다. 여기서 빌드 시스템의 출력물은 실행 프로그램이 아닌 버그 리포트 문서다.
- PDF나 HTML 문서의 생성으로, 이런 유형의 빌드 시스템은 다양한 서식으로 작성된 입력 파일들을 처리하지만, 해당 출력물은 언제나 사람이 읽을 수 있는 형태의 문서다.

물론 여기서 나열한 항목만으로는 모든 경우를 다 설명할 수 없으며, 어쩌면 여러분은 이미 빌드 시스템을 이용할 수 있는 다양한 다른 방안을 떠올렸을 수도 있다. 하지만 이 책에서는 우선 컴파일형 언어의 전통적인 모델에 집중한다. 여러분

이 무엇을 빌드하고 있든 대부분의 빌드 시스템이 서로 동일한 개념을 공유하고 있음을 명심하자.

컴파일형 언어

그림 1.1은 C나 C++, 자바, C# 같은 컴파일형 언어를 위한 전통적 빌드 시스템의 개요다. 소스 파일은 오브젝트 파일로 컴파일되며, 컴파일된 오브젝트 파일은 코드 라이브러리나 실행 프로그램으로 링크된다. 이 결과로 생성된 파일은 타겟 머신에 설치할 수 있는 하나의 릴리스 패키지release package로 묶인다. 이와 같은 과정은 소프트웨어 개발자라면 이미 친숙한 모델일 것이다.

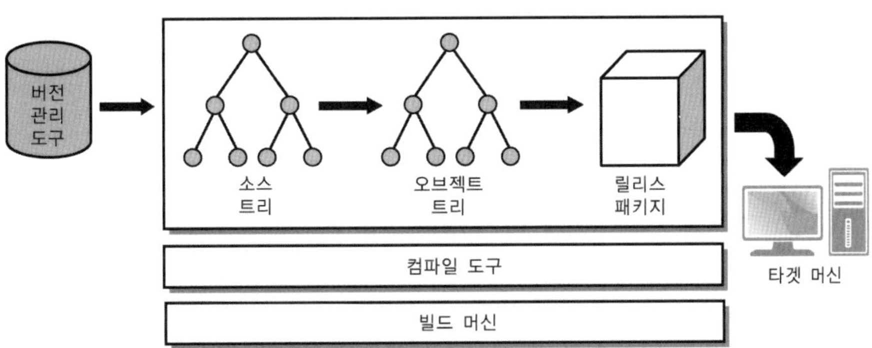

그림 1.1 컴파일형 언어를 위한 전통적인 빌드 시스템의 개요

다음은 그림 1.1의 주요 구성 요소에 대한 설명이다.

- **버전 관리 도구** 프로그램의 소스코드를 보관하며, 여러 개발자가 코드베이스를 동시에 수정할 수 있게 한다. 또한 코드의 이전 버전 검색을 용이하게 한다. 버전 관리 도구의 대표적인 예로는 CVS나 서브버전Subversion, 깃Git, 클리어케이스ClearCase 등이 있다.
- **소스 트리와 오브젝트 트리** 한 명의 개발자가 작업하는 소스 파일이나 컴파일된 오브젝트 파일의 트리다. 개발자는 트리를 통해 다른 사람에게 영향을 주지 않고 자신만의 개인적 수정을 하는 것이 가능하다.
- **컴파일 도구** 입력 파일을 받아 출력 파일을 생성(예를 들어 소스코드 파일을 통해 오브젝트 코드나 실행 프로그램을 생성)하는 도구다. 컴파일 도구의 대표적 예로는 C나 자

바 컴파일러를 들 수 있으며, 이 두 도구는 컴파일 기능 외에도 문서와 단위 테스트 생성 기능을 함께 포함하고 있다.

- **빌드 머신** 컴파일 도구가 실행되는 컴퓨팅 장치다.
- **릴리스 패키징과 타겟 머신** 소프트웨어 패키지가 만들어지고 최종 사용자에게 릴리스되며, 타겟 머신에 설치되는 방법이다.

각 항목은 1장의 후반부와 나머지 장에서 더욱 상세히 다룬다. 대부분의 항목은 주제별로 하나의 장을 완전히 할당해야 할 만큼 많은 내용을 포함하고 있다.

인터프리트형 언어

인터프리트형 언어Interpreted Language는 컴파일형 언어와는 빌드 시스템 모델이 조금 다르다(그림 1.2).

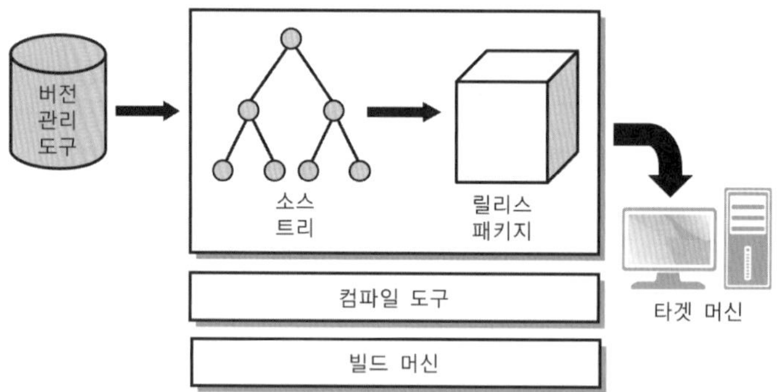

그림 1.2 인터프리트형 언어를 위한 빌드 시스템의 개요

인터프리트형 소스코드는 오브젝트 코드로 컴파일되지 않기 때문에 오브젝트 트리가 필요 없다. 대신 소스 파일이 타겟 머신에 설치될 수 있게 소스 파일을 바로 릴리스 패키지에 보관한다. 이런 유형의 빌드 시스템에도 컴파일 도구가 필요할 때가 종종 있는데, 이럴 때 컴파일 도구는 단지 소스 파일을 변환해 릴리스 패키지에 저장하기 위해 사용된다. 기계어 코드로의 컴파일은 빌드 타임뿐만 아니라 런타임에서도 수행되지 않는다.

웹 기반 애플리케이션

컴파일형 코드와 인터프리트형 코드와 설정 파일, 데이터 파일이 함께 묶여 웹 기반 애플리케이션Web-Based Application을 구성한다. 그림 1.3과 같이 어떤 파일들은 소스 트리에서 릴리스 패키지로 바로 복사되며(예, HTML 파일), 이와 달리 우선 오브젝트 코드로 컴파일된 후에 릴리스 패키지로 복사되기도 한다(예, 자바 소스 파일). 또한 웹 애플리케이션 서버와 최종 사용자의 웹 브라우저는 코드의 인터프리팅과 컴파일을 수행하는데, 이는 빌드 시스템의 범위를 넘어서는 주제이므로 다루지 않는다.

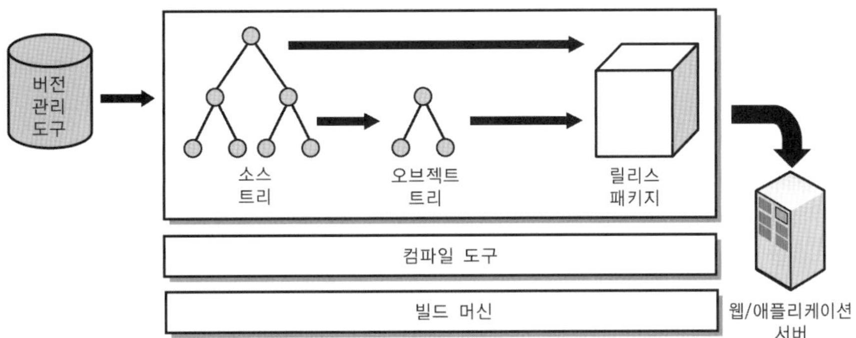

그림 1.3 웹 기반 소프트웨어를 위한 빌드 시스템의 개요

전형적인 웹 애플리케이션은 다음과 같은 다양한 파일 유형과 관련이 있다.

- **정적 HTML 파일** 웹 브라우저에서 표시되는 마크업Marked-Up 데이터만을 포함하고 있으며, 이런 파일은 바로 릴리스 패키지로 복사된다.
- **자바스크립트 파일** 최종 사용자의 웹 브라우저에 의해 인터프리트될 코드를 포함하며, 정적 HTML 파일과 동일하게 바로 릴리스 패키지로 복사된다.
- **JSP나 ASP, PHP 페이지** HTML 코드와 프로그램 코드를 함께 갖고 있으며, 빌드 시스템이 아닌 웹 애플리케이션 서버가 컴파일해 실행한다. 이런 유형의 파일도 역시 릴리스 패키지로 바로 복사돼 웹 서버상에 설치될 수 있게 준비된다.
- **자바 소스 파일** 오브젝트 코드로 컴파일되고 패키지로 만들어져 웹 애플리케이션의 일부가 되며, 여기서 빌드 시스템은 자바 클래스 파일의 패키싱에 앞서 사바 소스 파일을 변환하는 역할을 수행한다. 자바 클래스는 웹 애플리케이션 서버나 웹 브라우저(자바 애플릿을 사용)에서 실행된다.

물론 빌드 시스템이 앞에서 살펴본 파일과는 다른 형식의 입력 파일로부터 HTML나 자바스크립트, JSP/ASP/PHP 같은 파일을 자동 생성하는 예도 있다. 이는 빌드 시스템이 최종적으로 출력물을 릴리스 패키지로 만들기까지 다양한 추가 컴파일 단계들을 거쳐야 할 수도 있음을 의미한다.

단위 테스트

단위 테스트Unit Test 환경을 위한 빌드 시스템은 지금까지 설명한 빌드 시스템 모델을 확장한 것이다. 빌드 시스템은 타겟 머신에 설치될 릴리스 패키지를 생성하는 대신 더욱 작은 크기의 단위 테스트 스위트Suite를 다수 생성한다. 타겟 머신에서 각 스위트가 실행되는데, 스위트는 소프트웨어가 예상한 대로 동작하는지에 따라 '합격'이나 '실패'로 테스트의 결과를 생성한다.

그림 1.4는 전통적인 컴파일형 언어 빌드 시스템(그림 1.1)과 같은 릴리스 패키지 생성의 일반적 모델에서 벗어나, 단위 테스트의 생성을 위해 빌드 시스템이 어떻게 확장될 수 있는지를 보여준다.

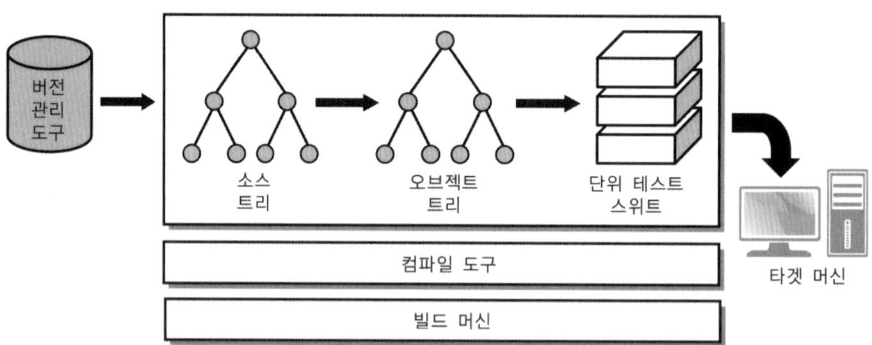

그림 1.4 단위 테스트를 생성하는 빌드 시스템의 개요

단위 테스트 빌드 시스템은 사실 일반적인 빌드 시스템의 변형variant일 뿐이다. 인터프리트형 언어(그림 1.2)와 웹 기반 애플리케이션(그림 1.3)의 경우도 이와 유사한 단위 테스트 빌드 시스템을 생성할 수 있다. 12장에서 단위 테스트를 더욱 자세히 다룬다.

정적 분석

그림 1.5는 정적 분석Static Analysis을 수행하는 빌드 시스템을 나타낸다. 커버리티 프리벤트Coverity Prevent[6]나 록워크 인사이트Klocwork Insight[7], 파인드버그FindBugs[8]와 같은 정적 분석 도구는 잠재적 버그를 밝혀내기 위해 프로그램 소스코드를 검사한다. 이런 분석은 소프트웨어가 올바르게 동작하는지 실행을 통해 파악하지 않고 정적으로 (빌드타임에) 수행한다.

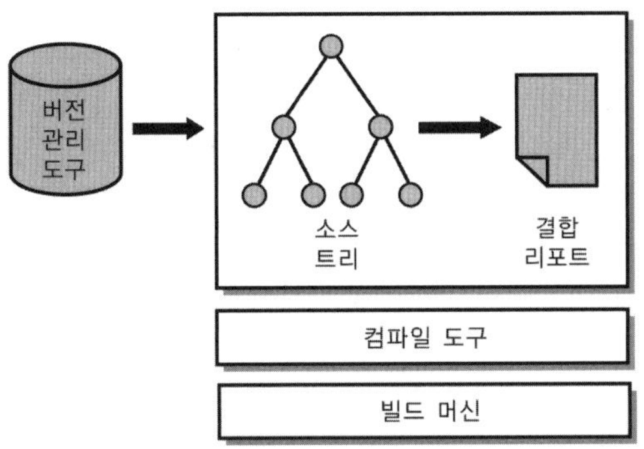

그림 1.5 정적 분석을 위한 빌드 시스템의 개요

정적 분석 시스템의 입력물은 일반 빌드 시스템에서 사용하는 소스코드와 같다. 하지만 오브젝트 트리와 릴리스 패키지를 생성하지 않으며, 결함 리포트 문서나 이와 유사한 유형의 출력물(주로 텍스트나 HTML 형식)을 만든다. 12장에서 정적 분석을 더욱 자세히 다룬다.

문서 생성

마지막으로 살펴볼 빌드 시스템 시나리오는 그림 1.6과 같이 사람이 읽을 수 있는 문서를 생성하는 경우다.

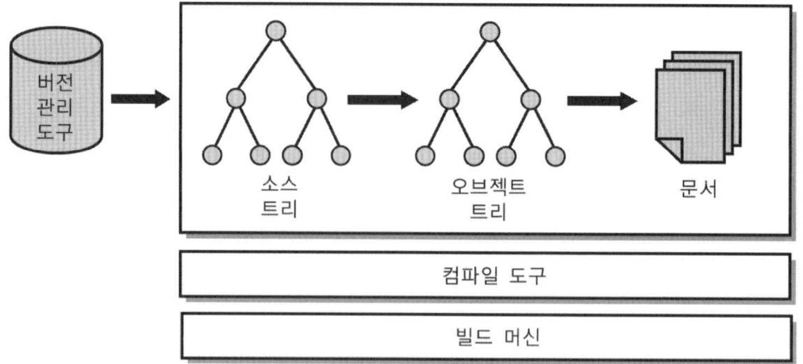

그림 1.6 문서 생성을 위한 빌드 시스템 개요

이 빌드 시스템의 출력물은 PDF 파일이나 HTML 페이지의 묶음, 그래픽 이미지를 비롯해 문서라 여겨지는 모든 유형일 수 있다. 문서 생성 과정에서 데이터 파일이 필요할 수 있으며, 이 빌드 시스템에서도 오브젝트 트리가 적용된다. 이 경우에는 타겟 머신을 포함하지 않는 대신 프린터나 웹 브라우저, PDF 뷰어 등의 문서를 읽을 수단이 필요하다.

위 내용을 통해 빌드 시스템이 다양한 목적으로 사용될 수 있음을 알 수 있었다. 이 책은 전통적 컴파일형 언어를 위한 빌드 시스템에 초점을 맞추고 있지만, 이 개념은 기타 시나리오에도 역시 동일하게 적용할 수 있다. 그림 1.1~1.6에서는 나타나지 않지만, 빌드 도구는 빌드 프로세스 전반을 조직하는 데 폭넓게 사용된다. 2장에서는 GNU Make와 Ant, SCons, CMake, 이클립스 등의 대표적 빌드 도구를 하나씩 알아본다.

빌드 시스템의 구성 요소

지금까지 소프트웨어 빌드 시스템의 상위 개념을 살펴봤다. 이젠 주요 부분을 좀 더 깊이 알아볼 때다. 2장부터 본격적으로 여러 주제를 다루기로 하고, 일단 여기서는 그 기반을 쌓는 데 집중하자.

버전 관리 도구

14장 이전에는 버전 관리 시스템을 자세히 다루지 않지만, 버전 관리 도구는 빌드 시스템의 첫 번째 구성 요소다. 개발자는 어떤 소프트웨어든 컴파일에 이르기까지 소스코드의 개인 복사본을 유지해야만 한다. 개발자는 맡은 작업(버그 수정이나 새로운 기능 추가)에 따라 소스 파일을 수정하며, 빌드 시스템은 이를 바탕으로 소프트웨어를 컴파일한다.

버전 관리 도구를 통해 다음과 같은 작업을 수행할 수 있다.

- 소스코드의 복사본을 가져와 개인적으로 진행할 수정 작업을 준비한다.
- 체크인이나 커밋을 관리해 개인적 수정 사항을 나머지 개발자가 사용할 수 있게 한다.
- 다양한 코드 스트림의 생성을 원활히 해 동일 제품의 여러 다른 버전을 개발하고 유지 보수하는 과정을 관리한다.
- 파일 접근을 관리해 허가된 개발자만이 소스 파일을 수정할 수 있게 한다.
- 개발자가 소스 파일의 이전(과거에 기록한) 버전을 열람할 수 있게 한다. 새로운 버전이 이전 내용을 대체했더라도 열람이 가능하다.

이 책은 버전 관리에 관한 책이 아니므로 특정 버전 관리 도구를 특별히 다루지는 않지만, 14장에서는 빌드 시스템이 버전 관리 도구와 함께 동작하는 다양한 방법을 살펴본다. 버전 관리를 통해 유지돼야 하는 파일과 그렇지 않은 파일은 무엇인지, 버전 번호는 어떻게 사용하고 관리하는지 등의 내용이 여러분을 기다린다.

다음 절에서는 버전 관리 시스템에 저장된 소스코드를 다룬다.

소스와 오브젝트 트리

이미 알고 있겠지만 프로그램의 소스코드는 여러 디스크 파일로 나눠 저장되며, 여러 디렉터리(윈도우에서는 폴더)에 정렬된 파일의 상태를 소스 트리라 한다. 소스 트리의 소스코드 구조는 빌드 시스템 설계에 지대한 영향을 미친다.

소스 트리의 구조는 종종 소프트웨어의 아키텍처를 반영하기도 한다. 그림 1.7은 마이크로소프트 윈도우 기반의 회계 애플리케이션 시스템에서 시스템을 구성하는 주요 컴포넌트의 소스 파일이 어떻게 저장될 수 있는지를 보여준다. 빌드 기술 build description 파일(Makefile로 알려진)은 그들이 처리할 소스 파일과 동일한 디렉터리에 저장돼 있다. 이는 빌드 기술 파일을 저장하는 유일한 방법은 아니지만, 각 디렉터리 안에서 파일을 관리할 빌드 시스템의 하위 요소를 편리하게 배치할 수 있게 한다.

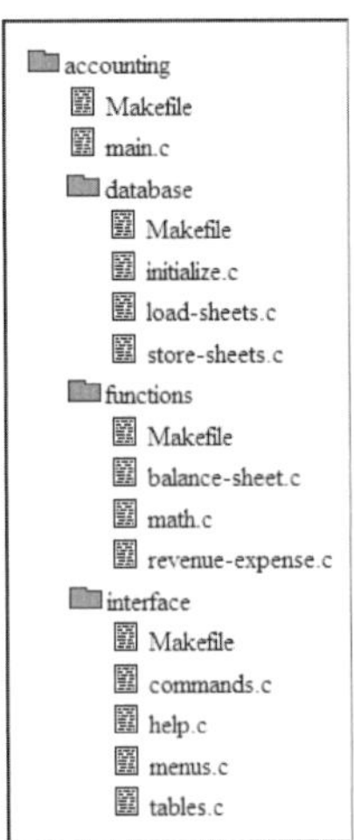

그림 1.7 작은 마이크로소프트 윈도우 애플리케이션의 소스 트리

소스 트리의 옆에는 오브젝트 트리가 함께 나타나 있다(그림 1.8을 보라). 오브젝트 파일을 소스 파일과 같은 디렉터리에 저장하는 방법도 가능하지만 지저분한 접근이 되고 마는 경우가 많다(나머지 장에서 차차 살펴본다). 이보다는 빌드 프로세스가 생성하는 오브젝트 파일이나 실행 프로그램을 저장할 별도의 트리 계층을 만들어야 한다. 그림 1.8이 오브젝트 파일 뿐만 아니라 최종 실행 프로그램(accounting.exe)을 함께 포함하고 있음에 주목하자.

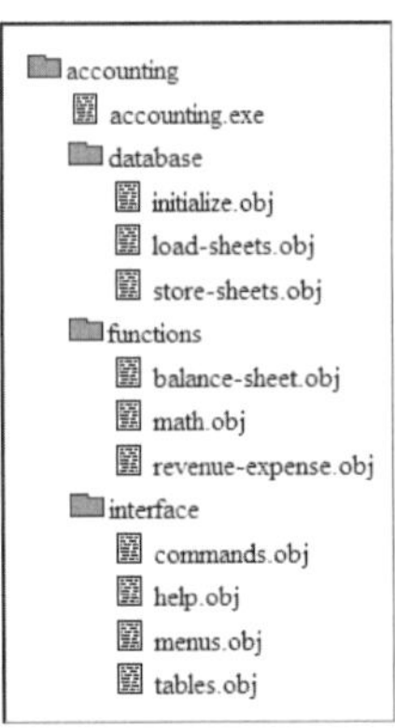

그림 1.8 그림 1.7에 상응하는 오브젝트 트리

이 회계 프로그램과 같은 작은 프로그램을 하나의 소스코드 파일에 저장할 수 있을지 몰라도 이보다 큰 프로그램을 하나의 소스코드 파일에 넣겠다는 생각은 비

현실적이다. 프로그램을 여러 소스 파일로 분할해 디스크의 여러 디렉터리에 나눠 담기 위한 중요 고려 사항은 다음과 같다.

- **이해(Comprehension)** 사람들은 프로그램을 쪼개 논리적 세부 항목으로 나눌 때 더 쉽게 이해할 수 있다는 개념을 발견했다. 이 개념은 사람들이 프로그램을 서로 다른 여러 클래스의 묶음으로 이해할 수 있게 하는 객체지향 프로그래밍의 기본 전제다. 각 클래스는 프로그래머가 항상 명심해야 할 외부 행동external behavior과 클래스의 복잡도를 외부 관점으로부터 숨기는 내부 구현internal implementation을 함께 담고 있어야 한다. 그러므로 빌드 시스템에서는 소스코드를 여러 항목으로 나눠 각 항목이 프로그램 기능의 특정 영역을 캡슐화하는 방법이 최선이다.
- **소스코드 관리** 프로그램의 소스코드가 다양한 파일과 디렉터리로 퍼져 나갈 때 소스코드 관리 도구를 사용하면 소스코드를 관리하는 작업은 더욱 쉬워진다. 반대로 하나의 디스크 파일에 프로그램 전체가 저장된다면 여러 개발자가 서로 간섭하지 않고 각자의 코드 수정 사항을 끊임없이 반영하기란 어렵다.
- **성능(Performance)** 편집기나 컴파일러와 같은 개발 도구는 작은 단위로 작업을 수행할 때 더욱 효율적이다. 따라서 개발 도구가 수 메가바이트에 이르는 큰 크기의 소스 파일을 다룰 수 있더라도 이런 큰 파일을 처리하는 동작은 매우 비효율적이다.

여러분은 이 책을 통해 소스 트리와 오브젝트 트리의 설계와 구축에 대한 더욱 자세한 지식을 습득할 수 있다.

컴파일 도구와 빌드 도구

개발자가 소스 트리로 작업할 때에는 사람이 읽을 수 있는 소스 파일을 장치가 인식할 수 있는 실행 프로그램으로 변환하는 방법을 알고 있어야 한다. 컴파일 도구는 입력 파일을 읽어 출력 파일로 변환하는 일종의 프로그램이다. 이런 설명이 너무 형식적으로 들릴 수도 있지만, 사실 이런 도구가 처리할 수 있는 데이터 변환의 형태는 제약이 없다.

다음은 컴파일 도구의 일반적 예다.

- **C 컴파일러** 사람이 작성한 어떤 프로그램의 C 언어 소스 파일을 읽고, 이를 기계어 코드machine code로 변환해 오브젝트 파일을 생성한다. 이 시나리오에서 컴파일 도구의 출력물과 입력물의 기능은 서로 동일해야 한다. 출력물은 타겟 머신이 이해할 수 있는 형태에 가까워졌을 뿐이다.
- **링커(Linker)** 여러 오브젝트 파일을 합쳐 하나의 실행 가능한 프로그램 이미지를 생성한다. 앞선 빌드 단계에서 컴파일러의 출력물이었던 오브젝트 파일이 여기서는 링커 도구의 입력물이 된다. 즉, 소스 파일과 오브젝트 파일이 아니라 입력 파일과 출력 파일의 측면에서 이해해야 한다.
- **UML 기반의 코드 생성** 입력물로 UML 모델을 읽어 자바나 C++, C# 같은 범용 프로그래밍 언어로 작성된 동일한 프로그램을 생성한다.
- **문서 생성기** 마크업mark-up 언어로 작성된 파일을 읽고 출력물로 PDF(혹은 이와 유사한) 파일을 생성한다.
- **새로운 디렉터리를 만들기 위한 커맨드라인 도구** 파일 시스템에 새로운 디렉터리를 만든다(예, 유닉스에서 mkdir 명령의 사용). 이 시나리오에서 유일한 입력물은 새로운 디렉터리의 이름이다.

이쯤에서 컴파일러와 컴파일 도구 간의 차이점을 짚고 넘어가자. 컴파일러는 일반적으로 상위 수준의 프로그래밍 언어로 작성된 소스코드를 오브젝트 코드로 변환한다. 이는 위의 예 가운데 가장 먼저 언급된 내용이다. 하지만 컴파일 도구는 입력 데이터를 출력 데이터로 변환하는 모든 도구를 포함한다.

반면 빌드 도구는 컴파일 도구보다 한 단계 상위 수준의 기능을 포함한 프로그램이다. 이는 빌드 도구가 빌드 프로세스 전반을 조직하기 위해 소스 파일과 오브젝트 파일 간의 관계에 관한 충분한 지식이 있어야 함을 의미한다. 빌드 도구는 최종 빌드 출력물을 생산하는 데 필요한 컴파일 도구를 호출한다.

이 책에서는 컴파일 도구와 빌드 도구를 엄격하게 구분한다. 둘 모두가 좋은 빌드 시스템을 만드는 데 중요한 역할을 수행하지만, 그 방법은 서로 다르다. 4장에서는 다양한 컴파일 도구(gcc나 javac 같은)를 살펴보고, 소스 트리와 오브젝트 트리에서 다양한 파일의 타입을 어떻게 조작하는지 알아본다. 16장에서는 소프트웨어의 수명 주기lifetime에 걸쳐 컴파일 도구를 관리하기 위한 모범 사례를 다룬다.

2부에서는 빌드 프로세스 전반을 조직하는 빌드 도구(Make, Ant, SCons, CMake, 이클립스)를 좀 더 자세히 살펴본다.

빌드 머신

처음에는 잘 드러나지 않을 수도 있지만, 컴파일과 빌드 도구가 실행하는 머신은 빌드 시스템 관리에서 중요한 역할을 수행한다. 모든 도구는 빌드 머신에서 실행할 수 있어야 하고, 이는 시간이 흘러 하드웨어나 운영체제가 변경되더라도 마찬가지다. 곧 살펴보게 되겠지만 15장에서는 빌드 머신 관리를 둘러싼 다양한 문제를 다루며, 특히 이전 버전의 재생성이나 여러 개발자가 동일한 소스코드를 컴파일할 수 있는 균일한 환경 제공이 필요한 경우를 자세히 알아본다.

또한 소프트웨어가 동일한 유형의 머신에서 컴파일돼 실행되는지, 혹은 소프트웨어가 완전히 다른 환경(CPU 유형과 운영체제)에서 실행되는지를 고려해야 한다. 그림 1.9는 네이티브 컴파일native compilation 환경과 크로스컴파일cross-compile 환경을 나타낸다. 네이티브의 경우에 소프트웨어는 빌드 머신과 동일한 타겟 머신에서 실행된다. 반면 크로스컴파일의 경우에는 서로 다른 두 머신이 필요하며, 타겟 머신과 빌드 머신은 운영체제나 CPU가 다르다.

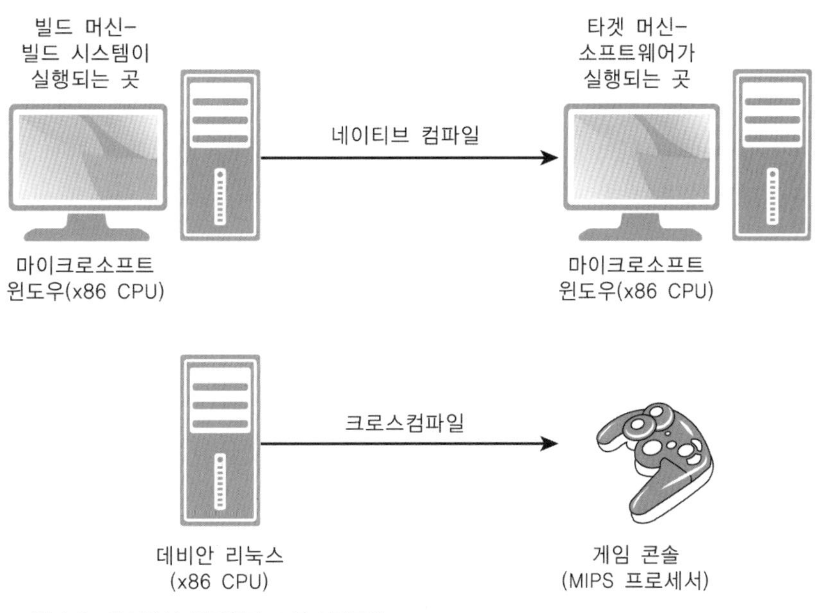

그림 1.9 네이티브 컴파일과 크로스컴파일

네이티브 컴파일과 크로스컴파일 환경은 빌드 머신을 자세히 알아볼 15장에서 더 자세히 다룬다.

릴리스 패키징과 타겟 머신

빌드 도구가 수행하는 작업 대부분은 오브젝트 파일과 실행 프로그램을 생성하는 데 초점을 맞추고 있지만, 최종 패키징 단계에 이르면 결국은 사용자 머신에 실제로 설치할 수 있는 무언가를 만들어야 한다. 초보자에게 여러 실행 프로그램과 데이터 파일을 건네주고는 알아서 설치하고 설정하기를 바라는 생각은 비현실적이다. 대신 다운로드할 수 있는 하나의 파일이나, 컴퓨터의 CD-ROM 드라이브에서 사용할 수 있는 하나의 CD, 혹은 DVD의 형태로 제공해야 한다. 특히 일반 가정·소비자의 시장을 대상으로 작성된 소프트웨어의 설치 과정은 아이콘을 더블클릭하고 간단한 일부 질문에 대답하는 정도보다 복잡해서는 안 된다.

그러므로 빌드 프로세스의 최종 단계에서는 소스 트리와 오브젝트 트리로부터 관련된 파일을 추출해 릴리스 패키지에 저장한다. 릴리스 패키지는 가급적 하나의 디스크 파일이어야 하고 압축돼야 한다. 이를 통해 다운로드에 소요되는 시간과 파일을 담는 데 필요한 DVD의 수를 줄일 수 있다. 이에 더해 소프트웨어의 설치를 방해하지 않게 불필요한 디버그 정보는 제거돼야 한다.

13장에서는 소프트웨어를 패키징하고 설치하기 위한 다음과 같은 세 가지 일반적인 방법을 알아본다.

- **아카이브 파일** 이는 파일을 압축해 하나의 디스크 파일로 묶는 가장 직관적이고 쉬운 방법이다. 최종 사용자는 아카이브 파일archive file을 만드는 동작의 반대 작업을 통해 소프트웨어를 설치해야 한다.
- **패키지 관리 도구** 완전한 소프트웨어 패키지를 인터넷에서 다운로드해 이를 운영체제의 추가 요소로 설치하는 유닉스 계열 환경에서 일반적으로 사용된다. 설치는 한 단계로 구성되는 프로세스이며, 설치에 필요한 그 외 모든 선행 패키지도 함께 설치된다. 일반적 예로는 .rpm과 .deb를 포함한 패키지 파일이 있다.
- **커스터마이즈된 GUI 설치 도구** 마이크로소프트 윈도우 운영체제에서 소프트웨어를 설치해 본 경험이 있는 이라면 누구나 익숙한 방법이다. 설치 프로세스는 단순히 아이콘의 더블클릭으로 시작하며, 최종 사용자는 소프트웨어의 설치를

위해 작성된 별도의 GUI 설치 도구와 상호 작용한다.

마지막 고려 사항으로 소프트웨어 일부만 설치돼 나머지 부분은 런타임에 접근할 수도 있음을 간략히 살펴보자. 최종 사용자의 컴퓨터에는 소프트웨어의 일정 부분만이 설치되며, 프로그램을 실행할 때 나머지 코드나 데이터에 접근한다. 대표적인 예로는 그래픽 이미지와 영상과 소리 파일을 필요할 때마다 DVD로부터 읽어올 뿐 절대 타겟 머신의 하드디스크에는 저장하지 않는 비디오 게임을 들 수 있다. 또한 구글 어스Google Earth[9] 같은 도구도 클라이언트 프로그램이 설치되지만, 나머지 데이터는 필요에 따라 인터넷에서 다운로드하는 방식으로 동작한다.

릴리스 패키지의 생성은 소프트웨어 빌드 프로세스의 가장 마지막 단계다. 다음 절에서는 빌드 도구에서 어떻게 이 프로세스를 구현할 수 있는지를 살펴본다.

빌드 프로세스와 빌드 기술

지금까지는 빌드 시스템의 각 부분을 상위 수준에서 다뤘으며, 간단한 몇 가지 사례를 함께 살펴봤다. 그림 1.10은 빌드 도구가 작업을 완료하기 위해 컴파일 도구를 호출하는 프로세스를 나타낸다(그림 1.1에서 살펴본 전통적 컴파일형 언어를 사용한다). 이 종단 간end-to-end 이벤트의 시퀀스는 바로 빌드 프로세스를 나타낸다.

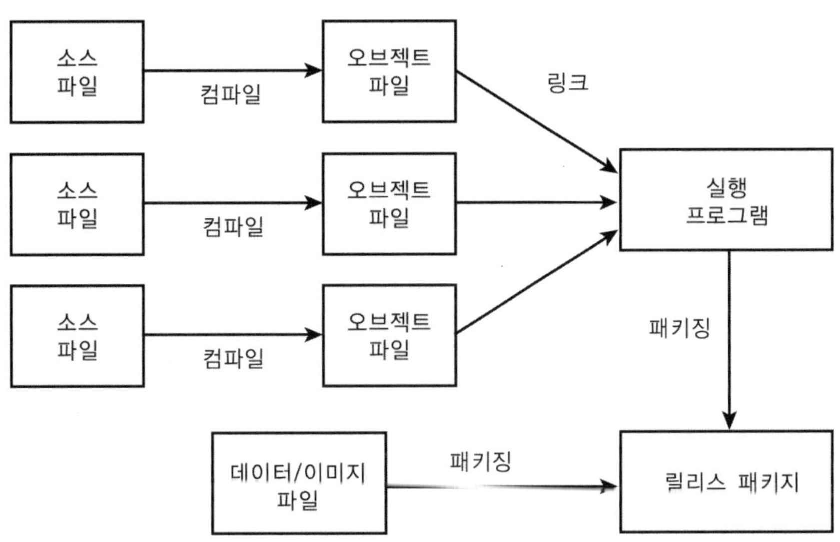

그림 1.10 컴파일형 언어를 위한 빌드 시스템의 개요

사람이 이 프로세스를 다이어그램 형태로 배치하는 일은 쉽더라도 빌드 도구에게는 텍스트 기반 형태로 작성된 빌드 기술build description이 필요하다. 예를 들어 Make를 사용할 때에는 파일 간 종속성 정보가 규칙rule의 형태로 설정되며, 이는 Makefile이라는 이름의 파일에 저장된다. 이와 달리 SCons 빌드 도구는 컴파일 단계를 기술하기 위해 파이썬 언어로 작성된 함수를 사용하며, 이 경우 해당 정보는 SConstruct라는 이름의 파일에 저장된다.

좀 더 자세히 살펴보자. 다음의 SCons 빌드 기술 파일은 ticker.c와 currency.c 소스 파일을 컴파일해 stock 프로그램을 생성하는 것을 보여준다.

```
Program("stock", ["ticker.c", "currency.c"])
```

여기서 SCons은 빌드 기술이 명시적으로 오브젝트 파일의 생성 단계를 기술하지 않더라도 ticker.o와 currency.o를 생성하기 위해 기본 C 컴파일러를 사용한다. 그러고 나서 stock이라는 최종 실행 파일로 두 오브젝트 파일을 링크한다. 그림 1.11은 이 프로세스의 각 단계를 쉽게 이해할 수 있게 동일한 내용을 다이어그램으로 보여준다.

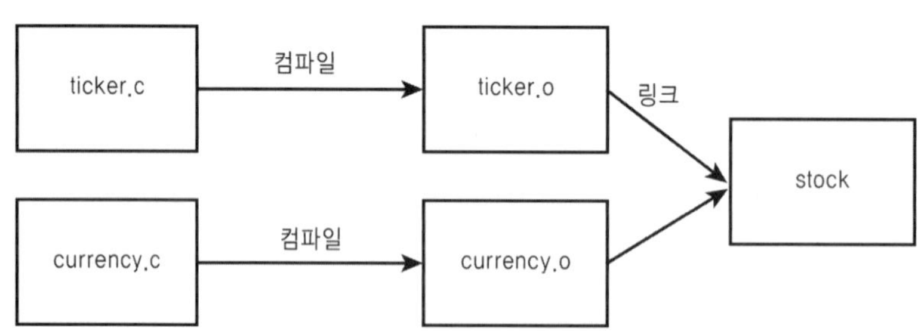

그림 1.11 SCons 기반 빌드 프로세스의 개요

stock 프로그램은 작은 수의 소스 파일로만 구성되기 때문에 빌드 기술이 간단하며, 하나의 파일에 보기 좋게 담길 수 있다. 이보다 큰 프로그램(코드 베이스에 수천 개의 소스 파일이 담겨있는)에서는 수백의 작은 파일들이 빌드 기술로 구성되고는 하는데, 이 파일은 서로 함께 동작하며 전체 프로그램에 대한 빌드 처리법을 찾아낸다.

소프트웨어 개발자의 관점에서 텍스트 기반 빌드 기술은 전체 빌드 프로세스의 심장과도 같다. 모든 빌드 도구에는 파일 종속성과 컴파일 명령을 비롯해 빌드 프로세스를 표현하는 구문syntax이 있다. 이런 빌드 기술 언어는 2부에서 좀 더 살펴보자.

빌드 시스템을 어떻게 사용하는가?

소프트웨어 개발 조직에서는 주로 세 가지 유형의 소프트웨어 빌드가 수행된다. 각 유형은 동일한 빌드 시스템을 사용하지만 빌드의 최종 목적이 서로 다르다.

- **개발자(혹은 개인) 빌드** 개발자가 버전 관리에서 소스코드를 체크아웃해 개인 작업 공간에서 소프트웨어를 개발하는 경우다. 그 결과 릴리스 패키지는 다른 이들과 공유되기보다는 개인 개발 업무에 사용된다. 개발자는 하루에도 몇 번씩 소스코드를 변경하며, 변경할 때마다 증분 재컴파일한다.
- **릴리스 빌드** 릴리스 엔지니어release engineer로 알려진 한 명 이상의 사람을 릴리스 빌드 수행에 배치한다. 유일한 목적은 테스트 그룹이 검증할 수 있게 완전한 소프트웨어 패키지를 제공하는 일이다. 소프트웨어가 충분히 높은 품질을 갖추고 있음을 테스터가 확신할 수 있을 때 비로소 테스트에 사용된 패키지가 고객에게 제공된다. 릴리스 빌드에 사용된 소스 트리는 오직 한 번 컴파일되며 절대로 수정되지 않는다.
- **온전성 빌드** 소프트웨어 패키지가 고객에게 전달되지 않는다는 점을 빼고는 릴리스 빌드와 매우 유사하다. 반면 빌드 프로세스는 버전 관리 시스템의 현재 소스코드가 '온전sane'한지를 판단한다는 점이 다르다. 여기서 '온전'하다란 소프트웨어 빌드가 에러 없이 기본적인 온전성 테스트 항목을 통과했음을 의미한다. 이런 유형의 빌드는 하루에도 여러 번 일어날 수 있으며 완전히 자동화되는 경향이 있다. 많은 개발자는 일일 빌드daily build나 야간 빌드nightly build라는 용어를 이런 시나리오를 나타내는 데 사용한다.

알아본 바와 같이 세 가지 시나리오 간의 중요한 차이는 빌드 시스템이 어떻게 사용되는지 이며, 이는 빌드 시스템이 얼마나 자주 실행되고 최종 프로그램 이미지는 어떻게 사용되는지를 의미한다. 이 책의 목적에 따라 2장부터는 이런 주제를 자세히 다루지는 않지만, 빌드 시스템이 각 사용자 유형을 어떻게 수용할 수 있는지를 구분할 필요는 있다.

빌드 관리 도구

최근 몇 년간 빌드 관리 도구의 사용이 증가 추세에 있다. 이 책의 관점에서는 빌드 관리 도구를 빌드 시스템에 포함된 요소가 아닌 기존 빌드 시스템 상위 밖에 위치하는 추가적인 레이어로 본다. 그림 1.12는 빌드 시스템과 빌드 관리 도구를 구별해 나타낸다.

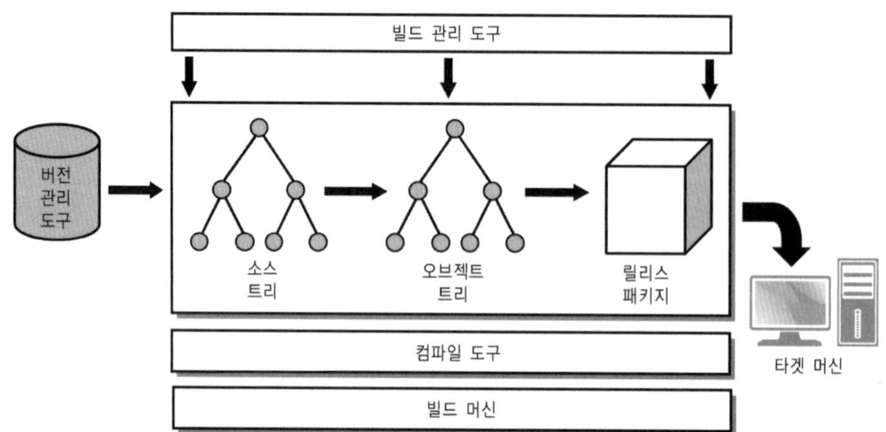

그림 1.12 빌드 시스템을 감시하는 빌드 관리 도구

빌드 관리 도구는 버전 관리 도구와 통신해 빌드 트리를 체크아웃하고, 소프트웨어를 컴파일하기 위해 빌드 시스템을 호출하며, 개발자에게 빌드의 종료를 알린다. 관점에 따라 빌드 관리 도구를 빌드 시스템에 속하는 일부분으로 볼 수도 있겠지만, 이 책에서는 이 둘을 서로 분리해 살펴본다.

훌륭한 빌드 관리 도구는 다음과 같은 기능을 제공한다.

- 미리 정해진 일정이나 단순히 새로운 코드가 커밋될 때 소스 트리를 체크아웃하고 빌드한다.
- 여러 빌드 머신으로 구성된 풀pool을 여러 빌드 작업이 함께 공유할 수 있게 큐 메커니즘을 제공한다. 충분한 수의 머신이 사용 가능한 상태가 되면 다음 작업이 시작된다.
- 다양한 그룹의 사용자에게 이메일로 알림 메시지를 발송한다(빌드 시작이나 빌드 완료, 빌드 결과가 성공인지 실패인지 등).

- 언제 빌드가 이뤄졌는지와 빌드의 성공 여부를 보여주는 그래픽 사용자 인터페이스를 제공한다.
- 각 빌드가 성공한 후 버전 번호를 증가시키며 버전 번호를 관리한다.
- 테스터가 사용할 수 있게 최종 소프트웨어 패키지를 아카이브 디렉터리에 보관한다.
- 모든 성공한 빌드를 대상으로 온전성 검사를 시작한다.
- 누가 최근에 나쁜 코드를 체크인했는지의 '유죄 리스트guilty list'를 통해 어떤 개발자들이 이 리스트에 있는지 알 수 있다.

빌드 관리 도구는 어느 정도 이상의 사람이 모인 모든 소프트웨어 프로젝트에서 중요한 역할을 수행한다. 상용으로 개발된 도구는 물론이고 오픈소스의 지원을 받거나 오픈소스로 개발된 도구와 같은 다양한 도구를 선택할 수 있다. 잘 알려진 도구로는 빌드 포지Build Forge[10], 일렉트릭커맨더ElectricCommander[11], 크루즈컨트롤CruiseControl[12], 허드슨Hudson[13] 등이 있다. 여러 도구 가운데 적합한 도구를 어렵지 않게 찾을 수 있으므로, 직접 빌드 관리 솔루션을 구현할 필요는 없다.

위와 같이 빌드 관리 도구의 간략한 개요를 살펴보았는데, 이 책에서는 이 주제를 더는 자세히 다루지 않는다. 대신 빌드 관리 도구의 아래(그림 1.12를 보라)에 위치한 빌드 시스템의 기능적 측면에 초점을 맞춘다. 참고 문헌[14]은 빌드 관리와 지속적인 통합continuous integration의 개념에 대한 좋은 참고가 될 것이다.

빌드 시스템 품질

소프트웨어와 관련된 다른 주제와 마찬가지로, 여러 시스템 속성은 소프트웨어의 품질이 높은지, 낮은지, 아니면 그 중간 정도인지를 가늠케 한다. 한 빌드 도구 전문가[15]에 따르면 좋은 빌드 시스템은 다음과 같은 특징을 따라야 한다.

- **편의성** 도구와 빌드 기술 파일은 사용하기 편리해야 하고 이를 사용하는 개발자에게 너무 많은 짐을 지워서는 안 된다. 개발자는 빌드 도구의 복잡한 사항을 처리하기보다는 소스코드의 작성에 집중할 수 있어야 한다.
- **정확성** 빌드 도구는 언제나 올바른 컴파일러 옵션을 사용해 정확한 파일을 컴파

일/링크해야 한다. 또한 컴파일 순서가 결과에 영향을 미치는 경우 빌드 도구는 최종 실행 프로그램이 소스 파일의 내용을 항상 잘 반영하게 올바른 순서로 파일을 컴파일해야 한다.

- **성능** 이상적인 환경에서의 빌드 프로세스는 어떤 두드러진 지연도 없이 완료될 수 있겠지만, 현실적으로 보면 빌드는 실행되는 컴퓨팅 장치가 지원하는 한 빠르게 수행돼야 한다.
- **확장성** 빌드 도구는 큰 프로그램(예를 들어 수천 개의 소스 파일로 구성된)을 빌드할 때에도 편리하고, 올바른 릴리스 이미지를 제공하며, 잘 동작해야 한다. 4부에서는 확장성을 주제로 설명한다.

이 책의 나머지 부분에서는 빌드 프로세스를 만들기 위한 좋은 방법과 나쁜 방법을 비롯해 여러 빌드 도구를 사용할 때의 장단점을 분석하는 데 많은 시간을 할애한다. 특히 빌드 시스템의 운영에서 중요한 역할을 수행하는 위 네 가지 특징을 알아보는 데 특별한 노력을 기울인다.

정리

1장에서는 빌드 시스템 전반에 대한 상위 수준의 개요를 살펴봤고, 종단 간 빌드 프로세스의 단계를 설명하는 용어를 소개했다. 빌드와 관련된 애플리케이션의 넓은 범위 때문에 빌드 시스템을 단일 형식으로 묶을 수는 없었다.

빌드 시스템의 첫 단계는 버전 관리 도구를 사용해 소스코드를 저장하고, 소스코드로의 접근을 제어하는 단계다. 다음은 소스 트리에서 소스코드를 수정하고, 오브젝트 트리에 오브젝트 파일을 생성한다. 이는 소스코드를 컴파일하는지 아니면 인터프리트형 언어로 작업하는지에 따라 달라진다.

빌드 도구는 빌드 프로세스의 종단 간 관리를 다루며, 소스 파일(혹은 사용될 수 있는 어떤 유형의 파일이든)로부터 오브젝트 파일을 생성하는 컴파일 도구의 사용을 지휘한다. 각 도구는 모두 빌드 머신에서 실행해야 한다.

빌드 시스템의 최종 생산물은 릴리스 패키지다. 이는 보통 소프트웨어를 타겟 머신에 설치할 수 있는 아카이브 파일 혹은 설치 프로그램이다. 일부는 빌드 시스템의 출력물이 실행 파일이 아닌 문서인 경우도 있다.

빌드 도구가 빌드 프로세스의 세부 사항을 이해하게 하기 위해서는 반드시 빌드 기술로 알려진 알맞은 텍스트 기반 파일을 생성해야 한다. 예를 들어 SCons 도구의 경우 빌드 기술은 파이썬 프로그래밍 언어로 작성돼야 하며, SConstruct라는 이름으로 반드시 저장돼야 한다.

2 Make 기반 빌드 시스템

이 책은 여러분이 이미 어느 정도 소프트웨어 개발 경험이 있는 개발자라는 전제하에 쓰였다. 하지만 개발 경험이 있다고 해서 빌드 시스템을 작성한 경험이 있거나, 기존 빌드 시스템을 이해한다고 가정하지는 않았다. 많은 개발자가 이미 개발된 빌드 시스템이나 마우스 클릭만으로도 수월하게 빌드가 가능한 통합 개발 환경[IDE]에서 개발 작업을 한다. 따라서 기본적인 빌드 시스템을 이해하기란 쉬운 일이 아니다.

2장에서는 C 언어로 작성된 소스 파일 5개를 활용해 빌드 시스템을 소개한다. 이 빌드 시스템은 가장 보편적인 도구이자 여러 빌드 시스템의 기본 개념을 이해하는 데 가장 유용한 GNU Make를 이용해 구현한다.

여러분이 Makefile을 작성해 본 경험이 없다면 더 수준 높은 고급 개념을 익히기 전에 이 예제를 바탕으로 기본적인 Makefile의 개념과 사용법 등을 반드시 익히길 바란다. 이 책에서 다루는 많은 예제가 GNU Make를 이용하므로, Makefile의 개념을 이해하는 일은 매우 중요하다.

반면 Makefile을 작성한 경험이 있는 개발자라면 3장으로 넘어가도 무방하다. 참고로 6장에서 GNU Make 도구에 대해 좀 더 자세히 알아본다.

❋ 계산기 프로그램 예제

2장에서는 예제로서 간단한 계산기 프로그램을 사용한다. 여러분은 일단 이 계산기 프로그램이 C 언어로 작성된 소스코드 파일 4개(add.c, calc.c, mult.c, sub.c)와 헤더 파일 1개(numbers.h)를 포함한다는 사실만 알아두자. 그 밖의 예제 프로그램이 어떻게 동작하는지는 신경 쓰지 않아도 된다.

잘 알고 있듯이 C 언어에서 헤더 파일(파일 확장자가 .h)은 소스코드 파일(파일 확장자가 .c)에 제공할 타입과 변수, 구조체, 클래스, 함수 등을 기술하는 한편, 소스코드 파일은 헤더 파일을 바탕으로 소스코드의 실제 기능(프로그램의 흐름)을 구현한다. 그런 다음 모든 소스 파일이 컴파일돼 오브젝트 파일들이 생성되고 그 오브젝트 파일들이 링크돼 하나의 실행 프로그램인 calculator가 생성된다.

자, 이제 예제를 바탕으로 좀 더 상세히 알아보자. 컴파일하기 전에 소스 파일이 위치한 디렉터리의 파일 목록은 다음과 같다.

```
$ ls
add.c    calc.c    mult.c    numbers.h    sub.c
```

그림 2.1은 디렉터리의 파일을 소스 트리source tree 다이어그램으로 보여준다. 소스 트리는 빌드 시스템의 토대가 되는 구성 요소라 할 수 있다. 따라서 책 전반에 걸쳐 이런 다이어그램을 자주 접할 것이다. 여러분도 상상할 수 있듯이 이 프로그램의 빌드 시스템은 흔히 예제로 사용되는 Hello World 프로그램만큼 손쉽게 만들 수 있는 간단한 예제다.

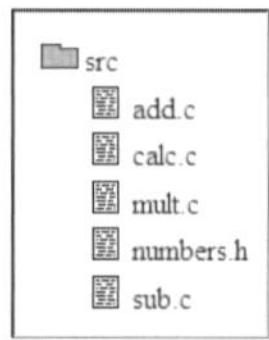

그림 2.1 계산기 예제 프로그램의 소스 트리

C 언어에서 각 소스코드 파일은 기계어 코드machine code 명령이 포함된 단일 오브젝트 파일(유닉스 계열 시스템에서 파일 확장자가 .o인 파일이나 윈도우 시스템에서 파일 확장자가 .obj인 파일)로 컴파일된다. 유닉스 환경에서 GCC로 알려진 GNU C 컴파일러[17]로

소스코드 파일 4개를 개별적으로 컴파일해서 각 오브젝트 파일을 얻을 수 있다.

```
$ gcc -g -c add.c
$ gcc -g -c calc.c
$ gcc -g -c mult.c
$ gcc -g -c sub.c
```

각 gcc 명령의 -c 옵션은 오브젝트 파일을 만드는 옵션이며, -g 옵션[1]은 디버깅을 활성화하는 옵션이다. GCC에 관한 좀 더 자세한 사항은 4장에서 알아본다.

이제 소스 파일이 있는 디렉터리에는 몇 가지 파일이 다음과 같이 추가됐다.

```
$ ls
add.c calc.c mult.c numbers.h sub.o
add.o calc.o mult.o sub.c
```

디렉터리의 내용을 주의 깊게 살펴보면 각 소스코드 파일에 대응하는 오브젝트 파일이 하나씩 생성된 점을 확인할 수 있다. 단, numbers.h 헤더 파일에 대응하는 오브젝트 파일은 생성되지 않았지만, 나머지 소스코드 파일에서 이미 포함하고 있음을 명심하자. 빌드 시스템의 용어 측면에서 설명하자면 이것을 "각 소스코드 파일이 numbers.h 헤더 파일에 의존한다."라고 한다.

계산기 프로그램을 최종적으로 빌드하기 위해 다음과 같이 모든 오브젝트 파일을 하나의 실행 파일로 링크시킨다.

```
$ gcc -g -o calculator add.o calc.o mult.o sub.o
$ ls
add.c    calc.c    calculator    mult.o       sub.c
add.o    calc.o    mult.c        numbers.h    sub.o
```

이것으로 계산기 프로그램의 빌드에 관한 모든 절차가 완료됐다. 그림 2.2는 계산기 프로그램의 종속성 그래프dependency graph를 도식화한 것이다.

1. gdb와 같은 디버깅 도구로 실행 파일을 디버깅할 때 필요한 정보를 내포하게 하는 옵션 – 옮긴이

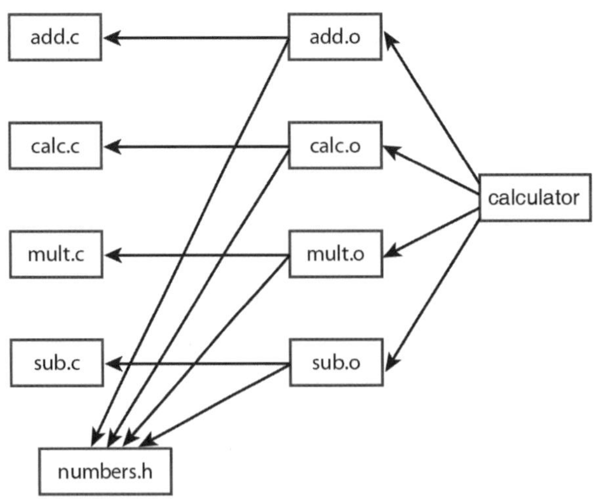

그림 2.2 계산기 프로그램의 종속성 그래프

여러 가지 이유로 빌드 시스템에서 종속성 그래프는 매우 중요하다. 그래프를 바탕으로 빌드 시스템에 관련된 파일들뿐만 아니라 그 파일들 간의 종속성 관계도 한눈에 파악할 수 있기 때문이다. GNU Make와 같은 빌드 도구build tool는 컴파일을 수행할 때 종속성 그래프를 이용해 최적화된 컴파일을 수행한다. 예를 들어 add.o에서 발생한 화살표는 add.c와 numbers.h를 향하고 있는데, 이는 add.c와 numbers.h는 add.o를 컴파일하는 데 필요한 소스 파일임을 뜻한다. 게다가 이 두 소스 파일 중 하나라도 수정된다면 add.o는 반드시 다시 컴파일돼야 한다. 반대로 add.o을 컴파일한 후에 이들 파일에 변경한 사항이 없다면 다시 컴파일할 필요가 없다. 이 개념을 바탕으로 예제 프로그램의 종속성 그래프를 어떻게 GNU Make 환경에 맞게 작성하는지를 함께 알아보자. 나는 여러 빌드 도구(예, GNU Make와 Ant, SCons, CMake, 이클립스)에서 빌드 시스템의 종속성 그래프를 명시하는 방법의 차이를 알기 위해 많은 시간을 투자해서 조사했다.

간단한 Makefile 작성

지금부터 GNU Make 빌드 도구를 활용해 예제 프로그램이 어떻게 구현되는지 알아보자. 종속성 그래프는 순전히 수학적인 개념이기 때문에 소스코드 형식으로 표현할 방법이 필요하다. 즉, 컴파일 명령을 사용할 수 있게 컴파일할 파일을 나열하고 이들 간의 종속성을 나타내는 평문plain text(일반 텍스트)를 사용해야만 한다. 그리고

GNU Make 도구는 직관적인 번역 기능을 제공한다.

다음 Makefile은 소스 파일이나 오브젝트 파일과 동일한 디렉터리에 있다.

```
1  calculator: add.o calc.o mult.o sub.o
2        gcc -g -o calculator add.o calc.o mult.o sub.o
3
4  add.o: add.c numbers.h
5        gcc -g -c add.c
6
7  calc.o: calc.c numbers.h
8        gcc -g -c calc.c
9
10 mult.o: mult.c numbers.h
11       gcc -g -c mult.c
12
13 sub.o: sub.c numbers.h
14       gcc -g -c sub.c
```

GNU Make(6장 참조)에 대해 좀 더 자세히 알게 되면 이 Makefile의 구현 방식이 비효율적이라는 점을 금방 눈치 챌 수 있지만, 종속성 그래프를 이해하기에는 이 Makefile이 유용하다. Makefile의 각 섹션은 새로운 규칙rule이 기술돼 있다. 1번 행에는 calculator가 의존하는 모든 파일(add.o, calc.o, mult.o, sub.o)의 목록이 기술돼 있다. 2번 행에는 오브젝트 파일들로부터 calculator를 생성하기 위한 유닉스 명령이 기술돼 있다.

4번 행에는 add.o가 add.c와 numbers.h에 의존한다는 점이 기술돼 있으며, 마찬가지로 5번 행에는 add.o를 생성하기 위한 유닉스 명령이 기술돼 있다. Makefile의 나머지 내용 또한 나머지 소스 파일과 오브젝트 파일에 대한 유사한 규칙이 기술돼 있다.

한 가지 주의할 사항은 Makefile에서 사용되는 모든 유닉스 명령(예, 2번, 5번, 8번, 11번, 14번 행)은 스페이스 바space bar로 공백을 만들면 에러가 발생하므로, 대신 탭tab으로 공백을 만들어야 한다. 이 특성은 이전부터 Makefile을 처음 접하는 자에게 많은 혼란을 줘 왔다. 이 규칙을 모르거나 잊어버렸다면 다음과 같은 에러 메시지를 볼 수 있다.

```
Makefile le:2: *** missing separator (did you mean TAB instead of
➥8 spaces?).
```

모든 소스 파일과 Makefile이 동일한 디렉터리에 있다고 가정하고, 유닉스 셸의 gmake[2] 명령을 실행해 모든 소스 파일을 컴파일한다.

```
$ gmake
gcc -g -c add.c
gcc -g -c calc.c
gcc -g -c mult.c
gcc -g -c sub.c
gcc -g -o calculator add.o calc.o mult.o sub.o
```

GNU Make는 먼저 Makefile을 조사하고 나서 종속성 그래프를 생성한다. 그러고 나서 이 종속성 그래프를 바탕으로 실행할 명령을 결정한다. 또한 GNU Make는 calculator 실행 파일을 만들기 전에 모든 오브젝트 파일이 존재하는지 자동으로 검사한 후 실행할 명령의 순서를 결정한다.

빌드 도구에서 다음으로 중요한 개념은 증분 빌드incremental build다. GNU Make는 맹목적으로 빌드하는 대신 오브젝트 파일이 존재하는지 아니면 컴파일해야 하는지를 판단하기 위해 사전 분석을 한다. 따라서 처음 빌드를 수행한 다음 GNU Make를 호출하면 이전보다 빌드 작업량이 현저히 줄어든다.

```
$ gmake
gmake: 'calculator' is up to date.
```

위 경우 GNU Make는 파일의 타임스탬프를 기준으로 자신이 생성한 모든 파일이 소스 파일보다 더 최근에 생성됐는지 판단한다. 생성된 모든 파일이 소스 파일보다 최신 상태이면 아무런 작업도 하지 않는다. 소프트웨어 개발자로서 위와 같은 작업이 어떻게 구현되는지 생각한 적이 없더라도 이 개념을 명심해두자.

특정 소스 파일(예, add.c)이 수정됐다면 해당 파일의 타임스탬프가 자동으로 갱신된다. 그 결과 GNU Make는 오브젝트 파일(add.o)이 더는 최신이 아니며, 갱신할

2. 리눅스에서는 gmake(GNU Make)와 make가 동일하다. 실제 /usr/bin/gmake는 /usr/bin/make 실행 파일의 링크 파일에 불과하다. 하지만 BSD 계열에서는 BSD 자체의 make가 있기 때문에 gmake와 구별한다. - 옮긴이

필요가 있다고 판단하고, add.o와 calculator를 다시 컴파일한다.

```
$ gmake
gcc -g -c add.c
gcc -g -o calculator add.o calc.o mult.o sub.o
```

numbers.h 헤더 파일이 수정됐다면 모든 소스코드 파일이 numbers.h 헤더 파일에 의존하므로, 모든 오브젝트 파일과 calculator 실행 파일이 다시 컴파일된다.

```
$ gmake
gcc -g -c add.c
gcc -g -c calc.c
gcc -g -c mult.c
gcc -g -c sub.c
gcc -g -o calculator add.o calc.o mult.o sub.o
```

마지막으로, Makefile에서 각 오브젝트 파일에 대한 규칙이 개별적으로 기술돼 있지 않다면 증분 빌드는 실행되지 않는다. 다음 코드와 같이 규칙의 오른쪽에 모든 소스 파일을 열거하면 GNU Make는 소스 파일 중 하나가 수정되더라도 모든 소스 파일을 처음부터 다시 컴파일한다. 하지만 이 방법이 비효율적이라는 것은 직관적으로 알 수 있다.

```
1  calculator: add.c calc.c mult.c sub.c numbers.h
2          gcc -g -o calculator add.c calc.c mult.c sub.c numbers.h
```

2번 행은 이전보다 간결하게 하나의 실행 명령만을 포함하고 있을 뿐이지만, 컴파일러가 호출될 때마다 모든 소스 파일을 컴파일한다. 이전 예제(오브젝트 파일을 개별적으로 생성하는 예제)와 비교해보자. 위 경우 한 번의 명령으로 모든 소스 파일을 컴파일하고 그들을 링크시켜 실행 파일을 생성한다.

자, 이제 어떻게 하면 Makefile을 최적화할 수 있는지를 생각해보자. 결국 각 소스 파일과 오브젝트 파일의 대응을 개별적인 규칙으로 기술하는 것이 비효율적일 수밖에 없다.

Makefile의 간결화

이전에 Makefile을 접한 경험이 없을지라도 앞 예제에서 볼 수 있는 많은 중복적인 구문이 “과연 필요할까?”라는 의심이 들 것이다. 개발자뿐만 아니라 빌드 시스템도 중복적인 구문이 안 좋다는 것을 알고 있다. 그래서 Makefile을 좀 더 수월히 만들기 위해 GNU Make는 일반적인 작업에서 기본 내장 규칙built-in rule을 제공한다. 이는 바로 별도의 지정 없이도 a.c 파일을 a.o 파일로 컴파일하는 기능이다. 따라서 위 예제를 다음과 같이 좀 더 간결하게 다시 작성할 수 있다.

```
1  calculator: add.o calc.o mult.o sub.o
2          gcc -g -o calculator add.o calc.o mult.o sub.o
3
4  add.o calc.o mult.o sub.o: numbers.h
```

1번 행과 2번 행은 이전 Makefile의 내용과 동일하지만 나머지 대부분은 제거됐다. GNU Make는 오브젝트 파일이 동명의 소스 파일에 의존하는 점(예, add.o가 add.c에 의존)을 이미 알고 있다. 단지 모든 오브젝트 파일이 numbers.h 헤더 파일에 의존하는 점을 명시적으로 기술하면 된다.

코드를 더욱 읽기 쉽게 하려고 심볼 이름symbolic name을 사용하면 더욱 최적화된다. GNU Make는 프로그래밍 언어에서와 같이 Makefile에 변수도 사용할 수 있게 제공한다. 자, 이제 변수가 사용된 예제를 알아보자.

```
1  SRCS = add.c calc.c mult.c sub.c
2  OBJS = $(SRCS:.c=.o)
3  PROG = calculator
4  CC = gcc
5  CFLAGS = -g
6
7  $(PROG): $(OBJS)
8          $(CC) $(CFLAGS) -o $@ $^
9
10 $(OBJS): numbers.h
```

1번 행에는 SRCS 변수에 모든 소스코드 파일이 정의됐다. 2번 행에는 OBJS 변수에 편리한 GNU Make 구문syntax으로 SRCS 변수에 있는 모든 소스 파일명에서 .c를

.o로 대체한 것(확장자만 변경)이 정의됐다. 따라서 OBJS 변수는 모든 오브젝트 파일의 목록이 된다.

3번 행에는 PROG 변수에 실행 파일명이 정의됐다. 4번 행에는 CC 변수에 컴파일러 도구 이름(gcc)이 정의됐다. 이 값들이 Makefile에서 여러 번 참조될 경우 특정한 곳에 정의해두면 아주 효율적이다(많은 프로그래밍 언어에서 상수와 변수를 정의할 수 있게 하는 이유이기도 하다).

5번 행에는 CFLAGS 변수에 디버깅 정보 포함 옵션이 부여됐다. 암묵적으로 소스 코드 파일로부터 오브젝트 파일을 생성하는 이전 예제에서는 CFLAG 변수를 사용하지 않았던 점을 유념하자.

7~8번 행은 이전 예제와 동일하다. 다만 변수로 대체됐을 뿐이다. 자, 그럼 Makefile의 매크로 중 하나인 $@와 $^에 대해 알아보자. $@는 규칙의 왼쪽에 기재된 $(PROG), 즉 calculator를 가리키며, 타겟이라고 불린다. $^는 규칙의 오른쪽에 기재된 $(OBJS)를 가리키며, 모든 오브젝트 파일을 의미한다. 이런 매크로는 처음에는 혼란스럽지만 큰 빌드 시스템에서 아주 유용하므로 익숙해지게 노력해야 한다. Makefile의 매크로에 대해서는 6장에서 자세히 알아본다.

이제 여러분은 Makefile이 소프트웨어를 컴파일만 하는 것이 아니라, 그 밖의 기능을 포함하고 있으리라고 기대할 것이다. 그럼 같이 살펴보자.

빌드 타겟 추가

빌드 시스템은 프로그램을 컴파일하는 일 외에도 많은 일을 할 수 있다. 이미 1장에서 살펴봤듯이 빌드 시스템은 웹 애플리케이션 생성과 PDF 문서 생성, 정적 분석static analysis 수행, 단위 테스트unit test 등을 실행할 수 있다. 사실 빌드 시스템은 입력 파일로부터 출력 파일이 생성되는 과정상에서 어떤 일도 처리할 수 있다. 심지어 파일을 제거하거나 한 위치에서 그 외의 위치로 복사하는 기능도 포함한다.

C 언어 빌드 시스템에서 가장 보편적인 작업으로는 빌드 트리build tree를 클리닝clean, 타겟 머신에 실행 파일을 설치install하는 일을 들 수 있다.

clean 타겟은 소프트웨어를 컴파일할 때 생성된 모든 파일을 제거하는 일을 주된 목적으로 하며, install 타겟은 타겟 머신의 표준 바이너리 경로로 실행 파일을 복사하는 일을 주된 목적으로 한다.

그럼 Makefile에서 이 타겟들이 어떻게 사용되는지 알아보자.

```
 1  SRCS = add.c calc.c mult.c sub.c
 2  OBJS = $(SRCS:.c=.o)
 3  PROG = calculator
 4  CC = gcc
 5  CFLAGS = -g
 6  INSTALL_ROOT = /usr/local
 7
 8  $(PROG): $(OBJS)
 9          $(CC) $(CFLAGS) -o $@ $^
10
11  $(OBJS): numbers.h
12
13  clean:
14          rm -f $(OBJS) $(PROG)
15
16  install: $(PROG)
17          cp $(PROG) $(INSTALL_ROOT)/bin
```

clean 타겟이 13, 14번 행에 추가됐다. 이전 예제와 달리 규칙 오른쪽에 입력 파일 목록이 없지만, 이는 표준 GNU Make 규칙 중 하나다. 입력 파일의 타임스탬프를 확인하지 않고 이 타겟은 항상 실행된다. 이 타겟이 호출되면 다음과 같다.

```
$ gmake clean
rm -f add.o calc.o mult.o sub.o calculator
```

규칙 오른쪽에 어떤 입력 파일도 기술하지 않았으므로, 재차 clean 타겟을 호출해도 동일한 결과를 얻는다.

```
$ gmake clean
rm -f add.o calc.o mult.o sub.o calculator
```

이 규칙에서 GNU Make는 rm[3] 명령의 실행을 회피할 방법이 없다. 파일의 타임스탬프를 확인함으로써 중복 실행을 회피해 왔지만, 타임스탬프 정보를 찾을 수 없기 때문이다. 소스 파일과 오브젝트 파일(예, add.c와 add.o)의 타임스탬프를 비교하

---

3. 유닉스에서 파일이나 디렉터리 삭제 명령으로, DOS의 rm과 유사하다. - 옮긴이

는 이전 규칙과 대조를 이룬다. 게다가 디스크상에 clean이라는 파일이 이미 존재한다면 어떤 문제가 발생할까? 이 점에 관해서는 6장에서 상세히 알아보자.

install 타겟은 16, 17번 행에 추가됐다. 이번 규칙에서는 규칙 오른쪽에 파일명($(PROG) 즉, calculator)이 기술돼 있으므로, GNU Make는 install 타겟이 호출될 때 자동으로 calculator 프로그램 전체가 최신으로 갱신되는 것을 보장한다. 17번 행의 cp[4] 명령은 실행 파일(calculator)을 /usr/local/bin 디렉터리(INSTALL_ROOT 변수(6번 행에서 정의))로 복사한다.

```
$ gmake install
gcc -g     -c -o add.o add.c
gcc -g     -c -o calc.o calc.c
gcc -g     -c -o mult.o mult.c
gcc -g     -c -o sub.o sub.c
gcc -g -o calculator add.o calc.o mult.o sub.o
cp calculator /usr/local/bin
```

install 타겟이 두 번째로 호출될 때에는 몇 가지 작업을 수행하지만, 그 작업량이 첫 호출 때보다 많지 않다.

```
$ gmake install
cp calculator /usr/local/bin
```

GNU Make는 calculator 실행 파일이 모든 오브젝트 파일보다 최신의 타임스탬프를 갖고 있다고 판단하면 calculator 실행 파일을 다시 컴파일하지 않는다. 하지만 디스크상에 install이라는 파일이 없으므로 GNU Make는 clean 타겟에서와 같이 cp 명령을 매번 호출한다.

프레임워크 사용

이전 예제보다 좀 더 복잡한 새로운 빌드 시스템 예제를 소개하겠다. 빌드 시스템이 커지고 상세해질수록 Makefile을 읽고 이해하려면 더 전문적인 지식이 필요하다. 6장을 사세히 읽은 후라면 GNU Make 구문을 활용해서 작성된 Makefile을 이해하

4. 유닉스에서 파일이나 디렉터리 복사 명령으로, DOS의 copy 명령과 유사하다. – 옮긴이

는 것이 더욱 수월하리라 여겨진다.

대부분 빌드 시스템에서의 일반적인 관행은 프레임워크를 만드는 일이다. 즉, 빌드 시스템의 모든 부분이 소프트웨어 개발자가 일일이 신경 쓰지 않아도 될 만큼 별도의 파일들로 관리되는 것이다. 이를 바탕으로 개발자는 주로 관심을 두는 소스 파일 목록과 컴파일 옵션에 집중할 수 있다. 그 결과 대부분의 소프트웨어 개발자는 복잡한 프레임워크를 읽거나 이해할 필요 없이 효율적으로 개발 작업을 할 수 있다.

예를 들어 다음 Makefile은 일반적인 소프트웨어 개발자가 이해하는 데 필요한 정보만을 제공한다.

```
1  SRCS = add.c calc.c mult.c sub.c
2  PROG = calculator
3  HEADERS = numbers.h
4
5  include framework.mk
```

1~3번 행은 가장 기본적인 정보를 제공한다. 즉, 컴파일될 소스 파일 목록과 실행 파일명, 헤더 파일 목록만 기술하고 있다. 이는 간단한 프로그램을 컴파일하는 데 필요한 모든 정보를 포함하고 있으므로 소프트웨어 개발자라면 누구든지 관심을 둔다.

5번 행에서는 프레임워크 파일을 포함하는 구문이 있다. 이 프레임워크 파일에는 GNU Make 규칙과 그 밖의 고급 정의가 기술돼 있다. 그럼 해당 내용을 살펴보자.

```
OBJS = $(SRCS:.c=.o)
CC = gcc
INSTALL_ROOT = /usr/local

ifdef DEBUG
CFLAGS = -O -g
else
CFLAGS = -O
endif

$(PROG): $(OBJS)
	$(CC) $(CFLAGS) -o $@ $^

```

```
14  $(OBJS) : $(HEADERS)
15
16  clean:
17          rm -f $(OBJS) $(PROG)
18
19  install: $(PROG)
20          cp $(PROG) $(INSTALL_ROOT)/bin
```

이제 여러분은 framework.mk 파일 내용의 대부분이 익숙할 것이다. 하지만 어디에도 소스 파일명과 실행 파일이 기술돼 있지 않다. 이들은 프레임워크에 기술돼 있지 않고 Makefile에 기술돼 있다는 점을 유념하길 바란다. 이 프레임워크에서 특히 유념해야 할 점은 5~9번 행이다. 5번 행에서 `DEBUG` 심볼이 존재하는지 테스트하는데, 이 `DEBUG` 심볼은 프레임워크 파일을 호출하는 Makefile이나 유닉스 커맨드라인에서 설정될 수 있다.

예를 들어 calculator 프로그램의 표준 빌드는 컴파일 시 `-O`(최적화) 옵션을 이용한다.

```
$ gmake
gcc -O     -c -o add.o add.c
gcc -O     -c -o calc.o calc.c
gcc -O     -c -o mult.o mult.c
gcc -O     -c -o sub.o sub.c
gcc -O -o calculator add.o calc.o mult.o sub.o
```

반면에 커맨드라인에서 gmake 실행 시 `DEBUG` 변수 값을 1로 설정하면 컴파일 시 `-g` 옵션이 활성화된다.

```
$ gmake DEBUG=1
gcc -O -g     -c -o add.o add.c
gcc -O -g     -c -o calc.o calc.c
gcc -O -g     -c -o mult.o mult.c
gcc -O -g     -c -o sub.o sub.c
gcc -O -g     -o calculator add.o calc.o mult.o sub.o
```

앞으로 이 책의 전반에 걸쳐 많이 보겠지만, 세분화된 프레임워크 파일을 이용하는 일은 Makefile 작성 시에 발생하는 많은 복잡성을 특정한 곳에 간결하게 집중 관리할 수 있는 장점이 있다. 또한 빌드 시스템은 프레임워크 파일을 포함하는 Makefile을 많이 포함할 수 있다.

정리

종속성 그래프는 빌드 트리에 있는 파일 간의 관계를 보여주는 수학적 구조체다. 오브젝트 파일이 특정 소스 파일에 의존(종속성 그래프에서 화살표가 있을 경우)한다면 해당 소스 파일의 내용이 변경될 때 오브젝트 파일은 반드시 다시 생성돼야 한다.

소프트웨어 빌드 시스템이 동작하려면 종속성 그래프는 빌드 도구가 이해할 수 있는 형식으로 작성돼야 한다. GNU Make 도구의 경우 해당 종속성 그래프는 Makefile로 알려진 텍스트 기반 형태로 표현된다.

빌드 도구는 소스 파일에 대응하는 오브젝트 파일을 생성하기 위해 컴파일한 후 그들을 링크해 실행 파일을 생성한다. 이미 오브젝트 파일과 실행 파일이 존재한다면 빌드 도구는 마지막으로 컴파일이 호출된 이후에 소스 파일에 변경 사항이 있는지를 확인하기 위해 해당 파일들의 타임스탬프를 조사한다. 이 접근법을 증분 빌드라 칭하며, 재차 컴파일하는 일을 최소한으로 줄여준다.

빌드 도구는 종속성 그래프를 표현하는 일 외에도 많은 기능을 포함한다. 빌드 도구는 변수와 조건부 구문, 기타 문법 구문을 포함하며, 이 기능들은 빌드 시스템을 더욱 수월하게 구현하는 데 유용하다.

대부분의 빌드 시스템은 단순히 프로그램을 컴파일하는 차원을 넘어 `clean`, `install` 같은 추가 빌드 타겟을 제공한다. 마지막으로 프레임워크는 개발자가 빈번하게 직면하는 빌드 도구의 근본적인 복잡성을 더욱 간결하고 명료한 세부 사항 절차(예, 파일명과 옵션 등)로 세분화하는 데 널리 이용된다.

3 프로그램의 런타임 뷰

1장에서는 기본적인 소스코드 트리부터 시작해서 타겟 머신에 설치할 소프트웨어 패키지까지의 빌드 프로세스에 대한 개략적인 내용을 다뤘다. 3장에서는 각 빌드 단계를 살펴보기 전에 타겟 머신에서 프로그램이 실행되는 구조와 프로그램의 어떤 파일들이 메모리에 올라가는지 살펴본다.

빌드 시스템을 더욱 잘 이해하기 위해서는 실행 중인 프로그램이 어떻게 동작하는지 잘 알고 있어야 한다. 프로그램이 메모리에 로드되고 실행되는 방법은 어떤 오브젝트 파일과 실행 파일, 그리고 배포 패키지가 만들어져야 하는지 결정하게 된다. 프로그램이 순수한 기계어 코드machine code로 변환돼 실행되는지, 아니면 런타임 시에 부분적으로 인터프리트interpret돼 실행되는지, 또한 단일 프로그램으로 구성돼 있는지, 아니면 여러 개의 프로그램으로 구성돼 있는지에 따라 빌드 시스템이 생성해야 하는 결과물은 달라진다.

또한 프로그램의 런타임 뷰는 사용되는 프로그래밍 언어와 런타임 환경을 지원하는 운영체제에 따라 달라진다. 4장에서 유닉스와 윈도우 기반 프로그램에 관해 상세히 다룬다. 하지만 여기서는 대부분의 컴퓨팅 플랫폼에서 동일한 상위 개념에 집중하자.

- **실행 프로그램** CPU에서 실행되는 컴퓨터가 이해할 수 있는 명령 집합과 해당 데이터 값이며, 메모리로 로드돼 실행될 수 있는 코드 전체가 컴파일된 프로그램이다.

- **라이브러리** 여러 프로그램에서 공통으로 사용되는 오브젝트 코드의 집합이다. 운영체제 대부분은 재사용 가능한 일단의 표준 라이브러리를 포함하고 있기 때문에 각 프로그램은 고유의 라이브러리를 반드시 갖고 있지 않아도 된다. 라이브러리는 직접 메모리로 로드되거나 실행될 수 없으며, 반드시 실행 프로그램과 링크된 후 사용된다.
- **설정 파일과 데이터 파일** 실행 가능한 명령으로 구성돼 있지 않다. 유용한 데이터와 설정 정보를 제공하며, 프로그램이 디스크로부터 로드해 사용한다.

다음 절에서 소프트웨어 구조에 대한 이해를 돕기 위해 다이어그램을 추가해 각 개념을 설명한다. 각 개념에 따라 빌드 시스템은 각기 다른 결과물을 생성한다는 사실을 알아두기 바란다. 그리고 생성된 결과물 대부분은 파일 형태로 디스크에 저장된다.

실행 프로그램

실행 프로그램은 명령 집합으로 구성되며, 메모리에 로드돼 CPU에 의해 실행된다. 일반적으로 윈도우 환경에서는 아이콘을 더블클릭해서 프로그램을 실행시키거나 명령 셸command shell에서 프로그램 이름으로 실행시킨다. 때로는 컴퓨터가 부팅할 때 시작되거나 스케줄러에 의해 특정 시간에 호출되는 때도 있다.

프로그램이 메모리에 로드되고 난 후 컴파일이 이뤄진 정도와 프로그램 실행에 필요한 부분을 운영체제가 제공하는 정도에 따라 프로그램을 실행시키는 다양한 방법이 있다.

네이티브 기계어 코드

빌드 시스템은 실행 프로그램을 CPU에 종속하는 네이티브 기계어 코드machine code로 변환하며, CPU는 프로그램의 시작 주소로 점프해 모든 명령을 실행한다. 프로그램은 실행 중에 운영체제에 파일과 같은 시스템 리소스를 요청하기도 한다(그림 3.1).

소프트웨어 시스템에서 프로그램의 실행 속도가 아주 중요하거나 CPU의 기능을 최대한 활용해야 하는 경우 C와 C++ 같은 언어로 네이티브 기계어 코드를 만들어 사용한다. 이는 프로그램의 실행 속도가 가장 빠른 방법이다.

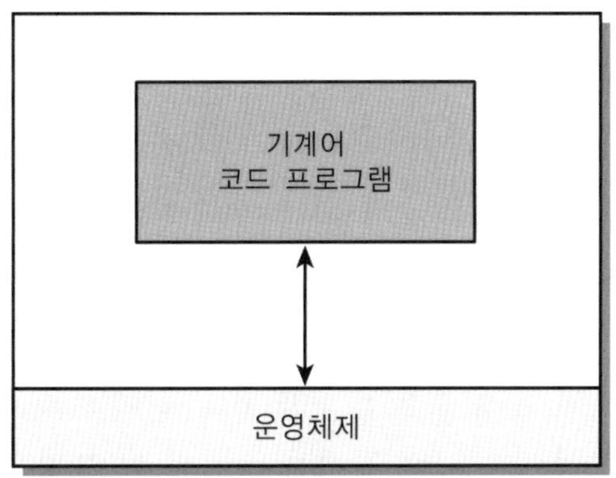

그림 3.1 기계어 코드 프로그램과 운영체제 간의 상호 작용

네이티브 기계어 코드 프로그램에서 빌드 시스템은 실행 프로그램 파일을 생성하는데, 이 파일을 일반적으로 프로그램이나 실행 파일, 바이너리라고 부른다.

모놀리식 시스템 이미지

맥 OS X이나 윈도우, 리눅스 같은 운영체제가 탑재된 데스크톱 컴퓨터의 경우 컴퓨터를 사용하기 위한 마우스와 키보드, 그리고 프로그램의 결과를 확인하는 모니터가 보편적으로 사용된다. 하지만 자동차와 텔레비전 그리고 주방기기 등과 같은 장치에 내장된 임베디드 시스템은 아주 작은 운영체제가 실행되거나 심지어 운영체제가 없는 때도 있다(그림 3.2). 대부분 이와 같은 컴퓨터는 한 번에 하나의 프로그램만 실행한다.

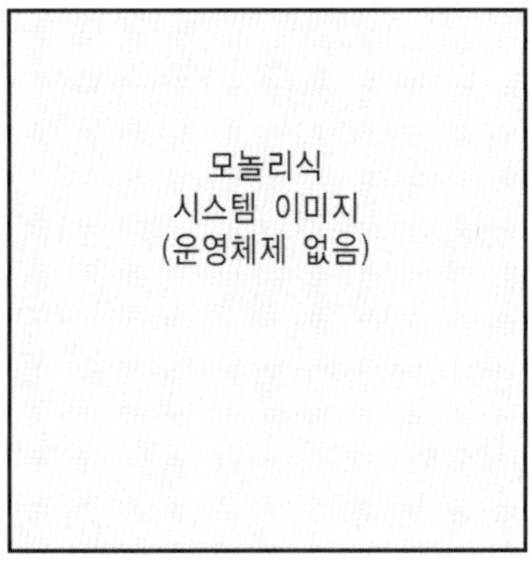

그림 3.2 머신을 제어하는 운영체제가 없는 모놀리식 시스템 이미지

대부분의 임베디드 시스템은 저렴하고 단순하게 만들기 위해 제한된 CPU 파워와 메모리를 갖게 되는데, 유닉스나 윈도우 같은 운영체제에서 실행되는 프로그램을 만들 때보다 쉽지 않고 더욱 까다로운 것이 일반적이다. 임베디드 시스템을 위한 빌드 시스템은 윈도우나 유닉스 같은 별도의 빌드 서버에서 컴파일되며, 빌드 서버에서 생성된 릴리스 패키지가 임베디드 장치로 전송돼 실행된다.

인터프리터 방식이 가끔 사용되기도 하지만, 많은 임베디드 시스템에서는 하나의 프로그램이 전체 메모리를 사용하는 네이티브 기계어 코드 실행 방식을 사용한다. 빌드 시스템 관점에서 주목해야 할 점은 최종 릴리스 패키지가 컴퓨터 메모리에 직접 로드되는 하나의 큰 파일이라는 사실이다. 이런 파일은 컴퓨터에 단독으로 로드되기 때문에 종종 이미지(메모리 이미지 또는 시스템 이미지의 줄임말)라고 부른다.

전체가 인터프리트되는 프로그램

꽤 많은 프로그래밍 언어가 기계어 코드로 컴파일되지 않는다. 대신 전체 소스코드가 메모리로 로드된 후 인터프리터에 의해 실행된다(그림 3.3). 초기 BASIC 언어가 이에 해당하며, 유닉스의 셸 스크립트는 지금도 이런 방식으로 실행된다.

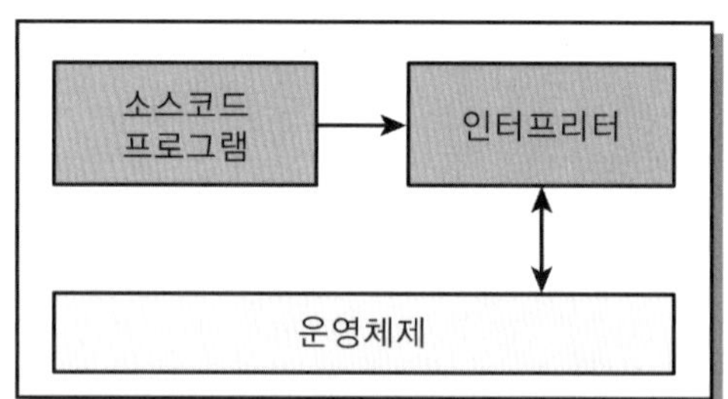

그림 3.3 인터프리터가 소스코드를 처리한다.

소스코드가 오브젝트 파일로 컴파일되지는 않지만, 빌드 시스템은 다음과 같이 많은 작업을 수행해야 한다. 소스코드를 타겟 머신에 설치할 수 있게 릴리스 패키지를 생성해야 할 뿐만 아니라 단위 테스트unit test 생성, 정적 분석static analysis 수행, 그리고 문서 생성은 빌드 시스템이 수행해야 하는 일반적인 작업이다. 마지막으로 일부 인터프리트형 언어interpreted language는 컴파일 언어와 통합해 컴파일된 코드와 인터프리트될 코드가 결합한 하이브리드 소프트웨어를 만들기도 한다.

인터프리트된 바이트 코드

바이트 코드는 네이티브 기계어 코드와 유사하지만 CPU에서 바로 실행될 수 없으며, 네이티브 기계어 코드로 변환되거나 인터프리터를 거쳐 실행된다. 그러므로 바이트 코드를 실행하려면 그 외의 인터프리터이나 컴파일러가 메모리에 로드돼야 한다.

예를 들면 자바가 플랫폼 독립적인 이유는 빌드 시스템에서 CPU에 종속하는 네이티브 기계어 코드를 생성하는 대신, 자바 컴파일러가 머신 독립적인 바이트 코드를 생성하기 때문이다. 그래서 컴파일된 자바 프로그램은 자바 가상머신Java Virtual Machine과 함께 실행된다. 가상머신의 동작 방식은 두 가지가 있는데, 바이트 코드를 인터프리트해 프로그램이 실행되는 것처럼 동작하는 방식과 바이트 코드를 네이티브 기계어 코드로 변환해 실행하는 JITJust In Time 컴파일 방식이 있다. 두 방식 가운데 후자인 JIT 컴파일 방식이 더 많이 사용된다.

바이트 코드 프로그램은 일반적으로 바이트 코드 파일, 클래스 파일(자바에서), 매니지드 코드 어셈블리(닷넷에서)로 불린다. 대체로 빌드 시스템은 바이트 코드 인터프리터에 의해 메모리에 로드될 파일을 생성한다.

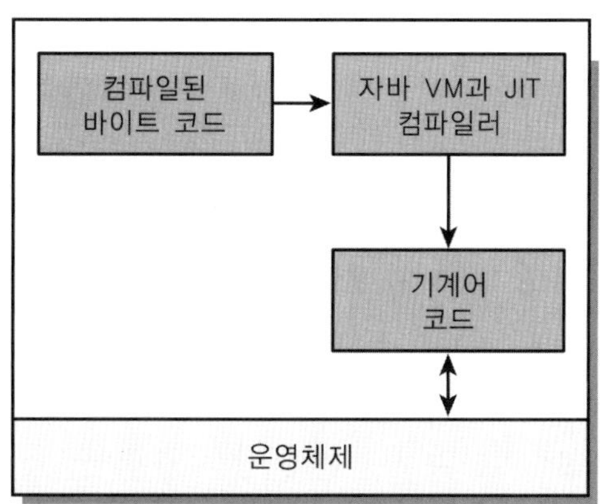

그림 3.4 자바 가상머신이 바이트 코드를 네이티브 기계어 코드로 변환

다음으로 넘어가기 전에 앞에서 설명한 바이트 코드 모델과, 펄과 파이썬의 바이트 코드 모델을 비교해보자. 빌드 시스템 입장에서 펄과 파이썬 언어는 컴파일된다기보다는 인터프리트된다. 실제로 두 언어의 빌드 프로세스에는 컴파일 단계가 없고, 소스 파일을 모아 릴리스 패키지에 모아두기만 한다.

하지만 이런 인터프리트형 언어는 그림 3.5에 보이는 것과 같이 실행 중에 바이트 코드를 사용한다. 펄과 파이썬 스크립트가 바이트 코드로 변환된다는 관점에서 전통적인 빌드 시스템이 실행 환경에 포함돼 있다고 볼 수 있다.

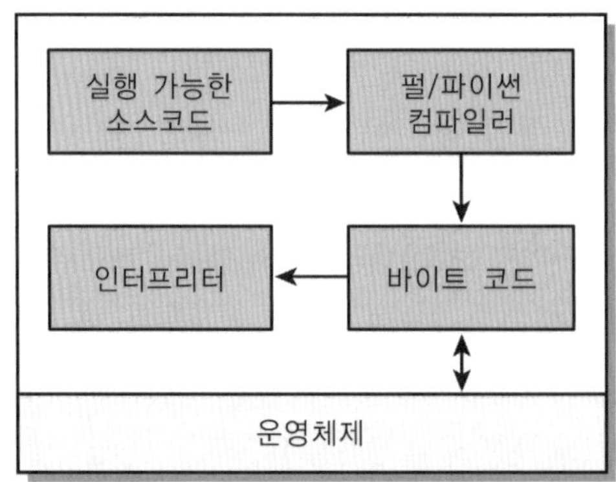

그림 3.5 펄과 파이썬 소스코드는 실행 중에 바이트 코드로 컴파일된다.

이 방법의 장점은 일련의 수정, 컴파일, 실행 과정 중 컴파일을 하지 않아도 되므로 소스코드의 수정을 바로 다음 실행 때 반영할 수 있다는 점이다. 하지만 실행하기 전까지 소스코드의 구문 에러를 확인할 수 없다는 단점을 갖고 있다.

라이브러리

라이브러리 또한 빌드 시스템에서 생성되는 중요한 결과물이다. 하나의 개발 조직이 프로그램 코드 전체를 만든다고 생각할 수도 있지만, 실제로 그런 경우는 많지 않다. 대신 개발자는 다른 개발자나 외부에서 작성된 라이브러리를 사용하는 경우가 많다. 이런 라이브러리는 디스크에 파일로 존재하며, 여러 프로그램에서 재사용할 수 있는 함수의 집합으로 구성돼 있다. 결국 개발자는 항상 프로그램 전체를 만들기보다는 이미 빌드된 라이브러리를 자신이 구현한 부분과 결합해 하나의 프로그램을 만든다.

많은 프로그래밍 언어에서 라이브러리 함수는 언어의 확장인 것처럼 생각되며, 사용자가 직접 만든 함수들과 동일한 방법으로 사용된다. 예를 들면 C 언어에서는 화면에 문자를 출력하기 위해 `printf` 라이브러리 함수를 사용한다.

```
printf("Hello World");
```

자바에서는 println 메소드를 사용한다.

```
System.out.println("Hello World");
```

두 예제에서 개발자는 다른 사람이 이미 만들어 놓은 함수나 메소드를 사용했고, 빌드 프로세스의 링크 과정을 통해 손쉽게 하나의 실행 파일을 생성했다. 여러분이 자바나 C를 알고 있지 않다면 특정 함수나 메소드가 라이브러리의 일부인지 아니면 사용자가 직접 만든 것인지 구분하지 못할 것이다.

대부분의 운영체제는 파일과 네트워크 I/O, 수학, 사용자 인터페이스, 데이터베이스에 접근하기 위한 함수를 라이브러리에 포함해 설치 파일과 함께 배포한다. 또한 개발자는 인터넷으로부터 서드파티 라이브러리를 다운로드할 수 있으며, 자신이 직접 만든 라이브러리를 배포할 수도 있다.

빌드 시스템에서 라이브러리와 관련된 두 가지 주요한 작업은 다음과 같다.

- **새로운 라이브러리 생성** 자신만의 라이브러리를 만들기 위한 첫 단계는 소스 파일을 컴파일해 오브젝트 파일을 생성하는 일이다. 생성된 오브젝트 파일은 링커나 아카이브를 사용해 하나의 라이브러리 파일로 만든다. 마지막으로 이 라이브러리에 포함된 함수의 인덱스를 생성한다.
- **라이브러리 링크해 사용하기** 실행 프로그램을 생성할 때 빌드 시스템은 라이브러리 리스트를 제공해야 한다. 임의의 함수가 소스코드에서 사용됐지만, 개발자가 명시적으로 선언하지 않았다면 빌드 시스템은 라이브러리 리스트를 검색해 해당 함수를 찾는다. 그 함수를 찾았다면 해당 오브젝트 파일을 실행 프로그램 안에 복사해줘야 한다.

4장에서는 어떻게 라이브러리가 생성되는지, 그리고 다양한 프로그래밍 언어와 운영체제에서 어떻게 참조되는지 살펴본다. 그전에 프로그램에 라이브러리를 링크하는 두 가지 방법을 살펴보자.

정적 링크

정적 링크static link 방식에서의 라이브러리는 각 오브젝트 파일의 묶음이다. 빌드 프로세스에서 링커는 사용된 함수가 포함된 오브젝트 파일을 라이브러리에서 찾아 실행 파일 안에 복사한다. 이 과정에서 라이브러리 안에 있는 오브젝트 파일은 사용자가 직접 만든 오브젝트 파일과 동일하게 다뤄진다.

정적 라이브러리와 직접 만든 코드가 링크되는 과정은 빌드 프로세스에서 이뤄지며, 최종적으로 생성된 실행 프로그램은 타켓 머신의 메모리에 로드돼 실행된다(그림 3.6). 그러므로 정적 라이브러리는 런타임보다는 빌드와 관련이 있다고 할 수 있다. 또한 실행 프로그램이 만들어진 이후에는 라이브러리와 분리될 수 없다.

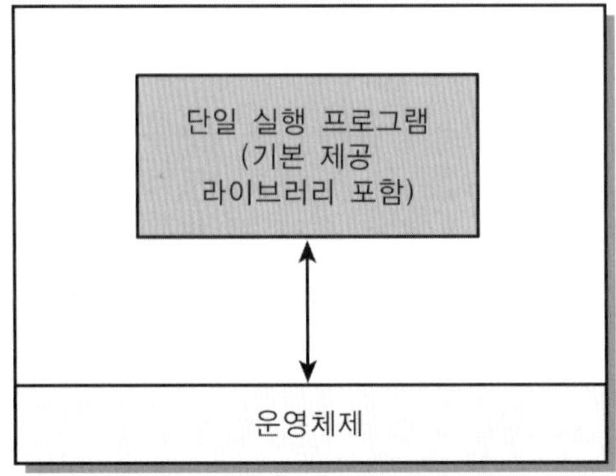

그림 3.6 정적 라이브러리와 링크되는 단일 실행 프로그램

동적 링크

정적 링크와는 달리 동적 링크dynamic link 방식은 오브젝트 파일을 실행 파일로 복사하는 대신, 실행 시점에 필요한 라이브러리를 실행 파일 안에 기록해 두고 프로그램이 실행되면 라이브러리는 프로그램과는 별도로 메모리에 로드돼 메인 프로그램과 연결되는 과정을 거친다(그림 3.7). 이때 동적 링커dynamic linker는 프로그램이 사용하는 함수와 이 함수를 제공하는 라이브러리를 연결한다.

빌드 시스템에서 동적 라이브러리는 오브젝트 파일을 결합해 만든 파일이며, 릴리스 패키지에 담아 타켓 머신에 설치된다. 이 과정을 거친 후 타켓 머신의 메모리에 로드된다.

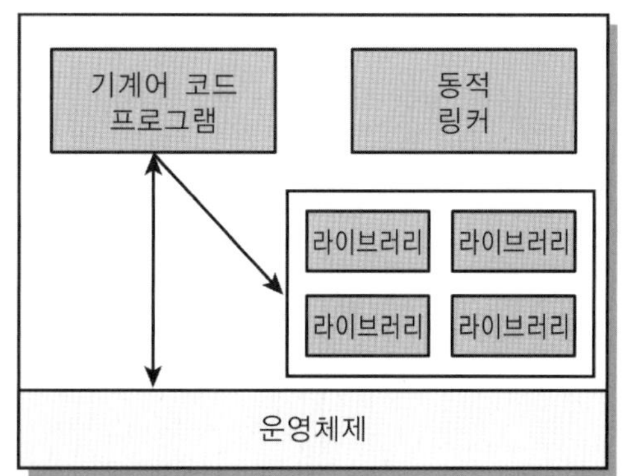

그림 3.7 실행 중에 동적 라이브러리와 링크되는 프로그램

동적 라이브러리는 정적 라이브러리에 비해 다소 복잡한 방법이기는 하지만 두 가지 큰 장점이 있다. 첫 번째로 동적 라이브러리는 버그나 기능 추가로 발생하는 새로운 버전으로의 업그레이드가 필요하면 실행 프로그램을 재컴파일하지 않아도 된다. 두 번째로 하나의 라이브러리를 메모리에 로드한 후 같은 라이브러리를 사용하는 프로그램 간에 라이브러리를 공유하는 방식이기 때문에 운영체제의 메모리를 더욱 효율적으로 사용할 수 있다. 이런 장점들은 정적 링크 방식과는 거리가 멀다.

정적 링크와 동적 링크에 관한 더욱 상세한 내용은 참고 문헌[18]을 참고하기 바란다.

설정 파일과 데이터 파일

모든 프로그램은 데이터 타입을 사용한다. 단순히 두 숫자를 더할 때에도 숫자 타입이 사용된다. 초기화된 숫자 배열과 같이 실행 프로그램에 직접 링크되는 데이터도 있지만, 규모가 어느 정도 있는 프로그램은 디스크에 저장된 파일 등과 같은 외부 데이터를 보편적으로 사용한다. 이때 프로그램은 운영체제로 하여금 데이터를 메모리로 로드하게 요청한다.

데이터를 사용하는 데 특별한 제약 사항은 없지만, 예를 들어 다음과 같이 다양한 형태의 데이터가 사용될 수 있다.

- 화면에 표시되는 비트맵 형식의 그래픽 이미지
- 웨이브wave 형태로 디지털화돼 저장된 사운드 파일

- 프로그램의 동작을 조정하는 설정 파일
- 도움말 정보를 갖고 있는 문서 파일
- 이름과 주소를 저장하고 있는 데이터베이스

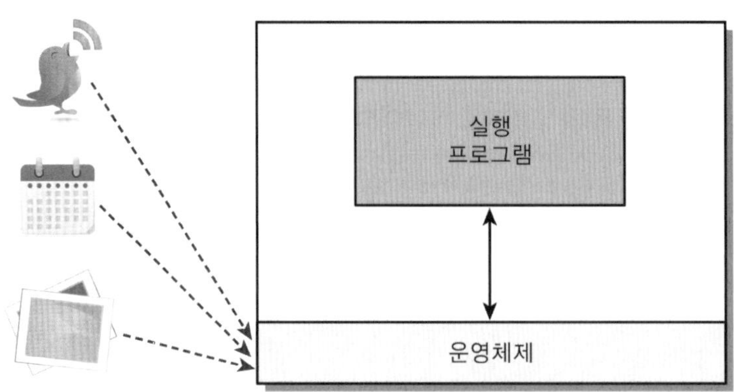

그림 3.8 프로그램은 실행 중에 다양한 파일을 읽을 수 있다.

빌드 시스템은 이와 같은 파일들이 프로그램의 릴리스 패키지에 포함돼 타켓 머신에 설치될 수 있게 해야 한다. 다른 방법으로는 데이터 파일을 인터넷에 저장해 두고 원격에서 접근해 사용하는 방법도 있으며, 이때는 데이터를 릴리스 패키지에 포함시킬 필요가 없어진다.

데이터 파일은 아무 수정 없이 그 자체로 릴리스 패키지에 포함되는 것이 일반적이지만, 빌드 프로세스에 의해 생성되거나 수정돼 포함되는 일도 있다. 예를 들면 설정 파일에 소프트웨어의 버전 정보(예, 4.2.3)를 포함하는 경우가 해당한다. 또한 데이터베이스는 소프트웨어가 처음 빌드될 때 어떤 정보도 갖고 있지 않은 경우가 있는데, 이때 빌드 프로세스는 단순히 비어 있는 데이터베이스 파일을 생성한다.

분산형 프로그램

마지막으로 설명할 개념은 프로그램이 시스템의 여러 부분으로 분산되는 환경이다. 최근 대부분의 운영체제는 동시에 여러 프로그램이 실행될 수 있기 때문에 여러 프로그램이 서로 통신하는 방식으로 하나의 소프트웨어를 구성할 수 있다. 더욱이 멀티프로세스 방식을 넘어 지리적으로 멀리 떨어진 컴퓨터 간에 네트워크로 연결돼 마치 단일 소프트웨어 프로그램처럼 동작할 수도 있다.

단순히 단일 디스크에 저장되는 하나의 실행 파일을 생성할 때와는 달리 분산형 프로그램 환경에서 릴리스 패키지를 생성하는 일은 더욱 중요해진다. 빌드 시스템은 각 실행 파일을 빌드하고 패키지에 포함해야 하며, 각 실행 파일이 정상적으로 실행할 수 있게 여러 개의 설정 파일과 스크립트를 준비해야 한다.

여러 다른 컴퓨터에서 실행되는 각 클라이언트와 단일 컴퓨터에서 실행되는 하나의 서버로 구성된 서버/클라이언트 모델을 생각해보자(그림 3.9). 이때 빌드 시스템은 두 개의 릴리스 패키지를 별도로 생성해 서버 프로그램과 클라이언트 프로그램을 각기 다른 사용자가 설치하게 제공할 수도 있고, 단일 패키지로 제공해 두 개의 프로그램을 사용자가 선택할 수 있게 할 수도 있다.

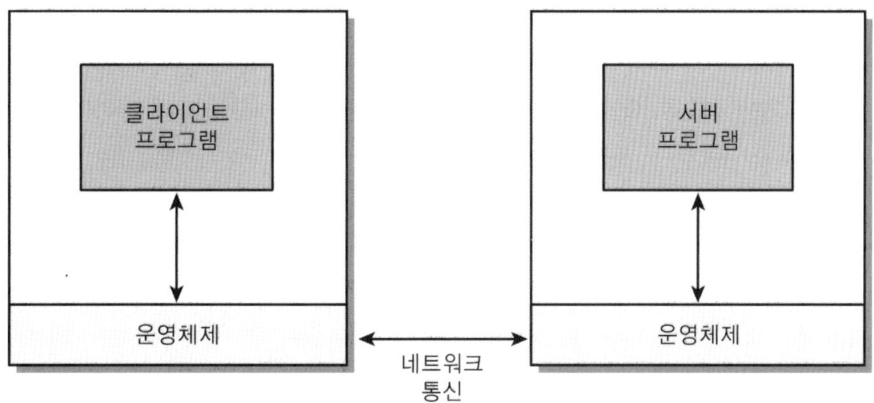

그림 3.9 네트워크로 연결돼 두 개의 머신으로 나눠진 단일 소프트웨어

빌드 시스템은 여러 프로그램을 지원하기 위해 몇 가지 추가적인 기능이 필요하다. 예를 들면 소프트웨어를 빌드할 때마다 모든 프로그램의 소스 파일을 재빌드하고 패키지를 생성하기보다는 빌드할 프로그램을 지정할 수 있어야 한다. 실제로 개발자는 한 번에 하나의 프로그램에서 작업하는 시간이 더 많아 이런 기능은 개발 생산성에 직접 영향을 미친다.

또한 빌드 시스템은 여러 개의 프로그램 간에 공통으로 사용되는 API를 지원해야 한다. 서로 다른 두 개의 프로그램이 네트워크 통신을 한다고 생각해보자. 두 프로그램은 여러 개의 데이터 구조체를 공유하며 네트워크로 이 데이터 구조체를 전송한다면 빌드 시스템은 두 프로그램이 다른 데이터 정의를 사용해 데이터 타입의 불일치가 발생하는 문제를 피할 수 있게 지원해야 한다.

지금까지 살펴본 내용의 요점은 분산 시스템에서 소프트웨어가 커지고 복잡해짐에 따라 빌드 시스템 역시 복잡해진다는 점이다.

정리

프로그램이 메모리에 로드되고 실행되는 방법은 소프트웨어 빌드 시스템을 디자인하는 데 있어 고려해야 할 아주 중요한 사항이다. 메모리에 로드되고 실행되는 실행 프로그램은 네이티브 기계어 코드일 수도 있고, 실행 중에 인터프리트되거나 컴파일되는 바이트 코드일 수도 있다. 결국, 실행 전에 얼마나 컴파일을 수행했는지에 따라 각 소프트웨어의 빌드 시스템이 해야 할 작업의 양이 결정된다.

라이브러리는 여러 프로그램 간에 기능을 재사용할 수 있는 아주 효율적인 방법이다. 정적 라이브러리는 개발자가 직접 작성한 코드와 빌드 프로세스 단계에서 링크되는 반면, 동적 라이브러리는 메모리로 로드된 후에 프로그램과 링크된다.

소프트웨어 릴리스 패키지는 그래픽 이미지, 사운드 파일, 데이터베이스 등과 같은 많은 수의 데이터 파일을 포함할 수 있다. 여러 개의 프로그램이 원격에서 네트워크 통신이나 단일 머신에서 멀티프로세스 형태로 하나의 소프트웨어를 구성할 수 있다.

4

파일 타입과 컴파일 도구

빌드 시스템을 개념적으로 접근한 1장, 2장, 3장과는 달리 4장에서는 더욱 실질적인 측면에서 빌드 중에 쓰이는 다양한 파일과 컴파일 도구를 살펴본다. C와 C++, 자바, C# 같은 여러 프로그래밍 언어의 도구를 검토하고, 리눅스와 윈도우 운영체제의 커맨드라인 예제를 살펴본다. 여기서 다루는 언어와 운영체제는 단지 대중성 때문에 선택했음을 밝혀둔다.

이와 함께 4장에서는 빌드 시스템에서 등장하는 파일 포맷을 간단히 다룬다. 예를 들어 대부분의 단순하지 않은 프로그램은 그래픽 이미지나 사운드 파형sound waveform, 데이터베이스의 내용 등을 포함하고 있다. 이 데이터는 프로그램의 성공적인 실행을 위해 중요하므로 구성과 패키징이 올바르게 이뤄져야 한다.

큰 그림에서 보자면 4장은 소스 트리의 각 파일을 오브젝트 트리의 파일로 변환하는 컴파일 도구에 초점을 맞춘다(그림 4.1). 오브젝트 파일을 또 다른 오브젝트 파일로 변환하게 확장할 수도 있으며, 이때의 두 파일은 모두 오브젝트 트리에 저장된다.

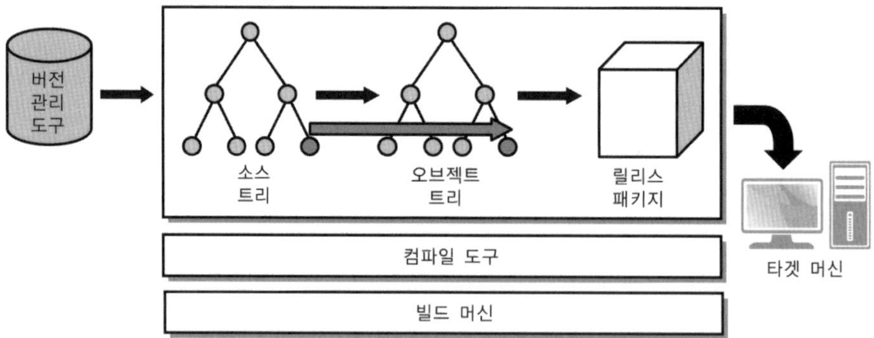

그림 4.1 소스 파일을 오브젝트 파일로 컴파일하는 상황을 보여주는 전체 다이어그램(전통적 컴파일 소프트웨어)

빌드 도구build tool와 컴파일 도구compilation tool의 차이점을 상기해보자. 4장에서는 하나 이상의 입력 파일을 변환해 그에 상응하는 출력 파일을 만드는 컴파일 도구에만 초점을 맞춘다. 반면 Make나 Ant 같은 빌드 도구는, 어떤 파일을 컴파일해야 하고 어떤 컴파일 도구를 사용해야 할지의 결정과 같이 좀 더 상위 수준에서 빌드 프로세스를 조율할 책임이 있다. 2부에서는 빌드 도구에 대해 더욱 집중적으로 다룬다.

잘 알고 있겠지만 빌드 시스템을 구성하는 개발자는 파일 타입을 다루고 도구를 사용하는 데 친숙해야 한다. 이런 지식은 지속적으로 활용되며, 특히 빌드 프로세스를 변경해야 하거나 빌드 프로세스가 제대로 동작하는지 확인할 때 유용하다. 빌드 도구가 올바른 실행 프로그램을 생성하는 데 실패한다면 해당 문제의 근본 원인을 밝혀낼 기술이 필요해진다.

4장에서는 다음과 같은 질문에 초점을 맞춘다.

- 각 소스 파일과 오브젝트 파일의 목적은 무엇인가?
- 이들의 기본 포맷은 무엇인가?
- 오브젝트 파일을 생성하기 위해서는 어떤 컴파일 도구를 사용해야 하는가?
- 컴파일 도구를 사용할 때 고려할 중요 옵션은 무엇인가?
- 파일의 내용이 올바른지는 어떻게 알아볼 수 있는가?

4장에서는 컴파일 도구의 다양한 종류와 복잡성 때문에 도구의 유형별 개요만을 살펴볼 수밖에 없으며, 빌드 시스템과 관련된 언어와 도구의 측면에만 집중한다.

더욱 상세한 설명이 필요한 경우에는 각 도구의 참조 설명서를 읽어보길 바란다.

C/C++

C 프로그래밍 언어[19]는 유닉스 운영체제(리눅스가 파생된)에서 사용하려는 의도로 1969년에 탄생했다. C는 활발하게 사용되는 언어 중 가장 오래된 언어의 하나로, 많은 시간이 흘렀음에도 아직도 새로운 프로그램의 상당수를 C로 작성한다. C는 국제 표준화 기구ISO, International Organization for Standardization에 의해 표준화됐으며, 현재까지 여러 버전이 정의됐다(가장 최근 버전은 C99다[20]).

모든 종류의 컴퓨터 소프트웨어를 개발할 때 C를 사용할 수 있지만, 최근 새롭게 개발하는 C 코드는 CPU 성능과 컴퓨터 하드웨어로의 베어메탈bare-metal[1] 접근이 중요할 때 사용하는 경우가 많다. 대부분의 언어와는 달리 C로 프로그래밍하는 과정은 어셈블리 언어로 직접 프로그래밍하는 과정보다 단지 한 단계 위에 있을 뿐이다. C는 가비지 컬렉션garbage collection이나 멀티스레드multithread 지원 같은 기능을 제공하지 않으며, 언어에는 어떤 복잡한 데이터 타입도 포함돼 있지 않다. 따라서 C는 간편하고 효율적인 언어이며, 임베디드 시스템에 주로 사용된다.

1980년대 초반에는 기본 C 언어에 객체지향 개념을 추가하는 방법으로 C++ 언어[21]가 탄생했다. C++는 C의 상위 집합으로 설계됐기 때문에 같은 프로그램 안에서는 물론이고 동일한 소스코드에서도 두 언어를 함께 사용할 수 있다. 이 언어는 클래스나 상속, 템플릿 같은 개념을 포함하며, C의 표준에는 없던 복잡한 데이터 구조체를 제공한다. 여전히 C++는 임베디드 시스템과 고성능 컴퓨팅을 지원하지만, 새로운 기능을 바탕으로 애플리케이션 프로그래밍에서 더욱 일반적으로 활용되고 있다.

컴파일 도구

가장 폭넓게 사용되는 C 컴파일러는 GNU 컴파일러 컬렉션GCC[17]이겠지만, 이를 비롯한 다양한 C 컴파일러가 있다. GCC는 1987년 처음 릴리스된 이후에 오픈소스

1. 베어메탈이란, 운영체제나 다른 소프트웨어를 통하지 않고 하드웨어와 직접 연결되는 접근 방식이다. – 옮긴이

소프트웨어를 컴파일하는 사실상의 표준이 됐고, 상용 개발에서도 광범위하게 사용된다. GCC의 가장 큰 강점 중 하나는 오브젝트 파일의 생성에서 잘 알려지지 않은 임베디드 프로세서(비디오 게임 콘솔과 주방 가전과 같은)를 비롯한 폭넓은 CPU 타입을 지원한다는 점이다.

마이크로소프트 비주얼 스튜디오 C++ 컴파일러[22]와 그린힐 컴파일러Green Hills Compiler[23], 인텔 C++ 컴파일러[24] 등도 널리 알려진 컴파일러지만, 이 책에서는 자세히 다루지 않는다.

GCC는 코드를 컴파일하기 위해 툴체인toolchain을 통한 접근법을 사용한다. 이름에서 알 수 있듯이 툴체인은 빌드 과정에서 호출되는 여러 도구의 묶음으로 구성되며, 여기에는 다음과 같은 구성 요소가 포함된다.

1. 매크로 정의를 확장하기 위한 C 전처리기preprocessor
2. 소스코드를 어셈블리 언어로 변환하는 C 컴파일러compiler
3. 어셈블리 언어를 오브젝트 파일로 변환하는 어셈블러assembler
4. 여러 오브젝트 파일을 하나의 실행 프로그램으로 합치는 링커linker

앞으로 살펴볼 예제는 리눅스에서 GCC 컴파일러를 사용한 C와 C++ 코드의 컴파일을 보여준다. 플랫폼에 따라 세부 내용은 다르지만, 동일한 기본 개념을 마이크로소프트 윈도우를 비롯한 대부분의 최근 시스템에 적용할 수 있다. 여기서 언급하는 많은 명령은 사실 리눅스의 등장보다 훨씬 앞서 존재했음에 주목하자. 그래서 이 책의 명령은 유닉스를 참조한다.

빌드 시스템에서 GCC를 사용할 계획이라면 시간을 투자해 GCC의 사용법과 옵션에 익숙해지자. GCC 매뉴얼은 좋은 출발점이며[25], 다른 입문서[26]도 많이 나와 있다. 이 책은 일부 기본 옵션만을 다루지만, 문자 그대로 수백 개의 구성 매개변수가 있다.

소스 파일

C 언어로 컴파일할 때의 기본 단위는 C 소스 파일(확장자 .c)이다. 관례상 소스 파일은 함수 정의와 전역 변수를 포함하며, 대부분의 소스코드를 담고 있다. 반면 헤더 파일은 타입과 매크로, 상수 정의와 같은 요소를 포함하며, 함수의 매개변수와 반환

값을 선언하는 함수 프로토타입function prototype을 담고 있다.

코드의 컴파일이 진행되면 각 C 소스 파일은 하나의 오브젝트 파일로 컴파일된다(유닉스는 확장자 .o, 윈도우는 확장자 .obj). 이때 각 소스 파일은 필요한 모든 정의를 얻기 위해 헤더 파일을 포함include할 수 있다. 헤더 파일은 소프트웨어를 구성할 때 여러 소스코드가 공유하는 매크로나 상수, 타입, 함수 프로토타입 등을 정의하는 데 사용한다.

다음 예제는 두 소스 파일(main.c와 hello.c)과 한 헤더 파일(hello.h)이다. main.c 파일은 다음과 같다.

```
 1  #include "hello.h"
 2
 3  int main(int argc, char *argv[])
 4  {
 5    if (MAX(1,2) == 2){
 6      hello("World");
 7    }
 8
 9    return 0;
10  }
```

1행의 `#include` 지시어는 hello.h를 탐색해 추가 정의를 확인해야 함을 나타낸다. 뒤에서 간단히 살펴보겠지만, 이런 정의 중에는 두 입력 값 중 최댓값을 반환하는 MAX 매크로가 있다. 이 매크로는 5행과 같이 `main` 함수 내부에서 사용한다.

다음으로 6행의 `hello` 함수 역시 또 다른 파일인 hello.c에서 정의한다. 다른 소스 파일에서 정의한 함수를 호출하는 기능은 소스 파일을 논리적으로 연결하는 또 다른 방법을 보여준다.

두 번째 소스 파일 hello.c는 두 개의 헤더 파일을 포함한다.

```
#include <stdio.h>
#include "hello.h"

void hello(const char *string)
{
  printf("Hello %s\n", string);
}
```

첫 번째 헤더 파일은 기본 제공되는 stdio.h이며, 6행에서 사용하는 표준 `printf` 함수의 정보를 제공한다. 두 번째 헤더 파일인 hello.h는 main.c에서 포함하는 파일과 같다. 이는 main.c와 hello.c가 공유하는 정의에 일관성 있게 접근할 수 있음을 보장한다.

이 예제의 마지막 파일인 hello.h는 두 소스 파일에서 참조하는 헤더 파일이다.

```
1  extern void hello(const char *string);
2
3  #define MAX(a,b) ((a) > (b) ? (a) : (b))
```

1행은 `hello` 함수의 올바른 매개변수와 반환 값을 컴파일러에 알려주는 함수 프로토타입이다. 소스 파일에서 이 프로토타입을 포함함으로써 컴파일러는 모든 위치에서 `hello` 함수를 일관성 있게 정의하고 사용함을 확인할 수 있다.

다음으로 3행은 앞에서 사용했던 MAX 매크로의 정의를 보여준다. 매크로는 함수의 또 다른 형태로 컴파일 시점에서만 존재하며, 소스코드상의 모든 매크로는 해당 매크로에서 정의한 문자로 치환된다. 뒤에서는 예제를 통해 이를 간단히 살펴본다.

이 예제를 컴파일하면 main.o와 hello.o의 두 오브젝트 파일이 생성된다. GCC에 `-c` 옵션을 설정해 소스 파일을 오브젝트 파일로 컴파일하게 요청할 수 있음에 주목하자.

```
$ gcc -c hello.c
$ gcc -c main.c
$ ls
hello.c hello.h hello.o main.c main.o
```

hello.h에 대응하는 오브젝트 파일은 생성되지 않는다. 이는 헤더 파일은 언제나 소스 파일에 포함돼 사용되기 때문이며, 헤더 파일 자체를 컴파일할 수는 없다.

GCC에 `-E` 옵션을 사용하면 작업 시에 툴체인의 C 전처리기 부분을 확인할 수 있다. 이 옵션은 GCC가 실제 컴파일 작업(`-c`의 경우와 같은)은 진행하지 않고 `#include` 지시어와 매크로 확장만을 처리하게 지시한다. 이어서 살펴볼 예제에서 hello.h는 main.c와 같은 컴파일 단위로 합쳐지고, `main` 함수 안의 MAX 매크로는 정의에 따라 치환됨을 주목하자.

```
$ gcc -E main.c
1 "main.c"
# 1 "hello.h" 1
extern void hello(const char *string);
# 2 "main.c" 2

int main(int argc, char *argv[])
{
  if (((1) > (2) ? (1) : (2)) == 2){
    hello("World");
  }
  return 0;
}
```

GCC가 암묵적으로 전처리기를 호출하고 개발자는 보통 이를 고려할 필요가 없지만, 때로는 전처리기 출력의 검토가 유용한 때도 있다. 예를 들어 매크로 때문에 프로그램에 버그가 발생한다고 생각될 때 매크로를 확장해 컴파일되는 C 코드의 하위 내용을 살펴보는 과정이 유용한 경우가 많다. 또한 타입이나 상수의 정의가 빠진 듯이 보인다면(컴파일 에러를 유발한다) C 코드를 확장해 정의가 실제로 포함됐는지를 확인하는 접근 방법이 유용하다.

어셈블리 언어 파일

GCC 컴파일러로 소스 파일로부터 오브젝트 파일을 생성하는 과정은 여러 단계로 구성된 프로세스다. 전처리 단계(-E 옵션)를 이미 살펴봤지만, 어셈블리 언어 코드를 만들어 살펴보는 과정(-S 옵션) 역시 흥미롭다. GCC는 툴체인을 활용한 접근법을 사용하며, 소스 파일은 우선 전처리되고 이후에 어셈블리 언어로 컴파일되며, 이를 기계어 코드 명령을 포함한 오브젝트 파일로 어셈블assemble함을 기억하자.

다음의 출력 내용은 GCC에 어셈블러 파일(확장자 .s)을 생성하게 요청한 결과를 보여준다. 파일 포맷format의 세부 사항은 어셈블리 언어를 다룬 다른 책을 참조하자(이 예제는 인텔 x86 코드다. 때로는 이를 i386 시리즈 코드라고도 한다).

```
$ gcc -S hello.c
```

```
$ cat hello.s
    .file   "hello.c"
    .section      .rodata
.LC0:
    .string "Hello %s\n"
    .text
.globl hello
    .type   hello, @function
hello:
    pushl   %ebp
    movl    %esp, %ebp
    subl    $8, %esp
    movl    8(%ebp), %eax
    movl    %eax, 4(%esp)
    movl    $.LC0, (%esp)
    call    printf
    leave
    ret
```

이는 일반적으로 개발자들에게는 보이지 않는 중간 단계지만, 어셈블리 언어 파일에 관심을 둬야만 하는 이유가 있다. 일부 소프트웨어는 어셈블리 언어로 바로 작성되므로, 빌드 시스템은 이런 요구 사항에 맞춰야만 한다. 이런 요구는 대개 고성능을 요구하거나 특별한 CPU 기능을 사용해야만 하는 경우의 시스템 수준 프로그래밍에서 발생한다. 어셈블리 언어 프로그래밍이 소심한 이들만을 위한 도구는 아니지만, 이식성이 조금도 없으므로 가능한 한 상위 수준 언어를 사용하자.

컴파일러가 나쁜 코드를 만든다고 불평하는 개발자의 목소리를 종종 들을 수 있다. GCC에서 -S 옵션을 사용함으로써 CPU가 수행할 명령의 정확한 순서를 살펴볼 수 있다. 명령의 순서가 C 코드에 비해 올바르지 않은 듯이 보인다면 이는 컴파일러의 책임일 수 있다. x86이나 파워PC[PowerPC] 같은 대중적인 CPU(여러 해 동안 사용되고 테스트된)의 경우에는 이런 유형의 컴파일 에러가 잘 나타나지 않는다.

때로는 C 소스 파일만을 사용하더라도 어셈블리 언어 수준의 컴파일 에러 보고에 마주칠 수 있다. 이 메시지는 GCC가 내부적으로 생성한 잘 알려지지 않은 임시 파일로부터 보고됐을지도 모른다. 이는 여러분이 다른 컴파일 버그를 일으켰거나 누군가가 C 소스 파일에 잘못된 어셈블리 언어 코드를 asm 지시어로 추가한 경우다.

오브젝트 파일

오브젝트 파일은 기계어 코드 명령을 담는 컨테이너다. 이 파일은 다른 오브젝트 파일과 모든 필요 라이브러리와 함께 링크돼야 하므로 아직은 컴퓨터가 이를 실행할 수 없다. 앞에서 살펴본 내용과 같이 소스 파일을 오브젝트 코드로 컴파일하기 위해서는 GCC에 `-c` 옵션을 사용해야 한다.

```
$ gcc -c hello.c
$ file hello.o
hello.o: ELF 32-bit LSB relocatable, Intel 80386, version 1
(SYSV), not
stripped
```

오브젝트 파일을 사람이 읽을 수는 없지만(이 파일은 단지 숫자의 조합일 뿐이다) 유닉스의 `file` 명령을 사용해 파일 내용의 상위 수준 정보를 얻을 수 있다. 이 경우에 `file`은 앞서 만들었던 파일의 타입이 다음과 같음을 확인해준다.

- 오브젝트 파일은 다양한 프로그램 컴포넌트를 저장하기 위해 실행 및 링크 가능 포맷ELF, Executable and Linking Format 구조를 사용한다. ELF[27]는 a.out과 COFF 같은 이전 포맷을 대체하는 일반적인 오브젝트 파일 포맷이다.
- 파일은 새로운 64비트 프로그램이거나 과거의 16비트 프로그램이 아닌 32비트 프로그램이다.
- 데이터는 빅 엔디언big endian이 아닌 리틀 엔디언little endian으로 저장된다.
- 머신 명령은 인텔 x86 계열의 프로세서만을 지원하고, MIPS와 파워PC를 비롯한 그 밖의 많은 CPU 타입은 지원하지 않는다.
- 파일은 여전히 재배치 가능하며 아직은 최적화되지 않았다. 이는 파일이 다른 오브젝트 파일이나 라이브러리와 함께 링크하는 데 필요한 정보를 포함하고 있지만, 메모리에 로드돼 실행되기에 충분한 정보를 갖고 있지 않음을 의미한다.

빌드 시스템이 단 하나의 CPU 타입을 지원하는 프로그램을 만든다면 이는 단지 흥미로운 정보일 뿐이다. 하지만 여러 CPU 타입의 시스템을 지원하게 컴파일하려면 모든 파일 타입의 세부 사항이 올바른지 확인하는 데 많은 관심을 기울여야 한다. 빌드 시스템이 예기치 않게 서로 다른 타입의 오브젝트 파일을 함께 섞어버린다면 파일이 서로 링크될 수 없는 혼란스러운 에러에 수없이 마주해야 한다. 심지어 CPU 계열이 같은 32비트와 64비트 오브젝트 파일을 서로 섞으려는 시도조차 불분명한 컴파일 에러의 원인이 될 수 있다.

오브젝트 파일을 살펴보는 또 다른 방법으로, 파일에서 정의하거나 파일이 필요로 하는 심볼은 무엇인지 확인하는 방식이 있다. 이는 C 소스 파일에서 어떤 함수와 변수를 정의하는지 확인하거나, 해당 파일이 사용하지만 다른 파일에 정의된 함수와 변수는 무엇인지 확인하는 방법이다. 함수 프로토타입을 정의하기 위해 어떻게 헤더 파일을 사용했는지 돌이켜보자. 오브젝트 파일의 측면에서도 헤더 파일과 같은 방식을 사용하고 있음을 확인할 수 있다.

유닉스의 nm 명령을 사용하면 hello.o가 hello 함수(파일의 0번 위치에서 시작하는)를 정의하고 있는지 판단할 수 있다. 물론 hello.o가 printf를 정의하지 않기 때문에 이 경우에도 printf 함수를 정의하는 다른 오브젝트 파일이 필요하다.

```
$ nm hello.o
00000000  T hello
          U printf
```

nm 명령은 필요한 함수가 실행 프로그램에 링크되지 않았을 때 발생하는 컴파일 에러, 즉 정의되지 않은 심볼undefined symbol 해결에 매우 유용하다. 모든 오브젝트 파일에 nm 명령을 실행하면 누락된 심볼을 참조하는 위치와 해당 심볼을 정의한 위치를 확인할 수 있다.

고급 사용자라면 유닉스의 objdump 명령을 통해 더욱 다양한 오브젝트 파일의 정보를 얻을 수 있다. 이어지는 예제는 -x 옵션이 어떻게 hello.o의 요약 정보를 얻어오는지 보여준다. 이는 파일의 타입, 파일이 포함하는 섹션의 목록(예, 프로그램 텍스트, 데이터, 초기화되지 않은 데이터, 읽기전용 데이터 등), 파일에서 섹션의 위치, 섹션이 로드될 메모리상의 위치 등의 상세한 정보를 제공한다. 또한 file과 nm 명령을 통해 얻을 수 있는 정보를 포함한다.

```
$ objdump -x hello.o
hello.o:     file format elf32-i386
hello.o
architecture: i386, flags 0x00000011:
HAS_RELOC, HAS_SYMS
```

```
start address 0x00000000

Sections:
Idx Name          Size      VMA       LMA       File off  Algn

  0 .text         00000014  00000000  00000000  00000034  2**2
                  CONTENTS, ALLOC, LOAD, RELOC, READONLY, CODE
  1 .data         00000000  00000000  00000000  00000048  2**2
                  CONTENTS, ALLOC, LOAD, DATA
  2 .bss          00000000  00000000  00000000  00000048  2**2
                  ALLOC
  3 .rodata       0000000a  00000000  00000000  00000048  2**0
                  CONTENTS, ALLOC, LOAD, READONLY, DATA
  4 .comment      0000003a  00000000  00000000  00000052  2**0
                  CONTENTS, READONLY
  5 .comment.SUSE.OPTs  00000005 00000000 00000000 0000008c 2**0
                  CONTENTS, READONLY
  6 .note.GNU-stack 00000000  00000000 00000000  00000091  2**0
                  CONTENTS, READONLY
SYMBOL TABLE:
00000000 l   df *ABS*   00000000  hello.c
00000000 l   d  .text   00000000  .text
00000000 l   d  .data   00000000  .data
00000000 l   d  .bss    00000000  .bss
00000000 l   d  .rodata       00000000
.rodata
00000000 l   d  .comment.SUSE.OPTs
00000000 .comment.SUSE.OPTs
00000000 l   d  .note.GNU-stack
00000000 .note.GNU-stack
00000000 l   d  .comment      00000000
.comment
00000000 g   F .text   00000014  hello
00000000        *UND*  00000000  printf

RELOCATION RECORDS FOR [.text]:
OFFSET   TYPE              VALUE
00000009 R_386_32          .rodata
```

```
0000000e R_386_PC32        printf
```

objdump 명령은 배워둘 만한 가치가 있는 다양한 옵션을 제공한다[28]. objdump의 전문가가 되기를 강력히 권하며, 특히 컴파일러와 링커를 다루는 고급 작업을 수행해야 한다면 더욱 objdump에 익숙해질 필요가 있다. 이 도구는 기계어 코드를 어셈블리 언어로 되돌리는 기능도 제공하며, 어셈블러가 올바르지 못한 기계어 코드 명령을 생성한다는 의심이 들 때 중요하게 쓰인다.

최후의 수단으로 파일의 원시 바이트raw byte를 확인하기 위해 유닉스의 hexdump 명령을 사용하는 방법도 고려할 수 있다. 이는 원시적 파일 검사 방법이지만, objdump가 어떤 이유(예, 망가진 파일)에서인가 실패할 때 고려할 수 있는 마지막 희망이다.

실행 프로그램

C/C++ 예제의 마지막 단계는 오브젝트 파일을 하나의 실행 프로그램으로 링크하는 과정이다. 이는 프로그램의 이름(-o 옵션으로 설정)을 지정하고, 함께 링크할 모든 오브젝트 파일을 나열함으로써 이뤄진다.

```
$ gcc -o hello hello.o main.o
```

GCC는 명시적으로 각 단계(전처리, 컴파일, 어셈블, 링크)를 나열하지 않고, 편의상 모든 툴체인을 한 번에 실행하는 기능을 제공한다. 이 기능을 사용하기 위해서는 오브젝트 파일의 이름 대신 소스코드의 파일 이름을 지정해야 한다.

```
$ gcc -o hello hello.c main.c
```

작은 프로그램에서는 하나의 명령으로 모든 작업을 수행하는 기능이 유용하지만, 이보다 큰 빌드 시스템에서는 이런 방법이 제대로 동작하지 않을 수 있다. 이 경우에는 언제, 어떻게 파일을 컴파일하고 링크할지 자세히 제어해야 하며, 특히 소수의 소스 파일만을 수정한 경우에 각별히 유념해야 한다. 대부분의 빌드 시스템은 -c 옵션을 사용해 .c 파일을 .o 파일로 컴파일하며, 이어서 독립된 별도의 링크 단계를 통해 모든 오브젝트 파일을 합친다.

마지막으로, 올바른 실행 파일을 생성했는지를 확인하기 위해 유닉스의 file

명령을 다시 실행해보자.

```
$ file hello
hello: ELF 32-bit LSB executable, Intel 80386, version 1( SYSV), for
GNU/Linux 2.6.4, dynamically linked (uses shared libs), not stripped
```

앞서 살펴본 file 명령과 유사한 출력 내용이지만, 실행 가능한 프로그램이 만들어졌다는 점이 다르다. 이제 이 파일을 메모리에 로드하고 실행할 수 있다.

정적 라이브러리

리눅스 운영체제는 정적 링크 라이브러리statically linked library와 동적 링크 라이브러리dynamically linked library를 모두 지원한다. 동적 라이브러리는 런타임 시에 로드되고 필요한 함수를 프로그램이 직접 호출하는 반면, 정적 라이브러리는 오브젝트 파일을 하나의 실행 프로그램으로 링크하는(필요한 때에만) 오브젝트 파일의 아카이브일 뿐임을 상기하자.

다음 예제는 네 개의 오브젝트 파일(sqrt.o, sine.o, cosine.o, tan.o)을 포함한 정적 라이브러리를 어떻게 생성하는지 보여준다. 정적 라이브러리는 단지 여러 파일을 하나의 큰 파일로 모아줄 뿐인 보관함으로도 알려졌다. 오브젝트 파일은 어떤 방법으로든 수정되지 않으며, 그래서 손쉽게 보관함에서 꺼내 원래의 형태로 되돌릴 수 있다.

```
$ gcc -c sqrt.c
$ gcc -c sine.c
$ gcc -c cosine.c
$ gcc -c tan.c

$ ar -rs mymath.a sqrt.o sine.o cosine.o tan.o
ar: creating mymath.a

$ ar -t mymath.a
sqrt.o
sine.o
cosine.o
tan.o
```

유닉스의 ar 명령은 정적 라이브러리 보관함을 만드는 역할을 하고(-rs 옵션을 통해), 보관함의 내용을 살펴보기 위해 사용할 수도 있다(-t 옵션을 통해). 오브젝트 파일을 꺼내 그 내용을 다시 디스크에 기록하는 옵션도 있지만, 이는 빌드 시스템의 일반적인 동작이 아니다.

마지막 단계는 GCC 커맨드라인에서 main.o 오브젝트 파일(메인 프로그램)과 mymath.a 보관함 파일을 지정한다.

```
$ gcc -c main.c
$ gcc -o prog main.o mymath.a
```

GCC는 이런 보관함 파일을 어떻게 관리할지 알고 있으며, 필요한 경우에 한해서만 이를 프로그램으로 링크해준다. 실제로 main.o에서 보관함의 오브젝트 파일이 필요하다면 해당 파일은 실행 프로그램에 포함된다. 반면에 main.o가 필요로 하지 않는 다른 오브젝트 파일은 함께 링크되지 않는다.

동적 라이브러리

동적 링크 라이브러리의 처리 과정은 더욱 복잡하다. 특히 링크 작업이 프로그램을 컴파일할 때가 아니라 런타임에 일어난다는 사실을 이해해야 한다. 따라서 컴파일 과정에서의 변경이 필요하다.

이제는 위치 독립 코드PIC, position-independent code를 사용해 모든 오브젝트 파일을 생성해야 하며, 이를 통해 프로그램이 요청하는 어떤 메모리 위치든 오브젝트 파일을 로드할 수 있다. 공유 라이브러리를 마치 독립 실행 프로그램인 것처럼 생성할 수 있으며, 단지 공유 라이브러리를 동적 라이브러리(확장자 .so)로 만들기 위해 -shared 옵션을 사용한다는 점이 다르다.

```
$ gcc -c -fPIC sqrt.c
$ gcc -c -fPIC sine.c
$ gcc -c -fPIC cosine.c
$ gcc -c -fPIC tan.c
$ gcc -shared -o libmymath.so sqrt.o sine.o cosine.o tan.o

$ file libmymath.so
libmymath.so: ELF 32-bit LSB shared object, Intel 80386,
```

```
version 1 (SYSV),
dynamically linked, not stripped
```

새롭게 생성한 공유 라이브러리를 사용하기 위해서는 표준 GCC 링커의 실행 라인에 해당 라이브러리의 이름을 지정해야 한다. 예제의 -l 옵션은 링커에게 libmymath.so 라이브러리를 포함하게 요청한다. -L 옵션은 해당 라이브러리를 찾을 수 있는 위치(이 예제에서는 현재의 디렉터리다)를 링커에게 알려주기 위해 사용함을 주목하자.

```
$ gcc -c main.c
$ gcc -o prog main.c -L. -lmymath
```

모든 것이 올바르게 동작함을 확인하기 위해 메인 프로그램을 실행할 때 어떤 동적 라이브러리가 메모리에 로드되는지 보여주는 유닉스의 ldd 명령을 사용한다.

```
$ ldd prog
      linux-gate.so.1 => (0xffffe000)
      libmymath.so => not found
      libc.so.6 => /lib/libc.so.6 (0xb7f3a000)
      /lib/ld-linux.so.2 (0xb80ab000)
```

이 예제에서 알 수 있는 첫 번째 특징은 총 네 개의 라이브러리가 있으며, 이 중 하나만이 여러분의 라이브러리라는 점이다. GCC는 프로그램이 올바로 실행되게 나머지 세 개의 라이브러리를 암묵적으로 추가했다. 이 라이브러리 중 하나(libc.so.6)는 printf 함수와 같은 구현을 제공하는 표준 C 언어 라이브러리다.

두 번째 특징은 libmymath.so 라이브러리를 찾을 수 없으며, 그래서 실행 프로그램 prog를 시작하려는 시도가 실패한다는 점이다. GCC에 라이브러리가 어디에 저장됐는지(여기서는 현재 디렉터리) 알려주기 위해 -L 옵션을 사용했듯이 운영체제에도 해당 라이브러리를 로드할 수 있는 위치를 알려줘야 한다. /lib와 /usr/lib 같은 디렉터리를 자동으로 탐색하지만, 표준에 따르지 않는 위치는 LD_LIBRARY_PATH 환경 변수에 설정해야 한다.

```
$ export LD_LIBRARY_PATH=.
$ ldd prog
      linux-gate.so.1 => (0xffffe000)
```

```
libmymath.so => ./libmymath.so (0xb80a7000)
libc.so.6 => /lib/libc.so.6 (0xb7f3a000)
/lib/ld-linux.so.2 (0xb80ab000)
```

이제 여러분의 라이브러리를 확인할 수 있다. 물론 실제 상황에서는 운영체제에 현재 디렉터리에서 라이브러리를 찾게 요청하는 대신(치명적인 보안 취약점이 될 수 있다), libmymath.so가 설치된 절대 경로명을 LD_LIBRARY_PATH에 설정한다.

동적 라이브러리의 사용은 실행 프로그램을 다시 컴파일하지 않고도 라이브러리의 업데이트가 가능토록 함을 상기하자. 또한 동적 라이브러리는 프로그램마다 별도의 복사본이 필요하지 않고(정적 라이브러리의 경우와 같이) 하나의 복사본을 여러 프로그램에서 공유할 수 있기 때문에 컴퓨터 메모리의 사용을 크게 절약해준다.

C++ 컴파일

C++는 C 언어의 상위 집합이기 때문에 오브젝트 파일이 두 언어 사이에서 일관성을 유지하게 온갖 노력이 시도됐다. 하지만 파일의 형식이 다른 경우가 많으며, 무엇보다도 C++는 링크 시점에 타입 확인이 가능하지만, C 프로그램은 모든 타입 확인이 컴파일하는 시점에 이뤄져야만 한다는 차이가 있다.

앞서 살펴본 예제에서 hello.c와 main.c는 hello.h를 포함함으로써 hello 함수의 프로토타입 정의를 포함했다. 이를 통해 컴파일러는 함수의 호출자(main.c)와 함수의 정의자(hello.c)가 같은 매개변수의 타입과 반환 값을 가진다고 확신할 수 있다.

반면 두 파일이 hello 함수의 정의를 일관성 없이 사용하더라도(두 파일이 hello.h를 함께 포함하지 않은 경우) 링커는 이를 불평할 방법이 없다. 결국 오브젝트 파일은 단지 hello를 정의했거나 hello 함수가 해당 파일에서 필요하다는 점을 명시할 뿐이며, 함수에 매개변수가 있다는 점은 전혀 언급되지 않는다. 링커는 매개변수 타입이 맞지 않는 경우를 밝혀낼 방법이 없다.

C++에서는 컴파일러(g++라 불리는)가 더욱 자세한 오브젝트 파일 정보를 만들어서 이 문제를 피해 간다. 타입 정보를 지정하는 추가 문자를 포함하기 위해 hello의 심볼이 망가지는mangled(놀랐겠지만 이는 기술 용어다) 현상을 다음의 출력 내용에서 확인하자.

```
$ g++ -c hello.c
```

```
$ nm hello.o
00000000  T _Z5helloPc
          U __gxx_personality_v0
          U printf
```

결국 Z5helloPc라는 심볼명을 갖게 됐다. 두 오브젝트 파일이 같은 타입 정보를 사용하지 않는다면 프로그램을 링크할 때 망가진 이름이 일치하지 않아 링크 단계가 실패한다.

좀 더 살펴보면 printf 함수의 이름은 망가지지 않았음을 알 수 있다. 이는 printf가 C 언어 함수(C++가 아닌)이기 때문이며, 컴파일러는 printf를 C 함수로 처리하라는 명시적 지시를 전달받는다. 이 기능은 레거시 소스코드에서 타입 불일치 에러를 일으키지 않고 C++와 C의 오브젝트 파일을 올바르게 링크할 수 있게 하므로 중요하다.

이상으로 C와 C++에서의 파일과 컴파일 단계의 분석을 마쳤다. 언어의 세부사항까지는 살펴보지 않았지만, 빌드 시스템을 구축할 때 관심을 쏟아야 하는 부분은 소프트웨어의 내용이 아닌 실행 프로그램을 생성하는 데 필요한 컴파일 단계의 과정이다.

이제 초점을 자바 기반 소프트웨어로 옮겨 자바 프로그램을 실행 가능한 형태로 컴파일하는 방법을 알아보자.

자바

이제 자바 프로그래밍 언어는 새로운 애플리케이션 코드를 개발하는 데 있어 가장 널리 쓰이는 시스템 중 하나가 됐다. 선 마이크로시스템즈Sun Microsystems(이젠 오라클Oracle의 일부가 됐다)는 1995년에 자바를 대중에게 릴리스했지만, 자바가 유명해진 시기는 넷스케이프Netscape 웹 브라우저가 이를 사용하면서부터다. 많은 사람이 자바를 단지 귀여운 웹 페이지 애니메이션을 생성하는 방법 정도로 바라봤지만, 자바는 넓은 범위의 데스크탑과 서버에서(리눅스와 맥 OS X, 윈도우, 솔라리스 등을 포함한) 프로그램을 실행할 수 있는 완전한 범용 언어로 빠르게 성장했다.

초기에 자바는 C++의 핵심적 공헌을 바탕으로 여러 언어로부터 파생됐다. 그리고 C++ 언어의 많은 기이한 점을 제거하며, 좀 더 '안전한' 기능으로 대체했다. 예를 들어 C++ 개발자는 수학 연산을 통해 포인터를 조작할 수 있지만, 이는 메모리 손상 문제를 빈번히 발생시키는 원인이다. 또한 C++ 개발자는 메모리가 더는 필요하지 않을 때 이를 할당 해제하는 일을 자주 잊어버리는데, 이는 잠재적으로 메모리 누수 memory leak를 유발한다. 자바 언어에서는 이런 두 한계를 모두 제거했으며, 더욱 빠르고 정확한 소프트웨어 개발을 가능케 하는 좀 더 안전한 방법으로 대체했다.

자바 언어의 큰 장점은 "한 번 작성해, 모든 곳에서 실행한다(write once, run anywhere)."라는 철학이다. 이는 자바 프로그램을 리눅스 장치에서 컴파일해 어떤 수정도 없이 윈도우나 솔라리스 장치에서 바로 실행할 수 있음을 의미한다. 이 특징은 자바 가상머신JVM, Java Virtual Machine이 인터프리트할 수 있는 바이트 코드의 표준 집합을 사용하기 때문에 가능해졌다[29]. 또한 자바의 보안 기능 때문에 자바 프로그램을 실행하는 환경을 제한할 수 있으며, 이는 신뢰되지 않은 프로그램을 호스트 컴퓨터에 악영향을 끼칠 수 있다는 두려움 없이 실행할 수 있게 한다.

자바의 범용성 때문에 데스크탑 애플리케이션과 비즈니스 애플리케이션, 웹 기반 시스템 등을 비롯한 다양한 애플리케이션에서 자바를 사용한다. 다만 자바는 실행 시간을 최적화해야 하는 고성능 시스템에서는 강세를 보이지 못하고 있다.

컴파일 도구

선 마이크로 시스템즈(현재는 오라클의 자회사)는 자바 프로그래밍 환경 표준을 관리한다. 자바 개발 도구JDK, Java Development Kit는 자바의 시작부터 등장해 여러 새로운 버전을 거쳐 현재도 자바 언어의 성장에 따라 활발하게 개선 중이다. JDK는 컴파일 도구(구체적으로는 javac)와 여러 자바 표준 라이브러리를 함께 묶어 출시된다.

JDK는 보통 자바 언어의 참조 구현reference implementation으로 여겨진다. JDK 표준을 따르기만 한다면 다른 여러 업체가 만든 그들만의 자바 구현 역시 환영받는다. 이런 접근의 이점은 각 업체가 자바의 다른 표준 버전에서 컴파일한 프로그램을 실행할 수 있으면서 플랫폼에 추가적인 성능 최적화 지원이 가능하다는 점이다.

가장 널리 알려진 자바 구현이 JDK고 무료로 제공되지만[30], 여러 다른 선택지를 고려할 수도 있다. OpenJDK 구현[31]은 본래의 JDK 제품에서 파생된 오픈소스 구현이며, GNU 자바 컴파일러GNU Java Compiler[32](무료 소프트웨어 재단Free Software Foundation 제공)의 JDK 제품과는 완전히 분리된 구현이다. 이클립스 IDE에서 흔히 사용하는 이클립스 자바 컴파일러ECJ, Eclipse Java Compiler를 고려할 수도 있다. 그리고 더는 활발히 지원되지는 않지만 IBM(자익스Jikes 컴파일러)과 마이크로소프트(비주얼

J++) 역시 자바 구현을 제공한다.

이 책의 예제는 마이크로소프트 윈도우 환경의 JDK 시스템을 사용한다. 자바의 크로스플랫폼cross-platform 특징에 따라 같은 개념을 모든 다른 운영체제 타입(리눅스와 솔라리스 같은)에도 적용할 수 있다. 또한 C와 C++의 논의와 같이 이 책의 초점은 오직 빌드 시스템과 관련된 언어와 도구가 수행하는 기능에 있다.

소스 파일

자바 소스코드의 기본 단위는 .java 파일이다. 이 파일은 상수와 변수, 메소드의 정의를 비롯한 자바 클래스의 정의를 담고 있다. C나 C++와는 달리 자바는 소스 파일의 전처리 개념이 없으며, 헤더 파일을 포함하는 기능을 제공하지 않는다.

클래스 간의 정보 공유는 한 클래스가 명시적으로 다른 클래스의 변수와 메소드를 임포트import할 때 일어난다. 개발자는 변수나 메소드를 언제 익스포트export할지 또는 이를 내부에 감추고 해당 클래스 정의 내에서만 사용할지를 결정할 수 있다.

com\arapiki\examples\Hello.java 파일에 저장된 소스코드를 살펴보자. 자바에서는 해당 파일이 속한 패키지를 나타내는 디렉터리 계층 구조에 따라 파일을 저장함을 알 수 있다. 이런 특징은 개발자가 소프트웨어의 작성을 시작하기 전에 코드의 구조(이뿐만 아니라 소스 트리의 구조까지)를 진지하게 고민하는 계기가 된다.

Hello.java에서는 `Hello`라는 새로운 자바 클래스를 정의한다.

```
package com.arapiki.examples;

public class Hello {

  private String words;

  public Hello(String message) {
    words = message;
  }

  public void speak() {
    System.out.println("Hello " + words);
  }
}
```

Hello 클래스의 객체를 처음으로 생성할 때 Hello 메소드(7~9행)가 암묵적으로 실행된다(생성자의 실행). 이후에 Hello 클래스의 사용자는 speak 메소드(11~13행)를 통해 Hello가 캡슐화하고 있는 데이터에 관한 동작을 수행할 수 있다. 8행에서는 생성자가 speak을 호출할 때 출력 문자열 메시지를 미리 저장하고 있다.

두 번째 소스코드인 com\arapiki\examples\Main.java는 프로그램의 주 진입점이다.

```
1  package com.arapiki.examples;
2
3  import com.arapiki.examples.Hello;
4
5  public class Main {
6
7    public static void main(String args[]) {
8      Hello speaker = new Hello("World");
9      speaker.speak();
10   }
11 }
```

main 메소드(7~10행)에서는 Hello 타입의 새로운 객체를 생성하며 String 타입의 메시지를 매개변수로 전달한다. 이를 통해 새롭게 생성한 객체에게 speak 메소드의 실행을 요청할 수 있다.

Main.java에서 자바 컴파일러가 Hello 클래스의 정의를 찾게 명시적으로 import 지시어(3행)를 사용하고 있음에 주목하자. 컴파일러는 이 정보를 사용해 Hello 클래스가 정의하는 다양한 타입과 상수, 메소드를 판단한다. Hello에서 정의한 내용과 Hello 클래스를 참조하는 내용이 서로 일치하지 않으면 이를 컴파일 타임compile-time에 표시한다. C의 헤더 파일 개념과 유사하지만, 다른 두 파일(hello.c와 hello.h 같은) 간의 중복된 코드가 필요 없다는 점이 다르다.

Hello.java의 12행에서는 import 지시어를 사용하지 않고, 정규화된fully-qualified 이름을 통해 System.out.println을 명시적으로 참조하고 있음에 주목하자. 이런 접근은 타입 정보를 모으고 타입 검사를 수행하는 측면에서 같은 효과가 있다.

자바 언어는 어떤 메소드 구현도 포함하지 않은 기본적 클래스인 인터페이스의 개념도 지원한다. 이는 서로 다른 클래스 객체 간의 타입 호환성을 보장한다. 빌드 시스템의 측면에서 인터페이스와 실제 클래스 사이에는 단지 약간의 차이만이 있을 뿐이며, 이 책에서는 이를 더 자세히 설명하지 않는다.

오브젝트 파일

자바 클래스의 오브젝트 파일 포맷은 클래스 파일이며, 확장자는 .class다. 클래스 파일은 자바의 "모든 곳에서 실행한다(run anywhere)."는 개념을 바탕으로, 바로 네이티브 기계어 코드로 컴파일되는 대신, 기계 독립적인[machine-independent] 바이트 코드를 통해 프로그램의 흐름을 나타낸다. 자바 가상머신[JVM]은 실제로 프로그램을 실행하기에 앞서 우선 바이트 코드를 네이티브 기계어 코드로 변환해야 하며, 이를 위해서는 바이트 코드를 로드하고 인터프리트하는 과정이 필요하다.

자바 소스 파일을 클래스 파일로 변환하기 위해서는 `javac` 명령을 사용한다. 자바의 패키지 시스템 때문에 소스 파일을 포함하고 있는 디렉터리가 아닌 디렉터리 계층 구조의 최상단에서 컴파일러를 실행해야 한다.

```
C:\Work> javac com\arapiki\examples\Main.java

C:\Work> dir com\arapiki\examples
Directory of C:\Work

07/24/2009  09:17 AM    <DIR>          .
07/24/2009  09:17 AM    <DIR>          ..
07/24/2009  09:47 AM               632 Hello.class
07/24/2009  09:17 AM               227 Hello.java
07/24/2009  09:47 AM               391 Main.class
07/24/2009  09:18 AM               210 Main.java
             4 File(s)          1,460 bytes
             2 Dir(s)   17,457,893,376 bytes free
```

`Main` 클래스가 `Hello` 클래스의 정의를 임포트하기 때문에 자바 컴파일러가 `javac` 커맨드라인에 명시적으로 나열하지 않은 Hello.java의 컴파일도 함께 진행함에 주목하자.

일반적으로 자바 컴파일은 자바 파일당 하나의 클래스 파일을 생성한다. 예외적 상황은 하나의 자바 소스 파일 안에 여러 클래스를 정의할 수 있는 자바의 내부 클래스inner class 개념을 사용할 때 발생한다. 나중에 살펴보겠지만, 이 기능은 빌드 시스템에 문제를 일으킬 수 있다.

올바른 클래스 파일을 생성했는지를 확인하기 위해서는 javap 명령을 사용한다. javap의 커맨드라인 옵션은 많지 않지만, 각 메소드에 해당하는 바이트 코드를 보는 기능과 해당 파일에 정의된 메소드를 나열하는 기능 등을 제공한다.

```
C:\Work\com\arapiki\examples> javap Hello

Compiled from "Hello.java"
public class com.arapiki.examples.Hello extends java.lang.
➥Object{
    public com.arapiki.examples.Hello(java.lang.String);
    public void speak();
}

C:\Work\com\arapiki\examples> javap -c Hello

Compiled from "Hello.java"
public class com.arapiki.examples.Hello extends java.lang.
➥Object{
public com.arapiki.examples.Hello(java.lang.String);
  Code:
   0:   aload_0
   1:   invokespecial   #1; //Method java/lang/
➥Object."<init>":()V
   4:   aload_0
   5:   aload_1
   6:   putfield        #2; //Field words:Ljava/lang/String;
   9:   return

public void speak();
  Code:
   0:   getstatic       #3; //Field java/lang/System.out:Ljava/io/
➥PrintStream;
   3:   new             #4; //class java/lang/StringBuilder
   6:   dup
   7:   invokespecial   #5; //Method
```

```
java/lang/StringBuilder."<init>":()V
   10:  ldc            #6; //String Hello
   12:  invokevirtual  #7; //Method java/lang/StringBuilder.
➥append:
                       // (Ljava/lang/String;)Ljava/lang/
➥StringBuilder;
   15: aload_0
   16: getfi eld       #2; //Field words:Ljava/lang/String;
   19: invokevirtual   #7; //Method java/lang/StringBuilder.
➥append:
                       //(Ljava/lang/String;)Ljava/lang/
➥StringBuilder;
   22: invokevirtual   #8; //Method java/lang/StringBuilder.
➥toString:()
                       // Ljava/lang/String;
   25: invokevirtual   #9; //Method java/io/PrintStream.
➥println:
                       //(Ljava/lang/String;)V
   28: return
}
```

이를 자세히 살펴보면 바이트 코드가 원래의 Hello.java 파일과 어떤 관련이 있는지를 대략적으로나마 확인할 수 있다. 자바 바이트 코드에 대한 더욱 자세한 정보는 참고 문헌[29]을 참조하자.

실행 프로그램

자바 프로그래밍 세계의 기반 개념 중 하나는 동적 클래스 로딩dynamic class loading이다. 실행 프로그램을 만들기 위해서는 어떤 빌드 타임build-time 링크 과정도 필요하지 않다. 대신 자바 클래스는 실행 중인 프로그램에서 필요할 때 개별적으로 메모리 상에 로드된다. 이렇듯 자바 실행 프로그램은 C/C++ 프로그램과는 상당히 다른 특징을 갖고 있으며, 실행 프로그램을 로드하기 위한 하나의 이미지와 같은 형태는 제공하지 않는다.

실제로 자바 프로그램은 단지 동적 라이브러리의 묶음일 뿐이다. 각 클래스는 더 큰 공유 라이브러리에 속한 한 부분으로 한꺼번에 로드되는 대신, 한 번에 하나의 라이브러리가 별도로 로드된다.

자바 프로그램의 실행을 위해서는 다음과 같은 두 가지 조건이 필요하다.

- main 메소드를 포함한 클래스의 이름을 JVM에 제공해야 한다. 이 메소드는 프로그램 실행의 출발점이 된다.
- 추가 클래스의 위치를 알 수 있는 클래스 경로class path를 JVM에 제공해야 한다.

자바 도구(JDK의 가상머신)가 'Hello World' 예제를 어떻게 실행하는지 살펴보자. 디렉터리 경로(슬래시나 백슬래시를 포함한)가 아닌 정규화된 이름(마침표를 포함한)을 사용하고 있음에 주목하자.

```
C:\Work> java com.arapiki.examples.Main
Hello World
```

Main.java와 Hello.java의 소스코드를 잘 살펴봤다면 이와 같은 프로그램 출력이 놀랍지 않을 것이다. 더욱 흥미로운 점은 JVM 인터프리터의 안쪽에서 일어나는 이벤트 순서다. 자세한 정보를 표시하는verbose 옵션을 설정해 같은 자바 명령을 다시 수행하면 클래스가 로드되는 추가 정보를 확인할 수 있다.

```
C:\Work> javac -verbose:class com.arapiki.examples.Main
[Loaded java.lang.Object from shared objects file]
[Loaded java.io.Serializable from shared objects file]
[Loaded java.lang.Comparable from shared objects file]
[Loaded java.lang.CharSequence from shared objects file]
[Loaded java.lang.String from shared objects file]
...
[... lots of output removed ...]
...
[Loaded java.security.Principal from shared objects file]
[Loaded java.security.cert.Certificate from shared objects file]
[Loaded com.arapiki.examples.Main from file:/C:/Work/]
[Loaded com.arapiki.examples.Hello from file:/C:/Work/]
Hello World
```

출력이 상당히 긴 이유는 사용된 모든 기본 제공 클래스 때문이다. 출력 내용을 차례로 살펴보면 Main 클래스가 로드되고, 곧이어 Hello가 나타남을 볼 수 있다. 그리고 마지막에는 기대했던 결과가 출력된다.

남은 의문은 JVM이 어떻게 .class 파일을 찾을 수 있는 위치를 알 수 있었느냐는 점이다. 이 예제에서 Hello 클래스는 현재 디렉터리를 기준으로 한 상대적 디렉터리 안에 위치한다. 즉, JVM이 com.arapiki.examples.Hello라는 이름의 클래스를 임포트하려면 단순히 현재 디렉터리를 기준으로 com\arapiki\examples\Hello.class라는 이름의 파일을 찾으면 된다.

더욱 복잡한 프로그램에서는 추가 클래스가 위치할 수 있는 클래스 경로를 명시적으로 설정해야 하는 때도 있다. 클래스 경로는 JVM이 시작하기 전에 CLASSPATH 환경 변수로 설정하거나 커맨드라인에서 -cp 옵션을 지정해 설정할 수 있다. 클래스 패스는 클래스 파일을 찾기 위해 검색해야 할 모든 디렉터리를 포함한, 세미콜론으로 구분한 목록(유닉스에서는 콜론으로 구분)이다.

라이브러리

자바 클래스는 .class 파일을 찾을 수 있는 디렉터리의 목록으로 지정한 위치뿐만 아니라, JAR 파일로 알려진 더 큰 아카이브 파일 안에 포함될 수도 있다. 많은 수의 .class 파일을 단순히 패키징하고 배포하기보다는 JAR 파일을 조작하는 편이 더 편리하므로, 대부분의 자바 애플리케이션은 JAR 파일 포맷(.jar 확장자)을 선호한다.

여러 .class 파일을 담은 단순한 컨테이너라는 측면에서, JAR 파일은 C와 C++에서 사용하는 아카이브(.a) 파일과 유사하다. 또한 JAR 파일을 정적으로 메인 프로그램에 링크하지 않고(자바에서는 보통 정적 링크의 개념을 사용하지 않는다) 런타임에 로드한다는 측면에서는 C의 동적 라이브러리와 유사하다.

다음 예제는 JAR 파일을 어떻게 만드는지 보여준다. -cf 옵션을 사용해 com\ 디렉터리 계층 안의 모든 .class 파일을 담은 새로운 .jar 파일을 생성한다.

```
C:\Work> jar -cf example.jar com
```

이 경우에 jar 명령은 어떤 출력도 나타내지 않고 조용히 수행된다. -tf 옵션을 사용하면 내용의 목차를 확인해 .jar 파일을 올바르게 생성했는지 분명히 알 수 있다.

```
C:\Work> jar -tf example.jar
com/
com/arapiki/
com/arapiki/examples/
com/arapiki/examples/Hello.class
com/arapiki/examples/Main.class
```

JAR 파일을 사용하려면 앞서 실행했던 경우와 같이 프로그램을 실행하면서 JVM에 -cp 옵션을 붙여주면 된다.

```
C:\Work> java -cp example.jar com.arapiki.examples.Main
Hello World
```

2부에서 자바 기반 빌드 도구를 살펴보며 확인하겠지만, JAR 파일은 일반적으로 프로그램의 배포를 위해 사용된다. 여러분의 소프트웨어를 JAR 파일로 패키징하는 경우뿐만 아니라 다른 이들의 JAR 파일을 얻어 여러분의 클래스 경로에 추가함으로써 서드파티 패키지를 포함할 수 있다. 또한 동적 로딩 시스템을 바탕으로 언제든지 JAR 파일을 교체하거나 업그레이드할 수 있다.

한 가지 더 덧붙이자면 자바 클래스 로더는 클래스의 메소드 이름과 매개변수, 반환 타입 등이 프로그램의 다른 부분에서 기대하는 타입과 일치함을 보장한다. 예를 들어 컴파일러는 컴파일 과정에서 새로운 Hello 클래스를 생성할 때마다 하나의 String 값을 생성자에 전달함을 확인한다. 그리고 런타임에 Hello 클래스가 로드돼 실행될 때 여전히 이 생성자가 존재하고, 클래스의 공개 API가 수정되지 않았음을 보장하기 위해 추가적인 확인 절차를 거친다. API의 잘못된 변경은 런타임 에러를 발생시킨다.

C#

세 번째이자 마지막으로 살펴볼 범용 프로그래밍 언어는 C#이다. 이는 마이크로소프트 닷넷 개발 프레임워크를 사용하는 객체지향 언어다[34]. 주로 마이크로소프트 윈도우 환경에서 사용하기 위해 설계됐지만, 리눅스나 맥 OS X 같은 유닉스 계열 환경에서도 C# 프로그램을 컴파일하고 실행할 수 있다. C#과 닷넷 프레임워크는 2001년경에 처음으로 대중에게 모습을 드러냈다.

C#은 언어 설계의 측면에서 이전의 다양한 객체지향 언어로부터 파생됐으며, 특히 C++와 자바에 큰 영향을 받았다. C#은 범용 객체지향 프로그래밍 기능과 타입 안정성과 멀티스레드 지원 같은 중요 개념을 지원한다. 데스크탑 애플리케이션부터 큰 비즈니스 시스템에 이르기까지 매우 다양한 소프트웨어에서 C#을 사용할 수 있다. 하지만 C와 C++가 자주 사용되는 고성능 컴퓨팅 분야에는 최적화되지 않았다.

C#의 흥미로운 기능 중 하나는, 다른 마이크로소프트 기반의 언어와 같은 중간 바이트 코드 표준을 사용한다는 점이다. 특히 C#과 비주얼 베이직 닷넷, 비주얼 C++, 비주얼 J#은 모두가 같은 바이트 코드 집합(공통 중간 언어Common Intermediate Language로 알려졌다)을 사용해 컴파일되는 언어다. 그뿐만 아니라 공통 언어 기반Common Language Infrastructure[35]은 모든 닷넷 언어가 반드시 구현해야 하는 데이터 타입과 호출 규칙의 표준 집합을 정의한다. 이런 표준은 각 언어로 작성한 소스코드를 컴파일해 하나의 실행 프로그램으로 통합할 수 있게 하며, 이는 비주얼 베이직과 비주얼 C++의 많은 기존 사용자에게 분명한 이득이 된다.

컴파일 도구

C#은 마이크로소프트가 설계한 언어이기 때문에 가장 흔히 사용하는 컴파일 도구는 비주얼 스튜디오 개발 환경에서 제공하는 도구다. 코드 작성을 위한 그래픽 인터페이스와 지원 언어별 커맨드라인 도구 집합을 함께 제공한다. 마이크로소프트는 무료로 다운로드할 수 있는 이런 도구의 '익스프레스Express' 버전[36]을 제공한다. 이 책의 모든 예제는 비주얼 스튜디오의 익스프레스 에디션에서 제공하는 C# 컴파일러(csc로 불린다)를 사용한다.

리눅스나 맥 OS X과 같이 마이크로소프트 환경을 사용하지 않는다면 Mono[37]로 알려진 오픈소스 닷넷 프레임워크를 다운로드할 수도 있다. 이 오픈소스 프로젝트의 목표는 윈도우 닷넷 애플리케이션을 유닉스 계열 환경에서 개발하고 실행할 수 있게 함으로써 마이크로소프트와 유닉스 플랫폼 간을 통합할 수 있게 하는 것이다.

소스 파일

C#의 기본 컴파일 단위는 .cs 파일이다(예, main.cs). 이런 파일은 하나 이상의 클래스 정의를 담고 있으며, 각 클래스 정의는 알맞은 네임스페이스namespace 안에 위치한다. 다른 객체지향 언어와 같이 클래스와 네임스페이스는 작업을 위한 논리적 단위로 프로그램을 나누는 데 사용한다. 자바에서 사용했던 예제의 확장된 버전을 살펴보며 시작해보자. 빌드의 관점에서 이해해야 할 중요한 부분은 어떻게 소스코드 파일을 하나의 실행 프로그램으로 컴파일하고 링크하느냐는 점이다.

첫 번째 소스코드 파일인 hello.cs는 생성자와 하나의 메소드로 `Hello` 클래스를 정의한다.

```
1  using System;
2
3  namespace Arapiki.Greeters {
4
5    public class Hello {
6
7      private string words;
8
9      public Hello(string message) {
10       this.words = message;
11     }
12
13     public void speak() {
14       Console.WriteLine("Hello {0}", words);
15     }
16   }
17 }
```

생성자(9~11행)는 하나의 문자열을 매개변수로 받아 다음에 사용하기 위해 이를 저장해둔다. `speak` 메소드(13~15행)가 호출되면 출력 콘솔에 저장한 메시지를 보여준다.

여기서 주의 깊게 봐야 할 부분은 네임스페이스의 사용이다(3행). `Hello` 클래스를 `Arapiki.Greeters` 네임스페이스 안에 캡슐화해 다른 프로그램이나 라이브러리리에서 정의했을 수도 있는 다른 Hello 클래스 정의로부터 이를 분리한다. 나중에 살펴보겠지만, 프로그램은 특정 Hello 클래스에 접근하기 위해서는 명시적으로 클래스의 네임스페이스를 언급해야만 한다.

소스코드를 파일 시스템에 저장할 때는 컴퓨터 디스크의 어느 위치에 파일을 저장해야 하는지의 제약 없이 어떤 C# 클래스 파일이든 원하는 네임스페이스에 저장할 수 있다. 소스코드가 소스코드를 담고 있는 패키지와 같은 이름의 하위 디렉터리에 저장되는 자바와는 달리 C# 컴파일러는 임의의 배치를 허용한다. 결국 컴파일러가 필요한 클래스의 정확한 위치를 찾게 하려고 개발자는 라이브러리를 검색할 위치의 목록을 명시적으로 언급해야만 한다.

앞서 살펴본 예제에서 System 네임스페이스를 사용하고 있음에 주목하자(1행의 using System 구문을 통해). C# 프로그램을 컴파일할 때에는 특히 컴파일러에 원하는 네임스페이스를 정의하고 있는 라이브러리 파일(확장자 .dll)이 무엇인지 알려줘야 한다. 여기서 사용하는 System 라이브러리는 운 좋게도 모든 C# 컴파일에 자동으로 포함된다.

이어서 두 클래스를 정의하고 있는 새로운 소스 파일인 goodbye.cs의 예제를 살펴보자. 이 두 클래스 역시 Arapiki.Greeters 네임스페이스에 추가한다.

```
using System;

namespace Arapiki.Greeters {

  public class GoodBye {

    private string words;

    public GoodBye(string message) {
      this.words = message;
    }

    public void speak() {
      Console.WriteLine("GoodBye {0}", words);
    }
  }

```

```
  public class Farewell {

    private string words;

    public Farewell(string message) {
      this.words = message;
    }

    public void speak() {
      Console.WriteLine("Farewell {0}", words);
    }
  }
}
```

이 클래스의 구현은 대부분 Hello 클래스와 같으므로 자세한 설명은 필요하지 않다. 물론 특정 C# 프로그래머는 상속을 이용해 이 클래스를 다시 작성하는 편이 좀 더 효과적이라고 생각하겠지만, 이 클래스는 단지 예제일 뿐이다.

마지막으로 GreeterApp 클래스를 담고 있는 컴파일 단위인 main.cs를 생성한다.

```
using Arapiki.Greeters;

public class GreeterApp {

  public static void Main() {
    Hello h = new Hello("stranger");
    GoodBye g = new GoodBye("my friend");
    Farewell f = new Farewell("you fool");
    h.speak();
    g.speak();
    f.speak();
  }
}
```

이는 애플리케이션의 주 진입점이다. 새롭게 정의한 각 클래스의 인스턴스를 생성하고, 인스턴스마다 speak 메소드를 호출한다. 컴파일러에 클래스의 위치를 알려주기 위해 1행에서 using Arapiki.Greeters 지시어를 사용했다.

이제 이 소스코드를 실행 프로그램으로 컴파일하는 방법을 살펴보자.

실행 프로그램

C# 프로그램의 컴파일은 C나 C++ 프로그램의 경우와 크게 다르지 않다. 다른 언어처럼 C#을 실행 프로그램으로 링크하기 위해서는 소스 파일과 라이브러리의 완전한 목록을 설정해야 한다. 닷넷 환경에서는 컴파일의 결과 파일을 어셈블리assembly라고 한다. 이 파일은 다양한 클래스 정의(바이트 코드 포맷으로 작성된)를 비롯해 그래픽 이미지나 문서 파일과 같은 기타 리소스를 함께 담고 있다.

다음의 커맨드라인 실행 예는 프로그램을 컴파일하고 실행하는 과정을 보여준다.

```
C:\Work> csc /target:exe /out:prog.exe main.cs hello.cs goodbye.cs

Microsoft (R) Visual C# 2008 Compiler version 3.5.30729.1
for Microsoft (R) .NET Framework version 3.5
Copyright (C) Microsoft Corporation. All rights reserved.

c:\Work> prog
Hello stranger
GoodBye my friend
Farewell you fool
```

한 가지 흥미로운 점은, 이 예제에서는 C/C++ 컴파일에서 사용했던 중간 오브젝트 파일을 사용하지 않는다는 점이다. 대신 C# 컴파일러는 이 수준의 세부 사항을 감추며, 단 한 단계만으로 전체 프로그램을 하나의 어셈블리 파일로 변환했다. 컴파일러는 최적화 측면에서 수정되지 않은 .cs 파일을 다시 컴파일하지 않고 건너뛸 수 있지만, 이는 생성되는 바이트 코드가 직전에 컴파일했던 결과와 완전히 같다고 판단할 수 있을 때에 한정한다. C# 컴파일러는 넷모듈netmodule 파일을 생성할 수도 있지만, 일반적으로 이 기술은 사용되지 않는다.

또 다른 흥미로운 점은, 닷넷 프로그램이 전통적 기계어 코드 프로그램과 정확히 같은 방법으로 실행된다는 점이다. 즉, 바이트 코드 프로그램을 커맨드라인 셸에서 실행 프로그램의 이름을 입력해 실행한다. 외부 가상머신을 먼저 실행해야 하는 자바 프로그램의 접근 방식과는 대조적이다. 닷넷 환경의 실행 프로그램은 암시적으로 닷넷 가상머신(편의를 위해 윈도우 동적 라이브러리 안에 위치)을 구동하는 네이티브 기계어 코드 명령을 실행하며 시작된다. 이어서 가상머신은 중간 바이트 코드를 기계어 코드로 JIT 컴파일하며 프로그램을 수행한다.

실행 프로그램이 올바른지를 확실히 검증하기 위해서는 중간 언어(바이트 코드)를 디스어셈블하는 ildasm.exe 도구를 사용한다. 기본적으로 ildasm.exe 도구를 실행하면 GUI가 나타나지만, 텍스트만의 출력 형식 역시 지원한다. 그림 4.2는 prog.exe의 디스어셈블리를 보여준다.

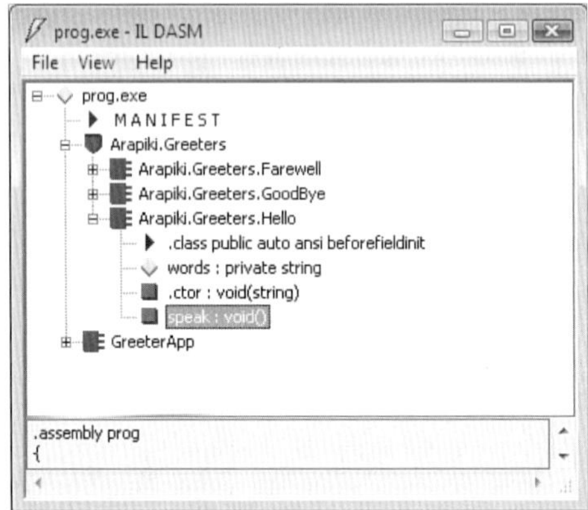

그림 4.2 IL DASM을 사용해 얻은 정적으로 링크된 prog.exe의 디스어셈블리

이 디스어셈블리를 통해 `Arapiki.Greeters` 네임스페이스와 세 개의 클래스가 있음을 확인할 수 있다. 또한 `GreeterApp` 클래스에는 `Main` 메소드가 있음을 살펴볼 수 있다.

`Hello` 클래스의 `speak` 메소드를 더블클릭하면 해당 메소드로부터 생성된 바이트 코드의 목록을 얻을 수 있다(그림 4.3을 보자).

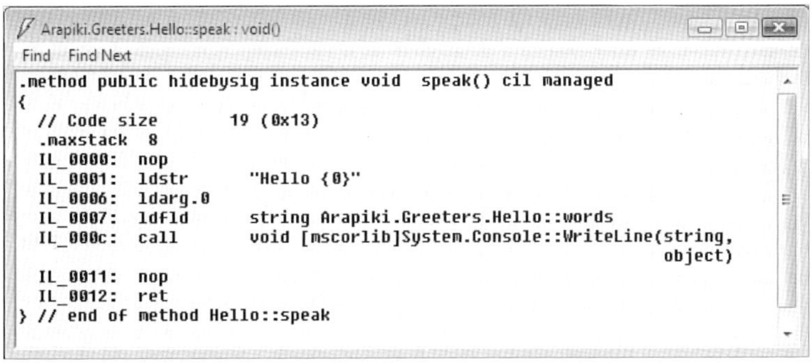
Arapiki.Greeters.Hello::speak : void()
Find Find Next
.method public hidebysig instance void speak() cil managed
{
// Code size 19 (0x13)
.maxstack 8
IL_0000: nop
IL_0001: ldstr "Hello {0}"
IL_0006: ldarg.0
IL_0007: ldfld string Arapiki.Greeters.Hello::words
IL_000c: call void [mscorlib]System.Console::WriteLine(string, object)
IL_0011: nop
IL_0012: ret
} // end of method Hello::speak

그림 4.3 IL DASM을 사용해 얻은 speak 메소드의 디스어셈블리

공통 중간 언어 명령의 세부사항은 참고 문헌[35]을 참조하자.

앞서 언급했듯이 닷넷 실행 프로그램도 표준 윈도우 프로그램이기 때문에 생성된 실행 프로그램은 이식 가능한 실행PE, Portable Executable 포맷으로 저장한다[38]. 이는 다른 모든 윈도우 실행 프로그램을 분석하듯이 같은 도구를 사용해 PE 파일의 내용도 분석할 수 있음을 의미한다. 다음의 예제에서는 dumpbin.exe 프로그램을 사용해 PE 파일의 헤더를 디스어셈블한다. dumpbin.exe 프로그램은 다양한 옵션을 제공하며, 컴파일러나 빌드 시스템과 연관된 작업을 수행하는 이들에게 큰 도움이 된다.

```
c:\Work> dumpbin /headers prog.exe
Microsoft (R) COFF/PE Dumper Version 9.00.30729.01
Copyright (C) Microsoft Corporation.  All rights reserved.

Dump of file prog.exe

PE signature found

File Type: EXECUTABLE IMAGE

FILE HEADER VALUES
             14C machine (x86)
               3 number of sections
        4A6F1190 time date stamp Tue Jul 28 07:56:16 2009
               0 file pointer to symbol table
               0 number of symbols
              E0 size of optional header
```

```
             102 characteristics
                    Executable
                    32 bit word machine

OPTIONAL HEADER VALUES
             10B magic # (PE32)
            8.00 linker version
             600 size of code
             800 size of initialized data
               0 size of uninitialized data
            253E entry point (0040253E)
            2000 base of code
            4000 base of data
          400000 image base (00400000 to 00407FFF)
            2000 section alignment
             200 file alignment
            4.00 operating system version
            0.00 image version
            4.00 subsystem version
               0 Win32 version
            8000 size of image
             200 size of headers
 [... output truncated ...]
```

라이브러리

이미 짐작했겠지만 닷넷 프레임워크는 라이브러리의 개념도 함께 지원한다. 네이티브 코드나 닷넷 바이트 코드를 저장하기 위해 실행 파일과 같은 방식으로 동적 링크 라이브러리[DLL] 파일을 사용할 수 있다. 또한 이런 파일 타입 역시 이식 가능한 실행 포맷을 따른다.

비주얼 스튜디오 환경(닷넷 컴파일 도구를 사용하는 GUI 인터페이스)에서 C# 코드를 개발할 때에는 일반적으로 큰 프로그램을 여러 작은 라이브러리로 나눈다. 이는 프로그램의 모든 소스 파일을 하나의 거대한 단계를 거쳐 하나의 실행 프로그램으로 컴파일하는 방식과는 대조적이다. 따라서 여러 비주얼 스튜디오 프로젝트는 '라이브러리' 프로젝트의 묶음으로 구성되며, '애플리케이션' 프로젝트는 해당 라이브러리에 종속적이다.

이제 Arapiki.Greeters 네임스페이스를 별도의 DLL로 나눠 이를 확인해보자. 여기서는 csc 컴파일러를 다시 한 번 사용하며, 이전과 다른 점은 /target 옵션을 통해 생성할 DLL을 지정한다는 점이다.

```
c:\Work> csc /target:library /out:greeters.dll hello.cs goodbye.cs
```

이제 ildasm.exe 도구를 사용해 라이브러리 파일의 내용을 확인할 수 있다(그림 4.4). 이 예제에서 라이브러리는 greeter 클래스만을 포함하고 있으며, 주 애플리케이션(GreeterApp 클래스)은 포함하고 있지 않다.

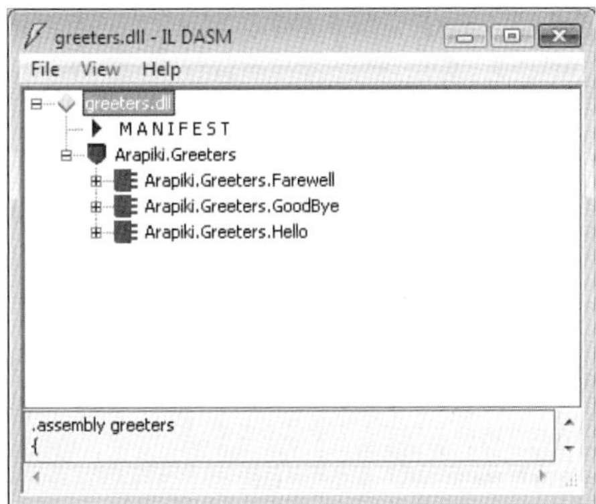

그림 4.4 IL DASM을 사용해 얻은 동적 라이브러리 greeters.dll의 디스어셈블리

다음 단계는 main.cs를 실행 프로그램인 prog.exe로 컴파일할 때 이 라이브러리를 참조하는 과정이다. 컴파일러에 추가 라이브러리의 존재를 알리기 위해 /reference 옵션을 사용함에 주목하자. 컴파일러는 프로그램의 using 지시어에 지정된 네임스페이스와 클래스의 정의를 찾기 위해 그 밖의 기본 제공 라이브러리와 마찬가지로 이 라이브러리도 함께 사용한다.

```
c:\Work> csc /target:exe /out:prog.exe main.cs /reference:greeters.dll
```

이 경우에도 ildasm.exe를 통해 prog.exe의 내용을 살펴보고 어떤 네임스페이스와 클래스, 메소드가 존재하는지를 확인할 수 있다(그림 4.5). 이번에는 프로그램이 주 GreeterApp 클래스만을 포함하고 있으며, DLL에 저장한 다른 클래스는 포함되지 않았다.

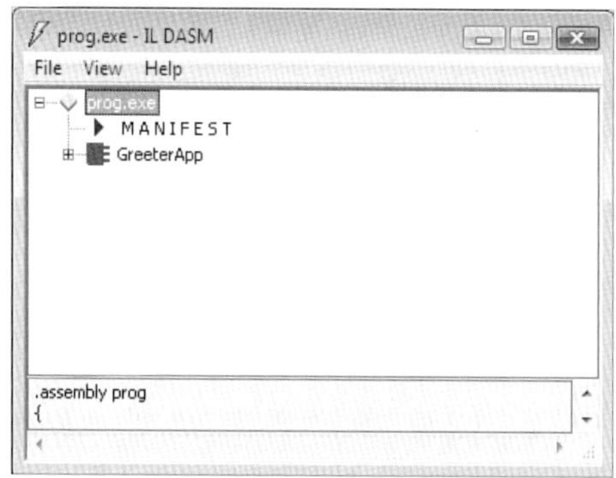

그림 4.5 greeters.dll과 분리된 prog.exe의 디스어셈블리

닷넷 프레임워크는 런타임에 추가 클래스를 가져오기 위해 prog.exe 어셈블리 안에 있는 매니페스트manifest 정보를 확인한다. ildasm.exe의 출력에서 MANIFEST 항목을 두 번 클릭하면 prog.exe는 greeters.dll이 메모리에 로드돼 가상머신이 사용할 수 있는 상태가 필요함을 알 수 있다(그림 4.6). 이 개념은 C와 C++ 프로그램에서 알 수 있었던 개념과 같다.

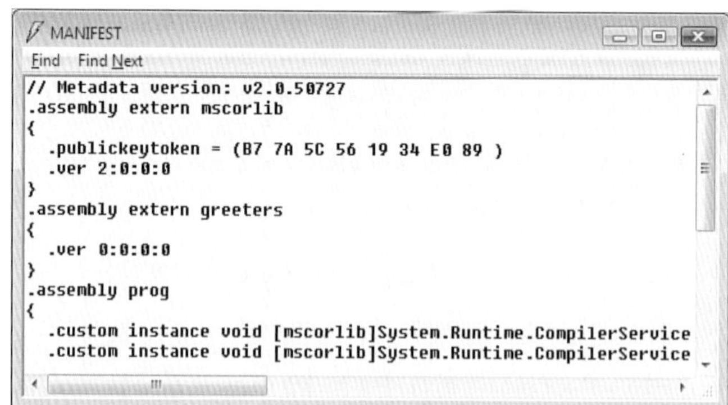

그림 4.6 greeters.dll에 종속적임을 보여주는 prog.exe의 매니페스트

C# 개발자에게 다행스러운 소식은 모든 컴파일 과정이 사용자 친화적이고 편리한 GUI 인터페이스 뒤편에 감춰져 있다는 점이다. 하지만 작지 않은 빌드 요구사항을 갖춘 좀 더 큰 프로그램은 소프트웨어의 컴파일을 자동화할 수 있는 완전한 빌드 도구가 필요하다. 2부에서는 닷넷 프로그램의 컴파일을 중심으로 MS 빌드 도구를 간략히 살펴본다.

기타 파일 타입

지금까지 4장에서는 프로그래밍 언어의 컴파일에 관계된 소스 파일과 오브젝트 파일, 라이브러리, 실행 프로그램 등의 파일 타입에 초점을 맞췄다. 하지만 소프트웨어 대부분은 스크립트와 문서 파일, 그래픽 이미지, 구성 파일 등을 함께 포함하고 있다. 빌드 시스템은 파일이 최종 릴리스 패키지에만 포함되더라도 이런 파일 역시 처리해줘야 한다.

소프트웨어 제품에 포함되는 파일 타입의 예는 다음과 같다.

- **스크립트 언어로 작성한 프로그램 코드** 유닉스 셸 스크립트, 윈도우 배치 스크립트, 펄이나 파이썬을 사용해 작성한 프로그램 등이 여기에 해당한다. 3장에서 설명했듯이 이런 스크립트는 컴파일 과정이 필요 없으며, 대신 릴리스 패키지로 바로 복사된다.
- **HTML이나 자바스크립트, PHP와 같은 웹 관련 파일** 이런 파일은 정확한 파일 포맷에 따라 인터프리트돼 최종 사용자의 웹 브라우저에 표시되거나, 컴파일돼 웹 서버에서 실행된다. 두 경우 모두, 빌드 시스템은 파일을 오브젝트 코드로 컴파일하지 않고, 단순히 패키징할 뿐이다.
- **UML 모델과 같은 모델링 언어 파일** 뒤에서 잠시 살펴볼 내용과 같이 이는 프로그램의 상위 레벨이며, 자바나 C++, C#과 같이 흔히 사용되는 언어로, 코드를 자동으로 생성하는 데 사용되기도 한다.
- **온라인 도움말이나 프린트할 수 있는 사용자 매뉴얼과 같은 문서 파일** 이런 파일은 최종적으로 PDF나 HTML로 나타내기 위해 작성한 유닉스 스타일의 nroff 파일이나, 텍스TeX 파일, GNU 정보 파일 등과 같은 다양한 포맷을 포괄한다. 빌드 시스템은 입력 파일을 PDF 뷰어에서 나타내거나 웹 브라우저에서 렌더링하거나 프린터로 보낼 수 있게 해당 포맷에 따라 알맞게 변환한다.
- **그래픽 이미지 파일** 이 파일은 GUI 윈도우상의 작은 아이콘에서부터 프로그램의 시작 화면이나 전체 화면 크기의 사진에 이르는 다양한 경우에서 대상을 화면에 표시하기 위해 사용한다. 이에 대해서는 뒤에서 더 자세히 다룬다.
- **구성 파일** 이 파일은 프로그램의 행위를 제어하는 구성 데이터를 제공한다. 이는 평문 텍스트plain text 포맷이거나, XML로 인코딩됐거나, 여러분의 프로그램

에 맞춘 사용자 정의 포맷일 수 있다.

이제 UML과 그래픽 파일, XML 파일, 언어 번들 등의 추가 파일 포맷에 대해 살펴보자.

UML 기반 코드 생성

UML^Unified Modeling Language[39]은 프로그램의 상위 수준 설계와 흐름을 나타내는 그래픽 언어다. 이 언어는 소프트웨어의 '큰 그림'에 중점을 두고 세부 구현을 추상화함으로써 자바나 C++, C#과 같은 언어보다 상위 수준에 위치한다. 예를 들어 그림 4.7의 UML 다이어그램은 두 클래스(Student와 Course)를 포함하는 프로그램을 나타내고 있으며, 각 클래스는 해당 클래스의 객체를 통해 호출할 수 있는 메소드의 집합을 담고 있다. 또한 이 다이어그램은 두 클래스 간의 관계를 나타내고 있다(예를 들어 학생은 과목을 듣지 않거나 하나 이상을 수강할 수 있다).

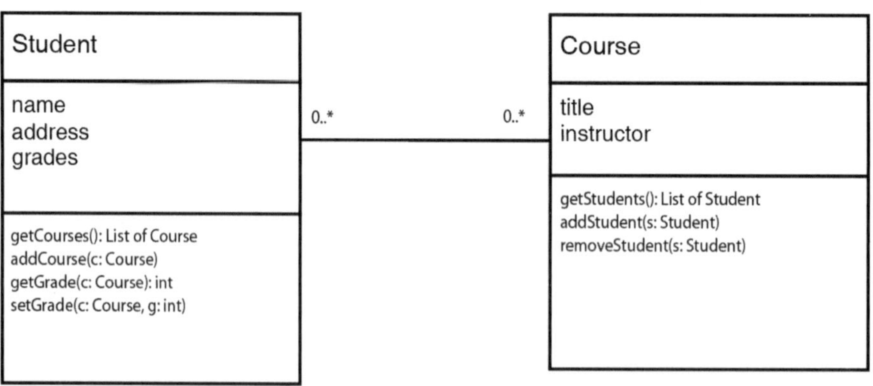

그림 4.7 UML 다이어그램

개발자는 UML 모델을 만든 이후에 모델과 같은 프로그램을 자바나 C++, C#과 같은 하위 수준 언어로 자동 생성하는 도구를 사용한다. 이 과정의 하나로, 다이어그램의 각 상자는 그에 대응하는 하나의 객체지향 클래스로 변환된다. 해당 클래스의 이름(Student나 Course와 같은)은 UML 상자의 첫 번째 부분에 나타내며, 두 번째 부분에는 클래스가 포함해야 하는 필드(name이나 address와 같은) 목록을 나타낸다. 마지막으로 상자의 세 번째 부분은 클래스의 메소드 목록을 나열한다. 개발자가 각 메소드를 구현하는 데 필요한 코드를 실제로 삽입할 수 있는 기능을 제공하는 UML 도구도 있다.

개발자가 어떤 이유에서든 UML 모델을 업데이트하기를 원한다면 코드 생성기를 다시 실행해 쉽고 빠르게 소스코드를 다시 생성할 수 있다. 일부 UML 도구는 RTE^round-trip engineering^[2]를 지원하며, 개발자는 이를 통해 모델이나 소스코드 중 어느 쪽을 변경하더라도 항상 동기화 상태를 유지할 수 있다.

그림 4.8은 빌드 시스템의 측면에서 UML 모델로부터 자바 언어의 소스코드를 생성하는 데 필요한 컴파일 과정을 보여준다.

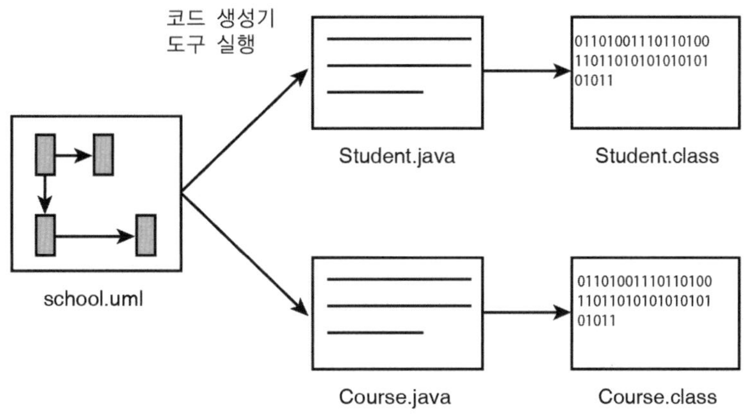

그림 4.8 UML 모델로부터 자바 소스 파일 생성하기

이 다이어그램에서 school.uml 파일은 유일한 실제 소스코드며, .java 파일은 자동 생성 코드로 개발자가 직접 수정해서는 안 된다. 자바 소스 파일을 자바 클래스 파일로 변환하는 과정은 앞서 설명했던 내용과 같다.

여러 개발 도구가 UML 모델로부터 코드를 생성하는 기능을 지원한다. 일반적으로 사용되는 UML 도구로는 랩소디^Rhapsody^(IBM/텔레로직 제품)와 UML을 위한 포세이돈^Poseidon for UML^(젠틀웨어 제품)이 있다.

---

2. 코드 생성과 리버스 엔지니어링을 함께 지원하는 기능이다. 모델로부터 코드를 생성할 뿐만 아니라, 생성한 코드에 변경이 발생하면 이를 모델에 반영해준다. – 옮긴이

그래픽 이미지

텍스트로만 구성된 프로그램을 작성하는 경우가 아니라면 어떤 이유에서든 그래픽 이미지 타입을 화면에 표시해야 하기 마련이다. 이는 320×200 픽셀의 시작 화면이나 프로그램 메뉴 바의 16×16 픽셀의 아이콘에 이르기까지 무엇이든 될 수 있으며, 때에 따라 프로그램은 여러 색깔로 구성된 큰 이미지(그림 4.9)를 표시해야 할 수도 있다. 그 목적을 떠나 프로그램 안에 내장된 데이터인지 디스크로부터 읽어오는 외부 파일인지에 상관없이 실행 프로그램이 그래픽 이미지를 사용할 수 있어야 한다.

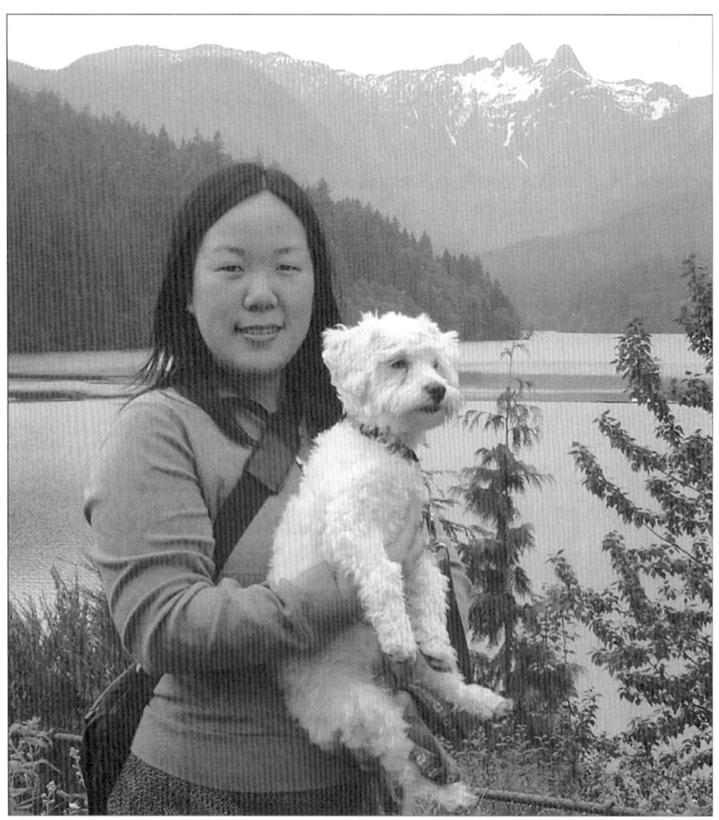

그림 4.9 그래픽 이미지

그래픽 이미지를 만드는 잘 알려진 프로그램으로는 김프GIMP, 어도비 포토샵Adobe Photoshop, 어도비 파이어웍스Adobe Fireworks, 윈도우 페인트Windows Paint 등이 있다. 이런 도구는 그래픽 지향graphic-oriented이기 때문에 빌드 프로세스의 한 부분으로 실행되지 않고, GIF나 JPEG, PNG 등의 그래픽 파일을 생성하기 위해 독립적으로 실행해서 사용한다. 이렇게 생성한 그래픽 파일은 실행 프로그램 안으로 링크되거나 최종 릴리스 이미지 안에 함께 패키징된다.

흥미로운 선택지 중 하나는 빌드 시스템이 다른 포맷으로부터 그래픽 파일을 직접 생성할 수도 있다는 점이다. 예를 들어 빌드 시스템이 소프트웨어의 온라인 도움말을 포함한 웹 페이지의 집합을 생성했다면 이 과정에서 그래프나 파이 차트pie chart 같은 여러 그래픽 이미지 파일이 함께 생성되기도 한다. 이런 파일의 내용은 예술가의 도구를 사용해 손으로 직접 그리지 않고 원시 입력 데이터로부터 생성한다.

XML 구성 파일

많은 프로그램에는 자신과 관련된 구성 파일 타입이 있다. 프로그램을 처음으로 실행하면 사용자 구성 파일을 분석해 프로그램이 어떻게 행동해야 하는지를 결정한다. 사용자가 도구 메뉴나 옵션 메뉴와 같은 방법을 통해 구성을 변경하면 구성은 업데이트돼 다시 디스크로 저장된다. 사용자는 이런 과정을 알지 못할 뿐만 아니라, 프로그램이 꺼진 상태에서도 사용자 기본 설정을 관리한다는 점을 눈치 채지 못한다.

구성 파일은 어떤 포맷으로든 저장할 수 있지만, XML은 계층적 데이터 저장이 제공하는 표준화와 유연함이라는 장점 때문에 점자 일반적 솔루션이 되고 있다. 다음 예제는 구성 파일에 저장되는 정보의 유형을 보여준다.

```
<options>
  <font>
    <size>14</size>
    <family>Times New Roman</family>
  </font>
  <user-email>psmith@arapiki.com</user-email>
  <data-dir>C:\Users\Peter\Data\</data-dir>
</options>
```

빌드 시스템 관점에서는 이 파일의 초기 버전을 제공하는 일에만 신경 쓰면 된다. 새로운 사용자는 앞서 사용한 구성 파일을 갖고 있지 않기 때문에 이 파일은 프로그램을 처음으로 실행할 때 사용자에게 제공된다. 빌드 프로세스 대부분은 어떤 사용자 정의도 반영할 필요 없이 단순히 소프트웨어의 릴리스 패키지에 포함된 기본 구성 파일을 그대로 복사한다.

국제화와 리소스 번들

구성 파일의 두 번째 타입으로는 리소스 번들resource bundle이 있다. 여러 국가와 언어를 대상으로 하는 근래의 소프트웨어 패키지는 사용자가 선택한 언어나 국가 포맷에 맞춰 화면에 내용을 표시하는 기능이 중요하다. 리소스 번들은 개발자가 프로그램 코드로부터 텍스트 기반의 메시지를 추출해 외부 디스크 파일로 저장할 수 있게 한다.

예를 들어 캐나다 영어 번들은 다음과 같은 정의를 포함한 작은 텍스트 파일이다.

```
color_choose=Please select the colour.
currency_name=Dollar
currency_code=CAD
flag_image=Canada_flag.gif
```

반면 미국 영어 번들은 다음과 같은 내용을 담고 있다.

```
color_choose=Please select the color.
currency_name=Dollar
currency_code=USD
flag_image=USA_flag.gif
```

멕시코의 리소스 번들은 다음과 같다.

```
color_choose=Seleccione por favor el color.
currency_name=Peso
currency_code=MXN
flag_image=Mexico_flag.gif
```

특히 올바른 리소스 번들 파일을 선택하는 일은 런타임 시에 이뤄지며, 빌드 프로세스에서는 모든 번들 파일과 각 번들이 참조하는 모든 파일(Canada_flag.gif와 같은)

을 함께 패키징해야 한다. 소프트웨어는 사용자가 선택한 언어나 국가의 선호에 따라 알맞은 번들을 로드하고 올바른 메시지나 그래픽을 사용자 인터페이스에 나타내야 한다.

예제에서는 XML 포맷 데이터를 사용하지 않았지만, XML 또한 선택 가능한 옵션이다. 언어 번들이 담고 있는 데이터는 계층적이지 않기 때문에 '속성properties' 포맷의 플랫 파일flat file이 적당하다.

정리

4장에서는 잘 알려진 프로그래밍 언어(C/C++, 자바, C#)를 비롯해 윈도우와 리눅스를 아우르며, 파일 포맷과 컴파일 도구를 광범위하게 다뤘다. 또한 UML 모델과 그래픽 이미지, 구성 파일 등의 추가 파일 포맷을 함께 설명했다.

4장의 목표는 빌드 시스템에서 사용하는 파일 포맷을 설명하고, 빌드 도구가 어떻게 입력 포맷(소스 파일과 같은)을 출력 포맷(오브젝트 파일과 같은)으로 변환하는지를 나타내는 데 있었다. 출력 포맷은 타겟 머신이 이해할 수 있거나 가상머신에서 실행하기에 적합하거나 문서 뷰어에서 렌더링하는 데 적합한 형태다.

이런 파일의 변화 단계를 배우는 과정은 빌드 시스템을 구축하는 더욱 좋은 방법을 생각할 수 있게 도와준다. 그뿐만 아니라 이로부터 출력 파일이 올바르게 생성되지 않았을 때 빌드와 관련한 문제를 진단하는 방법을 배울 수 있다.

5 하위 타겟과 빌드 변형

지금까지는 소프트웨어가 하나의 빌드 프로세스만 갖고 있다는 점을 설명해왔다. 즉, 각 소스 파일이 컴파일된 후 링크돼 하나의 실행 파일로 되는 방법이 하나일 뿐만 아니라, 릴리스 패키지도 한 유형만 생성될 수 있었다. 하지만 현실적으로 다양한 변형variant이 존재하며, 각 변형은 빌드 프로세스를 약간 변경하고, 약간 다른 릴리스 패키지를 생성한다. 여기서 약간이라는 것은 빌드 프로세스가 동일한 프로그램을 생성하지만, 그 프로그램의 동작에 있어 사소한 차이를 보인다는 점을 뜻한다.

그림 5.1은 소스 트리와 오브젝트 트리의 일대일 매핑을 보여준다. 실제로 개발자가 선택하는 빌드 옵션에 따라 수많은 매핑이 있을 수 있으며, 하나의 빌드 변형build variant당 여러 오브젝트 트리가 있을 수도 있다.

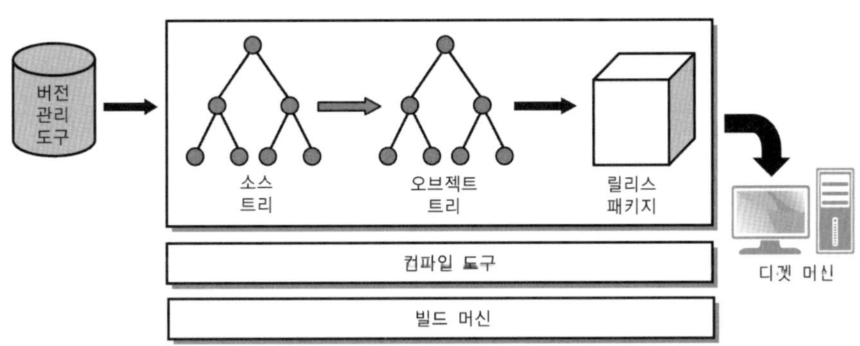

그림 5.1 소스 트리로부터 오브젝트 트리를 만드는 다양한 방법

5장에서는 소스 트리에서 오브젝트 트리로의 매핑에 관한 다음과 같은 세 가지 방법을 알아본다.

1. **하위 타켓 빌드하기** 전형적인 빌드 프로세스에서는 모든 소스코드를 컴파일해 오브젝트 트리를 만들고, 이를 토대로 릴리스 패키지를 생성한다. 이는 타켓 머신에 소프트웨어를 설치하고 실행한다면 흔히 선행되는 일이다. 하지만 빌드 트리의 일부분을 변경한 개발자라면 빌드 트리의 모든 부분이 아닌 해당 부분만 재빌드하길 선호한다. 이것이 하위 타겟subtarget 빌드하기로 알려져 있다.
2. **소프트웨어의 여러 다른 에디션 빌드하기** 여러분은 아직 소스 파일 전체를 컴파일하겠지만, 그 결과물은 소프트웨어의 다양한 동작을 이끌어내게 수정돼야 한다. 이런 변형은 프랑스어나 독일어, 일본어 같은 자연 언어, 홈 에디션이나 프로페셔널 에디션 같은 제품 특징을 달리하는 데 지원하는 일을 포함할 수도 있다.
3. **여러 다른 타겟 아키텍처 빌드하기** 여러 다른 타겟 머신의 소프트웨어 제품을 지원하기 위해 동일한 소스 파일을 다양한 CPU와 운영체제에서 동작하게 컴파일해야 한다. 이는 x86과 MIPS, PowerPC 같은 CPU, 리눅스와 윈도우, 맥 OS X 같은 운영체제를 포함한다.

이런 접근법은 빌드 프로세스를 다양한 방법으로 수정할 수 있게 한다. 첫 번째 경우 소프트웨어 제품 전부를 컴파일하는 대신 그 중 일부를 빌드한다. 두 번째 경우 소프트웨어 제품 전부를 빌드하지만, 필요에 따라 전체 소스 파일 중 일부를 포함하거나 배제한다. 마지막 경우 소프트웨어 제품 전부를 빌드하지만 컴파일 도구를 다양하게 사용해 추가로 일부 파일을 포함하거나 배제한다.

5장에서는 이런 변형의 각 기본적인 종류에 대해 알아보고, 빌드 시스템이 각 경우를 어떻게 지원하는지를 자세히 알아보자.

하위 타겟 빌드

소프트웨어의 어떤 부분이든 여러 작은 구성 요소(예, 정적 또는 동적 라이브러리)로 분할될 수 있으며, 각 구성 요소는 프로그램의 전체 기능 중 일부를 지원하고, 기타 구성 요소들과 다소 독립적으로 개발된다. 그리고 큰 시스템에서 최종 소프트웨어는 서로 협력하는 여러 다른 실행 파일을 포함할 수 있으며, 이 경우 각 실행 파일이 하위 구성 요소가 된다.

그림 5.2는 소스 트리가 여러 하위 구성 요소로 어떻게 분할되는지를 보여준다.

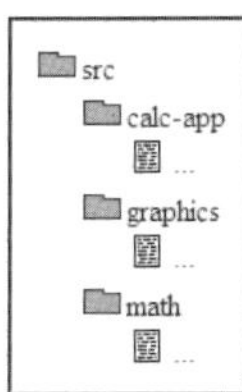

그림 5.2 소스 트리를 여러 구성 요소로 나누기

소스 트리의 디렉터리 배치는 프로그램의 구조를 바탕으로 한다. 즉, math와 graphics 디렉터리는 math의 소스코드와 `graphics` 라이브러리를 포함하며, 반면 calc-app 소스 디렉터리는 실행 파일을 만들기 위해 여러 라이브러리로 링크되는 애플리케이션의 주요 부분을 포함한다.

향후 개발자는 최종 실행 프로그램을 만들기 위해 전체 소스 트리를 빌드한다.

```
$ cd src
$ make all
... build output will be shown ...
$ ./calculator
... calculator program output will be shown ...
```

calculator 프로그램이 많은 소스 파일을 포함하고 있다면 그에 비례해 전체 소스 트리를 증분 빌드하는 데 아직 많은 시간이 필요하다. 빌드 도구가 변경된 파일만 다시 컴파일하더라도 makefile과 같은 빌드 기술build description 파일을 모두 읽고 컴파일할 파일을 선정하는 데 시간이 필요하기 때문이다. 어쩌면 증분 빌드는 컴파일하기 전에 분석에만 2~3분이 소요될 수도 있다. 따라서 개발자는 전체 소스 트리를 다시 컴파일하는 대신에 빌드할 하위 구성 요소의 수를 제한할지도 모른다. 다시 말해 개발자가 `math` 라이브러리에 있는 소스 파일의 일부만을 수정했다면 해당 디렉터리만 컴파일함으로써 전체 빌드 시간을 최적화할 수 있다.

```
cd src/math
$ make libmath.so
```

```
... build output will be shown ...

$ cd ..
$ ./calculator
... calculator program output will be shown ...
```

여기서 주의 깊게 관찰해야 할 점은 math 라이브러리(libmath.so)가 실행 파일(calculator)에 동적으로 링크된다는 점이다. 이는 math 라이브러리가 수정된 사항을 적용하기 위해 재차 실행 파일에 링크돼 컴파일될 필요가 없다는 뜻이다. 즉, 단순히 math 라이브러리만을 다시 컴파일하고 calculator를 재실행하면 자동으로 코드 변경 사항이 적용된다.

여러 다른 실행 파일을 포함하는 큰 소프트웨어에서는 일부 프로그램만을 컴파일함으로써 빌드 프로세스를 최적화할 수 있다. 게다가 대개 타겟 머신에 이미 설치된 그 밖의 파일들은 새로이 추가될 파일과 호환된다. 따라서 빌드 도구를 호출할 때마다 새로운 릴리스 패키지를 만들고 설치하는 대신, 타겟 머신에 수정된 파일만을 직접 복사함으로써 시간을 절약할 수 있다.

소프트웨어의 여러 에디션 빌드

세계 시장을 겨냥해서 소프트웨어를 개발할 때 최종 사용자의 요구 사항을 고려하는 일은 매우 중요한 사안이다. 특정 사용자에게만 국한된 소프트웨어를 만들지 않는 한, 언어와 문화, 하드웨어 차이, 소프트웨어 금액 차이를 고려해야 한다. 자, 그럼 그것들을 낱낱이 알아보자.

- **언어와 문화** 모든 컴퓨터 사용자는 결코 동일한 언어로 말하거나 문화를 갖고 있지 않다. 그래서 사용자들은 소프트웨어를 편리하게 사용하기 위해 프로그램의 명령과 메뉴, 에러 메시지 등을 자신의 모국어로 보기를 원한다. 또한 그들은 서양식인 오른쪽으로 가로 읽기보다는 왼쪽으로 가로 읽기 또는 내려 읽기를 선호할 수도 있다. 게다가 자신의 통화로 화폐의 가치를 보길 원하며, 캐나다식 영어를 구사하는 이는 미국식 영어의 color보다는 colour을 선호한다.

  이 지역화localization를 가능하게 하려면 소프트웨어 개발자들은 다음과 같은 추가 작업을 해야 한다. 모든 텍스트 메시지를 지원할 언어로 번역하는 것뿐만 아니라 소프트웨어 사용자 인터페이스 또한 다양한 형식으로 글과 이미지를 제공할 수 있어야 한다. 게다가 빌드 프로세스는 각 언어와 문화에 적합한 문자와 이미지를 선정해야 한다.

- **하드웨어 차이** 다양한 하드웨어 플랫폼상에서 실행하게 설계된 소프트웨어는 필요한 기능을 포함할 수 있게 빌드 시에 수정될 수 있다. 리눅스 커널을 빌드하는 데 익숙한 이는 하드웨어 차이를 어떻게 빌드 시스템에 적용하는지 잘 알고 있다. 첫 번째 단계에서는 사용자에게 부여된 옵션 중 하나인 구성 도구 configuration tool를 실행한다.

  두 번째 단계에서는 수정된 커널을 생성하기 위해 빌드 프로세스를 호출한다. 마지막 단계에서는 타겟 하드웨어가 요구하는 모든 드라이브를 포함하고, 그 외 사용자가 컴파일하지 않은 것은 배제한다.

- **금액 차이** 소프트웨어 벤더는 동일한 소프트웨어일지라도 고객에 따라 지급하는 금액이 다르다는 점을 알고 있다. 예를 들어 홈 유저가 재무회계 패키지를 200달러에 구매하는 반면, 회계사는 2,000달러에 구매할지도 모른다. 소프트웨어 제공업체는 두 시장을 석권하기 위해 홈 유저에게는 홈 에디션을, 회계사에게는 프로페셔널 에디션을 공급한다. 유일한 차이라고는 홈 에디션에서 프로페셔널 에디션에 있는 고급 기능 몇 가지를 제거하는 것뿐이며, 이 가격과 기능의 조합으로 두 에디션이 각 고객층을 이끌어내게 한다.

이런 예를 명심하고, 빌드 시스템에서 어떻게 이런 변형을 만들 수 있는지를 함께 고민해보자.

빌드 변형 구체화

세 개의 언어와 두 에디션(홈, 프로페셔널)으로 구성된 가상의 회계 패키지가 있다고 한다면 다음과 같이 총 여섯 가지의 빌드 변형을 갖게 된다. 다만 모든 옵션이 유효하지 않다는 점을 유념하자.

	홈 에디션	프로페셔널 에디션
영어	유효	유효
프랑스어	유효	유효
독일어	유효	지원하지 않음

소프트웨어를 빌드할 때 개발자는 언어와 에디션을 선택해야 한다. 이 두 값을 명시하지 않는다면 빌드 시스템은 에러 메시지를 나타내면서 멈추거나 영어/프로페셔널과 같은 기본 값으로 처리할지도 모른다. 경우에 따라 모든 빌드 조합을 반드시 지원할 필요는 없다. 이 예제에서는, 프로페셔널 에디션은 독일어를 지원하지 않는다. 이 가상의 소프트웨어는 독일 시장에서 요구되는 고급 기능이 없다. 개발자는 이 변형을 절대 빌드하지 않을 것이며, 테스터 또한 테스트하지 않을 것이다. 사실 여러분은 이 조합으로 빌드하는 것을 허락하지 않고 대신 에러 메시지를 보여주길 원할지도 모른다.

여러분이 Make 빌드 도구를 활용해 이 빌드 시스템을 구현한다면 개발자는 다음과 같이 커맨드라인에서 `LANGUAGE`와 `EDITION`을 정의해 빌드 변형을 명시할 수 있다.

```
$ make all LANGUAGE=French EDITION=Home
... build output will be shown ...

$ make all LANGUAGE=French EDITION=Professional
... build output will be shown ...
```

예상할 수 있듯이 변형의 이름을 일일이 명시하는 것은 지루하고 에러가 발생할 가능성이 높다. 따라서 같은 명령을 반복해서 사용하려고 셸 스크립트를 작성하거나 커맨드 셸의 앨리어스alias를 사용할 수도 있지만, 빌드 트리 안에 구성 파일configuration file을 활용하는 것도 하나의 대안이다. 그러므로 변형 값이 명시적으로 주어지지 않을 때 이 구성 파일로 빌드 시스템에서 마지막으로 주어진 값을 기본 값으로 사용할 수도 있다.

다음 예제에서는 처음 빌드 명령에서만 구성 매개변수configuration parameters를 명시하고, 이후 빌드 명령에서는 자동으로 이전 값을 사용한다.

```
$ make configure LANGUAGE=French EDITION=Home

$ make all
... build output for French/Home will be shown ...

$ make package
... build output for French/Home will be shown ...
```

이 기능을 구현하기 위해 configure 타겟은 저장된 정의 파일definition file을 포함하는 Makefile을 만든다. 예를 들어 다음 Make 규칙은 configure 타겟을 정의한다.

```
configure:
	@echo LANGUAGE=$(LANGUAGE) > .config
	@echo EDITION=$(EDITION) >> .config
```

이는 다음과 같은 내용으로 .config 파일을 만든다.

```
LANGUAGE=French
EDITION=Home
```

메인 Makefile은 빌드가 호출될 때마다 이 값을 구문 분석함으로써 사용자가 LANGUAGE와 EDITION의 값을 명시적으로 부여하지 않는다면 .config에 저장된 값이 사용된다.

한편 수백 개의 빌드 옵션이 있는 리눅스 커널을 빌드할 때 유사한 방법이 훌륭하게 사용되고 있다. 개발자는 커맨드라인에서 그것들을 일일이 정의하는 대신, 신경 써야 할 빌드 옵션만 선정하기 위해 분리된 구성 타겟configuration target을 사용한다.

```
# gmake config
scripts/kconfig/conf arch/x86/Kconfig
*
* Linux Kernel Configuration
*
*
* General setup
```

```
*
Prompt for development and/or incomplete code/drivers
➥(EXPERIMENTAL)
[Y/n/?]
Local version - append to kernel release (LOCALVERSION)
[-0.1-pae]
Automatically append version information to the version
➥string [N/y/?]
Support for paging of anonymous memory (swap) (SWAP) [Y/n/?]
System V IPC (SYSVIPC) [Y/n/?]
POSIX Message Queues (POSIX_MQUEUE) [Y/n/?]
BSD Process Accounting (BSD_PROCESS_ACCT) [Y/n/?]
BSD Process Accounting version 3 file format [Y/n/?]
Export task/process statistics through netlink (TASKSTATS) [Y/n/?]
  Enable per-task delay accounting (EXPERIMENTAL)
➥(TASK_DELAY_ACCT) [Y/n/?]
  Enable extended accounting over taskstats (TASK_XACCT)[Y/n/?]
  Enable per-task storage I/O accounting [Y/n/?]
Auditing support (AUDIT) [Y/?] y
  Enable system-call auditing support (AUDITSYSCALL) [Y/n/?]
...
Remainder of output removed
...
```

사용자가 이 명령을 실행한 후 구성 파일에는 사용자가 지정한 옵션을 저장하고, 빌드 시스템에서 사용할 수 있게 한다. 특히 향후 개발자가 이전에 선택한 값을 수정할 때를 대비해 이 옵션들이 보관된다.

자, 다시 회계 프로그램 예제로 돌아가 보자. 개발자가 올바른 변형 값을 입력하는지를 보장하기 위해 입력된 값을 주의 깊게 확인해야 한다. 예를 들어 다음과 같이 Japanese라는 유효하지 않은 값이 입력된다면 여러분은 의미가 있는 에러 메시지가 표시되리라고 기대할 것이다.

```
$ make configure LANGUAGE=Japanese EDITION=Home
Makefile: *** Invalid value for LANGUAGE. Must be one of:
➥English French German
```

다음 Makefile은 안전한 빌드 시스템을 위한 확인 작업을 수행한다.

```
LANGUAGE := English
EDITION := Professional

VALID_LANGUAGES := English French German
VALID_EDITIONS := Professional Home

ifeq ($(findstring $(LANGUAGE),$(VALID_LANGUAGES)),)
  $(error Invalid value for LANGUAGE. \
      Must be one of: $(VALID_LANGUAGES))
endif

ifeq ($(findstring $(EDITION),$(VALID_EDITIONS)),)
  $(error Invalid value for EDITION. \
      Must be one of: $(VALID_EDITIONS))
endif

ifeq ($(LANGUAGE)/$(EDITION),German/Professional)
  $(error German language is not supported by Professional Edition)
endif
```

사용자가 커맨드라인에서 LANGUAGE와 EDITION 변수의 값을 명시하지 않으면 빌드 시스템은 기본 값으로 영어/프로페셔널 버전을 선택한다. 또한 여러분은 유효하지 않은 독일어/프로페셔널 버전을 금지해야 한다.

코드의 다양화

빌드 변형을 선택한 후 소프트웨어가 수행하는 일을 해당 변형에 적합하게 설정하기 위해 코드의 다양화를 활용한다. 이 코드의 다양화는 빌드 변형과 직접 관련 있는 특정 디렉터리나 파일, 코드 라인을 선택하는 것을 수반하며, 변화의 차이에 따라 수많은 방법으로 코드를 설정할 수 있다

- **라인별 변형** 이것은 소스코드에 변형을 유도해내는 가장 작은 단위fine-grained[1] 접근법이다. 이것이 허용되는 언어에서 조건부 컴파일은 각 변형에 적합한 각기 다른 구현을 가능케 하는 코드 라인을 명시한다. 첫 단계에서는 빌드 시스템이 컴파일러에 필요한 정의를 건네준다. C/C++에서 이것은 전처리기 정의preprocessor definition로 구현되며, 요구되는 Makefile는 다음과 같다.

```
ifeq ($(LANGUAGE),English)
  CFLAGS += -DLANG_EN
endif
ifeq ($(EDITION),Professional)
  CFLAGS += -DEDITION_PROF
endif
```

C/C++ 소스코드는 이 정의들에 의해 프로그램 전체가 아닌 부분적으로 조건부 컴파일된다. 다음은 프로페셔널 에디션을 빌드할 때 고급 기능을 활성화한다.

```
int compute_costs()
{
  int total_costs = 0;
#ifdef EDITION_PROF
  total_costs += capital_cost_allowance();
#else /* not EDITION_PROF */
  total_costs += basic_costs();
#endif /* EDITION_PROF */
    ...
  }
```

---

1. fine-grained approach는 작은 단위 접근법, coarse-grained approach는 큰 단위 접근법이라 번역할 수 있다. 하나의 서비스는 하나 이상의 메소드와 함수로 구성된다. 이때 fine-grained approach는 특정 서비스에 대해 세분화된 여러 메소드로 결과를 도출하는 접근법을 뜻하고, 이와 반대로 coarse-grained approach는 특정 서비스를 하나(또는 소수)의 메소드로 결과를 도출하는 접근법을 뜻한다. 예를 들어 스마트폰 게임에서의 유저 로그인 서비스에 ID 정보 매핑 로직과 인증 로직, 세션 유효 확인 로직 등이 있다고 하자. 이때 fine-grained는 유저 로그인 서비스를 수행할 때 그 하위의 여러 메소드를 호출해 최종 결과를 도출한다. 반대로 coarse-grained는 유저 로그인 서비스를 하나(또는 소수)의 메소드를 호출해 결과를 도출하는 방식이라고 보면 된다. 한눈에 보기에는 fine-grained가 좋아 보일 수 있지만, 클라이언트가 다중 호출을 함으로써 성능 저하가 발생할 수 있다. 따라서 상황에 맞게 적절한 방식을 선택해야 한다. - 옮긴이

이 방법의 간단함 때문에 많은 C/C++ 프로그래머가 조건부 컴파일을 애용한다. 그러나 #ifdef 지시어를 남용하면 소스코드를 읽고 쓰기가 어렵다는 점을 잊지 말자. 특히 많은 변수가 서로 연결돼 있을 때는 난해한 경우가 많다.

- **파일별 변형** 한 변형의 소스코드가 그 외 변형의 소스코드와 현저히 다르다면 해당 소스코드를 파일별로 분리하는 것이 일목요연하다고 생각할지도 모른다. 예를 들어 근본적으로 동일한 기능을 수행하되 영어를 지원하는 함수를 포함한 소스 파일 english.c와 마찬가지로 독일어를 지원하는 함수를 포함한 소스 파일 german.c를 가질 수 있다. 이 방법은 동일한 파일 안에서 #ifdef 지시어를 사용해 여러 변형들이 섞여 있는 것보다 개발자가 소스코드의 구조를 파악하기 쉽게 해준다. 소스 파일을 조건부 컴파일하기 위해 다음과 같이 빌드 기술[build description]을 수정한다.

```
SRCS := basic.c costs.c math.c interest.c ui.c
ifeq ($(LANGUAGE),English)
  SRCS += english.c
endif
ifeq ($(LANGUAGE),French)
  SRCS += french_france.c french_canada.c
endif
```

- **디렉터리별 변형** 이 방법은 각 소스 파일 대신 하위 디렉터리 전체를 포함한다. 단순화하기 위해 변형 뒤에 하위 디렉터리를 지정하는 일은 빌드 기술을 더욱 간결하게 한다. 다음 예제는 English와 French, German 하위 디렉터리가 있으며, 각 디렉터리에는 각 언어를 지원하는 소스 파일이 있다.

```
DIRS := ui graphics math database $(LANGUAGE)
```

이 방법은 라인별 조건부 컴파일이 지원되지 않는 자바와 같은 언어에서 널리 사용된다. 대신 각 변형은 프로그램으로 컴파일될 클래스를 포함하는 자신만의 고유한 하위 디렉터리를 가진다. 모든 하위 디렉터리에는 동일한 자바 소스 파일들이 있지만, 각기 다르게 구현된다.

```
English/Menus.java
English/Errors.java
```

```
English/Currency.java
French/Menus.java
French/Errors.java
French/Currency.java
German/Menus.java
German/Errors.java
German/Currency.java
```

이 예제에서 빌드 시스템은 English와 French, German 하위 디렉터리 중 한 디렉터리의 자바 소스 파일들만을 컴파일한다. 자바 코드가 실행할 때 자바는 Menus와 Errors, Currency 클래스가 어느 하위 디렉터리의 소스코드인지 신경 쓰지 않고 해당 클래스들을 참조한다.

- **빌드 기술 파일별 변형** 각 빌드 변형이 서로 다른 컴파일 플래그로 연계된다면 여러분은 빌드 변형별로 각기 다른 빌드 기술 파일을 작성하려고 고려할지도 모른다. 최상위 빌드 기술 파일은 사용자가 설정한 변형별 기술 파일을 하나 이상 포함한다. 예를 들어 주 빌드 기술 파일은 다음과 같이 include 지시어를 포함한다.

```
include $(LANGUAGE).mk
```

각 .mk 파일은 변형별 정의를 제공한다. 예를 들어 English.mk 파일은 영어 언어 제품과 관련된 정의만을 구성한다.

```
CFLAGS += -DLANG_EN -DLEFT_TO_RIGHT_TEXT -DUSE_ASCII \
            -DSUPPORT_USA -DSUPPORT_UK -DSUPPORT_CANADA
CURRENCIES := USD CAD AUD GBP
SPLASH_SCREEN := ENGLISH_FLAG.jpg
OPTIONAL_DIRS := src/property_tax src/estate_tax
ERRORS_FILE := english-errors.list
PROPERTIES := english.properties
```

빌드 기술 파일을 여러 파일로 세분화하는 것은 새로운 변형에 대한 지원을 쉽게 하며, 주 빌드 기술 파일의 복잡성을 줄여준다. 반면 빌드 기술 파일이 가능한 모든 변형을 처리하기 위해 if/else문으로 난잡하게 작성된다면 혼란스러워질 수 있다.

- **패키지 시 변형** 변형이 적용될 수 있는 그 다음 단계는 패키지를 만들 때다. 소프트웨어의 특정 에디션을 패키지화하기 위해 여러분은 최종 릴리스 패키지에 어떤 파일을 복사할지 선택한다. 이전 예제인 회계 소프트웨어의 스플래시 화면은 어느 언어 변형을 선택하는가에 따라 다르게 표시되며, 이것은 빌드 기술에 관련된 부분이다.

  ```
  $(COPY) $(SPLASH_SCREEN) splash_screen.jpg
  ```

  `$(SPLASH_SCREEN)` 변수는 이미 빌드 기술 파일에 정의돼 있으며, 선택된 언어 변형의 해당 그래픽 이미지를 참조한다.

- **설치 시 변형** 제품을 빌드하는 방법이 오직 하나(릴리스 패키지의 변형이 오직 하나)뿐일지라도 설치 시에 소프트웨어의 동작을 수정할 수 있다. 소프트웨어는 타겟 머신에 관련된 파일을 설치하기 전에 사용자의 지리적인 위치를 식별한다. 또한 릴리스 패키지는 모든 변형을 지원하는 데 필요한 모든 파일을 포함하지만, 선택된 변형에 관련된 파일만 설치한다. 13장에서 시스템 패키징과 설치에 관해 구체적으로 알아보자.

- **런타임 시 변형** 프로그램이 실행할 때 소프트웨어를 마지막으로 수정할 수 있다. 빌드 시스템은 모든 기능성(모든 언어와 기능)을 포함하는 릴리스 패키지를 생성하고, 그 기능성 전체를 타겟 머신에 설치한다. 그렇지만 프로그램은 자신이 실행할 때 어느 변형이 필요한지 결정하고, 상황에 맞게 자신의 동작을 변경한다.

  변형을 제어하는 방법으로 사용자가 원하는 언어와 기능들을 선택할 수 있는 Tools 메뉴나 Options 메뉴를 이용하는 것을 들 수 있다. 게다가 라이선스 키를 요구하는 소프트웨어는 해당 라이선스가 유효할 때에만 특정 기능의 잠금을 해제할 수 있다. 소프트웨어를 수정하는 이 방법은 빌드 시스템과 함께 할 수 있는 일이 적으므로, 5장에서는 더이상 설명하지 않는다.

소프트웨어 변형을 구현하는 라인별 변형이나 파일별 변형과 같은 방법은 결코 상호 배타적이지 않다. 따라서 빌드 시스템은 이치에만 맞는다면 이 방법들을 어떤 조합으로도 자유로이 사용 가능하며, 실제로 여러분은 변형이 기능에 어떤 영향을 미치는가에 따라 앞에서 살펴본 해결법 모두를 사용하는 소프트웨어를 접할지도 모른다.

서로 다른 타겟 아키텍처 빌드

빌드 프로세스의 결과물을 다양케 하는 세 번째 방법은 하나 이상의 타겟 아키텍처를 대상으로 코드를 작성하는 일이며, 이는 소프트웨어가 여러 CPU와 운영체제를 지원하는 점을 암시한다. 일반적으로 프로그램의 기능은 어느 경우에도 동일하지만, 타겟 컴퓨터는 그렇지 않다. C와 C++ 같이 네이티브 코드native code[2]로 컴파일하는 언어로 프로그래밍할 때는 변형이 관련되지만, 하드웨어와 독립적인 가상머신을 사용하는 자바와 C#은 그렇지 않다.

다중 컴파일러

타겟 아키텍처의 다양화를 위한 첫 번째 중요한 기술은 소스코드 컴파일러를 여러 개 사용하는 일이다. 예를 들어 여러분의 제품이 리눅스 환경과 마이크로소프트의 윈도우 환경 둘 다를 대상으로 한다면 리눅스용 코드를 만들기 위해서는 GNU C 컴파일러를, 윈도우용 코드를 만들기 위해서는 비주얼스튜디오Visual Studio 컴파일러를 사용한다. 각 컴파일러는 자신만의 커맨드라인 옵션을 요구하지만, 다음과 같은 방법으로 처리할 수 있다.

```
ifeq ($(TARGET),Linux)
  CC := gcc-4.2
  CFLAGS := -g -O
endif
ifeq ($(TARGET),Windows)
  CC := cl.exe
  CFLAGS := /O2 /Zi
endif
```

각 컴파일러(gcc-4.2와 cl.exe)가 하나의 빌드 머신상에서만 실행될 수 있다고 한다면 빌드 시스템이 어떤 컴파일을 사용할지 자동으로 알아낸다는 점에 대해 의아해할지도 모른다. 즉, 개발자가 리눅스상에서 빌드하면 자동으로 gcc-4.2가 사용되고, 윈도우상이면 대신 cl.exe가 사용된다. 다음 예제는 `$(HOST)` 변수를 설정하기

2. native code(네이티브 코드)는 자연어 코드라고도 불린다. CPU나 운영체제가 직접 해석 가능한 기계어 코드다. 반면 자바와 C#에서는 바이트 코드를 이용한다. – 옮긴이

위해 운영체제를 참조한다.[3]

```
ifeq ($(HOST),Linux)
  CC := gcc-4.2
  CFLAGS := -g -O
endif
ifeq ($(HOST),Windows)
  CC := cl.exe
  CFLAGS := /O2 /Zi
endif
```

이런 자동 검출은 개발자가 TARGET=값을 일일이 기술할 필요가 없으므로 네이티브 컴파일에서 바람직한 방법이라 할 수 있다.

반면에 크로스컴파일cross-compilation은 상황이 많이 달라진다. 단독 빌드 머신이 하나 이상의 플랫폼을 대상으로 코드를 생성하는 데 사용될 수 있으므로 개발자는 그들이 원하는 변형을 명시해야 한다. 다음 예제는 GNU C 컴파일러의 두 변형을 사용한다. 그 중 하나는 x86 CPU를 사용하는 리눅스 환경상의 코드를 만들며, 나머지 하나는 윈도우 환경상의 코드를 생성한다.

```
ifeq ($(TARGET),Linux)
  CC := i386-linux-gcc-4.2
  CFLAGS := -g -O
endif
ifeq ($(TARGET),Windows)
  CC := i386-windows-gcc-4.2
  CFLAGS := -g -O
endif
```

리눅스 환경상에서 동작하지 않는 네이티브 윈도우 컴파일러를 사용할 필요 없이 GCC의 특수 목적 버전으로 윈도우 기계어 코드를 생성하면 된다.

---

3. 실제로 예제에선 HOST 변수를 설정하는 구문은 없다. 다만, 그 외 부분에서 HOST 변수를 각 운영체제에 맞게 설정해 두면, ifeq 구문으로 해당 플랫폼에 적합한 환경 설정이 가능하다는 점을 보여준다. – 옮긴이

플랫폼에 특성화된 파일이나 함수

타겟 아키텍처의 다양화를 위한 두 번째로 중요한 기술은 모든 소스코드가 모든 플랫폼에 반드시 관련돼 있지 않다는 점이다. 하지만 여러분은 모든 머신상에서 실행되는 소스코드를 작성하려고 시도하지만, 코드는 결국 운영체제에 특성화된 기능을 사용할 수밖에 없다. 예를 들어 다음 예제는 리눅스 플랫폼이나 윈도우 플랫폼에 상관없이 현재 로그인 상태에 있는 사용자 이름을 반환한다.

```
char * get_user_name()
{
#ifdef linux
  struct passwd *pwd = getpwuid(getuid());
  return pwd->pw_name;
#endif /* linux */
#ifdef WIN32
  static char name[100];
  DWORD size = sizeof(name);
  GetUserName(name, &size);
  return name;
#endif /* WIN32 */
}
```

실제로 모든 타겟 머신상에서 동일한 표준 라이브러리(예, POSIX 표준)에 의존하지 않는 한 상당히 많은 조건부 컴파일을 해야 한다. 따라서 다음과 같은 방법이 적절할 수 있다.

- C/C++에서의 `#ifdef`와 같은 라인별 조건부 컴파일을 사용한다.
- 특정 아키텍처에 관련된 소스코드를 선택하는 파일별 변형을 사용한다.
- 특정 아키텍처에 관련된 소스코드 디렉터리를 선택하는 디렉터리별 변형을 사용한다.

각 방법은 소프트웨어의 여러 에디션을 만드는 방법을 설명할 때 이미 언급했다. 여러분은 모든 플랫폼에서 가급적이면 같은 기능을 유지하면서 동일한 소스 파일을 사용하기를 원하지만, 결국 리눅스 에디션과 윈도우 에디션을 만들고 있다.

다중 오브젝트 트리

지금까지 한 번도 다중 오브젝트 트리에 관해 설명한 적이 없다. 여러분이 하나 이상의 운영체제와 CPU를 대상으로 코드를 생성한다면 그와 동시에 여러 변형의 오브젝트 코드를 원할지도 모른다. 이는 여러 타겟에서 신중히 검증돼야 할 소스코드의 일부를 수정할 때 특히 유용하다. 어느 한 아키텍처에서는 잘 동작하지만, 그 외에서는 동작하지 않을지도 모르기 때문이다.

오직 하나의 오브젝트 트리만 있다면 그 외의 변형에서 코드를 검증할 때마다 전체 트리를 재빌드해야 한다. 이는 고통스러운 작업의 연속이며, 게다가 개발자가 게으르고 모든 타겟 머신상에서 검증하는 일을 철저히 수행하지 않는다면 코드의 정합성이 유지되기 어렵다. 따라서 옳은 일을 용이하게 하는 것은 우리가 지향해야 할 중요한 목표이므로, 다중 오브젝트 트리를 갖는 것이 바람직하다.

그림 5.3은 하나의 소스 트리와 이에서 발생한 두 개의 오브젝트 트리를 보여준다.

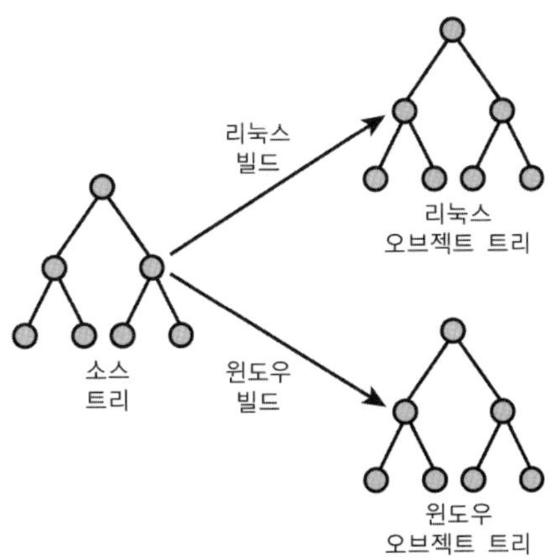

그림 5.3 동일한 소스코드를 다중 오브젝트 트리로 컴파일하기

각 오브젝트 트리의 구조는 소스 트리의 구조를 반영하며, 디렉터리의 내용은 다음과 같이 나열된다.

```
src/math/*.c
src/graphics/*.c
src/calc-app/*.c
```

```
obj/Windows/math/*.obj
obj/Windows/graphics/*.obj
obj/Windows/calc-app/*.obj
obj/Linux/math/*.o
obj/Linux/graphics/*.o
obj/Linux/calc-app/*.o
```

이 예제에서 src 디렉터리의 소스 파일은 윈도우 컴파일러를 활용해 obj/windows 디렉터리로 컴파일 가능하며, 마찬가지로 리눅스 컴파일러를 활용해 obj/Linux 디렉터리로 컴파일할 수 있다. 두 오브젝트 트리는 개발자가 삭제하지 않는 한 보존되므로 각 플랫폼으로 코드를 컴파일하는 것이 점차 빨라진다.

빌드 시스템의 관점에서 볼 때 다중 오브젝트 트리를 설정하는 것은 결코 어려운 일이 아니며, 모든 오브젝트 파일을 $OBJDIR 디렉터리에 저장한다고 가정하면 변형별로 이 디렉터리를 다음과 같이 설정할 수 있다.

```
OBJDIR := obj/$(TARGET)
```

이 방법은 동작하는 데 문제는 없지만, 최상위 obj 디렉터리 안에 오브젝트 파일을 저장하게 제한하는 제약이 따른다. 다음 방법은 개발자가 오브젝트 트리의 위치를 임의대로 선택할 수 있게 한다. 그리고 개발자는 코드의 어느 변형을 오브젝트 트리에 빌드할지 지정하는 구성 단계를 수행한다. 예를 들면 다음과 같다.

```
$ mkdir /fast-disk/psmith/my-obj
$ cd /fast-disk/psmith/my-obj
$ configure --src=/home/psmith/source
$ make
... build output will be shown ...
```

이 예제에서 개발자는 소스코드와 같은 위치(/home/psmith/source) 대신에 fask disk (/fast-disk/psmith/my-obj)에 오브젝트 파일을 저장하게 지정했다. 이 개발자는 소프트웨어를 빌드할 때 더 나은 성능을 유도하기 위해서 이같이 했을지도 모른다. 또는 /home 디스크의 여유 공간이 적었을지도 모를 일이다. 어떤 경우에든 위치를 선택하는 옵션은 유용하다.

마지막으로 고정 패스 방법을 사용하면 동일한 이득을 성취할 수 있다. 빌드 시스템이 소스코드와 같은 장소에 오브젝트 파일이 있다고 믿더라도 심볼릭 링크 symbolic link를 이용해 오브젝트 파일을 다른 디스크에 저장할 수 있다.

```
$ mkdir /fast-disk/psmith/my-obj
$ cd /home/psmith/source
$ ln -s /fask-disk/psmith/my-obj obj
$ make
... build output will be shown ...
```

이 예제에서 고정 패스인 obj 디렉터리 심볼릭 링크는 /fast-disk/psmith/my-obj 디렉터리를 가리킨다. 심볼릭 링크를 남용하면 혼란스러울 수 있지만, 이와 같은 일에는 매우 유용하다.

정리

5장에서는 빌드 프로세스가 추가적인 기능을 제공하기 위해 다양화될 수 있는 세 가지 방법을 알아봤다. 이 방법들은 전체 트리의 부분 집합(즉, 하위 타겟), 여러 최종 사용자를 위한 여러 에디션, 여러 다른 CPU와 운영체제를 위해 빌드하는 일을 포함한다.

전체 코드의 일부만을 컴파일함으로써, 개발자는 컴파일 소요 시간을 줄여 작업 흐름을 최적화할 수 있다. 이 방법은 프로그램이 많은 라이브러리나 그 외의 실행 파일을 포함할 때 널리 사용된다.

소프트웨어의 여러 다른 에디션을 만드는 일은 여러 시장을 석권하는 데 이바지 한다. 많은 고객은 자신의 모국어로 된 소프트웨어와 문화적 상징을 이용하는 것에 가치를 인정한다. 또 다른 고객들은 표준 패키지에 포함돼 있지 않은 추가 기능에 대해 기꺼이 더 많은 돈을 지급한다. 이런 특성의 빌드 변형은 라인별이나 파일별, 디렉터리별, 패키지 시, 설치 시, 런타임 시 등으로 충분히 도출될 수 있다.

여러 CPU와 운영체제를 지원해야 하는 소프트웨어 제품은 여러 다른 오브젝트 트리를 생성해내어야 한다. 그리고 각 트리는 하나의 CPU와 운영체제 변형에 관한 오브젝트 파일을 저장하고 유지해야 하며 컴파일돼야 한다.

2부

빌드 도구

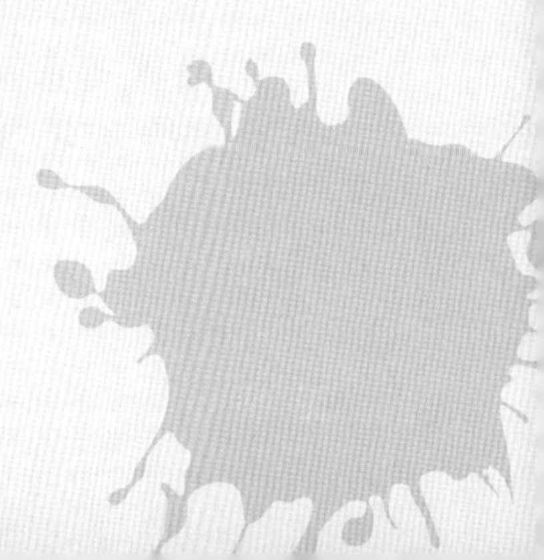

1부에서는 소프트웨어 빌드 시스템에 대해 개략적으로 알아봤다. 첫 번째로 기본적인 GNU Make를 살펴봤고, 두 번째로 프로그램을 구성하는 여러 가지 구성 요소에 대해 알아봤다. 세 번째로 보편적으로 사용되는 세 가지 언어의 컴파일 단계를 살펴봤다. 마지막으로 하위 타겟과 빌드 변형에 관해 알아봤다.

지금부터 빌드 도구에 대해 살펴본다. 이전 예제에서 살펴봤듯 빌드 도구는 빌드 기술을 읽고 해당 명령에 따라 빌드 프로세스를 수행하며, 프로세스 과정에서 여러 컴파일 도구를 사용해 소프트웨어를 생성한다.

지금부터 이어지는 2부에서는 다양한 빌드 도구에 대해 상세히 살펴본다. 각 빌드 도구는 사용 빈도와 특징을 고려해서 선택했다. 다음은 앞으로 설명할 빌드 도구들이다.

- **6장, Make**에서는 최초의 빌드 도구로 알려져 있으며, 아직도 C/C++ 개발에 있어 가장 보편적으로 사용되고 있는 빌드 도구인 GNU Make를 다룬다. Make를 사용해 빌드된 기존 시스템을 유지 보수해야 한다면 반드시 6장을 읽기 바란다. 하지만 Make에 대해 아주 잘 알고 있는 전문가가 아니라면 새로운 빌드 시스템을 만들 때 GNU Make 사용을 피하기 바란다. 6장에서는 GNU Make와 유사한 버클리 Make, 마이크로소프트의 NMake, ElectricAccelerator®, SparkBuild™ 등도 살펴본다.
- **7장, Ant**에서는 자바 기반의 소프트웨어에서 가장 많이 사용되고 있는 빌드 도구이며, 자바 컴파일과 JAR 파일을 생성하기 위한 기능이 내장돼 있는 Ant를 다룬다. Ant는 GNU Make보다 더욱 연속적인 작업 기반task-based 모델을 제공한다. 자바 기반 제품을 만들 때 Ant는 여러분이 첫 번째로 선택할 빌드 도구가 될 것이다. 게다가 Ant와 유사한 NAnt와 MSBuild도 살펴본다.
- **8장, SCons**에서는 빌드 프로세스를 파이썬을 사용해 기술하는 최신 빌드 도구인 SCons를 다룬다. 빌드 기술 파일에서 파이썬 함수를 호출해 오브젝트 파일을 생성하고 입력 파일을 지정한다. SCons는 범용 프로그래밍 언어를 사용해 빌드 기술 파일을 작성한다는 점에서 상당히 흥미로운 빌드 도구다. C/C++ 언어를 사용해 새로운 프로그램을 만든다면 GNU Make 대신 SCons를 사용해 빌드 시스템을 만드는 것을 고려해보기 바란다. 8장에서는 펄Perl을 사용한 Cons와 루비Ruby를 사용한 Rake도 같이 살펴본다.

- **9장, CMake**에서는 고급 언어로 빌드 프로세스를 기술할 수 있는 도구인 CMake를 다룬다. 하지만 빌드 프로세스를 수행하기 위해서는 Make와 같은 빌드 파일로 변환이 필요하다. C/C++로 새로운 소프트웨어를 만든다면 오래된 GNU Make 대신 반드시 CMake을 사용하기 바란다. 마지막으로 9장 역시 CMake와 유사한 Automake와 Qmake를 살펴본다.
- **10장, 이클립스**에서는 소스코드를 작성하기 위해 가장 많이 사용하는 그래픽 사용자 인터페이스를 제공하는 통합 개발 환경IDE 중 하나인 이클립스Eclipse를 다룬다. 이클립스는 고유의 빌드 도구를 갖고 있지만, 외부 빌드 도구를 사용해 빌드를 수행할 수도 있다. 10장에서는 자바를 위한 JDT 빌드 방법을 주로 다룬다. 하지만 C/C++를 위한 CDT도 개략적으로 살펴본다. 이클립스를 사용해 개발 중이라면 빌드가 어떻게 이뤄지는지 알 기회가 될 것이다.

앞에서 언급한 다섯 개 빌드 도구에 대한 학습 목표는 여러분이 다양한 빌드 도구를 이해할 수 있고 프로젝트에 적합한 빌드 도구를 선택할 수 있게 하기 위해서다. 어떤 빌드 도구든 모든 프로젝트에 최적의 기능을 제공할 수 없으므로 현명한 선택을 위해 각 빌드 도구의 장단점을 이해하는 것이 무엇보다도 중요하다.

안타깝게도 세상에 존재하는 모든 빌드 도구를 살펴보는 것은 불가능하다. 그래서 새롭게 만들어져 신뢰성이나 기능 면에서 검증되지 않았거나 오랫동안 사용됐지만, 앞에 언급한 다섯 개의 도구보다 대중성이 떨어진다고 판단된 빌드 도구는 다루지 않았다.

2부의 각 장은 다섯 개의 빌드 도구를 비교하기 위해 공통된 형식으로 구성됐으며, 각 장에서 다루는 내용은 다음과 같다.

- 빌드 도구에 대해 개략적으로 살펴보고, 어떤 개발 환경에서 해당 빌드 도구가 적합한지 알아본다.
- 빌드 도구에서 사용되는 프로그래밍 언어의 구문과 의미를 상세히 살펴보고 어떻게 빌드 기술을 작성하는지 살펴본다.
- 예제를 통해 해당 도구가 빌드 시스템에서 일반적으로 발생하는 문제를 어떻게 해결하는지 살펴본다.
- 각 빌드 도구에 대한 잘 알려진 장단점을 인터넷과 같은 여러 자료를 통해 살펴본다.

- 비슷한 다른 빌드 도구에 대해 살펴본다.

각 장을 읽은 후 자신의 프로젝트에 적합한 빌드 도구를 선택할 수 있는 안목을 갖게 될 것이다. 그렇다고 여러분이 선택한 빌드 도구에 대해 완벽히 알 수 있다고 생각하지 말기 바란다. 대신 이 책은 여러분이 선택한 도구에 대한 설명서를 읽거나 상세한 내용을 담고 있는 다른 책을 읽을 수 있는 동기 부여가 될 수 있을 것이다.

여러분이 빌드 시스템 전문가일지라도 최신 빌드 시스템을 통해 새로운 안목과 새로운 방법으로 빌드 시스템을 생각해 볼 기회를 가질 수 있을 것이다.

다음은 빌드 도구를 선택할 때 고려해야 할 중요한 항목이다. 반드시 기억해 두기 바란다.

- **편의성** 개발자나 빌드 시스템 관리자가 얼마나 쉽게 빌드 시스템에서 사용하는 언어를 사용해 빌드 프로세스를 기술할 수 있는가?
- **정확성** 정확한 실행 파일을 생성하며, 중요한 종속 관계를 누락시킬 수 있는가?
- **성능** 얼마나 빌드 도구가 효율적이며, 얼마나 빠르게 빌드를 수행하는가?
- **확장성** 수천 개의 소스코드를 포함한 규모가 큰 소프트웨어를 지원할 수 있는가?

소프트웨어 프로젝트는 각기 다른 성격을 가지며, 개발자마다 앞에서 언급한 항목에 대해 느끼는 중요도 또한 서로 다를 수 있다. 50개의 소스 파일 이하의 소규모 프로젝트를 개발하는 사람은 빌드 도구의 확장성이나 성능은 크게 중요하지 않게 느껴질 수 있지만, 수백 명의 개발자가 함께 개발하는 회사는 확장성과 성능에 대해 많은 고민을 할 것이다.

표 PII.1은 각 빌드 도구를 앞에서 설명한 항목을 기준으로 평가했다. 빌드 도구의 장단점에 대한 상세한 설명은 각 장에서 살펴본다.

표 PII.1 빌드 도구의 강점과 약점

빌드 도구	편의성	정확성	성능	확장성
GNU Make	나쁨	나쁨	아주 좋음	아주 좋음
Ant	좋음	아주 좋음	좋음	좋음
SCons	아주 좋음	아주 좋음	좋음	좋음

(이어짐)

빌드 도구	편의성	정확성	성능	확장성
CMake	좋음	아주 좋음	아주 좋음	아주 좋음
이클립스	좋음	아주 좋음	좋음	나쁨

각 장의 마지막에 빌드 도구를 표와 같이 평가한 이유를 설명했다.

적용 사례

실전에서 애플리케이션 개발에 적용할 수 없는 빌드 도구는 누구도 사용하기를 원하지 않을 것이다. 하지만 대부분 빌드 도구 설명서는 사용되는 언어의 구문과 의미 위주의 설명, 그리고 특정 작업을 수행할 때 사용하는 간단한 예시 정도만 제공한다. 그러므로 실제로 어떻게 개발 현장에 적용해야 하는지 모른다면 빌드 도구를 선택할 수 없게 된다.

각 장에서는 다음과 같은 시나리오를 토대로 빌드 도구가 실제 프로젝트에 어떻게 적용되는지 살펴본다.

시나리오 1: 단일 디렉터리의 소스코드

이 시나리오에서 작은 계산기 프로그램(2장 참조)은 모든 소스 파일이 같은 디렉터리에 위치한다. 그림 PII.1은 C 프로그램을 나타내며, GNU Make와 SCons, CMake가 이를 빌드한다.

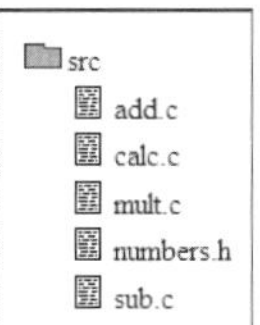

그림 PII.1 C 언어로 된 프로그램을 하나의 디렉터리에서 빌드하는 경우

Ant와 이클립스는 같은 자바 프로그램을 사용했다. 그림 PII.2를 참고하기 바란다.

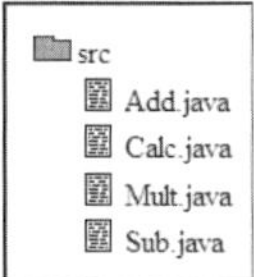

그림 PII.2 자바 언어로 된 프로그램을 단일 디렉터리에서 빌드하는 경우

프로그램의 자세한 내용까지는 신경 쓰지 않아도 된다. 우리의 주요 관심사는 파일의 종류와 개발 환경의 디렉터리 구조다. 여기서는 확장자 c 파일들이나 java 파일들이 하나의 실행 프로그램을 생성하는 데 사용된다는 정도만 알아도 충분하다.

시나리오 2: 여러 디렉터리의 소스코드

좀 더 규모가 큰 계산기 예제를 사용했으며, 소스코드를 포함하고 있는 디렉터리는 트리 형태의 계층 구조로 돼 있다. 이와 같은 상황은 어느 정도 규모가 있는 소프트웨어에서 흔하게 볼 수 있는 상황이기 때문에 빌드 도구가 이런 상황을 얼마나 잘 처리하는가는 아주 중요하다.

GNU Make, SCons, CMake는 C/C++로 구성된 트리 구조의 디렉터리를 사용했다. 그림 PII.3에서 확인하기 바란다.

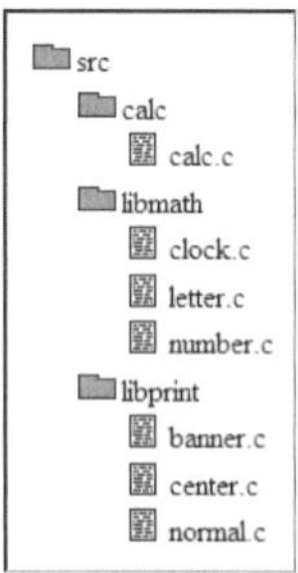

그림 PII.3 C 언어로 구현된 프로그램을 여러 디렉터리에서 빌드하는 경우

Ant와 이클립스는 동일한 자바 소스 트리를 사용했다. 그림 PII.4에서 확인하기 바란다.

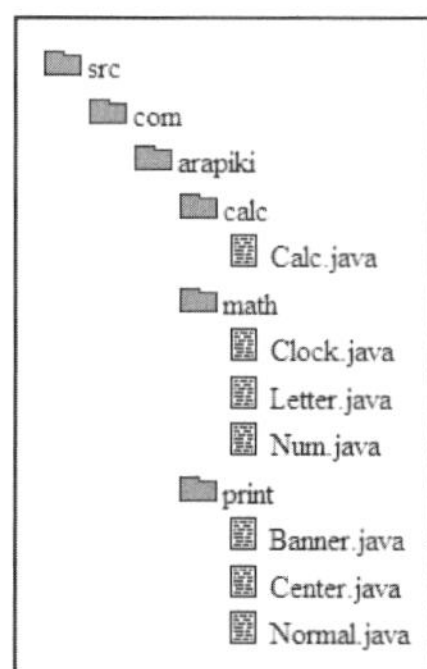

그림 PII.4 자바 언어로 구현된 프로그램을 여러 디렉터리에서 빌드하는 경우

이후 설명할 일부 빌드 도구에서 이처럼 여러 디렉터리에서 컴파일하는 몇 가지 다른 방법을 알아본다. 이런 트리 구조는 수천 개의 디렉터리를 포함하는 때도 있는데, 모든 소스 트리를 컴파일하는 데 단일 형식의 빌드 시스템을 사용하는 것은 적절하지 않을 수 있다.

시나리오 3: 새로운 컴파일 도구 정의

큰 프로젝트는 종종 일반적이지 않은 컴파일 도구를 함께 사용하는 때가 있는데, 이때 빌드 시스템에 새로운 컴파일 도구를 통합할 수 있어야 하며, 종속 관계를 결정할 수 있는 기준을 갖고 있어야 한다.

예제에서 가상의 도구 `mathcomp`를 사용했다. 이 컴파일 도구는 확장자 math로 된 하나의 입력 파일을 받아 출력 옵션에 따라 C 파일이나 자바 파일을 생성한다. 입력 파일은 간단한 수학 공식이 기술돼 있으며, 출력 파일은 해당 공식을 계산한 결과를 화면에 출력한다.

다음과 같은 equation.math을 입력 파일로 사용했다.

```
#
# 이 테스트 파일에는 수학 공식 다수를 포함하고 있으며,
# 수학 공식을 포함하고 있는 확장자 mathinc 파일도 포함하고 있다.
#
1+2
4*5
6/2
import equ1.mathinc
```

```
10/2
100/4
import equ2.mathinc
10+20
```

이 파일은 수학 공식을 담고 있는 equ1.mathinc와 equ2.mathinc 두 파일을 포함하며, 두 파일을 사용하는 것 외에 다른 정보가 없다는 점을 확인해두기 바란다. mathcomp 컴파일러에 -j 옵션을 사용해 다음과 같은 자바 코드를 생성할 수 있다.

```
/* 자동으로 생성됨 - 편집 금지 */
public class equations {

  public static void math()
  {
    System.out.println("1 + 2 = " + (1 + 2));
    System.out.println("4 * 5 = " + (4 * 5));
    System.out.println("6 / 2 = " + (6 / 2));
    System.out.println("4 + 5 = " + (4 + 5));
    System.out.println("20 * 300 = " + (20 * 300));
    System.out.println("5 / 5 = " + (5 / 5));
    System.out.println("10 / 2 = " + (10 / 2));
    System.out.println("100 / 4 = " + (100 / 4));
    System.out.println("2 + 3 = " + (2 + 3));
    System.out.println("10 + 50 = " + (10 + 50));
    System.out.println("10 + 20 = " + (10 + 20));
  }
}
```

-c 옵션에 의해 생성된 C 파일 역시 비슷하다. 마지막으로 -d 옵션을 사용할 경우 mathcomp는 입력 파일을 화면에 출력하고 임포트해야 할 파일을 포함시킨다.

```
equations.math equ1.mathinc equ2.mathinc
```

각 빌드 도구는 종속성 그래프를 생성할 때 이런 종속성 정보를 사용한다.

시나리오 4: 여러 변형으로 빌드

큰 소프트웨어 제품은 종종 여러 개의 변형variants을 갖는데, 예를 들어 프로페셔널이나 베이직 모델과 같은 다양한 버전으로 제품이 출시될 경우나 이기종 CPU나 여러 운영체제를 지원하는 경우가 이에 해당한다. 이때 빌드 시스템은 특정 빌드를 지정할 수 있게 지원해야 한다.

여러 CPU에서 빌드하는 방법은 GNU Make, CMake, SCons에서 살펴보며, 프로페셔널이나 베이직 버전으로 제품을 출시하는 경우는 Ant와 이클립스에서 알아보겠다.

시나리오 5: 빌드 트리 클리닝

빌드 도구는 빌드 트리에 있는 모든 소스코드를 컴파일한 후에 생성된 모든 파일을 삭제해야 하는 경우가 생기게 된다. 각 빌드 도구가 어떤 방법으로 해당 작업을 수행하는지 살펴본다.

시나리오 6: 잘못된 빌드 디버깅

빌드 도구가 빌드에 실패하면 그 원인을 파악할 수 있어야 한다. 문제를 수정하지 못하면 빌드 시스템은 계속해서 망가지고, 때로는 버그를 포함한 잘못된 소프트웨어 이미지를 생성하기도 한다. 그러므로 각 빌드 도구는 빌드 프로세스의 실행을 추적할 수 있는 기능이 있어야 하며, 원인을 파악할 수 있어야 한다.

6~10장에서 각 빌드 도구가 실제 현장에서 어떻게 앞에서 언급한 시나리오를 해결하는지 살펴본다.

6 Make

이 책에서 처음으로 자세히 알아본 빌드 도구는 Make[40]다. 2장에서 이미 Make를 이용한 간단한 예제를 살펴봤으며, 많은 개발자는 이 보편적인 도구인 Make에 익숙하다. 따라서 6장에서는 Make를 기반으로 하는 빌드 시스템의 구문syntax에 대해 자세히 알아보고 난 후 실용적인 많은 사용 사례를 알아본다.

1977년 탄생한 Make는 소프트웨어를 컴파일하는 방법을 혁신적으로 이끌어냈으며, 여러 해 동안 Make는 유일한 빌드 도구였다. 그러나 최근 새로이 탄생한 빌드 도구인 Ant, CMake, SCons 등으로 대체되는 경향이 있지만, Make가 소프트웨어 산업에 지대한 공헌을 했다는 점에 관해 이의를 제기할 이는 없다.

Make 동작의 핵심은 프로그램을 컴파일하는 데 필요한 모든 파일 간의 종속성 정보를 제공하는 규칙rule에 있다. 개발자는 컴파일될 타겟 파일의 이름뿐만 아니라 컴파일에 필요한 모든 입력 파일을 명시해야 한다. 그리고 규칙은 소스 파일로부터 타겟 파일을 생성하는 하나 이상의 셸 명령을 포함한다.

예를 들어 다음 `myprog` 규칙은 prog.c와 lib.c을 입력 파일로 해서 `gcc` 명령을 실행함으로써 myprog 파일을 생성한다.

```
myprog: prog.c lib.c
    gcc -o myprog prog.c lib.c
```

prog.c와 lib.c 가운데 마지막으로 수정된 타임스탬프가 `myprog`의 타임스탬프보다 더 최신이라면 Make는 `myprog`가 마지막으로 컴파일된 후 개발자가 소스 파일을 수정했다고 추정하고, 최신 소스 파일로부터 `myprog`를 재생성하기 위해 `gcc` 명령을 실행한다.

빌드 기술 파일(즉 makefile)을 작성하는 개발자는 빌드 시스템 내의 모든 파일 간의 종속성을 전 단계에 걸쳐 상세히 명시해야 한다. 때에 따라 시스템은 수천 개의 소스 파일과 다양한 파일 유형(예, 실행 프로그램, 데이터 파일, 오브젝트 파일), 수많은 규칙을 갖는 큰 시스템으로 확장할 수 있다.

오래됐음에도 Make는 현재까지 소프트웨어를 빌드하는 데 가장 널리 사용되는 도구임에 틀림없다. 대부분의 C/C++프로젝트는 Make를 빌드 도구로 사용하며, 특히 유닉스/리눅스 환경과 이전 마이크로소프트 윈도우 시스템에서는 널리 사용됐다. 이 대중성 때문에 대학에서는 취업을 준비하는 학생들을 위해 Make의 이론과 실습을 가르친다. 또한 소프트웨어 산업계에서도 아직 많은 개발자가 Make만 알고, 기타 대안 도구에 대해 잘 알지 못하는 경향이 있다.

6장에서는 Make 중에서도 특히 수많은 플랫폼에서 지원하는 GNU Make에 대해 집중적으로 알아본다. GNU Make가 대중화되기 전에 각 운영체제 벤더는 다른 변형과 사소한 다른 구문을 사용하는 자신들만의 Make 도구를 제공했다. 그래서 여러 플랫폼을 지원하는 빌드 시스템을 구축하는 일이 어려웠다. 6장의 마지막 부분에서 기타 Make 구현에 대해 알아본다.

다시 한 번 말하지만, 6장의 궁극적인 목표는 GNU Make의 기능과 능력에 관한 진가를 느끼게 하는 일이다. 지금 당장 GNU Make에 대해 너무 깊게 알려고 하지 않을 것이지만, 6장을 다 읽고 난 후에는 GNU Make의 사용 방법과 Makefile 작성법에 관해 더욱 흥미와 진가를 느끼게 될 것이다. 빌드 시스템에서 GNU Make를 사용하기를 원한다면 먼저 GNU Make의 문서를 참조하길 바란다[16].

Makefile을 작성해 본 경험이 없는 개발자라면 GNU Make의 복잡성 때문에 Makefile을 읽거나 작성하기 난해할지도 모른다. 또한 Make 기반의 빌드 시스템을 이해하기 어려울 수 있다. 하지만 이미 2장을 통해 기본적인 개념과 자세한 예제를 바탕으로 사용법을 익혔으므로, 적어도 준비가 돼 있을 것이라고 믿는다.

✻ GNU Make 프로그래밍 언어

GNU Make는 사용자가 작성한 프로그램 스크립트인 Makefile로 동작한다. 그리고 종합 프로그래밍 언어일 뿐만 아니라 Makefile 개발자가 빌드 프로세스를 기술하는 데 충분한 기능을 제공한다. 차후 서로 다른 규칙을 갖는 세 가지 프로그래밍 언어를 하나로 통합하는 GNU Make가 매우 유용하다는 점을 알게 될 것이다.

그 세 가지의 하위 언어는 다음과 같다.

- **파일 종속성** 파일 간의 종속성 관계를 정의하는 규칙 기반 구문이다. Make 프로그램은 디스크 파일을 생성하는 규칙을 토대로 해당 파일명을 매칭시킴으로써 실행된다. GNU Make는 순차적으로(차례대로) 규칙을 실행하지 않고 어느 규칙을 다음에 실행할지를 선정하는 패턴 매칭pattern-matching을 기반으로 동작한다.

```
myprog: prog.c lib.c
```

- **셸 명령** 셸 명령들은 각 규칙 안에 기술되며, 규칙의 타겟이 만료out-of-date되면 실행된다. 셸 스크립트와 함께 각 명령은 개별적인 프로그램(예, `ls`, `cat`, `gcc`)을 호출하는데, 명령은 기술된 순으로 실행되며, 순서와 입출력 방향 지정I/O redirection을 제어하는 셸 메타문자를 사용할 수 있다.

```
cp myfile yourfile && cp myfile1 yourfile1
md5 < myfile >>yourfile
touch yourfile.done
```

- **문자열 처리** 값으로 구성된 리스트를 처리하는 것과 같이 GNU Make 변수를 조작하는 언어다. GNU Make는 각 함수가 하나 이상의 문자열을 입력 값으로 처리할 뿐만 아니라, 그 결과로 하나의 문자열 값을 반환하는 함수형 프로그래밍 페러다임functional programming paradigm을 사용한다. 따라서 여러 함수를 조합해 호출함으로써 복잡한 표현식expression을 구현할 수 있다.

```
VARS := $(sort $(filter srcs-% cflags-%, $(.VARIABLES)))
```

아무리 복잡한 빌드 시스템이더라도 이런 식으로 프로그래밍을 조합함으로써 구현할 수 있다. 먼저 GNU Make의 구문과 기본 개념을 알아보고, 그런 다음 적용 사례에서 어떻게 적용할 수 있는지 알아보자.

종속성 그래프를 만드는 Makefile 규칙

다시 한 번 강조하지만, Makefile은 하나 이상의 선행prerequisite 입력 파일들로부터 특정 타겟 파일을 어떻게 생성할 것인가를 정의하는 수많은 규칙으로 구성된다. 타겟 파일이 선행 입력 파일보다 오래됐다면 타겟 파일을 최신 상태로 유지하기 위해 셸 명령이 차례대로 실행된다. 여기서 오래out-of-date됐다는 것이란 파생된 파일의 타임스탬프가 원 소스 파일의 타임스탬프보다 오래된 것을 뜻한다. 따라서 입력 파일은 더 최근에 갱신돼 있어야 한다.

2장에서 살펴봤듯이, 다음 Makefile은 calculator 프로그램의 종속성 그래프를 GNU Make가 이해할 수 있는 코드로 아주 단순하게 번역한 파일이다.

```
calculator: add.o calc.o mult.o sub.o
    gcc -g -o calculator add.o calc.o mult.o sub.o

add.o: add.c numbers.h
    gcc -g -c add.c

calc.o: calc.c numbers.h
    gcc -g -c calc.c

mult.o: mult.c numbers.h
    gcc -g -c mult.c

sub.o: sub.c numbers.h
    gcc -g -c sub.c
```

GNU Make 규칙 기반 언어는 차례대로 실행되지 않으며, 절차 언어procedural language로 작성된 프로그램이라는 점을 상기하기 바란다. 즉, 규칙이 마주치는 모든 것을 타겟 파일명에 매칭시키는 메커니즘을 기반으로 한다. 나중에 보게 되겠지만, 규칙의 타겟(왼편)은 와일드카드wildcard와 변수명을 포함할 수 있어 매칭 규칙을 찾기가 늘 쉽지만은 않다.

6장의 뒷부분에서 GNU Make의 패턴 매칭과 규칙 검색 알고리즘에 대해 알아보기로 하고, 먼저 여러분이 만들 수 있는 여러 규칙에 대해 지금 알아보자.

Makefile 규칙 유형

지금까지 살펴본 간단한 규칙을 넘어 Makefile을 좀 더 용이하게 작성할 수 있는 몇 가지 다른 방법으로 종속성을 표현할 수 있다. GNU Make는 파일 간의 관계를 표현하는 수많은 구문 기능을 지니는 융통성과 강력한 기능을 제공하는 언어다. 몇 가지 예제를 살펴보자.

- **여러 타겟 규칙** 이전 예제는 규칙의 왼편에 단 하나 타겟 파일이 있었지만, 다음과 같이 2개 이상의 타겟을 명시하는 구문 또한 가능하다.

```
file1.o file2.o: source1.c source2.c source3.c
    ... commands go here ...
```

  물론 이것은 두 타겟 모두가 동일한 선행 요소 세트를 갖고 있을 때에만 동작하며, 동일한 셸 명령으로 생성될 수 있다.

- **선행 요소가 없는 규칙** 때때로 어떤 선행 요소 파일에도 의존하지 않는 타겟을 정의하기를 원한다. 이럴 때 실제 디스크 파일과 관계없는 허위 타겟pseudotarget을 정의하는 방법을 사용할 수 있다. 다음 예제에서는 개발자가 사용할 수 있는 명령들의 개요를 보여주는 `help` 타겟이 정의돼 있다.

```
.PHONY: help
help:
    @echo "Usage:  make all ARCH=[i386|mips]"
    @echo "        make clean"
```

  개발자가 커맨드라인에서 `gmake help`를 입력하면 디스크상에 help라는 파일이 존재하지 않으므로, 셸 명령은 그 파일을 만들려고 하지 않는다. 게다가 타임스탬프 정보가 없으므로, 셸 명령은 help 타겟이 호출될 때마다 매번 실행된다. 심지어 동일한 디렉터리에 help라는 파일이 있더라도 `PHONY` 지시어는 GNU Make가 항상 규칙을 실행하게 하는 데 사용된다는 점을 유념하자.

- **파일명의 패턴을 활용한 규칙** 여러분도 알고 있듯이 앞에서 소개한 calculator 예제에는 수많은 반복적인 구문이 있었다. 모든 오브젝트 파일(예, add.o)은 그에

상응하는 C 파일(add.c)에 의존했다. 당연히 4개의 소스 파일이 있었으므로 유사하게 보이는 서로 다른 4개의 규칙이 있었다. 하지만 이처럼 규칙을 일일이 명시하는 일은 불편하며, 잘못된 Makefile을 작성할 우려가 크다. 다음과 같이 타겟과 선행 요소를 명시할 때 와일드카드 문자를 활용해 이런 문제를 개선하고 더욱 편리하게 작성할 수 있다.

```
%.o: %.c
        ... commands go here ...
```

이 예제는 확장자를 제외한 부분인 어간[sterm]이 동일한 .o로 끝나는 타겟과 .c로 끝나는 선행 요소의 어떤 쌍이든 매칭할 수 있다. 달리 말해 셸 명령을 실행해서 stem.c 파일로부터 stem.o 파일을 만들 수 있다. 처음 calculator 타겟을 빌드할 때 GNU Make는 calc.o와 add.o, mult.o, sub.o 모두 생성해야 하는지, 그리고 규칙이 그 일을 할 수 있는지를 판단한다.

- **특정 파일에만 적용되는 규칙** 규칙에서의 패턴 매칭을 더욱 유용하게 처리하기 위해 어느 파일이 패턴에 적용되는지를 명시하는 것이 가능하다. 예를 들어 다음과 같다.

```
a.o b.o: %.o: %.c
    echo This rule is for a.o and b.o

c.o d.o: %.o: %.c
    echo This rule is for c.o and d.o
```

파일 목록을 더욱 상세하게 기술함으로써 빌드 시스템을 더욱 정교하게 만들 수 있다. 예를 들어 어떤 오브젝트 파일은 x86 타겟 컴파일러로 컴파일하길 원하며, 나머지 파일들은 MIPS 컴파일러로 컴파일해야 할 경우가 발생할지도 모른다. 아직 GNU Make 변수에 대해 많은 것을 알아보지 않았지만, 한 변수가 수백 가지 파일의 리스트를 포함하고 있다면 이 기능은 매우 유용하다.

- **동일한 타겟에 여러 규칙** 한 행에 선행 요소 모두를 정의하는 것보다는 여러 규칙을 활용해 타겟의 선행 요소를 분할 정의하는 편이 더욱 좋다.

```
chunk.o: chunk.c
    gcc -c chunk.c
```

```
chunk.o: chunk.h list.h data.h
```

이 예제는 2개의 규칙을 갖고 있는데, 첫 규칙은 chunk.o가 chunk.c로부터 생성되는 점을 명시하고, 분할된 또 다른 규칙은 chunk.o가 그 외의 여러 C 헤더 파일에 의존하고 있는 점을 명시하고 있다. 단, 규칙들 가운데 한 규칙에서만 셸 명령을 포함할 수 있으며, 나머지 규칙에서는 단순히 선행 요소의 리스트를 제공할 뿐이다.

여러분이 위에서 소개한 것과 Makefile을 작성하는 그 밖의 방법에 대해 더 알고 싶다면 GNU Make 참조 설명서reference manual의 예제를 참조하길 바란다.

Makefile 변수

어떤 개발 언어에서든 변수를 사용하지 않고 프로그램을 작성하려면 어려울 수밖에 없다. 6장에서 지금까지 살펴본 예제에서는 하드 코딩된 파일명만을 이용했다. 그러나 이는 수백 개의 파일이 있는 큰 빌드 시스템에는 적합하지 않다. 자, 그럼 GNU Make 변수로 Makefile을 어떻게 간략히 작성하는지 함께 알아보자.

GNU Make 변수는 다른 프로그래밍 언어에서의 변수와 유사하지만, 다음과 같은 몇 가지 고유한 특성이 있다.

1. `X := 5`와 같은 대입문으로 변수에 값을 부여한다. 할당하는 방법은 몇 가지 있으며, 각각은 자신만의 시맨틱스semantics(의미론)를 가진다.
2. `$(X)` 구문으로 변수 값을 참조한다.
3. 모든 변수는 아무런 값이 없는 또는 하나 이상의 문자 값을 갖는 문자열 형식이다. 변수를 사용하기 전에 변수를 선언하는 메커니즘은 존재하지 않는다. 따라서 변수는 처음으로 값을 할당받을 때 생성된다.
4. 변수의 범위는 전역이다. 즉, 전역 변수만 있다. 한 Makefile 안에서 변수 `X`에 값을 할당할 때와 참조할 때 동일한 변수가 사용된다.
5. 변수는 대문자와 소문자, 수, `@`, `^`, `<`, `>`와 같은 구두 기호punctuation symbol를 포함할 수 있다. 이 책에서는 더욱 알아보기 쉽게 하려고 변수들을 대문자로 표기하지만, 반드시 따라 할 필요는 없다.

이런 규칙들을 설명하기 위해 간단한 예제를 살펴보자. 이 코드에 기재된 문자열 앞뒤에 인용 부호quotation mark가 없는 것이 있지만 놀랄 일은 아니며, 입력 라인에서 주석 문자(#) 이후의 문자열은 단순히 버리면 된다.

```
FIRST := Hello there
SECOND := World # comments go here
MESSAGE := $(FIRST) $(SECOND)
FILES := add.c sub.c mult.c
$(info $(MESSAGE) - The files are $(FILES))
```

`$(info …)` 지시어를 포함하는 마지막 행은 다음 메시지를 출력한다.

```
Hello there World - The files are add.c sub.c mult.c
```

이 예제는 하나의 대입문 유형을 보여주지만, 그 외의 많은 유형이 있으며 각 유형은 자신만의 시맨틱스를 가진다.

- **즉시 평가** 이는 여러분이 이미 알고 있는 := 연산자를 사용한다. 대입문의 오른편이 상수 문자열로 평가되고 나서 그 값이 왼편에 정의된 변수에 할당된다. 현재 대부분의 프로그래밍 언어에서의 대입문은 이처럼 즉시 평가를 사용한다.
- **지연 평가** 그다음 대입문 유형은 := 연산자 대신 = 연산자를 사용한다. 이 연산자는 변수에 상수 문자열을 즉시 할당하는 대신 변수가 실제로 사용되기 전까지 변수 값의 평가를 지연시킨다. 자, 그럼 다른 변수 값을 특정 변수에 대입하는 지연 평가를 예제를 통해 살펴보자.

```
1  CC := gcc
2  CFLAGS := -g
3  CCOMP = $(CC) $(CFLAGS) # observe the use of =
4  $(info Compiler is $(CCOMP))
5  CC := i386-linux-gcc
6  $(info Compiler is $(CCOMP))
```

3번 행에서 지연 대입(=)이 사용된 점을 유념하자. 이 Makefile이 실행될 때 3번 행의 CCOMP 변수가 실제로 참조될 때(4, 6번 행에서 사용) 3번 행의 오른편이 평가된다. 또한 CC 변수가 5번 행에서 수정됨에 따라 CCOMP 변수 값은 두 번째로 호출

(6번 행)될 때 첫 번째 호출(4번 행) 때와는 다른 값으로 변경된다.

```
$ gmake
Compiler is gcc -g
Compiler is i386-linux-gcc -g
```

이 기능은 조금 낯설어 보일지도 모른다. 그러나 변수를 정의하고 난 후 그 변수를 부분적으로 수정할 수 있는 점은 유용하다. 여러분은 GNU Make 기본 제공 규칙built-in rule을 접할 때 다시 한 번 지연 평가를 볼 것이다.

- **조건부 대입** 변수에 값이 할당돼 있지 않을 때에만 값을 할당한다.

```
1  CFLAGS := -g
2  CFLAGS ?= -O
3  $(info CFLAGS is $(CFLAGS))
```

이 경우 프로그램의 이전 단계(여기서는 1번 행)에서 `CFLAG` 변수에 값을 할당해두지 않았을 때에만 2번 행에서 기본 값을 할당한다. 이 예제는 너무 단순화돼 있지만, 이 기능은 특정 Makefile에서 그 외의 Makefile을 포함할 때 유용하다. 포함하는 Makefile이 `CFLAGS` 변수의 정의를 원할 수도 있으며 원하지 않을 수도 있기 때문이다. 정의돼 있지 않다면 기본 값이 사용된다.

자, 그럼 Makefile을 쉽게 작성하는 몇 가지 변수와 기본 제공 규칙에 대해 알아보자.

기본 제공 변수와 규칙

GNU Make는 공통 빌드 시스템 요구 사항으로 알려진 기본 제공 규칙built-in rule과 변수를 제공한다. 우선 자동 변수automatic variables에 대해 알아보자. 자동 변수라는 명칭은 이들의 값이 사용되는 곳의 문맥에 따라 달라진다는 것을 뜻한다. 다른 많은 프로그래밍 언어와 달리 GNU Make의 변수 명칭은 `@`, <, ^와 같은 구두 기호를 포함한다.

- **`$@`** 규칙의 타겟(또는 타겟 파일명)을 포함한다. 셸 명령에서 타겟 명칭을 하드 코딩하는 대신, `$@`을 이용해 자동으로 입력되게 할 수 있다. 이것은 규칙이 타겟 파일 명칭을 매칭하기 위해 와일드카드를 사용할 때와 하드 코딩될 특정 명칭이

없을 때 유용하다.

- **$<** 규칙의 선행 요소 가운데 첫 요소를 나타낸다. 다음 예제에서 보이듯 `$@`는 규칙의 타겟(생성될 오브젝트 파일)을 나타내며, `$<`는 선행 요소 파일들 가운데 첫 번째 소스 파일을 나타낸다.

```
%.o: %.c
    gcc -c -o $@ $<
```

- **$^** `$<`와 유사하지만 선행 요소 사이에 공백이 삽입된 규칙의 모든 선행 요소를 나타낸다.
- **$(@D)** 규칙의 타겟을 포함하는 디렉터리 경로를 나타낸다. 예를 들어 타겟이 /home/john/work/src.c이면 `$(@D)`는 /home/john/work를 나타낸다. 이것은 `mkdir`와 같이 셸 명령으로 타겟 파일이 위치한 디렉터리를 조작할 때 매우 유용한다.
- **$(@F)** `$(@D)`와 유사하지만, 타겟 파일의 경로 정보 가운데 디렉터리를 제외한 기본 명칭을 나타낸다. 예를 들어 타겟의 전체 경로가 /home/john/work/src.c이면 `$(@F)`는 src.c를 나타낸다.

물론 GNU Make에서는 그 밖의 많은 변수가 사용 가능하지만, 여기서 일일이 열거하지는 않겠다.

GNU Make는 기본 제공 변수뿐만 아니라 기본 제공 규칙도 제공한다. 이는 특히 C와 C++, Yacc, Fortran 코드를 컴파일하는 데 사용된다. `-p` 커맨드라인 옵션으로 GNU Make를 호출(`gmake -p`)하면 시스템으로 빌드되는 규칙이 보인다. 다음은 C 컴파일에 관한 기본 제공 규칙을 보여준다.

```
1  COMPILE.c = $(CC) $(CFLAGS) $(CPPFLAGS) $(TARGET_ARCH) -c
2  OUTPUT_OPTION = -o $@
3  %.o: %.c
4      $(COMPILE.c) $(OUTPUT_OPTION) $<
```

여기서는 .c 파일로부터 그에 상응하는 .o 파일을 생성할 때 와일드카드 규칙(3, 4번 행)을 사용하고 있다. 자동 변수 `$@`와 `$<`는 타겟과 규칙의 첫 선행 요소를 나타내며, .o와 .c로 끝나는 파일을 나타낸다. 1번 행에서 지연 평가(= 기호)가 사용되고

있는 점을 눈여겨보자. 이는 나중에 개발자가 CC와 CFLAGS, CPPFLAGS, TARGET_ARCH의 값을 설정할 수 있게 한다. 따라서 Makefile 작성자의 설정에 따라 이 와일드카드 규칙은 서로 다른 플래그 조합으로 구성될 수 있다.

2장에서 봤듯이 calculator 예제를 이 C 컴파일러 기본 제공 규칙을 활용해 다음과 같이 다시 작성할 수 있다.

```
calculator: add.o calc.o mult.o sub.o
	gcc -g -o calculator add.o calc.o mult.o sub.o

add.o calc.o mult.o sub.o: numbers.h
```

C 소스 파일로부터 오브젝트 파일을 컴파일하는 일은 기본 제공 규칙 중 하나인 암묵적 규칙implicit rule에서 대신 처리함으로써 Makefile에서 생략할 수 있다. 또한 코드를 좀 더 읽기 쉽게 하려면 많은 변수를 정의하고 참조할 수 있다.

```
1  SRCS = add.c calc.c mult.c sub.c
2  PROG = calculator
3  CC = gcc
4  CFLAGS = -g
5  OBJS = $(SRCS:.c=.o)
6
7  $(PROG): $(OBJS)
8  	$(CC) $(CFLAGS) -o $@ $^
9
10 $(OBJS): numbers.h
```

COMPILE.c가 지연 평가를 사용했기 때문에 CC와 CFLAGS(3, 4번 행)가 앞에서 본 C 컴파일러 기본 제공 규칙에 암묵적으로 추가됐다.

5번 행은 OBJS를 SRCS 변수(1번 행에서 정의)와 같은 값으로 설정하는 구문을 사용한다. 다만 모든 .c 확장자를 .o로 대체한다. 여러분이 프로그래밍 경험에서 느꼈다시피 모든 파일명을 두 번 열거하는 것은 몹시 나쁜 습관이다. 그래서 이미 정의된 변수를 최대한 활용하는 편이 바람직하다.

7번 행은 최종 실행 파일을 링크한다. 그러나 이번에는 파일 이름을 하드 코딩하는 대신 변수를 사용한다. CC와 CFLAGS는 소스 파일을 오브젝트 파일로 컴파일할 때 사용된 변수와 동일하다는 점을 유념하자. 다른 컴파일러 내지는 컴파일 플래그를 새로이 추가할 경우 3번 행과 4번 행만 수정하면 된다.

마지막으로 10번 행은 모든 오브젝트 파일이 numbers.h에 의존한다는 점을 명시한다. 모든 오브젝트 파일을 일일이 열거했던 이전과 비교해 매우 간략해졌다.

데이터 구조체와 함수

모든 GNU Make 변수는 문자열 형식이지만, 수, 리스트, 구조체 같은 그 외의 데이터 형식도 지원한다. 복잡한 데이터를 저장하는 핵심은 공백으로 구분되는 단어들의 시퀀스로 정보를 표현하는 법을 찾는 점이다. GNU Make는 이런 형식으로 변수를 조작하는 아주 많은 기능을 지니고 있다.

다음은 실제로 사용 가능한 몇 가지 전형적인 데이터 구조체다.

```
1  PROG_NAME := my-calculator
2  LIST_OF_SRCS := calc.c main.c math.h lib.c
3  COLORS := red FF0000 green 00FF00 blue 0000FF purple FF00FF
4  ORDERS := 100 green cups 200 blue plates
```

1번 행은 단순 문자열로 표준 변수를 할당한다. 그리고 거의 모든 makefile에서 이와 같은 할당 유형을 접한다. 2번 행은 리스트를 표현하는 일반적인 방법이다. 다만 리스트의 요소는 공백을 포함할 수 없다. 이 때문에 리스트에 C:\Program Files와 같은 공백을 포함하는 요소를 저장하려고 할 때 골치 아플 수 있다.

3번 행과 4번 행은 여러분이 평소 흔히 사용하지 않는 복잡한 데이터 구조체를 보여준다. `ORDERS` 변수의 첫 번째 요소는 수량이고, 두 번째 요소는 색이고, 세 번째 요소는 물품이다. 이 패턴이 나머지 요소들에서도 반복된다. 리스트로부터 특정 아이템을 추출하는 메커니즘이 있다면 데이터 구조체 형식과 같이 이 변수를 처리할 수 있다.

문자열을 다루는 가장 보편적인 함수 몇 가지에 대해 알아보자.

- **words** 리스트가 입력으로 주어졌을 때 해당 리스트에서 공백으로 분리되는 단어의 수를 반환한다. 다음 예제에서는 `$(NUM_FILES)`가 4로 평가된다.

```
NUM_FILES := $(words $(LIST_OF_SRCS))
```

- **word** 주어진 리스트로부터 n번째 단어를 추출한다. 리스트의 인덱스는 0이 아

니라 1에서 시작함으로써 $(SECOND_FILE)은 main.c로 평가된다.

```
SECOND_FILE := $(word 2, $(LIST_OF_SRCS))
```

- **filter** 리스트에서 특정 패턴을 만족하는 단어들을 반환한다. 이는 특정 파일명 패턴을 만족하는 파일들의 부분집합(예, 모든 C 소스 파일)을 선정하는 데 널리 사용된다.

```
C_SRCS := $(filter %.c, $(LIST_OF_SRCS))
```

- **patsubst** 리스트의 각 단어가 특정 패턴을 충족할 때 대체 패턴으로 변경한다. % 문자는 각 단어에서 변하지 않는 부분(어간stem)을 나타낸다. 첫 콤마 뒤에는 공백 문자가 허용되는 않는 점을 주의 바란다. 공백 문자가 있다면 각 단어 사이에 2개의 공백 문자로 구성된 리스트를 얻게 되며, 컴파일되지 않는 경우가 있으니 각별히 유념하자.[1]

```
OBJECTS := $(patsubst %.c,%.o, $(C_SRCS))
```

이 예제는 이미 살펴본 calc.o math.o lib.o로 구성된 리스트를 얻는 $(C_SRC : .c=.o) 구문과 유사하다.

- **addprefix** 리스트에 있는 각 단어의 서두에 문자열을 추가한다. 다음 예제에서는 $(OBJECTS) 리스트에 있는 각 요소의 서두에 objs/를 추가한다.

```
OBJ_LIST := $(addprefix objs/, $(OBJECTS))
```

이 경우 $(OBJ_LIST)는 objs/calc.o objs/main.o objs/lib.o로 평가된다.

- **foreach** 리스트의 각 단어를 찾아 매핑된 값을 포함하는 새로운 리스트를 만들며, 매핑 표현은 GNU Make 함수를 포함할 수 있다. 다음 예제는 모든 파일명이 obj/$(file)로 매핑돼 새로운 리스트를 만드는 점에 있어 addprefix의 경우와 동일하다. 평가 결과 또한 동일하다.[2]

---

1. 하지만 최신 GNU Make의 patsubst 규칙에서는 첫 콤마 뒤의 공백 내지는 단어 간의 공백을 단일 공백문자로 처리하고, 리스트의 처음과 마지막에 위치한 공백은 버린다. - 옮긴이

2. foreach의 동작 원리는 $(OBJECTS)의 모든 요소를 처음부터 읽어 file 변수에 대입한다. 그리고 이 작업을 $(OBJECTS)의 마지막 요소에 도달할 때까지 반복된다. - 옮긴이

```
OBJ_LIST_2 := $(foreach file, $(OBJECTS),objs/$(file))
```

- **dir/notdir** dir은 주어진 파일 경로로부터 디렉터리명을 반환하고, 반면 notdir은 파일명을 반환한다.

```
DEFN_PATH := src/headers/idl/interface.idl
DEFN_DIR := $(dir $(DEFN_PATH))
DEFN_BASENAME := $(notdir $(DEFN_PATH))
```

이 경우 $(DEEN_DIR)은 src/headers/idl/로 평가(마지막에 /가 포함하는 것을 유념)되며, $(DEFN_BASENAME)은 interface.idl로 평가된다.

- **shell** 셸 명령을 실행하고 실행 결과 값을 문자열로 반환한다. 다음 예제는 /etc/passwd 파일의 소유자를 알아낸다. ls -l 명령 실행 결과에서 3번째 워드가 파일의 소유자명이 된다.

```
PASSWD_OWNER := $(word 3, $(shell ls -l /etc/passwd))
```

여기에서 소개한 함수뿐만 아니라 GNU Make 문서에는 그 밖의 많은 함수가 소개돼 있다. 특히 특정 기능들은 GNU Make 프로그램이 일목요연하게 유지될 수 있게 설계됐다.

먼저 매크로는 복잡한 GNU Make 표현식expression을 변수명화 할 수 있으며, 다른 표현식의 인자 값이 될 수 있다. 이는 GNU Make의 기본 함수를 더욱 효율적으로 확장 가능하게 한다. 다음 코드는 임의 파일의 크기를 바이트 단위로 반환하는 file_size라는 매크로를 정의한다. 단, 여기서의 $(1)은 $(call) 표현식의 첫 번째 매개변수(/etc/passwd)를 뜻한다.

```
file_size = $(word 5, $(shell ls -l $(1)))
PASSWD_SIZE := $(call file_size,/etc/passwd)
```

또 다른 손쉬운 방법은 define 지시어로 셸 명령의 묶인 시퀀스canned sequence를 정의하는 일이다. GNU Make 규칙에서 실행되는 셸 명령을 명시할 때 모든 명령을 일일이 명시하는 대신 묶인 시퀀스를 호출할 수 있다.

```
define start-banner
    @echo ==============
```

```
    @echo Starting build
    @echo ==============
endef

.PHONY: all
all:
    $(start-banner)
    $(MAKE) -C lib1
```

GNU Make 문서에는 이런 함수가 더욱 많이 소개돼 있으며, 이런 함수는 강력한 Makefile 기반의 빌드 시스템을 가능하게 한다.

프로그램 흐름 이해

GNU Make 프로그램 흐름을 공부함으로써 GNU Make 프로그래밍 언어에 대한 설명은 끝난다. 여기서 흐름이란 Makefile을 조사하고 해석하는 순서, 그리고 실행되는 프로그램을 정렬하는 일을 뜻한다. GNU Make 언어의 많은 기능을 살펴왔지만, 이런 기능들이 실행되기에 앞서 어떻게 혹은 언제 호출되는지를 이해할 필요가 있다.

GNU Make 프로그램 흐름에 관한 다음 세 가지 주제를 알아보자.

1. **Makefile 구문 분석하기** Makefile 구문 분석parse 시 두 가지의 주된 단계를 수반한다. 먼저 종속성 그래프를 생성하기 위해 Makefile을 읽는다. 그러고 나서 컴파일 명령을 실행한다. Makefile은 파일 간의 관계를 수학적 구조로 나타내는 종속성 그래프를 텍스트 기반으로 표현하는 것이라는 점을 상기하기를 바란다.
2. **구문 분석 프로세스 제어하기** GNU Make는 하위 Makefile을 어떻게 포함할지 또는 Makefile의 부분을 어떻게 조건부 컴파일할지를 제어하는 수많은 기능을 제공한다.
3. **규칙 실행하기** 규칙을 실행하는 알고리즘은 적용될 규칙과 그 규칙에 상응해 실행될 셸 명령에 관한 일단의 순서를 선정한다.

Makefile 구문 분석

첫 번째 주제로 개발자가 gamke 명령을 호출할 때 어떤 일이 벌어지는지를 알아보자.

1. **Makefile 구문 분석 단계** Makefile이 구문 분석되고 검증된 후 전체 종속성 그래프가 생성된다. 그런 다음 모든 규칙이 조사되고 모든 변수가 할당된다. 그리고 최종적으로 모든 변수와 함수가 평가된다. 규칙을 정의하거나 종속성 그래프를 생성할 때 발생하는 모든 에러는 이때 발생한다.

2. **규칙 실행 단계** 전체 종속성 그래프가 메모리상에 있을 때 GNU Make는 모든 파일의 타임스탬프를 조사해 해당 파일이 만료됐는지를 판단한다. GNU Make가 만료된 타겟을 발견하게 되면 적절한 셸 명령을 실행해 해당 타겟을 최신 상태로 만든다. 셸 명령 내에서 일어나는 에러는 이때 발생한다.

대개 여러분은 이런 단계를 신경 쓰지 않아도 되지만, 앞으로 이 두 단계 간의 차이를 자세히 알아보겠다. 첫 단계에서 변수가 할당되고 두 번째 단계에서 셸 명령이 실행되는 점을 상기하길 바란다.

```
1  X := Hello World
2
3  print:
4      echo X is $(X)
5
6  X := Goodbye
```

이 예제는 아주 간단해 보이지만, print 타겟 호출의 결과를 보면 의아해 할지 모른다.

```
$ gmake print
X is Goodbye
```

이유는 4번 행의 셸 명령이 두 번째 단계(규칙 실행 단계)가 실행될 때까지 단순히 저장되고, $(X)를 아직 평가하지 않았기 때문이다. 이는 6번 행에서 재차 할당된 값이 셸 명령이 실행될 때 $(X)의 값으로 된다.

Makefile 전문가가 되려면 이 두 단계의 동작 원리를 숙지하고 있어야 한다. 빌드 시스템 기능의 대부분은 GNU Make 함수를 이용(첫 번째 단계)하거나, 셸 스크립트의 일부(두 번째 단계)로 구현될 수 있다. 게다가 Makefile 문제점을 디버깅할 필요가 있을 때 이 두 단계의 명확한 차이를 숙지하고 있어야만 한다. 그 이유는 각 단계에 따라 다른 문제가 발생하기 때문이다.

구문 분석 프로세스 제어

구문 분석에 이어 GNU Make 기반 프로그램 실행에 영향을 미치는 GNU Make 제어 흐름 기능을 알아보자.

- **파일 포함** C/C++에서의 `#include` 지시어와 유사하게 GNU Make는 추가로 포함할 파일을 마치 메인 Makefile의 일부로 처리할 수 있다. 뿐만 아니라 포함되는 파일에 정의된 모든 규칙과 변수는 메인 파일 안에 정의된 것처럼 처리된다.

```
FILES := src1.c src2.c

include prog.mk    # content of prog.mk textually
                   # inserted here

src1.o src2.o: src.h
```

  이 방법은 재사용 가능한 코드를 내포하는 프레임워크 파일을 포함하는 데 사용될 수 있다. 6장의 후반부에서 파일 포함에 관한 또 다른 실례를 함께 알아본다.

- **조건부 컴파일** C/C++의 `#ifdef` 지시어와 유사하게 Makefile의 일부를 조건부적으로 포함하거나 배제할 수 있다. 이는 Makefile을 구문 분석하는 단계에서 최우선으로 실행된다. 따라서 조건식은 간단 명료해야 한다(셸 명령을 사용하는 대신).

```
CFLAGS := -DPATH="/usr/local"
ifdef DEBUG
    CFLAGS += -g    # debug case if DEBUG is defined
else
    CFLAGS += -O    # non-debug case if DEBUG not defined
endif
```

규칙 실행

마지막으로 종속성 그래프를 만들기 위해 GNU Make를 사용하는 알고리즘에 대해 알아보고 Makefile의 실행이 어떻게 동작하는지도 알아보자. 그럼 다음과 같이 열거된 주요 단계(편의상 몇 가지 상세한 사항은 제쳐놓고)를 눈여겨 살펴보자.

1. `gmake` 셸 명령으로 GNU Make를 호출하는 개발자는 빌드할 타겟을 명시해야 한다. 이 타겟은 일반적으로 실행 프로그램의 명칭이지만, `all` 또는 `install`과 같은 실제 디스크 파일이 아닌 가상 타겟 또한 만들 수 있다. 개발자가 빌드할 타겟 파일을 명시하지 않는다면 GNU Make는 Makefile에서 첫 번째로 기술된 타겟(예, calculator)을 빌드하려고 시도한다.

2. GNU Make가 타겟 파일을 생성하는 규칙을 발견하면 규칙에 기재된 각 선행 요소를 조사하고, 각 요소를 또 다른 타켓으로 재귀 처리한다. 이는 컴파일 도구에 입력 요소로 사용되는 각 파일이 최신 상태가 되는 점을 보장한다. 예를 들어 add.o와 calc.o를 calculator 실행 프로그램으로 링크하기 전에 GNU Make는 규칙의 왼편(타겟명)이 add.o 또는 calc.o인 규칙을 재귀적으로 검색한다.

3. 사용자가 명시한 타겟이나 재귀적으로 발견된 타겟이든 간에 GNU Make가 컴파일할 타겟에 관한 규칙을 발견하게 되면 다음 두 가지 경우로 처리한다.

   a. 규칙에 관한 타겟 파일이 없다면(디스크상에 동일한 이름의 파일이 없다면) 규칙의 셸 명령이 차례로 실행되고 처음으로 파일이 생성된다. 이것은 소스 트리를 완벽히 새로이 컴파일할 때나 오브젝트 파일이 아직 생성돼 있지 않은 경우가 해당한다.

   b. 다른 한편으로 타겟 파일이 디스크상에 존재한다면 타겟 파일보다 더 최신의 선행 요소가 있는지 확인하기 위해 각 선행 요소의 타임스탬프를 조사한다. 그렇다면 선행 요소보다 더 최신의 상태로 만들기 위해 타겟을 재생성한다.

4. 3단계에서 실패했다면 Makefile이 타겟 파일을 생성할 수 있는 적절한 규칙을 포함하지 않는 것으로 간주하며, 다음 두 가지 경우로 처리한다.

   c. 타겟 파일이 디스크상에 존재하지만 이를 재생성할 규칙이 없다면 GNU Make는 개발자가 수작업으로 작성한 파일이라고 추정하고, 규칙 재귀 호출

을 종료한다.

d. 타겟 파일이 디스크상에 존재하지 않는다면 GNU Make는 에러를 발생시키면서 작업을 취소하고 빌드가 실패한다. GNU Make는 파일을 재생성하는 방법을 모른다. 그리고 디스크상에 파일이 존재하지 않는다면 더 이상 작업을 진행할 수 없다.

이 프로세스가 진행되는 동안 GNU Make는 호출 간의 어떤 상태도 보존하지 않을 뿐만 아니라 파일의 타임스탬프 데이터베이스 또한 관리하지 않는다. 단순히 타겟과 선행 요소 간의 타임스탬프를 비교함으로써 파일이 변경됐는지를 판단한다. 나머지 장에서 소개될 타임스탬프를 데이터베이스에 기록하는 빌드 도구는 데이터베이스의 정보를 기반으로 각 파일의 변경 사항을 탐색할 수 있다.

추가 참고 도서

지금까지 GNU Make의 수많은 기능을 알아봤지만, 여러분은 자신의 빌드 시스템을 만들기 전에 아직 더 많은 기능을 익혀야 한다. GNU Make 구문syntax과 시맨틱스semantics에 있어서 최고의 권위로 여겨지는 온라인 참조 문서[16]가 있지만, 초보자에게 다소 어렵다. 따라서 입문 가이드로 시작하는 것이 좋을지도 모른다[41]. GNU Make를 이용한 고급 실습은 참고 문헌[42]을 참조하길 바란다.

Makefile을 용이하게 생성하기 위해 논리 연산자(예, 리스트, 문자열, 집합 조작과 기본 연산)를 지원하는 GUN Make 표준 라이브러리[43]를 이용하는 것 또한 고려해보자.

자, 이제 일반적인 빌드 적용 사례를 다루는 GNU Make 언어의 사용법에 대해 함께 알아보자.

빌드 시스템 적용 사례

2부의 도입부에서 설명한 각 빌드 도구를 실제 적용 사례에서 어떻게 사용할 수 있는지를 비교하는 일은 매우 중요하다. 결국 기술적인 문제를 해결하기 전까지는 어느 도구가 사용하기 좋은지 알기 어렵다. 따라서 이 절에서는 GNU Make 구문에 대한 언급을 줄이고, 어떻게 그것들을 응용할 것인가에 중점을 두고 알아본다.

시나리오 1: 단일 디렉터리의 소스코드

단일 디렉터리에 모든 C 프로그램이 저장된 간단한 예제이며, 세 가지의 해결법이 있다. 그 중 첫 번째는 6장의 서두에서 이미 살펴봤다. 두 번째는 첫 번째 방법을 개선한다. 세 번째는 종속성을 찾기 위해 외부 조사 도구를 사용한다.

자, 그럼 이전 예제를 갖고 해결법을 생각해보자.

```
1  SRCS = add.c calc.c mult.c sub.c
2  PROG = calculator
3  CC = gcc
4  CFLAGS = -g
5  OBJS = $(SRCS:.c=.o)
6
7  $(PROG): $(OBJS)
8       $(CC) $(CFLAGS) -o $@ $^
9
10 $(OBJS): numbers.h
```

이것은 작은 프로젝트에 널리 사용되는 Makefile 유형이다. 개발자는 자신의 코드를 처음으로 작성할 때 빌드 시스템을 계획하는 데 많은 노력을 하지 않는 경향이 있다. 특히 간단한 Makefile로 충족한다면 말이다. `SRCS` 변수에 덧붙임으로써 새로운 소스 파일을 추가할 수 있다. 그리고 모든 일은 잠시나마 완벽하게 진행된다.

10번 행을 살펴보면 모든 소스 파일은 number.h 헤더 파일에 종속된다는 점이 명시돼 있다. 그렇다면 새로이 추가된 소스 파일이 numbers.h를 포함하지 않는다면 무슨 일이 일어날까? 그리고 또 다른 헤더 파일이 추가된 점을 Makefile에 기재하지 않았다면 무슨 일이 일어날까? 두 경우 모두 Makefile이 소스 파일을 일관성 있게 관리하기 위해서는 상당히 많은 수작업이 필요하다. 그렇지 않으면 잘못된 실행 프로그램을 얻을지도 모른다.

두 번째 방법은 헤더 파일을 자동 탐지하는 일이다. 다음은 소스 파일을 조사하고 올바른 종속성 집합을 계산한다.

```
SRCS = add.c calc.c mult.c sub.c
PROG = calculator
CC = gcc
```

```
4  CFLAGS = -g
5  OBJS = $(SRCS:.c=.o)
6
7  $(PROG): $(OBJS)
8      $(CC) $(CFLAGS) -o $@ $^
9
10 -include $(SRCS:.c=.d)
11
12 %.d: %.c
13     @$(CC) -MM $(CPPFLAGS) $< | sed 's#\(.*\)\.o: #\1.o
       \1\.d: #g' > $@
```

이 코드는 꽤 복잡해 보이므로 항목별로 상세히 살펴보자. 이 방법은 확장자 .d로 끝나는 새로운 종속성 정보 파일을 자동으로 생성한다. 단, 각 파일은 소스 파일당 하나씩 생성된다. 따라서 add.d, calc.d, mult.d, sub.d가 생성된다. 그럼 이 종속성 파일 중 add.d 파일의 내용을 살펴보자.

```
add.o add.d: add.c numbers.h
```

Makefile의 10번 행에서 모든 .d 파일을 명시적으로 포함한다. 이는 종속성 그래프에 모든 .d 파일이 추가됨을 의미한다. 12번 행의 새로운 규칙은 GNU Make에게 .d 파일이 없거나 혹은 상응하는 .c와 .h 파일이 변경됐다면 어떻게 이 .d 파일들을 생성할지를 알려준다.

13번 행은 우선 종속성 정보를 포함하며, 대부분의 일은 GCC 컴파일러에 -MM 옵션[3]을 넘겨줌으로써 수행된다. 또한 컴파일러가 실제 컴파일하지 않고 단지 .c와 .h 파일의 목록으로 구성된 규칙을 생성만 하게 명한다.

마지막으로 난해한 sed 명령은 규칙의 왼편에 .d 파일명을 추가한다. GCC 스스로는 이런 일을 하지 못하기 때문에 sed 명령을 활용했다.

이 예제를 완전히 이해하기 위해서는 GNU Make가 단편 Makefile(예, .d 파일)이 변경됐을 때를 탐지해내고, 모든 구문 분석 프로세스를 재시작한다는 점을 알아야

3. -M 옵션은 소스코드 파일에 상응하는 오브젝트 파일을 생성하는 데 필요한 규칙을 얻는다. 그에 반해 -MM 옵션은 그 규칙의 선행 요소 중 시스템 헤더 파일을 생략한다. gcc -MM calc.c를 실행하면 calc.o: calc.c numbers.h의 결과를 얻는다. -M일 경우에는 더 많은 시스템 헤더 파일이 포함된다. - 옮긴이

한다. 예상했던 것보다 혼란스러울 수 있지만, 헤더 파일 종속성을 자동으로 탐지해 낸다는 점을 유념하자.

세 번째 방법은 makedepend 명령을 사용한다. 이 도구는 gcc -MM의 특성과 유사하지만, 컴파일러에 의존하지 않고 C 소스 파일의 종속성을 분석하는 자신만의 스캐너를 제공한다. 19장에서 빌드 시스템의 성능과 makedepend에 대해 좀 더 상세히 다룬다.

이 절에서는 가장 간단한 단일 디렉터리의 경우를 살펴봤다. 그럼 좀 더 확장해 여러 디렉터리를 빌드하는 Makefile 작성법을 알아보자.

시나리오 2(a): 여러 디렉터리의 소스코드

여러 디렉터리를 지원하는 빌드 시스템을 만드는 일은 단일 디렉터리와 같이 간단하지 않다. 세 가지의 서로 다른 시도를 함께 알아보자. 이 경우 소스코드 파일들이 동일한 디렉터리에 있는 대신, 더 큰 소스 트리로 확장된다. 그림 6.1은 2부에서 언급한 예제 소프트웨어의 예제 트리를 보여준다(그림 PII.3).

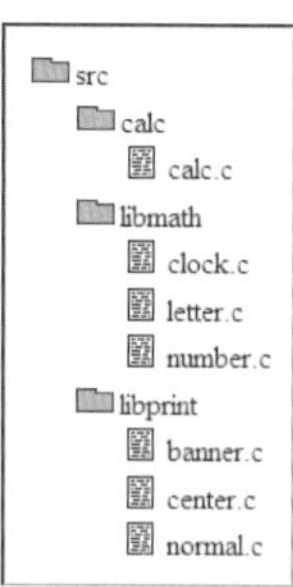

그림 6.1 여러 디렉터리 calculator 예제의 소스 트리

첫 번째 시도는 단일 디렉터리 프로그램을 만들 때와 유사한 Makefile을 사용한다. 다만 이번 SRCS 변수는 각 파일의 전체 경로를 포함한다는 점을 유념하자.

```
SRCS = libmath/clock.c libmath/letter.c libmath/number.c \
  libprint/banner.c libprint/center.c libprint/normal.c \
  calc/calc.c
...
```

이것은 이해하기 쉽고 간단한 프로그램에서는 비교적 잘 동작하지만, 확장한 빌드 시스템에는 다음과 같은 이유로 잘 동작하지 않는다.

1. **종속성 생성이 어려움** .d 파일 자동 생성으로 종속성 규칙을 더 이상 적합하게 만들지 못한다. 즉, 규칙의 왼편에 올바른 경로명을 포함하지 않는 규칙(디렉터리 요소가 누락된)을 작성해버린다.

```
clock.o: libmath/clock.c libmath/math.h
```

   물론 .d 파일을 생성하는 규칙에 좀 더 복잡성을 가미함으로써 바로 잡을 수는 있지만, 이 방법에 대해서는 차후에 알아보자.

2. **단일 Makefile에서의 개발자 간의 경합** Makefile에서의 SRCS 변수는 이미 3행 넘게 정의됐다. 그럼 수백 개 또는 수천 개의 파일이 존재한다면 어떻게 되겠는가? 모든 소프트웨어 엔지니어가 동시에 동일한 파일을 수정할 때 반드시 경합이 발생한다. 따라서 하나의 Makefile로는 관리하기 어렵다.

3. **프로그램의 세분화를 무력화** 이 해결법은 libmath.a나 libprint.a 같은 라이브러리를 사용할 수 없게 한다. 큰 프로그램에 있어 코드를 라이브러리 단위로 세분화하는 일은 아주 편리하다. 이뿐만 아니라 그 밖의 실행 프로그램에서 코드를 재사용할 수 있다.

이런 이유로 큰 빌드 시스템에서 단일 Makefile을 사용하는 경우는 드물며, 통상적으로 하나 이상의 Makefile을 활용해 빌드 기술을 세분화한다.

시나리오 2(b): 여러 디렉터리를 지원하는 재귀 Make

두 번째 방법은 재귀 Make로 알려진 것으로, 소프트웨어 산업에서 보편적으로 사용되는 접근 방식이다. 기본적인 개념은 각 소스 디렉터리에 개별 Makefile이 존재한다. 그리고 상위 레벨 디렉터리에 있는 Makefile이 재귀적으로 각 하위 레벨 Makefile을 호출한다. 그림 6.2는 각 디렉터리가 자신의 Makefile을 지니는 수정된 디렉터리 트리를 보여준다.

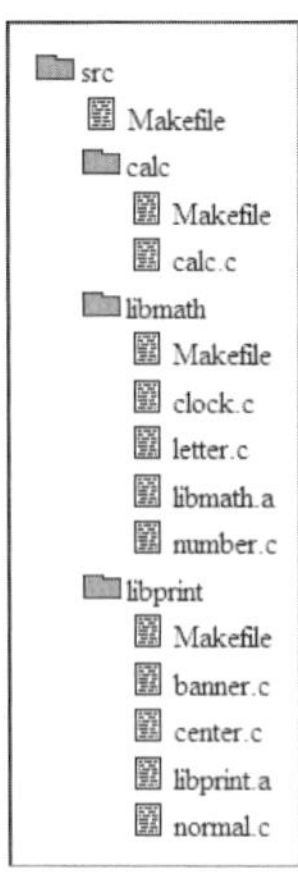

그림 6.2 Makefile과 라이브러리 파일의 구조를 나타내는 여러 디렉터리 예제

이제 빌드 트리에는 총 4개의 Makefile이 존재한다. 그 중 하나는 상위 레벨 Makefile이며, 나머지 libmath, libprint, calc 하위 디렉터리에도 개개의 Makefile이 존재한다. 두 정적 라이브러리인 libmath.a와 libprint.a가 추가됐으며, 각각은 자신의 디렉터리에서 오브젝트 파일을 생성한다.

재귀 Make의 장점은 각 Makefile이 현 소스 디렉터리에 있는 파일만 기술하면 된다는 점이다. 그리고 소스 트리 중 그 외의 부분을 빌드할 필요가 있다면 Makefile은 재귀적으로 그 밖의 Makefile을 호출할 수 있다. 또한 모든 파일이 디렉터리로부터 상대적으로 위치하고 있기 때문에 장황한 경로명을 기재할 필요가 없다. 이뿐만 아니라 Makefile을 수정할 필요가 있는 다른 개발자와의 경합도 다소 감소한다. 즉, 동시에 여러 명이 Makefile을 수정할 때 단일 Makefile이면 매번 파일을 수정해야 하지만, 여러 Makefile로 세분돼 있으면 해당 Makefile만 수정하면 된다. 자, 그럼 각 Makefile의 내용을 살펴보자. 먼저 libmath/Makefile의 내용은 다음과 같다.

```
SRCS = clock.c letter.c number.c
LIB = libmath.a
CC = gcc
CFLAGS = -g
OBJS = $(SRCS:.c=.o)

$(LIB): $(OBJS)
```

```
 8      $(AR) cr $(LIB) $(OBJS)
 9
10 $(OBJS): math.h
```

단일 디렉터리일 때 사용된 Makefile의 내용과 유사하다. 물론 이는 재귀 Make를 사용하기 때문이다. `SRCS` 변수에 나열된 파일들은 Makefile과 같은 디렉터리에 위치한다. 그리고 C 소스 파일을 컴파일하기 위해 GNU Make의 기본 제공 규칙을 사용할 수 있다. 코드가 다소 깔끔하지 못하지만, 10번 행은 math.h 헤더 파일을 자동 탐지하는 대신 의존 관계를 명시한다.

최종 실행 프로그램을 링크하던 이전 예제와 다른 차이는 7번과 8번 행에 있다. 그 차이란 `$(OBJS)`에 나열된 파일을 libmath.a로 아카이브[archive]해 정적 라이브러리를 만드는 점이다. 더불어 앞으로 보게 될 Makefile(calc의 Makefile)에서 이 아카이브가 최종 프로그램으로 링크된다는 점을 확인하자. libprint 하위 디렉터리의 Makefile도 본질적으로 같다.

```
 1  SRCS = banner.c center.c normal.c
 2  LIB = libprint.a
 3  CC = gcc
 4  CFLAGS = -g
 5  OBJS = $(SRCS:.c=.o)
 6
 7  $(LIB): $(OBJS)
 8      $(AR) cr $(LIB) $(OBJS)
 9
10  $(OBJS): printers.h
```

이 Makefile은 공통 코드를 제외해도 무방할 정도로 libmath/Makefile과 매우 유사하다. 이 공통되는 부분을 생략하는 생각은 바람직하다. 사실 많은 빌드 시스템은 공통 코드를 발췌해 특정 프레임워크 Makefile에 정리한다. 그리고 각 Makefile은 공유 가능한 기능성을 통합하기 위해 `include` 지시어를 사용한다. 예를 들어 libprint/Makefile을 다음과 같이 다시 작성할 수 있다. 어떤가? 이전보다 훨씬 간략해졌는가?

```
1  SRCS = banner.c center.c normal.c
```

```
LIB = libprint.a
include lib.mk
$(OBJS): printers.h
```

calc 디렉터리에 위치한 세 번째 Makefile은 libprint.a와 libmath.a에 작은 `main` 프로그램을 조합한 최종 실행 프로그램을 만드는 점에서 그 밖의 두 Makefile과 다르다.

```
1  SRCS = calc.c
2  PROG = calculator
3  LIBS = ../libmath/libmath.a ../libprint/libprint.a
4  CC = gcc
5  CFLAGS = -g
6  OBJS = $(SRCS:.c=.o)
7
8  $(PROG): $(OBJS) $(LIBS)
9      $(CC) -o $@ $^
```

libmath와 libprint 디렉터리의 두 정적 라이브러리를 사용하기 위해 3번 행에서 상대 경로가 사용된 점을 유념하자. 또한 두 라이브러리가 최신 상태가 된 후에만 calc/Makefile이 실행된다는 점도 잊지 말자. 이 실행 과정이 올바르지 않다면 빌드가 실패할 수 있으며, 최악의 경우에는 오래된 라이브러리를 이용해 실행 프로그램을 만들지도 모른다.

모든 것이 적합하게 빌드되는 일을 보장하기 위해 상위 레벨 Makefile은 다음과 같이 올바른 순서대로 그 밖의 모든 Makefile을 재귀적으로 호출해야만 한다.

```
.PHONY: all
all:
    $(MAKE) -C libmath
    $(MAKE) -C libprint
    $(MAKE) -C calc
```

상위 레벨 Makefile은 GNU Make의 가장 기초적인 기능만 사용하고, 약간의 종속성 그래프만 갖고 있다. 각 셸 명령은 지정된 순으로 실행될 뿐이며, 그 밖의 어떤 옵션도 없다. `all` 타겟은 선행 요소를 갖지 않는다. 따라서 각 `$(Make)` 재귀 호출은 개발자가 Makefile을 실행할 때마다 발생한다.

재귀 Make는 이해하기는 쉬우나 가장 효율적인 해결법은 아니다. 소프트웨어 산업에서 보편적으로 사용될지 모르지만, 이것은 느리고 잘못된 빌드를 실행하는 등의 많은 결점을 지니고 있다.

개발자 지정한 순서대로 동작하는 재귀 Make는 각 Makefile을 더욱 세분할 수 있으며, 자신뿐만 아니라 그 외의 Makefile을 포함할 수 있지만 다음과 같은 GNU Make의 엄격한 이유로 종종 빌드를 실패한다.

예제에서는 libmath와 libprint, calc로 구성된 3개의 디렉터리가 있으며, 이 디렉터리 간의 관계는 분명히 정의돼 있다. 그래서 `$(MAKE)` 호출의 순서를 명시하기 용이하다. 반면 그들 간의 종속성이 훨씬 더 복잡해지거나 혹은 수백 개의 디렉터리가 존재한다면 어떨까? 올바른 순서로 모든 것을 빌드하는 일은 불가능에 가깝다. 특히 개발자가 새로이 작성한 코드만큼 더 많은 디렉터리 간의 종속성이 발생한다면 말이다. 곧 여러분은 이런 문제를 해결함과 동시에 GNU Make의 올바른 순서를 정하기 위해 종속성 분석기 시스템dependency-analysis system을 사용하기 희망한다.

예를 들어 libmath 디렉터리에 있는 소스코드가 libprint.a 라이브러리를 참조하려 한다면 무슨 일이 일어날까? 현 빌드 시스템에서는 우선 libmath가 컴파일이 되므로, 이전 버전의 libprint.a 라이브러리를 사용할 위험이 발생하거나 libprint.a 라이브러리가 존재하지 않는다면 단순히 실패로 끝난다. 가장 손쉬운 방법은 libprint를 먼저 빌드하게 상위 레벨 Makefile을 수정하는 일인데, 여전히 이 접근 방식은 복잡한 순서 요구를 지니는 수백 개의 디렉터리로 확장하지 못하는 근원적인 문제가 잠재돼 있다.

프로그램 가운데 일부분만을 빌드하기 원할 때에도 마찬가지로 유사한 문제가 발생한다. 상위 레벨 Makefile로부터 calculator 예제를 빌드하지 않는다고 상상해 보라. 다시 말해 calc 하위 디렉터리로 이동해 `gmake`를 타이핑하면 필요에 따라 calc.c 소스 파일을 단순히 재컴파일하게 된다. calc/Makefile은 libprint.a를 어떻게 빌드하는지 모르기 때문에 심지어 만료된 파일일지라도 재빌드하려고 시도조차 하지 않는다.

이런 종류의 문제를 전문적인 용어로 표현하자면 각 Makefile은 `$(MAKE)` 프로세스로 분리된 인스턴스에 의해 실행된다고 표현할 수 있다. 그러므로 완전히 상이한 종속성 그래프를 갖게 된다. 물론 빌드 시스템에서 전체 종속성 그래프를 이용 가능한 곳은 없으며, 이는 무효한 빌드가 될 근원이 된다. GNU Make가 전체 종속성 그래프를 지원하지 않는다면 빌드 시스템은 올바른 순으로 파일들을 정확하게 컴파일할 수 없다.

대부분의 대규모 재귀 Make 시스템에서 개발자는 결국 많은 장황성을 접하게 된다. 만료된 라이브러리로 빌드되는 실행 프로그램의 생성을 막고, 그와 동시에 종속성 결함을 회피하기 위해 각 Makefile은 동일한 라이브러리를 여러 차례 재빌드할 수밖에 없다. 예를 들어 libprint.a를 빌드한 후에 libmath.a를 빌드할지 모른다. 그러고 나서 libmath.a 컴파일을 반복한다. libprint가 컴파일된 후 libprint 디렉터리에 있는 일부 파일이 변경됐다면 말이다. 특히 개발자가 빌드 시스템이 제대로 동작한다고 믿지 못할 때 이런 혼란은 흔히 발생한다.

라이브러리가 이미 최신 상태이기 때문에 두 번째 빌드 시에는 추가 작업이 없다. 따라서 이 빌드 순서 기술에 관한 문제는 libmath.a를 두 번째 빌드할 때 깔끔히 해결된다.

종속성 그래프를 빌드하기 위해 Makefile을 파싱하고, 그리고 변경된 파일이 있는지 확인하기 위해 파일의 타임스탬프를 일일이 읽는 작업 탓에 아직 새로운 GNU Make 프로세스를 시작하는 데에는 오버헤드가 잔존한다. 그리고 이 오버헤드는 간과할 수 없다. 즉, 이는 libmath.a의 크기에 따라 수 초에서 수 분까지 빌드를 지연시킨다.

이런 문제와 그 외의 관련 문제는 연구 보고서 'Recursive Make Considered Harmful'[44]에서 자세히 다루고 있다. 이 보고서는 앞으로 알아볼 해법을 포함할 뿐만 아니라 재귀 Make 문제에 관한 해법을 설명한다.

시나리오 2(c): 여러 디렉터리를 지원하는 포함 Make

세 번째 여러 디렉터리 해법은 GNU Make 프로세스의 한 인스턴스만 항상 실행하는 재귀 Make 접근법을 활용한다. 그 결과 GNU Make 종속성 시스템의 기능들로부터 이점을 취해 중요한 종속성을 절대 놓치지 않는다. 이전 방법과 구분하기 위해 이 새로운 해법을 포함inclusive Make라 칭하다.

다음과 같은 이점이 있다.

- 낮은 시동 시간start-up time으로 하나의 GNU Make 인스턴스만을 실행한다. 빌드 수명 동안에 수백 개의 프로세스로 시작하는 것과 대조를 이룬다.

- 디렉터리에 위치한 모든 파일을 서술하는 단일 Makefile이 디렉터리당 여전히 하나씩 존재한다. 이는 각 디렉터리의 빌드 기술을 요약 가능하게 하며, 개발자들이 각 Makefile을 수정할 때 그 경합을 줄여준다.
- 모든 소스 파일명은 파일명 요소로(디렉터리 정보 제외)만 기술된다. 그래서 첫 예제와 같이 각 파일의 전체 경로를 포함할 필요가 없다.
- 단일 종속성 그래프는 전체 빌드 시스템의 모든 종속성을 포함하면서 잘못된 빌드가 발생할 가능성을 줄인다.
- 재귀 처리가 없으므로 모든 재귀 `$(make)` 호출의 순서를 명시적으로 기술할 필요가 없으며, 재귀 호출의 문제 또한 발생할 여지가 없다. 게다가 GNU Make는 올바른 순서대로 규칙을 실행한다.

이것은 굉장히 훌륭한 해법으로 보일 수 있지만, 주된 결점은 추가적인 복잡성이다. GNU Make가 아직 친숙하지 않은 개발자라면 이 방법을 사용하기 위해 아직 많은 지식이 요구된다. 경험 많은 GNU Make 전문가는 가장 생산적인 빌드 시스템에서 우선 포함 빌드 시스템을 만든다. 반면 그렇지 않은 GNU Make 프로그래머는 그것을 보고 어떻게 동작하는지 이해하기 어려워한다. 이 예제는 기본적인 프레임워크만 다루고, 그 외의 상세한 사항은 다루지 않는다.

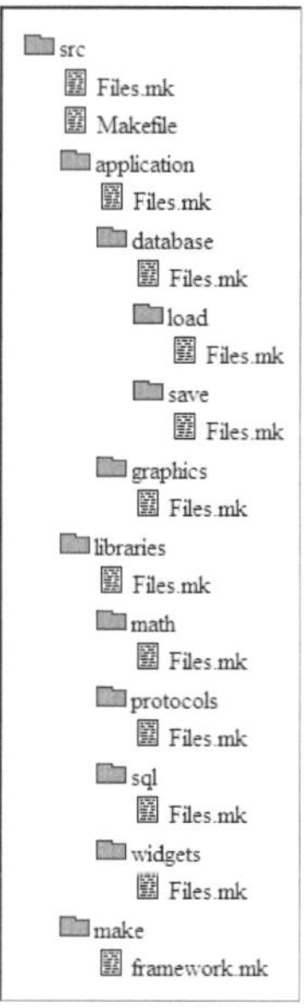

그림 6.3 포함 Make 시스템을 보여주는 큰 소스 트리

그림 6.3은 포함 Make 빌드 트리를 보여준다. 두 레벨 디렉터리 구조로 구성돼 있으며, 이 해법 전체를 설명할 수 없을 정도로 큰 예제다.

소스 트리의 최상위에 하나의 메인 Makefile이 있다. 그리고 빌드 시스템의 복잡성 대부분을 포함하는 make/framework.mk 파일(그림 6.3의 제일 하단)도 볼 수 있다. 마지막으로 각 소스 디렉터리는 그 디렉터리에 위치한 소스 파일을 정의하는 Files.mk라는 단편 Makefile가 존재한다. 포함 Make 프레임워크의 복잡성 때문에 이같이 여러 파일로 세분화하는 일은 중요하다. 소프트웨어 개발자는 소스 파일의 리스트와 순회traversal할 하위 디렉터리의 리스트, 컴파일 플래그 정보를 포함하는 Files.mk 파일을 읽거나 수정하기 더욱 용이해진다. 다른 한편 GNU Make 복잡성은 make/framework.mk 파일 안에 의도적으로 잠재돼 있다. 그래서 소프트웨어 비전문가는 실수로라도 빌드 메커니즘을 변경하려고 시도조차 하지 않는다.

몇 개의 Files.mk 파일을 살펴보자. 이 파일들은 소프트웨어 개발자가 읽고 수정할 수 있게 돼 있으며, 단지 개발자가 신경 써야 할 일부 변수들만 포함하고 있다.

- src/Files.mk

```
SUBDIRS := libraries application
SRC := main.c
CFLAGS := -g
```

- src/libraries/Files.mk

```
SUBDIRS := math protocols sql widgets
```

- src/libraries/math/Files.mk

```
SRC := add.c mult.c sub.c
CFLAGS := -DBIG_MATH
```

우선 `SUBDIRS` 변수의 정의를 살펴보자. 자신의 하위 디렉터리를 포함하는 디렉터리(예, src와 src/libraries)를 위해 `SUBDIRS` 변수는 빌드 프로세스에 포함되는 디렉터리를 나열한다. 여러분도 볼 수 있듯이 src/libraries/Files.mk는 math 하위 디렉터리를 포함한다. 그래서 포함 프레임워크는 빌드 프로세스에 src/libraries/math/Files.mk를 통합해야만 한다. 다른 한편 src/libraries/math/Files.mk는 `SUBDIRS`에 관한 정의를 포함하지 않는다. 따라서 빌드 시스템은 빌드 트리에서의 하위 요소를 더 이상 검색하지 않는다.

그다음으로 각 Files.mk 안의 SRC 변수는 빌드 시스템에 해당 디렉터리에서 포함해야 할 C 소스 파일을 알린다. src/libraries/Files.mk는 SRC 변수를 포함하지 않는 점을 볼 때 해당 디렉터리에서 포함할 소스 파일이 없다.

마지막으로 CFLAGS 변수는 임의 디렉터리에 위치한 모든 소스 파일에 사용되는 C 컴파일러 플래그를 명시한다. 각 디렉터리는 빌드 트리의 모든 파일에 대한 전역 플래그를 이용하는 대신에 서로 다른 C 플래그를 이용할 수도 있다.

포함 Make 예제에서 보통의 소프트웨어 개발자라면 이 Files.mk을 눈여겨볼 것이다. GNU Make가 어떻게 이 Files.mk 파일을 해석하고, 어떻게 SRC와 SUBDIRS, CFLAGS 변수가 사용되는지 궁금해 한다. 반면 빌드 전문가라면 GNU Make 프로그램의 주 진입점인 src/Makefile을 읽고 수정하는 데에만 관심을 둘지도 모른다. 그럼 src/Makefile을 계속해서 살펴보자.

```
1   _subdirs :=
2   _curdir :=
3   FRAMEWORK := $(CURDIR)/make/framework.mk
4   include Files.mk
5   include $(FRAMEWORK)
6
7   VARS := $(sort $(filter srcs-% cflags-%, $(.VARIABLES)))
8   $(foreach var, $(VARS), $(info $(var) = $($(var))))
9
10  .PHONY: all
11  all:
12      @# do nothing
```

차례대로 다시 살펴보자. 포함 Make 접근법은 복잡하므로 각 행을 상세하게 낱낱이 알아볼 필요가 있다.

1번 행의 _subdirs 변수는 빈 문자열로 초기화된다. 이 변수는 앞으로 순회하게 될 모든 하위 디렉터리를 공백 문자로 분리된 리스트로 구성된다. 각 하위 디렉터리의 File.mk 파일로부터 SUBDIRS 변수의 정의 값을 참조한다. 마찬가지로 또 다른 SUBDIRS 변수를 찾아 추가로 순회할 하위 디렉터리들 _subdirs에 추가해 순회할 디렉터리의 큐를 효율적으로 생성한다. 예를 들어 src/Files.mk에 순회한 후 _subdirs 변수는 libraries applications로 구성된다.

다음 단계에서 그 큐의 첫 요소인 libraries를 팝업해 src/libraries/Files.mk를 파싱한다. 그 Files.mk 파일에서 SUBDIRS에 대한 추가 정의를 찾아낸 후 _subdirs 변수는 다음과 같이 변경된다.

```
applications libraries/math libraries/protocols libraries/sql \
    libraries/widgets
```

이 처리를 반복하면 결국 빌드 트리 전체를 순회하게 되고 모든 Files.mk 파일을 읽게 된다. src 디렉터리는 현재 작업 중인 곳이므로, src 디렉터리명은 이들의 패스명에 포함되지 않는다는 점을 유념하자. 또한 모든 것은 src 디렉터리에 상대적이다.

src/Makefile의 2번 행도 1번 행과 마찬가지로 _curdir을 빈 문자열로 초기화한다. 이 변수는 순회하고 있는 디렉터리 가운데 현재 위치한 디렉터리를 나타낸다. 현재 빌드 트리의 최상위 레벨(즉, src 디렉터리 직하)에 위치함으로써 아무것도 없는 상태에서 시작한다. _subdirs 큐의 첫 번째 요소를 팝업해 빌드 트리를 순회하고, _curdir의 값은 순회 중인 위치를 반영한다.

3번 행은 FRAMEWORK 변수를 프레임워크 Makefile의 경로로 정의한다. 이 Makefile을 향후 빈번하게 호출하게 되므로, 이 Makefile을 참조하는 데 변수를 사용하면 매우 편리하다.

4번 행에서 src/Files.mk 파일을 포함함으로써 모든 일이 시작된다. 이것으로부터 SRC와 SUBDIRS, CFLAGS의 최상위 레벨 정의를 얻는다. include 지시어로 파일을 포함하는 것과 $(MAKE)로 그 밖의 Makefile을 호출하는 것에는 분명한 차이가 있다. 지금은 include를 사용하기 때문에 동일한 Make 인스턴스가 사용되고, 새로운 종속성 그래프를 생성하는 대신 동일한 그래프를 매번 추가하게 된다는 점을 유념하자.

5번 행은 SRC와 SUBDIRS, CFLAGS 변수의 내용을 처리하기 위해 포함 Make 프레임워크를 호출한다. 그러고 나서 프레임워크는 나머지 소스 트리를 계속 순회한다. 이 include 지시어로부터 돌아왔을 때는 Files.mk 파일의 모든 일이 처리된 후다.

7번과 8번 행은 트리 안의 모든 Files.mk 파일이 처리된 후 실행된다. 그리고 이 코드는 GNU Make가 알고 있는 변수($(.VARIABLES)에 자동으로 저장된)의 전체 리스트를 취하고, srcs- 또는 cflags-로 시작하는 모든 변수명을 필터링한다. 그후 프로그램 결과상에 계산된 각 요소가 표시된다. 아직 계산된 값을 볼 수 없더라도 프레임워크 파일은 빌드 트리를 순회할 때마다 srcs-*와 cflags-* 변수를 정의한다.

이 메커니즘은 빌드 시스템의 주요한 부분은 아니지만, 모든 일이 올바르게 동작하는 것을 보증하고, 포함 Make 알고리즘을 디버깅하는 수단으로 사용된다.

그럼 이제 make/framework.mk의 내용을 살펴보자. make/framework.mk는 빌드 트리를 순회하고, 각 Files.mk 파일로부터 값을 수집하는 메인 알고리즘이다.

```
1  srcs-$(_curdir) := $(addprefix $(_curdir),$(SRC))
2  cflags-$(_curdir) := $(CFLAGS)
3  _subdirs := $(_subdirs) $(addprefix $(_curdir), $(SUBDIRS))
4
5  ifneq ($(words $(_subdirs)),0)
6      _curdir := $(firstword $(_subdirs))/
7      subdirs := $(wordlist 2, $(words $(_subdirs)),$(_subdirs))
8      SUBDIRS :=
9      SRC :=
10     CFLAGS :=
11     include $(_curdir)Files.mk
12     include $(FRAMEWORK)
13 endif
```

이 Makefile 프레임워크 또한 이전 파일처럼 상세한 설명이 필요하다. 이 파일은 Files.mk 파일 중 하나가 파싱된 후 즉시 포함된다는 점을 상기하기 바란다. 따라서 SRC와 SUBDIRS, CFLAGS 변수는 현재 처리 중에 있는 디렉터리에 관한 적절한 값으로 할당된다.

1번 행은 현 디렉터리의 소스 파일 집합이 기록된다. 또한 대입문 왼편에 있는 변수명은 변수($(_curdir))를 포함함으로써 방문하는 디렉터리마다 고유한 GNU Make 변수를 만들 수 있다. 처음에는 이 구문이 이상하게 여겨질지 모르지만, 동적으로 변수명을 생성하는 일은 그 밖의 언어에서 배열과 해시를 정의하는 일과 유사하다. 즉, srcs- 변수는 많은 하위 요소를 가지며, 각각은 디렉터리명으로 색인화된다.

1번 행의 오른편에서 SRC 변수의 각 요소의 서두에 현재 디렉터리를 추가한다.

예를 들어 _curdir이 libraries/math/로 설정된다면 src/libraries/math/Files.mk 파일 파싱이 완료된다. 그러므로 1번 행의 프레임워크 Makefile은 다음과 같이 된다.

```
srcs-libraries/math/ := libraries/math/add.c \
    libraries/math/mult.c libraries/math/sub.c
```

조금 의아해할지 모르지만, 변수명 안에 변수를 포함하는 것은 매우 훌륭한 기법이다.

2번 행은 디렉터리에 특성화된 cflags-* 변수에 현 디렉터리의 CFLAGS 정의를 유사한 방법으로 저장한다. 간단한 포함 프레임워크에서 디버깅 목적으로 표시하는 것 외에는 이런 변수를 이용할 필요는 없다.

3번 행은 현 Files.mk가 포함할지도 모르는 추가적인 SUBDIRS 값을 대기열에 넣는다. 재차 SUBDIRS 변수의 서두에 현재 디렉터리를 추가한다. 그러나 이번에는 $(_subdirs)의 끝에 이 값들을 추가한다.

5번에서 13번 행은 트리를 순회할 때 실행된다. 다음 방문할 하위 디렉터리 큐에 엔트리가 더 있다면 첫 요소를 추출하고, 해당하는 소스코드 디렉터리에 위치한 Files.mk 파일을 순회한다.

6~7번 행은 큐의 첫 요소를 제거한다. 6번 행은 _subdirs 리스트의 첫 요소를 현 디렉터리(_curdir)로 설정한다. 7번 행은 현재 _subdirs의 요소들 가운데 2번째에서 마지막까지의 요소를 _subdirs에 재할당함으로써 큐의 첫 요소를 제거한다.

11번 행은 현 디렉터리에 있는 Files.mk 파일을 포함한다. 그리고 8번부터 10번 행에서 Files.mk 파일이 포함하는 모든 변수(SRC, SUBDIRS, CFLAGS)를 빈 문자열로 설정한다. 이는 이전 디렉터리에서 사용된 값이 현 디렉터리에서도 여전히 남아있을 가능성을 배제하기 위해서이다.

마지막으로 12번 행은 SRC와 CFLAGS 값을 지니고 있는 프레임워크 파일을 반복한다. 그러고 나서 SUBDIRS에 저장된 디렉터리를 순회한다.

마지막으로 예제 빌드 트리의 Makefile의 실행 결과를 살펴보자. srcs-와 cflags- 변수의 값은 원래 의도한 대로 될 것이다.

```
cflags- = -g
cflags-application/ =
cflags-application/database/ =
cflags-application/database/load/ =
```

```
cflags-application/database/save/ =
cflags-application/graphics/ =
cflags-libraries/ =
cflags-libraries/math/ = -DBIG_MATH
cflags-libraries/protocols/ = -DFAST_SEND
cflags-libraries/sql/ = -O2
cflags-libraries/widgets/ = -DCOLOR="red"
srcs- = main.c
srcs-application/ =
srcs-application/database/ = application/database/
➥persistence.c
    application/database/backup.c application/database/
➥optimize.c
srcs-application/database/load/ = application/database/load/
➥loading.c
srcs-application/database/save/ = application/database/save/
➥saving.c
srcs-application/graphics/ = application/graphics/line-
➥drawing.c
    application/graphics/vector-size.c application/
graphics/3d.c
srcs-libraries/ =
srcs-libraries/math/ = libraries/math/add.c libraries/math/
➥mult.c
    libraries/math/sub.c
srcs-libraries/protocols/ = libraries/protocols/tcp.d
    libraries/protocols/udp.c libraries/protocols/ip.c
srcs-libraries/sql/ = libraries/sql/select.c libraries/sql/
view.c
    libraries/sql/create.c libraries/sql/drop.c
srcs-libraries/widgets/ = libraries/widgets/button.c
    libraries/widgets/list.c libraries/widgets/window.c
    libraries/widgets/tree.c
```

이 시점에서 포함 Make 시스템이 완전히 빌드되지 않았다는 점이 분명해졌고, 이 빌드 시스템이 어떻게 동작하는지에 대한 기본 개념을 파악했을 것이다. 중요한 것은 각 디렉터리는 자신만의 Files.mk 파일을 가진다는 점(그 디렉터리에 상대적 경로)이고, GNU Make 프로세스에서 하나의 인스턴스만을 사용하는 일은 단일 통합 종속성 그래프를 갖게 한다.

만족할 만큼 기능성이 있는 빌드 시스템을 만들기 위해서는 다음과 같은 기능을 추가할 필요가 있다.

- GNU Make 코드는 오브젝트 파일과 소스 파일, 헤더 파일 간의 종속성을 자동 종속성 분석기를 이용해 정의한다.
- 코드를 컴파일하는 규칙(C 컴파일의 기본 제공 규칙을 치환할 필요가 있음)
- 오브젝트 파일을 정적 라이브러리로 링크하는 코드
- 최종 실행 프로그램으로 링크하는 코드(어쩌면 하나 이상의 프로그램을 컴파일할 수 있음)
- 하위 디렉터리로부터 GNU Make 프로세스를 시작할 수 있는 수완(현재로는 상위 레벨 src 디렉터리의 Makefile이 유일)
- 여러 다른 CPU 아키텍처상에서의 컴파일 지원
- 디렉터리 대신 파일 기반별로 하는 C 컴파일러 플래그
- 부모 디렉터리에서 자식 디렉터리로의 컴파일러 플래그 계승

더 많은 항목이 있지만 중요치 않은 것은 생략한다. 요약하자면 포함 Make 빌드 시스템은 결코 만들기 용이한 시스템이 아니다. 자신만의 빌드 시스템을 만들려면 반드시 많은 시간을 계획해야 한다. 다행히 일부 전문가[42][44]가 출발점으로 사용할 수 있는 시스템을 제공하고 있다.

시나리오 3: 새로운 컴파일 도구 정의

다음 시나리오는 Makefile 안에 새로운 유형의 컴파일 도구를 추가한다. 지금까지 6장에서는 C 언어 소스 파일을 컴파일하는 데에만 집중해 왔지만, 같은 개념을 그 밖의 언어로 확장한다. 사실 이 GNU Make 코드는 지금까지 봐온 것의 단순 비교를 나타낸다. `mathcomp` 컴파일(이미 2부에서 소개한)을 사용하기 위해 다음과 같은 사항을 추가할 필요가 있다.

1. `mathcomp` 컴파일러는 .math 파일에 있는 소스 파일 리스트를 읽는다.

2. GNU Make 규칙에는 .math 파일을 .c 파일로 어떻게 컴파일할지를 기술한다.

3. 새로운 유형의 종속성 파일(확장자 .d1)은 .math 파일 간의 관계를 기록하고 .mathinc 파일에 의존한다.

자, 그럼 마지막 해법을 살펴보자. 이 해법은 지금까지 살펴본 것들과 확연히 다르다.

```
1  MATHCOMP := /tools/bin/mathcomp
2  CC := gcc
3  MATHSRC := equations.math
4  CSRC := calculator.c
5  PROG := calculator
6  OBJS := $(CSRC:.c=.o) $(MATHSRC:.math=.o)
7
8  $(PROG): $(OBJS)
9      $(CC) -o $@ $^
10
11 %.c: %.math
12     $(MATHCOMP) -c $<
13
14 -include $(CSRC:.c=.d)
15 -include $(MATHSRC:.math=.d1)
16
17 %.d: %.c
18     @$(CC) -MM $(CPPFLAGS) $< | sed 's#\(.*\)\.o: #\1.o
       \1.d: #g' > $@
19
20 %.d1: %.math
21     echo -n "$@ $(*F).c: " > $@; \
22     $(MATHCOMP) -d $< >> $@
```

Makefile의 새로운 부분에 관해서만 라인별로 알아보자.

1번 행은 mathcomp 컴파일러의 경로를 정의한다. 사용자의 $PATH 변수를 활용하는 대신, 절대 경로를 사용한다.

3번 행은 소스 파일 리스트를 MATHSRC에 .math 파일 형식으로 정의한다. 반면

4번 행은 C 언어 소스 파일 리스트를 CSRC에 정의한다. 6번 행은 .c와 .math 파일 확장자를 .o로 대체하면서 오브젝트 파일 리스트를 형성한다.

11번과 12번 행은 .math 파일로부터 그에 대응하는 .c 파일을 생성하는 종속성 규칙을 정의한다. 예를 들어 8번 행에서 요구되는 equations.o 파일을 생성하기 위해 먼저 equations.c 파일을 C 컴파일 기본 제공 규칙으로 생성할 필요가 있다. 이를 위해 GNU Make는 equations.math로부터 equatioins.c를 생성하기 위해 11번 행의 규칙을 호출한다.

15번과 20~22번 행은 Makefile 종속성을 자동 탐지하는 데 필요한 작업을 수행한다. C 컴파일러와 유사하게 mathcomp 컴파일러에 -d 옵션을 부여하고 소스 파일 리스트, 즉 .mathinc 파일을 생성한다. 21번 행의 echo 명령은 mathcomp가 기본적으로 제공하지 않는 여분의 정보를 추가한다. 실행 결과 equations.d1 파일은 다음과 같이 된다.

```
equations.d1 equations.c: equations.math equ1.mathinc equ2.mathinc
```

앞에서 살펴본 모든 예제와 위에서 다룬 요점으로 Makefile의 나머지는 이해하기 쉬울 것이다. 요약하자면 GNU Make에 새로운 컴파일 도구를 추가하는 일은 결코 어렵지 않다. 다만, 종속성을 자동으로 탐지할 때를 제외하면 말이다.

시나리오 4: 여러 변형으로 빌드

GNU Make는 주로 C/C++ 코드를 컴파일하는 데 이용되며, 이 두 언어는 보통 네이티브 기계어 코드로 컴파일한다. 분명 GNU Make를 사용하기 위해서는 CPU 타입을 선택해야 한다. 이 예제는 소프트웨어 개발자가 인텔 x86 시리즈나 파워PC 시리즈, 알파[Alpha] CPU 시리즈로 컴파일할 수 있게 한다. 사실 동시에 동일한 빌드 트리에서 세 가지의 아키텍처 모두를 GNU Make가 컴파일할 수 있게 한다.

타겟 아키텍처를 선택하기 위해 개발자는 PLATFORM 변수에 해당 값을 제공해야 한다. 그렇지 않으면 컴파일러는 기본적으로 x86 아키텍처를 이용한다. 다음 예제를 살펴보자.

```
$ gmake PLATFORM=powerpc        # 파워PC CPU를 위한 빌드
$ gmake                         # i386 CPU를 위한 빌드
$ gmake PLATFORM=xbox           # 웁스! 허용되지 않음
```

```
Makefile:8: *** Invalid PLATFORM: xbox. Stop.
```

특정 플랫폼에 특화된 코드를 컴파일하는 데 필요한 GNU Make 코드는 다음과 같다.

```
1  SRCS = add.c calc.c mult.c sub.c
2  PROG = calculator
3  CFLAGS = -g
4  PLATFORM ?= i386
5  VALID_PLATFORMS = i386 powerpc alpha
6
7  ifeq ($(filter $(PLATFORM), $(VALID_PLATFORMS)),)
8      $(error Invalid PLATFORM: $(PLATFORM))
9  endif
10
11 OBJDIR=obj/$(PLATFORM)
12 $(shell mkdir -p $(OBJDIR))
13
14 CC := gcc-$(PLATFORM)
15 OBJS = $(addprefix $(OBJDIR)/, $(SRCS:.c=.o))
16
17 $(OBJDIR)/$(PROG): $(OBJS)
18     $(CC) $(CFLAGS) -o $@ $^
19
20 $(OBJDIR)/%.o: %.c
21     $(CC) -c -o $@ $<
22
23 $(OBJS): numbers.h
```

이 Makefile은 몇 가지 새로운 개념을 포함하는 예제다. 4번 행은 PLATFORM 변수의 기본 값을 정의한다. 사용자가 커맨드라인에서 이 값을 정의하지 않는다면 기본 값으로 i386이 정의되는 것을 의미한다. 여기서 반드시 ?= 연산자를 사용할 필요는 없다. 커맨드라인에서 정의된 변수는 자동으로 Makefile에서 제공하는 기본 값으로 치환될 수 있기 때문이다.

7~9번 행은 $(PLATFORM)이 적절한 값인지를 확인한다. $(filter) 함수는 유효한 플랫폼 리스트($(VALID_PLATFORMS))에서 $(PLATFORM)을 찾지 못하면 빈 문자

열을 반환한다. 그리고 `ifdef` 지시어는 `$(filter)` 함수의 결과 값이 빈 문자열인지 확인하고, 그렇다면 적절한 에러 메시지를 표시한다.

11, 12번 행은 오브젝트 파일이 위치할 디렉터리를 선정한다. 지금까지 살펴본 모든 예제에서는 오브젝트 파일을 소스 파일과 동일한 디렉터리에 저장했다. 하지만 서로 다른 세 가지의 아키텍처로부터 오브젝트 파일을 아키텍처별로 구분되는 위치(예, obj/i386, obj/powerpc, obj/alpha)로 명시적으로 저장할 필요가 있다. 12번 행은 선택된 오브젝트 파일을 저장할 디렉터리가 존재하는지 재차 확인한다. 없다면 해당 디렉터리를 만들고, 있다면 아무런 에러 메시지 없이 넘어간다.

14번 행은 `CC` 변수에 적절한 C 컴파일러 이름을 할당한다. 단일 컴파일러 인스턴스는 여러 타겟을 지원하지 않으므로, 각 CPU 아키텍처는 GCC의 여러 다른 버전이 필요하다.

15번 행은 컴파일될 오브젝트 파일 리스트를 계산한다. 각 CPU 오브젝트 파일이 서로 다른 오브젝트 디렉터리에 저장된다면 어느 오브젝트 파일을 빌드할지 명시해야 한다. 이 경우 오브젝트 파일 리스트에 있는 각 요소의 서두에 `$(OBJDIR)`을 추가한다.

마지막으로 17~22번 행은 앞에서 많이 봐온 규칙을 다시 작성한다. 다만 여기에서의 차이점은 각 규칙의 왼편에 `$(OBJDIR)`를 추가한 점이다. 이전 예제에서는 오브젝트 파일이 소스 디렉터리와 동일한 곳에 있었지만, 이 코드는 소스 파일과 오브젝트 파일을 서로 다른 장소에 있게 하는 흥미로운 기능을 사용한다.

이제 이 추가 기능으로 여러 다른 CPU 아키텍처를 지원할 수 있다. 이 빌드 시스템이 어떻게 동작하는지 명확히 파악하기 위해 그 결과를 살펴보자.

```
$ gmake
gcc-i386 -c -o obj/i386/add.o add.c
gcc-i386 -c -o obj/i386/calc.o calc.c
gcc-i386 -c -o obj/i386/mult.o mult.c
gcc-i386 -c -o obj/i386/sub.o sub.c
gcc-i386 -g -o obj/i386/calculator obj/i386/add.o obj/i386/
calc.o
      obj/i386/mult.o bj/i386/sub.o

$ gmake PLATFORM=powerpc
gcc-powerpc -c -o obj/powerpc/add.o add.c
```

```
gcc-powerpc -c -o obj/powerpc/calc.o calc.c
gcc-powerpc -c -o obj/powerpc/mult.o mult.c
gcc-powerpc -c -o obj/powerpc/sub.o sub.c
gcc-powerpc -g -o obj/powerpc/calculator obj/powerpc/add.o
      obj/powerpc/calc.o obj/powerpc/mult.o obj/powerpc/sub.o
```

물론 실제 환경에서 이 코드를 재귀 Make 혹은 포함 Make 해법으로 통합해야 한다. 그렇지 않다면 단일 소스 디렉터리의 파일만을 컴파일할 수밖에 없다.

시나리오 5: 빌드 트리 클리닝

이번 시나리오는 생성된 모든 파일을 제거함으로써 빌드 트리를 클리닝[clean]한다. 종종 디렉터리별로 이 기능을 사용하기 원할 수도 있지만, 때에 따라 빌드 트리의 모든 오브젝트 파일을 제거하기 원할 수도 있다. 두 경우 모두 클린 작업이 빌드 프로세스가 생성한 오브젝트 파일들을 정확히 제거하는 것이 중요하다.

빌드 트리를 클리닝하는 방법은 전적으로 어떻게 빌드 시스템이 만들어져 있느냐 따라 달라진다. 재귀 Make 시스템의 경우 각 Makefile이 자신의 디렉터리에 있는 오브젝트 파일을 생성할 책임이 있다. 따라서 그것들을 제거하는 일 또한 자신의 책임이다. 예를 들어 최상위 Makefile에서 하위 디렉터리를 재귀적으로 클리닝하는 규칙이 다음과 같이 있다.

```
.PHONY: clean
clean:
    $(MAKE) -C libmath clean
    \$(MAKE) -C libprint clean
    $(MAKE) -C calc clean
```

그리고 각 하위 디렉터리에서는 파일을 실제로 삭제하는 규칙이 있다.

```
.PHONY: clean
clean:
    rm -f $(OBJS) $(LIB)
```

이 시스템의 장점 중 하나는, 개발자가 원하는 레벨에서 `gmake clean` 명령을 호출함으로써 그곳이나 해당 하위 디렉터리의 원하는 모든 것을 용이하게 클리닝할 수 있다.

포함 Make 시스템의 경우 단일 GNU Make 프로세스 안에서 전체 종속성 그래프를 이용할 수 있다는 장점이 있다. 컴파일되는 소스 파일의 완전한 리스트가 있으므로 당연히 생성되는 모든 오브젝트 파일을 안다. 그 밖의 생성된 파일(예, equations.math로부터 생성되는 equations.c)이 있을 때는 다소 복잡해질 수 있지만, 이것은 단순히 관련된 파일명을 기록하는 수고가 따를 뿐이다. 특정 하위 디렉터리를 클리닝하는 일 역시 그것의 경로명을 토대로 각 파일을 걸러냄으로써 가능하다.

빌드 트리를 클리닝하는 데 있어 까다로운 부분은 어느 파일이 생성됐는지 항상 알 수 없다는 점이다. 종종 이는 파일 간의 종속성이 잘 이해되지 않는다는 것이 아니라 컴파일 도구가 실제로 신경 쓰지 않아도 되는 본질과 무관한 파일을 생성한다는 뜻으로 해석할 수 있다. 이런 종류의 파일은 종속성 그래프에서 절대로 사용되지 않지만, 빌드 트리로부터 삭제될 필요가 있다.

clean 타겟을 테스트하기에 좋은 방법 가운데 하나는 소스 트리 전체를 빌드하고 나서 그 트리 전체를 클리닝하는 일이다. 그러고 나서 디스크상의 실제 파일과 완전히 초기화된 소스 트리를 비교하고 불일치한 점을 확인한다. 어떤 파일이 남아 있다면 그 파일을 제거하기 위해 clean 타겟에 가미하면 된다. 다른 한편 왜 그런 파일들이 $(OBJS)에 기술돼 있지 않으며 이미 삭제돼 있는지 고찰해볼 필요가 있다.

마지막으로, 생성된 모든 파일을 소스코드 디렉터리가 아니라 특정 오브젝트 디렉터리에 저장하는 장점 가운데 하나는, 단일 삭제 명령(예, 유닉스에서 rm -rf)으로 생성된 모든 파일을 쉽게 제거할 수 있다는 점이다.

시나리오 6: 잘못된 빌드 디버깅

GNU Make 빌드 시스템에서 버그를 찾는 일은 힘들지만 흥미롭다. GNU Make는 프로그래머 대부분이 편리하게 사용하는 행별 시퀀싱line-by-line sequencing 기법 대신 패턴 매칭 알고리즘 특성을 사용한다. 그리고 Makefile 시스템 내의 어떤 부분에서든 규칙을 언제든지 호출할 수 있다.

실제 개발 프로젝트에서 여러분은 다음과 같은 Makefile 문제점을 경험했을 것이다.

- 타겟 파일이 생성돼야 할 때 생성되지 않는다면 십중팔구 종속성 그래프에서 하나 이상의 링크를 빠뜨린 것이 주된 원인이므로 규칙을 추가로 기술할 필요가 있다.
- 생성되지 말아야 할 파일이 생성된다면 잘못된 종속성이 불필요한 작업을 유발하지 않았는지 의심해볼 필요가 있다.
- 타겟 파일의 내용이 맞지 않다면 잘못된 커맨드라인 옵션으로 컴파일 도구가 호출되지 않았는지 추측해볼 필요가 있다.
- GNU Make가 특정 타겟을 생성할 규칙이 없다고 보고한다면 빠뜨린 규칙을 추가하거나 규칙이 실행되지 않는 이유를 규명해볼 필요가 있다.
- 잘못된 순서로 규칙이 호출되는 경우는, 여러 가지 작업을 병행해 빌드할 때 흔히 일어난다. 혹은 종속성 그래프에서 놓친 링크 때문일 수도 있다.

우선 컴파일 도구가 잘못된 동작을 한다는 것을 판단하고 나서 연관된 규칙과 변수가 정의된 곳으로 뒤돌아가 확인함으로써 이런 문제점을 해결할 수 있다. 그 작업 단계는 다음과 같다.

1. 컴파일 도구가 에러 동작을 하고 있는지를 판단하기 위해 빌드 로그를 조사한다. 이는 잘못 사용된 명령을 찾기 위해 수백 또는 수천 행의 빌드 로그를 조사해야 할지도 모른다.
2. 올바르지 않은 커맨드라인을 생성하는 Makefile 규칙을 찾는다. 규칙(기본 제공 규칙도 포함)이 빌드 시스템에서 수많은 Makefile로 확장할 수 있다는 점을 고려할 때 정의된 모든 곳을 찾는 일은 절대 만만치 않다.
3. 규칙의 커맨드라인 옵션이 올바른지 확인한다. 필요에 따라 규칙에 사용되는 변수 정의를 재확인한다. 특히 일부 변수가 빌드 시스템의 다른 부분에서 정의된 하위 변수를 활용한 지연 평가를 사용한다면 더욱 신경 써야 한다.
4. 규칙의 종속성이 올바른지 조사한다. 선행 요소 파일들이 올바르게 생성돼 있는지를 확인하기 위해 관련된 규칙을 검색해야 할지도 모른다.

이런 디버깅 작업을 용이하게 할 수 있게 GNU Make는 다음과 같은 많은 커맨드라인 옵션을 제공한다.

- **gmake -n** 실행될 셸 명령의 리스트를 실제로 실행하지 않고 단지 그 정보를 보여준다. 이는 잘못된 컴파일 도구를 검색할 경우 빌드가 완료될 때까지 기다릴 필요가 없어 시간을 절약할 수 있다.
- **gmake -p** GNU Make 내부 데이터베이스 내용을 보여준다. 이는 각 Makefile에 정의된 규칙과 변수뿐만 아니라 기본 제공 규칙의 완전한 리스트를 포함한다. 행 번호 또한 포함돼 있으므로 정의된 곳을 찾을 때 많은 도움이 된다.
- **gmake -d** Makefile을 파싱하고 실행하는 GNU Make 패턴 매칭 알고리즘의 추적 로그를 보여준다. 이 정보는 상당히 장황할 수 있지만, 알기 원하는 모든 정보를 제공한다.

이와 같은 커맨드라인 옵션과 더불어 프로그램 출력상에 유용한 메시지를 표시하기 위해 디버깅 출력print debugging 방법을 사용할 수 있다. 이런 일단의 연속된 메시지는 개발자가 Makefile이 어떻게 실행되는지를 이해하는 데 많은 도움이 된다. 특히 `$(warning)` 함수는 Makefile에서 이 함수가 호출되는 곳에서의 정보를 포함하는 텍스트 메시지를 보여준다.

```
$(warning CFLAGS is set to $(CFLAGS))
```

이 함수는 값을 반환하지 않는다. 그래서 Makefile에서 이 함수를 호출하고자 하는 어느 곳에서든 호출할 수 있다. 또 다른 수법으로는 변수 정의 안에 `$(warning)` 함수를 사용하는 점을 들 수 있다. 변수에 접근 가능한 어느 곳에서든 적절한 메시지가 표시된다.

```
CFLAGS = $(warning Accessing CFLAGS) -g
```

게다가 `$(warning)` 함수를 포함하는 `$(SHELL)` 변수를 재정의한다면 해당 규칙이 호출될 때마다 프로그램 출력상에 메시지를 볼 수 있다.

```
SHELL = $(warning Target is $@) /bin/sh
```

자, 그럼 어떻게 이 모든 것을 융합하는지 알아보자. 첫 calculator 프로그램으로 되돌아가서 변수들에 접근할 때와 변수들이 정의된 곳, 규칙이 호출될 때 이전보다 많은 디버깅 정보를 포함하는 메시지를 볼 수 있다.

```
Makefile:8: Accessing CFLAGS
Makefile:8: CFLAGS is set to -g
Makefile:13: Accessing CFLAGS
Makefile:13: Target is add.o
gcc -g -c -o add.o add.c
Makefile:13: Accessing CFLAGS
Makefile:13: Target is calc.o
gcc -g -c -o calc.o calc.c
Makefile:13: Accessing CFLAGS
Makefile:13: Target is mult.o
gcc -g -c -o mult.o mult.c
Makefile:13: Accessing CFLAGS
Makefile:13: Target is sub.o
gcc -g -c -o sub.o sub.c
Makefile:16: Accessing CFLAGS
Makefile:16: Target is calculator
gcc -g -o calculator add.o calc.o mult.o sub.o
```

마지막으로, 서드파티 GNU Make 디버거 도구[45]는 전통적인 디버깅 환경을 제공하기 위해 이런 기본적인 수법을 사용한다. 예를 들어 대화식으로 변수 값을 출력 가능하며, 어떻게 정의되는지 찾을 수 있으며, 특정 Makefile 규칙에 중단점 breakpoint을 설정할 수 있다. Makefile을 디버깅할 때 이 도구를 사용하면 매우 유용하다.

찬사와 비판

30년 넘게 오랜 세월 동안 애용됐던 Make 도구(최신 버전은 GNU Make)는 수많은 찬사와 비판을 받아왔다. 하지만 분명한 사실은, Make가 많은 이점을 제공해 왔다는 점이다. 그렇지 않다면 C/C++ 개발자의 가장 보편적인 도구가 될 수 없었을 것이다. 다른 한편 Make가 많은 실증적 이력을 지니고 있다는 점은 그만큼 많은 결함이 있다는 점을 내포하기도 한다.

자, 그럼 Make 사용자들이 주장하고 있는 점들을 관찰해보자. 다음 의견들은 인터넷 웹사이트상이나 출판된 도서, 개인적인 경험을 바탕으로 얻어진 지식을 수집했다.

찬사

- **광대한 지원** Make(특히 GNU Make)는 많은 수의 운영체제에서 동작한다. 소프트웨어 엔지니어 중 대부분은 적어도 Makefile 작성에 관해 간단한 지식을 지니고 있으며, 그 중 소수만이 Makefile 전문가가 되려고 한다. 대학 교육 과정에서 표준 빌드 도구로 Make를 교육한 결과 이 지식이 널리 보급될 수 있었으며, Make를 사용해온 상당한 수의 기존 빌드 시스템 또한 많은 이바지를 했다.

  새로운 소프트웨어 프로젝트를 시작할 때 많은 개발자가 Make에 이미 익숙해져 있다는 사실은 Make를 다시 사용하게 유도한다. 게다가 많은 Make 관련 도구(예, Makefile 자동 생성기와 자동 병행화 도구, Makefile 편집기)는 상용이나 무료로 이용 가능하다. C/C++ 개발자에게 있어 Make는 분명히 가장 지원도가 높은 빌드 도구임이 틀림없다.

- **매우 빠른 도구** C 언어로 작성된 GNU Make는 빠르며 고도로 최적화돼 있다. 그 밖의 도구와 비교해 GNU Make는 종속성 그래프를 계산하거나 순회하는 것이 매우 빠르다. 반면 일부 사람들은 종속성 정보의 정확성이 보장될 수 없다면 과연 속도가 중요하냐고 의구심을 가지며 이런 장점을 반박한다.

- **이식 가능한 구문** GNU Make는 이식 가능한 구문을 가지며, 마이크로소프트 윈도우를 포함한 다양한 플랫폼에서 사용 가능하다. GNU Make가 도입되기 전에 개발자는 Make의 모든 운영체제 변형과 호환되는 Makefile 작성을 요구받았다. 따라서 그들은 보통 모든 Make 기능 가운데 호환성이 보장되는 일부 기능만 사용 가능했었다. 하지만 GNU Make 구문은 모든 플랫폼에서 동일해서 GNU Make의 모든 기능을 사용할 수 있다.

- **완벽한 기능을 갖춘 프로그래밍 언어** 범용 종속성 엔진으로, Make는 어떤 종속성을 분석하는 데 사용될 수 있다. 입력 파일을 출력 파일로 매핑하는 규칙을 작성할 수만 있다면 수행할 수 있는 컴파일 유형상의 제약 같은 것은 없다. 기타 빌드 도구는 C나 C++, 자바, C# 컴파일에 편중할지 모르지만, Make는 어떤 유형의 파일(심지어 TeX 소스로부터 PDF 파일을 생성하는 일)이라도 컴파일할 수 있다.

  GNU Make 언어가 튜닝 완벽성Turing complete을 지닌다는 점은 주목할 가치가 있다. 이것은 범용 프로그래밍 언어로 작성된 어떤 프로그램이라도 GNU Make 프로그램으로 재작성 가능하다는 점을 시사한다. 그 외의 빌드 도구가 GNU

Make와 유사한 기능을 구현 가능하다고 해서 "GNU Make는 할 수 없다."라고 주장하는 것은 잘못일 수도 있다(그에 앞서 GNU Make 전문가에게 어떻게 GNU Make로 구현 가능한지 물어보라).

- **첫 번째 도구** 처음으로 개발된 빌드 도구임에도 Make는 자동화된 빌드 시스템을 가능케 했다. Make 이후에 등장한 도구들은 Make가 처음으로 가능한 일을 보여주지 않았더라면 Make를 절대 개선할 수 없었을 것이다.

비판

반면 알아야 할 Make 도구의 많은 비판이 있다.

- **모순된 언어 디자인** GNU Make 언어는 분명 오랜 세월 동안 성장해 왔지만, 디자인은 늘 모순돼 있었다. 일부 언어 기능(예, 규칙)은 독창적인 Make 디자인의 일부지만, 기타 많은 기능은 사람들의 필요에 따라 장시간에 걸쳐 추가됐다. 게다가 각 기능 구문은 기타 기능 구문과의 일관성을 항상 지니고 있지는 않다. 이 점이 GNU Make를 배우려는 개발자를 괴롭혀 왔다.

  보통 관심사는 다음과 같이 열거된다.

  - Makefile 규칙을 작성할 때 셸 명령은 공백 문자가 아닌 탭 문자로 들여 쓰기 해야 한다. 이 구문 규칙은 거의 모든 사람에게 영향을 끼쳤으며, 특히 사용하는 편집기가 자동으로 탭을 공백으로 치환하면 성가셨던 것이 사실이다.
  - 모든 Makefile 변수는 전역 변수다. 그래서 변수가 어디에 정의됐는지, 그리고 동명의 다른 변수와 충돌이 일어나는지 주의해야 한다.
  - Makefile 구문 가운데 일부는 화이트스페이스whitespace를 무시하고, 나머지에서는 화이트스페이스를 포함하는 모순성이 있다.
  - Makefile의 어느 부분이 셸 명령을 작성할 수 있게 하는지, 그리고 GNU Make 함수를 사용 가능하게 하는지를 판단하기가 용이하지 않다.
  - Make 규칙 안에서 셸 명령을 호출할 때 호출할 각 명령 구문에 익숙해져 있을 필요가 있다. 종종 많은 모순이 커맨드라인 인수와 각 도구의 반환 값에서 발생한다.
  - 절차적 프로그래밍procedural programming(순서화, 루프, 조건, 함수 호출)에만 익숙한 개

발자라면 GNU Make 코드 작성이 생각보다 쉽지 않을 수 있다. 특히 필요한 셸 명령과 GNU Make 함수, 사용자가 정의한 매크로로 의도하는 결과를 얻기 위해 통합하는 일은 어렵다.

이런 구문과 의미론적인 이슈 결과, 많은 추가 도구(예, Automake와 CMake(9장 참조))가 상위 레벨 빌드 기술로부터 Makefile를 자동 생성하며, 이는 GNU Make 구문을 배우게 할 필요성을 다소 완화해준다.

- **표준 프레임워크가 아님** 6장에서 빌드 시스템의 수많은 문제를 해결하는 포함 Make에 대해 설명해 왔지만, 유감스럽게도 출발점으로 사용할 수 있는 표준 프레임워크는 아직 존재하지 않는다. GNU Make는 강력한 언어 기능군을 제공하지만, 큰 소프트웨어 프로젝트를 격이 다르게 독창적으로 동작하게 디자인되지는 않았다. 특히 다음과 같은 중요한 기능은 수작업으로 구현해야 한다.
  - C/C++와 같은 보통 언어에 대한 자동 종속성 분석 기능으로, 좋은 종속성 시스템 없이는 빌드를 실패할 가능성이 한층 높아진다.
  - 전 빌드 트리를 단일 종속성 그래프 하나로 여러 다른 디렉터리를 지원한다.
  - C 컴파일러 플래그는 디렉터리나 파일별로 설정할 수 있다.
  - C 컴파일러 플래그가 수정된다면 오브젝트 파일을 재빌드하는 메커니즘
  - `SRC`와 `SUBDIRS`, `CFLAGS`와 같은 값을 추출하는 메커니즘은 Files.mk로도 구현된다.

  불행하게도 GNU Make를 사용하는 이는 이런 기능을 스스로 구현하거나 그 밖의 소프트웨어 프로젝트에 존재하는 프레임워크를 활용해 구현할 필요가 있다. 그 프레임워크는 요구에 의해 기능이 추가됨에 따라 변형이 발생하게 되고, 결국 프로젝트는 기존과 완전히 다른 프레임워크를 사용한다.

- **이식 가능성의 부족** 기본적으로 GNU Make는 모든 운영체제에 걸쳐 일관성 있는 구문을 제공하지만, 셸 명령 구문만큼은 일관성을 유지하지 못한다. 각 운영체제는 표준 도구(예, `ls`, `cat`, `sed`, `grep`)를 자신의 환경에 적합하게 저장할 수 있으며, 도구들의 옵션 또한 자유로이 구현할 수 있다. 최신 버전의 유닉스와 리눅스에서조차 일부 일관성이 없는 점이 셸 명령에서 흔히 발생한다.

  이런 문제를 현명하게 회피할 수 있는 좋은 실례 몇 가지를 살펴보자.

- ○ 운영체제 버전보다는 커맨드라인 도구의 표준 GNU 버전을 사용하자. 적어도 이것은 명령 옵션의 일관성을 보장한다.
- ○ 각 운영체제에서의 도구와 그 도구 경로를 선택하는 Makefile 조건(예, `ifdef SOLRAIS`)을 사용하자. 그리고 또한 그 명칭을 하드 코딩하는 대신 도구에 접근할 수 있는 변수를 사용하자. 예를 들어 `rm foo.o` 대신 `$(RM) foo.o`를 사용하자.

- **디버깅 도전** 많은 개발자는 규칙에 관해 파일명이 패턴 매칭될 때 Make의 제어 흐름을 쉽게 알지 못한다. 그 밖의 많은 프로그래밍 언어와는 달리 제어 흐름이 순차적이지 않기 때문이다. 이는 기본 제공 규칙과 Files.mk에 정의된 것을 포함하는 Makefile 시스템 내의 아무 곳에서나 다음에 호출될 규칙이 정의될 수 있다는 점을 의미한다. 따라서 개발자는 최근에 만들어진 GNU Make 디버거를 사용하기 전에 혼란스러운 에러 메시지를 해석하거나 종속성 그래프의 복잡한 리스트를 철저히 조사해야 한다.
- **언어의 복잡성과 용이한 사용** 범용 프로그램이 GNU Make 프로그래밍 환경 내부에서 구현될 수 있지만, 본질적으로 알고 싶은 점은 그 구현까지 얼마나 많은 작업이 요구되는가 하는 점이다. 여러분도 이미 봐왔듯이 복잡한 GNU Make 프레임워크를 생성하는 일은 결코 만만치 않으며, 때에 따라서는 전문가의 수준이 요구된다. 또한 Makefile 작성자는 GNU Make의 제어 흐름을 완벽히 이해해야 하며, GNU Make 구문과 기본 제공 함수에 관한 폭넓은 지식을 가져야 한다. 마지막으로 GNU Make가 공식적으로 지원하지 않는 특정 동작을 수행할 수 있게 몇 가지 유용한 트릭을 가져야 한다.

포함 Make 프레임워크를 만들기로 했다면 아주 긴 시간(몇 주가 아닌 몇 달)을 쏟을 준비를 해야 한다. 이뿐만 아니라 차후 여러분이 속한 개발 팀이 새로운 기능을 요구할 때 지원해줘야 한다. 이 모든 일이 끝난 후 결국에는 견고한 빌드 시스템을 만들 수 있지만, 어떻게 동작하는지 잘 이해하지 못하는 보통의 소프트웨어 엔지니어를 맞이하는 문제점을 껴안게 된다. 이런 문제점을 극복하지 못해 결국 많은 개발자는 더 단순한 재귀 Make 시스템을 선택하고 만다. 하지만 이 재귀 Make 시스템은 많은 문제점을 지니고 있다는 섬을 유념하자.

평가

GNU Make 도구를 요약하기 위해 1장에서 설명했던 빌드 시스템의 품질 측정을 다시 평가해보자.

- **편의성: 나쁨** 이미 봤듯이 전 기능 빌드 시스템을 만드는 것은 한마디로 어렵다. 이는 암시적인 종속성 탐지와 전 빌드 트리 순회를 포함한다. 간단한 Makefile은 빠르고 쉽게 만들 수 있지만, 중대한 빌드 시스템에 대한 편의성은 거의 찾아볼 수 없다.
- **정확성: 나쁨** 보잘것없는 수준의 편의성 때문에 GNU Make는 정확한 빌드 이미지를 만들지 못하는 것으로 악명 높다. 정확한 빌드를 보장하는 것은 가능하지만, 그 노력은 실로 막대하다.
- **성능: 뛰어남** GNU Make는 최적화된 C 코드로 작성돼 있으며, 종속성 분석에 관한 효율적인 알고리즘을 지니고 있다. 다음 절인 '유사 도구' 절에서 기타 빌드 도구를 비교 소개할 때 GNU Make가 나머지 도구와 비교해 굉장히 빠르다는 점을 알게 될 것이다.
- **확장성: 뛰어남** 성능 기준으로 보면 GNU Make의 확장성은 매우 높다. 여러 다른 디렉터리를 적절히 지원하는 Makefile 프레임워크를 이미 앞에서 여러분은 확인했다.

일반적으로 Make 기반 빌드 시스템을 이미 사용 중인 기존 소프트웨어에 대해서는 GNU Make를 계속 사용하자. 하지만 C/C++ 소프트웨어에 대한 새로운 빌드 시스템을 작성한다면 우선적으로 SCons(8장) 내지는 CMake(9장) 사용을 고려하자. 게다가 자바에 대한 빌드 시스템을 작성한다면 Ant(7장) 사용을 고려하자. C# 코드이면 MSBuild(7장에서 간결히 소개)를 사용하자. 이런 도구가 성능상의 이유 등으로 여러분의 요구 사항을 제대로 충족시키지 못할 때 GNU Make를 활용한 새로운 빌드 시스템을 작성하는 것이 가능하다.

이 평가 기준은 나의 주관적 견해다. 따라서 각 개인에 따라 결과가 다를 수 있다는 점을 유념하길 바란다.

유사 도구

6장에서는 GNU Make 도구에 대해 집중적으로 다뤄왔지만, 기타 일부 도구 또한 Make의 원 전제를 준수한다(즉, Make의 기본 전제 사항을 충족시킨다). 자, 그럼 버클리 소프트웨어 배포BSD 버전의 Make와 마이크로소프트 버전의 Make, 더 최근에 발표된 ElectricAccelerator와 SparkBuild 도구에 대해 간단히 알아보자.

버클리 Make

BSDBerkeley Software Distribution는 1970년 중반에 캘리포니아 주립 대학에서 처음 개발된 유닉스 운영체제의 한 버전이다. 리눅스와 솔라리스 같은 그 밖의 유닉스 계열 시스템이 더욱 친숙하지만, NetBSD와 FreeBSD, OpenBSD 시스템에 대해 아마도 한 번쯤은 들었을 것이다. 실제로 애플의 맥 OS X 운영체제는 BSD 기술을 기반으로 하며, 이 BSD는 유닉스의 일반적인 버전이다.

운영체제 커널뿐만 아니라 BSD 시스템은 버클리 Make로 알려진 Make 도구 변형(bmake나 bsdmake)[46]을 포함한 수많은 사용자 공간user-space 유틸리티를 수반한다. BSD 환경에 있는 코드를 수정할 때 GNU Make가 플랫폼에 준비돼 있더라도 버클리 Make를 사용할 것이다.

버클리 Make 구문 대부분은 GNU Make와 동일하며, 특히 기본 기능은 같다. 이는 Makefile 규칙의 정의와 셸 명령 리스트, 변수의 정의와 사용법을 포함한다. 실제로 수많은 Makefile 기능은 버클리 Make와 GNU Make 양쪽 모두에서 실행 가능하다.

주목할 만한 구문 차이 중 하나는 변수를 조작하는 방법이다. GNU Make 시스템은 문자열 값을 조작할 때 함수를 사용하지만, 대신 버클리 Make는 수정자modifier를 사용한다.

예를 들어 다음과 같다.

- **`$(MY_VAR:E)`** `$(MY_VAR)`에 있는 공백으로 구분된 각 워드word의 .c 또는 .h와 같은 파일명의 접미사를 반환한다. GNU Make의 `$(suffix)` 함수가 이와 유사하나.
- **`$(MY_VAR:H)`** `$(MY_VAR)`에 있는 각 워드의 경로명 요소를 반환한다. GNU

Make의 `$(dir)` 함수가 이와 유사하다.

- **`$(VAR:M<pattern>)`** 주어진 패턴에 매칭되는 워드 리스트만 반환한다. GNU Make의 `$(filter)` 함수가 이와 유사하다.

게다가 버클리 Make 언어는 조건문과 루프문 둘 다를 지원하는 구문을 갖고 있다. 다음 예제는 `for` 루프(4번 행)의 사용을 보여준다. 이는 하위 디렉터리의 리스트를 순회한다. 그리고 `if` 절(6번 행)은 특정 파일이 존재하는지 확인한다.

```
1   SUBDIRS = application database libraries storage
2   ALLTARGS =
3
4   .for SUBDIR in $(SUBDIRS)
5   SUBMK = $(SUBDIR)/Sub.mk
6   .if exists($(SUBMK))
7   .include "$(SUBMK)"
8   ALLTARGS += make-$(SUBDIR)
9   .endif
10  .endfor
11
12  all: $(ALLTARGS)
13      @echo All targets up to date
```

이 Makefile의 최종 효과는 최상위 Makefile이 하위 디렉터리 내에 있는 모든 Sub.mk 파일을 포함한다는 점이다.

버클리 Make를 효과적으로 사용하기 위해서는 일부 새로운 구문을 배워야 할지도 모른다. 특히 GNU Make의 다양한 기본 제공 함수에 길들여 있다면 이용 가능한 함수의 제약이 따를지도 모른다.

NMake

NMake 도구[47]는 Make의 또 다른 변형이며, 대개 마이크로소프트 비주얼스튜디오의 일부로 사용된다. 개발자가 비주얼스튜디오 그래픽 인터페이스를 일상 개발에 사용하는 반면 NMake는 소프트웨어 패키지화와 같은 커맨드라인에서 배치 지향 작업을 수행할 때 더 많이 사용될 수 있다.

NMake는 GNU Make와 버클리 Make와 동일한 기본 구문을 제공한다. 특히 규칙과 변수 정의는 동일하다. 하지만 일단의 셸 명령은 윈도우 명령 프롬프트를 대상으로 하고 비주얼스튜디오 컴파일 도구를 사용한다.

GNU Make 사용자는 소수의 고급 기능만을 지니는 NMake 구문의 한계를 금방 발견한다. 그래서인지 마이크로소프트의 MSBuild 도구(7장에서 간단히 설명)의 도입과 함께 NMake는 더 이상 사용되지 않는 추세다.

ElectricAccelerator와 SparkBuild

ElectricAccelerator[48]와 SparkBuild[49]라는 두 제품은 Electric Could 사에서 개발했다. ElectricAccelerator는 소프트웨어 빌드 프로세스를 가속화하는 상용 도구다. 이는 네트워크 클러스터상의 여러 CPU에 작업을 디스패치할 뿐만 아니라 디스크 파일로의 접근이 올바른 순서로 수행될 수 있게 조직화함으로써 더욱 뛰어난 성능을 발휘한다. 또한 EletricAccelerator가 GNU Make와 NMake 구문을 파싱할 수 있다는 점을 고려할 때 기존 빌드 시스템 사용자는 적은 작업량으로 기존보다 훨씬 뛰어난 성능 결과를 얻을 수 있다.

SparkBuild는 ElectricAccelerator의 일부 기능이 제한된 버전으로, GNU Make의 취약점 중 일부를 해결한 도구다. 그렇지만 ElectricAccelerator에서 지원되는 클러스터 기반 기능은 지원하지 않는다. 6장 앞부분에서 소스 트리의 하위 디렉터리에서 컴파일할 때 재귀 Make 문제점을 확인했다. GNU Make가 모든 종속성을 파악할 수 없다면 중요한 재컴파일 단계 몇 가지를 놓칠 수 있다.

SparkBuild를 사용할 때는 종속성 정보 데이터베이스를 생성하는 도구를 명시하면서 사용한다. 그리고 빌드가 완료된 후에도 이 정보는 보존된다.

```
$ emake --emake-gen-subbuild-db=1
[ ... output hidden ... ]
```

빌드가 완료될 때 emake.subbuild.db 파일은 전 빌드 트리에 관한 모든 종속성 정보를 포함한다.

```
$ ls
emake.subbuild.db    libmath    libprint    Makefile    calc
```

개발자가 calc 하위 디렉터리에서 소프트웨어를 재빌드한다면 개발자가 명시하지 않더라도 SparkBuild는 libmath와 libprint 하위 디렉터리를 재빌드하는 데 충분한 정보를 가진다.

```
$ cd calc
$ emake --emake-subbuild-db=../emake.subbuild.db
emake -C libmath
make[1]: Entering directory '/home/psmith/sparkbuild/libmath'
make[1]: 'libmath.a' is up to date.
make[1]: Leaving directory '/home/psmith/sparkbuild/libmath'
emake -C libprint
make[1]: Entering directory '/home/psmith/sparkbuild/libprint'
make[1]: 'libprint.a' is up to date.
make[1]: Leaving directory '/home/psmith/sparkbuild/libprint'
make: 'calculator' is up to date.
```

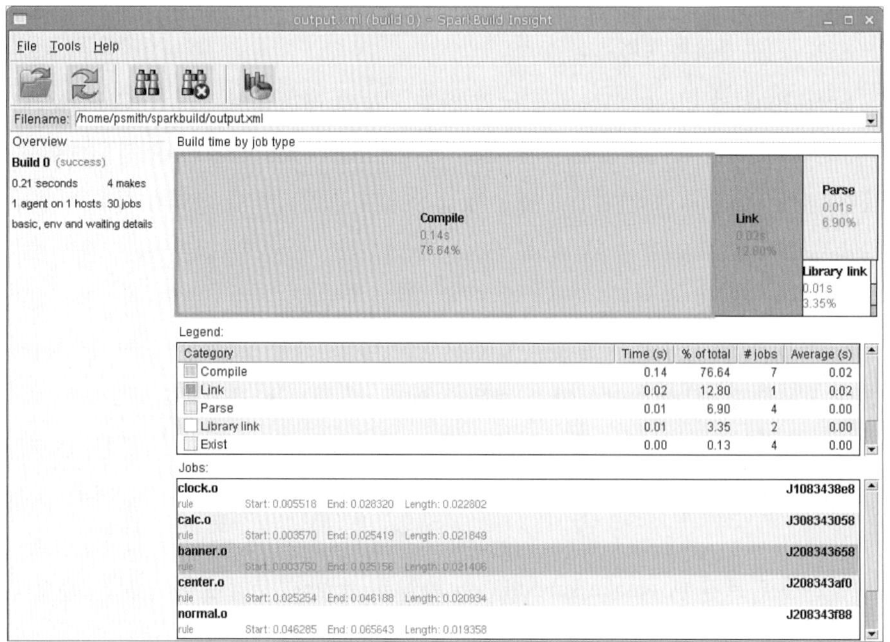

그림 6.4 빌드 프로세스의 분석을 보여주는 SparkBuld insight GUI.

또 다른 SparkBuild의 멋진 기능으로 빌드 프로세스의 차후 분석을 위한 유용한 정보를 저장하는 점을 들 수 있다. 예를 들어 실행한 명령과 해당 명령이 어느 Makefile에 기재돼 있는지, 각 단계에서의 실행 시간 등을 저장한다. 게다가 SparkBuild Insight 그래픽 인터페이스로 이런 정보를 확인할 수 있어, 전체 빌드 프로세스의 이해를 더욱 쉽게 할 수 있다(그림 6.4).

이뿐만 아니라 SparkBuild Insight 인터페이스는 빌드 단계 검색과 명령 조사, 경로 정보를 제공한다(그림 6.5).

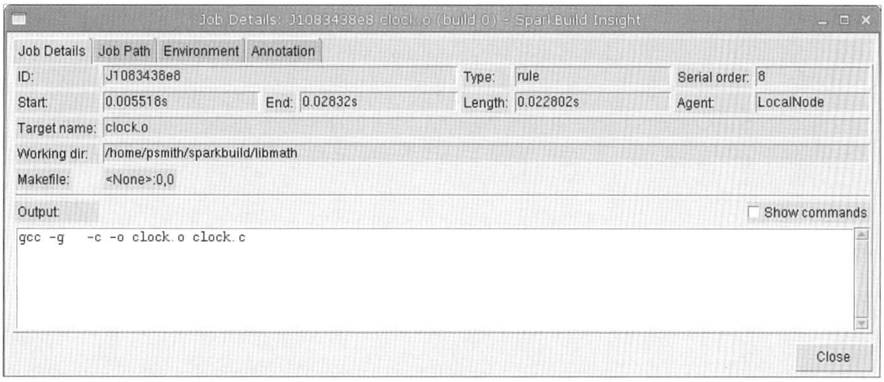

그림 6.5 각 작업의 상세 정보를 보여주는 SparkBuild Insight GUI

SparkBuild와 SparkBuild Insight는 비교적 새로운 제품이지만, Makefile 개발자에게 가치 있는 자원임에 틀림없다. 특히 이는 잘못된 종속성과 빌드 성능 저하와 같은 Makefile 문제를 디버깅할 때 매우 유용하다.

정리

Make 기반 빌드 시스템은 프로그램의 완전한 종속성 그래프를 도출하는 규칙을 정의함으로써 생성된다. 각 규칙은 타겟 파일과 선행 입력 파일의 리스트, 입력 파일들로부터 타겟 파일을 생성하는 데 필요한 셸 명령으로 구성된다.

GNU Make 도구는 Make의 최신 버전이며, 다양한 기능을 제공한다. 이 기능 중 일부는 문자열 변수를 조작하거나 좀 더 복잡한 데이터 형식을 처리한다. 특히 변수는 파일명 리스트로 처리될 수 있으며, 다양한 함수가 해당 리스트를 조작할 수 있다.

GNU Make는 강력한 언어지만, 자동 종속성 분석과 여러 파일 시스템 디렉터리를 순회하는 소프트웨어에 관한 빌드를 여전히 지원할 필요가 있다. 수작업으로 이런 기능을 구현 가능하지만, 그것들은 기본 언어로 결코 빌드되지는 않는다. 따라서 개발자는 신뢰성 있는 빌드 시스템을 구축할 수 있게 부단히 노력해야 한다.

기타 Make 기반 도구로는 버클리 Make와 마이크로소프트 환경의 NMake, 더 최신에 발표된 SparkBuild와 SparkBuild Insight 도구를 들 수 있다.

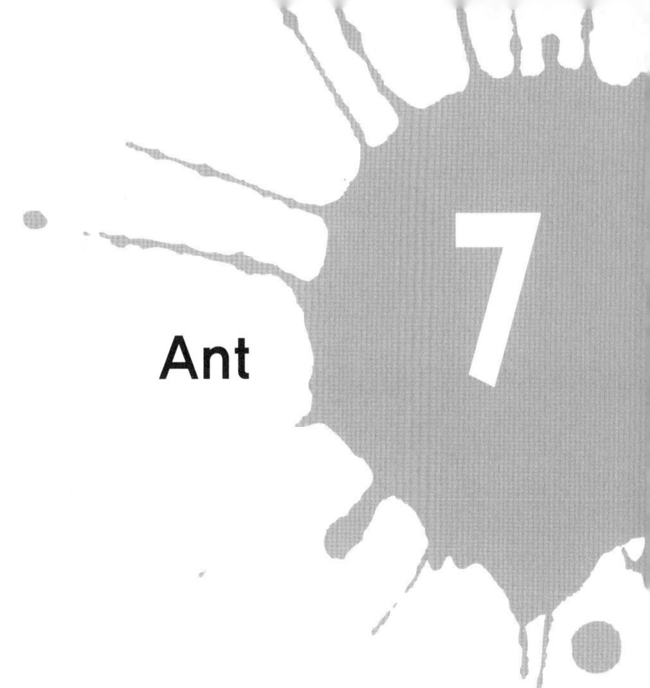

Ant

두 번째로 살펴볼 빌드 도구는 아파치 소프트웨어 재단에서 관리하는 아파치 Ant^{Apache Ant[50]}다. Ant는 자바 기반 프로젝트에서 가장 인기 있는 빌드 도구 중 하나며, 자바 환경에서 코드를 컴파일하기 위한 다양한 기능을 제공한다. 기술적으로 가능하다 할지라도 GNU Make를 사용해 자바 코드를 빌드하려는 자바 개발자는 거의 없다.

기존 빌드 도구는 멀티플랫폼 자바 프로젝트에서 사용하기 너무 어려웠으므로, 아파치 톰캣Tomcat의 일부로 Ant가 만들어졌다. 2000년에 독립 실행형 도구로 릴리스된 이래, Ant는 이제 유닉스와 윈도우, OS/2 워프Warp, 오픈 VMSOpenVMS, 맥 OS X 등과 같은 다양한 운영체제에서 실행된다.

각 플랫폼이 고유한 명령 집합과 서비스를 제공한다는 점은 여러 운영체제에 대응하는 빌드 시스템을 작성할 때 겪는 어려움 중 하나다. 예를 들어 유닉스 계열의 시스템에서 파일을 복사하는 셸 명령은 cp인 반면 윈도우 환경에서는 copy 명령을 사용한다. 당연히 두 플랫폼 모두에서 부드럽게 동작하는 Makefile 규칙을 작성하기는 어려워진다.

Ant는 빌드 시스템 내부에서 진행되는 각 활동을 상위 태스크로 캡슐화하는 접근 방식을 취한다. 실행할 정확한 셸 명령을 지정하는 대신, 운영체제와의 상호 작용을 처리할 태스크를 사용한다. 최종 사용자는 대부분의 시간 동안 그들의 빌드 시스템이 실행될 머신이 무엇인지 알거나 걱정할 필요가 없으며, Ant 기반의 빌드 기술은 모든 플랫폼에서 깔끔하게 작동한다.

다음의 Ant 코드 조각은 세 가지 태스크의 실행 목록을 담은 타겟을 정의한다.

```
...
3    <target name="all">
4        <mkdir dir="pkg"/>
5        <jar basedir="obj" destfile="pkg/prog.jar"/>
6        <copy file="index.txt" tofile="pkg/index.txt"/>
7    </target>
...
```

첫 번째 태스크(4번 행)는 pkg라는 이름의 새로운 디렉터리를 생성한다. 5번 행의 태스크는 obj 디렉터리 안의 모든 obj 파일을 찾고, 이들을 prog.jar라는 이름의 자바 JAR 파일로 패키징한다. 마지막으로, 6번 행은 index.txt 파일을 pkg 디렉터리로 복사한다. Ant 빌드 기술이 플랫폼 중립적인 방식(XML 구문을 사용한)으로 작성되며, 각 운영체제의 Ant 도구 구현은 어떻게 상위 태스크를 하위 셸 명령(cp나 copy와 같은)이나 관련 시스템 호출system call로 매핑할지를 알고 있다.

Ant는 GNU Make의 기본 구성 요소였던 파일 간 종속성을 언급하지 않고 있음에 주목하자. 각 태스크에는 하위 명령이 실제로 실행돼야 할지를 알아야 할 책임이 있다. 예를 들어 <copy> 태스크는 우선 pkg/index.txt가 index.txt보다 새로운지 확인하며, 그렇다면 어떤 데이터도 실제로 복사하지 않고 작업이 완료된다.

Ant 도구의 매력적인 특징은 자바 도구 벤더들로부터의 폭넓은 지원이다. 대부분의 벤더는 그들의 도구와 상호 작용할 수 있는 추가적인 Ant 태스크를 지원한다. 이런 태스크는 운영체제와의 하위 상호 작용을 관리할 뿐만 아니라, 필요한 종속성 분석을 수행한다. 이런 접근은 어떤 Ant 기반 솔루션과도 원활하고 부드럽게 벤더의 도구를 통합할 수 있게 한다.

이에 더해 잘 알려진 모든 자바 통합 개발 환경에는 Ant 스크립트를 만들고 실행하는 기능이 포함돼 있으며, 개발 프로세스와의 강력한 통합을 제공한다. Ant의 폭넓고 철저한 지원은 빌드 프로젝트에 Ant를 사용하는 주요한 이유다.

7장에서는 Ant의 프로그래밍 언어를 살펴보는 데서 시작해 어떻게 Ant가 다양한 일반적 빌드 문제를 해결하는지를 보여준다. 그리고 Ant를 사용할 때의 장단점을 살펴보며, 여러 유사 빌드 도구를 설명한다.

Ant 프로그래밍 언어

C#이나 자바 같은 범용 언어를 Ant와 비교한다면 Ant에 프로그래밍 언어라는 용어를 사용하면 오해의 소지가 발생할 수 있음을 알 수 있다. 기본적인 Ant 언어에는 변수나 반복문, if/then/else문, 포인터 등과 같은 다양한 표준 구성이 없다. 다행스럽게도 언어를 확장할 가능성은 남아있다. 여러분은 Ant 스크립트를 완전한 프로그램이라기보다는, 단순한 빌드 태스크의 나열 정도로 생각할 여지가 크다.

Ant의 빌드 기술은 XML 기반 포맷을 사용해 작성되며, 기본 파일 이름은 build.xml이다. XML이 새로운 개발자가 배우기 가장 쉬운 포맷은 아니며, 많은 경험 있는 개발자들이 이를 너무 장황하고 자세하다고 여기지만, XML은 여전히 큰 지지를 받고 있는 데이터 포맷이다. Ant 기술 파일을 읽고 편집하게 특별히 설계된 일부 도구를 포함해 XML을 편집하는 많은 도구가 있다. 7장에서는 여러분이 적어도 XML에 관한 개략적인 지식을 갖고 있다고 가정한다.

더 자세히 살펴보겠지만, Ant의 각 XML 파일은 하나의 프로젝트를 담고 있다. 각 프로젝트는 사용자가 빌드할 수 있는 대상을 나타내는 하나 이상의 타겟을 포함한다. 그리고 각 타겟은 디렉터리를 만들거나 자바 소스 파일을 컴파일하는 일과 같은 작업을 실제로 수행할, 정렬된 순차적 태스크를 포함하고 있다.

'Hello World'에서 한 걸음 더 나아가기

Ant 빌드 기술 파일이 어떻게 구성되는지를 알아보기 위해 출력 메시지를 표시하는 동작만을 수행하는 간단한 예제를 살펴보자. 일반적인 'Hello World' 예제로 시작하는 대신, 바로 복수 타겟과 타겟 간 종속성, 간단한 상수 정의를 포함하고 있는 프로그램을 살펴본다.

다음은 해당 프로그램을 나타내는 build.xml 파일이다.

```
<project name="ant-project" default="all">

  <property name="country" value="New Zealand"/>
  <property name="city" value="Christchurch"/>

  <target name="print-city">
    <echo message="The nicest place in the world is"/>
```

```
 8      <echo message="${city}, ${country}"/>
 9    </target>
10
11    <target name="print-math">
12      <echo message="Two plus two equals four"/>
13    </target>
14
15    <target name="all" depends="print-city, print-math">
16      <echo message="Thank you!"/>
17    </target>
18
19  </project>
```

1번 행은 build.xml 안에 저장되는 전체 프로젝트를 정의한다. name 특성은 식별에 유용하며, Ant의 그래픽 프런트엔드 도구graphical front-end tools의 화면에 표시된다. default 특성은 사용자가 타겟을 지정하지 않은 경우(사용자가 단순히 ant만을 커맨드라인에 입력한 경우)에 실행할 타겟을 지정한다.

이제, 실제로 실행이 시작되는 15~17번 행의 기본 타겟(all)을 살펴보자. 15번 행은 타겟의 이름을 정의하고 우선 실행돼야 하는 선행 타겟을 나열한다. 즉, all 타겟에 나열된 태스크를 실행하기에 앞서 Ant는 print-city와 print-math 타겟으로 가서 각 타겟의 태스크가 실행됐는지를 확인해야만 한다.

이제 6~9번 행의 print-city 타겟 정의로 가보자. 이번에는 다른 타겟에 관한 종속성이 없으며, Ant는 바로 7번 행에 있는 태스크의 수행을 시작할 수 있다. 첫 번째 <echo> 타겟은 상당히 간단한데, 이는 프로그램의 출력에 단지 상수 문자열을 표시할 뿐이다. 8번 행의 태스크는 좀 더 복잡한데, 이는 표시될 메시지가 ${...} 구문을 통해 두 속성 이름을 참조하기 때문이다.

3번과 4번 행을 살펴보면 해당 Ant 속성의 정의를 확인할 수 있다. 이런 속성은 일단 그 값이 할당된 이후에는 변경할 수 없어, 여러분은 이런 속성을 상수로 생각해야 한다. 이후에 살펴보겠지만 속성 정의는 상당히 복잡해질 수도 있으며, 단순한 문자열뿐만 아니라 다양한 값을 담을 수 있다.

11~13번 행에는 새로운 내용이 없으며, print-math 타겟은 단순히 문자열 상수를 화면에 표시한다.

마지막으로, print-city와 print-math 타겟의 실행이 완료되면 all 타겟에서 수행할 유일한 행위로 16번 행의 <echo> 태스크만이 남는다. 이제 ant 명령의 출력을 살펴보며 마무리하자.

```
$ ant
Buildfile: build.xml
print-city:
     [echo] The nicest place in the world is
     [echo] Christchurch, New Zealand
print-math:
     [echo] Two plus two equals four
all:
     [echo] Thank you!
BUILD SUCCESSFUL
Total time: 218 milliseconds
```

위에서 알 수 있듯이 각 라인의 출력을 생성하는 책임이 build.xml 파일의 어떤 타겟에 있는지 판단하거나, 어떤 태스크가 각 메시지를 생성했는지 찾기는 그리 어렵지 않다. 이 경우에는 단순히 <echo> 태스크만을 사용했지만, 다른 프로그램에서는 다른 태스크의 이름이 표시되는 결과를 보게 될 것이다.

출력의 내용을 따라 읽어 가면 태스크의 실행 순서를 분명히 이해할 수 있다. 절차적 프로그래밍procedural programming을 해본 경험(대부분에게 해당할)이 있는 개발자라면 build.xml 파일 안의 제어 흐름을 분명히 알 수 있어야 한다.

이 시점에서 여러분은 GNU Make의 구문에 따라 작성된 Makefile이 이 Ant 예제와 유사하게 보인다고 생각할 수도 있다. 이 예제가 단지 <echo> 태스크만을 포함하고 있고 파일 간 종속성을 다룰 필요가 없다면 GNU Make 프로그램도 이렇게 쉽게 따라 할 수 있었을 것이다.

지금까지 타겟과 속성, 태스크의 기본 개념을 알아봤다. 이제 각 요소를 더욱 자세히 살펴보자.

타겟의 정의와 사용

Ant 기반의 빌드 시스템에서 타겟은 순차적으로 실행돼야 할 태스크를 묶는 편리한 방법이다. 개발자는 Ant 타겟을 실행하기 위해 커맨드라인에 해당 타겟의 이름을 입력하게 된다. 타겟 이름은 사용이 편리하고 가독성이 높게 설계돼야 하며, 수행할 태스크를 나타내야 한다. 다음은 빌드 소프트웨어에서 일반적으로 사용하는 타겟의 예다.

- **ant compile** 모든 자바 소스 파일을 클래스 파일로 컴파일
- **ant jar** 클래스 파일을 하나의 Jar 파일로 패키징
- **ant package** 전체 소프트웨어 릴리스 패키지를 버전 번호와 함께 생성
- **ant clean** 생성된 모든 파일을 빌드 트리에서 제거
- **ant javadoc** 자바독 도구를 사용해 API 문서를 생성(12장에서 자세히 다룬다)
- **ant** 기본 타겟을 실행하며, 일반적으로 기본 타겟은 package 타겟과 동일함

Make 기반의 빌드 시스템과는 대조적으로, Ant 타겟의 이름은 디스크 파일의 이름과 전혀 관계가 없다. Ant 타겟은 타겟의 파일 이름을 종속성 그래프의 일부로 고려하지 않는 GNU Make의 `.PHONY` 타겟과 유사하다.

프로젝트는 이런 외부에서 접근할 수 있는 공용 타겟 이외에도 다양한 내부 타겟을 포함할 수 있다. 이는 커맨드라인에서 절대로 직접 호출될 수 없으며, 공용 타겟의 종속성에 따라 사용된다. 예를 들어 자바 타겟이 실행됐을 때 해당 타겟은 다양한 Ant 속성을 정의하고 있는 `init` 타겟과 모든 필요한 빌드 디렉터리를 만드는 `make-directories` 타겟에 종속성을 가질 수 있다. 이런 때에는 다음과 같은 구문을 사용할 수 있다.

```
...
    <target name="java" depends="init, make-directories">
...
    </target>
...
```

`init`과 `make-directories`를 자바 타겟이 실행되기 전에 실행돼야 하는 함수 호출이라고 생각해보자.

조건에 따라 태스크의 목록을 수행할지를 선택해 유연성을 높일 수도 있다. 타겟의 `if` 특성 안에 Ant 속성의 이름을 명시한다면 Ant는 해당 속성이 정의된 경우에만 태스크를 실행한다. 다음 예제에서 `append-to-log` 타겟의 태스크는 `log-enabled` 속성에 값이 설정된 경우(아무 값도 설정되지 않은 경우가 아닌)에만 실행된다.

```
...
<property name="log-enabled" value="1"/>

<target name="append-to-log" if="log-enabled">
  <echo message="Appending..."/>
</target>
...
```

이 메커니즘은 다른 언어의 if문과 유사하며 빌드 프로세스의 옵션 부분이 실행되는지를 제어하는 데 유용하다. 나중에 살펴보겠지만, 속성은 문자열 비교와 같은 기능을 사용하며 더욱 복잡한 조건의 결과를 저장할 수 있다. 이 예제에서는 단지 수동으로 속성을 설정해줌으로써 로그 기능을 켜거나 끌 수 있을 뿐이다.

그리고 사용자의 커맨드라인이나 다른 타겟의 종속성으로 나열된 타겟으로부터 해당 타겟을 호출하기 위해서는 <antcall> 태스크를 사용할 수 있다. 이는 나머지 태스크를 수행하기 위해 또 다른 타겟을 호출하기에 앞서 몇 가지 태스크를 수행하는 데 유용하게 사용할 수 있다.

```
...
<target name="java" depends="init, make-directories">
  ...
  <antcall target="check-rules"/>
  ...
</target>
...
```

이런 접근은 <antcall>(같은 build.xml 파일의 타겟만을 호출해야 하는 제약을 하는) 대신 <ant> 태스크를 사용함으로써 여러 빌드 파일에 걸쳐 확장될 수도 있다.

```
...
<target name="java" depends="init, make-directories">
  ...
  <ant antfile="utilities.xml" target="perform-checksum"/>
  ...
</target>
...
```

예상했겠지만, 여러분의 Ant 타겟을 여러 빌드 파일로 나눠 <ant> 태스크로 호출하는 방법은 여러분의 빌드에 상당한 모듈성modularity을 부여한다. 여러 번 반복되는 시퀀스를 뽑아내 축약된 빌드 파일을 만드는 방법도 가능하다. 이후에 살펴보겠지만, <antcall>은 실제로 새로운 속성의 집합과 함께 새로운 실행 환경을 만들며, 이 방법을 너무 자주 사용한다면 성능 저하가 발생할 수도 있다.

<ant>와는 대조적으로 C/C++의 지시어 #include와 유사한 <import> 태스크를 사용할 수도 있다. 이는 외부 빌드 파일을 가져와 해당 파일의 본문을 현재 파일에 효과적으로 삽입한다. 이 기법은 기본 타겟의 집합을 상속해 주 build.xml 파일의 본문 안에서 재정의하기 위해 사용할 수 있다.

Ant의 제어 흐름

Ant의 구문을 더 자세히 살펴보기 전에 잠시 멈추고 Ant 프로그램이 어떻게 실행되는지 생각해보자. 상위 레벨에서 보자면 Ant는 타겟에 지정된 순서대로 태스크를 수행하는 순차적 제어 흐름을 한다. 또한 타겟은 커맨드라인이나 타겟의 depends 특성에 지정된 순서에 따라 호출된다.

GNU Make 시스템을 생각해보면 제어 흐름은 빌드하고자 하는 파일의 이름과 매칭되는 규칙을 트리거하는 데 기반을 둔다. 타겟 이름이 매칭된다면 선행 조건을 검사하며, 모든 내용이 업데이트된 상태를 유지하게 일련의 셸 명령을 실행할 수도 있다. 규칙이 한 Makefile의 여러 부분에 걸쳐 흩어져 있거나 때로는 다른 프레임워크 파일에 걸쳐있을 수도 있기 때문에 제어 흐름은 순차적이지 않다. 때로는 어떤 규칙이 다음에 트리거될지를 결정하기 어렵다.

Ant의 순차적 실행의 이면에 있는 핵심 기능은, 수행돼야만 하는 작업이 있는지를 각 태스크가 결정해야만 한다는 점이다. <echo> 태스크는 연관되는 파일이 없어서 항상 실행된다. 하지만 <copy> 태스크에서 Ant는 우선 소스 파일이 타겟 파일보다 최신인지를 확인해야 하며, 그렇지 않다면 어떤 복사 동작도 수행하지 않고 조용히 완료돼야 한다. 이후에 살펴보겠지만, <javac> 태스크를 사용해 자바 코드를 컴파일할 때는 완료돼야 하는 작업을 결정하기 위해 더욱 복잡한 알고리즘을 사용한다.

이런 접근의 결과로 Ant 개발자는 훨씬 적은 작업으로 build.xml 파일을 작성할 수 있다. 소스 파일과 타겟 파일 간의 의존 관계에 초점을 맞추는 대신, 단순히 실행 순서에 따라 태스크를 나열하는 것만으로도 빌드가 실행될 수 있다. 이에 따라 Ant는 어떤 태스크가 필요하고 어떤 태스크는 무시할 수 있는지를 결정한다. 이는 Ant가 build.xml 파일을 작성할 때 일반적인 셸 명령을 지양하는 또 다른 이유다.

마지막으로 주목할 점은 다른 타겟의 종속성에 포함된 타겟은 최대 한 번 실행된다는 점이다. 그림 7.1을 살펴보면 타겟 A가 타겟 B와 타겟 C 모두에 의존적이고, 타겟 B는 타겟 C에 의존적이다. 이럴 때 Ant는 타겟 C를 단 한 번만 실행한다.

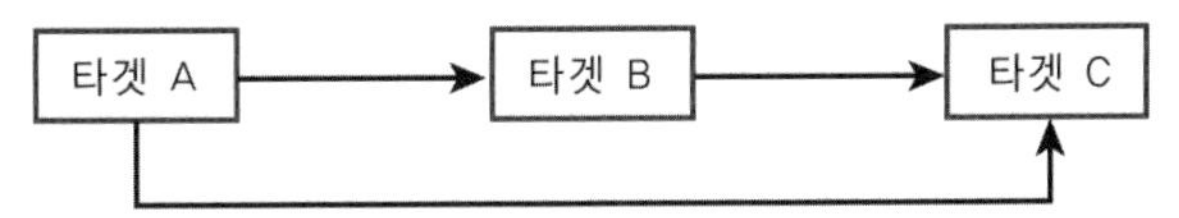

그림 7.1 타겟 C를 두 번 사용함에도 한 번만 실행되는 Ant의 타겟 종속성

여기서 핵심 가정은 Ant 타겟이 얼마나 여러 번 실행되는지에 상관없이 언제나 같은 결과를 만들어야 한다는 점이다. 당연히 타겟은 단 한 번만 실행돼야 한다.

속성 정의

앞선 예제에서는 속성 이름과 그 값을 연결한 Ant 속성의 개념을 소개했다. 이는 일단 정의된 이후에는 값을 수정할 수 없다는 점에서 다른 프로그래밍 언어의 상수 정의와 유사하다. 이를 불편한 제약 사항으로 여길 수도 있겠지만, 빌드 시스템은 일관성 있고 반복되는 프로세스를 구현하기 때문에 값의 변경이 필요한 경우는 생각보다 적다.

Ant 속성은 다음과 같이 다양한 방법으로 정의할 수 있다.

1. **문자열** `${...}` 구문을 사용해서 다른 속성을 참조할 수 있다. 다음 예를 살펴보자.

```
<property name="wife" value="Grace"/>
<property name="dog" value="Stan"/>
<property name="request"
    value="${wife}, please take ${dog} for a walk"/>
```

2. **파일 시스템 위치** 파일이나 디렉터리의 절대 경로로 속성을 설정할 수 있다. 이는 빌드 시스템이 '현재' 디렉터리를 변경함에 따라 상대 경로를 사용할 수

없을 때에 유용하다.

```
<property name="obj-dir" location="obj/i386/debug"/>
```

이 예제에서 ${obj-dir}은 다음과 같은 위치를 가리킨다.

```
C:\Users\Peter\workspace\Ant_Builds\properties\obj\i386\debug
```

이는 이 예제의 테스트에 사용하는 윈도우 시스템상의 절대 경로다. build.xml 파일의 크로스플랫폼 지원을 위해 '/'나 '\'의 경로 구분자 중 어느 것이든 사용할 수 있다. Ant는 로컬 운영체제의 요구 사항에 맞춰 경로를 수정해준다.

3. **런타임 환경의 자동 설정** Ant 도구와 자바 런타임 환경은 낯익은 ${...} 구문으로 접근할 수 있는 표준 속성 집합을 정의하고 있다.

```
<echo>${os.name}</echo>
<echo>${ant.file}</echo>
<echo>${user.name}</echo>
```

물론 이 명령의 출력은 머신과 사용자에 따라 달라지겠지만, 값 출력의 전형적인 예를 살펴보자.

```
[echo] Windows Vista
[echo] C:\Users\Peter\workspace\Ant_Builds\properties\build.xml
[echo] Peter
```

4. **<condition> 태스크의 결과** 이는 중요한 결정을 평가한다. 이 예제에서 ${is-windows} 속성은 빌드 머신의 운영체제가 윈도우 계열(윈도우 비스타와 윈도우 2000을 포함한)인지 여부에 따라 설정된다.

```
<condition property="is-windows">
<contains string="${os.name}" substring="Windows"/>
</condition>
```

5. **사용자의 커맨드라인에 따른 정의** 개발자가 속성을 build.xml 파일 안에 하드코딩하는 대신, 그 값을 수동으로 지정해두고 빌드 프로세스를 사용자 선택하게 할 수 있기 때문에 특히 유용하다.

```
$ ant -Dname=Jones print-name
```

6. **외부 속성 파일에서 가져오기** 속성의 공용 집합이 외부 파일에 정의됐고, 그 값을 참조하기 위해 Ant 빌드 파일 안으로 읽어 와야 할 때 유용하다.

```
<loadproperties srcfile="values.prop"/>
```

이처럼 속성을 정의하는 방법을 상당히 자세히 나열했지만, 이는 완전한 목록이 아니다. 또한 이런 각 접근 방법은 다양한 옵션 플래그와 함께 사용돼 더욱 큰 유연성을 제공한다.

속성 정의의 범위를 이해하는 것이 중요하다. 속성은 Ant 프로젝트의 최상위 범위나 특정 타겟의 내부에서 모두 정의될 수 있다. 범위와 관련된 몇 가지 규칙을 살펴보자.

- 속성이 프로젝트의 최상위에서 정의됐다면(타겟 정의 내부가 아닌) 이는 전체 프로젝트에 걸쳐 사용할 수 있다.
- 타겟 정의 내부에서 정의된 속성도 해당 타겟이 실행된 이후부터는 전체 프로젝트에서 사용할 수 있다.
- 속성은 해당 프로젝트에서 오직 한 번만 정의할 수 있으며, 이는 첫 번째 정의가 사용됨을 의미한다. 최상위 정의(어떤 타겟보다도 먼저 실행되는)가 있다면 해당 정의가 다른 정의를 우선한다. 최상위 정의가 없다면 필요한 <property> 태스크를 먼저 실행하는 첫 번째 타겟이 속성 값을 제공한다.

처음에는 이런 규칙이 약간 혼란스러울 수도 있고, 범위에 기반을 둔 다른 언어의 프로그램 어휘 구조에 익숙하다면 더욱 그렇다. Ant의 경우 속성을 정의할 때는 프로그램 실행의 동적 순서가 중요하다.

더욱 흥미를 끄는 사실은 <ant>와 <antcall> 태스크가 함수 매개변수처럼 속성 값을 새롭게 호출하는 타겟으로 전달할 수 있게 한다는 점이다. 이런 매개변수는 어떤 기존 정의가 있든 이를 재정의override하지만, 이는 해당 타겟이 실행되는 동안에만 영향을 미친다. 이는 다른 언어의 범위 규칙과 같은 맥락이다.

```
<antcall target="print-name">
  <param name="name" value="John"/>
```

```
</antcall>
```

7장의 뒷부분에서 실제 환경의 빌드 시나리오를 살펴볼 때 타겟 간 매개변수 전달에 관한 더욱 다양한 예제를 다룬다.

기본 제공 태스크와 옵션 태스크

Ant의 가장 매력적인 특징 중 하나는 표준 도구에 탑재된 태스크에서부터 서드파티 사이트에서 받을 수 있는 태스크에 이르는 태스크의 넓은 범위다. 이런 넓은 범위의 컴파일 태스크를 지원하지 않았다면 Ant는 가장 유명한 도구 중 하나가 될 수 없었을 것이다. Ant 태스크의 표준 집합만 하더라도 다음과 같은 기능을 지원한다.

- mkdir, copy, move, delete 같은 기본 파일 동작
- 서로 다른 포맷의 배열을 사용한 파일 아카이브의 생성(.tar, .gz, .zip, .jar, .rpm 등과 같은)
- RMI와 JSP 컴파일을 위한 특별 도구를 포함한 자바 코드의 컴파일
- 자바독 도구를 사용한 API 문서의 자동 생성
- CVS, 퍼포스Perforce, 클리어케이스ClearCase 등과 같은 버전 관리 도구로의 직접 접근
- 빌드 버전 번호의 갱신과 이메일 메시지 발송, 빌드 프로세스의 완료를 알리는 소리 재생 등의 빌드 수명 주기 기능

이런 기능 목록은 계속 더 이어진다. 자바 환경의 새로운 컴파일 도구를 만든다면 Ant 통합이 제공 기능의 점검 목록에 올라와 있을 것이다.

Ant의 모든 기능을 빠짐없이 설명할 방법은 없지만, 빈번하게 사용되는 세 가지 태스크를 좀 더 자세히 알아보자. 각 태스크가 제공하는 옵션 기능이 무엇인지 확인하고 종속성 분석 문제를 어떻게 해결하는지 살펴보는 일은 흥미로운 과정이다.

〈javac〉 태스크와 〈depend〉 태스크

다음 예제는 <depend>와 <javac> 태스크를 사용해 어떻게 자바 소스 파일을 컴파일하는지 보여준다.

```
...
 9      <depend srcdir="${src}" destdir="${obj}" />
10      <javac srcdir="${src}" destdir="${obj}"/>
...
```

일단 <depend> 태스크는 무시하고 10번 행의 <javac> 태스크에 초점을 맞추기로 하자. 이 태스크는 ${src} 디렉터리 안에 위치한 모든 자바 소스 파일을 찾고, 이에 해당하는 클래스 파일(확장자 .class)을 ${obj} 디렉터리에 생성한다. 이 프로세스는 ${src} 디렉터리 아래의 전체 디렉터리 계층 구조를 순회해 이에 대응되는 계층 구조를 ${obj} 안에 생성한다. <javac> 태스크는 실제 컴파일을 수행하기 위해 javac 컴파일러나 여러분이 직접 구성한 컴파일러를 호출한다.

<javac> 태스크는 진행해야 하는 작업을 판단하기 위해 잘 알려진 알고리즘을 사용한다. 이 태스크는 소스 트리를 검색해 아직 대응되는 클래스 파일이 없는 파일을 찾을 뿐만 아니라, 소스 파일이 클래스 파일보다 최신이어서 재컴파일이 필요한 경우도 함께 찾는다.

하위 자바 컴파일러를 호출한 다음에는 추가적인 종속성 작업이 이뤄진다. 자바 언어에서 클래스는 자유롭게 다른 클래스를 불러오거나 확장할 수 있으며, 이는 다른 클래스가 메소드 시그니처 같은 중요한 타입 정보를 제공함을 의미한다. 현재 자바 소스 파일의 컴파일을 마치기 전에 컴파일러는 이런 타입 정의를 획득하기 위해 다른 클래스 파일을 확인해야만 한다. 그 결과, 특정 소스 파일의 컴파일은 자동으로 다른 소스 파일의 컴파일을 트리거한다.

좀 더 자세히 살펴보자. 여러분이 클래스 B를 임포트import하거나, 클래스 B를 확장하는 클래스 A를 컴파일한다면 컴파일러는 내보내진 타입 정의를 찾기 위해 B.class의 내용을 확인해야 한다. 이때 B.java 소스 파일만 있고 해당 클래스 파일을 찾을 수 없다면 컴파일러는 소스코드로부터 B.class를 생성하는 과정을 진행한다. 클래스 파일을 찾았지만 소스 파일이 더 최신인 경우에도 이와 같은 과정을 수행한다.

이런 임포트하기importing/확장하기extending 알고리즘이 재귀적으로 반복되더라도 컴파일러는 최신 상태의 클래스 파일의 위치를 찾아내는 즉시 해당 프로세스를 정지한다. 즉, B.class 파일이 B.java 파일보다 최신이라면 컴파일러는 재컴파일하지 않고 B.class 파일을 사용하며, B.java가 임포트하거나 확장한 어떤 것도 재컴파일되지 않는다.

이 알고리즘은 대부분 올바르게 동작하지만, 가끔은 잘못된 빌드 결과를 가져오기도 한다(그리고 이는 빌드가 복잡해지기 시작하는 원인이다). 클래스 A가 클래스 B를 임포트하고, 클래스 B는 클래스 C를 임포트하는 상황을 생각해보자(그림 7.2). A.java와 C.java가 모두 최근에 수정됐다면 자바 컴파일러는 두 파일을 모두 재컴파일하게 요청받는다. 클래스 A를 컴파일할 때 컴파일러는 B.class 파일을 확인할 것인데(A는 B를 임포트하기 때문에), B.class가 B.java에 비해 최신 상태이기 때문에 이는 절대 재컴파일되지 않는다. 따라서 클래스 A는 기존 버전의 클래스 B를 사용한다.

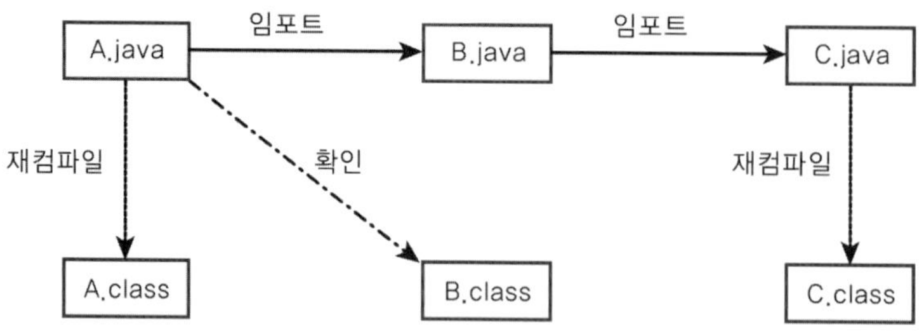

그림 7.2 C.java가 변경되더라도 <javac> 태스크는 B.java를 재컴파일하지 않는다.

다음 단계로 자바 컴파일러는 C.java를 재컴파일하는데, 이는 외부 인터페이스의 변경을 가져온다. 불행히도 자바 컴파일러는 클래스 B가 클래스 C를 임포트한다는 점을 알지 못하며, 결국 컴파일러는 클래스 B의 재컴파일을 진행하지 않는다. 이때의 작은 문제는, 클래스 B가 C의 외부 인터페이스에 관해 오래된 정보를 갖고 있고, 이는 런타임 에러를 일으킬 확률이 높다는 점이다.

`<javac>`의 이런 제한을 해결하기 위해서는 우선 `<depend>` 태스크를 사용해 오래된 클래스 파일을 제거해야 한다.

```
9        <depend srcdir="${src}" destdir="${obj}" />
```

`<depend>` 태스크는 어떤 클래스를 임포트하거나 다른 클래스를 확장하는 데 있어 좀 더 광범위한 지식을 갖고 있으며, 외부 인터페이스의 변경으로 클래스를 재컴파일해야 할 때를 더 잘 결정할 수 있다. 또한 `<depend>` 태스크는 자바의 내부 클래스inner class 기능(하나의 .java 파일이 여러 .class 파일을 생성할 수 있다)을 이해하며, `import`나 `extends` 지시어의 긴 체인chain을 다룰 수 있다.

이런 모든 복잡함이 혼란스러울 수도 있지만(여러분은 이 절을 여러 번 다시 읽어야 할 수도 있다), <javac>와 <depend> 태스크의 내부가 감춰져 있음은 다행스러운 일이다. 태스크의 조합이 올바른 결과를 만들어줘야만 하므로, Ant 개발자는 스스로 종속성을 지정해야 한다는 걱정을 할 필요가 없다.

〈chmod〉 태스크

학습할 두 번째 태스크는 파일이나 디렉터리의 접근 권한을 설정하는 <chmod>다. 이 태스크는 유닉스 중심이고, 윈도우 시스템에서는 어떤 영향도 미치지 않는다. 유닉스 chmod 명령을 사용해본 경험이 있다면 누구든 다음을 이해할 수 있다.

```
...
4       <chmod dir="pkg" perm="750"/>
5       <chmod file="pkg/data.file" perm="640"/>
...
```

<chmod>의 첫 번째와 두 번째 사용이 서로 다름에 주목하자. 4번 행에서는 디렉터리의 권한을 변경하며, 5번 행에서는 파일의 권한을 변경한다. 특정 디렉터리 계층 구조의 내부를 지정하거나, 정규식regular expression을 사용한 파일 목록의 선택으로 한 번에 여러 파일을 수정할 수 있다. 이 방법은 뒤에서 간략하게 좀 더 알아본다.

<chmod>에서의 종속성 분석은 상당히 간단하다. 타임스탬프를 서로 비교해야 하는 입력 파일이 없어서 chmod 동작은 항상 수행된다. 유일하게 고려해야 할 사항은 하위 파일 시스템의 갱신에 시간이 걸리기 때문에 이를 너무 자주 수행하고 싶지 않을 것이라는 점이다. 빌드 머신에 따라 우선 현재의 권한 비트permission bit를 읽고 실제로 변경이 필요한지 살펴본다면 최적화가 가능할 수도 있다.

〈copy〉 태스크

자세히 다룰 태스크의 세 번째는, 윈도우의 copy 명령이나 유닉스의 cp 명령과 유사한 <copy>다. 이 태스크를 이해하기는 그리 어렵지 않지만, 태스크의 행동을 변경하는 몇 가지 옵션 매개변수를 확인해야 한다.

다음의 예제는 현재 작업 디렉터리의 README 파일을 pkg라는 하위 디렉터리로 복사한다.

```
<copy file="README" todir="pkg"/>
```

여기까지는 매우 간단하다. 이제 기본 행동을 변화시키는 <copy> 태스크의 옵션 특성을 살펴보자.

- **tofile** 앞의 예제에서 타겟 파일은 원래의 README 파일과 같은 이름으로 pkg 디렉터리에 저장된다. 즉, 파일은 pkg/README로 복사된다. 파일의 이름을 바꾸고 싶다면 todir 특성 대신 tofile 특성을 사용한다. 다음 예를 살펴보자.

```
<copy file="README" tofile="pkg/Documentation.txt"/>
```

- **preservelastmodified** 복사한 파일이 다른 태스크의 입력으로 사용될 경우 타겟 파일의 마지막 수정 시간을 소스 파일과 동일하게 맞추고 싶을 때도 있다. 이는 일반적인 상황은 아니지만, preservelastmodified 특성을 true로 설정해 수정 시간을 맞출 수 있다.
- **overwrite** 기본적으로 타겟 파일이 존재하고 원본보다 최신이라면 <copy> 태스크는 행동을 수행하지 않는다. 하지만 overwrite 특성을 true로 설정한다면 어떤 상황에서든 복사가 진행된다. 이런 행동은 현재 날짜나 시간과 같이 <copy> 태스크가 파일에 동적으로 값을 삽입하는 경우에 유용하다. 복사 동작이 매번 일어나지 않는다면 오래된 값이 설정된 상태로 방치될 수도 있다.
- **flatten** 이 특성을 true로 설정한다면 <copy> 태스크는 타겟 파일을 만들 때 원본 파일의 경로명을 무시한다. 이는 소스 트리에 흩어져있는 여러 파일을 같은 타겟 디렉터리로 복사하고자 할 때 유용하다. flatten을 true로 설정하지 않는다면 원래의 디렉터리 계층 구조가 그대로 유지된다.

다음 표는 각 설정의 사례를 보여준다.

소스 파일명	faltten=false	flatten=true
src/europe/england-flag.jpg	pkg/europe/england-flag.jpg	pkg/england-flag.jpg
src/americas/canada-flag.jpg	pkg/americas/canada-flag.jpg	pkg/canada-flag.jpg

<copy> 태스크는 몇 가지 특성을 더 갖고 있지만, 이 절에서는 이를 다루지 않는다. 사용할 수 있는 모든 옵션을 확인하려면 Ant 사용자 매뉴얼[50]을 참고하자.

<copy> 태스크에 관한 설명을 마무리하며, 지금까지 한 번에 하나의 파일을 복사하는 경우만을 살펴봤음을 지적하고 싶다. 실제로는 여러 파일을 한 번에 복사하거나 전체 디렉터리 계층 구조를 복사해야 할 때도 있다. Ant는 이런 기능을 지원하며, 별도의 절을 할당해 이 기능을 알아볼 필요가 있다.

여러 파일과 디렉터리 선택

대부분의 Ant 태스크는 파일을 생성하고 조작하거나, 파일의 내용을 처리하거나, 여러 파일을 하나의 아카이브로 묶는 데 초점을 맞춘다. 이런 태스크는 하나의 동작에서 복수의 입력 파일을 처리할 수도 있다. 이 절에서는 fileset이나 dirset으로 알려진 많은 수의 파일을 선택하는 방법과, 이를 어떻게 하나의 Ant 태스크로 포함하는지를 다룬다.

앞서 살펴본 두 파일(england-flag.jpg와 canada-flag.jpg)을 하나의 타겟 디렉터리로 복사하는 사례를 확장해보자. 다음의 예는 어떻게 여러 파일을 하나의 <copy> 태스크로 복사할 수 있는지 보여준다. 또한 flatten 특성을 통해 모든 .jpg 파일이 같은 디렉터리에 있게 설정한다.

```
...
    <copy todir="pkg" flatten="true">
      <fileset dir="src">
        <include name="**/*.jpg"/>
      </fileset>
    </copy>
...
```

이 예제는 <copy> 태스크의 file 특성을 <fileset> 지시어로 대체했다. <fileset>은 src 디렉터리 안에 있는 파일의 묶음으로 생각할 수 있다. 해당 집합이 포함하는 파일을 정확히 밝히기 위해 <include> 지시어는 다루고자 하는 모든 파일명을 지정할 수 있게 정규식을 제공한다

정규식의 구문은 일반적으로 생각하는 형식을 따르며, ?는 하나의 문자에 매칭되고, *는 맞는 문자가 없는 경우나 한 개 이상의 문자에 매칭되지만, 디렉터리 간의

경계를 넘어서지는 못한다. 즉, 정규식 a/*/b는 a/x/b와 a/y/b와는 매칭되지만, * 와일드카드는 둘 이상의 디렉터리 구성 요소와는 매칭할 수 없어, a/x/y/b와는 매칭되지 않는다.

여러 디렉터리의 매칭은 빌드 시스템에 유용한 기능이며, 정규식에서는 ** 패턴을 사용할 수 있다. 이는 맞는 경로 구성 요소가 없는 경우나 하나 이상의 경로 구성 요소에 매칭된다. 이 예제에서 정규식 **/*.jpg는 src/file.jpg뿐만 아니라 src/a/b/c/d/e/f/file.jpg와 같은 훨씬 긴 경로와도 매칭된다. 물론 윈도우 시스템을 사용하고 있다면 src\file.jpg와도 매칭된다.

그뿐만 아니라 집합에서 제외하기를 원하는 파일을 지정할 수도 있다. 처음에 나타나는 <include>는 파일의 상위 집합을 선택하며, 이어서 나타나는 <exclude> 지시어를 통해 원하지 않는 파일을 뽑아낼 수 있다.

다음 예제는 src 디렉터리의 모든 .jpg와 .png 파일과 lib 디렉터리의 모든 gif 파일을 포함하는 방법을 보여준다. 하지만 파일 이름에 flag 문자열을 포함한 모든 파일은 제외된다.

```
...
<copy todir="pkg" flatten="true">
  <fileset dir="src">
    <include name="**/*.jpg"/>
    <include name="**/*.png"/>
    <exclude name="**/*flag*"/>
  </fileset>
  <fileset dir="lib">
    <include name="**/*.gif"/>
    <exclude name="**/*flag*"/>
  </fileset>
</copy>
...
```

보다시피 하나의 <copy> 태스크 안에 여러 <fileset> 지시어를 넣어 두 작은 집합을 병합하고 하나의 새로운 집합을 생성할 수 있다. 단지 파일만을 포함하는 <fileset>과는 대조적으로 여러 디렉터리를 선택할 수 있는 지시어인 <dirset> 또한 사용할 수 있다.

가능한 조합을 나열하자면 끝도 없으며, <include>와 <exclude> 지시어의 복잡한 집합으로 귀결돼 여러분의 태스크를 오히려 어지럽게 보이게 할 수도 있다. 이런 경우 빌드 파일의 별도 부분에 <patternset>을 정의하고, 이 집합을 사용자에게 친숙한 이름으로 참조할 수 있다.

```
...
<patternset id="imagefiles-1">
  <include name="**/*.jpg"/>
  <include name="**/*.png"/>
  <exclude name="**/*flag*"/>
</patternset>

<patternset id="imagefiles-2">
  <include name="**/*.gif"/>
  <exclude name="**/*flag*"/>
</patternset>

<target name="copy-refid">
  <copy todir="pkg" flatten="true">
    <fileset dir="src">
      <patternset refid="imagefiles-1"/>
    </fileset>
    <fileset dir="lib">
      <patternset refid="imagefiles-2"/>
    </fileset>
  </copy>
</target>
...
```

여러분은 파일이나 디렉터리의 집합을 다른 방법으로 지정할 수도 있지만, 여기서는 이를 다루지 않는다. 핵심은 Ant가 여러분이 다루기를 원하는 파일이나 디렉터리를 지정하는 강력한 메커니즘을 제공한다는 점이다.

조건

기본 Ant 언어에서 빠진 주목할 만한 기능 중 하나는 if와 while 같은 제어문control flow statement이다. 대부분의 프로그래밍 언어는 이런 부류의 기능을 기본적인 부분으로 다루지만, Ant에서는 그 중요성이 상당히 낮다. 무엇보다도 일반적으로 빌드 프로세스가 반복적인 방식으로 동작하길 원하기 때문에 태스크의 선형 시퀀스linear sequence로 충분한 경우가 많다.

대신 Ant는 기본적인 조건 검사와 그 결과에 반영될 속성을 설정하기 위한 메커니즘을 제공한다. 조건이 참이라면 해당 속성은 true 값으로 설정되며, 그 반대의 경우는 정의되지 않은 상태로 남겨진다. 타겟 정의에서의 if나 unless 특성과 함께 사용되는 경우에는 효과적으로 if문을 만들 수 있다.

```
...
13    <condition property="common-name">
14      <or>
15        <equals arg1="${surname}" arg2="Smith"/>
16        <equals arg1="${surname}" arg2="Brown"/>
17        <equals arg1="${surname}" arg2="Wong"/>
18      </or>
19    </condition>
20
21    <target name="check-name" if="common-name">
22      <fail>You have a common name, you can't proceed!</fail>
23    </target>
...
```

이 예제의 13~19번 행에서는 ${surname}이 Smith나 Brown, Wong으로 설정된 경우에 common-name 속성을 true로 설정한다. 21번 행에서는 타겟 정의가 ${common-name}을 검사해 해당 속성이 정의된 때에만 타겟의 본문을 실행한다. 사용자의 성이 그 외의 일반적인 성이라면 check-name 타겟은 빌드의 실패를 일으킨다.

표준 불리언 연산(not, and, or 등과 같은)을 사용하는 방법뿐만 아니라, 다음과 같은 방법을 통해 빌드 환경과 상호 작용할 수도 있다.

- 특정 디스크 파일이 존재하는지를 검사하기
- 타겟 웹 서버상의 특정 URL에 접근 가능한지를 검사하기
- 문자열이 특정 문자열을 포함하거나 정규식과 매칭되는지를 검사하기
- 운영체제의 환경 변수 값을 검사

Ant는 조건을 검사하는 강력한 수법을 제공하지만, 이를 사용하는 구문은 상당히 복잡하고 다루기 어렵다. 다음 예제와 같이 기본 Ant 언어를 확장해 `<if>`와 `<else>`와 `<then>` 같이 코드의 가독성을 높여주는 새로운 태스크를 추가할 수 있다. 이어서 어떻게 기본 Ant 언어를 향상시킬 수 있는지 살펴보자.

Ant 언어의 확장

지금까지 살펴본 Ant 언어의 기본 제공 기능뿐만 아니라, 다양한 방법으로 언어를 확장할 수도 있다. 이 절에서는 새로운 Ant 태스크의 정의에서부터 다른 언어로 작성된 실행 스크립트에 이르는 새로운 언어 기능을 추가하는 다섯 가지 메커니즘을 살펴본다.

- **<exec> 태스크** 이 기본 제공 태스크를 통해 GNU Make에서처럼 셸 명령을 실행할 수 있다. 추가로 그 외의 태스크를 처리하기 위해 명령의 출력물을 Ant 속성에 저장할 수 있다. 다음 예제는 어떻게 도스DOS 셸에서 윈도우 `dir` 명령을 명시적으로 호출해 실행할 수 있는지 보여준다.

```
...
<target name="dir">
  <exec executable="cmd">
    <arg value="/c"/>
      <arg value="dir"/>
  </exec>
</target>
...
```

- **<java> 태스크** 이 방식은 `<exec>` 메소드와 유사하지만, 클래스 경로와 클래스 이름을 지정해 임의의 자바 코드 모음을 실행하는 데 목적을 둔다는 점이 다르

다. 이는 빌드 프로세스가 자바 기반 프로그램을 컴파일(<javac>를 사용해)하고, 빌드 프로세스의 두 번째 단계에서 이 컴파일의 결과로 생성된 프로그램을 컴파일 도구로 사용하는 일반적인 기법이다.

- **<macrodef> 태스크** 이 태스크를 통해 Ant 구문으로 작성한 태스크 정의에 따라 새로운 타입의 태스크를 생성할 수 있다. 사용자가 매개변수 값을 전달하게 허용해 태스크의 동작을 맞춰줄 수 있다. 다음 예제에서는 화면에 환영 메시지를 출력하는 간단한 <greet> 태스크를 정의한다.

```
1  <project name="macrodefs" default="all">
2
3    <macrodef name="greet">
4      <attribute name="surname"/>
5      <attribute name="firstname"/>
6      <sequential>
7        <echo>Hello @{firstname} @{surname}, how are you?</echo>
8      </sequential>
9    </macrodef>
10
11   <target name="all">
12     <greet surname="Jones" firstname="Lloyd"/>
13   </target>
14
15 </project>
```

3~9번 행에서는 새로운 <greet> 매크로를 정의한다. 4번과 5번 행은 매크로의 행동을 정의할 두 특성의 이름을 제공한다. 7번 행은 <echo> 태스크를 호출하며, @{...} 구문을 사용해 사용자가 제공하는 특성 값을 참조한다. 마지막으로, 12번 행은 일반적인 Ant 태스크처럼 <greet> 매크로를 호출한다.

- **<taskdef> 태스크** 이는 <macrodef> 태스크와 유사한 부분도 있지만, Ant의 기본 제공 구문에 제한받지 않고 자바 언어가 제공하는 모든 기능을 사용해 태스크를 구현할 수 있는 특징이 있다. 대부분의 서드파티 벤더는 <taskdef> 지시어를 통해 간단히 Ant에 주입할 수 있는 자바 .jar 파일 형태의 태스크 정의를 제공한다. 이는 앞서 살펴본 <java> 태스크와도 유사하지만, 독립 실행형

standalone 자바 프로그램을 명시적으로 호출하지 않고, 새로운 XML 태그와 그 특성의 집합을 정의해 태스크를 호출한다는 점이 다르다.

후반부에서 <taskdef>의 상세한 예제를 다룬다.

- **<script> 태스크** 다른 스크립트 언어(자바스크립트와 파이썬, 루비 등)의 코드를 build.xml 파일의 내부에 바로 담을 수 있는 <script> 태스크가 최근에 Ant 언어에 추가됐다. 스크립트는 Ant 프로그램의 속성에 접근하고 조작할 수 있어 강력한 프로그래밍 환경을 구축할 수 있다. 포함 스크립트embedded script는 자바 기반의 태스크가 할 수 있는 모든 일을 수행할 수 있기 때문에 여러분이 중요한 Ant 기반 프로젝트를 진행하고 있다면 분명히 이 기능을 더 자세히 배우고 싶을 것이다.

생각해보면 이런 확장 방법은 GNU Make가 그런 것처럼 Ant 또한 강력한 언어가 되게 해준다. 주목할 만한 차이점은 Ant 태스크가 복잡도를 캡슐화하게 설계된다는 점이다. 일반적인 개발자는 컴파일 도구나 도구의 종속성 분석 요구 사항을 걱정할 필요가 없다. 하지만 더욱 다양한 기능을 추가해야 하는 이들은 여전히 범용 언어의 모든 능력을 사용할 수 있다.

추가 참고 문헌

Ant 도구에 관한 여러 정보를 찾을 수 있지만, 그중에서도 Ant 공식 웹사이트[50]는 여러분이 Ant를 시작하면서 참고할 충분한 문서를 제공한다. 무엇보다도 Ant 타겟이 셸 함수 정의와 유사하게 동작하고 태스크는 각 셸 명령과 유사한 것처럼 build.xml 파일을 작성하는 방법은 셸 스크립트를 작성하는 방식과 유사한 점이 있다. Ant 매뉴얼의 예제를 읽는다면 큰 어려움 없이 간단한 build.xml 파일을 만들 수 있다.

좀 더 큰 프로젝트에서 Ant를 사용하는 우수 사례를 알고 싶다면 참고 문헌[51]을 비롯한 여러 관련 책 중 하나를 선택해 읽어보자.

빌드 시스템 적용 사례

지금까지 살펴본 Ant의 구문은 Ant 도구를 실제 시나리오에 어떻게 적용할 수 있는지 이해하기에 충분하다. 자바 코드의 컴파일과 같은 가장 일반적인 활동은 Ant로 쉽게 구현할 수 있기 때문에, 이 절에서는 굳이 많은 설명을 덧붙이지 않는다. 한편 새로운 컴파일 도구를 추가하고 다양한 변형을 지원하는 방법과 같은 더 도전적인 활동은 GNU Make에서의 예제보다 상당히 어렵다.

시나리오 1: 단일 디렉터리의 소스코드

첫 번째 시나리오의 목표는 같은 디렉터리에 저장된 자바 프로그램 소스 파일(확장자 .java)을 컴파일하는 일이다. 별도의 classes 디렉터리를 사용해 .class 파일을 저장하고, 이 파일을 scenario-1.jar라는 하나의 JAR 파일로 패키징한다. 다음은 이에 대한 코드다.

```
<project name="scenario-1" default="package">

  <property name="src" location="."/>
  <property name="obj" location="../classes"/>
  <property name="jarfile" location="../scenario-1.jar"/>

  <target name="compile">
    <mkdir dir="${obj}"/>
    <depend srcdir="${src}" destdir="${obj}" />
    <javac srcdir="${src}" destdir="${obj}"/>
  </target>

  <target name="package" depends="compile">
    <jar basedir="${obj}" destfile="${jarfile}">
      <include name="*.class"/>
    </jar>
  </target>

</project>
```

3~5번 행은 각 중요 파일의 시스템 위치를 정의한다. ${src}는 소스 파일의 위치(현재 디렉터리)며, ${obj}는 오브젝트 파일이 저장될 디렉터리고, ${jarfile}은 생성한 JAR 파일을 저장할 전체 경로다. 코드에서 경로를 지정하기 위해 슬래시(/)를 사용하고 있기는 하지만, 윈도우 시스템에서도 보이지 않는 변환 과정을 거쳐 올바르게 동작한다.

7~11번 행은 .java 파일을 .class 파일로 컴파일하는 Ant 타겟을 정의한다. 우선 오브젝트 디렉터리가 존재하는지 확인(없다면 생성)한 후에 소스코드의 컴파일을 위해 익숙한 <depend>와 <javac> 시퀀스를 사용한다.

13~17번 행은 모든 .class 파일을 ${obj} 디렉터리에 위치시키고, 이를 하나의 scenario-1.jar 파일로 묶는다. 1번 행에서의 package 타겟이 이 Ant 프로젝트의 기본 값으로 선언돼 프로그램의 실행이 여기서 시작됨을 주목하자. 하지만 package 타겟이 compile 타겟에 의존하기 때문에(13번 행을 보자) 언제나 패키징 단계에 앞서 코드 컴파일이 일어난다.

마지막으로, 이 프로그램을 실행하기 위해 java 커맨드라인 도구를 실행해야 한다.

```
$ java -cp scenario-1.jar Calc
```

이제 프로그램의 소스코드가 여러 디렉터리에 걸쳐 흩어져 있는 경우를 생각해 보자.

시나리오 2(a): 여러 디렉터리의 소스코드

앞서 밝혀진 바와 같이 첫 번째 시나리오의 해답은 소스코드가 여러 디렉터리에 저장된 경우에도 대부분 올바르게 동작한다. 이는 전체 프로그램을 하나의 .jar 파일로 저장하는 상황에서 기본적으로 <depend>와 <javac>, <jar>가 모두 여러 디렉터리를 다루는 기능을 지원하게 설계됐기 때문이다.

실제로는 한 가지 작은 변경이 필요하다. 15번 행의 <include> 지시어는 최상위 디렉터리뿐만 아니라, 계층 구조 안에 있는 모든 디렉터리의 .class 파일을 포함해야만 한다. 새로운 package 타겟은 다음과 같다.

```
...
13    <target name="package" depends="compile">
```

```
    <jar basedir="${obj}" destfile="${jarfile}">
      <include name="**/*.class"/>
    </jar>
  </target>
...
```

시나리오 2(b): 여러 디렉터리의 여러 build.xml 파일

6장의 재귀 Make에 관한 설명에서 살펴본 바와 같이 모든 빌드 기술 내용을 같은 위치에 두기보다는 빌드 기술을 여러 파일에 걸쳐 나누는 방식이 더 좋다. Ant는 하나의 build.xml 파일로 여러 디렉터리에 있는 프로그램을 빌드할 수 있지만, 더욱 큰 프로그램에서는 일반적으로 빌드 기술을 여러 파일에 걸쳐 나눈다. 이런 방식은 하나의 build.xml 파일에 어수선하게 내용을 채우지 않게 해주며, 관련 Ant 타겟을 소스코드에 더 가까운 곳에 두어 더 나은 모듈성을 제공한다.

이제 print와 math 라이브러리 및 메인 프로그램을 위해 세 개의 JAR 파일을 빌드하게 계산기 예제를 확장해보자. 그림 7.3과 같이 각 JAR 파일을 위한 소스는 별도의 디렉터리 계층 구조에 저장되며, 각 디렉디리는 자신만의 build.xml 파일을 갖고 있다.

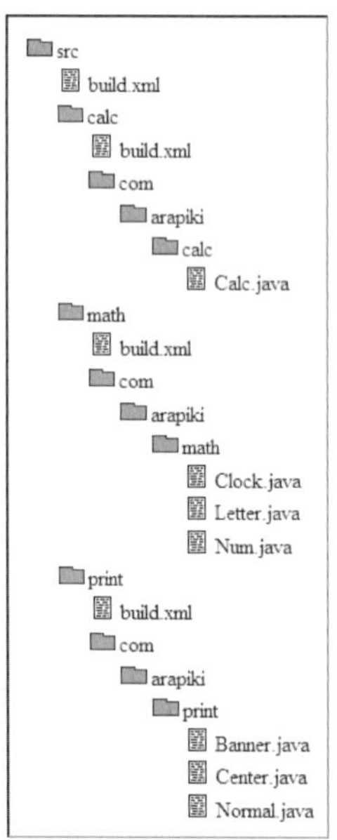

그림 7.3 컴포넌트별로 다른 패키지 계층 구조를 사용한 여러 디렉터리 환경의 계산기 예제

디렉터리 계층 구조가 자바 패키지 이름과 반드시 일치해야 하므로, com/arapiki 구조가 여러 번 반복되는 상황에 직면한다. 이는 작은 예제에서는 흔치 않은 상황일 수도 있지만, 각각 수백 개의 파일을 포함하고 있는 여러 라이브러리를 다루는 상황을 생각해본다면 이해할 수 있다. 개발자는 com/arapiki/print 라이브러리의 작업을 진행할 때 전체 소스 트리의 복사본 대신 해당 파일만을 포함하고 있는 작업 영역 workspace에서 작업할 수도 있다.

모든 디렉터리마다 별도의 build.xml 파일이 있어야 할 필요는 없다. 수천 개의 소스코드 디렉터리를 가진 큰 소프트웨어가 build.xml 파일은 모두 합쳐 다섯 개에서 열 개 정도일 수도 있다. 각 파일은 디렉터리 하나하나가 아닌 하나의 전체 하위 시스템의 빌드 프로세스를 관리한다.

src/build.xml 파일을 살펴보며 예제를 시작해보자. 이 파일 스스로는 어떤 컴파일 작업도 수행하지 않지만, <ant> 태스크를 사용해 나머지 세 개의 build.xml 파일에 작업을 디스패치한다.

```
<project name="scenario-2b" default="package">

  <property name="src" location="."/>
  <property name="obj" location="../classes"/>
  <property name="jars" location="../jars"/>
  <property name="math-jar" location="${jars}/math.jar"/>
  <property name="print-jar" location="${jars}/print.jar"/>
  <property name="calc-jar" location="${jars}/calc.jar"/>

  <path id="library-classpath">
    <pathelement path="${math-jar}"/>
    <pathelement path="${print-jar}"/>
  </path>

  <target name="package">
    <mkdir dir="${jars}"/>
    <ant dir="math" antfile="build.xml" target="package"
        inheritall="false">
      <property name="obj" location="${obj}/math"/>
      <property name="jarfile" location="${mathjar}"/>
```

```
21        </ant>
22        <ant dir="print" antfile="build.xml" target="package"
23            inheritall="false">
24          <property name="obj" location="${obj}/print"/>
25          <property name="jarfile" location="${printjar}"/>
26        </ant>
27        <ant dir="calc" antfile="build.xml" target="package"
28            inheritall="false">
29          <property name="obj" location="${obj}/calc"/>
30          <property name="jarfile" location="${calcjar}"/>
31          <reference refid="library-classpath"/>
32        </ant>
33      </target>
34
35    </project>
```

3~8번 행은 소스 트리와 오브젝트 트리, JAR 파일의 위치를 정의한다. 이 경우는 앞으로 빌드할 세 개의 .jar 파일의 이름을 명시적으로 지정한다. 10~13번 행에서는 math와 print 라이브러리를 링크하기 위한 클래스 경로를 정의한다. 이렇게 경로의 정의를 분리하고 이름(library-classpath)을 부여해 빌드 시스템의 다른 부분에서도 쉽게 경로를 참조할 수 있다.

15~33번 행의 package 타겟은 하위 build.xml 파일을 호출하는 역할을 수행한다. 17~21번 행에서 <ant> 태스크는 math/build.xml에 정의된 package 타겟을 호출한다. inheritall="false" 지시어의 사용은 최상위 속성이 자동으로 하위 build.xml 파일로 전달되지 않음을 의미함을 기억하자. 이런 속성 범위의 제한은 빌드 기술의 모듈성을 높인다.

19번과 20번 행의 <property> 태스크는 속성 값을 어떻게 명시적으로 하위 build.xml 파일에 전달하는지 보여준다. 19번 행에서는 생성하는 모든 오브젝트 파일을 하위 디렉터리인 ${obj}/math에 저장해야 함을 math/build.xml 파일에 알려준다. 20번 행은 결과로 생성되는 JAR 파일을 ${math-jar}에서 지정한 위치에 저장하게 요청한다.

package 타겟의 나머지 두 <ant> 태스크는 단지 첫 번째 경우의 반복일 뿐이다. 31번 행 정도가 살펴볼 만한데, 여기서는 메인 프로그램이 어떤 JAR 파일을 링크해야 하는지 알 수 있게 math와 print 라이브러리의 참조(library-classpath 경로에 저장)를 전달한다.

src/math/build.xml 파일은 앞서 살펴본 예제와 유사하다.

```
<project name="scenario-2b-math" default="package">

  <property name="src" location="."/>

  <target name="compile">
    <mkdir dir="${obj}"/>
    <depend srcdir="${src}" destdir="${obj}"/>
    <javac srcdir="${src}" destdir="${obj}"/>
  </target>

  <target name="package" depends="compile">
    <jar basedir="${obj}" destfile="${jarfile}">
      <include name="**/*.class"/>
    </jar>
  </target>

</project>
```

코드의 ${src} 속성을 정의해 현재 디렉터리의 소스코드를 컴파일하고, ${obj}와 ${jarfile} 속성을 사용해 오브젝트 파일과 .jar 파일을 호출자가 요청한 위치에 저장하는 방법에 주목하자.

src/print/build.xml도 거의 같으며, 유일한 변화는 프로젝트 이름뿐이다.

```
<project name="scenario-2b-print" default="package">
...
</project>
```

마지막으로, src/calc/build.xml 파일은 약간의 차이점이 있다. 여기서는 호출자가 전달한 library-classpath 참조를 사용한다. Calc.java 소스 파일이 math와 print 라이브러리로부터 코드를 가져오기 때문에 이 클래스 경로가 필요하다.

```
...
    <javac srcdir="${src}" destdir="${obj}"
        classpathref="library-classpath"/>
...
```

이 예제를 실행하려면 java 커맨드라인 도구를 사용해야 하며, 이번에는 모든 .jar 파일을 함께 나열해야 한다.

```
java -cp jars\calc.jar;jars\math.jar;jars\print.jar com.arapiki.
➥calc.Calc
```

Ant에서도 재귀 Make에서 살펴봤던 하위 빌드 문제가 동일하게 일어난다는 점은 흥미로운 일이다. 개발자가 하위 build.xml 파일 중 하나로부터 빌드 프로세스를 호출하며, Ant는 의존적인 JAR 파일을 어떻게 재빌드할지 알 수 없다. 개발자는 모든 내용이 최신 상태임을 분명히 하기 위해 반드시 최상위 build.xml 파일을 호출해야 한다.

같은 문제가 있기는 하지만, GNU Make보다는 문제가 될 가능성이 낮다. 그리고 큰 소프트웨어 제품에서 소수의 build.xml 파일을 포함할시라도 빌드 단계를 올바른 순서로만 진행한다면 문제는 현저히 줄어든다.

시나리오 3: 새로운 컴파일 도구 정의

이제 빌드 프로세스에 추가할 사용자 정의 컴파일러인 matchcomp 도구를 호출하는 태스크를 어떻게 정의할지 생각해보자. 대부분 도구 벤더들과 마찬가지 방법으로 <taskdef>를 사용해 새로운 XML 태그를 선언하고, 태스크의 기능을 구현하는 자바 클래스를 작성한다.

태스크를 정의하고 사용하는 방법을 보여주는 간단한 build.xml 파일부터 살펴보자.

```
<project name="scenario-3" default="compile">

  <taskdef name="mathcomp" classname="MathcompTask"
      classpath="mathcomp-task.jar"/>

```

```
6     <target name="compile">
7       <mathcomp file="equations.math"/>
8     </target>
9
10  </project>
```

3~4번 행은 <taskdef>를 사용해 새로운 <mathcomp> 태스크를 정의했다. 여기에서는 기능을 구현한 자바 클래스와 해당 클래스를 포함하고 있는 JAR 파일의 이름만 있으면 된다. 그리고 7번 행은 <mathcomp> 태스크를 사용해 소스 파일 equations.math을 equations.java로 컴파일한다.

다행스럽게도 최종 사용자는 출력 파일 이름을 지정하거나 종속성 분석에 관한 걱정에 시간을 허비할 필요가 없다. 물론 어디에선가는 복잡한 부분을 처리해야 하며, 그래서 다음과 같이 Mathcomp 클래스의 자바 코드를 작성했다.

```
import org.apache.tools.ant.*;
import java.io.*;
import java.util.*;

public class MathcompTask extends Task {

  private File srcFile;

  public void setFile(File file) {
    srcFile = file;
  }

  private String execMathcomp(String flag, File srcFile) {
    try {
      Process p = Runtime. getRuntime ().exec(
          "python.exe mathcomp.py -" + flag +
              " \"" + srcFile + "\"");
      BufferedReader progOutput = new BufferedReader(new
          InputStreamReader(p.getInputStream()));
      String resultLine = progOutput.readLine();
      return resultLine;
    } catch (IOException ex) {
```

```
      throw new BuildException(
          "Can't execute the mathcomp compiler. " + ex);
    }
  }

  private File getTargetFile(File file) {
    String fileName = file.getName();
    if (!fileName.endsWith(".math")) {
      throw new BuildException("Input file '" + fileName
          + "' must end with .math");
    }
    String targetFileName =
        fileName.replaceFirst("\\.math$", ".java");
    return new File(file.getParentFile(), targetFileName);
  }

  private List<File> getAllSourceFiles(File file) {
    List<File> sources = new ArrayList<File>();
    String sourceFileString = execMathcomp("d", srcFile);
    StringTokenizer tokens =
        new StringTokenizer(sourceFileString);
    while (tokens.hasMoreTokens()) {
      sources.add(new File(tokens.nextToken()));
    }
    return sources;
  }

  public void execute() {
    if (srcFile == null) {
      throw new BuildException(
          "Missing 'file' attribute for <mathcomp>");
    }
    if (!srcFile.exists()) {
      throw new BuildException("Input file '" + srcFile
          + "' doesn't exist.");
    }
```

```
59
60      File targetFile = getTargetFile(srcFile);
61      List<File> allSources = getAllSourceFiles(srcFile);
62      if (allSources == null) {
63        throw new BuildException(
64            "Unable to determine all source files used by '" +
65                srcFile + "'");
66      }
67
68      boolean targetOutOfDate;
69      if (!targetFile.exists()) {
70        targetOutOfDate = true;
71
72      } else {
73        targetOutOfDate = false;
74        long targetModifiedDate = targetFile.lastModified();
75        for (File thisSourceFile : allSources) {
76          if (thisSourceFile.lastModified() >
77              targetModifiedDate) {
78            targetOutOfDate = true;
79            break;
80          }
81        }
82      }
83
84      if (targetOutOfDate) {
85        log("Compiling " + srcFile);
86        execMathcomp("j", srcFile);
87      }
88    }
89  }
```

이 클래스는 상당히 복잡하므로 작은 부분으로 나눠 살펴보자. 7~11번 행은 최종 사용자가 file 특성을 설정할 수 있음을 의미한다. 클래스에서 setFile 메소드를 정의하기 때문에 Ant는 이 특성이 설정할 수 있는 필드임을 알 수 있다. 이후에 사용하기 위해 srcFile 필드에 해당 문자열 값을 저장한다.

50~88번 행에 정의된 execute 메소드는 주 진입점이다. Ant는 누군가가 <mathcomp> 태스크를 호출할 때마다 이 메소드를 호출한다.

51~58번 행은 file 특성이 정의됐고 존재하는 디스크 파일을 가리키는지 확인하는 에러 검사를 수행한다. 두 검사 중 어느 하나라도 실패한다면 BuildException 에러가 던져지고, 에러 메시지가 Ant의 에러 리포트에 포함된다.

60번 행은 getTargetFile 메소드를 불러 소스 파일의 이름을 그에 해당하는 타겟 파일 이름으로 바꾼다. 예를 들어 소스 파일이 a/b/c/equations.math라면 이에 해당하는 타겟 파일은 a/b/c/equations.java일 것이다. 28~37번 행에 정의된 getTargetFile 메소드는 이름이 올바른지 확인하기 위해 여러 에러 검사를 수행한다.

61번 행은 getAllSourceFiles 메소드를 불러 컴파일 과정 중에 어떤 파일을 더 읽어야 하는지 결정한다. 39~48번 행에 정의된 이 메소드는 -d 옵션으로 matchcomp 컴파일러를 불러 작업을 수행한다. 출력물은 다음과 같은 모습이다.

```
equations.math equ1.mathinc equ2.mathinc
```

여기서 getAllSourceFiles 메소드는 이 문자열을 각 파일 이름으로 나누고 리스트에 담아 반환한다. 안타깝게도 이 간단한 메소드는 파일 이름에 공백이 포함될 때 실패하며, 좀 더 현실적인 도구라면 더 나은 동작을 수행해야 한다.

이제 소스 파일의 목록과 생성할 타겟 파일의 이름을 알게 됐다. 이 메소드의 남은 부분에서는 컴파일 작업이 필요한지 한 번 더 확인한다. 69~70번 행은 타겟 파일이 존재하는지 확인하는데, 존재하지 않을 때에는 컴파일이 필요하다.

73~81번 행은 각 소스 파일의 타임스탬프를 비교해 타겟 파일보다 최신인 파일이 있는지 살펴본다. 더 최근 파일이 있다면 강제적인 재컴파일이 필요하다.

mathcamp 도구를 정말 호출하기로 했다면 결국 85~86번 행에 이르렀을 것이다. 85번 행에서 최종 사용자에게 곧 작업이 시작된다고 알려줄 메시지를 남긴다. 86번 행에서는 execMathComp 메소드(13~26번 행에 정의된)를 불러 mathcomp 컴파일러를 호출한다. 이 컴파일러는 파이썬python 스크립트일 뿐이며, 그러므로 먼저 파이썬 인터프리터를 호출해야 한다.

이미 getAllSourceFiles 메소드의 한 부분으로 execMathcomp 메소드를 사용했지만, 이번에는 -j 옵션을 넘겨 종속성 목록을 반환하는 대신 .java 파일을 생성함에 주목하자.

이상으로 <mathcomp> 태스크의 정의를 마쳤다. 이는 코드의 라인 수 측면에서 분명 GNU Make보다 더 큰 솔루션이며, 발생할 수 있는 에러의 처리를 추가한다면 차이는 더욱 커진다(편의를 위해 일부는 다루지 않았다). 이런 차이는 Make가 패턴 매칭에 능하며, 타겟 파일의 이름을 그에 해당하는 소스 파일로부터 가져오기 때문이다. 또한 `mathcomp -d`로 만들어지는 종속성 목록은 Make에 맞춰졌다. 그리고 타임스탬프 비교가 GNU Make 언어의 기본적인 부분인데 비해 자바에서는 알고리즘 코드를 직접 손으로 작성해야 한다.

시나리오 4: 여러 변형으로 빌드

자바 클래스 파일이 CPU로부터 독립적인 바이트 코드를 사용하기 때문에 여러 종류의 CPU에 따라 컴파일하는 다중 변형multivariant 예제를 살펴볼 수는 없다. 대신 다음의 두 가지 에디션으로 컴파일하는 프로그램을 생각해볼 수 있다.

1. **프로페셔널 에디션** 프로그램 기능의 완전한 집합을 포함한 소프트웨어 패키지
2. **홈 에디션** 일부 고급 기능을 스텁stub으로 대체한 해당 소프트웨어의 경량 에디션

소스 트리(그림 7.4) 안에서는 두 가지 자바 소스 파일 집합을 병렬로 유지하게 된다.

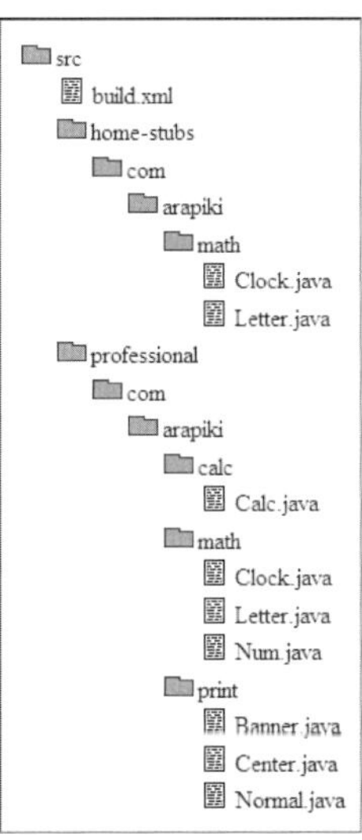

그림 7.4 프로페셔널 에디션과 홈 에디션으로 구분한 디렉터리 구조

professional 디렉터리는 프로그램 기능의 전체 집합을 담는다. home-stubs 디렉터리는 홈 에디션에 포함돼서는 안 될 클래스의 스텁 버전을 담는다. 여기서는 Clock.java와 Letter.java를 스텁으로 대체했다.

이 예제에서는 간결한 설명을 위해 전체 제품을 컴파일하는 하나의 build.xml 파일을 사용한다. 다음은 해당 파일의 전체 내용이다.

```
<project name="scenario-4" default="package">

  <property name="obj-prof" location="../classes/
  professional"/>
  <property name="obj-home" location="../classes/
  homestubs"/>
  <property name="src-prof" location="professional"/>
  <property name="src-home" location="home-stubs"/>
  <property name="jarfile" location="../scenario-4.jar"/>

  <target name="check-edition" depends="check-editionhelper"
      unless="edition-ok">
    <fail message="You must set 'edition' to either 'home'
        or 'professional'"/>
  </target>

  <target name="check-edition-helper">
    <condition property="edition-ok">
      <or>
        <equals arg1="${edition}" arg2="home"/>
        <equals arg1="${edition}" arg2="professional"/>
      </or>
    </condition>
    <condition property="edition-home">
      <equals arg1="${edition}" arg2="home"/>
    </condition>
  </target>

  <target name="compile">
    <mkdir dir="${obj-prof}"/>
```

```
    <depend srcdir="${src-prof}" destdir="${objprof}"/>
    <javac srcdir="${src-prof}" destdir="${objprof}"/>
    <mkdir dir="${obj-home}"/>
    <depend srcdir="${src-home}" destdir="${objhome}"/>
    <javac srcdir="${src-home}" destdir="${objhome}"/>
  </target>

  <target name="jar-prof" unless="edition-home">
    <echo message="Packaging the Professional edition."/>
    <jar basedir="${obj-prof}" destfile="${jarfile}">
      <include name="**/*.class"/>
    </jar>
  </target>

  <target name="jar-home" if="edition-home">
    <echo message="Packaging the Home edition."/>
    <jar destfile="${jarfile}">
      <fileset dir="${obj-prof}">
        <include name="**/*.class"/>
        <exclude name="com/arapiki/math/Letter.class"/>
        <exclude name="com/arapiki/math/Clock.class"/>
      </fileset>
      <fileset dir="${obj-home}" includes="**/*.class"/>
    </jar>
  </target>

  <target name="package" depends="check-edition, compile,
      jar-prof, jar-home">
    <copy file="run.bat" toFile="../start-calc.bat">
      <filterset>
        <filter token="EDITION" value="${edition}"/>
      </filterset>
    </copy>
  </target>

</project>
```

이 build.xml 파일 안에서 수많은 의사 결정이 이뤄지며, 일부 동작은 두 번 일어나기도 하므로 이런 의사 결정은 빌드 기술이 상당히 길다는 점을 의미한다.

실행은 55번 행의 package 타겟에서 시작한다. depends 특성은 Ant에게 check-edition과 compile, jar-prof, jar-home 타겟을 순서대로 실행하게 요청한다.

9~13번 행에 정의된 check-edition 타겟은 즉시 15~25번 행에 정의된 check-edition-helper 타겟을 호출한다. 이 도우미 타겟은 <condition> 태스크를 사용해 두 가지 속성을 정의한다. 첫 번째 속성인 ${edition-ok}는 ${edition}이 home이나 professional인 경우 true로 설정되며, ${edition-home} 속성은 ${edition}이 home인 경우에만 true로 설정된다.

이런 조건이 올바르게 설정되게 하려면 빌드를 시작할 때 ${edition} 속성을 커맨드라인에 정의해야 한다.

```
ant - Dedition =home
```

따라서 ${edition-ok} 값은 커맨드라인으로부터 올바른 정의가 입력됐는지에 따라 참/거짓 값을 나타낸다. 반면, ${edition-home}은 사용자가 에디션으로 home을 선택했는지에 따라 참/거짓 값을 나타낸다. 조건을 검사하는 Ant의 제한적인 능력 때문에 이런 속성을 문자열로 보관하지 않고 참/거짓 값으로 표현하는 것이 중요하다.

check-edition 타겟으로 가보면(9번 행), unless 특성을 사용해 ${edition-ok} 속성이 설정되지 않았을 때 타겟의 본문이 실행돼야만 하는 경우를 나타낸다. 이는 사용자가 home이나 professional 에디션의 속성을 지정하지 않았다면 에러 메시지와 함께 빌드에 실패한다는 점을 효과적으로 나타낸다.

다음 최상위 타겟은 27~34번 행의 compile이다. 여기서는 앞서 살펴본 <depend>와 <javac> 조합을 사용하는데, 차이점은 생성되는 파일을 나눠 보관하게 주의하며 home-stubs와 professional 소스 트리를 컴파일한다는 점이다.

다음으로 36~41번 행의 jar-prof 타겟을 실행한다. unless="edition-home" 특성을 사용해 사용자가 프로페셔널 버전을 빌드하게 선택한 경우에만 이 타겟의 본문을 실행한다. 여기서는 모든 클래스 파일을 .jar 결과 파일에 저장한다.

반면 45~53번 행의 jar-home 타겟은 사용자가 홈 에디션을 선택했을 때에만 실행되며, 좀 더 많은 작업을 수행한다. 우선 홈 에디션에는 포함되지 않는

Letter.class와 Clock.class 파일을 제외한 모든 프로페셔널 클래스 파일을 패키징한다. 그리고 프로그램이 실행할 때 런타임 에러가 발생하지 않게 스텁으로 대체될 버전의 클래스 파일을 추가한다. 최적화를 위해서는 ${obj-home} 디렉터리를 살펴서 제외할 클래스의 목록을 결정할 수 있다.

마지막 단계로, 55~62번 행의 package 타겟 본문으로 돌아와 start-calc.bat 스크립트를 준비한다. 이런 유형의 스크립트는 이미 여러 번 살펴봤다.

```
java -cp scenario-4.jar -Dedition=@EDITION@ com.arapiki.calc.Calc
```

이 경우의 차이점은 커맨드라인의 -Dedition= 부분을 통해 실행 프로그램에 home이나 professional이라는 사용자 정의 값을 전달할 수 있다는 점이다. 이는 프로그램이 사용자에게 어떤 기능의 집합을 제공해야 할지 지능적으로 판단할 수 있게 한다.

57번 행의 <copy> 태스크는 이상의 모든 작업이 올바르게 동작하게 하려고 @EDITION@ 문자열을 ${edition} 속성으로 대체하며, 템플릿 커맨드라인(run.bat 파일에 저장된)을 읽어와 새로운 파일(start-calc.bat라는 이름의)을 생성한다. 이에 따라 start-calc.bat 파일은 다음과 같은 내용으로 마무리된다.

```
java -cp scenario-4.jar -Dedition=home com.arapiki.calc.Calc
```

이는 홈 에디션일 때이며, 프로페셔널 에디션의 경우는 다음과 같다.

```
java -cp scenario-4.jar -Dedition=professional com.arapiki.calc.Calc
```

물론 홈 에디션에서는 실제 클래스가 스텁 버전으로 대체되기 때문에 edition 속성에 올바른 값을 전달하는 것이 중요하다.

다음은 속성 값을 읽어 그에 따라 런타임 동작을 설정하는 자바 코드 예제다.

```
String edition = System.getProperty("edition");
if (edition == null){
  System.err.println("Error: 'edition' property is not defined");
  System.exit(1);
}
...
if (edition.equals("professional")) {
```

```
    /* perform professional features */
    ...
  }
```

속성을 커맨드라인에서 정의하는 방식의 대안으로, 스텁 클래스 중 하나에 에디션 이름을 저장하는 메소드를 정의할 수 있다. 이 메소드를 런타임에 질의해 어떤 에디션을 사용해야 할지 결정할 수 있다.

지금까지 Ant의 제한된 의사 결정 지원 능력과 그에 따라 예상보다 길어진 코드를 살펴봤다. GNU Make 구문에 따라 유사한 프로그램을 작성한 사례와 비교한다면 Makefile의 경우가 좀 더 읽기 쉽다는 점을 알 수 있다.

장점의 측면에서 살펴보면 Ant는 기본 언어를 확장할 수 있게 해준다. 서드파티 패키지 중 하나인 `ant-contrib`[52]에서는 `<if>`와 `<then>` 태스크를 제공한다.

```
<target name="check-edition">
  <if>
    <not>
      <or>
        <equals arg1="${edition}" arg2="home" />
        <equals arg1="${edition}" arg2="professional" />
      </or>
    </not>
    <then>
      <fail message="You must set 'edition' to either
          'home' or 'professional'" />
    </then>
  </if>
</target>
...
```

Ant는 다양한 서드파티 플러그인을 포함한 유연한 태스크 집합을 지원하며, 이는 훨씬 가독성 높은 코드를 만들 수 있게 한다.

시나리오 5: 빌드 트리 클리닝

빌드 트리에서 오브젝트 파일을 제거하기 위해서는 추가로 clean 타겟을 정의해 명시적으로 파일과 디렉터리를 삭제하게 하면 된다.

```
...
    <target name="clean">
      <delete file="${jarfile}" />
      <delete dir="${obj}" />
    </target>
...
```

Ant가 모든 .class 파일과 .jar 파일을 소스 디렉터리와 구별되는 별도의 오브젝트 디렉터리에 저장하게 하는 방식은 일반적으로 사용되는 사례다. 일반적으로는 전체 오브젝트 디렉터리를 하나의 명령으로 삭제하며, 생성된 모든 파일이 제거됐음을 확신할 수 있다. 물론 그렇지 않은 경우가 있다면 <delete> 태스크를 통해 명시적으로 생성된 파일을 삭제해야만 한다.

여러 build.xml 파일을 사용한다면 각 하위 파일마다 그에 맞는 clean 타겟을 정의해야 한다. 최상위 clean 타겟은 하위 타겟을 각각 실행해야 한다.

시나리오 6: 잘못된 빌드 디버깅

Ant는 종속성 그래프를 구축하는 세부 사항을 모두 감추지만, 여전히 build.xml 파일에 에러가 발생할 수 있다. 다음은 가장 흔히 마주칠 수 있는 에러 사례다.

- **입력 파일의 누락** 필요한 파일 중 하나를 찾을 수 없어 태스크가 실패하면 이는 보통 타겟이나 태스크를 잘못된 순서로 호출했기 때문이다. 셸 스크립트와 마찬가지로 실제로 존재하지 않는 파일은 사용할 수 없다. GNU Make가 알맞게 정의된 규칙에 따라 빠진 파일을 직접 생성하려고 시도할 수 있다는 점과 상반된다.
- **제때 빌드되지 않는 파일** 타겟이나 태스크를 올바른 순서로 호출하지 않았거나 <fileset> 지시어가 충분히 구체적이지 않은 경우다. 모든 Ant 태스크가 자신의 종속성을 검사하기는 하지만, 여러분이 필요한 입력 파일을 모두 추가해주지 않는다면 태스크는 일을 올바르게 처리할 수 없다.

- **너무 많은 파일의 재빌드** 다시 한 번 <fileset> 지시어가 충분히 구체적인지 살펴보자. 입력에 너무 많은 파일을 추가하면 너무 자주 빌드가 수행되는 결과를 가져온다. Ant 태스크가 종속성 분석을 잘 수행하지 않게 하는 방법(일반적으로 사용되진 않지만)도 가능하다.
- **컴파일 실패나 잘못된 출력 이미지** 태스크가 입력 파일이 올바른데도 유효한 출력 파일의 생성에 실패했다면 이는 아마도 올바른 태스크 특성을 제공하지 않았기 때문이다. 많은 태스크가 자신의 행위를 제어하는 데 쓰이는 특성을 포함하고 있으며, 올바른 설정을 찾기까지는 시간이 걸린다.
- **잘못된 자바 클래스의 포함** 자바 프로그램(Ant와 같은)의 행위는 CLASSPATH 변수 설정에 매우 의존적이다. 프로그램이 나쁘게 행동한다면 언제나 이를 먼저 확인해야 한다.
- **태스크 정의 누락** 표준 배포에 포함해 빌드하지 않는 Ant 태스크를 사용한다면 이 태스크가 빠졌다는 보고를 받을 수도 있다. 올바른 서드파티 JAR 파일을 설치했고, 올바른 <taskdef> 지시어를 제공했는지 확인하자.

이런 문제가 빌드 실패를 가져왔다면 Ant는 충분히 상세한 스택 추적stack trace을 제공한다.

```
BUILD FAILED
/home/psmith/debugging/build.xml:4: The following error
    occurred while exe cuting this line:
/home/psmith/debugging/src/build.xml:4: The following error
      occurred while executing this line:
/home/psmith/debugging/src/lib/build.xml:4: Warning: Could
      not find file
/home/psmith/debugging/src/lib/run.bat to copy.
```

문제를 유발한 정확한 라인 번호와 소스 파일을 쉽게 밝혀낼 수 있다. 버그는 일반적으로 보고된 라인에서 찾을 수 있지만, 때로는 모든 속성을 올바르게 정의했는지 확인하기 위해 파일의 앞부분을 살펴볼 필요가 있다.

사실 여러분이 마주치는 많은 버그는 빌드 실패를 일으키지 않는다. 대신 이런 버그는 잘못된 출력 파일을 만들거나 재빌드가 제때 수행되지 않는 문제를 발생시킨다. 이런 경우는 프로그램의 흐름을 추적하는 데 좀 더 많은 시간을 쏟아야 한다.

ant -d 명령을 사용하면 Ant는 무엇이 잘못되고 있는지에 관한 엄청난 양의 세부 사항을 제공한다.

```
Adding reference: ant.projectHelper
Adding reference: ant.parsing.context
Adding reference: ant.targets
parsing buildfile /home/psmith/debugging/build.xml with URI =
file:///home/psmith/debugging/build.xml
Setting ro project property: ant.project.name -> debug-app
Adding reference: debug-app
Setting ro project property: ant.file.debug-app ->
/home/psmith/debugging/build.xml
Project base dir set to: /home/psmith/debugging
  +Target:
  +Target: package
```

이 로그는 새로운 build.xml 구문을 분석하거나, 속성을 정의하거나, 태스크를 실행할 때마다 나타난다. 실패한 태스크를 찾아 디버그 출력을 되짚어 나간다면 대개 문제의 원인을 파악할 수 있다.

Ant는 각 태스크가 수행되는 하위 셸 명령을 보여주지 않기 때문에 빌드 로그의 명령을 복사하고 붙여 넣어 독립적으로 실행할 수는 없다. 이는 예기치 않게 동작하는 규칙을 찾거나 문제를 디버깅하기 위해 셸 명령을 다시 실행할 필요가 있을 때 사용되는 GNU Make의 일반적인 기법이다.

Ant 기반의 빌드 시스템에선 태스크가 올바른 하위 명령(또는 시스템 호출)을 실행할 것이라고 믿어야만 한다. 디버깅 초점을 좁히길 원한다면 특정 입력 파일을 '터치touch'해서 필요한 Ant 타겟을 직접 실행해야 할 수도 있다.

이클립스 같은 IDE를 사용하고 있다면 Ant 디버거 모드를 사용할 수 있다. 이는 build.xml 파일을 열고, 특정 라인에 중단점breakpoint을 설정하고, 속성의 값을 표시하고, 한 단계씩 타겟과 태스크를 수행할 수 있게 한다. 아마도 잘 알려진 IDE는 Ant의 가장 좋은 시작점이 될 수 있다.

또 다른 디버깅 수법은 ant -v 명령을 사용하는 일인데, 이를 통해 하나 이상의 파일을 재빌드하는 Ant의 의사 결정을 이해할 수 있다. 다음의 발췌 내용은 하나의 디렉터리에 담긴 calculator 예제에서 `<javac>` 태스크가 수행하는 내용을 보여준다.

```
...
[javac] Add.java omitted as Add.class is up to date.
[javac] Calc.java added as Calc.class doesn't exist.
[javac] Mult.java omitted as Mult.class is up to date.
[javac] Sub.java omitted as Sub.class is up to date.
[javac] build.xml skipped - don't know how to handle it
...
```

요약하면 Ant 기반 빌드 문제의 디버깅은 GNU Make 문제를 다룰 때에 비해 상당히 쉬울 수 있다. 이는 대부분 Ant의 순차적 프로그래밍 모델이 개발자가 프로그램의 흐름을 이해하기 쉬운 방식이기 때문이다. 또한 각 태스크가 자신의 종속성 분석을 다루게 함으로써 실수를 범할 여지를 상당히 줄일 수 있다.

찬사와 비판

Ant는 많은 지지자를 모을 만큼 오랫동안 사용됐으며, 그만큼 많은 사람이 Ant의 프로그래밍 모델을 싫어하기도 한다. 이런 차이 대부분은 잘 지원된 자바 컴파일 태스크를 사용하려 했는지, 혹은 Ant를 한계까지 활용한 좀 더 중요하고 복잡한 빌드 시스템을 만들어 봤는지에 따라 달라진다. 이제 사람들이 Ant에 관해 어떻게 이야기하는지 살펴보자.

찬사

다음은 Ant에 관한 찬사다.

- **크로스플랫폼 지원** Ant는 셸 중심 언어를 사용하지 않기 때문에 크로스플랫폼 문제가 현저히 적다. Ant 개발자는 태스크 추상화를 통해 더 이상 각 빌드 머신의 구체적인 명령과 행위를 걱정할 필요가 없다.
- **감춰진 종속성 분석** 종속성 분석은 언어의 핵심 부분이 아니며, 대신 각 태스크의 구현 안에서 다뤄진다. 최종 사용자는 종속성 그래프나 종속성 상실에 관한

디버그 문제를 생각할 필요가 없다.

- **배우기 쉬운 언어** 배워야 하는 Ant의 언어 구조는 많지 않으며, 대부분의 개발자는 실행의 순차적 모델에 이미 익숙하다. 태스크의 사용과 각 태스크의 하위 정의가 분명히 분리된다. 개발자는 각 태스크의 외부 행위와 설정할 수 있는 특성의 집합만 신경 쓰면 된다. 각 태스크의 복잡한 구현은 감춰져서 나타나지 않는다.
- **서드파티의 폭넓은 자바 지원** Ant는 가장 넓은 범위의 자바 컴파일 도구와 플러그인의 지원을 받고 있다. 다른 자바 빌드 도구도 나타나고 있지만, Ant는 자바 세계에서 가장 널리 쓰이는 도구의 위치를 유지할 것으로 보인다.
- **중요한 빌드 시스템 기능의 기본 지원** 자동 종속성 분석과 복수 디렉터리 지원 등의 빌드 시스템 기능을 빌드 도구의 표준 요소로 제공한다. GNU Make와는 달리 추가적인 프레임워크를 추가할 필요가 없다.

비판

다음과 같은 비판도 있다.

- **불완전한 프로그래밍 언어** Ant는 스크립트 언어가 아니며, 중요하고 복잡한 활동의 수행을 어렵게 한다. 변수와 반복문, 조건문 등의 지원이 제한적이고, 때로는 혼란스러운 제어 구조를 사용해 에둘러 표현해야만 한다.
- **보기 좋지 않고 장황한 XML** XML을 좋아하지 않는 이들이 많으며, XML이 읽기 어렵고 장황하다고 생각한다. 이는 새로운 개발자가 도구에 적응하는 장벽이 되거나, GNU Make 같은 간결한 구문을 선호하는 이들에게 반감을 사는 이유가 될 수 있다.
- **종속성 기반 언어가 아님** 많은 개발자는 컴파일을 트리거하기 위해 태스크를 일일이 찾으며, 지루하게 Ant 문서를 살피기보다는 새롭게 패턴 기반 종속성을 추가하기를 선호한다. 사용 가능한 태스크가 없다면 아마도 개발자는 기존에 존재하는 기능을 합쳐서 같은 결과를 만들기 위해 온종일을 허비해야 할지도 모른다. 이에 반해 GNU Make를 사용한다면 같은 작업을 오 분 안에 해결할 수 있을지도 모른다.

- **셸 명령을 볼 수 없음** Ant는 도구가 실행하는 셸 명령을 보여주지 않는다. 정확히 어떤 일이 일어나는지 알 수 없으며, 태스크 구현이 올바르게 동작할 것이라고 믿는 방법밖에 없다.
- **새로운 태스크를 추가하는 프로세스가 복잡함** 새로운 컴파일 도구를 추가하기가 GNU Make보다 훨씬 어렵다. 앞서 살펴본 바와 같이 단순히 파일 확장자를 매칭하는 대신 자바 기반 플러그인을 작성해야만 한다. 비표준 컴파일 도구를 사용한다면 매우 많은 양의 작업이 필요할 수도 있다.
- **다른 언어 지원 미흡** Ant는 자바 중심이며, 다른 프로그래밍 언어의 지원이 매우 미흡하다.
- **변수 범위의 혼란** Ant 속성의 범위 규칙은 다른 프로그래밍 언어의 규칙과 상당히 차이가 있고, 이런 이유로 새로운 Ant 개발자에게 혼란을 줄 수 있다.
- **정의되지 않은 변수가 트래핑(trap)되지 않았을 때** 아직 값이 할당되지 않은 Ant 속성에 접근할 때 에러가 보고되는 대신 속성의 이름이 그대로 사용될 수도 있다. 예를 들어 부주의한 프로그래머가 `${destfile}` 대신 `${destfiel}`이라고 타이핑했다면 `${destfiel}`이라는 이름의 로컬 디렉터리에 파일이 생기게 된다. 이런 문제는 `${destfile}` 속성을 어떤 값이든 담을 수 있게 확장하더라도 여전히 발생한다.
- **영속적 상태가 없음** Ant는 빌드 간에 어떤 종속성 정보도 캐싱하지 않으며, `ant` 도구가 호출될 때마다 모든 종속성 분석을 반복해야만 한다.

평가

Ant 빌드 도구는 자바 기반 소프트웨어의 빌드 시스템을 지원하는 데 분명하게 초점을 맞추고 있다. 태스크는 자바 컴파일과 JAR 파일 조작과 같은 일반적 동작을 지원하게 설계됐다. 각 Ant 태스크는 파일 간 의존 관계를 계산하는 방법에 관한 암묵적 정보를 포함하고 있어, 개발자가 걱정해야 할 목록에서 이를 지울 수 있다.

1장에서 설명했던 빌드 시스템 품질 기준에 따르면 Ant는 다음과 같은 평가를 받고 있다.

- **편의성: 좋음** Ant는 자바 기반 소프트웨어의 빌드 시스템을 간단하게 만들 수

있게 한다. 자바와 관련된 일반적 활동을 위한 넓은 범위의 태스크를 지원하고, 종속성을 구체적으로 다뤄야 할 필요성을 낮춘다. 하지만 Ant는 범용 프로그래밍 언어를 제공하지 않으며, 이는 복잡한 빌드 시스템을 구현하기 어렵게 한다.

- **정확성: 뛰어남** Ant의 자동 종속성 분석은 정확하고 신뢰할 수 있는 빌드 시스템을 쉽게 만들 수 있게 한다. 잘못된 종속성이 나타날 확률은 매우 낮다. 유일한 제약 사항은 태스크가 잘못된 순서로 나열될 수 있다는 점이지만, 이런 문제는 쉽게 찾아낼 수 있다.
- **성능: 좋음** Ant가 굉장히 빠르다고 알려지지는 않았지만, 충분한 성능을 제공한다. 각 태스크가 자신의 종속성 집합을 검사해야 할 책임이 있다는 점은 태스크의 호출을 GNU Make보다 느리게 만든다.
- **확장성: 뛰어남** Ant는 큰 빌드 시스템을 지원하게 확장될 수 있다. 여러 build.xml 파일을 서로 연결해 어떤 크기의 빌드 시스템도 지원할 수 있다.

Ant가 빌드 시스템의 세계에서 확고하게 자리 잡았음은 분명하지만, 이는 단지 자바 기반 소프트웨어에만 해당하는 이야기일 뿐이다. C/C++코드를 빌드한다면 SCons(8장)나 CMake(9장)의 사용을 고려하자. 작고 간단한 자바 프로젝트는 IDE 환경 안에서 소프트웨어를 빌드하는 이클립스의 사용을 고려하자. C#과 같은 마이크로소프트 언어는 다음 절에서 짧게 논의할 MS 빌드 도구의 사용을 고려하자.

유사 도구

Ant 도구의 등장은 빌드 시스템 구축에 관한 사람들의 생각을 완전히 바꿨으며, 같은 접근 방식을 취하는 일부 새로운 도구가 나타났다. 그 중 하나인 NAnt는 Ant를 닷넷 환경으로 그대로 옮겨왔으며, MS 빌드 도구는 구문과 시맨틱스에서 작은 차이점이 있다.

NAnt

NAnt 도구[53]는 Ant와 굉장히 유사하지만, 자바가 아닌 닷넷에서 지원하는 언어에 초점을 맞췄다. 다음은 간단한 C# 프로그램을 컴파일하고 링크하는 NAnt.Build 파일이다.

```
<project name="hello" default="compile">

  <target name="compile">
    <csc target="exe" output="hello.exe">
      <sources>
        <include name="*.cs" />
      </sources>
    </csc>
  </target>

</project>
```

기본 언어 기능은 대부분 같으며, Ant 개발자는 NAnt 스크립트를 읽거나 작성하는 데 전혀 문제가 없을 것이다. 안타깝게도 NAnt 도구는 원래의 Ant 도구만큼 잘 문서화되지 않았고 지원도 미약하다.

MS 빌드

마이크로소프트의 MS 빌드 도구는 비주얼스튜디오 개발 환경의 일부로 가장 일반적으로 사용되며, 훨씬 오래된 NMake 도구(6장을 보자)를 대체하고 있다. 구문의 측면에서 Ant와 MS 빌드는 일부 흥미로운 차이점과 함께 많은 유사성을 갖고 있다. MS 빌드[54]의 공식 마이크로소프트 문서는 충분한 기술 정보를 제공하고 있지만, 좀 더 쉬운 소개가 필요하다면 참고 문헌[55]을 참조하자.

Ant가 build.xml 파일을 사용하는 것처럼 MS 빌드는 빌드 기술을 저장하기 위해 .proj 파일을 사용한다. 다음은 세 C# 파일을 컴파일해 HelloWorld.exe 프로그램을 만드는 간단한 예제다.

```
<Project DefaultTargets="Build"
    xmlns="http://schemas.microsoft.com/developer/
    msbuild/2003" >

  <PropertyGroup>
    <ExeFile>HelloWorld.exe</ExeFile>
  </PropertyGroup>

```

```
 8     <ItemGroup>
 9       <MySource Include="goodbye.cs;hello.cs;main.cs"/>
10     </ItemGroup>
11
12     <Target Name = "Build" Inputs="@(MySource)"
       Outputs="$(exeFile)">
13       <CSC Sources="@(MySource)" OutputAssembly="$(exeFile)"/>
14     </Target>
15
16   </Project>
```

Ant 프로그램과는 구문에 약간 차이가 있긴 하지만, 이 프로그램이 어떻게 수행될지 개략적인 그림을 그릴 수 있어야 한다. 이 파일의 각 부분을 상세히 살펴보며 몇 가지 차이점을 확인하자.

4~6번 행은 `ExeFile`이라는 이름의 새로운 속성을 정의하며, HelloWorld.exe라는 값을 할당한다. 이 구문은 `<ExeFile>` 태그[tag]가 새로운 속성의 이름이며, XML 스키마를 통해 미리 만들어진 태그를 사용하지 않는다는 점이 다르다. Ant에서는 미리 정의된 `<property name="ExeFile">` 시퀀스를 사용한다.

8~10번 행은 컴파일할 소스 파일의 목록을 정의하며, 이는 Ant의 `<fileset>` 개념과 유사하다. 여기서도 `<MySource>` 태그가 항목을 묶는 그룹의 이름을 정의하고 있음에 주목하자.

12~14번 행은 컴파일 작업을 수행하는 `Build` 타겟을 정의한다. 13번 행은 `<CSC>` 태스크를 사용해 소스 파일을 실행 프로그램(어셈블리)으로 컴파일한다. 소스 파일의 그룹을 참조하는 `@(...)` 구문과 속성의 값을 참조하는 `$(...)` 구문의 사용에 주목하자.

Ant와 MS 빌드 간의 중요한 차이점이 12번 행에서 등장한다. MS 빌드에서는 각 태스크가 자신의 종속성 검사를 구현할 필요가 없어 `Inputs`와 `Output` 특성이 여기에 명시적으로 나열된다. MS 빌드 도구는 완전한 종속성 엔진을 포함하고 있으며, 이는 GNU Make와 유사하다. 이런 특성의 제공에 실패하면 소스 파일이 수정됐는지에 상관없이 `<CSC>` 태스크가 항상 실행된다.

이런 종속성 분석 기법은 개발자에게는 큰 부담이지만, MS 도구는 최신 파일에 관한 타겟은 완전히 건너뛸 수 있다. 이는 수행할 작업이 없다고 결정되더라도 각 태스크가 매번 부분적으로나마 실행돼야 하는 Ant와는 대조적이다. 이런 방식의 가치는 빌드 성능(직접 종속성을 제공할 때)이나 각 태스크가 자신의 분석을 수행하는 노력을 줄이는 데 신경을 쓰는지에 달려있다.

MS 빌드는 닷넷 개발 환경에서 가장 유명한 빌드 도구로 계속 남을 것이 분명하며, 이는 비주얼 스튜디오와의 통합과 마이크로소프트 컴파일러 지원이 가장 큰 이유다.

정리

Ant 빌드 기술 파일은 타겟의 개념 위에서 조직되며, 각 타겟은 태스크의 순차적 목록을 담고 있다. Ant 프로그램의 제어 흐름은 개발자 대부분에게 익숙하며, 새로운 사용자가 쉽게 build.xml 파일을 구축하고 디버그하게 한다.

Ant는 자바 개발 환경에 특정한 빌드 시스템의 일반적 활동을 지원하기 위해 폭넓은 범위의 기본 제공과 부가 태스크를 제공한다. 이는 파일의 이동과 복사와 파일 권한의 변경, 아카이브의 생성, 소스코드를 오브젝트 코드로 컴파일 등을 포함한다.

Ant가 다양한 미리 만들어진off-the-shelf 태스크를 제공하지만, 추가 도구를 지원하기 위해 여러분 자신만의 플러그인을 작성할 수도 있다. 플러그인의 작성은 완전한 프로그래밍 언어의 표현력을 제공하는 자바를 통해 가장 잘 이뤄질 수 있다. 하지만 종종 일어나는 자바 코드 작성의 필요성은 Ant 기반 빌드 시스템을 생성하는 복잡도를 증가시킨다.

Ant의 흥미로운 기능 중 하나는 태스크가 자신의 종속성 분석을 수행하고, 실제로 작업을 수행할지 결정해야 한다는 점이다. 이는 Ant 개발자가 프로그램의 종속성 그래프에 관해 생각해야 되는 부담을 덜어준다. 따라서 프로그램은 더욱 작성하고 디버깅하기 쉬워진다.

안타깝게도 변수와 반복문의 미흡과 조건문을 구현하는 일반적이지 않은 방법은 중요하고 복잡한 프로그램의 구축을 어렵게 한다. 이는 더 강력한 언어를 선호하는 개발자에게는 걸림돌이 될 수 있다.

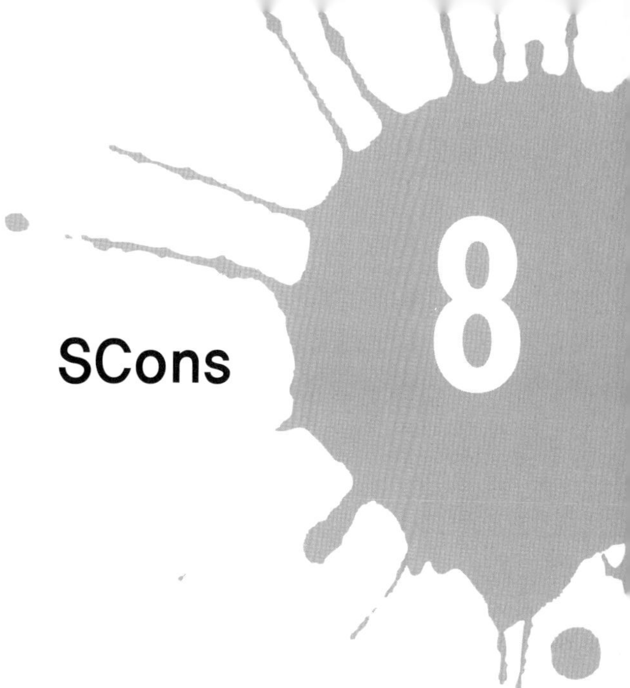

8 SCons

Make와 Ant에 이어 소프트웨어를 컴파일하는 세 번째 방법은 SCons 빌드 도구[56]를 사용하는 일이다. SCons는 파이썬Python 스크립트 언어 표현 능력을 나머지 빌드 도구의 유용한 기능 중 일부와 혼합해 수행한다. 또한 SCons는 Ant에서와 같이 수행할 작업을 기술하는 상위 레벨 빌드 메소드를 사용하며, 모든 프로그램의 종속성 그래프를 생성하는 GNU Make 접근법을 취한다. SCons 도구가 파이썬 언어를 바탕으로 구성된다는 사실은 중요하다. 파이썬은 자바나 C++, C#과 동등한 강력한 표현 능력을 지님과 동시에 파이썬을 새로이 접하는 이가 쉽게 배울 수 있는 완벽한 기능을 갖춘 프로그래밍 언어이기 때문이다. 따라서 완벽히 고유한 언어를 사용하는 GNU Make나 Ant와 대조적이다. 대신 사용자는 파이썬을 배워야 할 뿐만 아니라, 이 언어의 한계를 극복할 필요가 있다.

파이썬의 객체지향 특성은 SCons가 데이터 형식을 캡슐화할 수 있게 하며, 비객체지향 언어에서의 함수와 유사한 메소드를 바탕으로 데이터 접근을 허용한다. SCons는 파일과 디렉터리, 환경 설정에 관한 클래스도 제공한다. 각 클래스는 클래스 객체를 조작하는 메소드를 지니고 있다. 예를 들어 다음 SCons 프로그램은 prog.c 소스 파일을 컴파일해 prog 실행 프로그램을 생성한다.

```
env.Program('prog', ['prog.c'])
```

이 경우 env는 빌드 환경build environment 객체이며, Program는 빌드 메소드다. 그리고 'prog'는 생성되는 실행 프로그램 이름이며, 마지막으로 ['prog.c']는 소스 파일의 리스트다.

앞으로 살펴보겠지만, SCons는 GNU Make나 Ant 같은 언어보다 일반적으로 작성하기 용이하고 간결하다. 게다가 SCons는 비교적 간결할 뿐만 아니라 SCons 기본 제공 메소드는 통상적인 작업 수행을 수월하게 해준다. SCons를 확장할 필요가 있다면 또 다른 프로그래밍 언어를 활용하는 대신 파이썬 내에서 충분히 확장할 수 있다.

SCons 도구는 수많은 원리를 기반으로 디자인됐다. 분명한 사실은 SCons 창시자는 그 밖의 빌드 도구에 잠재된 실수로부터 많은 점을 배웠다. 그 원리 가운데 주된 점은 다음과 같다.

- **정확성** SCons는 계산량이 많이 발생하더라도 최종 빌드 결과의 정확성을 보장하는 일에 초점을 뒀다. 예를 들어 전 자동화된 종속성 분석뿐만 아니라 오브젝트 파일이 재컴파일되는 원인 요소인 컴파일 플래그, 경로 포함, 라이브러리 경로에서 어떤 변경이 발생하더라도 그 정확성을 보장한다. 게다가 파일 변경을 탐지하는 데 통상적으로 사용되던 타임스탬프의 정확성을 향상시키기 위해 MD5message digest algorithm 5(메시지 다이제스트 알고리즘 5) 비교로 대체했다.
- **성능** SCons는 GNU Make만큼 빠르진 않지만 가급적 고속 처리를 지향한다. 이는 간헐적으로 빌드 정확성이라는 주된 목적과 충돌하지만, 다양한 방법으로 빌드 처리 속도를 향상시킬 수 있다.
- **편의성** SCons 언어는 빌드 시스템을 만드는 데 필요한 작업량을 최소화함과 동시에 쉽게 사용할 수 있게 디자인됐다. 적용 예제에서 알아보겠지만, 이 편의성은 거의 모든 경우에 보장된다.

이 주요 원칙들과 더불어 SCons는 다양한 컴파일 도구와 빌드 환경을 지원하게 디자인됐다. 다양한 유닉스 계열 시스템과 마이크로소프트 윈도우에서의 C/C++ 기반 개발 환경을 주된 대상으로 한다. 또한 자바 컴파일에 관해 일정 부분 지원하지만, 아직 Ant만큼 강력하지는 않다.

마지막으로, SCons가 2000년부터 계속 개발되고 있다는 점은 주목할 만한 가치가 있다. 정기적으로 버그와 취약점을 수정할 뿐만 아니라, 현재 수많은 새로운 기능 개선을 계획 중이다.

SCons 프로그래밍 언어

SCons 빌드 도구의 개요를 소개하는 이 절에서는 언어의 진가를 보여주는 수많은 주제를 다룬다. 라이브러리의 생성과 사용을 포함하는 간단한 C 컴파일을 활용해 함께 알아보자. 그러고 나서 컴파일 도구와 환경 설정이 어떻게 관리되는지, 다양한 매개변수가 어떻게 빌드 단계를 제어하는지 알아보자.

프로그램 흐름과 종속성 분석은 GNU Make와 Ant에서 사용되는 메소드들의 조합이기 때문에 흥미로운 주제다. 또한 오브젝트 파일이 만료됐는지를 판단하는 SCons의 고유한 방법을 알아볼 것이며, 이는 컴파일러 옵션이나 포함 경로include path가 변경되는 경우를 포함한다.

마지막에는 SCons 빌드 도구의 많은 고급 기능을 접한다. 이 기능들은 컴파일 도구 옵션 관리와 크로스플랫폼 지원 기능, 그 밖의 개발자들과 오브젝트 파일을 공유하는 기능을 포함한다.

SCons 도구를 상세히 알아보기 전에 우선 파이썬 언어 개요를 접해보자. 여러분은 이미 6장과 7장에서 GNU Make와 Ant 언어에 대해 상세히 알아봤으므로, 8장에서는 파이썬 언어의 기초를 배우는 데 집중하자.

파이썬 프로그래밍 언어

파이썬 언어에서 사용되는 개념은 자바, C++, C#에서의 개념과 유사해서 개발자가 파이썬 언어를 거부감 없이 받아들일 수 있는 반면, 기본적인 구문은 상당히 상이하다. 여기서 2개의 간단한 프로그램을 알아봄으로써 파이썬을 익힐 것이며, 각 예제를 주시하면 틀림없이 빌드 시스템에서 필요한 개념을 익힐 수 있다.

첫 예제에서는, 리스트의 내용을 필터링하는 정규식regular expression을 활용하는 파이썬 함수를 만든다. 이 리스트는 여러 파일명을 포함하고, 정규식은 파일명이 .c로 끝나는 것만 매칭하는데, 함수는 매칭된 이름의 리스트를 역순으로 반환한다.

```
import re

def extractAndReverse(pattern, inputList):
```

```
4     newList = []
5     for i in inputList:
6       if re.match(pattern, i) != None:
7         newList.insert(0, i)
8     return newList
9
10  reversedList = extractAndReverse(r'.*\.c$',
11    ['dog.c', 'cat.h', 'tiger.y', 'cat.c', 'bear.y', 'wolf.c'])
12
13  for animal in reversedList:
14    print animal
```

자, 그럼 파이썬 언어의 구문과 시맨틱스 둘 다를 주시하면서 이 예제를 라인별로 알아보자.

1번 행은 파이썬 인터프리터가 re[regular expression] 모듈을 임포트[import]하게 요구한다. `re.match` 함수는 6번 행에서 사용된다.

`extractAndReverse` 함수는 `def`문을 이용해 3번 행에 정의돼 있다. 이 함수는 함수 선언부에 정의된 2개의 매개변수, 즉 `pattern`과 `inputList`를 가진다. 파이썬은 동적 유형[dynamic type]을 사용하므로 일일이 변수들의 타입을 명시하지 않아도 된다.

4번 행은 `newList` 변수를 정의하고 빈 리스트로 초기화한다. 이 변수는 정규식에 매칭되는 값을 저장하기 위해 사용된다.

5번 행은 `inputList` 변수의 첫 요소에서 마지막 요소에 이를 때까지 반복 수행하며, 루프의 각 반복자 값을 변수 `i`로 설정한다. 파이썬은 동적 유형을 사용하므로 루프문을 반복시킬 수 있는 `inputList` 변수에 아무런 값이 없으면 에러가 표시된다.

6번 행의 `if`문은 리스트의 현재 요소가 정규식에 매칭되는지 판단하는 데 사용된다. `re.match` 함수는 매칭 구문에 매칭된 값이 있으면 그 값을 반환하고, 없다면 NULL 값(`None`)을 반환한다. 여기에서 특히 신경 써야 할 점은 매칭되는 것이 존재하는가 하는 점이다.

현재 파일명이 정규식에 매칭된다면 `newList` 배열 변수의 첫 요소에 그 파일명이 삽입된다(7번 행). 값을 배열의 끝에 추가하는 대신, 선두에 삽입함으로써 결국 `newList`는 본래 리스트의 역순으로 구성된다. 이 행은 또한 메소드(`insert`)가 객체

(newList)에서 어떻게 호출되는지를 보여준다.

7번 행은 파이썬 언어의 블록 구조를 소개한다. if문과 for문이 각 블록의 끝을 암시하는 end 절을 포함하지 않는 점을 유념하자. 파이썬은 블록의 시작과 끝을 알리는 중괄호(기호 {})를 사용하지 않는 대신, 블록에 속하는 코드 라인임을 알리기 위해 들여쓰기로 소스코드가 작성돼야 한다. 이는 절대 좋지 않은 코딩 스타일이지만, 파이썬 언어의 규칙이므로 어쩔 수 없다.

8번 행의 들여쓰기 때문에 return문은 전 루프가 완료될 때 실행된다. 그러므로 newList는 원 inputList 배열의 모든 요소 중에서 정규식에 매칭되는 요소만을 포함한다. 또한 이 return문은 extractAndReverse 함수의 끝을 의미한다.

10번과 11번 행은 개별적으로 정의된 함수가 아니라 메인 프로그램의 일부다. extractAndReverse 함수가 호출되고 그 결과 값이 reversedList 변수에 할당된다(변수는 처음으로 할당될 때 선언된다). 함수의 첫 번째 매개변수는 정규식(.c로 끝나는 모든 문자열을 검색)이며, 두 번째 매개변수는 파일 이름의 리스트다.

마지막으로, 13번과 14번 행은 결과 리스트의 첫 요소에서 마지막 요소에 이를 때까지 순회하면서 그 값을 표준 출력에 출력한다.

이것으로 첫 예제의 설명이 완료됐다. 리스트를 조작하는 일은 빌드 시스템에 있어 중요한 부분이며, 파이썬은 개발 작업을 더욱 용이하게 하는 많은 기본 제공 함수와 메소드(예, re.match와 newList.insert)를 지니고 있다.

자, 그럼 저작권 메시지 파일을 생성하는 두 번째 예제를 살펴보자. 이 예제는 빌드 시스템에서 분명히 필요하다.

```
import sys

def makeCopyright(holder, year, filename):
  try:
    file = open(filename, 'w')
  except IOError:
    print >> sys.stderr, "Error: Can't open %s" % filename
    sys.exit(1)

  print >> file, "This software is Copyright (C) %d by %s." % \
    (year, holder)

```

```
13 file.close()
14
15 makeCopyright("Arapiki Solutions Inc", 2010, "copyright.txt")
```

이미 알아본 개념으로 들어가기 전에 프로그램의 흥미로운 부분을 우선 살펴보자.

3번 행은 세 가지 매개변수를 갖는 `makeCopyright` 함수를 정의한다. `holder` 변수는 저작권 소유자의 이름이며, `year` 변수는 저작권의 년, `filename` 변수는 앞으로 만들어질 디스크 파일명이다. 어떻게 이 함수를 호출하는지 확인하기 위해 15번 행으로 가보자.

5번 행은 출력 파일을 쓰기 모드로 열고, `file` 변수는 파일 객체를 지닌다. 나중에 이 파일에 내용을 작성할 때 이 객체를 사용한다.

4~8번 행은 예외 처리를 보여준다. 파이썬은 5번 행에서 `open` 함수의 실행을 시도한다. 하지만 도중에 `IOError` 에러가 발생하면 `except` 블록에서 에러가 처리된다. 7번 행은 에러 메시지를 표시하기 위해 형식화된 출력formatted print을 사용하고 8번 행에서 프로그램이 종료된다.

10~11번 행은 방금 연 파일에 저작권 메시지를 적는다. 형식화된 출력의 개념은 대부분 개발자에게 익숙하지만, `% (year, holder)` 구문이 다소 낯설지도 모른다.

13번 행은 `file` 객체의 `close` 메소드를 호출한다. 15번 행의 들여쓰기가 다르므로, 13번 행은 함수의 끝을 암시한다.

이 시점에서 파이썬의 기본적인 개념과 구문이 꽤 편하다는 점을 느꼈을 뿐만 아니라, 이미 살펴본 구문 규칙을 바탕으로 SCons 스크립트를 읽고 이해하는 일이 쉬워질 것이다. 스크립트를 작성하기 시작할 때 정확하고 상세한 사항을 확인하기 위해 파이썬 문서를 참조할 필요가 있을지도 모른다.

지금까지 살펴본 것 이외에도 수많은 파이썬 라이브러리가 있는데, 그 가운데 도구로 패키지화된 것과 서드파티로부터 받은 것 모두 사용 가능하다. 또한 파이썬 프로그램은 다음과 같이 열거된 것뿐만 아니라 그 이외의 것도 할 수 있다.

- 사전과 같은 복잡한 데이터 구조체 생성하기
- 객체지향 클래스 정의와 새로운 오브젝트 생성하기
- 큰 프로그램의 모듈화를 돕는 코드 패키지 정의하기
- 영구적인 저장 메커니즘으로 디스크 기반 데이터베이스 생성하기

- 기저 운영체제의 임의 서비스에 접근하기
- 유니코드 형식으로 문자열 정의하기
- 인터넷을 경유해 그 밖의 머신과 상호 작용하기

이 모든 주제를 8장에서 모두 다 다룰 수 없으므로, 더욱 상세한 사항에 관해서는 파이썬 문서[57]를 참조하길 바란다.

간단 컴파일

자, 그럼 기본적인 파이썬 개념을 어떻게 C 프로그램을 빌드하는 데 응용하는지 살펴보자. 이 절에서는 정적과 동적 라이브러리를 포함하는 calculator 예제를 컴파일하는 다양한 방법을 알아본다. 각 예제에서는 SConstruct 파일을 작성하는데, 이 SConstruct 파일은 Make의 Makefile과 Ant의 build.xml과 동일한 역할을 한다.

첫 번째 프로그램

calculator 프로그램을 생성하는 방법 가운데 가장 간단한 방법부터 알아보자.

```
Program('calculator', ['calc.c', 'add.c', 'mult.c', 'sub.c'])
```

`Program` 빌더 메소드는 서로 다른 두 개의 매개변수를 갖는데, 첫 번째 매개변수는 실행 파일명이고, 두 번째 매개변수는 컴파일되고 나서 함께 링크될 소스 파일명이다. SConstruct 파일이 위치한 디렉터리에서 `scons` 도구를 호출하면 다음과 같은 출력을 보게 된다.

```
$ scons
scons: Reading SConscript files ...
scons: done reading SConscript files.
scons: Building targets ...
gcc -o add.o -c add.c
gcc -o calc.o -c calc.c
gcc -o mult.o -c mult.c
gcc -o sub.o -c sub.c
gcc -o calculator calc.o add.o mult.o sub.o
scons: done building targets.
```

`Program` 빌더는 예상외로 많은 작업을 하며, 모든 작업을 수행하기 위해 두 개의 하위 빌더를 호출한다. 각 소스 파일은 오브젝트 코드로 컴파일되고, 그 코드들은 실행 프로그램을 생성하기 위해 모두 함께 링크된다. 이 예제에서 분명하게 드러나지는 않았지만, `Program` 빌더 또한 소스코드 종속성을 탐지한다. 따라서 numbers.h를 변경하면 모든 소스 파일을 재컴파일해야 한다.

SCons는 기본적으로 현재 디렉터리의 모든 파일을 빌드한다. 그러므로 빌드에 제약을 걸기 위해서는 타겟 파일명을 명시해야 한다.

```
$ scons calc.o
scons: Reading SConscript files ...
scons: done reading SConscript files.
scons: Building targets ...
gcc -o calc.o -c calc.c
scons: done building targets.
```

이 경우 타겟은 실제 디스크 파일이며, Ant의 정의보다는 GNU Make의 타켓 개념과 일치한다. 여기서 주목할 점은 SCons가 간단한 빌드 시스템을 쉽게 구성한다는 점이다. 사용자가 빌드할 대상과 사용되는 소스 파일만을 명시하면 나머지 상세한 작업은 SCons가 알아서 처리해준다. 이는 컴파일러 이름이 하드 코딩hard-coding돼야 하며, 자동 종속성 분석의 구현이 쉽지 않은 GNU Make와 대조적이다.

크로스플랫폼 빌드

비주얼스튜디오가 있는 마이크로소프트 윈도우 시스템상에서 SCons의 크로스플랫폼으로 프로그램을 컴파일할 수 있다. 이전 예제와 동일한 SConstruct 파일로 다음과 같은 결과를 볼 수 있다.

```
scons: Reading SConscript files ...
scons: done reading SConscript files.
scons: Building targets ...
cl /Foadd.obj /c add.c /nologo
add.c
cl /Focalc.obj /c calc.c /nologo
calc.c
cl /Fomult.obj /c mult.c /nologo
```

```
mult.c
cl /Fosub.obj /c sub.c /nologo
sub.c
link /nologo /OUT:calculator.exe calc.obj add.obj mult.obj
sub.obj
scons: done building targets.
```

SCons는 빌드 머신상에서 사용 가능한 컴파일러를 자동으로 탐지하고, 적절한 커맨드라인 옵션으로 해당 컴파일러를 호출할 수 있다. .exe 확장자가 실행 프로그램 이름에 자동으로 추가된 점과 .o 대신 .obj가 사용된 점을 유념하자.

컴파일 옵션 수정

예제를 좀 더 흥미롭게 하기 위해 C 컴파일러 플래그의 기본 설정을 수정해보자. 세 번째 매개변수에 CFLAGS 변수를 설정하는 Program 빌더를 다시 사용해보자.

```
Program('calculator',
    ['calc.c', 'add.c', 'mult.c', 'sub.c'],
    CFLAGS='-g')
```

scons 빌드 도구를 호출하면 gcc 커맨드라인에 -g가 추가된 점을 확인할 수 있다.

```
$ scons
scons: Reading SConscript files ...
scons: done reading SConscript files.
scons: Building targets ...
gcc -o add.o -c -g add.c
gcc -o calc.o -c -g calc.c
gcc -o mult.o -c -g mult.c
gcc -o sub.o -c -g sub.c
gcc -o calculator calc.o add.o mult.o sub.o
scons: done building targets.
```

앞으로 살펴볼 예정이지만, SCons는 빌드 프로세스를 제어하는 많은 설정을 지닌다. 매번 CFLAGS 인수를 별도로 설정하는 대신, 빌드 환경 객체 안에 이 설정을 어떻게 저장할 수 있는지를 함께 알아보자.

기본 구문의 변형

지금까지 살펴본 구문을 토대로 다양한 변형을 사용할 수 있다. 첫째, 소스 파일 대신 오브젝트 파일의 리스트를 명시할 수 있다.

```
Program('calculator',
    ['calc.o', 'add.o', 'mult.o', 'sub.o'],
    CFLAGS='-g')
```

SCons는 calc.c로부터 calc.o가 빌드되는 것을 아는 기본 제공 규칙을 사용한다. 이 수법은 유닉스 환경에서는 문제없이 동작하지만, .obj 파일을 사용하는 윈도우 시스템에서는 실패한다. 따라서 소스 파일을 열거하고 SCons가 중간 파일을 결정하게 맡기는 편이 더 좋다.

여러분도 예상했듯이 파일명의 리스트를 저장하는 변수를 사용할 수도 있는데, 이는 동일한 리스트를 한 번 이상 참조할 때 매우 유용하다.

```
sources = ['calc.c', 'add.c', 'mult.c', 'sub.c']
Program('calculator', sources, CFLAGS='-g')
```

다음과 같이 모든 파일명을 단일 파이썬 문자열로 작성한 후 `Split` 함수로 파일명을 분할하는 일이 가능하다.

```
Program('calculator',
    Split('calc.c add.c mult.c sub.c'),
    CFLAGS='-g')
```

마지막으로, 다음과 같이 인수의 명칭을 부여하는 파이썬 키워드 기반 인수 keyword-based argument를 사용할 수 있다. 이 키워드 기반 인수의 장점은 인수명이 부여됨으로써 인수의 순서에 구애받지 않고 인수 값을 명시할 수 있다는 점이다.

```
Program(source = ['calc.c', 'add.c', 'mult.c', 'sub.c'],
    target = 'calculator',
    CFLAGS='-g')
```

편의 또는 개인 선호에 따라 구문이 다르게 작성될 수 있으므로, 다양한 SConsruct 파일이 작성되는 것은 당연하다. 하지만 결국 동일한 실행 프로그램을 생성한다는 점은 같다.

라이브러리를 활용한 C 컴파일

calculator 예제를 다시 보자. 이번에는 정적 라이브러리와 동적 라이브러리를 빌드하는 방법에 대해 알아보자. 이 경우 라이브러리에 add.c와 mult.c, sub.c를 저장하고, 메인 프로그램으로 calc.c를 사용한다. 다음의 SConstruct 파일에서는 정적 라이브러리를 생성하고 나서 사용한다.

```
1  myCalcLib = StaticLibrary('libcalc', ['add.c', 'mult.c',
   'sub.c'])
2  Program('calculator', ['calc.c'], LIBS = [myCalcLib],
   CFLAGS='-g')
```

1번 행은 유닉스 시스템에서 libcalc.a 정적 라이브러리를 생성하는 `StaticLibrary` 빌더 메소드가 소개돼 있다. `StaticLibrary`의 반환 값은 `Node` 타입의 객체이며, 이 객체는 방금 빌드한 라이브러리를 참조한다. 그리고 `Node` 객체는 어느 곳에서든 사용 가능하다. 예제에서 `myCalcLib` 변수는 libcalc.a 파일의 참조자다.

2번 행은 이전 예제와 같이 `Program` 빌더를 사용하지만, 이번에는 `myCalcLib` 변수로 명명된 라이브러리를 링크하는 `LIBS` 옵션을 설정한다. 이 빌드의 결과는 다음과 같다.

```
$ scons
scons: Reading SConscript files ...
scons: done reading SConscript files.
scons: Building targets ...
gcc -o add.o -c add.c
gcc -o calc.o -c -g calc.c
gcc -o mult.o -c mult.c
gcc -o sub.o -c sub.c
ar rc libcalc.a add.o mult.o sub.o
ranlib libcalc.a
gcc -o calculator calc.o libcalc.a
```

```
scons: done building targets.
```

여러분도 예상했듯이 StaticLibrary 빌더 메소드는 소스 파일을 컴파일하는 방법을 알고 있으며, 정적 라이브러리를 생성하기 위해 ar 명령을 사용한다. Program 빌더 또한 이 라이브러리를 링크하는 방법을 안다.

마찬가지로 SharedLibrary 빌더 또한 유사한 방법으로 동적 라이브러리를 빌드하는 데 사용할 수 있다.

```
myCalcLib = SharedLibrary('libcalc', ['add.c', 'mult.c', 'sub.c'])
Program('calculator', ['calc.c'], LIBS = [myCalcLib], CFLAGS='-g')
```

이번에 사용되는 컴파일 옵션은 이전과 다소 차이가 있다.

```
scons: Reading SConscript files ...
scons: done reading SConscript files.
scons: Building targets ...
gcc -o add.os -c -fPIC add.c
gcc -o calc.o -c -g calc.c
gcc -o mult.os -c -fPIC mult.c
gcc -o sub.os -c -fPIC sub.c
gcc -o libcalc.so -shared add.os mult.os sub.os
gcc -o calculator calc.o libcalc.so
scons: done building targets.
```

SharedLibrary 빌더가 비공유 오브젝트 파일과 구별하기 위해 .os 확장자로 된 오브젝트 파일을 생성하는 점을 눈여겨보자. Program 빌더가 calc.o 파일을 생성하는 경우와 확연히 다르다. 또한 gcc 컴파일러가 위치 독립 코드position-independent code를 생성하기 위해 -fPIC 옵션을 사용하는 점을 유념하자.

지금까지 C 코드를 컴파일하는 예제를 충분히 봤다. 이제 여러분은 빌드 환경을 커스터마이즈하는 것에 관해 더 생각해야 한다.

빌드 환경 관리

이전 예제에서는 컴파일러의 동작을 구성하는 CFLAGS와 LIBS 같은 구성 변수 construction variables의 설정에 관한 것을 다뤘다. 이 경우 Program 빌더를 호출할 때 CFLAGS 또는 LIBS 인수를 명시적으로 추가했었는데, 불행하게도 이 방법은 빌더를 호출할 때마다 동일한 변수를 반복해서 사용하기 때문에 큰 빌드 시스템으로의 확장이 잘 안 된다.

따라서 SCons는 환경 설정을 쉽게 할 수 있게 모든 구성 변수를 한곳에서 관리하는 Environment 객체를 제공한다.

```
env = Environment(CFLAGS = '-g')
env.Program('calculator', ['calc.c', 'add.c', 'mult.c',
'sub.c'])
```

Environment 객체는 사용될 컴파일러와 컴파일러에 넘겨지는 커맨드라인 옵션, 빌드 머신상에서 사용될 파일 확장자(예, .o와 .obj)에 관한 상세한 정보를 저장할 수 있다. 이 예제에서는 이런 정보 대부분을 포함하는 기본 환경에 더불어 CFLAGS 변수를 추가로 정의한다. 그리고 모든 디폴트 변수는 사용자 빌드 머신의 환경에 맞게 자동 설정된다.

여러 다른 환경 사용

SCons가 코드를 디버그 버전이나 프로덕션 버전으로 어떻게 선택적으로 빌드하는지를 알아봄으로써 이전 예제를 확장해보자. 이는 서로 다른 두 환경을 생성하고 목적에 맞게 환경을 선택함으로써 원하는 목적을 성취할 수 있다. 정적 라이브러리를 사용하는 calculator의 디버그 버전을 빌드하는 일은 다음과 같다.

```
$ scons
```

최적화를 활성화하고 공유된 라이브러리를 사용하는 프로덕션 버전을 빌드하려면 다음과 같이 호출한다.

```
$ scons production=1
```

이 기능을 구현하는 코드는 다음과 같다.

```
1  env = Environment()
2
3  if ARGUMENTS.get('production', 1):
4    env['CFLAGS'] = '-O'
5    env['CPPDEFINES'] = '-DPRODUCTION'
6    myLibraryBuilder = env.SharedLibrary
7  else:
8    env['CFLAGS'] = '-g'
9    env['CPPDEFINES'] = '-DDEBUG'
10   myLibraryBuilder = env.StaticLibrary
11
12 myLib = myLibraryBuilder('libcalc',
13      ['add.c', 'mult.c', 'sub.c'])
14
15 env.Program('calculator', 'calc.c', LIBS = [myLib])
```

3번 행은 커맨드라인에서 production 변수가 할당됐는지 확인하고, 실행할 코드 블록을 선택한다. 첫 번째 코드 블록인 4~6번 행은 컴파일러에 코드 최적화를 알리는 CFLAGS와 CPPDEFINES 변수를 설정하며, C 전처리기 심볼preprocessor symbol인 PRODUCTION이 정의된다. 마지막으로 공유된 라이브러리를 빌드할 것을 알리는 myLibraryBuilder 변수도 설정한다.

두 번째 코드 블록인 8~10번 행은 디버그 심볼을 생성하고, DEBUG 전처리기 심볼을 정의한다. 또한 디버깅을 용이하게 하는 정적 라이브러리가 빌드돼야 함을 여기서 알린다.

12~13번 행은 위 설정에 따라 StaticLibrary 또는 SharedLibrary 빌더 메소드를 사용한다. 각 빌더는 빌드 환경 변수(env)의 일부분으로 호출되며, CFLAGS와 CPPDEFINES에 관한 필요한 값을 얻게 된다.

최종적으로 방금 생성한 라이브러리를 전달하면서 Program 빌더를 호출한다. 동일한 환경을 사용하는 이 빌더는, 그 밖의 파일(예, add.c, mult.c, sub.c)과 동일한 설정을 사용하는 calc.c 소스 파일을 빌드한다.

관찰력이 있다면 -g와 -o 옵션이 윈도우 시스템에서는 실제로 동작하지 않는다는 점을 눈치 챘을 것이다. 윈도우 cl 컴파일러는 디버깅과 최적화를 위해 다른 옵션을 사용한다. 올바른 플래그가 전달되는 것을 보장하기 위해서는 일부 추가 작업을 할 필요가 있다.

변수 생성

자, 이제 변수 생성에 흔히 사용되는 몇 가지 수법을 살펴보자. 실제로는 수백 개의 변수가 존재하지만, 그 중 가장 기본이 되는 변수는 다음과 같다.

- **CC** 빌드 시스템에서 C 컴파일러 실행 파일의 경로를 제공한다. 이 CC의 기본 값은 리눅스 시스템에서는 gcc이고, 비주얼 스튜디오를 사용하는 윈도우 시스템에서는 cl이다. 그리고 이 값은 다른 C 컴파일러를 사용하기 위해 수정할 수 있다.
- **CCVERSION** C 컴파일러 버전을 제공한다. 예를 들어 빌드 머신이 GCC 버전 4.3.2를 사용한다면 이 값은 4.3.2로 설정된다.
- **CFILESUFFIX** C 언어 소스 파일은 이 파일 확장자를 가진다. 대부분의 머신에서 이 기본 값은 .c다.
- **PROGSUFFIX** 실행 프로그램의 파일 확장자를 명시한다. 이 변수는 유닉스 시스템에서는 아무런 값이 없고, 윈도우 시스템에서는 .exe로 설정된다.
- **CCCOM** C 컴파일러에 건네지는 커맨드라인 옵션을 명시한다. 다음 기본 값은 리눅스의 GCC 컴파일러에 사용된다.

  ```
  '$CC -o $TARGET -c $CFLAGS $CCFLAGS $_CCCOMCOM $SOURCES'
  ```

  CCCOM 변수가 참조될 때 정의된 모든 변수는 현재 값으로 설정된다(GNU Make의 지연 평가와 유사하다). 특히 $TARGET과 $SOURCES 변수는 빌더가 컴파일러를 호출할 때마다 적합한 값으로 설정된다.

각 구성 변수는 기본 값으로 설정되지만, 모든 것이 꼭 그렇지만은 않다. 다음 변수들은 초기화 시에 빈 문자열이 되고, 사용자에 의해 정의될 수 있다.

- **CCFLAGS** C와 C++ 컴파일러 둘 모두에 건네지는 옵션이다.
- **CFLAGS** C 코드를 컴파일할 때만 사용되는 옵션이다. C++ 코드는 해당되지 않음을 유념하자.

- **CPPDEFINES** C 컴파일러에 건네지는 C 전처리기 심볼의 리스트다. 사용되는 컴파일러에 따라 접두사 `-D` 또는 `/D`가 자동 부여된다.
- **CPPPATH** `#include` 지시어가 C 프로그램에서 사용될 때 검색되는 디렉터리 리스트다.
- **LIBPATH** `CPPPATH`와 마찬가지로 프로그램에 링크될 라이브러리가 있을 때 검색되는 디렉터리 리스트다.

마지막으로 소개하는 구성 변수 `CCCOMSTR`는 컴파일 도구 호출에는 아무런 영향을 주지 않고, 다만 표준 출력에 영향을 끼친다.

- **CCCOMSTR** 이 변수가 정의돼 있다면 사용자에게 실제 컴파일 명령을 보여주는 대신 특정 메시지를 보여준다. 예를 들어 다음과 같다.

  ```
  env['CCCOMSTR'] = "Compiling $SOURCES"
  ```

  이 경우 프로그램이 컴파일될 때 `gcc -o calc.o -c calc.c` 대신 `Compiling calc.c`가 표시된다.

SCons 사용자 가이드나 매뉴얼 페이지man page에서 제공되는 변수 리스트를 참조하자.

변수의 기본 값 구성

SCons 도구는 기본 값으로 처리되는 구성 변수의 값을 설정하기 위해 꽤 많은 사전 작업을 한다. 우선 SCons는 빌드 머신상의 운영체제를 판단하고 나서 설치된 도구를 알아내기 위해 모든 표준 파일 시스템 위치를 검색한다. 사용자 대부분은 도구의 기본 설정을 원하지만, 새로운 환경을 만들 때마다 이 기본 값을 덮어쓰길 원한다.

SCons는 로컬 도구를 검색할 때 개발자의 `$PATH` 또는 `%PATH%` 환경 변수를 사용하지 않는다. 이는 SCons가 빌드 프로세스의 정확성을 얼마나 중시하고 있는가에 관한 좋은 일례다. 다시 말해 특정 사용자의 개인 검색 경로는 컴파일 도구를 포함하지만, 그 외의 사용자 경로는 포함하지 않는 등의 일관성 문제를 사전에 제거한다.

프로그램 흐름과 종속성 분석

언뜻 보기에는 SCons 빌더 메소드는 Ant의 Task와 유사해 보인다. 특정 빌드 단계의 입력과 결과를 열거하는 상위 레벨 지시어를 제공하면 SCons 빌더 메소드는 필요한 컴파일 도구를 호출한다. 그리고 모든 종속성 분석은 빌더 내부에 잠재돼 있으므로, 사용자는 종속성 그래프 생성에 대해 신경 쓸 필요가 없다.

그러나 실제로 빌드 작업이 시작될 때 작업 흐름은 다소 다르다. Ant는 Task가 처음 호출될 때 컴파일 도구를 호출하는 반면, SCons는 GNU Make와 동일하게 두 단계로 나눠 처리한다. 첫 번째 단계인 빌더가 호출되는 시점에서는 종속성 정보만을 계산한다. 두 번째 단계에서 SCons는 종속성 그래프 전체를 순회하고 최신 파일을 만드는 데 필요한 컴파일 도구를 호출한다.

이 두 단계를 명심하면 SCons 개발자는 마치 파이썬 프로그램을 읽는 것처럼 용이하게 SCons 프로그램을 읽을 수 있다. 위에서 아래로의 순차적 실행의 흐름을 이해할 수 있으며, 한 빌더 메소드의 결과 값이 어떻게 반환되며, 그 반환 값이 어떻게 그다음 입력 값으로 전달되는지 파악할 수 있다. 따라서 전반적인 종속성 그래프의 생성을 용이하게 이해할 수 있으므로, 대부분의 개발자는 소프트웨어가 어떻게 생성되는지 문제없이 알 수 있다.

컴파일 도구가 실제로 호출되는 두 번째 단계는 다소 복잡하다. Ant와 달리 컴파일 도구는 SCons가 정하는 순서대로 호출되며, 소스 파일에 열거된 빌더상의 순서와 꽤 다를 수 있다. 앞으로 알아볼 예정이지만, SCons는 종속성 그래프를 용이하게 이해하는 데 필요한 메커니즘을 제공한다. 따라서 잘못된 SCons 프로그램을 디버깅하는 일이 더욱 용이하다.

여러 디렉터리 지원

여러 디렉터리로 분산된 SCons 프로그램을 다루기 위해 여러 파일을 하나로 통합하는 `SConscript` 함수를 사용한다. 이 경우 하위 레벨 디렉터리에 있는 빌드 기술 파일[build description file]은 반드시 SConscript로 명명돼야 한다. 반면 상위 레벨 파일은 SConstruct로 명명돼야 한다.

```
SConscript('subdir/SConscript')
```

앞에서 SCons는 무엇보다도 정확성을 중시한다고 설명했듯이 subdir/SConscript

파일 내에서 호출되는 빌더들은 동일한 전역 종속성 그래프를 함께 만든다. 그러므로 재귀 Make에서의 문제점은 발생하지 않는다. 또한 SConscript 파일에 기술된 모든 파일명은 subdir 디렉터리와 관련돼 있다고 해석한다. 그래서 각 파일에 긴 경로명을 일일이 열거할 필요가 없는 편의성이 있다. 8장 후반부에서 `SConscript` 함수를 사용하는 많은 예제를 접해보자.

종속성 분석

많은 종속성 분석이 준비돼 있지만, 그 가운데 SCons가 제공하는 종속성 그래프를 직접 조작하는 함수는 다음과 같다.

- **`Depends`** 빌더 메소드가 올바른 종속성을 도출해내기 어렵다고 판단되면 종속성 그래프에 링크를 명시적으로 추가하는 `Depends` 함수를 사용할 수 있다. 이 예제에서는, calculator 프로그램이 headers.h 파일에 의존한다(실제로 존재하는 number.h 파일 다르다.).

  ```
  target = Program('calculator',
                   ['calc.c', 'add.c', 'mult.c', 'sub.c'])
  Depends(target, 'headers.h')
  ```

  어떤 소스 파일에서든 header.h 파일을 포함하지 않더라도 headers.h가 변경된다면 calculator 프로그램은 다시 링크된다. 이 함수를 자주 사용할 필요는 없지만, 이용 가능하다는 점을 기억해두자.

- **`Ignore`** 이것은 `Depends`와 반대되는 것으로, 종속성 그래프에서 링크를 명시적으로 삭제할 때 사용한다.

  ```
  Ignore(target, 'calc.o')
  ```

  이 예제에서는 calc.o가 변경되더라도 calculator 프로그램을 다시 컴파일하지 않게 한다. 하지만 나머지 파일이 변경된다면 링크 단계가 호출되고 calc.o가 실행 프로그램으로 링크되는 점을 유념하자.

- **`Default`** 기본적으로 SCons는 현재 디렉터리 내에 존재하는 모든 타겟을 항상 빌드한다. 이 대신 빌드하고 싶은 특정 파일이 있다면 다음과 같이 `Default` 함수를 사용한다.

```
Default('calculator')
```

사용자가 타겟 이름을 부여하지 않고 커맨드라인에서 `scons`를 호출하면 calculator 프로그램이 빌드된다.

- **`Alias`** 앞에서 이미 봤듯이 SCons 타겟은 보통 실제 디스크 파일명이다. 하지만 `Alias` 함수를 사용해 실제 디스크 파일과 관련 없는 이름으로 된 타겟을 만들 수 있다. 이는 GNU Make의 포니phony 타겟 내지는 Ant의 타겟과 유사하다.

```
Alias('all', 'calculator')
```

이 경우 `all` 타겟을 calculator 프로그램의 앨리어스로 정의한다. 두 번째 인수로 파일 리스트 또한 부여 가능하며, 이를 통해 단일 앨리어스 이름으로 여러 타겟을 빌드할 수 있다.

자, 그럼 파일의 상태가 최신인지 판단하는 SCons의 고유한 방법을 알아보자.

재빌드할 시기 결정

그 밖의 도구와 비교해 SCons는 생성된 파일이 재빌드될 필요가 있는지를 판단하는 데 두드러진 능력을 발휘한다. 예를 들어 SCons는 파일의 단순히 타임스탬프를 비교하는 전통적인 수법을 사용하는 대신, 파일이 변경됐는지를 판단하는 MD5 체크섬checksum을 사용할 수 있다. 뿐만 아니라 생성되는 파일이 최종적으로 다른 내용으로 변경되는 것을 예측하기 위해 컴파일 도구 플래그와 검색 경로에서의 변경을 검색한다.

또한 SCons 프로그램은 컴파일 프로세스 방법을 명시하는 `Decider` 함수를 사용할 수 있는데, 이는 프로세스를 완전히 커스터마이즈할 수 있게 해준다. SCons는 이미 많은 기본 제공 결정자decider를 내포하고 있지만, 사용자가 필요에 따라 새로운 결정자를 정의할 수도 있다. 대표적인 결정자는 다음과 같다.

- **`Decider('MD5')`** 소스 파일이 변경됐는지 판단하기 위해 SCons는 소스 파일의 MD5 체크섬을 계산하고, 마지막으로 빌드된 파일의 체크섬과 비교한다. 체크섬에서 차이가 없다면 파일 내용이 변경되지 않았다고 간주한다. 다만 이 방법은 .sconsign 파일에 저장되는 영구적인 MD5 서명signature 데이터베이스가 보

존되는 것을 전제로 한다.

- **Decider('timestamp-newer')** 소스 파일이 변경됐는지 판단하기 위해 SCons는 소스 파일의 타임스탬프가 오브젝트 파일의 타임스탬프보다 최신인지 확인한다. 소스 파일의 타임스탬프가 더 최신이라면 소스 파일이 변경됐을 가능성이 높다. 하지만 그 가운데 실제로 파일 내용의 변경이 발생하지 않은 예도 있다는 점을 유념하자. 이것은 GNU Make 도구에서 사용되는 방법과 동일하다.
- **Decider('timestamp-match')** `Decider('timestamp-newer')`와 유사하다. 그러나 소스 파일과 오브젝트 파일의 타임스탬프를 비교하는 대신, SCons는 연속되는 빌드 사이에서 소스 파일의 타임스탬프를 빠짐없이 기록한다. 그리고 SCons의 많은 비교 연산 부하를 줄이기 위해 타임스탬프를 데이터베이스에 기록해둔다.
- **Decider('MD5-timestamp')** 기본 MD5 결정자는 오히려 더 느려질 수 있다. 이 점을 개선하기 위해 이런 방법으로 MD5 체크섬을 계산하기 전에 각 파일의 타임스탬프를 확인한다. 후반부에서 이 방법에 대해 좀 더 알아보자.

물론 여러분은 자신만의 결정자 함수를 작성할 수 있다. 예를 들어 여러분의 빌드 시스템이 주식 정보를 제공하는 웹 페이지를 생성한다면 여러분은 주가가 변경됐는지 확인하는 결정자도 작성할 수 있다. 하지만 이는 주가 정보 변경이 없는데도 빌드가 호출될 때마다 HTML 파일을 무의미하게 재생성하는 결점이 있다.

또한 SCons는 파일 변경 확인과 더불어 환경 변화를 확인한다. 이는 컴파일 도구에 전달되는 컴파일 플래그와 라이브러리, 또는 헤더 파일을 검색하는 데 활용되는 파일 시스템 경로를 포함한다. 그럼 각 경우를 살펴보자.

- **CFLAGS** 대부분의 C 컴파일러 옵션은 이미 생성된 오브젝트 코드에 영향을 준다. 예를 들어 `-O` 플래그로 오브젝트 파일을 컴파일한 후 더욱 최적화하기 위해 `-O2`로 재컴파일하면 SCons는 모든 오브젝트 파일을 재생성한다.
- **CPPPATH** 이 변수는 C 헤더 파일을 검색할 때 검색 경로로 사용된다. 예를 들어 프로그램이 numbers.h를 포함하고 나서 검색 경로를 변경한다면 numbers.h라는 같은 이름의 또 다른 파일을 대신 사용할 가능성이 충분히 발생한다. 이런 경우 오브젝트 파일이 재생성될 필요가 있다.

- **LIBPATH** 라이브러리 파일을 검색하는 데 사용되는 검색 경로로 사용되는 점을 제외하고는 CPPPATH와 유사하다. 이 변수 값이 변경된다면 같은 이름의 또 다른 라이브러리가 포함될 가능성이 있다.

여러분도 예상하듯이 이것은 앞으로 보게 될 잘못된 빌드 가능성을 줄일 수 있는 빌드 정확성에 초점을 둔다. 정확성을 높이는 반면, 이 기능들은 빌드 시스템을 느리게 하는 경향이 있다. 따라서 SCons 개발자는 성능에 중점을 둘 것인지 아니면 정확성을 더욱 중시할 것인지를 주의 깊게 고려해야 한다. 자, 그럼 이 트레이드오프에 관해 생각해보자.

- MD5 체크섬 계산은 많은 시간이 필요하다. 따라서 이보다 계산량이 적은 타임스탬프 기반 결정자를 활용해 총 계산 시간을 단축시킬 수 있다. 하지만 타임스탬프 기반 메소드의 정확성이 떨어져 재빌드할 필요가 없는 파일조차 재빌드할지도 모른다. 이를 보완하기 위해 MD5 타임스탬프 결정자는 양쪽의 장점을 겸비한다. 즉, 먼저 빠른 타임스탬프 비교를 수행하고 나서 그 비교 결과 파일 변경이 탐지됐을 때에만 느린 MD5 계산을 수행한다.
- MD5 계산이 타임스탬프보다 느릴 수 있지만, 효율적이다. 예를 들어 소스코드의 주석을 수정한다면 소스 파일의 내용이 변경되고 이에 상응하는 오브젝트 파일이 재생성된다. 하지만 오브젝트 파일의 내용에는 아무런 영향을 미치지 않기(단지 주석만 변경[1]) 때문에 빌드 프로세스는 더는 진행하지 않는다. 그러므로 SCons는 오브젝트 파일이 변경되지 않았음을 알고, 실행 프로그램을 다시 링크하지 않는다.
- 잘못된 파일을 추출할 우려가 있는 CPPPATH와 LIBPATH 변수의 변경이 별로 신경 쓰이지 않는다면 implicit_cache 옵션으로 이 기능을 제한할 수 있다. 이는 어느 헤더 파일과 라이브러리를 사용할지 판단할 때 SCons가 각 소스 파일을 재조사하는 것을 금지하는 옵션이다. 또한 이 정보는 연속되는 빌드 사이에서 저장되므로 빌드 성능을 전체적으로 향상시킨다.

19장에서 더 상세히 다루겠지만, MD5 타임스탬프와 implicit_cache 옵션을 잘 활용하면 SCons 빌드 도구의 속도를 GNU Make 빌드 시스템만큼 향상시킬 수 있다.

---

1. 컴파일러는 소스코드에 있는 주석문을 기본적으로 컴파일하지 않는다. – 옮긴이

언어 확장

그 밖의 빌드 도구에서도 봤듯이 사용자가 기능을 추가함으로써 기본 언어를 확장하는 일은 중요한 사안이다. 예를 들어 SConstruct 파일을 더욱 용이하게 작성하게 하는 새로운 빌드 메소드나 파이썬 함수 추가를 들 수 있다. SCons는 수많은 확장점을 제공하며, 그 가운데 일부는 다음과 같다.

- 기본 파이썬 함수 작성
- 셸 명령으로 빌더 메소드를 생성
- 파이썬 코드만으로 빌더 메소드를 생성
- 직접 셸 명령을 호출
- 소스코드 스캐너scanner를 작성

각 경우는 파이썬 언어로 작성돼 확장되며, 특정 컴파일 도구를 호출할 필요가 있을 때에는 셸 명령을 사용할 수 있다. 이는 많은 나머지 빌드 도구와 달리 확장할 때 다른 프로그래밍 언어를 사용할 필요가 없다. 따라서 파이썬 코드와 셸 명령의 조합은 대부분의 애플리케이션에 있어서 매우 유용하다.

일반 파이썬 함수 작성

우선 SConstruct 파일을 작성하는 일은 어렵지 않지만, 이보다 더 쉽게 작성하기 위해 추가 헬퍼 함수helper function가 필요할지도 모른다. 예를 들어 앞에서 살펴본 `extractAndReverse` 함수는 SConstruct 파일 내에서 사용하기 쉽다.

```
reversedList = extractAndReverse('.*\.c$', fileList)
```

여러분의 빌드 시스템에서 소스 파일의 리스트를 처리하고 생성할 필요가 있는 파일을 선정하는 유사한 방법이 있을지도 모른다. 그리고 여러분의 빌드 시스템이 더 복잡해진다면 빌드 기술을 더욱 읽기 쉽게 하려고 이 함수와 유사한 함수들을 더 많이 작성할지도 모른다.

SConstruct 파일을 파싱하는 첫 번째 단계에서 이 코드가 실행된다는 점과 빌드 시스템의 최종 목적은 종속성 그래프의 생성이라는 점을 명심하자. 그리고 두 번째 단계에서 추가로 호출될 수 있는 빌더 메소드의 입력 요소가 되는 `reversedList`

변수를 사용한다. 마지막으로 컴파일 도구를 호출할 필요가 있다면 단순히 빌더 메소드를 생성하면 된다.

셸 명령을 활용해 빌더 메소드 생성

새로운 컴파일 도구를 추가함으로써 SCons 언어를 확장할 때 가장 손쉬운 방법은 작업 대부분을 셸 명령에 맡기는 일일 것이다. 하지만 여전히 종속성 그래프 빌드에 필요한 몇 가지 일이 남아 있다. 여기서 새로운 빌더 메소드를 추가하는 간단한 예를 소개한다. 이 경우 상위 레벨 .rpc 파일로부터 .c 파일을 생성하는 허위 rpctool 컴파일러를 사용한다.

```
1  env = Environment()
2  rpc_builder = Builder(action = '/tools/bin/rpctool -o
   $TARGET $SOURCE',
3                        suffix = '.c', src_suffix='.rpc')
4  env['BUILDERS']['RPC'] = rpc_builder
5
6  env.RPC('fast_messages.rpc')
```

이 예제에서의 거의 모든 일이 2번 행에서 수행된다. Builder 함수는 실행되는 셸 명령을 포함하는 action 문자열을 취한다. 이 명령은 아직 실행하지 않고 도구가 호출될 때 실행되는데, $SOURCE와 $TARGET 변수는 그들의 적절한 값으로 확장된다. 그리고 전체 문자열은 셸 명령으로 전달된다. 마지막으로 suffix와 src_suffix 매개변수는 종속성 그래프를 빌드할 때 사용되는데, 빌더는 .rpc 확장자 파일을 입력 요소로, .c 확장자 파일을 결과 요소로 한다.

4번 행에서 이 새로운 빌더를 구성 변수 환경에 추가한다. RPC 빌더명을 추가함으로써 6번 행에서 기술된 구문을 활용해 도구를 호출할 수 있다. 이 스크립트를 실행하면 다음과 같은 결과를 얻는다.

```
$ scons
scons: Reading SConscript files ...
scons: done reading SConscript files.
scons: Building targets ...
/tools/bin/rpctool -o fast_messages.c fast_messages.rpc
scons: done building targets.
```

이 새로운 빌더를 추가하는 접근 방식은 GNU Make에서 사용되는 기법과 유사하다. 파일명 패턴을 매칭하는 일은 새로운 빌드 도구를 추가하는 데 아주 편리한 방법이다.

파이썬 코드만으로 빌더 생성

여러 상황에서 셸 명령을 호출하는 빌더 메소드가 이용 가능하다는 점은 매우 유용하지만, 단일 명령을 호출하는 것이 꽤 제한적이라는 점을 발견하게 된다. 표준 `Program` 빌더는 오브젝트 파일을 생성하고, 커맨드라인 옵션을 처리하는 것 외의 많은 일을 수행한다. 이런 여러 가지 복잡한 상황을 잘 처리하는 파이썬 언어의 강력한 기능에 대해 감탄하지 않을 수 없다.

다음 예제는 앞에서 정의한 `makeCopyright` 함수를 활용한다. 파이썬으로 모든 빌더 메소드를 작성하고, 필요에 따라 더 많은 셸 명령을 호출할 수도 있다.

```
 1  from MakeCopyright import makeCopyright
 2  from time import localtime
 3
 4  def copyright_function(target, source, env):
 5    target_file = str(target[0])
 6    holder_file = source[0]
 7    holder_name = holder_file.get_contents().strip()
 8    year = localtime()[0]
 9    makeCopyright(holder_name, year, target_file)
10
11  env = Environment()
12  builder = Builder(action = copyright_function)
13  env['BUILDERS']['Copyright'] = builder
14
15  env.Copyright('LICENSE.txt', 'holder.txt')
```

일단 파일의 서두 부분은 나중에 살펴보고, 먼저 11~13번 행을 알아보자. 이 예제는 셸 명령 대신 파이썬 함수를 사용한다는 점을 제외하고는 이전 예제와 유사하다. 또한 `suffix`와 `src_suffix` 매개변수를 포함하지 않는다.

자, 그럼 `copyright_function` 함수가 정의된 4~9번 행으로 돌아가 보자. 이 함수에서 사용되는 세 가지 매개변수는 다음과 같다.

- **target** 생성될 파일을 정의하는 Node 객체(SCons의 특수한 데이터 유형)의 리스트다. 5번 행에서 첫 Node 객체를 패치[fetch]하고 str 함수를 이용해 파일명을 판단한다.
- **source** 입력 파일을 정의하는 Node 객체의 리스트다. 6~7번 행에서 리스트로부터 첫 소스 파일을 패치하고 해당 소스 파일의 내용에서 개행 문자를 제거한 후 holder_name 변수에 할당한다.
- **env** 빌드할 때 사용되는 Environment 객체다. 단, 이 함수에서는 이 객체를 사용하지 않는다.

8번 행에서 빌더 메소드는 현재 년(예, 2010)을 year 변수에 할당하고, 9번 행에서 makeCopyright 함수를 호출함으로써 종료한다. 마지막으로 15번 행에서 Copyright 빌더를 호출해 디스크 파일을 작성한다.

셸 명령 직접 호출

때에 따라 새로운 Builder 객체를 정의할 필요 없이 단순히 특정 컴파일 도구를 한 번만 호출하는 빌드 시스템이 있을 수 있는데, 이 경우 특정 한쌍의 파일에 관한 셸 명령을 한 번만 호출하는 Command 메소드를 사용할 수 있다.

```
env.Command("data.txt.gz", "data.txt", "gzip -c < $SOURCE > $TARGET")
```

이 예제에서 data.txt.gz 파일은 gzip 명령이 실행됨으로써 data.txt로부터 생성된다. 그리고 이 셸 명령은 지금 당장 실행되지 않고, 차후에 필요할 때 종속성 그래프에 추가된다.

반면 SConstruct 파일을 파싱하는 첫 단계에서 셸 명령이 실행되길 원한다면 대신 파이썬 표준 함수인 os.system을 사용하면 된다.

소스코드 스캐너 작성

8장 서두에서 SCons가 자동으로 소스 파일의 종속성을 탐지한다는 것에 관한 개념을 알아봤다. 예를 들어 C 소스 파일은 #include 지시어를 이용해 수많은 헤더 파일을 포함할 수 있다. 그리고 RPC 빌더를 완료하기 위해 어느 파일이 포함되는지 규명하는 스캐너를 추가할 필요가 있다. SCons 빌드에 mathcomp 컴파일러를 추가할 때 이 기술에 대해 좀 더 알아보자.

기타 흥미로운 기능

SCons는 8장에서 다루지 않은 흥미로운 많은 기능이 있는데, 그 기능 가운데 주요한 것은 다음과 같다.

- **컴파일 도구의 플래그 조작하기** SCons는 컴파일 도구 옵션 리스트를 조작하는 데 필요한 다양한 함수를 제공한다. 이는 현존하는 리스트의 말미나 서두에 플래그를 추가하거나, 현존하는 플래그를 새로운 값으로 치환하거나, 리스트에서 반복되는 플래그가 없게 보장하거나, 컴파일러 플래그 문자열을 파싱하거나, 적절한 컴파일 도구에 파싱한 플래그를 전달하는 따위의 능력을 포함한다.
- **진행 과정 지표 표시하기** 빌드 진행 과정을 보여주는 사용자 정의 메소드를 호출할 수 있다.
- **코드 리포지토리(repository)로부터 코드 빌드하기** 각 개발자가 모든 파일을 복사하는 대신 소스 트리를 서로 간에 공유할 수 있다. SCons는 개발자 트리에서 소스 파일을 발견하지 못하면 이 공유된 트리의 소스 파일을 참조한다. 이는 GNU Make의 `VPATH` 기능과 유사하다.
- **이미 빌드된 오브젝트 파일 캐싱하기** MD5 체크섬을 활용함으로써 SCons는 컴파일되는 오브젝트 파일의 이력 또한 참조할 수 있다. 예를 들어 다른 개발자가 동일한 헤더 파일과 컴파일 플래그로 동일한 소스코드 파일을 이미 컴파일했다면 SCons는 다시 컴파일하는 대신 공유된 리포지토리로부터 오브젝트 파일을 입수한다. 이 메커니즘에 대해서는 19장에서 더욱 상세하게 다룬다.
- **빌드 머신 검증하기** SCons는 요구되는 빌드 환경을 지원하는 빌드 머신을 분석하는 수많은 기능을 포함한다. SConstruct 프로그램은 특정 라이브러리와 헤더 파일이 존재하는지 탐지하고, 빌드 환경에서 어느 기능이 유효한지 검증하기 위해 작은 테스트 프로그램을 컴파일할 수 있다.

SCons 시스템은 정말 풍부하고 다양한 기능을 내포하고 있으며, 계속 성장하고 있다. 또한 비교적 짧은 역사이지만, 사용자가 많아짐에 따라 사용 가능한 기능의 수가 증가하고 있다.

추가 참고 문헌

SCons의 공식 사이트[56]에서 유저 가이드와 매뉴얼이 준비돼 있다. 유저 가이드는 첫 사용자를 위한 입문 지침서인 반면 매뉴얼은 함수의 매개변수나 구성 변수를 상기할 필요가 있을 때 필요한 전문가를 위한 지침서다.

SCons의 공식 사이트에서 제공하는 유저 가이드가 풍부한 정보를 제공하고 있어 그 외의 SCons 도구에 관한 문서는 별로 존재하지 않는다.

SConstruct 파일을 작성하는 자는 파이썬 언어를 숙지할 필요가 있으며, 파이썬 언어에 관한 많은 책이 준비돼 있다[58].

빌드 시스템 적용 사례

자, 이제 이론이 아닌 몇 가지의 빌드 시스템 시나리오를 보면서 SCons 사용 용도를 알아보자. SCons 도구 디자이너는 이런 예제를 더욱 쉽게 구현할 수 있게 여러 방면으로 고찰했으며, 그 결과 GNU Make나 Ant보다 동등한 기능의 프로그램을 SConstruct 파일로 더욱 간결하게 작성할 수 있게 했다.

시나리오 1: 단일 디렉터리의 소스코드

앞에서 살펴본 단일 디렉터리 calculator 예제를 다시 살펴보자.

```
Program('calculator',
        ['calc.c', 'add.c', 'mult.c', 'sub.c'],
        CFLAGS='-g')
```

앞에서도 봤듯이 numbers.h 헤더 파일이 수정된다면 `Program` 빌더는 모든 종속성을 분석하고, 오브젝트 파일을 재빌드한다. 마찬가지로 `CFLAGS` 변수가 변경된다면 오브젝트 파일의 신뢰성을 확보하기 위해 오브젝트 파일을 재컴파일한다.

시나리오 2(a): 여러 디렉터리의 소스코드

소스 파일이 여러 디렉터리에 걸쳐 분산돼 있더라도 SConstruct 파일 내용에는 큰 차이가 없다.

```
Program('calculator',
        ['libmath/clock.c', 'libmath/letter.c', 'libmath/
        number.c',
        'libprint/banner.c', 'libprint/center.c', 'libprint/
        normal.c',
        'calc/calc.c'],
        CFLAGS='-g')
```

SCons는 종속성을 정확히 분석하고, 오브젝트 파일을 소스 파일과 동일한 계층 구조에 저장한다.

이 방식의 단점은 SConstruct 파일이 길어지고 유지보수가 힘들어질 경향이 있다는 점이다. 특히 수천 개의 소스 파일이 있을 경우 이 경향은 두드러진다. 또한 이 파일을 변경하는 개발자 간의 경합을 제어하기란 만만치 않다.

시나리오 2(b): 여러 SConstruct 파일

동일한 SConstruct 파일에 모든 소스 파일을 기술하는 대신, 빌드 기술 파일을 여러 파일로 나눌 수 있다. 이 방식은 각 파일의 용량을 줄이고, 사용자 간의 경합을 줄이며, 소스 파일과 동일한 디렉터리에 빌드 기술 파일을 저장할 수 있는 장점이 있다.

상위 레벨 SConstruct 파일은 다음과 같다.

```
1  env = Environment()
2  env['CFLAGS'] = '-O'
3  Export('env')
4
5  libmath = SConscript('libmath/SConscript')
6  libprint = SConscript('libprint/SConscript')
7  Export('libmath libprint')
8
9  SConscript('calc/SConscript')
```

1~3번 행은 전 시스템에서 사용되는 빌드 환경 변수(env)를 생성한다. 이 경우 CFLAGS 변수만 변경했지만, 그 외의 수많은 환경 변수를 생성하거나 변경 가능하다. 3번 행의 Export 함수는 그 밖의 SConsript 파일이 env를 임포트import할 수

있게 명시한다.

5번 행에서 libmath/SConscript 파일을 포함한다. 마찬가지로 6번 행에서 libprint/SConstript 파일을 포함한다. 이 파일들의 내용이 파싱되고, 종속성이 동일한 전역 종속성 그래프에 추가된다. 7번 행에서는 `SConscript` 호출의 결과 값을 저장하는 두 변수(`libmath`, `libprint`)가 익스포트[export]된다. 따라서 그 밖의 SConscript 파일에서 이 두 변수를 임포트[import]할 수 있다. 마지막으로 9번 행에서 최종 calculator 실행 파일을 링크하는 calc/SConscript 파일을 포함하는데, 5~6번 행과 달리 이번에는 결과 값을 전혀 고려하지 않는다.

그럼 libmath/SConscript 파일을 알아보자.

```
1  Import('env')
2
3  lib = env.StaticLibrary('libmath',
4         ['number.c', 'clock.c', 'letter.c'])
5
6  Return('lib')
```

환경 객체를 포함하는 `env` 변수를 임포트[import]하고, `libmath` 라이브러리를 생성할 때 이 변수를 사용한다. 모든 컴파일러 옵션은 전 빌드 시스템에 걸쳐 일관되게 사용된다. 6번 행은 방금 생성한 라이브러리를 저장하는 `Node` 객체를 반환한다.

계속해서 libprint/SConscript 파일을 살펴보자.

```
Import('env')

lib = env.StaticLibrary('libprint',
       ['normal.c', 'center.c', 'banner.c'])

Return('lib')
```

libmath/SConscript의 내용과 매우 흡사하므로 추가 설명은 생략한다.

마지막으로 calc/SConscript 파일은 `libmath`와 `libprint` 변수를 임포트한다(* 와일드카드는 모든 것을 임포트한다는 것을 의미한다). 그리고 calculator 실행 프로그램을 생성하는 데 이들을 사용한다.

```
Import('*')

env.Program('calculator',
          ['calc.c'],
          LIBS=[libmath, libprint])
```

이것으로 여러 디렉터리로 전개된 전체 빌드 시스템이 완료됐다. 이 시점에서 여러분은 SCons가 GNU Make와 Ant가 해결하지 못하는 하위 빌드 문제를 해결할 수 있지 않겠느냐고 생각될 것이다. 다행히도 SCons 도구는 SConstruct와 SConscript 같은 파일명 선택을 토대로, 이런 딜레마를 해결할 수 있다.

SCons는 SConstruct 파일만을 입력 파일로 하며, `SConscript` 함수로 SConscript 파일을 포함하는 경우에만 처리한다는 점을 유념하자. 하위 레벨 디렉터리에서 `scons`를 호출하면 다음과 같은 에러 메시지가 표시된다.

```
$ scons
scons: *** No SConstruct file found.
```

최상위 레벨이 아닌 곳에서 소프트웨어를 빌드하는 것은 불가능할 것으로 생각할지도 모른다. 하지만 그건 사실이 아니다. `scons`를 `-u` 옵션과 함께 호출하면 가장 근접한 SConstruct 파일을 찾기 위해 부모 디렉터리를 연쇄적으로 철저히 검색한다. 그 결과 전 빌드 기술 파일을 파싱하고 완벽한 종속성 그래프를 형성한다.

하지만 이는 전 소프트웨어 이미지를 컴파일한다는 것을 뜻하지는 않는다. 기본적으로 SCons는 현 디렉터리와 현 디렉터리의 하위 디렉터리에 있는 타겟만을 빌드한다. 그리고 특정 하위 디렉터리에서 SCons를 호출했기 때문에 해당 디렉터리의 내용만 빌드된다.

다행인 점은 SCons가 완전한 종속성 그래프의 복사본을 갖고 있으므로, 현재 디렉터리에 있는 파일을 컴파일할 필요가 있을 때에만, 나머지 하위 디렉터리를 먼저 빌드하게 된다. 그러므로 하위 빌드 문제가 자연스럽게 해결된다.

시나리오 3: 새로운 컴파일 도구 정의

SCons 환경에 `mathcomp` 도구를 추가하는 일은 GNU Make와 비교해 다소 복잡하지만, Ant와 비교해서는 간단하다. 그 복잡성 가운데 하나는 기본 제공 `mathcomp`

-d 플래그를 사용하는 대신, 종속성을 검색하는 소스코드 스캐너를 작성하는 일이 다소 복잡한 일이다. 이와 관련된 소스코드는 다음과 같다.

```
1  import re
2  reg_exp = re.compile(r'^import\s+(\S+)$', re.M)
3
4  def scan_math(node, env, path):
5    import_nodes = [ node ]
6    import_list = []
7
8    while len(import_nodes) != 0:
9      this_node = import_nodes.pop()
10
11     new_imports = reg_exp.findall(this_node.get_contents())
12     for file in new_imports:
13       import_list.append(file)
14       import_nodes.append(File(file))
15
16     return import_list
17
18 env = Environment()
19 math_scanner = Scanner(function = scan_math, skeys = ['.math'])
20 env.Append(SCANNERS = math_scanner)
21
22 math_builder = Builder(action = '/tools/bin/mathcomp$SOURCE',
23                        suffix = '.c', src_suffix='.math')
24 env['BUILDERS']['Math'] = math_builder
25
26 extra_c_src = env.Math('equations')
27 env.Program('calc', ['main.c', extra_c_src])
```

편의상 프로그램의 후반부부터 함께 알아보자. 26~27번 행은 새로운 빌더 메소드인 Math의 사용법을 보여준다. equations.math 파일 이름(확장자 제외)을 전달하고, 빌더는 Program 빌더에 전달된 C 소스 파일을 생성한다.

22~24번 행에서 셸 명령으로 빌더를 수행하는 새로운 Math 빌더가 환경에 추가된다. 이 경우 도구가 자동으로 타겟 파일명을 결정하기 때문에 단지 $SOURCE 변수

에 mathcomp 도구를 설정하면 된다.

19~20번 행은 새로운 소스코드 스캐너를 정의한다. scan_math 함수가 호출돼 종속성을 분석할 때 .math로 끝나는 소스 파일을 조사할 것을 SCons에 알린다. 이 함수는 import 절로 참조되는 .mathinc 파일 리스트를 반환한다.

자, 이제 4~16번 행의 scan_math 함수를 알아보자. 4번 행에서 scan_math는 SCons 종속성 분석 시스템에 의해 제공되는 세 가지 요소를 매개변수로 취한다. 그 중 첫 번째 매개변수는 조사 대상 파일을 나타내는 Node 객체다. 두 번째 매개변수는 구성 환경 변수이며, 세 번째 매개변수는 추가 포함 파일include file을 검색할 경로다. 이 예제에서는 첫 번째 매개변수만 사용한다.

5번 행에서는 아직 조사해야 할 소스 파일을 검색하는 데 이용되는 import_nodes 변수를 생성한다. .mathinc 파일이 나머지 .mathinc 파일을 포함한다면 결국 아주 긴 import 절을 검색할 수 있다.

6번 행은 지금까지 살펴본 파일명 리스트를 추적할 import_list 변수를 생성한다. 이는 다음과 같은 점을 제외하고 import_nodes와 유사하다. import_list는 파일명의 리스트를 생성하는 일이 주된 목적인 반면, import_nodes 리스트는 아직 처리되지 않은 Node 객체를 포함한다는 점이 다르다.

8번 행의 while 루프문은 처리 대상 Node 객체가 남아 있을 때까지 반복되는데, 루프문이 실행될 때마다 import_nodes 리스트에서 Node 객체를 팝업해 this_node에 할당한다.

11번 행에서 진기한 현상이 발생한다. 첫째 this_node 변수로 참조되는 파일의 내용을 읽는다. 그리고 그 내용 가운데 정규식인 import 절로 시작되는 절(2번 행에서 정의)에 매칭되는 모든 라인을 new_imports 리스트에 반환한다.

new_imports 리스트의 각 요소는 12~14번 행에서 다음과 같이 처리된다. 새로이 발견된 파일명은 파일 리스트(import_list)에 추가되고, 마찬가지로 그 파일에 상응하는 Node 객체가 노드 리스트(import_nodes)에 추가된다.

.math와 .mathinc 소스 파일에 있는 모든 import 절의 순회가 완료되면 import_nodes 리스트가 빈 상태empty가 된다. 이 방법은 파일이 발견되지 않거나 import 절이 무한으로 생성되는 경우에는 처리되지 않는다.

시나리오 4: 여러 변형으로 빌드

GNU Make 예제(6장의 시나리오 4)에서 이미 접했지만, 여기서 재차 세 가지 CPU 변형(i386, PowerPC, Alpha)으로 코드를 생성하는 것을 접해보자. 이전과 마찬가지로 CPU별 디렉터리로 오브젝트 파일을 저장한다.

그림 8.1은 빌드 트리 레이아웃을 보여준다.

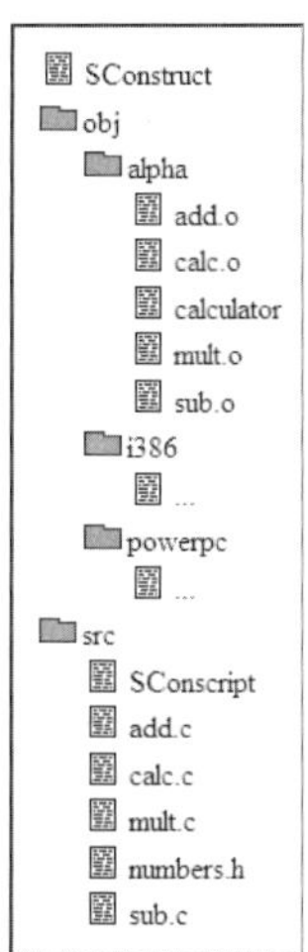

그림 8.1 세 가지 CPU 유형을 지원하는 여러 변형 빌드 시스템의 빌드 트리

최상위 디렉터리에 있는 SConstruct 파일은 커맨드라인 인수를 검증하고 필요한 환경을 설정한다. 그러고 나서 실제로 컴파일을 수행하는 하위 레벨 src/SConscript 파일을 호출한다. 사용자는 CPU 유형을 명시하면서 빌드 도구를 호출한다.

```
$ scons platform=powerpc
```

다음과 같은 최상위 레벨 SConstruct 파일로 시작한다.

```
vars = Variables()
vars.Add(EnumVariable('PLATFORM', 'CPU type', 'i386',
      allowed_values = ('i386', 'powerpc','alpha')))

env = Environment(variables = vars, CFLAGS='-g',
         CC='/tools/bin/gcc-${PLATFORM}')
Export('env')
```

```
 8
 9  Help(vars.GenerateHelpText(env))
10
11  platform = env['PLATFORM']
12  SConscript('src/SConscript',
13          variant_dir='obj/%s' % platform)
```

다행히도 SCons는 커맨드라인 옵션을 평가하는 기본 제공 함수뿐만 아니라 변형별 디렉터리로 컴파일하는 함수를 포함한다. 자, 그럼 라인별로 상세히 알아보자. 1~2번 행에서는 새로운 `Variables` 객체를 생성하고 `PLATFORM` 변수를 추가한다. 그리고 도움말 텍스트('CPU type')와 `PLATFORM` 변수에 값이 지정되지 않았을 경우를 대비해 기본 값('i386')과 유효한 CPU 유형 리스트를 지정할 수 있다. 이런 상세한 정보를 추가하면 SCons는 모든 입력 값이 유효한지 검증할 수 있다. 따라서 빌드 기술은 `PLATFORM` 변수가 의미 있는 값을 가진다고 확신하고 참조할 수 있게 된다.

5번 행에서는 사용자가 지정한 값으로 정의되는 `vars` 객체를 이용해 새로운 `Environment` 객체를 생성한다. 6번 행에서 i386이나 powerpc, alpha로 확장 가능한 `${PLATFORM}` 변수를 사용한다는 점을 유념하자.

9번 행에서는 사용자 친화적 도움말 텍스트를 생성하는 SCons의 또 다른 기능을 보여준다. 사용자가 커맨드라인에서 `--help` 옵션을 지정하면 다음과 같이 표시된다.

```
$ scons --help
scons: Reading SConscript files ...
scons: done reading SConscript files.

PLATFORM: CPU type (i386|powerpc|alpha)
  default: i386
  actual: i386

Use scons -H for help about command-line options.
```

11~13번 행에서 실제 컴파일 작업을 src/SConscript 파일에 위임한다. 여기서 새로운 개념은 컴파일될 오브젝트 파일이 저장될 공간을 지정하는 `variant_dir` 플래그를 사용한다는 점이다. 보통은 소스코드와 동일한 디렉터리에 오브젝트 파

일이 저장되지만, 여기서는 obj 하위 디렉터리 내의 플랫폼별 위치로 저장된다.

src/SConscript 파일을 살펴보면서 이 시나리오 설명을 마무리한다.

```
Import('env')
env.Program('calculator', ['calc.c', 'add.c', 'mult.c',
'sub.c'])
```

어떻게 이 빌더 메소드가 호출되는지 의아해할 필요는 없다. 최상위 레벨 SConstruct 파일은 모든 환경 설정을 다루고, 오브젝트 파일을 어디에 저장할 것인지 결정한다. 그리고 `Program` 빌더는 `env` 변수에 포함된 값을 토대로 단지 수행할 뿐이다.

alpha 변형의 빌드 결과는 다음과 같다.

```
$ scons platform=alpha
scons: Reading SConscript files ...
scons: done reading SConscript files.
scons: Building targets ...
/tools/bin/gcc-alpha -o obj/alpha/add.o -c -g src/add.c
/tools/bin/gcc-alpha -o obj/alpha/calc.o -c -g src/calc.c
/tools/bin/gcc-alpha -o obj/alpha/mult.o -c -g src/mult.c
/tools/bin/gcc-alpha -o obj/alpha/sub.o -c -g src/sub.c
/tools/bin/gcc-alpha -o obj/alpha/calculator obj/alpha/calc.o
obj/alpha/add.o obj/alpha/mult.o obj/alpha/sub.o
scons: done building targets.
```

나머지 변형들 또한 유사한 결과를 생성한다.

시나리오 5: 빌드 트리 클리닝

빌드 트리를 클리닝하는 일은 흔한 일인데, SCons는 이를 위해 아주 쉬운 방법을 제공한다. 빌더 메소드가 컴파일에 관련된 파일들을 정확히 알고 있다면 SCons는 모든 생성된 파일을 삭제할 때 그 정보를 사용한다. `-c` 옵션을 부여함으로써 빌드 트리를 클리닝한다.

```
$ scons -c
```

```
scons: Reading SConscript files ...
scons: done reading SConscript files.
scons: Cleaning targets ...
Removed calc/calc.o
Removed libmath/number.o
Removed libmath/clock.o
Removed libmath/letter.o
Removed libmath/libmath.a
Removed libprint/normal.o
Removed libprint/center.o
Removed libprint/banner.o
Removed libprint/libprint.a
Removed calc/calculator
scons: done cleaning targets.
```

빌드 시스템이 생성한 모든 파일을 SCons가 알지 못한다면 리스트에 파일을 추가해 Clean 함수를 명시적으로 호출할 수 있다. C 컴파일에서는 흔히 일어나지 않는 일이지만, 기타 일부 도구는 빌드 프로세스가 알지 못하는 파일을 추가로 생성한다. 따라서 Clean 지시어가 추가로 필요하다. 또한 SCons가 빌드 트리로부터 특정 파일을 삭제하지 않게 하는 NoClean 함수를 호출할 수 있다.

시나리오 6: 잘못된 빌드 디버깅

SCons 프로그램은 환경 객체에 의해 호출되는 일종의 빌더 메소드의 시퀀스sequence 이므로, 많은 문제를 구성 단계에서 직면하게 된다. 그 결과 SCons는 종속성 그래프 보기와 환경 객체의 내용 분석, 생성된 파일을 재빌드하는 순서 추적 등의 많은 기본 제공 기능을 제공한다.

빌더가 실행하지 않는 이유, 또는 무효한 내용으로 파일을 생성하는 이유, 불필요한 재빌드를 호출하는 이유 등을 알아내기 위해 SCons 프로그램을 디버깅하는 몇 가지 방법을 알아보자.

빌더가 제때 실행되지 않는 경우

이 사례는 개발자가 소스 파일을 수정하고 빌드 시스템이 오브젝트 파일을 재생성하지만, 코드의 변경을 프로그램이 제대로 반영하지 못하는 경우다. 달리 말해 종속성 그래프에서 생성된 파일이 제대로 갱신되지 못하는 경우다.

이럴 때 첫 번째로 확인해야 하는 사항은, 파일이 실제로 변경됐는지 또는 변경 사항 없이 동일한 내용이 재작성됐는지를 확인하는 일이다. SCons는 기본적으로 MD5 체크섬을 사용한다. 단순히 파일을 터치touch(GNU Make에서 흔히 행해짐)하는 것으로는 파일의 내용이 변경되지 않을 뿐만 아니라 재빌드도 되지 않는다. 마찬가지로 단순히 소스 파일에 주석을 추가하면 오브젝트 파일이 재생성되지만, SCons는 기계어 코드가 이전과 같다면 실행 프로그램으로 다시 링크하지 않는다.

파일이 실제로 변경됐다면 두 번째 단계인 종속성 그래프 검증 작업을 수행한다. 빌더의 매개변수가 잘못됐거나 소스코드 스캐너 함수(특정 유형의 소스코드)가 모든 종속성을 검출하지 못할 가능성이 있다. 이런 경우 `--tree=all` 커맨드라인 옵션으로 종속성 그래프를 검증할 수 있다.

```
$ scons --tree=all calc
scons: Reading SConscript files ...
scons: done reading SConscript files.
scons: Building targets ...
scons: 'calc' is up to date.
+-calc
  +-main.o
  | +-main.c
  | +-/usr/bin/gcc
  +-equations.o
  | +-equations.c
  | | +-equations.math
  | | +-equ1.mathinc
  | | +-equ2.mathinc
  | | +-equ3.mathinc
  | | +-equ4.mathinc
  | | +-/tools/bin/mathcomp
  | +-/usr/bin/gcc
  +-/usr/bin/gcc
scons: done building targets.
```

이 예제에서 calc 프로그램이 필요한 모든 오브젝트 파일에 종속적인지, 혹은 그 오브젝트 파일들이 관련된 소스 파일에 종속하는지를 확인할 필요가 있다. 이들 사이의 종속성에서 불일치가 발생한다면 빌더 메소드가 정확한 입력 파일 리스트를 건네받지 못했거나, 빌더 메소드 자체가 버그를 내포하고 있을 가능성이 충분히 있다. 필요에 따라 `Depend` 함수로 종속성 그래프에서 빠뜨린 종속성을 강제로 생성할 수도 있다.

또한 .math 파일 스캐너가 많은 .mathinc 포함 파일[include file]을 탐지한다. 그래서 리스트를 더블 클릭하는 데 주의할 필요가 있다. 스캐너에서 문제가 발생한다면 스캐너가 `include`와 `import` 지시어를 발견할 수 있게 스캐너를 수정(소스코드가 있다면)하거나 소스 파일을 수정할 필요가 있다.

빌더가 실행되지 말아야 할 때 실행되는 경우

이 경우 이전 문제와 상반되는데, 파일이 변경되지 않은 상태임에도 불구하고 파일이 재생성되는 경우다. 이 문제를 해결하려면 종속성 그래프를 분석하는 단계부터 시작하는 것이 좋으며, SCons가 특정 파일이 만료됐다고 판단하는 이유를 `-debug=explain` 옵션으로 금방 알 수 있다.

```
$ scons --debug=explain
scons: Reading SConscript files ...
scons: done reading SConscript files.
scons: Building targets ...
scons: rebuilding 'calc.o' because 'calc.c' changed
gcc -o calc.o -c -g calc.c
scons: rebuilding 'calculator' because 'calc.o' changed
gcc -o calculator calc.o add.o mult.o sub.o
scons: done building targets.
```

이 상세한 메시지만으로도 SCons가 잘못 컴파일하는 부분을 금방 발견할 수 있지만, 때에 따라 그 원인을 파악하기 위해 빌더 매개변수나 빌더, 스캐너 소스코드를 조사할 필요가 있다. 또한 종속성 그래프에서 종속성을 제거하는 `Ignore` 함수를 사용해 보는 것 또한 한 가지 방법일 수 있다.

컴파일 단계 실패나 잘못된 출력 파일

마지막 디버깅 시나리오는, 파일이 제시간에 올바르게 생성되더라도 그 내용이 잘못된 경우다. 잘못된 매개변수로 컴파일 도구를 호출했기 때문에 이는 당연한 일이다. 첫 번째 단계에서는 SCons 빌드 로그를 유심히 확인하고, 그 와중에 의심스러운 점을 확인하기 위해 커맨드라인(예, gcc -c)을 재실행한다.

잘못된 커맨드라인이 발견된다면 그것은 십중팔구 환경 객체에 저장된 구성 변수일 확률이 높다. --debug=presub 옵션을 부여하면 SCons는 커맨드라인을 형성하기 위해 환경 변수가 확장되는 과정을 빠짐없이 보여준다.

```
$ scons --debug=presub
scons: done reading SConscript files.
scons: Building targets ...
Building calc.o with action:
  UnlinkFunc(target, source, env)
Building calc.o with action:
  $CC -o $TARGET -c $CFLAGS $CCFLAGS $_CCCOMCOM $SOURCES
gcc -o calc.o -c -g calc.c
Building calculator with action:
  UnlinkFunc(target, source, env)
Building calculator with action:
  $LINK -o $TARGET $LINKFLAGS $SOURCES $_LIBDIRFLAGS
  $_LIBFLAGS
gcc -o calculator calc.o add.o mult.o sub.o
scons: done building targets.
```

이 결과로부터 잘못된 값을 제공하는 변수를 찾을 수 있다. 커맨드라인 템플릿 변수template variable 가운데 하나(예, $CCCOM)가 잘못된 옵션과 매개변수 리스트를 컴파일러에 전달했다. 이런 경우 모든 변수와 그 변수 값을 확인하기 위해 환경 객체의 Dump 함수를 사용하면 된다. 모든 변수를 열거하는 데에는 무리가 있으므로 몇 가지만 다음과 같이 소개한다.

```
{ 'AR': 'ar',
  'ARCOM': '$AR $ARFLAGS $TARGET $SOURCES',
  'ARFLAGS': ['rc'],
```

```
'AS': 'as',
'ASCOM': '$AS $ASFLAGS -o $TARGET $SOURCES',
'ASFLAGS': [],
...
```

SCons의 단점 중 하나는 빌더 출력으로부터 빌더 메소드를 호출한 소스코드 라인을 추적하는 일이 불가능한 점이다. 이는 SCons 출력 로그에서 에러를 발견해도 문제 범위를 좁히기 어렵게 한다. 가장 현명한 방법은 잘못된 코드 라인을 찾기 위해 모든 SConstruct와 SConscript 파일을 검색하는 일이다.

마지막으로, SConstruct 파일을 추적하기 위해 표준 파이썬 디버깅 도구를 사용할 수 있는데, 이는 범용 프로그래밍 언어를 빌드 도구의 요소로 사용하는 또 다른 이점이다.

찬사와 비판

SCons는 비교적 역사가 짧지만 많은 장단점이 있다. 그리고 SCons는 아직 개발 중이므로, 단점 중 일부는 이미 해결됐거나 차기 릴리스에 반영될 것이다.

찬사

- **범용 프로그래밍 언어 사용** SCons가 기반 언어로 파이썬을 사용하는 점은 좋은 선택이다. 이는 개발자가 전체 기능full-feature 프로그래밍 언어에 친숙한 스타일로 코드를 작성할 수 있을 뿐만 아니라, 빌드 기술build description의 미묘한 차이를 표현하기 위해 애매한 구문 사용이나 제약된 언어로 작업하는 것을 강요받지는 않는다. 이는 그 밖의 빌드 도구에서도 종종 발견되는 점이기도 하다.
- **빌드 시스템 작성 용이성** 작은 프로젝트를 생성하는 데 필요한 종속성 확인과 `clean` 타겟을 포함하는 전체 기능 빌드 시스템을 단 몇 분 내로 작성할 수 있다. 심지어 큰 빌드에서도 단일 종속성 그래프 생성을 보장하면서 SConscript 파일의 계층을 생성하기가 비교적 쉽다. 게다가 GNU Make에서와 같이 복잡한 프레임워크를 생성할 필요가 전혀 없다.
- **이식 가능성을 개선하는 빌더 메소드 사용** 빌더 메소드는 SCons가 이식될 수 있게 많은 기저 컴파일 도구를 내부로 숨긴다. 기본 구성 환경Construction

environment은 빌드 머신의 로컬 도구 집합을 사용하기 위해 자동으로 구성된다. 또한 어떻게 각 빌드 머신에서 동작하는가보다는 개발자가 필요로 하는 것을 중심으로 구성된다.

- **파이썬으로 작성된 도구 사용** SCons가 확장해 작성될 필요가 있을 때 자바 메소드를 작성하거나 셸 스크립트를 활용하는 대신 파이썬을 사용할 수 있다. 이는 SConstruct 파일 작성을 용이하게 하는 모든 빌더와 스캐너, 나머지 헬퍼 함수 helper function를 포함한다. 파이썬은 복잡한 코드 로직을 함수 안에 숨기기 쉬우며, 최종 사용자는 함수 내부에 대해 상세히 알고 있지 않아도 함수를 호출할 수 있다.
- **정확성에 중점** SCons의 가장 중대한 목적 중 하나는 가급적 정확한 빌드 프로세스를 준수하는 일이다. 따라서 파일 변경을 탐지하기 위해 MD5 체크섬을 사용하고, 파일 종속성을 판단하기 위해 스캐너 함수를 사용한다. 그리고 컴파일 플래그가 변경됐다면 오브젝트 파일을 재빌드한다. 그 결과 그 밖의 도구와 달리 SCons는 잘못된 빌드를 수행할 가능성이 현저히 낮다.
- **개발 중인 도구** SCons는 비교적 역사가 짧은 도구이지만, 많은 사용자 증가를 바탕으로 개선 작업이 계속해 추가되고 있다. 버그는 이른 시일 내로 수정되고 있으며, 새로운 기능들은 정기적으로 추가되고 있다.
- **프로그램 디버깅 용이성** SCons는 수많은 디버그 옵션을 제공한다. 이는 버그 발견과 빌드 프로세스에서의 문제 해결을 용이하게 한다.

비판

- **너무 느리다. 특히 증분 빌드가 느림** SCons가 빌드 정확성에 중점을 두다 보니 처리 속도가 저하된 점이 문제다. 특히 일부 소수 파일을 변경했을 때 발생하는 증분 빌드의 경우가 그렇다. SCons는 기본 설정을 이용해 파일이 변경됐는지 확인하기 위해 각 파일의 MD5 체크섬을 계산하고 헤더 파일을 사용하는지 확인하기 위해 각 소스 파일을 조사한다. 이뿐만 아니라 SCons는 컴파일하기 전에 모든 종속성 그래프를 반드시 빌드한다. 따라서 한 소스 파일이 변경되더라도 이 모든 장황한 작업이 필요하므로 빌드가 느릴 수밖에 없다.
- **빌더가 너무 제한적임** 여러분은 표준 빌더 메소드가 너무 제한적이라고 느낄

수 있으며, 기본 빌더로 불가능해 보이는 일단의 빌드 단계를 작성할 필요가 있을지도 모른다. 이런 경우 원하는 동작을 상세히 구현하기 위해 사용자 가이드를 숙지해야 한다. 이것이 싫다면 자신만의 빌더를 작성하는 수밖에 없다. 가끔 셸 명령의 리스트를 명시적으로 제공하는 일은 작업을 수행하는 가장 손쉬운 방법일 수 있다.

- **자바와 닷넷 언어 지원이 불충분함** SCons는 유닉스와 윈도우 환경에서 C와 C++ 언어를 효율적으로 지원하는 반면, 그 밖의 자바와 C# 같은 언어는 잘 지원하지 못한다. 자바와 C#의 경우에는 Ant와 MSBuild를 사용하는 것이 적합하다.
- **지나치게 차지하는 메모리 공간** 재귀 GNU Make와 같은 방식과 비교해 SCons 기반 빌드는 빌드 머신에 더욱 많은 메모리가 필요하다. 하지만 메모리에 전 종속성 그래프를 저장하는 포함inclusive Make와 비교해서는 반드시 더 많은 메모리를 사용하지는 않는다.

평가

SCons 빌드 도구를 요약하기 위해 1장에서 설명한 빌드 시스템 품질 측정을 재평가해보자.

- **편의성: 뛰어남** SCons는 빌드 기술 파일 작성 시에 범용 파이썬 프로그래밍 언어를 사용한다. 이는 빌드 시스템을 구성하기 용이하게 해준다. 게다가 빌드 메소드는 단일 함수에 상위 레벨 빌드 작업을 요약한다. 따라서 개발자가 일일이 여러 디렉터리 지원이나 종속성 정보 계산을 고려하지 않아도 된다.
- **정확성: 뛰어남** SCons의 많은 기능 중 종속성 정보 자동 생성과 MD5 체크섬은 올바른 빌드 프로세스를 보장한다. 그 밖의 빌드 도구와 비교해 SCons는 소스 파일과 일관성이 유지되지 않는 릴리스 패키지를 생성할 가능성이 현저히 낮다.
- **성능: 좋음** SCons는 빌드 프로세스의 정확성에 중점을 둠으로써 GNU Make만큼 처리 속도가 빠르지는 않지만, 대부분의 목적에 만족스러운 처리를 수행한다. 개발자가 더욱 빠른 빌드 시스템을 원한다면 정확성에 관련된 기능 중 일부를 비활성화함으로써 처리 속도를 충분히 향상시킬 수 있다.
- **확장성: 좋음** SCons는 정확성을 보장하면서 대규모의 빌드 시스템을 지원할

수 있다. 하지만 대규모의 시스템일 경우 그에 상응하는 큰 메모리 공간이 필요하다. 이 때문에 일부 사용자는 성능과 확장성을 고려해 SCons 기반 빌드 시스템 대신 GNU Make를 사용한다.

SCons는 C/C++ 코드를 빌드하는 데 이상적인 도구다. 그리고 새로운 소프트웨어 제품이나 GNU Make 빌드 시스템의 고질적인 문제점을 대체할 때 높게 추천된다. 하지만 자바와 C# 코드를 컴파일하는 데는 적합하지 않다. 자바는 Ant, C#은 MSBuild가 가장 좋은 선택이다.

유사 도구

널리 알려진 대부분의 빌드 도구는 자신만의 독특한 목적을 지닌 언어를 가진다. 그리고 그 중 소수만 현존하는 프로그래밍 언어상에서 빌드된다. 그 가운데 특히 유명한 도구는 Cons와 Rake 도구다. Cons는 SCons를 기반으로 하며, Rake는 범용 언어인 루비를 기반으로 한다.

Cons

Cons 빌드 도구[59]는 펄 언어를 기반으로 하며, SCons 도구의 많은 기발한 점을 제공한다. 그러나 SCons가 등장했기 때문에 Cons는 2001년부터 더 이상 개발되지 않고 있으며, Cons 웹사이트의 미흡한 대응으로 많은 사람을 떠나게 했다. Cons를 사용하기로 했다면 펄 언어의 개념을 익힐 필요가 있다. 구성 환경, 빌더, 스캐너, 그리고 MD5 체크섬은 SCons에서 사용되는 개념과 유사하다. 다음 calculator 예제를 살펴보자.

```
@lib_sources = ('add.c', 'sub.c', 'mult.c');
@main_sources = ('calc.c');
$exe_name = 'calculator';

$env = new cons(
    CC => 'gcc',
    LIBS => 'libmath.a'
);
```

```

Library $env 'libmath', @lib_sources;
Program $env $exe_name, @main_sources;
```

구문은 약간 다르지만, 기본적인 개념에는 큰 차이가 없다. 따라서 이 프로그램이 어떻게 동작하는지에 대한 설명은 필요 없을 것 같다.

Rake

Rake 빌드 도구[60]는 흥미로운 많은 기능을 제공하는 루비 스크립트 언어를 기반으로 한다. 이 기능들이 처음에는 낯설게 느껴질지 모르지만, 구문을 이해한 다음에는 그렇게 어렵지 않을 것이다. 자, 그럼 예제 프로그램을 살펴보자.

Rake는 자동 종속성 분석 기능을 제공하지 않기 때문에 SCons나 Cons와 상이한 점이 많다. 오히려 개발자가 소스와 타켓의 종속성을 기술하고 실행할 명령 리스트를 명시하는 점에 관해서는 GNU Make와 유사하다. 명령은 순수 루비 코드로 작성될 수 있으며, 셸 명령을 호출하기 위해 `sh` 메소드를 사용할 수 있다.

자, 다시 calculator 예제 프로그램을 Rakc/루비 구문으로 작성한 것을 보자.

```
require 'rake/clean'

exe_name = 'calculator'
sources = FileList['*.c']
objects = sources.ext('o')

task :default => [exe_name]

rule '.o' => '.c' do |t|
    sh "gcc -c -o #{t.name} #{t.source}"
end

desc "Build the #{exe_name} program"
file exe_name => objects do
    sh "gcc -o #{exe_name} #{objects}"
end

```

```
18  objects.each do |object|
19      file "#{object}" => ["numbers.h"]
20  end
21
22  CLEAN.include('*.o')
23  CLOBBER.include(exe_name)
24  verbose(true)
```

루비 구문에 익숙지 않다면 이 예제를 유심히 볼 필요가 있다.

3~5번 행은 루비 변수 대입 구문으로 몇 가지 변수를 정의한다. `exe_name` 변수는 생성할 프로그램의 이름이다. 반면 `sources` 변수는 현재 디렉터리에 있는 모든 .c 파일(와일드카드 연산자)을 포함한다. 마지막으로 `objects` 변수는 `sources` 변수에서 .c 확장자를 .o로 대체한다.

7번 행은 Rake의 첫 번째 규칙 정의다. 이는 `default` 타켓을 빌드하기 이전에 `exe_name` 변수에 저장된 프로그램을 먼저 빌드해야 한다는 점을 명시한다.

9~11번 행은 소스 파일로부터 오브젝트 파일을 어떻게 생성할 것인가를 명시하는 확장자 규칙[suffix rule]을 제공하는데, `gcc` 컴파일러가 `-c` 옵션으로 각 .c 파일을 컴파일하게 호출한다. 루비 메소드인 `rule`은 두 개의 매개변수를 취하는데, 첫 번째 매개변수인 `'.o' => '.c'`는 .o 문자열을 .c 문자열로 매핑하는 해시[hash] 정보이고, 두 번째 매개변수는 `do`와 `end` 키워드로 둘러싸인 코드 블록을 취한다. 루비 언어에서 상수 해시 매핑과 코드 블록이 메소드로 전달되는 일은 흔하므로, 놀랄 필요는 없다.

14~16번 행은 실행 프로그램이 모든 오브젝트 파일에 의존한다는 점을 명시한다. 18~20번 행은 모든 오브젝트 파일이 numbers.h 헤더 파일에 종속된다는 점을 명시하기 위해 루프문으로 처리한다. 마지막으로, 나머지 라인은 `clean` 내지는 `clobber` 빌드 타켓이 호출됐을 때 어떤 파일을 클리닝[clean]할지를 정의한다.

더욱 흥미로운 점은 Rake가 GNU Make와 같이 파일 기반 타겟명뿐만 아니라 Ant와 같이 심볼릭 타켓명을 지원한다는 점이다. 위 예제에서는 `:default` 타켓을 제외하고는 대부분 파일 기반 방식으로 처리되며, 콜론 접두사(:)는 파일명이 아닌 심볼을 가리킨다. 또한 추가적인 심볼을 간단히 작성할 수 있다.

`rake` 도구 실행 결과는 다음과 같다.

```
$ rake
```

```
(in /home/psmith/Rake)
gcc -c -o calc.o calc.c
gcc -c -o sub.o sub.c
gcc -c -o add.o add.c
gcc -c -o mult.o mult.c
gcc -o calculator calc.o sub.o add.o mult.o

$ rake -T
(in /home/psmith/Rake)
rake calculator # Build the calculator program
rake clean # Remove any temporary products.
rake clobber # Remove any generated file.

$ rake clean
(in /home/psmith/Rake)
rm -r calc.o
rm -r sub.o
rm -r add.o
rm -r mult.o
```

첫 번째는 표준 빌드 과정을 보여준다. 그리고 두 번째는 각 Rake 타켓의 도움말 텍스트를 보여준다(예제의 13번 행). 세 번째의 경우는 적절한 라이브러리를 포함할 때 clean 타켓이 어떻게 자동으로 정의되는지 보여준다(예제의 1번 행).

루비에 익숙한 개발자라면 Rake가 적절한 빌드 도구가 될 수 있다.

정리

SCons 빌드 도구는 빌드 프로세스를 정의하기 위해 도메인 특화 언어DSL, domain-specific language[2]를 생성하는 보편적인 방식 대신 표준 파이썬 스크립트를 사용한다. 빌더 메소드인 파이썬 함수는 소스코드를 컴파일하고 라이브러리를 생성하고 난 후 이들을 링크해 실행 프로그램을 생성한다. 그리고 각 빌더 메소드는 입력 파일 리스트와 컴파일 도구 플래그를 허용한다.

SCons는 빌드 프로세스를 구성하는 데 사용되는 다양한 구성 변수construction

2. 도메인 전용 언어, 도메인 특정 언어라고도 한다. - 옮긴이

variable를 요약 집결하는 환경 객체environment object를 사용한다. 이뿐만 아니라 일관성 있는 컴파일러 플래그를 유지하기 위해 단일 환경 객체를 생성하고 나서 나머지 빌더 메소드에서 그 환경 객체를 사용한다. 게다가 SCons는 여러 빌더 머신을 지원하기 위해 빌드 머신에 설치된 도구를 참조하는 기본 환경을 생성한다.

SCons는 빌드 프로세스를 수행할 때 2단계 접근 방식을 취하는데, 1단계에서는 모든 빌더 메소드를 실행해 종속성 그래프를 생성하고, 2단계에서는 생성되는 파일이 최신 상태로 유지될 수 있게 기저 컴파일 도구를 호출한다. 기본적으로 SCons는 빌드 트리에 있는 모든 파일의 MD5 체크섬 계산을 완료한 후 이 정보를 토대로 파일이 이전 빌드 때와 다른지를 판단한다.

기본 SCons 언어를 확장시키는 많은 메커니즘을 이용 가능하다. 또한 개발자가 파이썬 코드를 직접 작성해 자신만의 빌더 메소드뿐만 아니라 소스 파일의 종속성을 자동으로 계산하는 소스코드 스캐너를 작성할 수 있다.

마지막으로 요약하자면 SCons는 정확성과 성능, 편의성을 최종 목적으로 한 결과, 이 점에 관해서는 우수한 성능을 발휘하는 대신 처리 속도가 느리다.

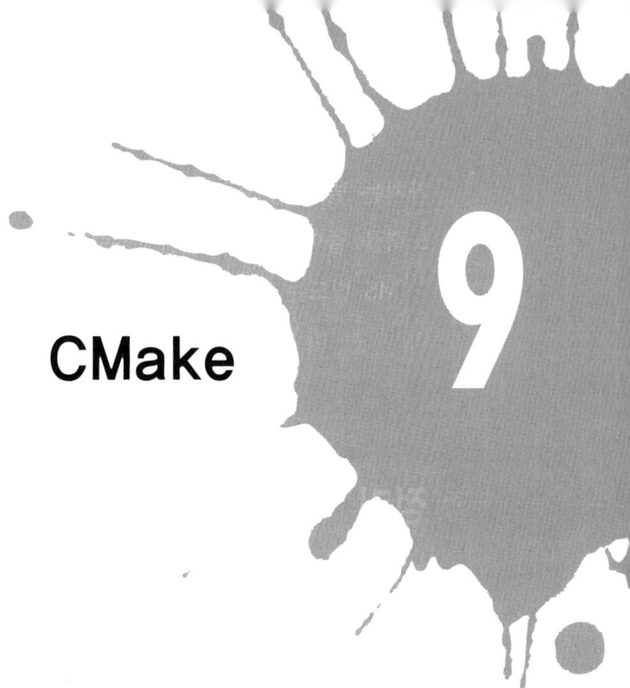

9 CMake

9장에서 설명할 빌드 도구는 CMake[6]다. GNU Make나 Ant, SCons와는 달리 CMake는 직접 빌드 프로세스를 수행하지 않는다. 대신 CMake는 상위 레벨 빌드 기술을 그 밖의 도구가 해석할 수 있는 하위 레벨 빌드 기술로 변환해준다. 예를 들어 CMake 생성기generator는 상위 레벨 빌드 기술을 GNU Make가 실행할 수 있는 makefile로 변환해 빌드 프로세스를 수행한다.

이런 방식의 빌드 기법은 빌드 시스템을 구축하는 작업을 단순화하고 크로스플랫폼 개발cross-platform development을 용이하게 한다. 6장에서 살펴봤듯이 GNU Make를 사용해 규모가 큰 코드 베이스를 위한 빌드 시스템을 구성하는 작업은 결코 쉬운 작업이 아니며, 여러 플랫폼에서 동작하게 만드는 일 또한 쉽지 않은 작업이다.

CMake는 빌드 프로세스를 기술하는 고급 언어high level language를 제공함으로써 앞서 언급한 문제를 해결한다. 즉, CMake 생성기가 이 빌드 기술을 빌드 프로세스를 직접 수행할 수 있는 네이티브 빌드 도구 언어로 변환해 빌드 시스템 구성의 복잡성을 줄인다. Ant와 SCons 역시 태스크와 빌더 메소드를 통해 상위 레벨 추상화를 제공하지만 빌드 프로세스를 직접 실행한다는 점에서 CMake와는 구별된다.

CMake는 마이크로소프트의 윈도우와 맥 OS X, 리눅스, 그 밖에 다양한 유닉스 계열 머신에서 동작할 수 있는 여러 개의 생성기를 제공해 많은 개발 환경에서 사용할 수 있다. 예를 들면 GNU Make나 NMake를 위한 makefile을 생성할 수도 있고 마이크로소프트의 비주얼스튜디오와 10장에서 다루는 이클립스 CDT용 프로젝트 파일도 생성할 수 있다.

CMake는 플랫폼 중립적 언어로 빌드 프로세스를 CMakeLists.txt 파일에 기술한다. 그림 9.1은 CMake를 사용해 빌드 프로세스를 실행할 네이티브 빌드 시스템을 생성하는 전체적인 과정을 나타낸다.

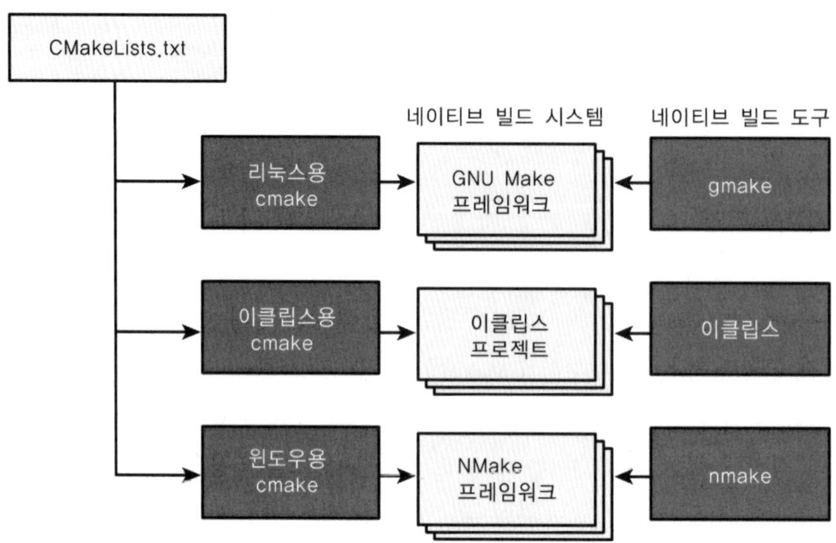

그림 9.1 네이티브 빌드 시스템을 생성하기 위한 CMake의 과정

CMake가 유닉스 시스템에서 실행될 때 기본 동작은 Make 기반 프레임워크(makefile과 여러 개의 프레임워크 파일)를 생성한다. 하지만 이클립스 기반 프로젝트로 변경하면 프로젝트 파일들이 추가된다. 윈도우에서 실행될 때의 기본 동작은 비주얼 스튜디오의 컴파일러와 NMake 빌드 도구를 사용하는 환경이다.

앞으로 CMake의 구문과 특징을 살펴보는데, CMake는 자신만의 고유한 언어를 사용하기 때문에 주의 깊게 살펴볼 필요가 있다. 또한 다른 빌드 도구와 같이 각 적용 사례에서 어떻게 사용되는지 살펴보겠다.

마지막으로, CMake는 C/C++ 빌드를 지원하며 자바와 일부 스크립트 언어에 대해 제한적으로 지원한다.

CMake 프로그래밍 언어

지금부터 CMake 언어의 구문과 특징을 살펴본다. 그렇지만 전체 구문을 살펴보지는 않을 것이다. 이전에 살펴본 GNU Make, Ant, SCons와는 많은 차이가 있다고 느낄지도 모르겠지만, 대부분 같은 개념이라는 점을 곧 깨닫게 될 것이다. 앞으로 설명할 내용은 다음과 같다.

- **CMake 언어 기초** 명령을 호출하기 위한 기초 구문과 변수에 값을 저장하고, 가져오는 방법, 그리고 소스 파일과 오브젝트 파일을 관리하는 방법
- **실행 프로그램과 라이브러리 빌드하기** C 소스 파일을 컴파일해 실행 프로그램이나 라이브러리를 만드는 방법
- **흐름 제어하기** 조건문과 반복문, 매크로 정의 방법
- **크로스플랫폼 지원하기** 실제 빌드 프로세스를 실행할 네이티브 빌드 머신을 위한 도구들과 라이브러리, 헤더 파일 배치 방법
- **빌드 시스템 생성하기** makefile과 같은 네이티브 빌드 시스템 생성 방법

CMake의 빌드 기술 파일의 내용이 다른 빌드 도구의 기술 파일로 변환하기 쉬워야 한다는 점 때문에 CMake 언어가 다른 고급 언어들이 가진 특징을 많이 가져야 한다는 사실은 합당하지 않다. 예를 들면 CMake 언어가 파이썬과 같은 범용 스크립트 언어가 가진 풍부한 기능을 제공한다면 GNU Make 빌드 기술 파일로 변환하는 작업은 쉽지 않을 것이다.

CMake 언어 기초

CMake의 빌드 기술 파일(CMakeLists.txt)의 구문은 어렵지 않기 때문에 예제를 살펴보는 것만으로 기초 구문을 습득할 수 있다. 다음 예제는 두 개의 변수를 정의하고, 두 개의 소스 파일의 속성 값property을 입력하고, 메시지를 출력한다.

```
project (basic-syntax C)

cmake_minimum_required (VERSION 2.6)

```

```
 5  set (wife Grace)
 6  set (dog Stan)
 7  message ("${wife}, please take ${dog} for a walk")
 8
 9  set_property (SOURCE add.c PROPERTY Author Peter)
10  set_property (SOURCE mult.c PROPERTY Author John)
11  get_property (author_name SOURCE add.c PROPERTY Author)
12  message("The author of add.c is ${author_name}")
```

모든 명령은 스페이스로 구분된 인수argument를 전달받는다.

```
command ( arg1 arg2 ... )
```

구문에 따른 인수 규칙은 숫자, 파일 이름, 문자열, 속성명이 될 수 있으며, 명령에 따라 어떤 인수가 사용될지 결정된다. 두 개의 단어를 하나의 인수로 사용하고 싶을 때는 문장에 따옴표를 사용해 하나의 인수로 사용한다.

1번 행의 project 명령은 빌드 시스템을 식별할 수 있는 고유한 이름을 정의한다. 여기서 정의된 이름은 이클립스와 같은 프로젝트 이름이 필요한 네이티브 빌드 도구에서 그대로 사용된다. 또한 C/C++와 자바처럼 사용할 프로그래밍 언어를 지정한다.

3번 행의 cmake_minimum_required 명령은 CMake 버전 2.6 이후부터 지원되는 명령을 사용하겠다는 점을 명시한다. cmake_minimum_required 명령은 두 개의 인수를 취하는데, 그 첫 번째 인수는 VERSION 키워드이고 두 번째 인수는 버전 번호다.

5번과 6번 행에서는 변수를 정의한다. 첫 번째 인수는 변수명이고, 두 번째 인수는 값을 나타낸다. 7번 행에서는 낯익은 ${…} 구문을 사용해 변수 값을 참조한다.

9번 행에서는 set_property 명령을 사용해 속성 값을 설정한다. 이 속성을 통해 지정된 물리 디스크 파일에 값을 저장할 수 있다. 빌드 시스템은 파일 이름을 기준으로 속성 값을 관리하고, 설정된 속성은 파일 내용에 영향을 주지 않는다. 또한 이렇게 설정된 속성 값은 다른 명령에서 자유롭게 접근할 수 있다.

예제에서 add.c 소스 파일의 Author 속성에 값을 할당했다. 할당된 값은 add.c의 고유 값이 된다. 즉, 다른 소스 파일에는 다른 Author 값이 할당될 수 있다. 10번 행에서 mult.c의 Author 속성에 또 다른 값을 할당한 점을 확인할 수 있다.

11번 행에서 `get_property` 명령을 사용해 add.c에 할당된 `Author` 속성 값을 얻어와 `author_name` 변수에 할당한다. 마지막으로 12번 행에서 `author_name`의 값을 출력한다.

지금까지 CMake의 기본 구문을 살펴봤다. 이제 어떻게 실행 프로그램과 라이브러리가 만들어지는지 살펴보자.

실행 프로그램과 라이브러리 빌드

빌드 도구의 가장 기본적인 동작은 소스 파일을 컴파일해 라이브러리와 실행 프로그램을 생성하는 작업이다. CMake는 SCons에서 살펴본 빌더 메소드와 유사한 많은 명령을 제공한다. 하지만 그 외에도 CMake만이 갖고 있는 흥미로운 기능도 있다.

실행 프로그램과 라이브러리 생성

다음 코드는 계산기 프로그램이 네 개의 소스 파일로부터 어떻게 생성되는지 보여준다.

```
add_executable (calculator add sub mult calc)
```

코드는 간단해보이지만, 앞에서 살펴본 다른 빌드 도구를 통해 `add_executable`이 많은 작업을 수행한다는 사실을 쉽게 눈치챌 수 있을 것이다. 작업에는 컴파일 명령을 생성하고 종속성 그래프에 파일 이름을 추가하는 작업이 포함된다.

또 주의 깊게 살펴봐야 할 점은 파일 확장자가 사용되지 않았다는 사실이다. CMake는 각 빌드 시스템에서 사용될 확장자를 자동으로 붙여준다. 예를 들면 마이크로소프트 윈도우에서 최종 실행 프로그램명은 calculator.exe가 된다.

몇 가지 구문 차이를 제외하고 라이브러리를 생성하는 작업 역시 SCons와 유사하다.

```
1  add_library (math STATIC add sub mult)
2  add_executable (calculator calc)
3  target_link_libraries (calculator math)
```

1번 행에서 add.c와 sub.c, mult.c를 컴파일해 정적 라이브러리를 생성했다. 최종 라이브러리 이름은 빌드 머신의 종류에 따라 결정된다. 예를 들어 유닉스 시스템에서는 libmath.a가 된다. 2번과 3번 행에서 calc.c 파일을 컴파일한 후 math 라이브러리와 링크 과정을 통해 계산기 프로그램을 생성한다.

add_executable과 add_library 이전에 include_directories를 사용해 C 컴파일러에 헤더 파일 경로를 추가할 수 있으며, link_directories를 사용해 라이브러리 경로를 추가할 수 있다. 이렇게 추가된 명령은 gcc 컴파일러의 -I와 -L 같은 네이티브 빌드 시스템의 컴파일 플래그로 변경된다.

지금까지 어떻게 CMake가 각 소스 파일 간의 종속 관계를 파악하는지는 언급하지 않았다. 실제로 네이티브 빌드 도구가 자동으로 종속 관계를 분석할 수 있다면 CMake는 종속 관계에 관련된 어떤 작업도 수행하지 않는다. 하지만 Make 기반 빌드 도구와 같이 이런 능력이 없는 빌드 도구의 경우에는 CMake가 관련된 기능을 빌드 프레임워크에 추가한다.

컴파일 플래그 설정

컴파일 도구에 따라 옵션을 가변적으로 설정할 수 있는 기능은 상당히 유용하다. 플랫폼 종속적인 빌드 도구와 대조적으로 CMake는 직접 컴파일 옵션을 사용하는 것을 지양한다. 대신 CMake에서는 빌드 기술에 어떤 타입의 결과물을 생성할지 지정하고, 사용할 컴파일 플래그를 설정한다.

예를 들어 CMake가 소스 레벨 디버깅 정보를 포함한 debug 빌드를 생성하게 지정하고 싶다면 다음과 같은 명령을 CMakeLists.txt 파일에 지정하면 된다.

```
set (CMAKE_BUILD_TYPE Debug)
```

플랫폼에 특화된 플래그가 추상화되더라도 CMake는 해당 시스템에 대한 올바른 컴파일 플래그로 네이티브 빌드 시스템을 생성한다. 예를 들어 유닉스 시스템에서 C 컴파일러 옵션에 -g 플래그가 추가된다.

여러 다른 C 컴파일러는 각기 다른 커맨드라인 옵션을 지니기 때문에 C 언어의 전처리기 정의preprocessor definition에서도 같은 방법이 사용된다. 이때 전체 디렉터리나 파일별로 속성을 설정할 수 있다.

```
set_property (DIRECTORY PROPERTY COMPILE_DEFINITIONS TEST=1)
set_property (SOURCE add.c PROPERTY COMPILE_DEFINITIONS QUICKADD=1)
```

위 코드에서의 첫 번째는 빌드 시스템이 현재 디렉터리에 있는 모든 C 파일을 컴파일할 때 TEST 심볼을 정의하게 한다. 두 번째는 add.c를 컴파일할 때 QUICKADD 심볼이 추가되게 한다. 네이티브 빌드 시스템은 위에서 지정한 옵션이 반영되게 커맨드라인 옵션에 추가한다.

외부 명령과 타겟 추가

복잡한 빌드 시스템을 구성할 때 새로운 컴파일 도구를 사용할 수도 있는데, 이때 CMake는 네이티브 빌드 시스템이 새로운 컴파일 도구를 사용할 수 있게 지원할 수 있다. add_custom_command는 GNU Make의 규칙[rule]과 유사하며, add_custom_target은 GNU Make의 포니 타겟[phony target]과 개념적으로 유사하다.

다음 예제에서 /tools/bin/make-data-file 유닉스 명령을 사용해 data.dat 입력 파일로부터 data.c 출력 파일을 생성하는 작업을 가정해보자. 즉, data.c는 자동으로 생성되는 소스 파일이다.

```
1  project (custom_command)
2  cmake_minimum_required(VERSION 2.6)
3
4  set (input_data_file ${PROJECT_SOURCE_DIR}/data.dat)
5  set (output_c_file data.c)
6
7  add_custom_command (
8      OUTPUT ${output_c_file}
9      COMMAND /tools/bin/make-data-file
10             < ${input_data_file}
11             > ${output_c_file}
12     DEPENDS ${input_data_file}
13 )
14
15 add_executable (print-data ${output_c_file})
```

7~13번 행을 살펴보자. 이 부분에서 사용자 도구가 종속성 그래프에 추가된다. 8번 행에서 사용된 OUTPUT 지시어는 생성될 출력 파일을 지정하고, 12번 행의 DEPENDS 지시어는 9~11번 행에서 정의된 유닉스 셸 명령의 입력 파일을 지정한다. 이 코드는 다음의 GNU Make와 같다.

```
$(output_c_file) : $(input_data_file)
    /tools/bin/make-data-file < $(input_data_file) >
$(output_c_file)
```

15번 행에서 새로운 도구를 호출하는 상위 레벨 타겟[top-level target]인 실행 프로그램이 정의돼 있다. 위와 같이 실행 프로그램을 정의하지 않으면 종속성 그래프가 정상적으로 만들어지지 않기 때문에 data.c 파일은 생성되지 않는다. 다른 빌드 도구와는 달리 CMake는 빌드 트리에서 상위 레벨 타겟과 일반 파일을 명확히 구분한다.

상위 레벨 타겟에 대해 좀 더 살펴보자. add_custom_target 명령은 새로운 상위 레벨 타겟을 정의하고 실행될 순서를 지정한다. 결과물을 생성하지 않고 파일의 갱신 상태에 의존하지 않다는 점에서 GNU Make의 포니 타겟과 유사하다. 또한 depends 특성[attribute]을 사용해 타겟의 실행 순서를 결정하는 Ant 타겟과 유사하다.

```
1   project (custom_target)
2   cmake_minimum_required(VERSION 2.6)
3
4   add_custom_target (print-city ALL
5         COMMAND echo "Vancouver is a nice city"
6         COMMAND echo "Even when it rains")
7
8   add_custom_target (print-time
9         COMMAND echo "It is now 2:17pm")
10
11  add_custom_target (print-day
12        COMMAND echo "Today is Monday")
13
14  add_dependencies (print-city print-time print-day)
```

위 코드에서 주의 깊게 살펴봐야 할 점은 4번 행에 정의된 ALL 키워드다. ALL 키워드는 개발자가 타켓을 명시하지 않을 때 printf-city가 기본 빌드[default build]로 실행되게 정의한다. 또한 14번 행은 print-city가 print-time과 print-day에 종속된다는 점을 나타낸다.

흐름 제어

CMake의 조건문, 반복문, 매크로 같은 흐름 제어control flow는 다른 프로그래밍 언어와 유사하므로 많은 설명이 필요 없을 것으로 생각된다. 하지만 네이티브 빌드 시스템이 아닌 CMake 생성기가 제어 흐름의 조건을 확인하고 실행한다는 점은 명심하기 바란다. 처음에는 이 점이 이상하게 느낄 수도 있지만, CMakeLists.txt에 기술된 대로 네이티브 빌드 시스템이 동작하므로 문제가 되지 않는다.

if 구문에서 else와 endif문의 마지막에 ()을 사용한다는 점을 제외하고 대부분 익숙할 것이다.

```
set (my_var 1)
if (${my_var})
    message ("my_var is true")
else ()
    message ("my_var is false")
endif ()
```

NOT, AND, OR를 포함한 불리언boolean 연산도 가능하다. 그리고 이때 변수 주변에 ${...} 구문을 사용하지 않아도 된다.

```
if (NOT my_var)
...
endif ()
```

변수는 다른 변수나 상수와 비교할 수 있다.

```
if (${my_age} EQUAL 40)
...
endif ()
```

파일 존재 여부를 확인할 수도 있는데, 주의해야 할 점은 파일을 확인하는 시점은 네이티브 빌드 시스템이 실행되는 시점이 아닌 생성되는 시점이라는 점이다.

```
if (EXISTS file1.txt)
...
endif ()
```

마찬가지로, 두 파일 간의 생성 순서도 확인할 수 있다.

```
if (file1.txt IS_NEWER_THAN file2.txt)
...
endif ()
```

마지막으로, 정규식regular expression을 사용해 변수 값을 확인할 수도 있다.

```
if (${symbol_name} MATCHES "^[a-z][a-z0-9]*$")
...
endif ()
```

macro 구문을 사용해 다른 언어의 함수나 메소드처럼 코드를 재사용할 수도 있다. 다음 예제를 통해 macro를 쉽게 이해할 수 있을 것이다.

```
project (macro)
cmake_minimum_required (VERSION 2.6)

macro (my_macro ARG1 ARG2 ARG3)
  message ("The my_macro macro was passed the following arguments:")
  message ("${ARG1}, ${ARG2} and ${ARG3}")
endmacro (my_macro)

my_macro (1 2 3)
my_macro (France Germany Russia)
```

마지막 예제를 통해 리스트 안의 값을 순회하는 foreach 반복문을 살펴보자.

```
project (foreach)
cmake_minimum_required (VERSION 2.6)

foreach (source_file add.c sub.c mult.c calc.c)
  message ("Calculating cksum for ${source_file}")
  add_custom_target (cksum-${source_file} ALL
  COMMAND cksum ${PROJECT_SOURCE_DIR}/${source_file}
  )
```

```
9  endforeach (source_file)
```

마지막 예제를 좀 더 설명하면 6번 행에서 foreach 구문에 의해 새로운 상위 레벨 타겟이 리스트에 각 소스 파일별로 추가된다. 이렇게 추가된 타겟은 해당 소스 파일과 관련된 cksum 명령을 수행한다. makefile 기반 빌드 시스템을 만든다고 가정하면 다음과 같이 모든 타겟을 한 번에 실행시킬 수도 있고, 각 타겟을 개별로 실행시킬 수도 있다(%는 자동으로 생성된 makefile 프레임워크에 의해서 표시된다).

```
$ gmake
615245502 109 /home/psmith/loops/src/add.c
[ 25%] Built target cksum-add.c
2090159248 294 /home/psmith/loops/src/calc.c
[ 50%] Built target cksum-calc.c
4029979682 113 /home/psmith/loops/src/mult.c
[ 75%] Built target cksum-mult.c
3864170835 124 /home/psmith/loops/src/sub.c
[100%] Built target cksum-sub.c

$ gmake cksum-add.c
615245502 109 /home/psmith/loops/src/add.c
[100%] Built target cksum-add.c

$ gmake cksum-calc.c
2090159248 294 /home/psmith/loops/src/calc.c
[100%] Built target cksum-calc.c
```

앞에서 언급했듯이 CMake의 반복문은 네이티브 빌드 시스템의 반복문으로 바로 변경되지 않고, 많은 다른 규칙을 makefile에 추가해 동일한 기능으로 구현된다.

크로스플랫폼 지원

크로스플랫폼cross platform을 지원하려면 CMake의 빌드 기술은 플랫폼 중립적이어야 한다. 각 빌드 머신의 차이를 다루기 위해 어떤 기능이 필요한지 생각해보자. CMake는 특정 도구나 파일의 위치를 찾을 수 있게 지원할 뿐만 아니라 사용되는 컴파일러의 특징을 확인할 수 있는 기능도 제공한다.

빌드 머신에서 파일과 도구 찾기

여러 가지 종류의 빌드 머신에서 동작하는 빌드 시스템을 만들기 위해서는 빌드 프로세스에서 사용되는 도구와 파일의 위치를 상세하게 기술하면 안 된다. 단순히 빌드 머신마다 위치는 다르겠지만 필요한 도구와 파일이 파일 시스템 어딘가에 있다고 가정해야만 한다.

CMake는 기본 경로에서 파일과 도구를 찾기 위한 많은 명령을 제공한다. 다음은 `ls` 프로그램, stdio.h 헤더 파일, C 표준 `math` 라이브러리를 찾는 예제다.

```
1  project (finding)
2  cmake_minimum_required (VERSION 2.6)
3
4  find_program (LS_PATH ls)
5  message ("The path to the ls program is ${LS_PATH}")
6
7  find_file (STDIO_H_PATH stdio.h)
8  message ("The path to the stdio.h file is ${STDIO_H_PATH}")
9
10 find_library (LIB_MATH_PATH m /usr/local/lib /usr/lib64)
11 message ("The path to the math library is ${LIB_MATH_PATH}")
```

`cmake`를 실행시켜 이 빌드 기술을 실행시키면 다음과 같은 네이티브 빌드 시스템으로 변환된다.

```
The path to the ls program is /bin/ls
The path to the stdio.h file is /usr/include/stdio.h
The path to the math library is /usr/lib/libm.so
```

위에 기술된 결과는 빌드 머신마다 다를 수 있다. 그래서 빌드 기술은 경로를 하드 코딩hard coding하기보다는 CMake에 의해서 찾아진 값을 이용해야 한다.

10번 행에서 `find_library`를 사용해서 `math` 라이브러리를 /usr/local/lib와 /usr/lib64에서 찾게 한다. 결국 CMake가 가진 기본 경로에 추가로 지정한 경로에서 라이브러리를 찾는다.

CMake는 빌드 기술을 쉽게 작성하기 위해 많이 사용되는 도구와 라이브러리를 찾기 위한 코드 모듈을 제공한다. 예를 들면 `FindPerl` 모듈을 포함해 펄 인터프리터를 쉽게 찾을 수 있다.

```
1  project (find-perl)
2  cmake_minimum_required (VERSION 2.6)
3
4  include (FindPerl)
5  if (PERL_FOUND)
6    execute_process (
7        COMMAND ${PERL_EXECUTABLE} ${PROJECT_SOURCE_DIR}/
         config.pl
8    )
9  else ()
10   message (SEND_ERROR "There is no perl interpreter on
     this system")
11 endif ()
```

4번 행에 있는 FindPerl 모듈은 CMakeLists.txt 빌드 기술에서 아주 작은 양을 차지한다. 이 모듈은 빌드 머신이 어떤 타입의 시스템이든 상관없이 펄 인터프리터를 찾아준다. 그리고 펄을 찾으면 PERL_EXECUTABLE 변수에 프로그램의 절대 경로를 할당하고 PERL_FOUND 변수는 true가 된다.

6번 행에서는 execute_process를 사용해 펄 인터프리터에 config.pl 파일을 넘겨준다. 이 작업은 네이티브 빌드 시스템을 생성하는 과정에서 발생한다. 반면 이전에 살펴본 add_custom_command를 사용하면 이 작업은 네이티브 빌드 시스템에 추가되고 네이티브 빌드 시스템이 동작할 때 호출된다.

소스코드 검증 기능

두 번째로 크로스플랫폼을 지원하기 위해 사용될 컴파일러를 확인할 수 있어야 한다. 이는 프로그램을 컴파일하기 전에 컴파일러가 필요로 하는 함수와 헤더 파일을 제공하는지 알아야 하기 때문이다. 제공하지 않는다면 이를 대신할 부분을 직접 구현하거나 빌드 프로세스를 취소해야 한다.

CMake에서는 try_compile과 try_run 명령을 사용해 C/C++ 코드가 정상적으로 컴파일되는지, 그리고 정상적으로 실행되는지 확인할 수 있는 기능을 제공한다. 두 명령을 편리하게 사용할 수 있게 CMake는 많은 매크로를 제공한다.

```
1  project (try-compile)
2  cmake_minimum_required(VERSION 2.6)
3
4  include (CheckFunctionExists)
5  include (CheckStructHasMember)
6
7  CHECK_FUNCTION_EXISTS(vsnprintf VSNPRINTF_EXISTS)
8  if (NOT VSNPRINTF_EXISTS)
9    message (SEND_ERROR "vsnprintf not available on this build machine")
10 endif ()
11
12 CHECK_STRUCT_HAS_MEMBER("struct rusage" ru_stime wait.h HAS_STIME)
13 if (NOT HAS_STIME)
14   message (SEND_ERROR "ru_stime field not available in struct rusage")
15 endif ()
```

7~10번 행에서는 4번 행에 포함된 CheckFunctionExists 모듈 내부에 정의된 CHECK_FUNCTION_EXISTS 매크로의 사용법을 보여준다. 이 매크로는 try_compile 명령을 사용해 C 컴파일러와 링커가 vsnprintf 함수를 제공하는지 확인하고, 결과를 VSNPRINTF_EXISTS에 설정한다.

12~15번 행은 struct rusage 안에 ru_stime 필드가 있는지 확인하는 동작이다. 필드가 없다면 HAS_STIME은 정의되지 않게 되고, 빌드 시스템은 에러 메시지를 출력하고 실패하게 된다.

네이티브 빌드 시스템 생성

앞에서 언급했듯이 CMake는 CMakeLists.txt 파일을 처리해 네이티브 빌드 시스템을 생성하는 단계와 빌드 도구를 사용해 소프트웨어를 실제로 컴파일하는 두 단계로 이뤄진다. 이 중 전자인 다양한 운영체제와 빌드 도구를 지원하기 위해 빌드 시스템을 생성하는 과정이 CMake의 핵심 기능이라고 할 수 있다.

기본 빌드 시스템 생성

가장 손쉽게 빌드 시스템을 생성하는 방법은 기본 설정default configuration을 사용하는 방법이다. 개발자는 오브젝트 파일을 위한 임의의 디렉터리를 생성하고 나서 해당 디렉터리에서 `cmake` 명령을 실행하기만 하면 된다. 소스 파일이 있는 디렉터리에서는 아무것도 변경되지 않는다. 또한 같은 소스 트리를 사용해 여러 오브젝트 디렉터리를 생성할 수도 있다.

```
$ mkdir obj
$ cd obj
$ cmake ../src
-- The C compiler identification is GNU
-- The CXX compiler identification is GNU
-- Check for working C compiler: /usr/bin/gcc
-- Check for working C compiler: /usr/bin/gcc -- works
-- Detecting C compiler ABI info
-- Detecting C compiler ABI info - done
-- Check for working CXX compiler: /usr/bin/c++
-- Check for working CXX compiler: /usr/bin/c++ -- works
-- Detecting CXX compiler ABI info
-- Detecting CXX compiler ABI info - done
-- Configuring done
-- Generating done
-- Build files have been written to: /home/psmith/obj
```

CMake는 필요한 개발 도구를 찾으면 해당 도구의 버전을 확인한다. 이때 CMakeLists.txt 파일에 정의된 `try_compile`과 `try_run` 명령이 실행된다.

리눅스와 유닉스에서 Make 기반 빌드 시스템(기본 설정)을 생성한다고 가정하면 오브젝트 디렉터리는 다음과 같은 디렉터리 구조를 가질 것이다.

```
Makefile
cmake_install.cmake
CMakeCache.txt
CMakeFiles
CMakeFiles/calculator.dir
CMakeFiles/calculator.dir/cmake_clean.cmake
```

```
CMakeFiles/calculator.dir/build.make
CMakeFiles/calculator.dir/depend.make
CMakeFiles/calculator.dir/progress.make
CMakeFiles/calculator.dir/link.txt
CMakeFiles/calculator.dir/flags.make
CMakeFiles/calculator.dir/DependInfo.cmake
...
CMakeFiles/progress.make
CMakeFiles/Makefile.cmake
CMakeFiles/CMakeDetermineCompilerABI_C.bin
CMakeFiles/CMakeOutput.log
CMakeFiles/CMakeCXXCompiler.cmake
```

생성된 프레임워크는 많은 파일을 포함하는데, 주목해서 살펴봐야 할 파일은 다음과 같다.

- **Makefile** 네이티브 빌드 시스템의 진입점이다.
- **CMakeCache.txt** 텍스트 기반 설정 파일configuration file로 해당 빌드 머신을 위해 자동으로 생성된 기본 설정이 저장돼 있다.
- **CMakeFiles/** 자동 생성된 프레임워크 파일들이 있는 디렉터리다. 생성된 파일들은 메인 makefile에서 사용된다.

마지막 단계로 네이티브 빌드 도구를 호출하는데, 여기서는 `gmake`를 사용해보자.

```
$ gmake
Scanning dependencies of target calculator
[ 25%] Building C object CMakeFiles/calculator.dir/add.c.o
[ 50%] Building C object CMakeFiles/calculator.dir/sub.c.o
[ 75%] Building C object CMakeFiles/calculator.dir/mult.c.o
[100%] Building C object CMakeFiles/calculator.dir/calc.c.o
Linking C executable calculator
[100%] Built target calculator
```

자동으로 생성된 빌드 시스템은 앞에서 살펴본 단순히 명령 출력만 보여주던 GNU Make 예제와는 달리 빌드 과정을 정리해서 보여준다.

사용자 선택에 따른 빌드 시스템 생성

CMake의 장점 중 하나는 여러 네이티브 빌드 시스템을 생성할 수 있는 유연성이다. `cmake` 명령을 실행할 때 `-G` 옵션을 사용해 기본으로 생성되는 빌드 시스템을 변경할 수 있다. 예를 들어 비주얼 스튜디오 10 프로젝트를 생성하려면 다음 명령을 윈도우 빌드 머신에서 실행시키면 된다.

```
cmake -G "Visual Studio 10" ..\src
```

마찬가지로 리눅스에서 이클립스 CDT 버전 4 빌드 시스템을 생성하려면 다음 명령을 사용하면 된다.

```
cmake -G "Eclipse CDT4 - Unix Makefiles" ../src
```

사용 중인 개발 환경이 지원되지 않는다면 CMake 빌드 시스템 생성기를 직접 만들어 추가할 수도 있지만, 결코 쉬운 작업은 아니다.

생성 단계 커스터마이징

CMake의 기본 동작은 빌드 머신의 컴파일 도구를 자동으로 찾아 설정하는 것이지만, 때로는 자동으로 설정된 값을 변경해야 할 때도 있다. CMake는 `cmake` 명령 외에도 네이티브 빌드 시스템을 더욱 자세히 설정할 수 있는 `ccmake` 명령을 제공한다(그림 9.2).

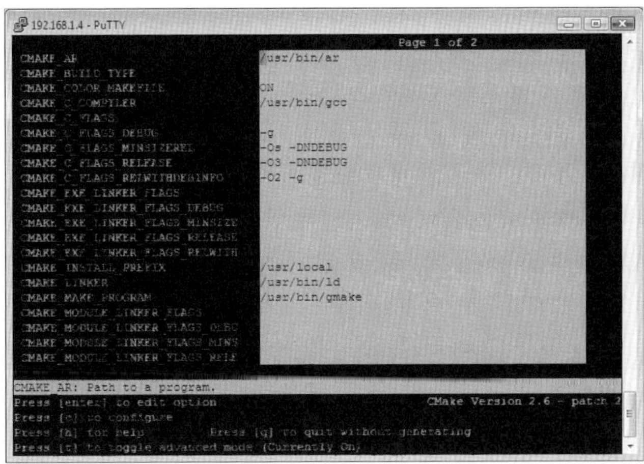

그림 9.2 ccmake 도구를 사용한 설정

그림 9.2에 보이는 변수들은 일명 캐시cache라고 불리며, 오브젝트 디렉터리에 있는 CMakeCache.txt 파일에 저장돼 있다. 각 변수는 기본 값이 할당돼 있지만 쉽게 변경할 수 있어 어렵지 않게 빌드 프로세스를 변경할 수 있다. 다음은 일반적으로 사용되는 캐시 변수다.

- **CMAKE_AR, CMAKE_C_COMPILER, CMAKE_LINKER** 라이브러리를 묶어주는 아카이버 도구archiver tool와 C 컴파일러, 오브젝트 링커의 절대 경로다. 이 변수 값을 변경해 빌드 머신의 기본 도구를 사용자 정의 도구로 변경할 수 있다.
- **CMAKE_MAKE_PROGRAM** /usr/bin/gmake와 같은 네이티브 빌드 도구의 절대 경로다. 기본 설정 버전을 다른 버전으로 변경할 수 있다.
- **CMAKE_BUILD_TYPE** 생성하고 싶은 빌드 트리의 타입을 지정할 수 있으며, 다음과 같이 설정할 수 있다.
    - **Debug** 생성되는 오브젝트 파일과 실행 파일이 디버깅 정보를 포함하게 된다.
    - **Release** 최종 실행 파일이 최적화되고 디버깅 정보를 포함하지 않게 된다.
    - **RelWithDebInfo** 실행 파일이 최적화는 이뤄지지만, 디버깅 정보를 포함하게 된다.
    - **MinSizeRel** 실행 파일이 최소한의 메모리를 사용하게 최적화된다.
- **CMAKE_C_FLAGS_*** 앞에서 언급한 네 가지 빌드 타입에 따라 C 컴파일 옵션이 지정된다. 다시 말해 `CMAKE_BUILD_TYPE` 변수 값에 따라 CMake는 캐시 변수에 저장된 C 컴파일 옵션을 사용하게 된다.
- **CMAKE_EXE_LINKER_FLAGS_*** 앞에서 언급한 C 컴파일 옵션과 유사하게 각 빌드 타입에 따른 링커 옵션을 나타낸다.

나중에 살펴보겠지만, 새로운 캐시 변수를 정의할 수 있고, 이 값을 기본 값으로 초기화할 수도 있으며, CMakeLists.txt 빌드 기술 내부에서 캐시 변수는 일반 변수와 같이 사용될 수 있다. 그리고 이 값을 표준 `set` 명령으로 변경할 수 있다.

CMakeLists.txt에서 네이티브 빌드 시스템으로 변환

마지막으로, CMake의 각 명령이 언제 어떻게 네이티브 빌드 시스템으로 변환되는지 살펴보자. 이미 앞에서 이 주제를 간략히 살펴봤지만 중요한 부분이므로 다시

한 번 상세히 살펴보기로 하자.

CMake 명령은 다음과 같은 두 가지 그룹으로 나눌 수 있다.

1. cmake가 호출될 때 바로 반영되는 명령이다. 이런 명령으로는 if, foreach, macro와 같은 제어 흐름을 위한 명령과, 변수를 설정하고 변수 값을 화면에 출력하기 위한 명령 등이 있다.
2. 네이티브 빌드 시스템을 만드는 데 사용되는 명령이다. add_executable과 add_library, add_custom_command, add_custom_target 등과 같은 명령이 있다.

두 번째로 언급한 명령들은 네이티브 빌드 시스템의 종속성 그래프를 결정짓는다. 반대로 첫 번째 종류의 명령들은 변수를 사용해 추가될 파일을 지정하거나, 반복문을 통해 많은 수의 파일들을 개별적으로 추가할 수 있게 함으로써 어떤 파일을 추가할지 결정할 수 있게 해준다. 명심해야 할 사항은 종속성 그래프에 영향을 주는 명령은 네이티브 빌드 시스템으로 직접 변환된다는 점이다.

예제를 통해 앞에서 언급한 개념을 살펴보자. 다음 빌드 기술은 같은 소스 파일을 사용해 calc와 calculator라는 서로 다른 프로그램을 컴파일한다.

```
project (generating)
cmake_minimum_required(VERSION 2.6)

set (prog1 calculator)
set (prog2 calc)

execute_process (
  COMMAND date
  OUTPUT_VARIABLE TIME_NOW
)

foreach (prog_name ${prog1} ${prog2})
  message ("Constructing program ${prog_name} at ${TIME_NOW}")
  add_executable (${prog_name} add sub mult calc)
endforeach ()
```

설명을 위해 기술된 내용이므로 필요 이상으로 복잡하게 느껴질 수도 있지만 이해하기 바란다. cmake가 호출될 때 다음과 같은 출력을 볼 수 있다. 추가된 메시지를 주의 깊게 살펴보자.

```
$ cmake ../src
-- The C compiler identification is GNU
-- The CXX compiler identification is GNU
-- Check for working C compiler: /usr/bin/gcc
-- Check for working C compiler: /usr/bin/gcc -- works
-- Detecting C compiler ABI info
-- Detecting C compiler ABI info - done
-- Check for working CXX compiler: /usr/bin/c++
-- Check for working CXX compiler: /usr/bin/c++ -- works
-- Detecting CXX compiler ABI info
-- Detecting CXX compiler ABI info - done
Constructing program calculator at Sun Jun 6 16:05:28 PDT 2010
Constructing program calc at Sun Jun 6 16:05:28 PDT 2010
-- Configuring done
-- Generating done
-- Build files have been written to: /home/psmith/obj
```

출력을 통해 4~5번 행의 set 명령이 실행된 점을 확인할 수 있다. 그리고 execute_process 명령은 셸에서 date 명령을 실행시킨다. foreach 반복문 내부가 두 번 반복돼 message 명령을 두 번 화면에 출력한다. 마지막으로 전체 프로그램은 네이티브 빌드 시스템이 생성됨과 동시에 실행된다.

add_executable 명령이 네이티브 빌드 시스템에 정보만 추가한 것처럼 보이지만, 실은 모든 작업이 완료된다. 하지만 두 실행 프로그램은 네이티브 빌드 시스템이 호출되기 전까지 실제로 생성되진 않는다.

```
$ gmake
Scanning dependencies of target calc
[ 12%] Building C object CMakeFiles/calc.dir/add.c.o
[ 25%] Building C object CMakeFiles/calc.dir/sub.c.o
[ 37%] Building C object CMakeFiles/calc.dir/mult.c.o
[ 50%] Building C object CMakeFiles/calc.dir/calc.c.o
```

```
Linking C executable calc
[ 50%] Built target calc
Scanning dependencies of target calculator
[ 62%] Building C object CMakeFiles/calculator.dir/add.c.o
[ 75%] Building C object CMakeFiles/calculator.dir/sub.c.o
[ 87%] Building C object CMakeFiles/calculator.dir/mult.c.o
[100%] Building C object CMakeFiles/calculator.dir/calc.c.o
Linking C executable calculator
[100%] Built target calculator
```

C 파일들이 두 번씩 컴파일된 점이 이상하게 느껴질지 모르지만, makefile 프레임워크가 공유 디렉터리가 아니고, calc.dir와 calculator.dir에 별도로 저장됐기 때문에 당연한 결과물이다.

요약하자면 CMake 빌드 기술 파일의 모든 명령이 일대일 매칭으로 네이티브 빌드 시스템으로 변경되지는 않는다. 하지만 네이티브 빌드 시스템은 다른 명령을 사용해 같은 동작을 하게 된다.

기타 흥미로운 기능과 추가 참고 문헌

9장에서 모든 기능을 다루지는 않았지만, CMake는 분명 많은 기능을 갖춘 강력한 도구다. 지금까지 네이티브 빌드 시스템을 생성하는 데 중점을 두었다면 다음은 다루지 않은 기타 CMake의 기능들이다.

- **문자열 처리** `string` 명령은 정규식을 지원해 매칭, 하위 문자 치환, 문자열 비교, 대소문자 변환을 할 수 있다.
- **리스트 처리** `list` 명령은 리스트 내의 값에 대해 추가, 삭제, 검색, 정렬을 수행할 수 있다.
- **파일 처리** CMake 빌드 기술은 `file` 명령을 사용해 외부 데이터 파일을 읽고 쓸 수 있으며, 새로운 디렉터리 생성, 파일 삭제를 수행할 수 있다.
- **수학적 표현** `math` 명령은 간단한 인터페이스를 제공해 기본적인 수치 연산, 논리 연산, 비트 연산을 지원한다.
- **사용자 정의 데이터 파일** `configure_file` 명령을 사용해 템플릿 파일 포맷으

로부터 ${VAR_NAME}, @VAR_NAME@ 등의 변수명을 실제 변수 값으로 치환하는 방법으로 데이터 파일을 생성할 수 있다.

- **실행 프로그램 테스트** CTest 모듈은 CMake의 확장으로, 실행 프로그램에 대해 자동화 테스트를 지원한다. CMakeLists.txt에 테스트 정보를 입력하면 빌드 과정을 마친 후 곧바로 실행 프로그램에 대해 상세한 부분 테스트sanity-testing가 진행된다.
- **패키징과 설치** CPack은 소프트웨어 타겟 머신에 설치할 릴리스 패키지를 생성하기 위한 또 다른 확장 모듈이다. 13장에서 패키징과 설치에 관련해서 상세한 내용을 다룬다.
- **플랫폼 중립적인 셸 명령** CMake에는 일반적인 셸 명령이 내장돼 있다. 많은 빌드 도구들은 빌드 머신 간의 셸 명령 차이를 개발자가 처리하게 하고 있지만, CMake는 셸 명령에 대한 공통된 인터페이스를 제공한다. 이 점은 셸 명령 차이가 많은 윈도우와 유닉스에서 컴파일될 소프트웨어에 아주 중요하다.

CMake의 고급 기능에 관심이 있다면 CMake의 제품 매뉴얼을 참고하기 바란다. 그리고 CMake의 웹사이트[61]에서 온라인 위키를 제공하고 있지만, 고급 기능을 습득하기 위해서는 참고 문헌[62]을 읽기 권장한다.

빌드 시스템 적용 사례

7장에서 살펴본 바와 같이 CMake가 실제 빌드 시스템 시나리오에서 어떻게 사용되는지 살펴보겠다. CMake 언어의 특징이 다른 빌드 도구들과 유사하므로 내용이 명확하지 않을 때만 상세한 설명을 추가한다는 점을 명심하기 바란다.

시나리오 1: 단일 디렉터리의 소스코드

CMake는 간단한 프로젝트에서 훌륭하게 사용할 수 있는 도구이기 때문에 첫 번째 시나리오는 아주 간단히 구현할 수 있다.

```
project (scenario-1)
add_executable (calculator add sub mult calc)
```

CMake가 네이티브 빌드 시스템을 생성할 때 자동으로 종속성 분석과 같은 많은 기본 기능을 추가한다는 점을 알아두기 바란다.

시나리오 2: 여러 디렉터리의 소스코드

두 번째 시나리오는 빌드 기술 파일이 여러 디렉터리에 나눠져 있는 큰 프로젝트에서 CMake의 사용법을 살펴본다. 지금까지 `add_subdirectory` 명령을 살펴보지는 않았지만, 이해하는 데 큰 어려움은 없을 것이다.

최상위 빌드 트리에 있는 src/CMakeLists.txt 빌드 기술 파일은 재귀적으로 하위 디렉터리의 빌드 기술을 포함한다.

```
project (scenario-2)

cmake_minimum_required(VERSION 2.6)

add_subdirectory(libmath)
add_subdirectory(libprint)
add_subdirectory(calc)
```

두 번째 rc/libmath/CMakeLists.txt 빌드 기술 파일은 `add_library` 명령을 통해 `Math` 라이브러리를 빌드한다.

```
add_library(Math clock letter number)
```

다음으로 src/libprint/CMakeLists.txt 파일은 같은 방법으로 `Print` 라이브러리를 빌드한다.

```
add_library(Print banner.c center.c normal.c)
```

마지막으로, src/calc/CMakeLists.txt 빌드 파일은 실행 파일을 생성하고 `Math`와 `Print` 라이브러리를 링크하는 과정을 수행한다.

```
add_executable (calculator calc.c)
target_link_libraries (calculator Math Print)
```

지금까지 살펴본 빌드 기술 파일을 실행하기 위해서 이전 예제와 동일하게 cmake를 사용하면 된다. 출력은 이전과 유사한 내용이므로 생략한다. 최종적으로 GNU Make 같은 네이티브 빌드 도구를 사용해 최종 결과물을 얻기 위한 빌드를 수행한다.

```
$ gmake
Scanning dependencies of target Math
[ 14%] Building C object libmath/CMakeFiles/Math.dir/clock.c.o
[ 28%] Building C object libmath/CMakeFiles/Math.dir/letter.c.o
[ 42%] Building C object libmath/CMakeFiles/Math.dir/number.c.o
Linking C static library libMath.a
[ 42%] Built target Math
Scanning dependencies of target Print
[ 57%] Building C object libprint/CMakeFiles/Print.dir/banner.c.o
[ 71%] Building C object libprint/CMakeFiles/Print.dir/center.c.o
[ 85%] Building C object libprint/CMakeFiles/Print.dir/normal.c.o
Linking C static library libPrint.a
[ 85%] Built target Print
Scanning dependencies of target calculator
[100%] Building C object calc/CMakeFiles/calculator.dir/calc.c.o
Linking C executable calculator
[100%] Built target calculator
```

CMake가 생성한 빌드 시스템을 사용하는 여러 장점 중에서 손쉽게 하위 시스템을 빌드할 수 있다는 점과 하위 디렉터리 간의 종속성을 정확히 처리할 수 있다는 점이 주목할 만하다. 예를 들면 libmath 디렉터리를 빌드하면 `Math` 라이브러리만 재빌드되는 것을 확인할 수 있다.

```
$ cd obj/libmath
$ gmake
[100%] Built target Math
```

반면 calc 디렉터리를 빌드할 경우 `Print`와 `Math` 라이브러리가 같이 빌드되는 것을 확인할 수 있다.

```
$ cd obj/calc
```

```
$ gmake
[ 42%] Built target Print
[ 85%] Built target Math
[100%] Built target calculator
```

지금까지 개발자가 기반 프레임워크 지식이 없이도 CMake가 모든 기능을 갖춘 Make 기반 빌드 시스템을 생성하는 것을 살펴봤다.

시나리오 3: 새로운 컴파일 도구 정의

앞에서 살펴본 mathcomp 컴파일러를 CMake에서 사용하려면 add_custom_command 명령을 사용해야 하며, 종속성 확인을 위해 execute_process 명령을 사용해야 한다. 그리고 다음과 같이 사용자 편의성을 고려한 매크로를 사용할 수도 있다.

```
project (scenario-3)

cmake_minimum_required(VERSION 2.6)

macro (mathcomp FUNC_NAME INPUT_FILE OUTPUT_FILE)
  execute_process(
      COMMAND /tools/bin/mathcomp -d ${INPUT_FILE}
      OUTPUT_VARIABLE DEPS
  )
  separate_arguments(DEPS)

  add_custom_command(
      OUTPUT ${OUTPUT_FILE}
      COMMAND /tools/bin/mathcomp -c -o ${OUTPUT_FILE}
          -f ${FUNC_NAME} ${INPUT_FILE}
      DEPENDS ${DEPS}
  )
endmacro (mathcomp)

mathcomp(equations ${PROJECT_SOURCE_DIR}/equations.math equations.c)
```

```
21  add_executable (calculator calculator.c equations.c)
```

5~18번 행에는 복잡한 내용을 감추기 위한 매크로가 정의돼 있다. 20번 행에서는 정의한 매크로를 호출해 equation.math 파일로부터 equations.c 파일을 생성한다. 이 빌드 시스템은 오브젝트 디렉터리에서 실행되기 때문에 PROJECT_SOURCE_DIR 변수를 사용해 소스 파일의 위치를 찾는다.

매크로 내부를 살펴보자. 6~9번 행에서 mathcomp 컴파일러가 해당 .math 파일의 종속성을 확인하기 위해 -d 옵션으로 호출되는 것을 확인할 수 있다. 그리고 실행 결과는 DEPS 변수에 저장된다. 10번 행에서 스페이스 구분자로 배열화돼 있는 DEPS가 파일명으로 구성된 리스트로 변경된다.

앞에서 살펴봤던 GNU Make, Ant, SCons 빌드 도구에서와 같이 12~17번 행에 있는 add_custom_command 명령은 종속성 리스트와 출력 파일 이름을 사용해서 컴파일을 수행한다.

마지막으로 주의할 내용은, add_custom_command 명령은 네이티브 빌드 시스템에 구현된다는 점이다. 즉, equations.c 파일은 네이티브 빌드 시스템에 의해 생성된다. 하지만 소스 파일의 종속성 확인을 위해 실행되는 execute_process 명령은 네이티브 빌드 시스템이 실행되기 전에 cmake에 의해 실행돼야 한다.

여기서 알아둬야 할 내용은 파일 내용이 변경돼 종속성이 변경되더라도 네이티브 빌드 시스템이 이를 인지하지 못해 정상적인 빌드를 수행하지 못할 수도 있다는 점이다. CMake는 이 문제에 대해 C와 C++ 파일의 경우 add_custom_command에 IMPLICIT_DEPENDS 키워드를 사용해서 해결했지만, 같은 기능을 mathcomp에 적용하려면 표준 CMake 시스템을 수정해야 한다.

시나리오 4: 여러 변형으로 빌드

여러 빌드 변형 시나리오를 위해 컴파일할 CPU 타입(예, i386 또는 powerpc, alpha)을 설정해 설정 캐시configuration cache를 사용한다. 그러면 빌드 시스템에서 해당 CPU 타입에 맞는 컴파일러를 선택할 수 있다. CMake는 이미 사용자에게 오브젝트 파일을 위한 개별 디렉터리를 생성하게 요구하기 때문에 GNU Make나 SCons와는 달리 별도의 CPU 빌드 디렉터리를 생성할 필요가 없다.

```
$ mkdir obj-alpha
```

```
$ cd obj-alpha
$ cmake -DPLATFORM=alpha ../src
```

선택적으로 그림 9.2와 같이 ccmake 명령을 사용해 대화식 사용자 환경을 이용할 수도 있다. 다음 CMake 빌드 기술 파일을 살펴보자.

```
1  project (scenario-4)
2
3  set (PLATFORM i386 CACHE STRING "CPU Type: i386, powerpc or alpha")
4
5  if (NOT ${PLATFORM} MATCHES "^(i386|powerpc|alpha)$")
6      message(SEND_ERROR
7        "Invalid PLATFORM. Must be one of i386, powerpc or alpha")
8  endif ()
9
10 message("Compiling code for platform ${PLATFORM}")
11
12 set (CMAKE_C_COMPILER /tools/bin/gcc-${PLATFORM})
13
14 add_executable (calculator add sub mult calc)
```

3번 행에서 PLATFORM이라는 새로운 캐시 변수를 정의한다. 이 명령은 새로운 네이티브 빌드 시스템을 생성할 때 CACHE 키워드를 사용해 사용자가 변수를 설정할 수 있게 한 점을 제외하고는 표준 set 명령과 유사하다. 일반적으로 기본 CPU 타입은 i386이다. 여기서는 텍스트 문자열("CPU Type: i386, powerpc or alpha")로 사용자에게 제공된다.

나머지 내용은 이해하는 데 어렵지 않다. 5~10번 행은 사용자 입력을 확인해 적당한 메시지를 화면에 표시한다. 12번 행은 사용될 컴파일러를 설정하고, 마지막으로 14번 행에서 실행 파일을 생성한다.

시나리오 5: 빌드 트리 클리닝

CMake가 생성한 네이티브 빌드 시스템은 빌드 과정에서 알고 있는 모든 오브젝트 파일에 대한 클린clean 타겟을 생성한다. 예를 들면 소스 파일을 컴파일하기 위해 add_executable과 add_library를 사용하면 CMake는 실행 파일과 라이브러리 파일, 그리고 오브젝트 파일들의 이름을 이미 알고 있기 때문에 별도로 지정할 필요가 없다. 그러나 자동으로 인식되지 못한 파일이 있다면 `ADDITIONAL_MAKE_CLEAN_FILES` 속성에 이 파일을 기재하면 된다. 이 속성은 디렉터리별로 설정된다는 점을 알아두기 바란다.

시나리오 6: 잘못된 빌드 디버깅

CMake의 빌드 프로세스는 두 단계로 돼 있어 디버깅이 쉽지 않다. 때때로 CMakeLists.txt 파일에서 문제가 발생하지만, 가끔은 자동 생성된 네이티브 빌드 시스템에서 문제가 발생하기도 한다. 상위 레벨 기술 파일에 문제의 원인이 있지만, 네이티브 빌드 시스템 실행 중에만 문제가 발견되기도 한다.

먼저 CMake가 제공하는 디버깅 기능에 대해 살펴보자. 다음은 CMake가 네이티브 빌드 시스템을 생성할 때 제어 흐름을 분석하기 위해 사용된다.

- **`--system-information` 플래그** 이 플래그는 빌드 머신에 대한 컴파일 도구의 위치, 각 도구에 전달되는 커맨드라인 옵션, 다양한 시스템 종속적인 매개변수에 관련한 많은 정보를 생성해 제공한다. 사용되는 도구나 커맨드라인 옵션이 의심스러운 경우 출력된 정보를 확인하기 바란다.
- **`--trace` 플래그** 이 플래그는 CMake 명령을 한 줄씩 추적할 수 있게 한다. 모든 변수 할당, 조건문, 반복문, 매크로, 명령이 실행된 순서대로 표시된다. 출력 내용을 추적함으로써 프로그램이 정상적으로 실행되고 있는지 확인할 수 있다.

CMake 생성기generator의 동작을 살펴봐도 문제가 해결되지 않는다면 네이티브 빌드 시스템의 디버깅 기능을 사용해보기 바란다. GNU Make 같은 빌드 도구는 빌드 시스템의 실행을 추적할 수 있는 옵션을 제공한다. 문제의 원인을 발견했다면 CMakeLists.txt 파일로 돌아가서 원인이 되는 부분을 확인하기 바란다.

네이티브 빌드 시스템이 여러분이 작성하지 않은 복잡한 프레임워크를 사용할 경우 문제는 더욱 까다로워진다. 물론 문제를 찾기 위해 프레임워크 전체를 살펴볼 수도 있지만, 빌드를 실행하고 출력을 살펴보는 방법이 더 쉬울 것이다. `gmake`를 `VERBOSE=1` 옵션으로 실행하면 각 컴파일 명령에 대한 잘 정리된 출력을 확인할 수 있다.

최악은 CMakeLists.txt 파일이 정확함에도 네이티브 빌드 시스템이 버그를 수반하고 있는 경우다. 이런 경우 CMake를 직접 수정하는 방법 외에 별다른 방법이 없다. 직접 네이티브 빌드 시스템을 수정하는 방법을 고려해 볼 수는 있지만, CMake 생성기에 의해 곧바로 덮어씌워지므로 큰 도움이 되지 못한다.

찬사와 비판

GNU Make나 Ant와 비교해서 CMake는 잘 알려진 빌드 도구는 아니다. 그리고 관련된 피드백 또한 많지 않다. 하지만 일부 사용자의 의견을 요약하면 다음과 같다.

찬사

- CMake는 동일한 기술 파일로 다양한 플랫폼에서 빌드 시스템을 생성할 수 있다. 특히 이 점은 오픈소스 진형으로부터 많은 지원을 받지 못하는 마이크로소프트의 윈도우 시스템에서 상당히 유용하다.
- CMake 빌드 기술 언어는 간단하며, 아주 쉽게 새로운 빌드 시스템을 생성할 수 있다.
- CMake는 빌드 프로세스의 정확성을 중심으로 높은 품질의 네이티브 빌드 시스템을 생성한다. 반면 GNU Make 빌드 시스템의 경우 개발자가 고유의 프레임워크를 생성하고 디버깅해야 한다.
- CMake는 SCons만큼 사용하기 쉬우면서 최종적으로 생성된 빌드 시스템은 SCons보다 훨씬 빠르다.
- 패키징과 설치를 위한 CPack와 테스트를 위한 CTest를 함께 사용하면 더욱 완성도 높은 빌드 시스템을 생성할 수 있다.
- CMake는 고유의 빌드 기술 언어가 내장돼 있어 파이썬과 같은 별도의 인터프리터를 빌드 머신에 설치할 필요가 없다.

비판

반면 CMake에 관해 언급된 문제점은 다음과 같다.

- 자동으로 생성된 빌드 시스템은 기대에 미치지 못할 수 있다. 복잡한 빌드 시스템을 만들 경우 직접 네이티브 빌드 시스템을 만드는 편이 더 옳은 선택이라고 생각할 수 있다. 그리고 자동으로 생성된 빌드 시스템에 버그가 많다면 역시 같은 생각이 들 것이다.
- CMake는 기존 언어를 사용하지 않고 고유 언어를 사용한다. 그리고 CMake 언어를 배우는 일은 쉽지 않다. 게다가 친숙하지 않은 구문으로 모든 향상된 기능을 사용할 경우 CMake는 더욱 어려워진다.
- CMake 문서는 다른 빌드 도구 문서와 비교해서 읽기 쉽지 않다. 또한 여러분이 필요한 내용을 담고 있는 예제도 찾기 어렵다. 그리고 어떤 경우에는 문서에 기록된 내용과 CMake의 동작이 일치하지 않는 예도 있다.
- CMake가 크로스플랫폼 개발을 지원하지만, 리눅스 환경이나 윈도우 환경에 적합하게 빌드 기술 파일을 달리 작성할 필요가 많이 발생한다.

평가

이제 CMake를 1장에서 설명한 품질 측정에 따라 평가해보자.

- **편의성: 좋음** CMake는 빌드 시스템의 상위 레벨 추상화를 제공하므로 개발자가 쉽게 빌드 프로세스를 기술할 수 있다. 하지만 CMake가 범용 프로그래밍 언어를 지원하지 않기 때문에 복잡한 요구 사항을 기술하기는 어렵다. 게다가 빌드 관련 문제는 GNU Make 같은 네이티브 빌드 도구에 의존적이다. 따라서 CMake가 자동 생성한 프레임워크를 충분히 이해할 필요가 있다.
- **정확성: 뛰어남** 사용되는 네이티브 빌드 시스템과 상관없이 CMake는 자동으로 종속성을 확인한 후 여러 개의 디렉터리를 사용해 빌드 프로세스를 수행할 수 있다.
- **성능: 뛰어남** CMake는 네이티브 빌드 시스템에 의존적이지만, 고성능의 빌드 시스템을 생성할 수 있다.

- **확장성: 뛰어남** 앞에 언급한 바와 같이 CMake는 많은 소스 파일과 시스템 디렉터리를 지원하는 확장성이 좋은 빌드 시스템을 생성할 수 있다.

CMake는 C/C++ 기반 프로젝트에서 훌륭한 선택이다. 그리고 C/C++ 기반 프로젝트에서 SCons와 경쟁하고 있다. 하지만 19장에서 다룰 플랫폼과 벤더에 특화된 최적화를 제공할 수 있는 네이티브 빌드 시스템을 지원한다는 점에서 추가적인 장점이 있다.

유사 도구

CMake는 네이티브 빌드 시스템을 생성하는 유일한 빌드 도구도 아니며, 최초도 아니다. 이 절에서는 비슷한 방식의 Automake와 Qmake에 대해 간단히 살펴본다.

Automake

Automake 빌드 도구는 15장에서 소개하는 Autotools 스위트suite[63]의 일부다. Autotools 스위트에서 Autoconf가 가장 널리 알려진 도구인데, 이는 많은 유닉스 개발자에게 친숙한 CNU configure 스크립트를 생성한다. 한편 Automake는 상위 레벨 빌드 프로세스 기술로부터 makefile 프레임워크를 생성하는 도구다.

Autotools 스위트는 GNU 개발 환경과 깊은 관련이 있으며, 유닉스 계열 시스템에 종속적이다. 게다가 Automake에서의 빌드 기술은 다른 도구에 비해 간단하다. 다음은 계산기 프로그램에 대한 Makefile.am 파일이다.

```
bin_PROGRAMS = calculator
calculator_SOURCES = add.c sub.c mult.c calc.c
```

왼쪽은 변수명을 나타내고 오른쪽은 값을 나타낸다. `bin_PROGRAMS`는 `make install` 명령을 실행하면 기본 bin 디렉터리에 계산기 프로그램이 설치되는 것을 나타낸다. 그리고 `calculator_SOURCES` 변수는 컴파일되고 계산기 프로그램으로 링크될 소스 파일 리스트를 나타낸다.

이 빌드 기술을 automake로 실행하면 모든 기본 타겟(예, `all`, `clean`, `install`)을 제공하는 makefile이 생성된다. 생성된 makefile은 자동 종속성 분석과 같은 프레임워크를 내포하게 돼, 사용자가 상세한 내용을 몰라도 빌드를 수행할 수 있다.

일반적으로 CMake는 Autotools 스위트의 대안으로 간주된다. 특히 유닉스 계열이 아닌 시스템에서 실행돼야 할 소프트웨어를 작성할 때 CMake는 더욱 고려 대상이 된다. CMake는 유닉스가 아닌 다른 빌드 머신에 적용할 수 있다는 장점 때문에 Automake의 강력한 경쟁자가 되지만, Autotools를 사용하는 많은 기존 소프트웨어의 경우 계속해서 Autotools를 사용하기 권장한다.

Qmake

Qmake 빌드 도구는 Qt 개발 환경[64]의 일부다. Qt는 동일한 GUI 함수를 제공해 크로스플랫폼 애플리케이션을 개발할 수 있게 만들어졌다.

Qmake는 작은 프로그램을 만들 경우 다른 빌드 도구들과 유사한 빌드 기술 파일을 사용한다.

```
TARGET = calculator
SOURCES = add.c sub.c mult.c calc.c
HEADERS = numbers.h
```

Qmake는 makefile 프레임워크와 비주얼 스튜디오 프로젝트를 생성할 수 있다. Qmake는 Qt 개발자를 위해 만들어졌기 때문에 빌드 시스템은 Qt 기반 애플리케이션을 위해 자동으로 관련된 C/C++ 헤더 파일 지시어와 라이브러리를 포함한다.

크로스플랫폼 애플리케이션을 개발할 계획이라면 Qt와 Qmake는 충분히 고려해 볼 만한 가치가 있다.

정리

CMake 빌드 도구는 다양한 플랫폼을 위한 네이티브 빌드 시스템을 생성할 수 있다는 장점이 있다. 그래서 소프트웨어 개발자는 플랫폼 중립적인 빌드 기술(CMakeLists.txt)만 작성하고, CMake가 네이티브 빌드 시스템을 생성하게 하면 된다.

CMake는 조건문, 반복문, 매크로를 제공할 뿐만 아니라, 실행 파일과 라이브러리를 생성하기 위한 고급 명령을 제공한다. 그리고 CMake는 생성되는 네이티브 빌드 시스템과 구조적으로 동일하지는 않지만, 기능적으로 동일한 빌드 시스템을 생성해준다.

CMake의 변수는 다른 언어에서 사용되는 변수와 유사하지만, 각 파일과 디렉터리별로 적용된다는 점에서 독특하다. 그리고 이런 속성은 각 소스 파일의 컴파일 플래그를 설정할 때 사용된다.

CMake 프로그램은 크로스플랫폼 개발을 지원하기 위해 빌드 머신에서 컴파일에 필요한 도구, 헤더 파일, 라이브러리를 찾아줄 뿐 아니라, C/C++ 컴파일러가 언어적으로 어떤 기능을 지원하는지도 확인해준다.

CMake는 빌드 프레임워크 생성에 수반되는 복잡한 작업을 제거해주므로, C/C++ 개발을 할 때 중요하게 고려되는 빌드 도구다. 특히 여러 운영체제와 네이티브 빌드 도구를 지원하므로, 크로스플랫폼을 지원하는 소프트웨어를 개발할 때 우선 고려해야 한다.

이클립스

이 책에서 다섯 번째이자 마지막으로 살펴볼 빌드 도구는 사실 빌드 도구가 아니다. 이클립스는 코드의 편집과 컴파일, 버전 관리, 테스트, 태스크 추적 등을 아우르는 개발 도구의 완전한 묶음을 제공하는 통합 개발 환경IDE, Integrated Development Environment[33]이다. 이클립스의 빌드 기능은 단지 광범위한 도구 집합의 한 부분일 뿐이며, 컴파일은 뒤에서 보이지 않게 진행돼 실제로 컴파일이 일어나고 있음을 알아차릴 수 없다.

이클립스는 자바를 지원하는 도구로 널리 알려졌지만, 실은 자바뿐만 아니라 C 언어와 C++, 파이썬, 펄, PHP, UML을 비롯한 다양한 언어의 개발 도구를 함께 제공한다. 이클립스는 확장성이 뛰어나며, 어떤 벤더든 자신의 도구와 언어의 지원을 추가할 수 있다. 2001년 이후부터 이클립스는 오픈소스 프로젝트가 됐으며, IBM(이클립스를 갖고 있었던)이 여전히 이 프로젝트의 스폰서로 남아있는 가운데 여러 다른 산업계 리더들도 이를 지원하고 있다.

지금까지 개발 환경에서 이클립스 사용을 고려한 적이 없었다면 당장 이클립스의 도입을 고려해봐야 한다. 여러분이 vi나 이맥스emacs 같은 편집기의 전문가라고 하더라도 이클립스는 여전히 여러분의 생산성을 높일 수 있다. 이클립스는 여러분이 이어서 타이핑하고 싶어 할 내용을 미리 세안할 수 있으며(코드 자동 완성 기능 - 옮긴이), 관심 없는 코드 부분은 닫아둘(폴딩 기능 - 옮긴이) 수 있고, 프로그램 안의 클래스를 찾아볼 수 있으며, 잘못된 코드를 입력한 후 수 초 뒤에 컴파일 에러가 표시된다. 이런 굉장한 기능을 사용하기 위해서는 일정의 학습 시간이 필요하지만, 장기적으로 보자면 사용자 대부분이 향상된 생산성을 경험한다.

여러분의 예상대로 10장에서는 이클립스에 기본 탑재된 컴파일 기능에 초점을 맞춘다. 이클립스는 웹 서비스와 JSF, JSP 코드를 포함한 다양한 범위의 자바 프로그램을 컴파일할 수 있지만, 여기서는 자바 개발 도구JDT, Java Development Tools 플러그인을 사용해 표준 자바 클래스와 JAR 파일을 컴파일하는 데 집중한다. 앞서 다룬 내용과 여기서는 실제 어떻게 이클립스를 사용하는지 살펴보며 시작한다.

여러분이 이클립스를 공부하며 알게 될 가장 중요한 발견은 이클립스의 편집-컴파일-실행 주기가 일반적일 때와 큰 차이가 있다는 점이다. 이제는 이런 단계가 분명하게 나눠 정의되지 않으며, 이클립스 GUI가 이들이 서로 잘 연계돼 단절 없이 함께 동작하게 해주기 때문에 이를 구분해서 정의할 필요도 없다. 또한 이클립스는 이미 소프트웨어의 구조에 관해 충분히 잘 알고 있기 때문에 빌드 기술 파일(Make 파일과 같은)을 별도로 작성하지 않아도 된다. 빌드 시스템을 쉽게 구축하는 빌드 기능성을 제공하는 GUI가 준비돼 있지만, 이는 오히려 사용 가능한 기능의 집합을 제한하기도 한다.

10장은 앞서 살펴본 빌드 도구들과 같은 형식으로 설명을 진행한다.

이클립스의 개념과 GUI

이클립스는 빌드 프로세스를 설명하는 프로그래밍 언어를 제공하지 않으므로 언어의 구문을 요약할 수도 없다. 대신 이 절에서는 어떤 빌드 단계가 필요한지 도구가 판단할 수 있게 하는 GUI 동작을 살펴본다. 예를 들어 개발자가 새로운 소스 파일을 이클립스 프로젝트에 추가하면 빌드 시스템은 해당 소스 파일을 자동으로 컴파일하고, 그 결과를 애플리케이션의 일부로 추가한다. 반대로 사용자가 소스코드 파일을 제외하고 싶을 때를 위한 메뉴 항목도 있다.

이클립스는 복잡한 빌드 환경에서 도구를 구성하기 위한 다양한 환경 설정을 제공한다. 이는 텍스트 기반 도구에서 제공하는 기능과 같은 수준의 기능을 포함하고 있지만, 변수를 설정하거나 명령을 작성하는 대신 GUI 위젯을 클릭하며 모든 사항을 설정한다.

이클립스 JDT 빌드 환경을 공부할 때에는 다음과 같은 프로그래머의 일반적인 워크플로우를 따른다.

- **프로젝트 생성** 새로운 프로젝트를 생성하고, 빌드 트리 안에서 소스와 오브젝트 파일을 관리하는 방법
- **프로젝트 빌드** 이클립스 자바 프로젝트를 컴파일하고, 다른 프로젝트와의 종속성을 추가하고, 컴파일 옵션을 지정하는 방법
- **프로젝트 실행** 지원되는 다양한 런타임 환경 중 하나에서 이클립스 프로젝트를 실행하는 방법
- **내부 프로젝트 모델의 활용** 이클립스가 지속적으로 프로그램의 내부 모델을 갱신하며 생산성을 높이는 방법
- **기타 빌드 기능** 소프트웨어를 빌드하는 데 관련된 기타 흥미로운 이클립스 기능

이제 새로운 프로젝트를 생성하고 소스 파일을 추가하는 기본적인 과정부터 시작해보자.

프로젝트 생성

이클립스 환경에서 개발 작업을 시작하려면 우선 새로운 프로젝트를 생성해야 한다. 이 과정은 파일 시스템에 파일을 저장할 디렉터리를 만들고, 올바른 자바 런타임 환경과 빌드 옵션을 사용하게 이클립스를 구성한다.

이클립스를 실행하면 우선 워크스페이스workspace로 사용할 디렉터리를 선택하라는 창이 나타난다. 이에 따라 모든 소스 파일을 저장할 파일 시스템상의 디렉터리를 결정해야 한다. 하나의 워크스페이스에는 얼마든지 프로젝트를 추가할 수 있으며, 각 프로젝트 간에 타입이 서로 다르더라도 상관없다. 그림 10.1은 다섯 개의 자바 프로젝트를 담고 있는 워크스페이스를 나타내며, 첫 번째 프로젝트(Example Project)만이 자바 소스 파일이 나타나게 펼쳐져 있다.

그림 10.1 현재 이클립스의 프로젝트와 프로젝트가 포함하고 있는 파일을 보여주는 프로젝트 탐색기 뷰

이를 자세히 살펴보면 Example Project와 아래에 나열된 Scenario 프로젝트의 아이콘이 서로 다르다는 점을 알 수 있다. 이는 Example Project만을 편집할 수 있으며, 나머지 프로젝트는 모두 닫힌 상태임을 나타낸다.

첫 번째 프로젝트를 더 자세히 살펴보면 주 애플리케이션 코드를 위한 src라는 이름의 최상위 디렉터리와 단위 테스트 코드를 위한 test-src라는 이름의 최상위 디렉터리를 찾을 수 있다. 이런 구분을 유지하면 테스트 코드와 제품 코드를 혼동하지 않을 수 있기 때문에 유용하다. 하지만 두 소스 파일 집합이 모두 com.arapiki.example 패키지 안에 저장돼 테스트 코드가 여전히 패키지 내부의 클래스에 접근할 수 있음을 주목하자.

한 가지 분명하지 않은 점은 TestOtherStuff.java가 빌드 프로세스에서 제외됐다는 점이다. 이 파일이 여전히 프로젝트의 디렉터리에 남아있지만, 아이콘의 차이를 통해 해당 파일이 최종 애플리케이션으로 컴파일되고 링크되지 않음을 알 수 있다. 이클립스 환경에서는 아이콘이 중요한 세부 사항을 제공하기 때문에 이를 살피는 것이 중요하다.

마지막으로, 이 프로젝트가 1.6 버전의 JRE 시스템 라이브러리와 단위 테스트를 위한 3 버전의 JUnit 라이브러리를 사용함을 확인할 수 있다.

프로젝트 타입의 선택

새로운 프로젝트를 시작하려면 File, New, Project 메뉴 옵션을 사용하고, 필요한 프로젝트 타입을 선택해야 한다(그림 10.2). 이클립스는 다양한 프로젝트 타입을 제공하며, 서드파티 플러그인을 추가해 타입의 목록을 확장할 수 있다.

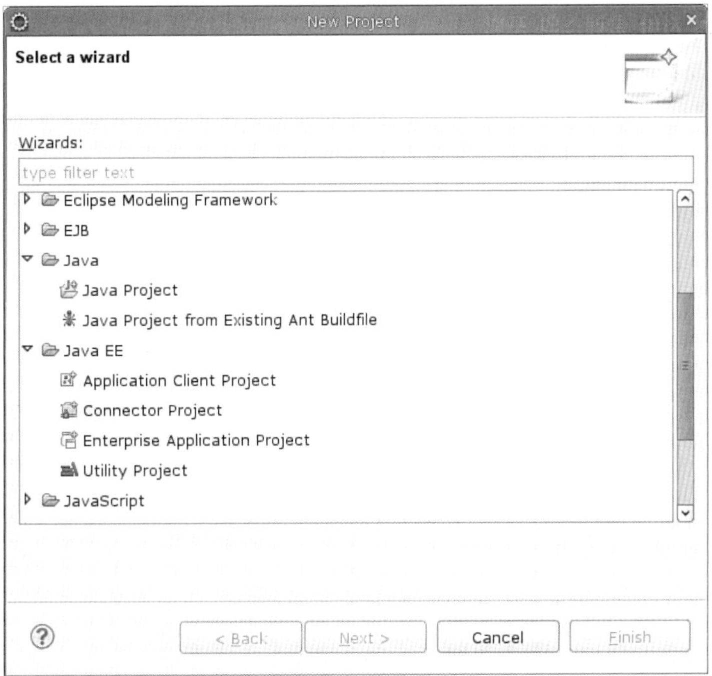

그림 10.2 새로운 이클립스 프로젝트의 타입 선택

모든 프로젝트가 소스코드를 포함하기는 하지만, 프로젝트의 타입을 사용해야 이런 파일을 편집하거나 컴파일하는 방법을 알 수 있다. 한 예로 코드 편집기는 소스코드에 나타나는 구문에 색깔을 입히는 방법을 알아야 하고, 코드 완성code completion 힌트를 제공하는 방법도 알고 있어야 한다. 또한 프로젝트는 소스코드를 실행 프로그램으로 컴파일하는 방법도 알아야 한다.

보통의 자바 프로젝트는 컴파일된 후 자바 애플리케이션이나 JAR 파일로 빌드

될 .java 파일의 컬렉션을 갖고 있다. 반면 자바 엔터프라이즈 에디션JEE 프로젝트는 배포 기술자deployment descriptor와 필요한 자바 EE 라이브러리, 애플리케이션 서버에 프로그램을 배포하는 방법 등이 자동으로 포함된다. 이는 프로젝트의 각 타입이 무엇을 제공하는지 이해하는 데 도움이 된다.

여기서 살펴보는 예제는 간단한 자바 애플리케이션에 초점을 두고 있으며, 이제 자바 프로젝트를 생성할 때 일어나는 상황을 살펴보자. 다음 단계에서는 상위 수준의 세부 사항이 나타난다(그림 10.3).

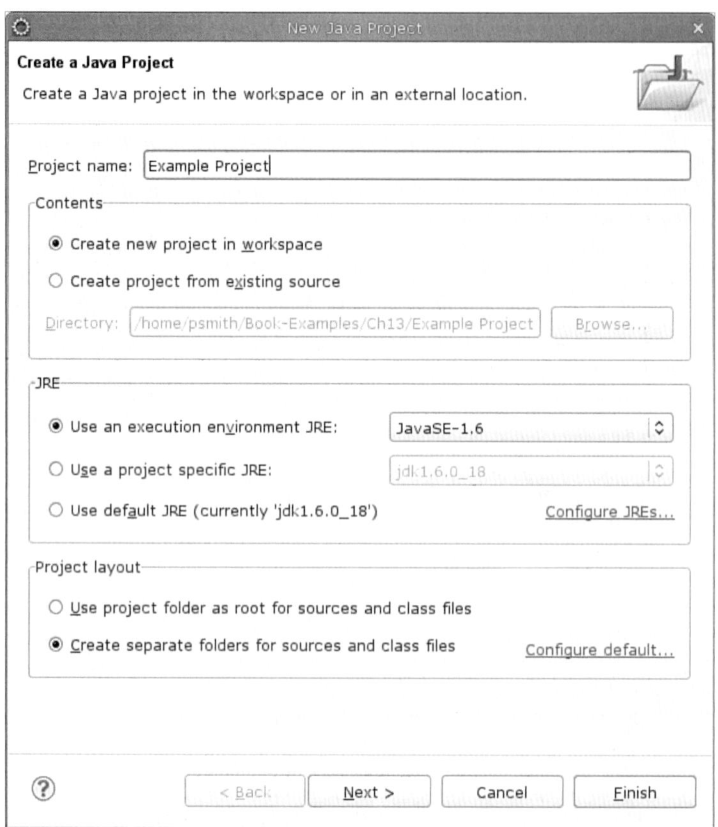

그림 10.3 새로운 자바 프로젝트의 생성

이 그림은 사용자가 새로운 프로젝트의 세부 내용을 지정할 수 있는 기본 대화상자를 나타낸다. 더 자세한 매개변수를 설정하기 위해 다양한 옵션을 사용할 수 있지만, 여기서는 기본적인 내용을 중심으로 알아보자.

- **프로젝트 이름** 하위 파일 시스템 디렉터리(워크스페이스 내부의)의 이름으로, 프로젝트 구성 옵션을 변경할 때 사용되기도 한다.
- **내용** 이미 파일 시스템에 있는 소스코드와 함께 새로운 프로젝트를 시작할 수도 있겠지만, 대부분은 빈 프로젝트 디렉터리와 함께 시작하게 된다. 기타 옵션으로는 CVS 같은 버전 관리 시스템을 통해 프로젝트 디렉터리의 내용을 채우는 방법이 있다.
- **JRE** 소스코드는 특정 버전의 자바 런타임 환경에 종속성을 갖고 있을 수 있다. 사용할 JRE의 정확한 파일 시스템 경로를 지정하거나, 단순히 이클립스가 버전 요구 사항에 맞는 JRE를 알아서 선택하게 할 수 있다.
- **프로젝트 레이아웃** .java와 .class 파일을 같은 디렉터리에 함께 두거나, 두 종류의 파일을 서로 다른 두 디렉터리로 나눠 관리하는 옵션이 있다. 권장되는 기본 설정은 소스코드를 위한 src 디렉터리를 생성하고, 클래스 파일을 위해서는 bin 디렉터리를 생성하는 방법이다.

여러 대화상자(Next 버튼을 선택해)를 사용할 수도 있지만, 결국 Finish 버튼을 눌러야 하며, 이에 따라 프로젝트가 생성된다.

이클립스 워크벤치

그림 10.4는 새로운 이클립스 프로젝트에 여러 자바 소스 파일을 추가한 상황을 나타낸다.

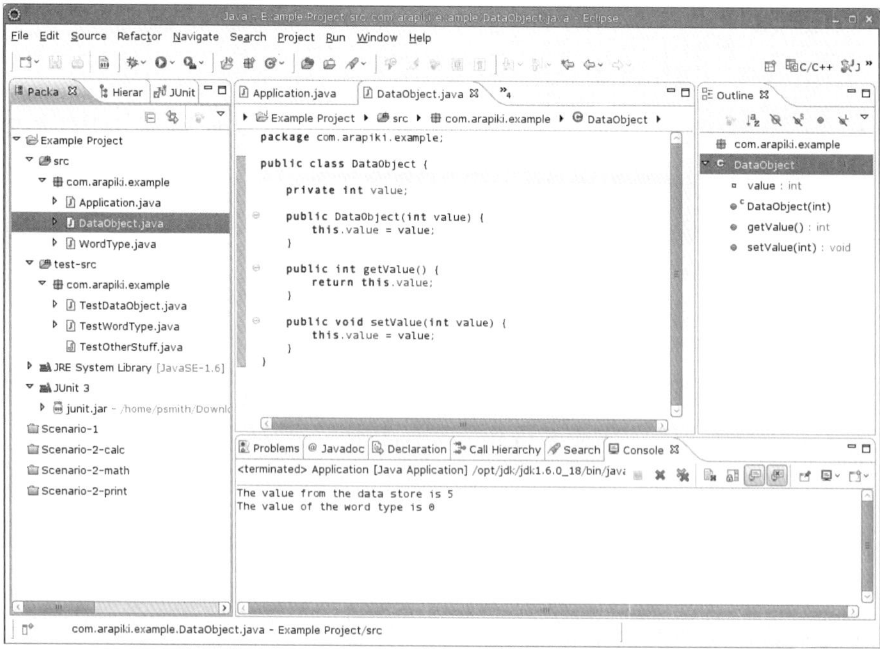

그림 10.4 이클립스 워크벤치 창

전체 이클립스 GUI는 '편집 창'과 '뷰'를 포함한 여러 작은 창으로 구성된다. 이런 창의 레이아웃은 원하는 대로 자유롭게 구성할 수 있지만, 다음은 일반적인 자바 개발자가 개발을 시작하는 구성이다.

- **패키지 탐색기 뷰** 왼쪽 측면에서 패키지 탐색기 뷰를 볼 수 있으며, 이는 앞서 살펴본 프로젝트 탐색기와 유사하게 자바 프로젝트를 보여준다. 이 뷰는 프로젝트의 소스 트리를 이동하고 편집을 위해 소스 파일을 열 때 사용된다.
- **편집 창** GUI의 중앙에는 DataObject.java 파일의 소스코드가 위치한다. 큰 화면 공간에서 작업하는 개발자는 보통 이 창을 확장해 화면 대부분을 사용한다.
- **아웃라인 뷰** 오른쪽 측면에서는 `DataObject` 클래스의 개요를 확인할 수 있다. 여러 메소드 이름 위를 클릭하면 편집기는 소스코드의 해당 부분으로 이동한다. 이는 이클립스에서 제공하는 많은 생산성 기능 중 하나다.
- **콘솔 뷰** 화면의 아래쪽에 위치하며, Run 버튼을 누른 결과 실행되는 프로그램의 출력이 표시된다. 이 그림의 경우에는 두 줄의 출력을 표시하는 간단한 텍스트 기반 프로그램이다.

이클립스를 처음 접하는 사용자라면 이클립스의 인터페이스가 너무 복잡하게 느껴질 수 있으며, 이는 모든 메뉴 옵션과 구성 상자configuration box를 살펴보려 할 때 더욱 그렇다. 지금까지 살펴본 기본적인 GUI 레이아웃으로 시작한다면 이 도구에 쉽게 익숙해질 수 있다.

소스 트리

소스 파일과 코드의 내용에 익숙해졌다면 이제 이클립스 프로젝트가 저장되는 방식을 살펴보자. GUI의 한계 중 하나는 내부에서 일어나는 일을 직접 제어할 수 없다는 점이며, 이는 실제로 일어나는 일을 이해하기가 더 어려워짐을 의미한다.

이제 Example Project 하위 디렉터리의 파일을 간략히 살펴보자. 파일의 목적을 나타내는 최상위 디렉터리 이름에 특히 주목하자.

```
src/com/arapiki/example/Application.java
src/com/arapiki/example/WordType.java
src/com/arapiki/example/DataObject.java
bin/com/arapiki/example/WordType.class
bin/com/arapiki/example/DataObject.class
bin/com/arapiki/example/Application.class
test-src/com/arapiki/example/TestDataObject.java
test-src/com/arapiki/example/TestOtherStuff.java
test-src/com/arapiki/example/TestWordType.java
test-bin/com/arapiki/example/TestDataObject.class
test-bin/com/arapiki/example/TestWordType.class
.project
.settings/org.eclipse.jdt.core.prefs
.classpath
```

src와 test-src 디렉터리는 패키지 탐색기 창 안에 나타나며, 여기에는 특별히 주목할 내용이 없다. 반면 bin과 test-bin 디렉터리는 뷰에서 감춰져 있다. 개발자가 빌드 시스템이 언제나 모든 내용을 최신으로 유지한다고 믿는다면 보통 .class 파일을 직접 살펴볼 필요가 없다.

두 소스 디렉터리와 두 출력 디렉터리를 두는 이런 접근 방식은 자바 빌드 경로 Java Build Path GUI 창을 통해 쉽게 구성할 수 있다(그림 10.5).

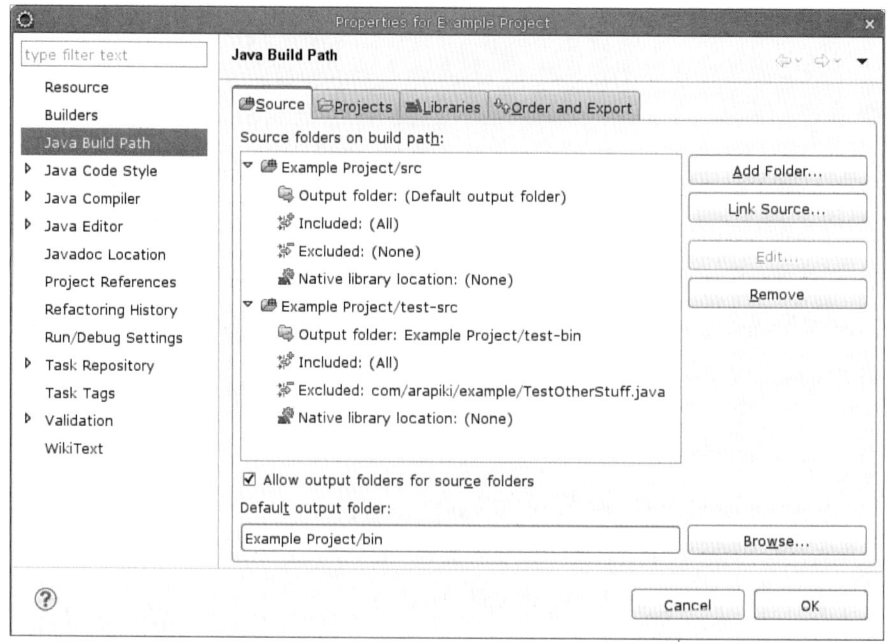

그림 10.5 자바 빌드 경로 창

화면의 중앙에서는 두 가지 소스 위치의 정의를 확인할 수 있다. src 디렉터리는 기본 출력 위치(Example Project/bin)를 사용하며, test-src 디렉터리는 명시적으로 test-bin 디렉터리의 이름을 제공한다. Included:와 Excluded: 항목은 Ant의 `<fileset>` 태스크와 유사하게 어떤 소스 파일을 빌드 프로세스에 포함할지를 결정할 수 있게 해준다. 여기서는 TestOtherStuff.java가 컴파일되지 않게 명시적으로 지정됐다.

이 프로젝트 디렉터리의 마지막 세 파일은 GUI 구성의 텍스트 기반 뷰다. 이 파일을 직접 손으로 편집하는 방식은 권장하지 않지만, 이 파일을 사용하는 이유를 확인하고 넘어가자.

- .project 프로젝트를 구성하는 방법에 관한 XML 기술을 담고 있다. 자바 프로젝트이기 때문에 코드의 컴파일을 위해 `javabuilder` 기능을 사용하고, 프로젝트의 모든 특성을 나타내기 위해서는 `javanature` 기능을 사용한다.

```
<?xml version="1.0" encoding="UTF-8"?>
<projectDescription>
  <name>Example Project</name>
  <comment></comment>
  <projects>
  </projects>
  <buildSpec>
    <buildCommand>
      <name>org.eclipse.jdt.core.javabuilder</name>
      <arguments>
      </arguments>
    </buildCommand>
  </buildSpec>
  <natures>
    <nature>org.eclipse.jdt.core.javanature</nature>
  </natures>
</projectDescription>
```

- **.settings/** 이 디렉터리는 프로젝트의 구성을 저장한 여러 파일을 담고 있다. 여기서는 핵심 설정만을 변경했기 때문에 빌드 트리에는 org.eclipse.jdt.core.prefs 파일만 나타난다.
- **.classpath** 그림 10.5에서 살펴본 자바 빌드 경로 GUI의 XML 버전이다. 반드시 다음 코드를 스크린 샷의 내용과 비교해보자.

```
<?xml version="1.0" encoding="UTF-8"?>
<classpath>
  <classpathentry kind="src" path="src"/>
  <classpathentry
      excluding="com/arapiki/example/TestOtherStuff.java"
      kind="src" output="test-bin" path="test-src"/>
  <classpathentry kind="con"
      path="org.eclipse.jdt.launching.JRE_CONTAINER/org.eclipse. \
      jdt.internal.debug.ui.launcher.StandardVMType/JavaSE-1.6"/>
  <classpathentry kind="con"
      path="org.eclipse.jdt.junit.JUNIT_CONTAINER/3"/>
  <classpathentry kind="output" path="bin"/>
```

```
</classpath>
```

이를 자세히 살펴보면 어떤 정보든 빌드 프로세스를 기술하고 있지 않지만, 이 내용만으로도 이클립스에 자바 클래스를 컴파일하기 충분한 정보를 제공하고 있음을 알 수 있다. 이제 이클립스 JDT가 빌드를 수행하는 방법을 살펴보자.

프로젝트 빌드

IDE의 철학에 따라 프로젝트의 빌드는 GUI 환경에서 직접 이뤄진다. 소스 파일을 디스크에 저장할 때마다 자바 컴파일러를 호출하고, 빌드 결과가 즉시 나타난다. 모든 경험 많은 프로그래머들이 알고 있듯이 코드를 자주 컴파일해서 에러가 감당할 수 없을 정도로 증가하지 않게 주의해야 한다. 이클립스의 빌드 프로세스는 컴파일에 단지 몇 초 정도만 필요할 정도로 최적화됐다.

자바 컴파일러가 에러나 경고를 발생시켰다면 이클립스 GUI의 아랫부분에 위치한 Problems 창으로 보고된다(그림 10.6).

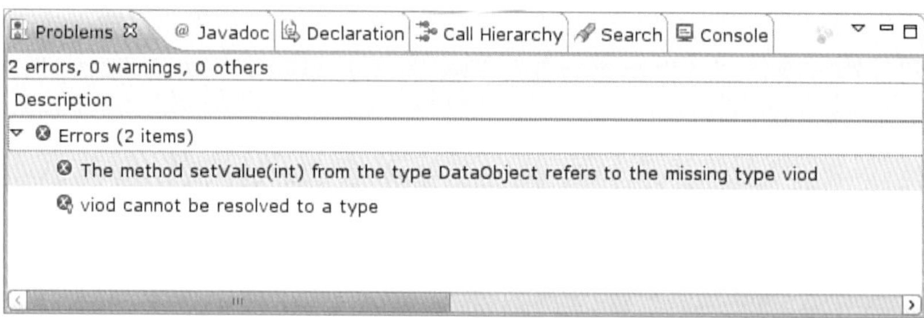

그림 10.6 컴파일 에러를 나타내는 Problems 창

에러 보고error report를 클릭하면 이클립스 편집기는 문제가 되는 소스 파일을 열고 에러를 포함하고 있는 코드 라인으로 이동한다. 이는 에러를 빠르게 해결하는 방법 중 하나다.

소프트웨어를 정기적으로 실행하는 예도 또 다른 좋은 사례며, 이 역시 이클립스에서 쉽게 수행할 수 있다. Run 버튼을 누르면 이클립스는 모든 소스코드의 변경사항을 저장하고 최근 변경을 컴파일한다. 에러가 발생하지 않으면 프로그램은 실행을 시작하고 출력은 Console 창에 나타난다.

이클립스는 자유롭게 구성할 수 있기 때문에 전통적인 빌드 환경을 더 선호한다면 Build Automatically 옵션을 끌 수도 있다. 이때는 코드를 컴파일해야 할 때마다 툴바의 Build All 버튼을 반드시 눌러야 한다.

종속성 분석

다른 모든 빌드 도구처럼 이클립스도 소스 파일이 변경됐는지를 확인하고 변경된 파일에 종속적인 파일을 찾기 위해 종속성 분석dependency analysis을 사용한다. 이클립스 자바 빌더의 흥미로운 부분은 종속성을 직접 다시 계산하는 대신 IDE 프레임워크가 저장한 정보를 사용한다는 점이다. 이는 컴파일 프로세스의 속도를 높이며, 파일을 저장할 때마다 프로그램을 컴파일하기 위해 중요하다.

다른 빌드 도구가 파일 편집 여부를 판단하기 위해 타임스탬프나 MD5 체크섬을 사용하지만, 이클립스는 어떤 파일이 편집됐는지 알고 있다. 무엇보다도 도구 자신이 파일을 디스크에 저장하는 책임을 지고 있어서 모든 수정 사항을 간단히 추적할 수 있기 때문이다. 다른 편집기로 파일을 편집한다면 이클립스는 이에 관한 변경을 알 수 없으며, 파일의 재빌드를 수행하지 않는다.

다음으로 살펴볼 최적화는 다른 소스 파일에 종속적인 소스 파일의 재컴파일에 관한 내용이다. 예를 들어 A.java가 클래스 B에 대한 `import` 지시어를 포함하고 있다면 B.java가 변경될 때마다 항상 A.java를 재컴파일한다고 예상할 수도 있다. 하지만 이클립스 빌드 도구는 B.java의 변경이 실제로 관련이 있는지를 알 수 있을 정도로 똑똑하다.

코드 변경 대부분이 단지 하나의 소스 파일에만 영향을 미치고 메소드의 형식 시그니처method's type signature를 변경하지 않는 상황이라면 이는 상당히 가치 최적화다. 사용자가 한 번에 하나의 파일을 저장한다면 그때마다 수백 개 파일의 타임스탬프를 매번 확인하는 작업은 의미가 없다. 또한 실제로 영향을 받지 않았음에도 단지 변경에 의해 영향이 있을지도 모른다는 이유로 다른 파일을 재컴파일한다면 이 또한 무의미한 과정이다. 19장에서는 이런 최적화 기법에 관해 더 자세히 알아본다.

컴파일러 옵션

이클립스가 제공하는 통합의 또 다른 측면은 자바 컴파일러가 사실상 IDE 안에 함께 포함되며, 서드파티를 통해 추가되지 않는다는 점이다. 반면 Ant와 같은 빌드 도구는 썬 JDKSun JDK와 같은 외부 컴파일러를 이용한다. 이클립스의 접근 방식이 처음에는 생소하게 느껴질 수 있지만, 컴파일러를 IDE 안에 내장함으로써 많은 가치를 더할 수 있다. 이에 관해서는 곧 좀 더 알아본다.

이클립스는 외부 컴파일러의 커맨드라인 옵션처럼 컴파일러 설정을 바꾸기 위한 다양한 GUI 대화상자를 제공한다. 예를 들어 개발자는 다음과 같은 사항을 변경할 수 있다.

- **JDK 컴파일 레벨** 이클립스 컴파일러가 따라야 할 자바 개발 킷Java Development Kit의 버전(1.4나 1.5, 1.6과 같은)을 지정한다. 이는 컴파일러가 허용하는 자바 구문과 .class 파일의 포맷에 영향을 미친다.
- **자바 런타임** 프로그램을 실행할 때 어떤 자바 런타임 환경JRE을 사용할지 제어할 수 있다. 컴파일 시점에서도 런타임에 사용할 라이브러리 집합과 같은 JRE 라이브러리를 링크해줘야만 한다.
- **디버깅 정보** .class 파일에 삽입할 디버깅 정보의 레벨(예, debug, info, warn)을 지정한다.
- **컴파일 에러/경고 처리** 개발자는 컴파일 문제의 각 타입을 에러나 경고로 보고하거나 완전히 무시할지를 제어할 수 있다.
- **최대 에러 수** 각 소스 파일이 보고할 수 있는 최대 에러 수를 제어할 수 있다.
- **자바독 태그** 컴파일러에 자바독 태그의 에러를 처리하는 방법을 알려준다.

두 가지 GUI 대화상자를 살펴보자. 첫 번째로, 이클립스는 소프트웨어를 실행할 때 사용할 JRE의 인스턴스를 선택할 수 있게 한다(그림 10.7). JRE는 .class 파일을 실행할 가상머신을 제공할 뿐만 아니라 다양한 표준 자바 라이브러리도 함께 포함하고 있다.

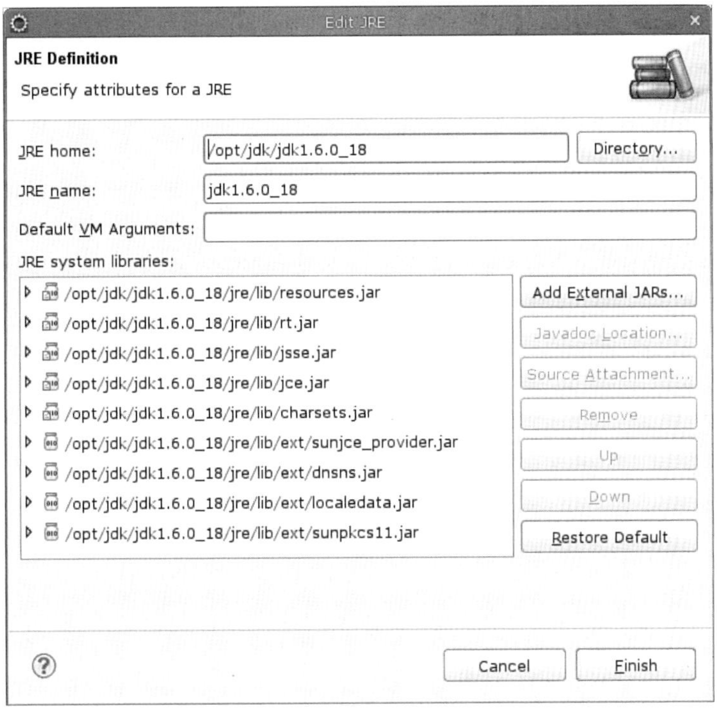

그림 10.7 JRE 수정 창

이 예제에서는 명시적으로 /opt/jdk에 설치된 1.6.0_18 버전의 런타임 환경을 사용하고 있다. 물론 이클립스 컴파일러가 이 JVM에 맞는 올바른 호환 수준의 .class 파일을 생성하게 구성돼야만 한다. 어떤 이유에서 JDK 1.4 가상머신을 사용하기로 했다면 이전 .class 파일 포맷의 생성이 가능한지를 컴파일러에 확인해야 한다.

이클립스 자바 컴파일러에서 살펴볼 두 번째 기능은 각 컴파일 메시지가 에러나 경고 메시지로 처리되게 설정하거나, 완전히 무시할 수도 있다는 점이다(그림 10.8). 단 하나의 에러 메시지로도 컴파일 프로세스는 멈추지만, 경고는 단순히 메시지를 Problems 창에 표시할 뿐이다. 이런 경고 대부분은 심각한 에러보다는 더 좋은 프로그래밍 스타일을 권장하기 위해 사용된다.

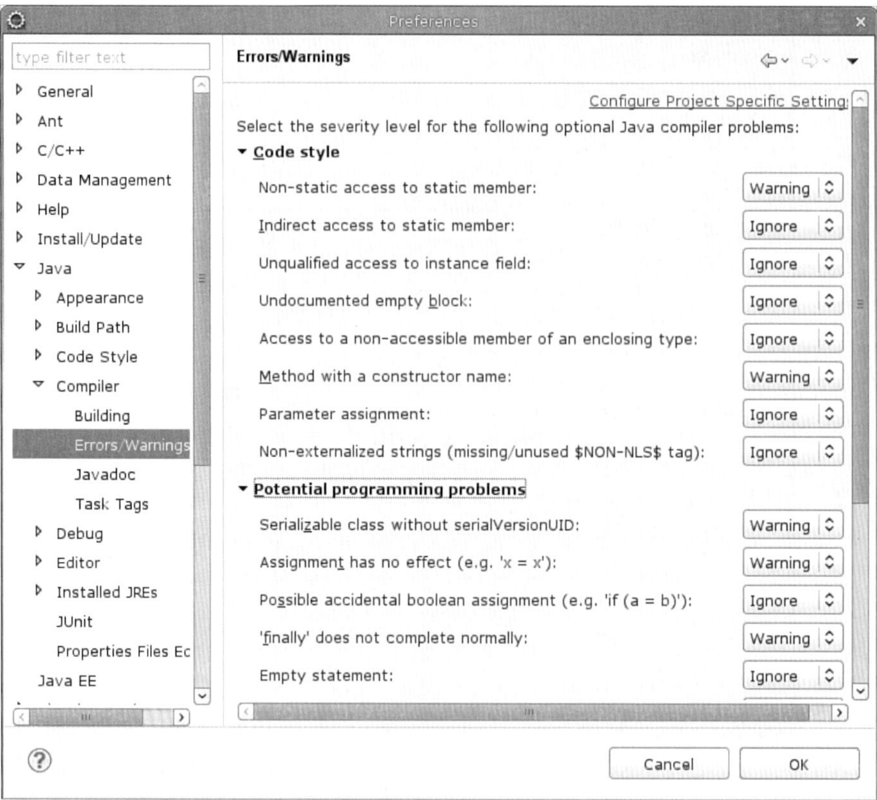

그림 10.8 컴파일러의 에러/경고 설정 페이지

레거시 소프트웨어나 다른 누군가가 작성한 코드를 컴파일할 때 코드를 수정할 권한을 받기 전까지는 이런 종류의 메시지를 단순히 무시해야만 하는 경우도 있다. 반면 새롭게 작성한 소스코드에서 에러나 경고 메시지가 많이 발생하는 것이 가치 있다고 믿는다면 최대한 많은 옵션을 활성화해야 한다.

패키징

파일을 저장할 때 컴파일하는 이클립스의 증분 빌드 시스템은 단지 .class 파일을 생성할 뿐이다. 프로그램을 실행하면 실제로는 JVM이 이런 클래스 파일을 사용해 프로그램을 실행한다. 개발 단계에서는 보통 JAR 파일이 필요하지 않기 때문에 클래스 파일을 JAR 파일로 패키징할 일이 없다.

이클립스 환경 밖에서도 프로그램을 사용할 수 있게 하고 싶다면 여러 클래스를 하나의 JAR 파일로 변환해 명시적으로 익스포트export할 필요가 있다. 이 익스포트

과정에서는 여러 GUI 양식을 채워야 한다. 아카이브에 포함할 파일(소스 파일이나 클래스 파일)을 지정해야 하고, 부가적으로 추가 메타 정보를 담고 있는 매니페스트를 포함할 수 있다.

사용하는 이클립스 프로젝트 타입에 따라 일반 JAR 파일이 아닌 다른 아카이브 형태로 익스포트할 수 있다. 예를 들어 엔터프라이즈 자바 빈EJB, Enterprise Java Bean 프로젝트는 프로젝트 내용을 EJB 포맷 파일로 익스포트할 수 있다. 이와 마찬가지로, 자바 웹 애플리케이션Java Web Application 프로젝트는 WAR 포맷 파일로 익스포트할 수 있다.

프로젝트 빌드 경로

아직 몇 가지 예제밖에 살펴보지 못했지만, 사실 이클립스는 수천 개의 소스 파일을 관리할 수 있다. 큰 프로그램을 좀 더 작은 컴포넌트로 나눠 소프트웨어의 각 부분을 별도의 이클립스 프로젝트로 만들겠다는 생각은 생산성에 도움이 된다. 또한 인터넷에서 다운로드한 서드파티 JAR 파일을 사용하는 방법도 일반적으로 사용된다.

한 예로 큰 애플리케이션은 논리적으로 여러 라이브러리로 나눌 수 있으며, 이때 각 라이브러리는 주 애플리케이션의 코드나 다른 라이브러리에 API를 제공한다. 각 라이브러리는 주 프로그램과 같이 별도의 독립적인 이클립스 프로젝트에 저장된다. 그뿐만 아니라 각 프로젝트는 같은 기능을 다시 작성하기보다는 자유롭게 하나 이상의 서드파티 JAR 파일을 사용할 수 있다.

이를 위해 이클립스 빌드 도구는 반드시 프로젝트의 실행을 위해 필요한 모든 클래스 파일과 JAR 파일을 알아야 한다. 어떤 프로젝트가 다른 프로젝트에 종속적이라면 두 프로젝트의 파일 목록은 서로 병합돼야 한다. 프로젝트의 '빌드 경로build path'는 다음에서 나열하는 방법을 조합해 설정할 수 있다.

- **프로젝트 빌드 트리 안에 있는 클래스 파일의 디렉터리** 이는 일반적으로 bin 디렉터리나 사전에 정의한 출력 디렉터리output directory다.
- **프로젝트 빌드 트리 안에 있는 JAR 파일** 이는 앞서 JUnit JAR 파일을 프로젝트에 추가할 때 살펴봤다.
- **프로젝트에 포함되지 않은 외부 클래스 디렉터리나 JAR 파일** 이를 사용하면 워크스페이스뿐만 아니라 빌드 머신상의 어떤 위치에 있는 파일이든 접근할 수

있다. 각 머신마다 다른 위치에 파일을 저장할 수 있기 때문에 빌드 경로는 반드시 변수를 통해 얻어져야 한다. 따라서 개발자는 자신의 머신에 올바른 변수를 설정해야 한다.

프로젝트를 컴파일하고 가상머신에서 실행할 때 이클립스는 각 클래스 디렉터리나 JAR 파일을 포함하게 자바 클래스 경로를 설정한다. 이는 GUI가 항목의 내용과 순서를 관리한다는 점을 제외하고는, 기본적으로 자바 `CLASSPATH` 환경 변수에 정의된 내용과 같다.

프로젝트가 하나 이상의 다른 프로젝트에 종속적인 좀 더 큰 프로그램은 빌드 경로를 합친다. 즉, 프로젝트 A가 프로젝트 B와 C에 종속적이라면 `CLASSPATH` 변수는 세 프로젝트에 필요한 모든 디렉터리와 JAR 파일을 포함한다.

이런 프로젝트 종속성 시스템을 좀 더 사용하기 편리하게 하려고 개발자는 프로젝트 일부만을 사용해야 한다고 직접 알려줄 수 있다. Ant 같은 정규식을 통해 가져온 프로젝트에서 필요하지 않거나 완전히 제외해야 할 클래스를 지정할 수 있다. 프로젝트의 설정에 따라서는 이처럼 필요하지 않거나 제외해야 한다는 설정을 사용하면 빌드 에러나 경고를 유발할 수 있다.

실세 상황에서 사용하는 빌드 시나리오를 통해 이런 다중 프로젝트 접근 방식의 다른 사례를 살펴볼 수 있다. 일단 지금은 컴파일된 프로그램을 자바 가상머신에서 실제로 실행하는 마지막 빌드 과정을 알아보자.

프로젝트 실행

이클립스 환경에서 프로젝트의 실행은 툴바의 Run Application 버튼을 누르는 동작만으로 가능하다. 이는 올바른 JRE와 정확한 커맨드라인 인수를 사용하게 사전에 프로젝트의 구성을 마쳤음을 의미한다. 이클립스는 프로그램을 실행하는 방법을 제어하는 다양한 범위의 구성 매개변수를 제공한다.

프로젝트를 컴파일할 때를 돌이켜보면 프로그램을 실행할 때 어떤 JRE를 사용할지 미리 지정할 필요가 있었다. 이는 컴파일러에 어떤 런타임 라이브러리를 사용할 수 있는지와 클래스 파일의 생성에 사용할 포맷을 알려줬다. 새로운 클래스 파일 포맷은 새로운 가상머신에서만 읽을 수 있으며, 이전 머신을 사용한다면 런타임 에러가 발생한다.

이클립스 환경에서 프로그램을 실행한다면 정확히 매칭되는 JRE를 사용한다고 자신할 수 있을지 모른다. JRE 구성을 변경하면 이클립스는 매칭의 여부를 분명히 하기 위해 모든 클래스 파일을 즉시 재빌드한다.

프로그램 실행의 다음 단계는 '실행 구성[run configuration]'을 선택하는 과정이다. 자바 프로그램은 다양한 방법으로 실행할 수 있으며, 이에 따라 우선 올바른 환경을 선택해야 한다. 프로그램은 자바 클래스의 집합일 뿐이며, 따라서 이런 클래스로 무엇을 할지 결정해야만 한다.

그림 10.9는 실행 구성 창을 나타낸다.

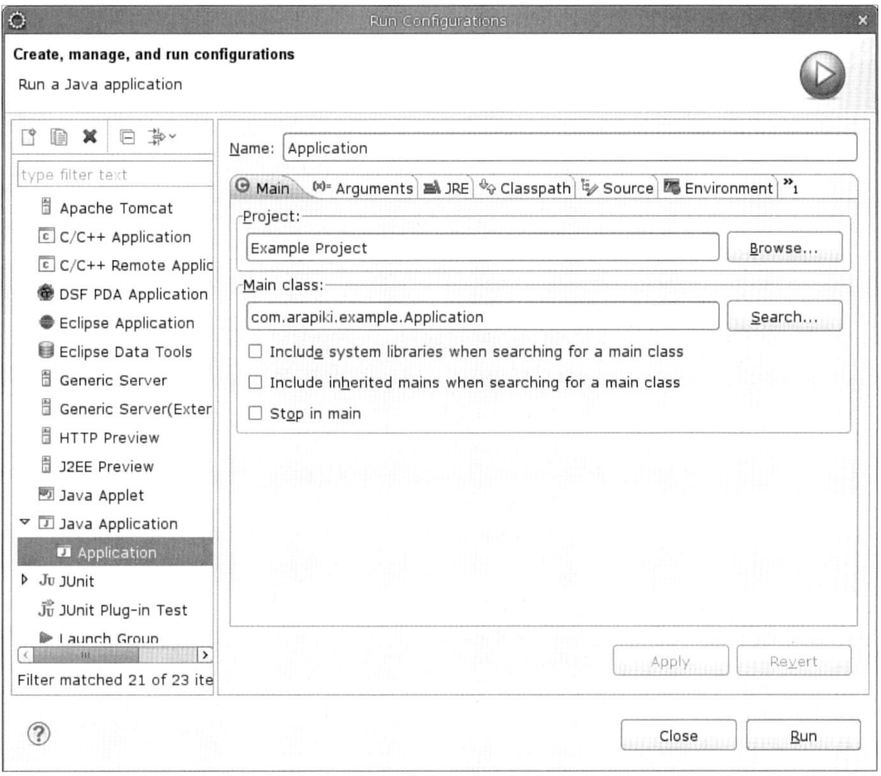

그림 10.9 실행 구성 창

왼쪽 측면에 표시되는 내용은 다음과 같은 런타임 환경의 목록이다.

- **자바 애플리케이션** 클래스가 자바 가상머신에 로드되고 프로그램의 표준 출력이 Console 창에 표시된다(그림 10.10). GUI 기반의 자바 코드도 이 환경을 사용

할 수 있으며 최상위 창이 사용자 화면에 팝업으로 나타난다.

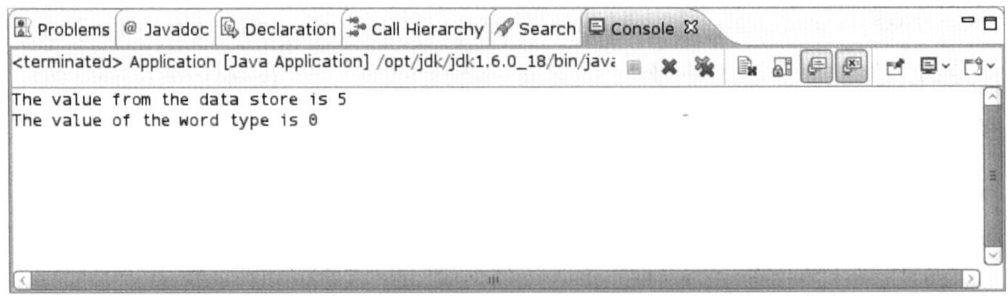

그림 10.10 프로그램의 출력을 보여주는 콘솔 창

- **JUnit** 클래스는 JUnit 테스트 프레임워크 안에서 실행된다. 프로그램 실행의 결과는 JUnit 창(그림 10.11)에 나타나는 각 테스트의 합격/불합격 목록이다.

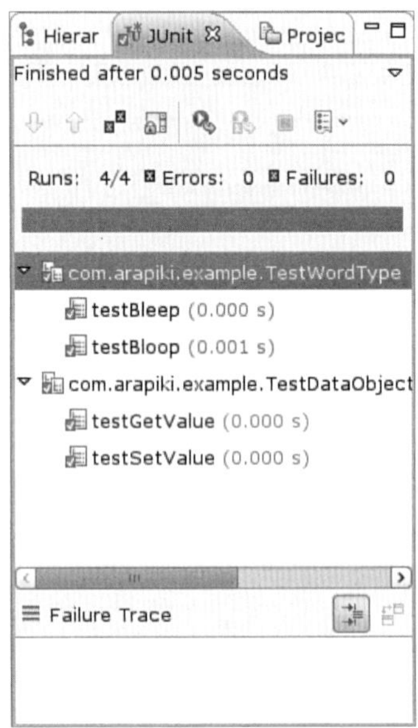

그림 10.11 JUnit 테스트의 실행 결과를 나타내는 JUnit 창

- **아파치 톰캣** 톰캣 애플리케이션 서버가 시작되면 새로운 웹 애플리케이션으로 클래스를 불러온다. 웹 브라우저가 톰캣 서버의 HTTP 포트를 가리키게 해서 프로그램에 접근할 수 있다.
- **자바 애플릿** 새로운 웹 브라우저가 시작되면 프로젝트의 클래스는 자바 웹 애플

릿으로 동작한다. 클래스는 웹 브라우저의 내부 JRE상에서 실행된다.

- **이클립스 애플리케이션** 클래스가 새로운 이클립스 플러그인을 구현했다면 이클립스의 자식 인스턴스child instance가 플러그인으로 로드된 클래스와 함께 별도의 프로세스로 시작된다.

이 환경을 선택할 때에는 일반적으로 주 클래스(실행을 시작할 위치)의 이름이나 프로그램에 전달할 커맨드라인 인수, JVM의 커맨드라인 옵션, `CLASSPATH` 변수의 새로운 항목 등을 지정하게 된다. 이는 실행 구성 GUI에서 설정할 수 있다.

편의성을 위해 이런 구성은 프로그램을 처음 실행할 때에만 지정하면 된다. 사용자가 이후에 '**실행**Run Application' 버튼을 누른다면 첫 번째 구성과 같은 구성으로 프로그램을 실행한다. 앞서 살펴본 바와 같이 프로젝트를 실행하면 소스 파일을 저장해 컴파일하며, 이를 통해 이클립스의 편집-컴파일-실행 주기를 단 한 번의 버튼 입력으로 간단히 처리할 수 있다.

내부 프로젝트 모델 사용

앞서 언급한 바와 같이 이클립스는 외부 도구를 사용하지 않고 자체적인 내장 자바 컴파일러를 갖고 있다. 통합된 컴파일러는 단순히 클래스 파일을 생성하는 수준을 넘어서 개발자에게 상당한 이점을 제공한다. 이클립스는 소스 파일을 저장할 때 바로 컴파일할 수 있을 뿐만 아니라, 사용자의 작업에 대한 피드백을 제공하기 위해 사용자가 타이핑하는 내용을 지속적으로 살펴볼 수 있다. 이는 구문 검사, 콘텐츠 지원content assistance, 어디서 정의하고 어디서 사용하는지의 상호 참조 기호cross-referencing symbol 등의 기능을 포함한다.

이런 기능을 가능하게 하려고 이클립스는 프로그램의 내부 모델을 지속해서 갱신한다. 사용자가 도움이 필요할 때면 이 모델에 질의를 수행한다. 생산성 기능은 빌드 시스템에 관한 일반적 고려 사항이 아니지만, 이 기능들 역시 같은 기술을 사용한다. 이는 흥미롭게 생각해볼 수 있는 주제다.

- **컴파일 에러의 보고** 이클립스는 소스 파일을 저장할 때 에러를 보고할 뿐만 아니라, 코드를 타이핑하는 순간에도 피드백을 제공한다. 사용사가 잘못된 기호나 정의되지 않은 변수에 관한 참조를 입력하면 자바 편집기는 잘못된 코드를 하이라이트한다. 글자에 빨간색(에러)이나 노란색(경고)으로 밑줄을 그어 사용자의 실

수를 알린다. 사용자가 밑줄 그어진 코드 위로 마우스를 움직이면 더욱 상세한 에러 메시지가 제공된다.

- **심볼과 식별자의 상호 참조** 프로그램의 소스코드에서 심볼을 클릭한 후 컨텍스트 메뉴에서 옵션을 선택하면 그 심볼을 정의한 위치를 찾을 수 있으며, 이클립스는 즉시 관련 소스 파일을 열어준다. 클래스 이름에서는 상위 클래스super class와 자식 클래스child class에 관한 정보를 알 수 있는 상속 구조를 확인할 수 있다. 마지막으로, 프로그램에서 해당 심볼을 사용하는 모든 위치를 찾는 일도 가능하다.

- **콘텐츠 지원** 이클립스는 코드의 편집 중에 컨트롤과 스페이스 바 키를 누르면 다음에 타이핑할 수 있는 힌트 목록을 제공한다. 변수 이름을 타이핑하는 중이었다면 이클립스는 주어진 이름이 완성될 수 있는 목록을 제안한다. 이는 이름을 기억하기 어렵거나 긴 이름을 타이핑해야 할 때 유용하다.

  또한 객체의 이름을 타이핑한 직후에 이어서 마침표를 찍고 컨트롤과 스페이스 바 키를 누르면 호출할 수 있는 메소드의 목록이 나타난다. 이는 다양한 메소드를 가진 자바 라이브러리를 살펴볼 때 자바 API를 인터넷에서 찾아보는 일에 비해 매우 유용하다. 일단 호출할 메소드를 선택하면 이클립스는 해당 메소드에 필요한 인수의 목록을 보여준다.

- **리팩토링 지원** 이클립스는 시간이 지나면서 엉망이 된 소스코드를 정리하기 위해 여러 리팩토링 동작을 지원한다. `Extract Method` 동작은 메소드의 본문 안 코드 부분을 하이라이트하면 해당 부분을 완전히 새로운 메소드로 만든다. 이클립스는 이 과정에서 해당 코드 부분 안의 변수가 어디에 정의됐는지 인식해 새로운 메소드의 매개변수로 넘겨준다.

이런 생산성 향상이 컴파일된 프로그램의 내부 모델에 의존한다는 점은 흥미로운 일이다. 이런 기능 중 상당 부분은 이클립스에 내장 자바 컴파일러가(적어도 컴파일러의 구문과 문맥 부분이) 없었다면 가능할 수 없었을 것이다.

기타 빌드 기능

이클립스 JDT에는 살펴볼 만한 몇 가지 빌드 관련 기능이 있다.

스크랩북 페이지

자바 클래스 정의에 포함되는 소스 파일과는 대조적으로, 스크랩북 페이지는 개별 명령문statement이나 표현식을 평가할 수 있게 허용한다. 사용자는 완전한 클래스 정의나 메소드 정의를 생성할 필요 없이 자바 코드 조각을 스크랩북 편집기에 입력할 수 있다. 이어서 사용자가 실행할 코드의 행을 하이라이트하고 Display 버튼을 누르면 코드 조각이 호출되고 반환 값이 표시된다.

이 스크랩북 개념은 자바를 파이썬이나 펄과 같은 인터프리트형 언어에 더욱 가깝게 만든다. 사용자는 동적으로 객체를 생성하고 메소드를 호출하며, 별다른 오버헤드 없이 반환 값을 알아볼 수 있다. 이는 단위 테스트와 비슷하지만, 단위 테스트 프레임워크에서 제공하는 반복 기능은 없다.

build.xml 파일 사용

대부분의 빌드 도구와는 달리 이클립스 빌드 시스템은 대화식 개발에 상당한 무게를 두고 있다. 빌드 기술은 전적으로 GUI 기반이며, 프로젝트에 새로운 소스 파일을 추가하는 행위와 같은 사용자의 동작으로부터 만들어진다. 컴파일러와 빌드 도구의 정확한 행위를 구성하기 위한 다양한 GUI 대화 페이지가 있다.

안타깝게도 이런 접근 방식은 더 자세한 순차적 단계가 필요한 크고 복잡한 빌드 시스템에는 잘 맞지 않다. 이클립스 빌드 시스템은 비표준 빌드 도구를 사용하거나 소프트웨어의 패키징에 관한 특별한 요구 사항을 지원하지 않을 수도 있다. 이런 상황에서는 Ant 같은 외부 도구가 더 나은 선택일 수 있다.

JDT 환경에서는 프로젝트를 빌드하기 위해 자유롭게 Ant의 build.xml 파일을 만들 수 있다. 이클립스의 Ant 플러그인에서는 타겟 이름을 두 번 클릭하면 실행할 수 있는 빌드 타겟의 목록을 보여준다(그림 10.12).

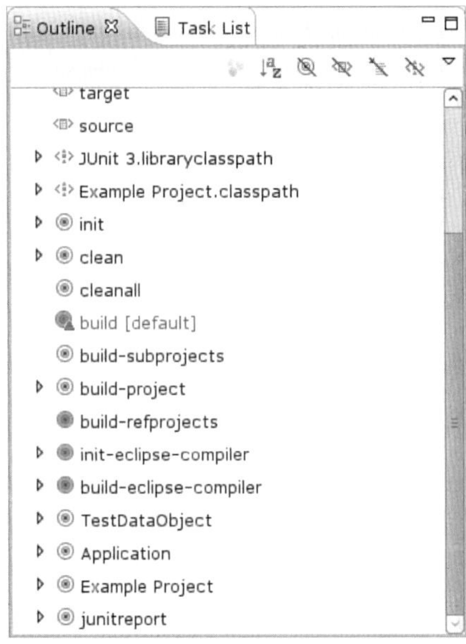

그림 10.12 자동 생성된 build.xml 파일의 Outline 창

편리하게도 build.xml 파일은 기존 자바 프로젝트에서 자동으로 생성할 수 있다. 이 파일은 빌드 트리 클리닝과 JUnit 테스트 실행 등의 타겟 같이 이클립스 빌드가 제공하는 기능과 같은 기능을 제공한다. 한 프로젝트가 다른 프로젝트에 종속성을 가진 여러 프로젝트에 관한 build.xml 파일을 만들었다면 최상위 build.xml 파일은 `<ant>` 태스크를 통해 자식 프로젝트의 빌드 기술을 포함한다.

자동 생성된 파일은 좋은 시작점이지만, 자신의 추가적인 빌드 단계와 그 밖의 내용은 직접 손으로 수정해야 한다. 복잡도가 일반적인 수준보다 높은 프로젝트라면 대부분 직접 작성한 Ant 빌드 시스템을 사용한다.

추가 참고 문헌

지금까지 이클립스 빌드 시스템의 중요 부분만을 간략히 살펴봤으며, 이는 도구가 동작하는 방법과 도구를 사용해야 하는 시점에 관해 생각해보기에 충분하다. 더 나은 이해를 위해서는 온라인 문서와 튜토리얼[33]을 살펴보자. 이 도구는 도움말 페이지에 많은 문서가 있으며, 일반적 작업 상황에 관한 도움말을 제공한다.

이클립스를 좀 더 잘 짜인 형식에 맞춰 공부해보고 싶다면 이미 여러 책이 나와 있으니 참고하자[65]. 기본적인 사용법보다 더 많은 내용을 알고 싶다면 새로운 이클립스 기능을 만들 수 있는 플러그인 개발 환경PDE, Plug-in Development Environment[66]에 시간을 투자해보자.

빌드 시스템 적용 사례

지금까지 이클립스 프로젝트를 만들고 소프트웨어를 구축하는 기본적인 동작을 알아본 데 이어서 다양한 실제 상황에서 이런 기능을 사용하는 방법을 알아보자. 다른 빌드 도구와는 달리 여기서는 GUI 스크린 샷을 중심으로 각 단계를 설명한다. 또한 GUI 양식 안에 정보를 입력하는 방법을 상세히 언급한다.

시나리오 1: 단일 디렉터리의 소스코드

첫 번째 시나리오는 이클립스 프로젝트 모델에 꼭 들어맞는다. 이클립스는 자동으로 .java 파일을 .class 파일로 컴파일하며, 기본 실행 구성으로 프로그램을 실행한다. 처음으로 빌드 시스템을 생성하려면 다음과 같은 단계를 거쳐야 한다.

1. Scenario-1이라는 이름으로 새로운 자바 프로젝트를 생성한다. 빈 프로젝트로 시작하기를 선택하고, 기본 JRE를 사용하고, 소스 파일과 클래스 파일을 서로 다른 디렉터리에서 관리하게 선택한다. 이 결과로 빈 src 디렉터리와 빈(숨겨진) bin 디렉터리가 만들어진다.
2. Add.java와 Mult.java, Sub.java, Calc.java 파일을 src 디렉터리에 추가한다. 이 파일은 자동으로 자바 기본 패키지에 추가된다(그림 10.13).

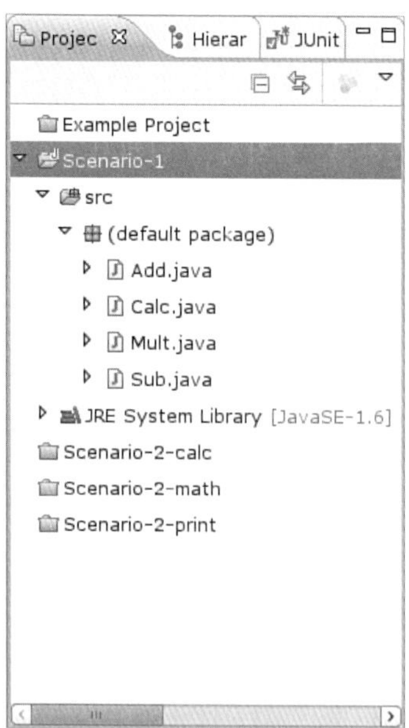

그림 10.13 단일 디렉터리 시나리오의 Project Explorer 창

3. 툴바의 Run 버튼을 누른다. .java 파일을 컴파일(기존에 컴파일되지 않았다면)한 후에 애플리케이션이 실행된다. 이클립스는 `Calc` 클래스 안의 `main`을 인식해 여기서부터 실행을 시작한다. 프로그램의 출력은 Console 창에 나타난다.

대부분의 자바 프로젝트는 작은 크기로 시작되기 때문에 이 시나리오와 잘 맞는다. 이 시나리오에서는 빌드 시스템에 관해 깊게 생각할 필요가 없다.

시나리오 2: 여러 디렉터리의 소스코드

이클립스 프로젝트는 수많은 파일을 관리할 수 있기 때문에 여러 디렉터리의 시나리오도 하나의 프로젝트를 통해 다룰 수 있다. 또한 여러 프로젝트를 하나의 애플리케이션으로 통합하는 방법을 살펴보는 과정도 흥미롭다. 앞서 살펴본 빌드 도구와 마찬가지로 `math`와 `print` 라이브러리를 각각의 디렉터리로 분리한다.

그림 10.14는 새로운 세 자바 프로젝트(Scenario-2-calc, Scenario-2-math, Scenario-2-print)를 보여준다. 소스 파일은 각 프로젝트의 해당 패키지(com.arapiki.calc와 같은)에 저장된다.

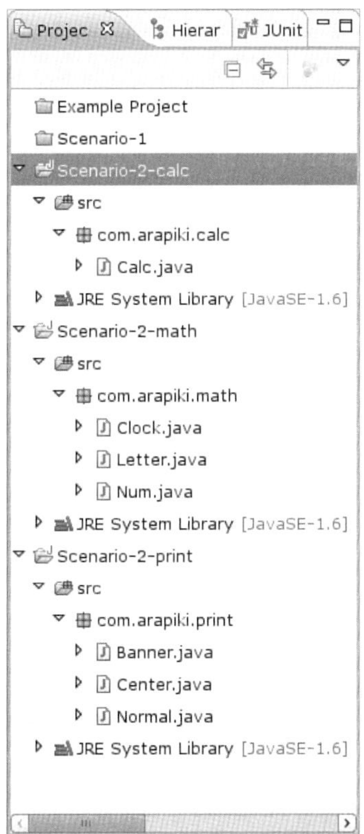

그림 10.14 여러 디렉터리 시나리오의 Project Explorer 창

이 디렉터리 레이아웃은 Ant 빌드 도구에서 사용했던 레이아웃과 유사하지만, 이클립스는 기본적으로 중간 JAR 파일을 만들어주지 않는다. 대신 Scenario-2-calc 프로젝트의 자바 빌드 경로에 Scenario-2-math와 Scenario-2-print의 빌드 경로를 포함하게 구성한다(그림 10.15).

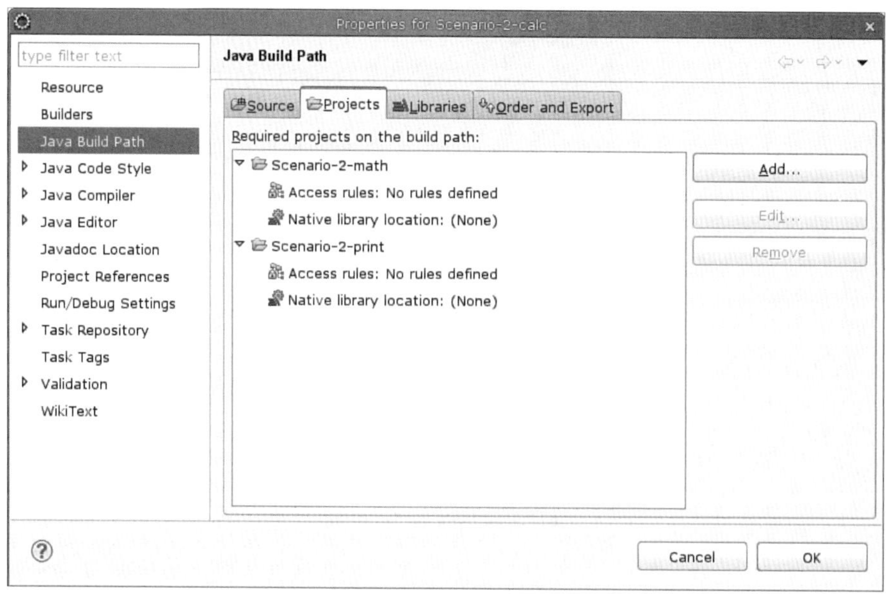

그림 10.15 여러 디렉터리의 빌드 트리에 대한 자바 빌드 경로 창

빌드 경로를 설정하려면 Add 버튼을 누르고 자식 프로젝트를 선택한다. 이클립스는 Scenario-2-calc를 컴파일할 때 각 자식 프로젝트의 bin 디렉터리를 클래스 경로에 포함한다. 이는 Calc.java가 컴파일 시점이나 런타임에 `math`와 `print` 라이브러리 메소드를 사용할 수 있음을 의미한다.

시나리오 3: 새로운 컴파일 도구 정의

이클립스 환경에서 새로운 컴파일 도구를 정의하기는 쉽지 않은 일이다. 이는 너무 복잡해서 10장에서는 `mathcomp` 컴파일러를 다루지 않는다. 이 주제에 관해 흥미가 있다면 자신만의 플러그인을 만드는 방법을 알아보자[66].

이클립스의 특성 때문에 `mathcomp` 도구를 간단히 빌드 시스템에 추가할 수는 없다. 대신 .math와 .mathinc 파일을 다루고 편집하는 데 있어 더 많은 가치를 제공하는 새로운 종류의 소스코드 편집기를 만들 수도 있다(콘텐츠 지원이나 상호 참조와 같은). 하지만 이 구현은 쉽지 않다.

Ant 같은 외부 도구를 사용해 문제를 다루는 방법이 가장 좋은 해결책일 것이다. 이미 7장에서 `mathcomp` 도구를 사용하는 방법으로 Ant를 설명했었다.

시나리오 4: 여러 변형으로 빌드

여러 변형의 시나리오를 살펴보기 위해 Ant 도구로 작성한 자바 애플리케이션을 다시 살펴보자. 살펴볼 내용은 홈 에디션과 프로페셔널 에디션을 모두 지원하는 계산기 프로그램을 만드는 방법이다. 이 두 에디션은 고급 기능을 제외하기 위해 일부 자바 클래스(`Clock.java`와 `Letter.java`)를 스텁으로 대체한 점을 제외하고는 완전히 똑같다. 그리고 프로그램에 사용자가 사용할 수 있는 기능 집합이 무엇인지 알려주기 위해 `edition` 런타임 속성을 사용해야 한다.

이클립스를 사용해 이 방법을 구현하기 위해서는 에디션마다 별도의 이클립스 프로젝트가 필요하고, 이 프로젝트들은 서로 약간의 차이가 있는 빌드 시스템을 사용한다는 점이 중요하다. 홈 에디션은 src/home-stubs와 src/professional을 모두 빌드 프로세스에 추가하며, 프로페셔널 에디션은 src/professional만을 추가해야 한다. 그림 10.16은 Scenario-4-home과 Scenario-4-prof라는 두 가지 프로젝트를 보여준다.

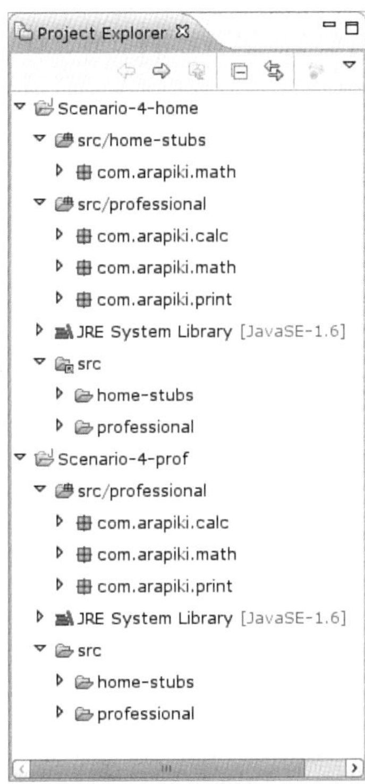

그림 10.16 여러 변형 시나리오의 Project Explorer 창

이 두 프로젝트를 구성하는 방법에 특히 주의하자. Scenario-4-prof 프로젝트의 아랫부분을 보면 모든 소스 파일이 담겨 있는 src 디렉터리를 찾을 수 있다. 이는 src/home-stubs와 src/professional 디렉터리를 모두 포함한다.

Scenario-4-prof 프로젝트의 꼭대기 부근에서는 조금 다른 폴더 아이콘으로 표시된 src/professional이라는 또 다른 이름을 확인할 수 있다. 이클립스는 컴파일할 .java 파일의 소스 폴더로 표시된 src/professional을 프로젝트의 가장 위쪽에 표시한다. 이와 달리 src/home-stubs는 위쪽에 표시되지 않는데, 이는 해당 디렉터리에서 가져와 빌드하는 소스 파일이 없기 때문이다.

Scenario-4-home 프로젝트를 살펴보면 Scenario-4-prof 프로젝트와 유사한 설정으로 보이겠지만, 이 경우는 src/professional과 src/home-stubs 디렉터리 모두에서 빌드할 코드를 가져온다는 점이 다르다. 자바 빌드 경로 GUI를 통해 이런 소스 디렉터리를 추가할 수 있다.

이 스크린 샷에 관한 설명을 마무리하기 전에 Scenario-4-home 프로젝트의 src 디렉터리 옆의 아이콘이 Scenario-4-prof 프로젝트의 해당 아이콘과 다르다는 점을 언급하고 싶다. 홈 에디션에서의 src 디렉터리는 프로페셔널 에디션의 src 디렉터리를 가리키는 링크로 구성된다. 이는 하나의 소스코드 디렉터리(하위 파일 시스템 상)만을 두고, 두 개의 서로 다른 프로젝트에서 이 코드를 컴파일하고 실행할 수 있게 한다. 한 프로젝트에서 소스 파일을 편집하면 이 변경은 그 즉시 다른 프로젝트의 파일에도 반영된다.

이제 그림 10.17로 넘어가서 또 다른 문제를 해결하는 방법을 살펴보자. 홈 에디션에서는 src/professional 디렉터리에서 전체 버전을 가져오지 않고, 스텁으로 빠진 Clock.java와 Letter.java 버전만을 포함해야 한다. 자바 빌드 경로를 수정해 src/home-stubs의 모든 소스 파일은 그대로 둔 채로 필요하지 않은 두 파일을 제외할 수 있다(Excluded 필드를 보자).

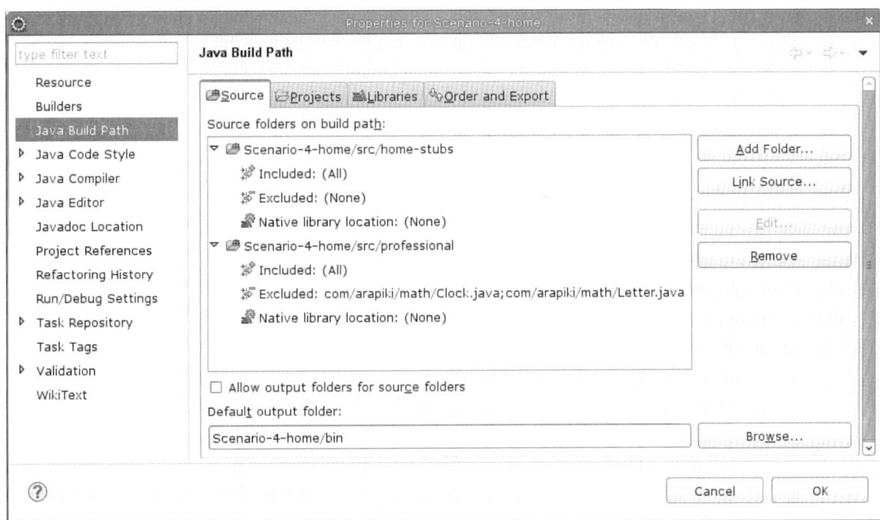

그림 10.17 여러 변형 시나리오의 자바 빌드 경로 창

반면 Scenario-4-prof 프로젝트(예제에는 나타나지 않음)의 자바 빌드 경로 구성은 src/professional 디렉터리를 포함하며, 어떤 소스 파일도 제외하지 않는다.

마지막으로 런타임 설정을 생각해보자. 두 에디션 모두는 자바 속성 값을 가상 머신으로 전달해서 사용자에게 제공해야 하는 기능의 집합이 무엇인지 프로그램이 알게 해야 한다. 이를 위해서는 `-Dedition=home`이나 `-Dedition-professional` 플래그를 JVM 커맨드라인 옵션에 추가해야 한다.

그림 10.18은 `Run Configuration` GUI를 나타낸다.

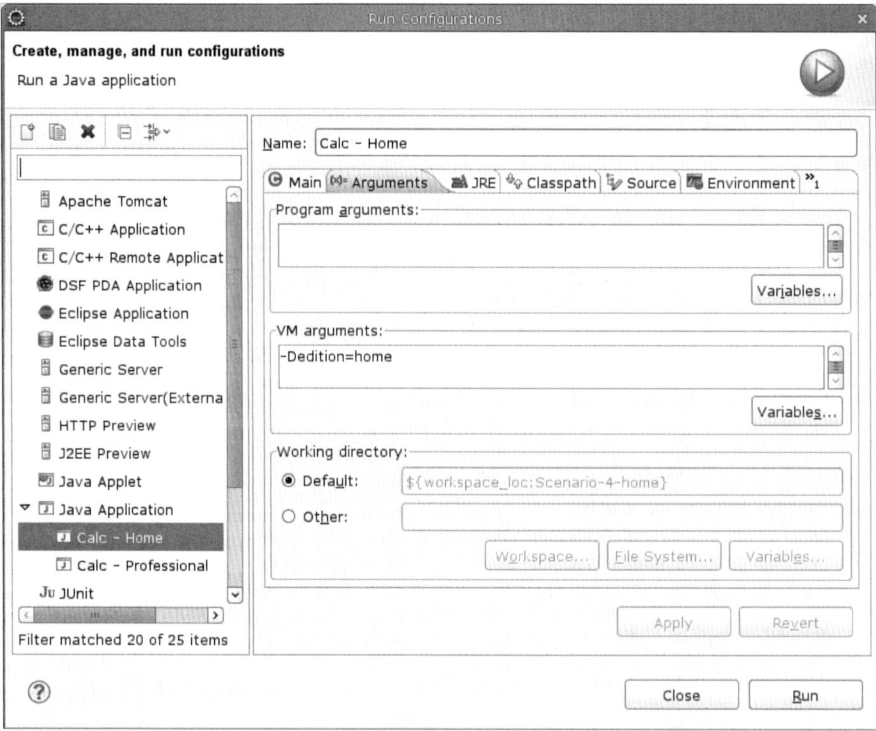

그림 10.18 여러 변형 시나리오의 Run Configuration 창

여기서는 화면의 왼쪽 아래에 나타난 바와 같이 Calc - Home과 Calc - Professional이라는 두 구성을 만들었다. 이 두 구성은 모두 edition 속성(화면의 가운데)을 알맞은 값으로 설정한다. 이제 각 자바 프로젝트는 소프트웨어 실행을 위한 자신만의 기본 실행 구성을 마쳤다.

이 시나리오를 마치기 전에 개발자 대부분은 실제 문제를 풀기 위해 이런 방법을 사용하지 않는다는 점을 강조하고 싶다. 이클립스 프레임워크에서 여러 변형을 만드는 방법도 가능하지만, 이는 너무 복잡해질 수 있다. 실제 상황에서 개발자는 이클립스에서 전체 프로페셔널 에디션 하나만을 편집하고 컴파일하길 원한다. 그 대신 개발자는 홈과 프로페셔널 에디션을 함께 만들기 위해 Ant 같은 강력한 빌드 도구를 사용한다.

시나리오 5: 빌드 트리 클리닝

이클립스 프로젝트가 소스 파일의 목록을 관리하고 관리하는 책임을 수행하며, 해당 소스 파일을 클래스 파일로 컴파일할 수 있는 상황에서 빌드 트리를 자동으로 클리닝하는 기능도 그리 놀랍지는 않다. Project, Clean 메뉴 항목을 선택해 프로젝트의 모든 .class 파일을 제거한다.

한 가지 흥미로운 점은 Build Automatically 옵션을 활성화해뒀다면 클리닝을 하더라도 이클립스가 그 즉시 해당 클래스 파일의 재빌드를 진행한다는 점이다. 이는 처음에는 이상하게 보일 수도 있지만, 완전히 새로운 클래스 파일을 생성하기 위해(JRE 버전의 변화와 같은 이유로) 빌드 트리의 클리닝이 필요할 때도 있다. 오직 소스 파일만을 남겨두길 원한다면 간단히 자동 옵션의 선택을 해제하면 된다.

시나리오 6: 잘못된 빌드 디버깅

이클립스 JDT 빌드 시스템은 여러 면에서 매우 간단하다. 모든 소스 파일을 자바 빌더가 관리하기 때문에 직접 소스 파일의 컴파일에 관해 제어해야 하는 부분이 별로 없다. 앞서 설명한 바와 같이 이클립스는 어떤 소스 파일이 수정됐고 특정 파일의 변경이 다른 파일에 어떤 영향이 미치는지 알고 있기 때문에 보통은 올바른 컴파일 단계를 훌륭하게 수행한다.

반면 컴파일러 구성에 관해서는 자바 컴파일 수준이나 기타 여러 컴파일 옵션을 통해 매우 큰 제어권을 가질 수 있다. 이는 잘못된 설정을 사용하거나 잘못된 타입의 출력 파일을 만들 위험성을 높인다. 프로그램이 올바르게 빌드되지 않을 때 이런 옵션을 변경해서 어떤 변화가 있는지 살펴보자. 클래스 파일을 검사하고 싶다면 언제든지 `javap`와 같은 표준 자바 커맨드라인 도구를 사용할 수 있다.

최악은 이클립스도 전혀 이해가 안 되는 빌드 에러에 빠질 수 있다는 점이다. 때로는 소스코드에서 문제가 있는 부분에 나타나는 빨간 에러 표시를 발견하기도 하지만, 수 분 내로 문제를 밝혀내지 못한다면 클린 빌드를 수행한 후 다시 시작해 보는 방법도 의미가 있다(프로젝트가 크지 않기를 바란다). 이런 상황에선 클린 빌드를 강제로 수행해 이클립스가 내부 프로젝트 모델을 재설정하게 하며, 이를 통해 에러가 사라질 수도 있다.

이런 방법을 모두 시도했음에도 여전히 이클립스가 빌드를 올바르게 수행하지 못한다면 Ant 같은 외부 빌드 도구의 사용을 고려하자. 이클립스는 완전한 기능의 빌드 도구로 설계되지 않았다.

찬사와 비판

IDE 기반 빌드 도구는 분명 흥미로운 생각이고, 굉장한 생산성 향상을 가져온다. 하지만 수많은 개발자가 여러 이유로 이런 IDE의 사용을 전혀 고려하지 않고 있다. 이제 이클립스 JDT 빌드 도구의 사용에 관한 찬사와 비판을 살펴보자.

찬사

찬사에는 다음과 같은 의견이 있다.

- 빌드 기술 파일을 작성할 필요가 없다. 이클립스 JDT 빌드 시스템을 사용하기 쉽게 하는 가장 큰 이유는 빌드 시스템의 존재를 알 필요조차 없을 때가 많기 때문이다. 다른 도구에서 작성했던 텍스트 기반의 빌드 기술을 작성하는 대신, 빌드 시스템의 많은 부분이 자동으로 구축된다. 이는 모두 소스코드 디렉터리를 구성하는 방법에 기인해 이뤄진다. 빌드 시스템을 직접 구성할 필요가 있다면 사용자 친화적인 GUI를 통해 설정하면 된다.
- 컴파일이 전체 개발 환경과 통합된다. 빌드 프로세스는 더 이상 분리된 별도의 과정이 아니며, 전체 개발 환경과 밀접하게 통합된다. 그 결과 이클립스는 소스코드가 디스크에 저장될 때마다 증분 컴파일하며, 콘텐츠 지원과 심볼 상호 참조와 같은 기능을 제공할 수 있다.
- 다양한 프로젝트 타입을 지원한다. 다양한 언어와 프로그래밍 프레임워크가 이클립스 플러그인을 제공한다. 이 플러그인은 관련 소스 파일을 편집하고 컴파일하는 방법에 관한 지식을 제공할 뿐만 아니라 컴파일된 애플리케이션을 실행하는 방법을 담고 있다. 웹 애플리케이션이나 엔터프라이즈 자바 빈(EJB, Enterprise Java Bean)과 같은 대상을 빌드하기를 원한다면 새로운 프로젝트를 생성하고 컴파일할 때까지 단 몇 분이면 충분하다.

비판

비판에는 다음과 같은 의견이 있다.

- 이클립스는 사용하기에 너무 복잡하다. 여러 개발자가 이클립스의 복잡성 때문에 사용을 미루고 있다. 이들은 배워야 하는 버튼과 메뉴, 구성에 관한 대화상자가 너무 많다고 느끼며, 차라리 코드 편집을 위해 vi나 이맥스emacs를 계속 사용하기를 선호한다. 전체 개발 팀이 이클립스 IDE를 사용하지 않는 이상 JDT 빌드 도구에 전적으로 의존하기란 어렵다.
- 이클립스는 너무 많은 CPU 파워와 메모리가 있어야 한다. 이는 수천 개의 소스 파일을 포함하는 거대한 프로젝트에 관해서는 분명한 사실이다. 이 문제는 이클립스가 전체 소스코드 베이스를 탐색하며 심볼 상호 참조 데이터베이스를 구축할 때 가장 잘 나타난다. 새로운 사용자가 큰 소프트웨어 프로젝트를 불러오는 동작을 통해 이클립스를 평가하기로 했다면 이 사용자는 이클립스가 느리다는 의견을 정당화할 이유를 찾을 수 있을 것이다.
- 빌드 프로세스가 제한적이다. 지금까지 살펴본 바와 같이 자바 빌드 도구는 제한된 기능을 제공하며, 각 자바 소스 파일로부터 클래스 파일을 만드는 기능을 넘어서는 동작은 할 수 없다. 더 복잡한 요구 사항을 다뤄야 한다면 다른 빌드 도구를 사용하자.
- 반복 빌드 프로세스를 만들 수 없다. 이클립스 JDT는 파일을 저장할 때마다 재컴파일하는 증분 빌드 시스템을 사용한다. 이는 완전한 종단 간 빌드 프로세스를 제공하는 대신, 빌드 프로세스를 개발자의 워크플로우와 함께 묶는다(클린 빌드가 이 목적을 일부 달성할 수 있게 하지만).
- 빌드 프로세스에서 무슨 일이 생기는지 볼 수 없다. 이클립스는 모든 컴파일 명령의 실행을 지켜보고 싶은 사람들에게 적합한 빌드 도구가 아니다.

평가

이제, 이클립스 JDT 빌더를 1장에서 설명한 품질 측정에 따라 평가해보자.

- **편의성: 좋음** 이클립스 JDT 환경에서 빌드 시스템을 만드는 일은 대부분 사람

이 생각지 못할 정도로 매우 간단하다. 반면 중요한 빌드를 위해서는 외부 빌드 도구(Ant와 같은)를 사용하게 하는 제한된 기능 집합을 제공한다.

- **정확성: 뛰어남** 이클립스 JDT는 자바 코드의 구조에 친숙하며, 정확히 코드의 어떤 부분이 변경됐는지 알고 있다. 이클립스는 파일의 종속성을 놓치거나 변경에 영향을 받지 않는 파일을 재컴파일하는 경우가 거의 없다.
- **성능: 좋음** 이클립스는 자바 파일(과 종속된 파일)이 저장될 때마다 재컴파일하는 '저장 시 컴파일' 방식을 사용한다. 이런 이유로 빠른 빌드 시스템을 통해 프로그램을 바로 실행할 수 있다. 반면 큰 프로그램을 완전히 새로 빌드한다면 같은 성능을 기대하기 어렵다.
- **확장성: 나쁨** 이클립스 JDT는 큰 빌드 시스템과 복잡한 요구 사항을 지원하게 설계되지 않았다. 일반적 사례에서는 큰 빌드 시스템을 지원하기 위해 다른 빌드 도구에 역할을 위임한다.

이클립스 환경은 빌드 도구보다 훨씬 넓은 범위를 포괄하며, 넓은 범위의 코딩과 개발 작업에 이상적인 환경이다. 이클립스 JDT 안의 빌드 도구는 대화식 개발에 적합하지만, 다른 빌드 도구가 뛰어난 모습을 보이는 대규모의 배포에는 적합하지 않다.

유사 도구

많은 소프트웨어 개발 IDE가 있지만, 개발자는 결국 사용성이나 지원되는 프로그래밍 언어나 브랜드 충성심 등에 따라 자신이 선호하는 IDE를 선택하게 된다. 일부 간단한 IDE는 빌드 시스템 지원을 위해 GNU Make나 Ant 같은 하위 도구에 의지하지만, 더욱 강력한 IDE는 컴파일러와 강한 결합을 형성해 통합된 빌드 지원을 제공한다.

이 절에서는 앞서 설명한 이클립스 JDT 플러그인과는 상당히 다른 이클립스 C/C++ 개발 도구CDT, C/C++ Development Tooling[33] 플러그인을 살펴본다.

C/C++ 개발 도구인 이클립스 CDT

이 절에서는 이클립스 CDT가 C와 C++ 코드를 컴파일하는 세부 사항을 소모적으로 알아보는 대신, 간단히 CDT와 앞서 설명한 JDT 간의 중요한 차이점을 살펴본다.

가장 주목할 만한 차이점은 CDT가 외부 도구에 작업을 위임한다는 점일 것이다. 바이트 코드를 사용하는 자바와는 달리 C와 C++ 프로그램은 타겟 플랫폼의 네이티브 컴파일러에 의존해 기계어 코드로 컴파일된다. 예를 들어 리눅스 x86 환경의 CDT 컴파일러는 기본적으로 인텔 x86 CPU에서 GNU C 컴파일러(GCC)를 사용한다. 또한 CDT는 빌드 시스템을 구현하기 위해 기본적으로 GNU Make를 사용한다.

다음 절에서는 C나 C++ 프로젝트를 생성하고 관리하는 중요 단계들을 설명한다.

새로운 C/C++ 프로젝트 생성

CDT 플러그인은 필요한 지원 도구가 무엇인지에 따라 C 프로젝트나 C++ 프로젝트를 만들 수 있게 한다. 두 경우 모두에서 프로젝트 이름을 선택하고, 생성하기를 원하는 빌드 아티펙트artifact의 타입을 지정하고, 빌드 시스템이 사용할 컴파일러 툴체인을 선택한다. 그리고 마지막으로 하나 이상의 빌드 구성을 선택한다.

아티펙트 타입을 선택할 때는 여러 변형 중 하나를 선택한다. 모든 오브젝트 파일을 링크해 실행 프로그램을 만드는 `Executable` 옵션을 선택하거나, 라이브러리 아카이브를 만들기 위해 `Static Library`나 `Shared Library` 옵션을 선택할 수 있다. 자바 기반 프로젝트에서 살펴봤듯이 이런 작은 프로젝트를 하나의 더 큰 프로그램으로 합칠 수도 있다.

컴파일러 툴체인을 선택하는 기능은 코드 컴파일에 큰 유연성을 더한다. 기본적으로 프로젝트는 리눅스의 GCC 같은 현재 빌드 머신의 표준 컴파일러를 사용한다. 하지만 크로스컴파일러cross-compiler를 설치했다면 다른 CPU를 위한 오브젝트 코드를 생성하게 선택할 수 있다. 프로젝트를 처음 생성할 때 툴체인을 선택하게 하지만, 이후에 변경하더라도 상관없다.

Makefile 관리

CDT는 CMake에서 살펴본 바와 같이 `Executable`와 `Static Library`, `Shared`

Library 프로젝트 타입의 하위 makefile 시스템을 생성하고 관리한다. CDT는 개발자가 새로운 소스 파일을 프로젝트에 추가하고 Build Project 메뉴 항목을 선택할 때마다 자동으로 그에 해당하는 GNU Make 빌드 시스템을 생성한다. makefile에 정확히 어떤 규칙과 타겟을 추가할지는 실행 프로그램을 빌드하는지 아니면 라이브러리를 빌드하는지의 여부에 종속적이다.

이미 빌드 인프라(GNU Make나 다른 도구를 사용하는)를 갖추고 있는 프로그램을 편집한다면 Makefile project 타입을 선택해야 한다. 이때는 CDT가 빌드 시스템을 자동으로 생성하는 대신, 프로젝트의 구성에 설정한 외부 빌드 도구가 무엇인지(기본적으로 이는 make 명령이다)에 따라 호출된다.

크고 복잡한 프로젝트에서 JDT를 사용하면 이클립스가 생성해주는 빌드 시스템이 무엇이든 결국 자신의 빌드 시스템을 직접 생성하게 된다.

빌드 구성

C나 C++ 프로젝트의 기본 설정에서는 생성되는 모든 파일이 Debug 하위 디렉터리에 작성된다. 이는 오브젝트 파일과 라이브러리, 실행 프로그램, 모든 자동 생성 빌드 시스템 파일을 포함한다.

프로젝트는 Debug 구성뿐만 아니라 Release 구성도 지원한다. Debug는 디버깅 정보가 활성화된 오브젝트 파일을 생성하는 반면, Release는 프로그램과 라이브러리를 고객에게 전달할 준비가 된 버전으로 저장된다. 각 구성에서 생성된 파일은 두 변형이 서로로부터 완전히 분리된 채로 각자의 하위 디렉터리에 위치한다.

개발자는 Debug와 Release 외에도 행위를 자유롭게 설정해 새로운 구성을 만들 수도 있다. 이는 다른 컴파일러 툴체인(다른 타겟 CPU를 위한)을 선택하고, 소프트웨어의 행위를 바꾸기 위해 전처리 심볼preprocessing symbol을 사용하고, 생성된 오브젝트 코드를 더 가까이에서 제어하기 위한 컴파일러 플래그를 사용할 수 있게 한다.

개발자는 원하는 대로 다른 구성으로 전환할 수 있으며, 여러 변형의 소프트웨어를 개발할 수 있다.

에러 보고

JDT와는 달리 컴파일러는 CDT 플러그인으로 만들어지지 않았기 때문에 이클립스는 에러 상황을 알기 위해 외부 컴파일러의 출력 로그에 의존해야 한다. 컴파일러의 에러 메시지를 뽑아내기 위한 특별한 목적의 파서를 통해, 소스코드 편집기는 잘못된 부분에 에러는 빨간 줄로 밑줄을, 경고는 노란 줄로 밑줄을 친다. 또한 모든 에러나 경고 메시지는 Problems 창에 나타난다.

대부분은 외부 컴파일러를 우선 호출해야만 하므로 에러와 경고 메시지가 소프트웨어의 컴파일 시에만 갱신된다. 반면에 CDT는 사용자가 타이핑할 때 제한된 범위의 구문 검사를 수행한다. 안타깝게도 기본적 구문 문제 이외의 사항은 실제 컴파일러를 통해서만 알 수 있으며, 따라서 이는 빌드 시스템이 다음에 불리기 전까지는 보고되지 않는다.

콘텐츠 지원

마지막으로 개발자가 소스코드를 편집할 때 CDT가 제공하는 콘텐츠 지원을 살펴보자. CDT는 외부 컴파일러를 사용하는 대신 기본 제공 인덱서 도구built-in indexer tool를 사용해 각 소스 파일을 탐색하고 해당 파일이 정의하고 있는 내용을 학습한다. 개발자가 컨트롤과 스페이스 바 키를 누르면 같은 소스 파일이나 헤더 파일, 관련 소스 파일 등에 정의된 사용 가능한 변수와 함수 이름의 목록이 나타난다.

정리

이클립스와 같은 통합 개발 환경IDE은 코드 편집과 컴파일, 버전 관리, 단위 테스트, 태스크 추적 등의 다양한 기능을 제공한다. 빌드 도구는 IDE의 일부일 뿐이며, 모든 것을 하나의 환경으로 통합하는 방식은 일반적인 편집-컴파일-실행 주기를 발전시킨다. 특히 IDE는 소스코드에 에러가 나타나면 개발자에게 빠른 피드백을 제공한다.

각 프로젝트는 해당하는 타입이 있다. 무엇보다도 이 타입은 프로젝트의 여러 소스 파일을 프로그램으로 컴파일하고 링크하는 방법을 제어한다. 새로운 소스 파일이 자바 프로젝트에 추가되면 해당 파일은 빌드 시스템에 자동으로 추가되며, 해당 소스 파일이 저장될 때마다 자동으로 클래스 파일로 컴파일된다.

프로젝트가 실행되면 개발자는 우선 올바른 런타임 환경을 선택해야만 한다. 예를 들어 자바 프로젝트는 독립 실행형 가상머신이나 톰캣 서버의 내부 애플리케이션이나 JUnit 테스트 케이스로 실행할 수 있다.

이클립스 JDT 시스템은 완전한 기능을 갖춘 자바 컴파일러를 내장해서 각 프로젝트의 내부 모델을 관리한다. 이 시스템은 사용자가 잘못된 코드를 타이핑한 후 수 초 내로 컴파일 에러를 보고하는 기능을 제공한다. 또한 콘텐츠 지원과 기호의 상호 참조, 리팩토링 등을 지원한다.

이클립스가 자바 프로젝트를 쉽게 생성하고 소프트웨어를 자동으로 컴파일해주지만, 빌드 시스템으로는 역부족이다. 따라서 큰 프로젝트에서는 결국 Ant와 같은 외부 빌드 도구를 사용해 직접 빌드 시스템을 작성하게 된다.

고급 주제

3부에서는 빌드 시스템 개발의 몇 가지 고급 주제를 다룬다. 1부에서 빌드 시스템의 기본적인 개념을 익혔고, 2부에서 빌드 도구 몇 가지를 알아봤다. 이제 3부에서는 고급 주제를 다룬다.

3부에서는 수년에 걸쳐 빌드 시스템 관련 일을 해서 얻을 수 있는 경험을 강조한다. 일반적인 문제를 해결하기 위해 자신만의 해결법을 스스로 찾는 대신, 다른 사람들이 경험한 해결법을 활용할 수 있다. 과거에 개발자는 많은 실수를 범했으며, 그리고 그런 일을 반복하는 것은 의미 없는 일이다.

또한 3부에서는 1부와 2부에서 설명하지 않은 빌드 도구와 컴파일 도구를 추가로 소개하는데, 이 도구들은 이전에 설명했던 도구들보다 어려운 문제를 해결할 방법을 제시해준다.

3부의 구성은 다음과 같다.

- **11장, 종속성**에서는 빌드 도구가 어느 파일을 재컴파일recompile할지, 컴파일 도구를 호출할 순서를 어떻게 결정할지에 관한 수많은 방법을 알아본다.
- **12장, 메타데이터로 빌드**에서는 표준 빌드 프로세스의 결과물에 메타데이터metadata를 추가하는 몇 가지 빌드 변형을 추가로 알아본다. 그 중에서도 특히 디버깅과 프로파일링profiling 지원, 코드 문서화, 단위 테스트unit test 같은 주제를 다룬다.
- **13장, 소프트웨어 패키징과 설치**에서는 빌드 시스템의 마지막 단계인 타겟 머신 상에 설치할 소프트웨어를 패키징하는 방법을 알아본다. 이미 알아본 사항이지만, 릴리스 패키지는 다양한 방법으로 생성될 수 있다는 점을 잊지 말자.
- **14장, 버전 관리**에서는 여러 가지 코드 버전을 다루고 소프트웨어의 이전 버전을 재생산하기 위해 대부분의 소프트웨어를 관리하는 버전 관리 도구를 알아본다. 버전 관리는 빌드 시스템의 많은 면에 영향을 미친다.
- **15장, 빌드 머신**에서는 빌드 프로세스의 정확성에 관해 중대한 역할을 하는 소프트웨어 빌드 머신에 대해 알아본다. 그리고 빌드 머신에 관한 모든 변경은 제어할 수 있는 방식으로 이뤄져야 한다.

- **16장 도구 관리**에서는 컴파일 도구에 관해 알아보는데, 모든 컴파일 도구는 소프트웨어의 이전 버전이 재생산될 수 있도록 제어 가능한 방식으로 관리해야 한다. 이와 더불어 모든 개발자가 일관된 도구들로 빌드하는 일은 필수적이다.

3부의 모든 장을 읽고 난 후에는 더욱 신뢰성 있는 빌드 시스템을 생성하거나 유지 보수하기가 수월해진다.

11 종속성

1부와 2부에서 빌드 시스템의 기본 개념을 설명했으며, 수많은 빌드 도구를 살펴봤다. 게다가 빌드 시스템에 있어 매우 중요한 종속성에 대해서도 배웠다. 11장에서는 종속성을 분석하는 방법과 빌드 도구가 종속성 그래프를 생성하는 방법, 올바른 순서로 컴파일 도구를 호출하는 방법을 자세히 살펴본다.

소규모 소프트웨어 프로젝트를 다루는 개발자는 별생각 없이 전체 소스 트리를 자주 재빌드하는 경향이 있지만, 규모가 큰 프로젝트에서 이런 방법은 적절치 못하다. 예를 들어 전체 소스 트리를 컴파일하는 데 30초 이상이 걸린다면 당연히 개발자는 증분 빌드 사용을 고려하게 된다. 즉, 빌드 도구가 마지막으로 실행된 후에 변경된 파일만 재컴파일하는 빌드 시스템을 원하게 된다. 다시 말해 변경되지 않았거나 참조되지 않는 파일은 절대 컴파일되지 말아야 한다.

증분 빌드의 주요 개념은 종속성이다. 따라서 빌드 트리에서 어느 파일이 나머지 파일에 종속되는지를 명확히 파악해야 한다. 예를 들어 A 파일의 내용이 B 파일의 내용에 영향을 받는다면 A는 B에 종속된다고 볼 수 있다. 그래서 B 파일이 수정된다면 빌드 시스템은 A 파일이 재생성될 필요가 있다고 판단해야 하고, 당연히 재컴파일해야 한다. 다른 한편 그들 사이에 종속성이 없다면 B 파일의 내용이 A 파일에 아무런 영향을 미치지 않으므로, 재컴파일할 필요가 전혀 없다.

그림 11.1의 큰 다이어그램은 빌드 트리에서 여러 파일 간의 관계가 어떻게 결정되는지 보여준다. 모든 파일이 최신 상태인지 판단하는 일은 매우 중요하다.

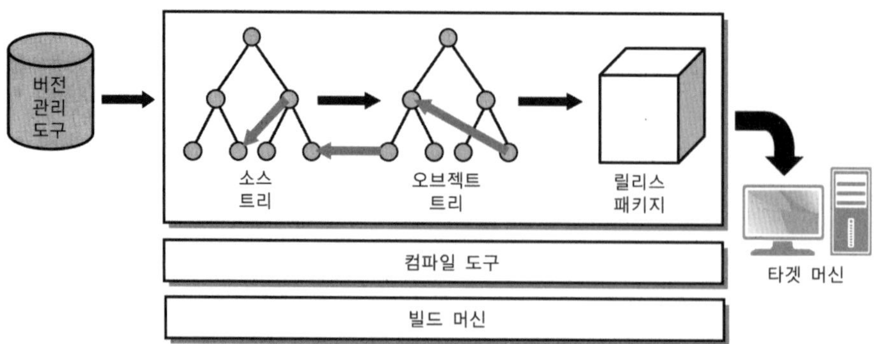

그림 11.1 11장의 핵심인 소스와 오브젝트 파일 간의 종속성

실제 프로젝트에서 소스 트리에 있는 모든 파일 간의 종속성 관계는 매우 복잡하다. 이런 관계를 알아내기 위해서는 소스코드를 사전에 조사하는 일과 컴파일 도구의 옵션을 기반으로 종속성을 추론하는 일, 하드 코딩된 일단의 종속성을 명시하는 일 등이 필요하다. 이 모든 일은 빌드 시에 항상 유효한 소프트웨어 이미지를 생성할 수 있게 하는 데 반드시 필요한 작업들이다.

상위 레벨 관점에서 빌드 도구는 다음과 같은 세 가지 주요 단계를 준수한다.

1. 종속성에 관련된 모든 파일을 찾아낸다. 빌드 도구는 프로그램 내의 모든 파일 중 임의의 파일이 나머지 파일에 종속하는 점을 나타내는 종속성 그래프를 생성한다.
2. 종속성 그래프를 활용해 마지막으로 빌드된 이후에 변경된 파일들을 찾아내고, 그 가운데 재컴파일될 필요가 있는 파일만을 골라낸다.
3. 로직 순서에 따라 각 컴파일 단계를 수행함으로써 빌드 트리를 재컴파일하는데, 가급적 병렬 처리를 한다.

11장에서는 다음과 같은 몇 가지 주제를 살펴본다.

- 종속성 그래프를 토대로 한 기본 이론
- 종속성 그래프가 잘못됐을 때 경험하게 될 문제점

- 종속성 그래프 생성 절차
- 어느 파일이 만료됐는지 종속성 정보를 활용해 식별하는 방법
- 빌드 트리를 최신 상태로 만들기 위한 컴파일 과정을 스케줄링하는 방법

종속성 그래프

한마디로 요약해 종속성 그래프는 여러 파일 간의 관계를 정의하는 구조체다. 여기서 파일이란 소스 트리와 오브젝트 트리에 있는 파일을 뜻하며, 그들 간의 화살표는 임의 파일이 그 외의 파일에 종속하는 것을 암시한다. 다시 말해 오브젝트 파일(예를 들어 .o 또는 .obj 확장자를 갖는 파일)은 C 소스 파일(예를 들어 .c 확장자를 갖는 파일)에 종속된다. 마찬가지로, 자바의 .class 파일은 이에 상응하는 .java 파일에 종속된다.

그림 11.2는 4개의 소스 파일과 이에 상응하는 오브젝트 파일과 동적 라이브러리, 실행 프로그램 간의 관계를 보여준다.

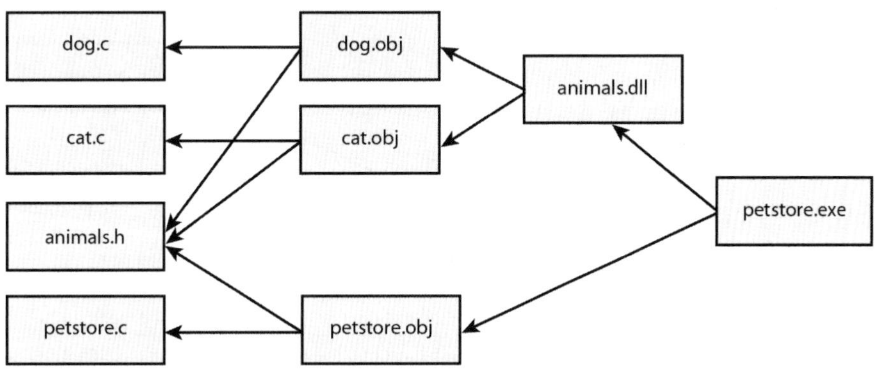

그림 11.2 여러 파일 간의 종속성을 보여주는 애완동물 가게 애플리케이션

빌드 시스템을 사용해본 개발자라면 이 다이어그램에서 새롭게 찾을 점이 거의 없다. 다만 C 소스 파일이 아닌 모든 오브젝트 파일이 animals.h에 직접 종속된다는 점이 낯설지도 모른다. 모든 C 파일은 animals.h의 내용을 참조하기 위해 `#include` 지시어를 사용하지만, animals.h의 내용이 변경되더라도 재생성될 필요가 없다. 대신 오브젝트 파일이 만료됐는지는 반드시 확인해야 한다.

그림 11.2의 왼편에 있는 소스 파일은 어떤 파일에도 종속되지 않는다. 즉, 개발자에 의해 작성될 뿐이며, 컴파일 도구에 의해 절대 생성되지 않는다. 게다가 최종

프로그램인 petstore.exe는 종속성 대상 타겟이 아니므로 빌드 프로세스의 최종 요소인 셈이다.

증분 컴파일

빌드 시스템 관점에서 흥미로운 점은 "어떻게 증분 컴파일incremental compilation이 동작하는지"다. 모든 오브젝트 파일이 최신 상태에서 개발자가 cat.c을 수정한다면 빌드 도구는 이 파일이 어느 오브젝트 파일에 영향을 미치는지 판단한다. 그리고 빌드 도구는 일관성 있는(모두가 빌드된) 상태를 유지하기 위해 올바른 컴파일 도구를 호출한다.

그림 11.3은 일부 동작을 필요로 하는 종속성 그래프의 일부분을 보여준다.

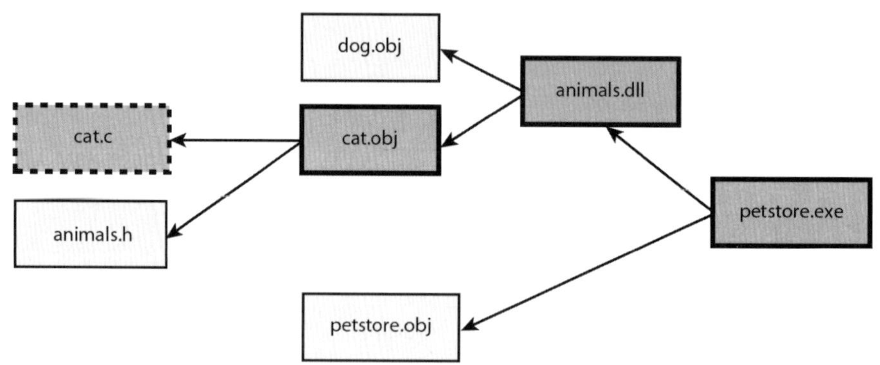

그림 11.3 cat.c를 수정한 영향을 보여주는 애완동물 가게 예제

그림 11.3에서의 점선 박스(cat.c)는 개발자가 수정한 파일임을 나타낸다. 굵은 박스(cat.obj, animals.dll, petstore.exe)는 직간접적으로 cat.c에 종속되므로 재컴파일된다. 나머지 박스(animals.h, dog.obj, petstore.obj)는 수정되지 않았으며, 재생성될 필요는 없지만, 소프트웨어를 빌드하는 데 필요하다.

이 트리를 재컴파일할 때 빌드 도구는 최신 상태를 유지하는 데 필요한 컴파일 명령을 실행한다. 이 명령은 올바른 순서(그림 11.3의 왼쪽에서 오른쪽)로 실행돼야 한다. 그 결과 나머지 파일을 입력 요소로 사용하는 파일이 최신 정보를 이용하는 데 지장이 없다. 예를 들어 animals.dll이 재생성되기 전에 cat.obj가 재생성돼야 한다는 점을 보증해야 한다. 보증되지 않는다면 cat.c에서의 변경이 최종 실행 프로그램까지 제대로 반영되지 않는다.

또 다른 중요한 사안은 종속성 그래프가 비순환적acyclic이어야 한다는 점이다. 즉, 파일은 직간접적으로 자신에 종속될 수 없다. 파일이 자신에 종속되는 방식은 빌드 트리가 일관성 있는 상태(모든 오브젝트 파일이 상응하는 소스 파일로 최신 상태)로 유지할 수 없게 한다.

전체, 증분, 하위 타겟 빌드

종속성 그래프가 어떻게 생성되는지를 알아보기 전에 종속성 그래프가 부정확하게 생성될 때 발생하는 두 가지 문제 유형에 관한 개념을 알아보자. 첫 번째 개념은 빌드 프로세스의 두 가지 유형 사이의 차이점이다.

1. **전체 빌드(full build)** 이 경우에는 개발자가 빌드 트리를 컴파일한 적이 없다. 즉, 빌드 트리는 소스 파일로만 구성돼 있으며, 컴파일된 오브젝트 파일은 전혀 없다. 개발자가 처음으로 빌드 트리(이를 fresh 또는 virgin 트리라고 함)를 빌드하면 모든 컴파일 명령은 빌드 트리가 최신 상태가 되게 실행돼야만 한다.
2. **증분 빌드(incremental build)** 이 경우 빌드 트리는 이전 전체 빌드를 통해 생성됐고, 필요한 모든 오브젝트 파일을 포함한다. 하지만 개발자가 하나 이상의 소스 파일을 수정한 결과, 소스 파일과 오브젝트 파일 간의 일관성이 유지되지 않는다. 따라서 일관성을 유지하기 위해서는 오브젝트 파일들 가운데 일부가 재빌드돼야 한다. 규모가 큰 증분 빌드에서는 빌드 도구가 빌드 트리를 분석하는 데만 수 분이 걸리는 예도 있다. 그렇지만 재컴파일, 즉 증분 빌드는 전체 빌드보다 많은 시간이 필요 없다. 예를 들어 전체 빌드하는 데 30분이 소요되는 대신, 재컴파일의 경우는 30초가 소요된다.

두 번째로 중요한 개념은 하위 타겟 빌드subtaget build다. 다시 말해 최종 실행 프로그램(예제에서의 petstore.exe)을 매번 생성하는 대신, 개발자는 빌드 트리 중 일부만을 선택적으로 빌드한다. 즉, 개발자는 빌드 프로세스의 최적화를 고려해 하위 타겟 빌드를 수행하는 데, 특히 이 방식은 규모가 큰 소프트웨어 프로젝트에서 불필요한 컴파일 시간을 줄일 수 있는 장점이 있다.

예를 들어 개발자는 전체 애플리케이션 대신 animals.dll 파일만 재컴파일할 수 있다. 이 동적 링크 라이브러리dynamically linked libraries가 재컴파일됨으로써 최종 실행 프로그램의 변경 없이 소프트웨어가 업그레이드된다. 이를 통해 개발자는 총체적인 컴파일 시간을 대폭 줄일 수 있을 뿐만 아니라, 시스템에 새로운 라이브러리를 설치하고, 수정한 코드를 테스트할 수 있다. 그림 11.4는 종속성 그래프에서 재컴파일될 대상만을 보여준다. petstore.obj와 petstore.exe 파일은 재컴파일 대상이 아니다.

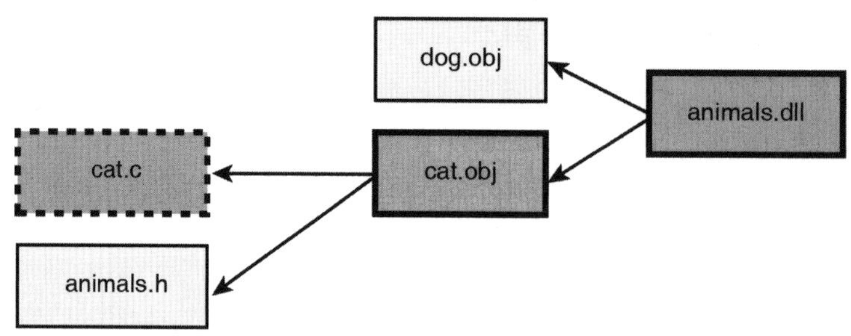

그림 11.4 animals.dll 타겟만을 빌드하는 애완동물 가게 예제

이 방식처럼 종속성 그래프를 선택적으로 제약하는 일은 빌드 도구의 매우 가치 있는 기능 중 하나다. 자, 이제 여러분의 종속성 그래프에서 하위 타겟 빌드의 이점을 활용해보자.

잘못된 종속성 문제

이 책의 '들어가며'에서 이미 다뤘듯이 잘못 생성된 빌드 시스템은 예상되는 개발 비용보다 10% 이상 추가 비용을 발생시킨다. 이와 관련된 다수 문제는 잘못 생성된 종속성 그래프와 연관성이 깊다. 자, 그럼 잘못된 종속성 정보가 빌드 프로세스를 망가뜨리고, 잘못된 소프트웨어 이미지를 생성하고, 필요 이상의 장황한 작업을 수행하는 몇 가지의 경우를 살펴보자.

경험이 많은 프로그래머라면 이런 문제 대부분을 사전에 회피할 수 있지만, 그렇지 않다면 빌드 실패를 수차례 반복한 후 겨우 문제를 해결할 수 있다. 문제 해결 흐름은 다음과 같다. 먼저 어느 컴파일 명령이 실행됐는지 빌드 로그에서 확인하고 난 후 필요에 따라 나머지 파일을 조사한다. 이런 일단의 과정에서 문제의 원인을 발견하는데, 근본 원인은 종속성을 빠뜨렸거나 잘못된 경우가 태반이다.

누락된 종속성이 런타임 에러를 유발시키는 문제

가장 흔한 문제는 종속성 정보 가운데 일부가 누락된 경우인데, 이 경우 재컴파일돼야 할 파일 가운데 일부가 최근 소스코드로 제대로 반영되지 않은 경우다. 재컴파일되지 않은 파일의 코드가 올바르게 컴파일된 파일의 코드와 정보를 주고받는다면 당연히 런타임 에러가 발생한다.

그림 11.5에서 dog.c와 cat.c가 animals.h에 정의된 `food` 데이터 구조체를 사용한다면 둘 다 이 animals.h 헤더 파일을 인클루드[include]해야 한다. 하지만 dog.obj와 animals.h 사이에서의 종속성이 누락된다면 animals.h 헤더 파일이 변경됐을 때 dog.obj는 재컴파일하지 못하게 된다.

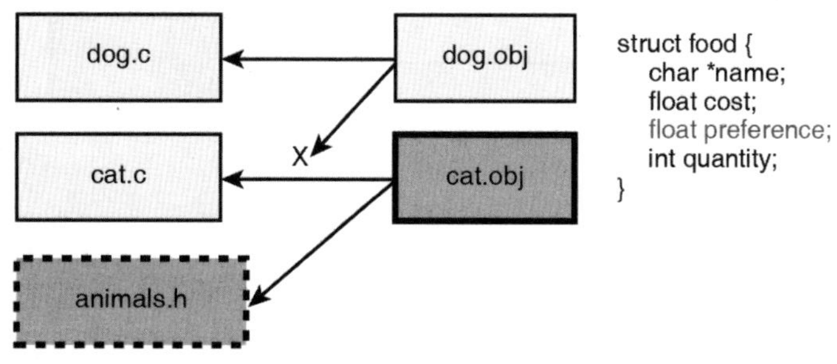

그림 11.5 dog.obj와 animals.h 사이에서 누락된 종속성

이 문제는 dog.obj와 cat.obj가 `food` 데이터 구조체를 교환할 때 분명해진다. 그림 11.5에서와 같이 새로이 추가된 `preference` 필드 때문에 둘 사이에서 교환되는 구조체가 일치하지 않는다. 다시 말해 구조체의 크기가 다를 뿐만 아니라, cat.obj에서 사용하는 `food` 구조체의 `preference` 필드 메모리 위치가 dog.obj에서는 `quantity` 필드 메모리 위치가 돼 일치하지 않게 된다.

이 문제는 발견하기 어려운 런타임 에러를 유발시켜 개발 시간을 허비한다. 그리고 이 문제는 dog.c가 수정(dog.obj가 재컴파일)됐을 때 또는 빌드 트리가 클리닝[clean]됐을 때만 해결된다. 따라서 올바른 종속성 정보로 이런 문제가 일어나지 않게 각별히 주의해야 한다.

누락된 종속성이 컴파일 에러를 유발시키는 문제

유사한 상황이 자동 생성된 파일이 올바르게 갱신되지 않을 때 일어난다. 예를 들어 개발자는 자신의 프로그램에 새로운 심볼을 정의했지만, 소프트웨어가 컴파일될 때 `undefined symbol`이라는 에러 메시지가 표시된다면 이는 무효한 종속성이나 누락된 종속성의 결과다.

그림 11.6에서 개발자는 food.list 파일에서 `Bison` 엔트리entry를 추가했다. 그리고 이 새로운 정의를 사용하는 cat.c 파일 또한 수정했다. food.list가 평문 텍스트plain text 파일이라면 C 파일이 이 정의를 사용하기 전에 먼저 food_gen.h 헤더 파일로 변환돼야 한다.

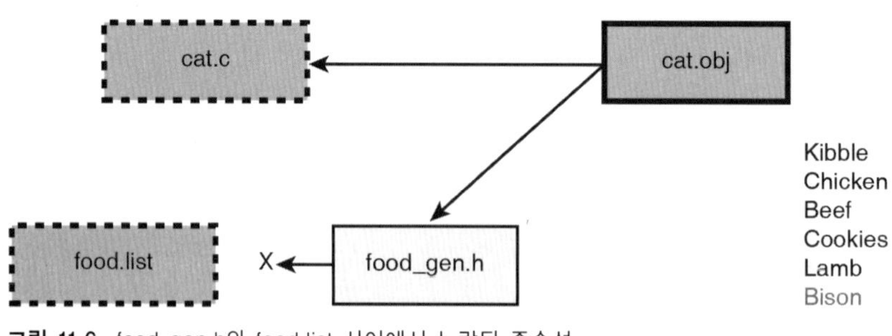

그림 11.6 food_gen.h와 food.list 사이에서 누락된 종속성

종속성 정보가 없으므로 빌드 도구는 food.list가 수정됐을 때마다 food_gen.h 헤더 파일을 갱신해야 하는지를 알 수 없다. 그 결과 C 코드를 컴파일할 때 `Bison is not defined`와 같은 에러가 표시된다. 개발자 관점에서 볼 때 필요한 모든 파일을 변경했는데도 C 컴파일러가 올바른 정의를 왜 찾지 못하는지 의아할 것이다.

이 시나리오는 여러 개발자가 코드를 공유할 때 자주 일어난다. 개발자가 버전 관리 시스템으로부터 최신 코드를 현재 작업 중인 소스 트리로 가져오고 나서 갱신할 수 있다. 이때 갱신된 cat.c와 food.list를 가져왔지만 빌드 트리를 재빌드할 때 food_gen.h 파일이 재생성되지 않는다. 특히 이는 일부 개발자가 소스코드의 일관성을 유지하지 못할 때 자주 일어난다.

실상 개발 프로젝트에서 많은 개발자가 버전 관리 시스템으로부터 자신의 소스 트리를 갱신하는 일을 꺼리는 경우가 많은데, 이는 문제를 해결하는 데 하루 이상 걸리기도 하기 때문이다.

원치 않는 종속성이 과도한 재빌드를 유발시키는 문제

누락된 종속성만큼 심각하지 않지만, 원치 않은 종속성 또한 문제를 일으킨다. 예를 들어 특정 파일이 수정된 파일과 아무런 종속성이 없는데도 불필요하게 재컴파일되는 경우가 있다. 이는 컴파일 타임과 런타임 시에 아무런 문제를 일으키진 않지만, 컴파일하는 시간을 증가시켜 개발 시간을 허비한다. 특히 규모가 큰 빌드 시스템에서는 이 때문에 10~20분이 더 걸릴 수도 있다.

그림 11.7은 dog.obj와 cat.h 사이에서의 잘못된 종속성을 보여준다.

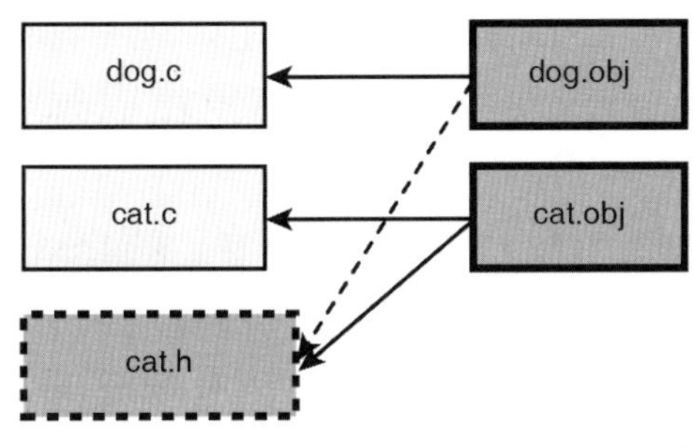

그림 11.7 dog.obj와 cat.h 사이에서 잘못된 종속성

한때 개발자는 dog.c가 cat.h를 참조하게 했지만 이후에 참조하지 않게 변경했다. 하지만 빌드 시스템에서 이 두 파일 사이의 종속성을 제거하는 일을 잊어버려 불필요하게 dog.obj가 재컴파일된다.

원치 않는 종속성이 종속성 분석을 실패하게 하는 문제

소프트웨어를 컴파일하기 이전에 종속성이 문제를 일으킬 수 있다. 빌드 도구가 종속성 그래프를 생성하는 과정 중에 더는 진행할 수 없는 지점에 이르는 경우가 있는데, 이때 흔히 `don't know how to make`와 같은 에러 메시지를 표시하면서 빌드가 도중에 강제 종료된다.

그림 11.8에서 개발자는 애완동물 가게에서 더 이상 펭귄이 판매되지 않는 점을 알고 난 후 penguin.c와 penguin.obj를 제거하고 프로그램을 재컴파일한다. 하지만 빌드 시스템은 여전히 이전 종속성 정보를 갖고 있으므로, penguin.obj를 만드는 방법을 모른다는 메시지를 표시한다.

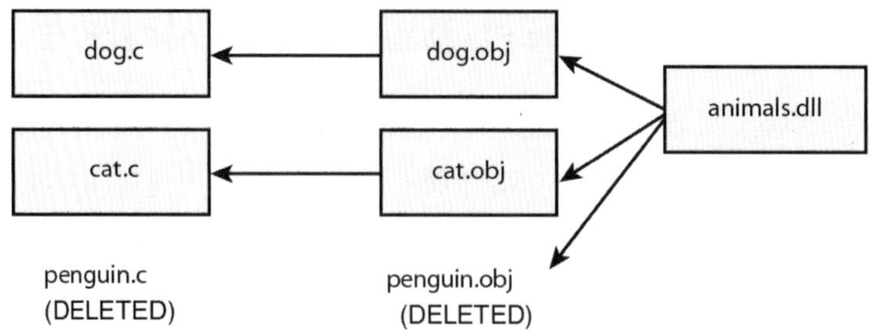

그림 11.8 오래된 종속성 정보가 빌드 실패를 초래한다.

아직 penguin.c 파일이 삭제되지 않았다면 빌드 시스템은 소스코드로부터 penguin.obj를 재빌드할 수 있지만, 이 경우 빌드 시스템은 penguin.obj를 재생성할 수 있는 모든 방법을 검색할 것이다. 그러나 결국에는 penguin.c가 삭제됐으므로 재생성할 방법을 찾지 못한다.

유사한 상황이 개발자가 자신의 빌드 트리를 새로운 디스크로 이동(예, C:\work에서 D:\work로)했을 때 발생한다. 모든 파일이 변경됐지만, 종속성 정보는 여전히 이전 위치를 참조한다. 자연히 빌드 도구는 이전 위치에서 파일을 찾지 못해 재빌드할 수 없다. 유일한 해결법은 모든 이전 종속성 정보를 제거하고 새로이 종속성 정보를 구축하는 방법이다.

순환 종속성 문제

종속성 그래프를 생성하는 기본 규칙 중 하나는 반복적인 순환을 포함하지 않는 점이다. 하지만 개발자는 작업이 끝날 수 없는 종속성 그래프를 뜻하지 않게 만들어 버리고는 한다. 한 예로 그림 11.9와 같이 개발자가 용량이 큰 파일을 압축하려고 하지만, 새로운 파일 이름을 원래 파일 이름으로 대체해 버린다. 그림 11.9는 Make 구문을 사용하는 예제다.

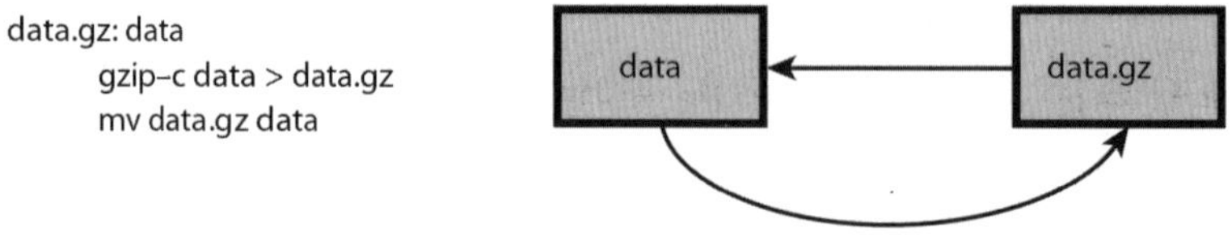

그림 11.9 입력 파일을 생성하는 Makefile 규칙이 반복적인 순환을 초래한다.

이 경우 data.gz 파일은 data 파일에 종속된다. data가 data.gz보다 더 최신이면 파일을 압축하려고 `gzip` 명령을 실행한다. 그리고 뒤따르는 `mv` 명령으로 압축한 파일을 원래 파일 이름으로 변경한다.

문제는 data(종속성의 입력 요소)가 계속 수정되고, data.gz(종속성의 타겟)은 영원히 생성되지 않는다는 점이다. 빌드 도구를 몇 번이나 재실행해도 이 명령은 항상 실행된다. 이 빌드의 결론은 컴파일이 무의미하고, 압축이 너무 많이 됐기 때문에 완전히 의미 없는 date 파일이 만들어지고 만다.

종속성 대용으로 암묵적 시퀀싱에 관한 문제

개발자가 자신의 종속성을 바로 잡는 데 더 이상 신경 쓰고 싶지 않은 경우가 있다. 이때 종종 빌드 도구의 암묵적 명령 시퀀싱sequencing을 활용하는데, 이 시퀀싱은 간편하지만, 결코 최적화된 빌드 시스템을 만들어내지 못하는 결점이 있다. 이 점은 6장에서 재귀 Make를 살펴보면서 이미 확인했다.

다음 Makefile은 실행되는 명령의 순서를 정의하는 시퀀싱을 사용한다.

```
.PHONY: program lib1 lib2

program: lib1 lib2
  @echo Linking my program

lib1:
  @echo Building library 1

lib2:
  @echo Building library 2
```

`program`과 `lib1`, `lib2` 타겟은 포니phony 타겟으로 작성됐다. 포니 타겟이란 실제 디스크 파일 이름이 아닌 Makefile에서만 사용되는 허위 타겟이다. 따라서 `program: lib1 lib2` 종속성 관계는 실제 디스크 파일과 아무런 관련이 없다. 대신 호출될 규칙의 순서를 정의한다. 이 경우 `lib1`이 처음 빌드되고, 이어서 `lib2`가 빌드되고 나서 `program`이 생성된다.

이 예제는 최적화된 메소드는 아니지만, 특히 작은 소프트웨어에서 빌드 시스템을 생성하는 일반적인 메소드 중 하나일 것이다. 무효한 종속성으로 인해 애매한 컴파일 에러나 런타임 에러를 유발시키는 것보다 암묵적 명령 시퀀싱을 사용하는 것이 때에 따라 훨씬 더 안전할 수 있다.

단, 이 방식의 단점은 컴파일이 너무 많이 발생한다는 점이다. 게다가 빌드 시스템이 복잡해질수록 개발자는 올바른 명령 시퀀싱에 더욱 주의해야 한다. 또 다른 단점은 병렬 빌드 시스템이 올바른 종속성 그래프에 접근할 수 없다면 빌드를 제대로 처리할 수 없다는 점이다.

Clean 타겟이 제대로 클리닝하지 못하는 문제

지금까지 설명한 종속성 문제 가운데 하나는 개발자가 빌드 시스템을 신뢰하지 못한다는 점이다. 개발자가 허용되는 일정 시간 내에 빌드 문제를 파악하거나 해결하지 못하면 흔히 그들은 어쩔 수 없이 빌드 트리를 클리닝하고 만다. 잘못된 종속성을 진단하고 수정하는 일보다 빌드 트리를 클리닝하고 전체 빌드full build하는 것이 더 빠를 수 있기 때문이다.

첫 단계에는 빌드 시스템의 클리닝 작업을 실행한다. 이는 소스 파일만 남겨두고 모든 오브젝트 파일과 자동 생성된 파일, 저장된 종속성 정보를 삭제한다. 무슨 일이 있더라도 개발자가 수정한 소스 파일 내용은 보존돼야 한다. 이는 개발자가 이 변경 사항을 만들기 위해 수일 내지는 수주를 투자했기 때문이다.

여러분도 예상하듯이 클리닝 작업은 문제를 더욱 심각하게 할 수도 있다. 빌드 트리를 완전히 클리닝하지 못하면 제거되지 못한 오래된 오브젝트 파일과 종속성 정보가 남게 된다. 결국 빌드 트리를 재빌드할 때 동일한 종속성 정보가 존재하고, 이는 개발자를 힘들게 할 수 있다. 이런 경우의 유일한 해결법은 변경 사항을 백업하고 소스코드와 빌드 트리를 완벽히 새롭게 하는 일이다. 이는 오래된 각 정보가 남아 있을 가능성을 철저히 배제시킨다. 하지만 분명한 사실은 이런 일단의 작업이 불필요하게 개발 시간을 허비한다는 점이다.

1단계: 종속성 그래프 계산

자, 이제 종속성 그래프가 올바르지 않을 때 발생하는 문제를 이해하고, 그래프를 생성하는 데 사용되는 메소드에 대해 알아보자. 이는 빌드 시스템을 다루는 데 있어 가장 복잡한 문제 중 하나다. 그리고 이를 제대로 해결하지 못하면 그 밖의 많은 문제의 근본 원인이 되고 만다. 기본 개념은 각 컴파일 도구가 파일에 어떻게 접근하는지를 배우고, 앞으로 해당 도구가 어느 파일에 접근하는지 예측하는 방법을 알아내는 일이다. 때에 따라 이는 게임과 같다.

종속성이란 무엇인가? A 파일이 B 파일에 종속된다면 컴파일 도구(예, 컴파일러 또는 링커)는 A 파일을 생성할 때 B 파일의 내용을 참조한다. 직접 종속한다면 컴파일 도구는 B 파일을 직접 읽지만, 간접적으로 종속한다면 종속성 그래프는 A 파일과 B 파일 사이에 다른 여러 파일을 가질 수 있다. 하지만 여전히 B 파일의 내용이 A 파일을 생성할 때 영향을 미친다.

따라서 종속성 그래프를 결정하는 첫 단계는 컴파일 도구가 사용하는 입력 파일과 출력 파일을 이해하는 일이다. 이는 다양한 방법으로 할 수 있는데, 특히 다음과 같이 컴파일 도구가 세 가지 생성 방식으로 파일에 접근할 수 있다.

- **커맨드라인 인수** 컴파일 도구는 도구의 커맨드라인에서 파일을 명시함으로써 파일을 읽거나 작성할 수 있다. 예를 들어 C 컴파일 명령 `gcc -c test.c -o program`은 입력 파일로 test.c를 읽고, 출력 파일로 program을 작성할 것을 명시적으로 컴파일러에 전달한다. 일부 도구는 입력과 출력 파일을 명시하는 환경 변수를 사용하는데, 흔하지는 않다.
- **소스코드 지시어** 프로그래밍 언어 대부분은 다른 소스 파일을 임포트import 또는 인클루드include하는 메커니즘을 갖고 있다. 이때 컴파일 도구는 종속하는 나머지 파일의 소스코드를 구문 분석parse해야 한다. 예를 들어 C의 `#include` 지시어와 자바의 `import` 지시어를 들 수 있다.
- **관습** 일부 도구는 기본 입력 파일과 출력 파일을 사용한다. 예를 들어 유닉스 Lex 도구는 출력 파일을 명시하지 않으면 lex.yy.c 파일을 기본 출력 파일로 한다.

이런 세 가지 방식으로 컴파일 도구가 접근하는 파일 집합을 결정할 수 있다. 다음 질문은 빌드 도구(예, Make, SCons, Ant)가 이 정보를 어떻게 결정할 수 있으며, 프로그램의 전체 종속성 그래프를 어떻게 빌드할 수 있는지에 관한 것이다.

정확한 종속성 정보 수집

대부분의 경우 빌드 도구와 컴파일 도구는 프로그램과 완전히 분리되고, 정보 또한 거의 공유하지 않는다. 빌드 도구가 효과적으로 작동하려면 컴파일 도구가 읽거나 작성할 파일을 예측해야 한다. 이는 컴파일 도구가 실제로 동작하기 전에 컴파일 과정의 일환으로 종속성을 사전에 학습해 놓는다. 이 일이 제대로 되지 않으면 결국 잘못된 순서로 실행되는 컴파일 명령에 직면하고 만다.

그림 11.10에서 빌드 도구는 cat.c와 food.list 둘 다 변경됐다고 판단한다. 하지만 cat.obj가 cat.c로부터 재생성될 때까지 빌드 시스템은 cat.obj가 food_gen.h(점선)에 종속되는 점을 알지 못한다. 따라서 이 시나리오에서는 미리 종속성을 정해야 하며, cat.obj가 재생성되기 전에 최신 food.list로부터 food_gen.h를 재생성해야만 한다.

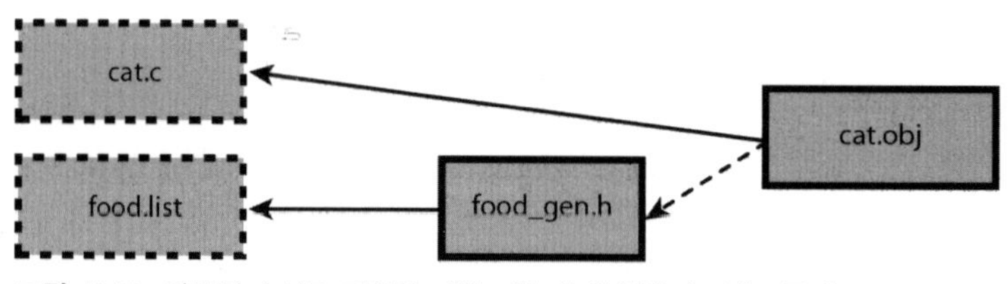

그림 11.10 잘못된 순서로 파일을 재빌드할 때 발생할 수 있는 문제

다양한 방법으로 빌드 도구는 컴파일 도구 종속성 정보를 예측할 수 있다.

하드 코딩된 종속성

빌드 기술 파일(예, Makefile 또는 SConstruct 파일)에 종속성을 하드 코딩함으로써 빌드 시스템은 개발자가 기술한 종속성 정보를 사용한다. 빌드 도구는 빌드 기술 파일을 구문 분석하고, 종속성 그래프를 갱신하는 일 외에 별로 할 일이 없다. 오브젝트 파일이 소스 파일에 종속하는 점을 명시하는 다음과 같은 Make 도구 사용의 예를 살펴보자.

```
cat.obj: cat.c animals.h
```

이 예는 종속성을 명시하는 방법 가운데 가장 간단한 방법이지만, 큰 프로그램에서는 잘 동작하지 않는다. 이는 지속되는 유지 보수와 에러 발생 가능성 때문이다.

그럼에도 불구하고 이 방법은 자동화된 메소드(다음 절에서) 구현이 어려울 때 종종 사용된다.

커맨드라인으로부터의 파생되는 종속성

빌드 도구가 컴파일 도구의 커맨드라인을 구성할 수 있다면 빌드 도구는 이미 일정 이상의 정보를 갖고 있다고 볼 수 있다. 이 정보가 완벽할 수는 없지만, 없는 것보다 좋은 것은 사실이다. 예를 들어 다음 SCons 지시어는 애완동물 가게 예제를 빌드하는 데 사용된다.

```
lib = SharedLibrary("animals", ["dog.c", "cat.c"])
Program("petstore", [lib, "petstore.c"])
```

SharedLibrary와 Program 빌더 메소드는 어느 파일을 컴파일할 것인지 명시하는 데 사용될 뿐만 아니라, 종속성 그래프를 생성하는 데에도 기여한다. 예를 들어 SCons 도구는 소스 파일로부터 오브젝트 파일을 생성하고, 오브젝트 파일로부터 공유 라이브러리를 생성하는 암묵적인 지식을 갖고 있다. 따라서 이 두 SCons 명령으로 거의 모든 종속성 그래프가 생성될 수 있다.

스캐너가 제공하는 종속성

마지막 예제에서는 빌드 도구가 animals.h를 종속성 그래프로 자동 통합하는 방법이 없었다. 이는 종속성이 SConstruct 파일에 기술되지 않고 소스코드에 내장돼 있었기 때문이다. 이 문제를 해결하려면 소스 파일을 조사하는 스캐너 도구를 사용하면 된다. 스캐너는 소스 파일에서 #include나 import 지시어를 조사함으로써 필요한 나머지 파일을 알아낼 수 있다.

유닉스 환경에서 사용되는 makedepend 스캐너에 대해 6장에서 잠깐 언급한 적이 있다. 이것은 완벽한 기능을 지니는 컴파일러가 아니지만, 소스 파일에 인클루드되는 헤더 파일을 탐지하는 데는 충분하다. 예를 들면 다음과 같다.

```
$ makedepend -f - cat.c
# DO NOT DELETE

cat.o: animals.h
```

이 명령의 실행 결과는 보통 Makefile에 추가된다. Make는 cat.o가 cat.c에 종속되는 사실을 이미 알고 있으므로, 종속성을 별도로 기술하지 않는다.

스캐너는 종속성을 찾는 데 빠르며 효율적이지만, 언어의 시맨틱스를 완벽하게 이해하지 못하는 능력 때문에 잘못된 정보를 제공할 수도 있다. 예를 들어 스캐너가 C 소스 파일을 조사할 때 전처리기preprocessor 시맨틱스를 인지해야 한다.

```
#ifdef _USE_GOOD_FOOD_
#include "store_food/berries.h"
#else
#include "wild_food/berries.h"
#endif
```

이 예제에서 네이티브 스캐너는 store_food/barries.h와 wild_food/barries.h가 종속성이 있다는 점을 판단할 수 있지만, 컴파일 시에 둘 중 하나만이 인클루드include 된다. 이는 치명적인 에러가 아니지만, 불필요한 재컴파일을 일으킬 수 있다.

컴파일 도구가 제공하는 종속성

컴파일 도구가 접근하는 파일을 정확히 알아내는 방법은 도구 자체가 지니고 있다. 하지만 앞에서 언급했듯이 도구가 실제로 수행하기 전에 이 정보가 필요하다. 6장에서 살펴봤듯이 이런 기능을 제공하는 도구 중 하나는 GNU C 컴파일러다. -M 옵션을 부여함으로써 컴파일러는 소스 파일을 조사하고 종속성을 알아낸다. 하지만 코드를 실제로 컴파일하지는 않는다.

```
C:\work> gcc -M dog.c
dog.obj: dog.c animals.h
```

모든 종속성 그래프 계산이 완료된 후 빌드 도구는 dog.obj 파일이 종속하는 모든 파일이 최신 상태가 되는 점을 보장한다. 그러고 나서 GCC가 재차 호출되는데, 이번에는 -M 옵션 없이 호출된다.

파일 시스템 모니터링이 결정하는 종속성

ElectricAccelerator[48]와 clearmake[5] 같은 최신 빌드 도구는 동작하는 동안에 컴파일 도구가 파일에 접근하는 것을 모니터링함으로써 종속성을 확인하는데, 이는 컴파일 도구와 컴퓨터 파일 시스템과의 상호 작용을 관찰함으로써 이뤄지며, 입력 파일과 출력 파일을 정확히 알아낸다.

이런 시스템의 장점은 정확한 종속성 집합의 발견을 보장하는 점이다. 컴파일 도구가 과거, 미래와 같은 시간에 상관없이 일관되게 동일한 파일 집합에 접근한다면 누락된 종속성이나 과도한 종속성 정보를 염려할 필요가 없다. 예를 들어 릴리스 패키징 스크립트와 같이 예측하기 어려운 수많은 종속성을 컴파일하는 데 이 기능은 매우 유용하다. 이에 대해서는 13장에서 더욱 자세히 다룬다.

이 모니터링 도구 사용의 단점은 추가 파일 시스템 플러그인이 컴퓨터 운영체제에 추가돼야 하는 점인데, 이는 모든 이를 불편하게 만든다. 또한 모니터링 소프트웨어는 별도의 지시가 없는 한 모든 파일 접근을 빠짐없이 기록한다. 심지어 종속성으로 볼 수 없는 파일까지도 기록한다. 예를 들어 /usr/include/stdio.h에 접근하지만, 이 파일은 운영체제가 업그레이드되지 않는 이상 쉽게 변경되지 않기 때문에 종속성 그래프에 기록될 이유가 없다.

마지막으로, 컴파일 명령이 실행되기 전에 모니터링 시스템이 종속성 정보를 어떻게 알아내는지 의아할 수 있다. 이에 대해서는 11장 후반부에서 알아본다.

종속성 그래프 캐싱

이전 기술을 사용해도 빌드 도구는 완벽한 종속성 그래프를 생성할 수 있지만, 빌드 도구가 호출될 때마다 전체 종속성 그래프 재계산을 피하고자 여러분은 가급적 획득한 정보를 캐시에 저장하길 원한다. 일부 개발자는 습관적으로 몇 분 간격으로 불필요하게 자신의 소프트웨어를 빌드한다. 따라서 종속성 계산에 허비되는 시간을 줄이는 것이 매우 중요하며, 이를 통해 더욱 빠른 빌드를 경험할 수 있다.

각 빌드 도구는 종속성을 캐싱하는 자신만의 독특한 메커니즘을 갖고 있다. 예를 들어 대표적인 Make 기반 시스템은 각 오브젝트 파일에 관한 종속성 정보를 저장하는 개별 파일(확장자가 .d)을 사용한다. 반면 SCons는 빌드 트리 내의 모든 파일에 관한 종속성을 캐싱하는 데이터베이스 파일을 사용한다.

종속성이 빌드 기술 파일(예, Makefile)에 하드 코딩되거나, 컴파일 도구 커맨드라인으로부터 파생된다면 캐시에 종속성 정보를 저장하는 이점 중 일부만 확인할 수 있다. 이는 다음에 빌드 도구가 호출될 때 동일한 빌드 기술 파일을 다시 읽을 필요가 있을지도 모르기 때문에 캐시는 많은 시간을 절약하지 못한다.

다른 한편 컴파일 도구나 스캐너가 실행해 발견되는 종속성을 재계산하지 않음으로써 많은 시간을 절약할 수 있지만, 이런 여분의 프로그램이 실행하려면 많은 시간이 필요하다. 그래서 가급적 미리 캐싱된 종속성 그래프의 복사본을 사용하는 것이 바람직하다.

종속성 캐시는 까다로운 문제를 해결하는 데 큰 도움이 되지는 않지만, 적어도 캐싱된 정보가 오래됐을 때를 알 수 있다. 자, 그럼 소프트웨어가 수정됐을 때 캐싱된 종속성 그래프를 갱신하는 방법을 알아보자.

캐싱된 종속성 그래프 갱신

실제 개발 프로젝트에서 종속성은 시간과 함께 끊임없이 변화한다. 따라서 이전에 계산되고 캐싱된 종속성 정보가 만료out-of-date될 수 있으며, 대체될 필요가 있다. 오래된 종속성 정보의 제거 실패는 빌드 시스템이 너무 많은 일을 하게 하거나, 이전 소스 파일이 더는 존재하지 않을 때 실패한다.

종속성 변화가 일어나는 이유 대부분은 개발자가 `#include`나 `import` 지시어를 새로이 추가함으로써 그들의 소스코드를 수정하는 것이 원인이다. 그 결과 종속성 그래프에 새로운 종속성 관계가 추가된다. 두 번째 시나리오는 빌드 기술 파일이 수정됨에 따라 컴파일 도구의 인클루드 경로가 변경될 때 일어난다. 변경과 상관없이 빌드 시스템은 새로운 종속성 그래프를 계산하고, 그에 알맞게 오브젝트 파일을 재생성해야 한다.

컴파일 도구가 파일에 접근하는 세 가지 방법(커맨드라인 인수 또는 소스코드 지시어, 관습)을 기반으로, 각 변경이 종속성 그래프에 어떻게 영향을 끼치는지 함께 알아보자. 이미 모두 다 빌드됐거나 수정된 소스 파일이 많은 빌드 트리상에서 작업 중이라는 점을 명심하자. 더 이상 완전히 새로운 빌드 트리에서 빌드 작업하는 것을 염려하지 않아도 된다.

캐싱된 커맨드라인 인수 갱신

다양한 컴파일 도구와 커맨드라인 옵션이 있을 때 인수 문제를 다루는 해결법은 결코 하나가 아니다. 세 가지 시나리오가 있는데, 다음과 같다.

1. 커맨드라인 옵션이 입력 또는 출력 파일 이름(예, -o prog)을 변경할 경우 종속성

그래프는 해당 파일의 새로운 이름을 인클루드하게 수정돼야 하며, 이전 이름은 폐기돼야 한다. 빌드 도구가 종속성 그래프에서의 이 부분을 캐싱하지 않고, 대신 빌드 기술 파일을 읽는 동안에 생성한다면 추가 작업이 필요 없다. 즉, 단순히 빌드 도구를 다시 호출함으로써 올바른 종속성이 보장된다.

2. 컴파일 도구 옵션이 오브젝트 파일명이 아니라 해당 파일의 내용에 영향을 줄 경우 빌드 트리 내에 존재하는 모든 오브젝트 파일을 완전히 재빌드할 필요가 있다. 예를 들어 개발자가 디버깅 정보를 생성하기 위해 `-g` 옵션을 추가했다면 이전에 생성된 모든 오브젝트 파일은 폐기되고 재컴파일돼야 한다. 컴파일 도구가 최신 버전으로 업그레이드돼 이전 도구와 다른 코드가 생성되는 경우도 마찬가지일 것이다. 종속성 그래프 관점에서 볼 때 각 오브젝트 파일의 종속성을 컴파일할 때 사용됐던 플래그 집합에 추가해야 한다(그림 11.11). 예를 들어 bear.flags 파일에 변경 사항이 없더라도 커맨드라인 플래그가 변경된다면 이 파일을 최신 상태로 하기 위해 터치[touch]해야 한다. 그 결과, bear.obj가 재생성될 수 있다.

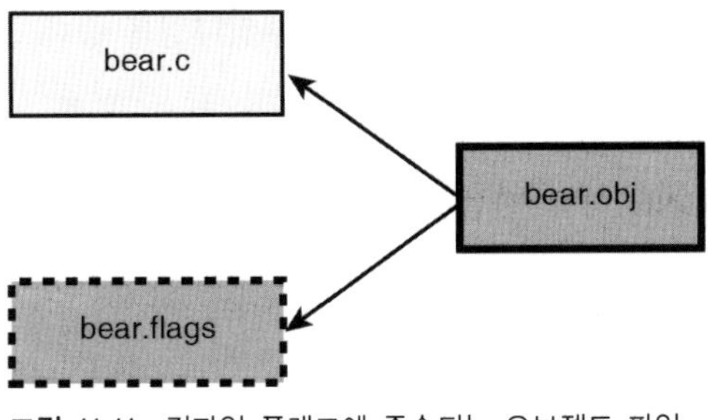

그림 11.11 컴파일 플래그에 종속되는 오브젝트 파일

3. 빌드 도구의 검색 경로를 변경하는 커맨드라인 인수를 수정한다면 모든 오브젝트 파일의 종속성을 재계산해야 한다. 예를 들어 인클루드 검색 경로[include search path](`-I`) 또는 라이브러리 검색 경로[library search path](`-L`)가 변경된다면 인클루드할 파일 집합이 달리 구성될 수 있다. 다음 예제에서 bear.c는 `-I` 지시어에 의해 각기 다른 berries.h 헤더 파일을 인클루드한다.

   bear.c가 다음 지시어를 포함한다면

```
#include "berries.h"
```

다음 두 가지의 커맨드라인에 의해 각기 다른 종속성이 발생한다.

```
gcc -Iwild_food -Istore_food -c bear.c
    => includes wild_food/berries.h

gcc -Istore_food -Iwild_food -c bear.c
    => includes store_food/berries.h
```

이 시나리오는 조금 애매하게 보일 수 있지만, 올바른 종속성을 판단하지 못하는 실패 사례는 많은 개발 시간을 허비시킬 수 있다.

캐싱된 소스코드 지시어 갱신

소스코드 파일이 변경된다면 #include나 import 지시어로 인해 이전과 다른 종속성이 발생할 가능성이 있다. 컴파일러나 스캐너를 활용해 파일의 종속성 정보를 미리 캐싱해 놓았다면 이 정보는 이미 유효하지 않으며 재생성돼야 한다.

다음과 같은 경우가 빈번히 발생하는데, 소스 파일(예, bear.c)이 새로운 헤더 파일(예, honey.h)을 인클루드하게 변경되면 빌드 시스템은 bear.c가 변경됐고, bear.obj가 유효하지 않다고 판단한다(그림 11.12). 따라서 재컴파일을 통해 모든 입력 파일로부터 새로운 종속성 집합을 다시 캐싱해야 한다.

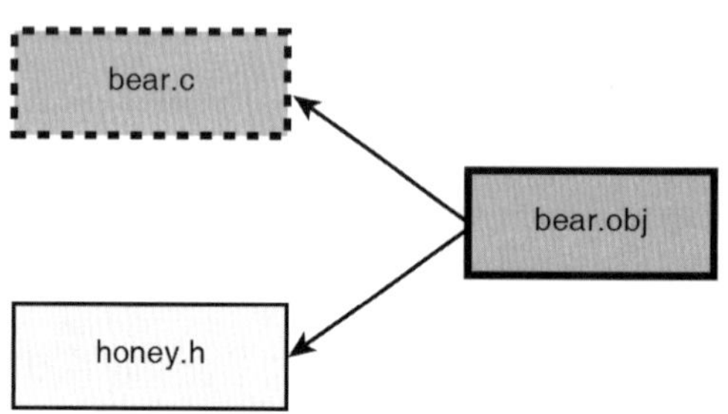

그림 11.12 새로운 #include 지시어가 bear.c에 추가됨

인클루드되는 헤더 파일이 자동 생성된 파일이라면 상황이 더욱 복잡해진다. 빌드 시스템은 인클루드되는 헤더 파일이 최신 상태인지 아닌지를 어떻게든 판단해야 하기 때문이다. bear.obj에 만료된 헤더 파일이 인클루드된다면 문제가 발생한다.

그림 11.13에서 개발자는 bear.c를 수정하고 나서 food_gen.h 헤더 파일을 처음으로 인클루드한다. 그리고 개발자는 food.list 소스 파일도 수정했다. 하지만 성공적인 컴파일을 위해서 빌드 시스템은 food.list로부터 food_gen.h이 자동 생성된다는 점을 알아야 하고, 이 단계는 bear.obj가 재생성되기 이전에 반드시 이뤄져야 한다.

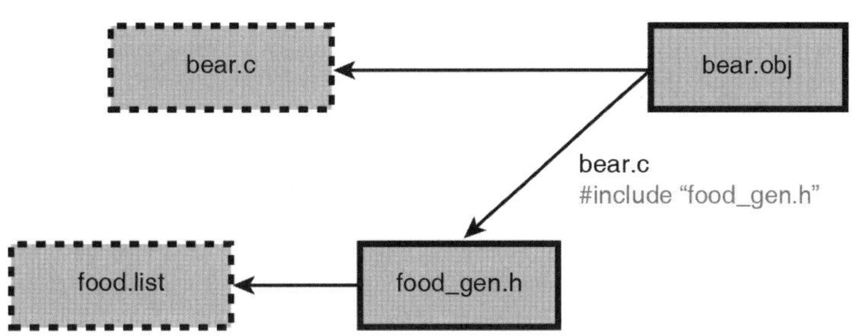

그림 11.13 bear.c와 food.list 둘 다 수정됐지만, 자동 생성된 헤더 파일이 소스 파일 전에 재컴파일돼야 한다.

성공적인 빌드를 위한 단계는 다음과 같다

1. bear.obj가 food_gen.h에 새로이 종속된다는 점을 인지한다(이 정보는 스캐너로 알 수 있다).
2. food_gen.h를 재생성한다.
3. bear.c와 새로운 버전의 food_gen.h로부터 bear.obj를 재생성한다.

마지막으로, 더욱 복잡한 시나리오를 상상해보자. food_gen.h가 자동 생성되는 또 다른 헤더 파일(예, meats_gen.h)을 인클루드하면 무슨 일이 일어날까? food_gen.h가 재생성되기 전까지 이 새로운 종속성을 알기란 쉽지 않다. 따라서 bear.obj를 컴파일하기 전에 food_gen.h를 재생성한 후 바로 meats_gen.h를 재생성해야 한다.

캐싱된 관습적 규칙 갱신

컴파일 도구는 갑자기 관습적 규칙과 다른 생소한 규칙들로 작업을 시작하지 않는다. 디폴트로 특정 파일에 접근한다면 늘 동일한 파일(예, lex.yy.c)에 계속 접근한다. 한 가지 가능한 예외는 셸 스크립트가 도구로 사용되고, 최근에 수정됐을 때다. 이 경우 개발자는 새로운 종속성 관계를 하드 코딩하려고 빌드 기술 파일을 변경할 필요가 있다. 그 결과 파일 시스템 모니터링을 사용하는 빌드 도구는 개발자의 간섭 없이 종속성에서의 변경을 자동 탐지한다.

여기까지 종속성 그래프를 생성하는 모든 방식을 살펴봤다. 종속성이 새롭게 추가되거나 제거돼 캐싱된 종속성 정보 가운데 일부가 무효가 되는 경우 올바른 종속성의 완전한 리스트가 문제를 푸는 실마리가 될 수 있다.

2단계: 만료된 파일 알아내기

자, 이제 11장에서 다루는 세 가지의 빌드 도구 단계 가운데 두 번째에 대해 알아보자. 1단계에서는 빌드 도구를 마지막으로 호출한 후에 가급적 캐싱된 정보를 활용해 완벽한 종속성 그래프를 생성하는 일이었다면 2단계에서는 마지막으로 빌드가 발생한 후 어느 파일이 수정됐는지 정확히 파악하는 일이다. 변경되지 않았고, 나머지 파일에 종속되지 않은 파일은 재컴파일될 필요가 없다.

빌드 프로세스에서 이 부분은 이해하거나 구현하기 아주 복잡하다. 종속성 그래프 생성과 비교할 때 에러가 잘못된 빌드에 영향을 끼치는 경우는 거의 드물지만, 빌드 과정이 여러 이유로 더 길어져 개발 시간을 허비할 수 있다.

이 절에서는 어느 파일이 변경됐는지를 알아내는 여러 방법을 알아본다. 먼저 타임스탬프 비교와 체크섬 비교, 플래그 비교를 알아보고, 마지막에 기타 몇 가지 고급 기술을 알아본다.

타임스탬프 기반 메소드

파일이 변경됐는지를 확인하는 가장 대표적인 메소드는 파일의 타임스탬프를 조사하는 일이다. 현재 모든 운영체제는 파일이 마지막으로 수정된 시각 정보를 가진다. 그리고 빌드 도구는 이 정보를 파일 시스템을 조회함으로써 쉽게 획득할 수 있다. 이론상으로는 쉬워 보이지만, 다음과 같이 구현 메소드가 몇 안 된다.

1. 전통적인 Make 기반 시스템에서는 소스 파일로부터 파생된 파일의 타임스탬프보다 소스 파일의 것이 더 최신이면 소스 파일이 수정된 것으로 간주한다. 예를 들어 dog.obj가 dog.c에 종속되는 가정하에 dog.c의 타임스탬프가 dog.obj의

것보다 더 최신이라면 dog.c가 수정됐다고 가정한다. 이 메소드는 파일 변경의 상대적relative 순서만 문제없이 판단해 낸다면 굳이 절대적absolute 타임스탬프를 고려하지 않아도 된다. 흥미로운 점은 실제로 파일을 수정하지 않고 유닉스 명령 `touch`로 파일의 타임스탬프만 수정할 수 있는데, 이는 잘못된 종속성 복구와 같이 강제로 파일을 재컴파일할 때 매우 유용하다. 또한 어떤 이유로 컴파일이 실패할 때 출력 파일을 삭제하는 데 유용하다. 하지만 이런 작업에 실패하면 소스 파일보다 더 최신인 것처럼 보이는 출력 파일을 만들어 버리고 만다. 그 결과 차후에 빌드 도구를 호출할 때 빌드 도구가 재컴파일할 필요가 없다고 잘못 판단할 수 있으며, 오브젝트 트리에 잘못된 오브젝트 파일이 잔존할 가능성이 있다. GNU Make와 Ant는 SCons 도구에서의 많은 결정자decider 함수처럼 이 기술을 흔히 사용한다.

2. 또 다른 방법으로는 빌드 도구가 각 파일의 타임스탬프를 캐싱하는 방법이 있다. 이 경우 파일 간의 차이를 비교할 필요 없이 이전 타임스탬프와 현재 타임스탬프를 비교함으로써 파일 변경 여부를 판단할 수 있다. 대신 이 방법은 캐시에 타임스탬프를 저장하는 여분의 작업을 수반한다. 상대적relative 타임스탬프를 사용하는 것과 비교할 때 이 메커니즘의 장점은 이전에 발생한 소스 파일의 변경을 탐지해 낼 수 있다는 점이다. 파일의 내용이 변경되면 반드시 타임스탬프가 현재 시각으로 갱신된다는 것은 잘못된 추정이다. 예를 들어 소스 파일이 파일 시스템 백업으로부터 복귀됐을 때 해당 파일의 타임스탬프는 파일이 마지막으로 변경됐던 시각이 반영돼 있을 것이다. 그 시각은 백업하기 이전일 수 있으며, 심지어 오브젝트 파일이 마지막으로 컴파일됐을 때보다 훨씬 이전일 수도 있다. 오브젝트 파일보다 더 오래됐기 때문에 소스 파일이 수정되지 않았다는 잘못된 추정이 발생하면 빌드 트리는 결국 일관성을 유지하지 못하게 된다.

```
$ ls -l foo.c
-rw-r--r-- psmith 3500 2009-05-17 19:13 foo.c

$ ls -l foo.o
-rw-r--r-- psmith 13923 2009-05-17 19:17 foo.o

$ rm foo.c # OOOPS!
```

파일 시스템 백업으로부터 복구해보자. 다음과 같이 이틀 전의 foo.c 버전으로 복구됐다.

```
$ ls -l foo.c
-rw-r--r-- psmith 3223 2009-05-15 12:22 foo.c

$ ls -l foo.o
-rw-r--r- psmith 73923 2009-05-17 19:17 foo.o
```

아쉽게도 foo.o는 이미 foo.c와 일치하지 않으며, 오브젝트 파일이 소스 파일보다 더 최신이기 때문에 재빌드되지 않는다. 대신 마지막으로 빌드된 때의 타임스탬프와 현재 소스 파일의 타임스탬프를 비교하면 소스 파일이 이전과 다르며, 오브젝트 파일이 재컴파일돼야 한다는 사실을 알게 된다.

이 방식은 SCons 빌드 도구에서 사용되며, GNU Make나 Ant에서는 사용되지 않는다. 즉, SCons만이 파일 타임스탬프 데이터베이스를 갖고 있는 반면 나머지 도구는 필요한 상태 정보를 지속적으로 관리하지 않는다.

3. 세 번째 타임스탬프 방법은 빌드 트리에서 올바른 종속성 계산이 어려울 때 때때로 사용된다. 빌드의 마지막 단계에서 마지막으로 빌드가 성공했을 때의 시각 정보를 지니는 .stamp 파일을 생성한다. 개발자가 새로운 빌드를 요구할 때 빌드 도구는 종속성 그래프를 전혀 고려하지 않고, 빌드 트리 내의 모든 파일의 타임스탬프를 철저히 조사한다. 그러고 나서 새로운 파일이 존재하면 빌드 트리를 클린하고 재빌드한다. 이 방법은 강제로 재컴파일하는 방법이지만, 빌드 시스템에서 흔히 사용된다. 특히 GNU Make에서 자주 사용되는데, 올바른 종속성을 보장하는 데 필요한 노력을 재컴파일 시간으로 트레이드오프한다. 또한 이는 작거나 자주 변하지 않는 빌드 시스템에 적절하다.

위 세 가지의 타임스탬프 방법 모두에서 빌드 도구는 각 파일의 현재 타임스탬프를 알아내기 위해 파일 시스템을 조사하는 데 많은 시간을 허비한다. 4부에서 살펴보겠지만, 이 작업은 특히 큰 빌드 트리에서 더 많은 시간을 허비할 수 있다.

빌드 도구와 파일 시스템이 동기화하는 일은 중요하다. 동기화되지 않으면 타임스탬프를 비교하는 데 실패한다. 이는 동일한 디스크상에 모든 파일이 저장되는 독립 실행형 머신에서는 잘 일어나지 않지만, 네트워크 파일 시스템 환경과 같은 곳에서는 일어날 수 있다.

예를 들어 dog.c가 느린 시각 정보를 지니는 원격 파일 시스템에 저장돼 있고, dog.obj가 로컬 파일 시스템에 저장돼 있다면 dog.c가 더 최신에 수정됐음에도 dog.obj의 타임스탬프가 더 최신일 가능성이 있다. 단계의 순서는 다음과 같다.

1. dog.c가 수정되고 나서 네트워크 파일 시스템에 저장된다(파일 서버의 시각은 오전 10:01).
2. dog.c가 컴파일되고 dog.obj가 로컬 디스크에 저장된다(로컬 머신의 시각은 오전 10:03).
3. dog.c가 다시 수정되고 네트워크 파일 시스템에 저장된다(파일 서버의 시각은 오전 10:02).
4. 빌드 도구는 dog.obj가 dog.c보다 더 최신이기 때문에 dog.obj를 재생성하지 않는다.

체크섬 기반 메소드

파일이 수정됐는지를 타임스탬프 기반으로 탐지해 문제점을 발견한 다음에야 개발자들은 이보다 더 정확한 메소드의 필요성을 느낀다. MD3이나 SHA 같은 체크섬 또는 해싱hashing 기술을 이용해 전체 파일의 내용을 요약하는 128비트 암호화 해시를 얻을 수 있다. 이런 체크섬 메소드는 파일의 내용을 유일한 값으로 요약한다는 점을 보장하지는 않지만, 두 파일이 동일한 체크섬 값을 지니면 두 파일이 동일한 내용을 지닌다고 보면 된다.

체크섬 메소드를 이용하는 빌드 도구는 빌드 도구가 호출될 때마다 각 파일의 체크섬을 계산하고 저장할 수 있어야 한다. 체크섬 계산은 결코 사소한 연산이 아니다. 그래서 빌드 도구 성능이 더욱 요구된다. 수천의 소스 파일로 구성되는 큰 프로젝트에서 모든 파일의 체크섬을 계산하기란 결코 쉬운 일이 아니다.

체크섬 기반 시스템 사용에서의 한 가지 흥미로운 점은 파일을 단순히 터치touch 한 것을 파일 수정으로 보지 않는 점이다. 즉, 파일의 내용이 같다면 체크섬은 같아서 재컴파일이 일어나지 않는다. 이 방법은 다음과 같은 몇 가지 흥미로운 시나리오를 야기한다.

- 주석 코드의 수정은 프로그램을 다시 링크시키지 않는다. 이는 C 컴파일러가

호출되더라도 주석 코드의 수정은 C 컴파일러의 결과물에 아무런 영향을 미치지 않기 때문이다(출력 파일에 타임스탬프나 날짜스탬프date stamp가 없다는 가정하에서). 그러므로 빌드 도구는 링크 단계linking phase가 생략될 수 있다고 판단한다(그림 11.14).

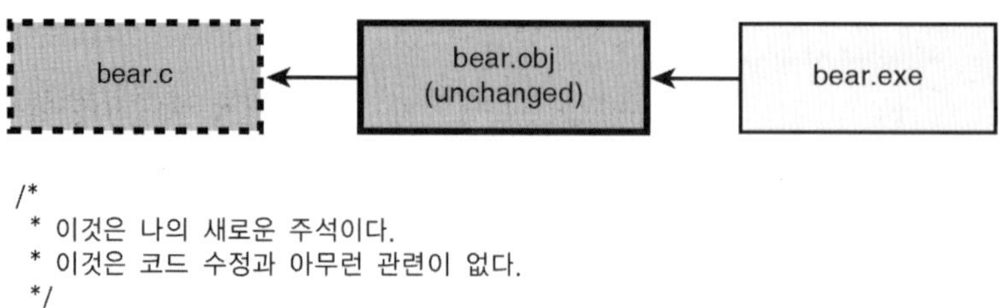


```
/*
 * 이것은 나의 새로운 주석이다.
 * 이것은 코드 수정과 아무런 관련이 없다.
 */
```

그림 11.14 소스코드에 주석을 추가하는 일은 오브젝트 파일에 아무런 영향을 미치지 않는다. 따라서 링크 단계 또한 필요 없다.

- 자동 생성된 소스 파일은 오브젝트 파일을 재컴파일하지 않는다. 수많은 자동 생성 파일을 사용하는 빌드 시스템은 결국 너무 많은 파일을 터치하고, 그 결과 전체 트리를 재빌드한다. 체크섬 메소드에 의해 실제로 수정된 파일만 재컴파일하게 한다.

  그림 11.15에서 animals.list는 자동 생성되는 많은 C 파일의 주 소스코드 파일로 사용된다. 따라서 컴파일 도구의 동작 방식에 따라, animals.list 파일에서의 변경은 모든 C 파일을 재생성하게 하며, 그 결과 해당 파일들의 타임스탬프가 변경된다. 반면 체크섬 기반 메소드를 사용하면 실제로 변경된 파일(예, cat_gen.c)만 재빌드해 오브젝트 파일을 재생성하고, 그 외의 오브젝트 파일들은 터치하지 않은untouch 상태로 남길 수 있다.

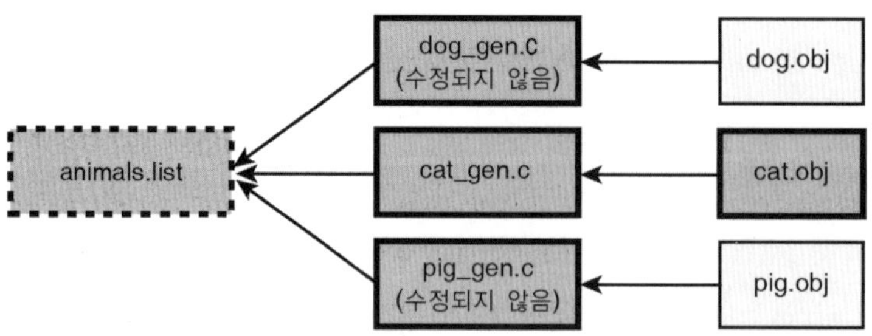

그림 11.15 체크섬 기반 메소드로 실제 변경된 자동 생성 파일만을 컴파일한다.

이 기술로 불필요한 재컴파일을 현저히 줄일 수 있어 개발 생산성을 향상시킨다.

8장에서 설명한 `MD5-timestamp` 결정자decider 함수가 체크섬을 최적화한다는 점을 상기하기 바란다. 파일의 타임스탬프가 실제로 변경됐다면 빌드 도구가 체크섬 연산을 수행하게 요구할 수 있다. 다시 말해 타임스탬프가 변경되지 않았다면 파일 내용이 변경되지 않았다고 확신할 수 있다. 하지만 타임스탬프가 다르다면 파일 내용이 실제로 변경됐을 가능성이 높다. 그러면 체크섬을 계산함으로써 이를 확인하고 승인할 수 있다. 파일의 타임스탬프를 읽는 것이 체크섬을 계산하는 것보다 훨씬 빨라 이 작업은 매우 최적화된 것이라 할 수 있다.

SCons는 체크섬 방식을 지원하는 유일한 빌드 도구이지만, 그 외의 빌드 도구에서도 이와 동일한 기능을 구현할 수 있다. GNU의 `move-if-change` 스크립트를 사용하면 파일 내용이 마지막으로 빌드를 호출했을 때와 다를 경우에만 타겟 파일의 타임스탬프를 갱신할 수 있다. 이 트릭은 임시 파일에 새로운 내용을 생성하는 것처럼 보일 수 있지만, 실은 파일의 내용이 변경된 경우에만 타겟 위치로 임시 파일을 복사한다. 파일 내용이 이전과 같다면 파일이 복사되지 않고 타임스탬프 또한 갱신되지 않는다.

플래그 비교

이전 절에서 다룬 한 가지 개념은, 오브젝트 파일은 빌드 도구의 커맨드라인 옵션에 종속된다는 점이었다. 예를 들어 옵션이 변경(예, 디버그 플래그 추가)된다면 오브젝트 파일은 새로운 옵션을 반영하기 위해 재빌드돼야 한다. 따라서 파일이 갱신됐는지를 판단하는 제3의 메소드가 필요하지만, 이 메소드는 파일 내용을 기반으로 동작하지 않는다.

이 기능을 지원하는 빌드 도구는 각 오브젝트 파일의 커맨드라인 옵션을 저장하는 몇 가지 메커니즘을 지녀야 한다. SCons는 기본적으로 이 기능을 내포하고, SCons 데이터베이스는 지금까지 사용한 컴파일 플래그의 이력을 유지한다. 컴파일 플래그의 모든 변경은 모든 오브젝트 파일을 재빌드하게 한다.

GNU Make에서 이 기능은 표준이 아니지만, 보충 파일(예, .flags 확장자 파일)을 추가함으로써 이전과 새로운 .flag 파일의 차이를 충분히 발견할 수 있다.

기타 고급 메소드

지금까지 세 가지의 파일 변경 탐지 메소드(타임스탬프, 체크섬, 플래그)에 대해 알아봤는데, 이 메소드들은 현재 수많은 빌드 도구에서 사용 중이다. 하지만 이 방법들은 결코 최적화된 방법이라 할 수 없다. 타임스탬프와 체크섬 메소드는 파일 변경을 판단하기 위해 각 파일을 일일이 조사하는 꽤 억지스러운 방법이기 때문이다. 특히 큰 빌드 시스템에서는 이 처리가 완료되는 데 수분 이상이 소요될 수 있다.

파일 변경을 더욱 현명하게 탐지하는 몇 가지 고급 메소드는 다음과 같다.

- **버전 관리 도구에 요구한다.** 주요 방법 중 하나는 버전 관리 도구(예, CVS 또는 Subversion)로 빌드 트리의 파일이 변경됐는지를 판단한다. 소스 트리 내의 파일이 갱신되면 버전 관리 도구는 변경된 파일 목록을 빌드 도구에 제공한다. 따라서 각 파일의 타임스탬프나 체크섬을 일일이 조회하지 않고도 이 목록으로 간단히 처리할 수 있다.

  ClearCase 버전 관리 도구 시스템[5]은 이 일을 어떻게 수행하는지 잘 보여준다. 특히 clearmake 빌드 도구는 버전 관리 도구와 잘 통합돼 있으며, 각 입력 파일의 어느 버전이 오브젝트 파일을 생성하는 데 이용됐는지까지 상세히 보여준다. 뿐만 아니라 입력 파일들 가운데 어느 파일이 변경됐는지를 버전 관리 도구를 통해 확인할 수도 있다.

- **통합 개발 환경(IDE)에 요구한다.** 예를 들어 이클립스나 비주얼 스튜디오 같은 IDE 사용자는 IDE가 특정 소스 파일의 새로운 버전을 저장했다면 해당 파일이 변경됐다고 판단할 수 있다. 빌드 도구는 마지막 빌드 이후에 변경된 파일 목록을 IDE에 요구함으로써 각 파일의 변경 여부를 확인할 수 있다. 다만 이 방법은 개발자가 해당 IDE가 아닌 다른 도구나 운영체제의 커맨드라인을 이용해 소스 파일을 변경하지 않는다는 전제를 둔다.

- **파일 시스템에 요구한다.** 어떤 개발 도구가 사용되더라도 궁극적으로 파일 변경은 파일 시스템에 반영된다. 로그 기반 트래킹log-based tracking 시스템을 이용해 마지막 빌드 이후에 변경된 파일 목록을 파일 시스템에 요구할 수 있다. 이는 각 파일을 일일이 조사하는 것보다 현저히 빠르지만, 대부분의 파일 시스템이 이 기능을 지원하지 않는다는 결점이 있다. 지원되지 않는 경우 서로 다른 많은 컴퓨터로부터 파일이 변경될 수 있는 네트워크 환경에서는 특히 이 작업이 정상

적으로 동작하지 않을 수 있다.

다행히도 차세대 빌드 도구는 이런 유형의 최적화 방법을 더욱 활용할 것이다.

3단계: 컴파일 단계 시퀀싱

자, 이제 빌드 도구 단계 가운데 마지막인 세 번째 단계로 들어가 보자. 첫 번째 단계는 종속성 그래프 생성에 관한 것이었고, 두 번째 단계는 빌드 도구가 마지막으로 호출된 이후에 변경된 파일 선정에 관한 것이었다면 이 절에서는 어느 컴파일 도구가 실제로 수행되는지에 대해 알아본다. 빌드 도구는 이 단계에서 실제 작업을 시작한다.

아이러니하게도 종속성 그래프를 생성하고 나서 어느 파일이 만료됐는지 판단하는 프로세스가 실제로 컴파일을 실행하는 단계보다 더 길어질 수 있다. 이는 특히 대규모 소프트웨어 프로젝트에서 하나의 소스 파일이 변경됐을 때 두드러지는데, 이때 개발자는 실행 명령을 보기 전까지 빌드 시스템이 아무 일도 하고 있지 않다고 착각하기 십상이다.

그다음 문제는 최종 소프트웨어 이미지를 갱신하기 위해 어떻게 각 컴파일 도구를 올바른 순서로 호출할 것인가이다. 일반적으로 종속성이 갱신된 후에 만료된 파일들은 재생성돼야만 한다(그림 11.16). 간단하게 설명하자면 다이어그램에서 왼쪽에서 오른쪽으로 컴파일이 일어난다. 다시 말해 먼저 오브젝트 파일이 컴파일되고 나서 라이브러리와 실행 프로그램순으로 컴파일이 진행된다.

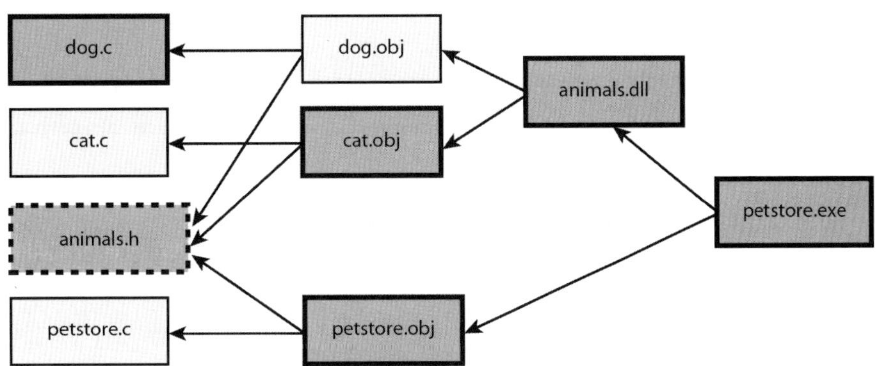

그림 11.16 animals.h 변경은 왼쪽에서 오른쪽으로 관련 파일들을 재컴파일하게 한다.

컴파일 작업을 한 번에 하나씩 수행하는 단순화된 방식의 빌드 도구가 가장 좋지만, 병렬 처리와 같이 동시에 여러 작업을 수행할 능력을 지닌 컴퓨터에서는 이보다 많은 선택권이 주어진다. 이런 컴퓨터는 충분한 능력을 지닌 단일 CPU 시스템과 멀티코어 시스템, 동일한 빌드 트리로의 접근을 공유하는 분산 클러스터distributed cluster 컴퓨터를 포함한다.

각 컴파일 작업 소요 시간이 정확히 동일하다는 가정하에 한 컴파일 작업이 완료된 후 또 다른 작업이 수행된다면 다음과 같은 순서로 진행될 것이다.

Time	CPU 1
1	dog.obj
2	cat.obj
3	animals.dll
4	petstore.obj
5	petstore.exe

세 .obj 파일 모두 자신의 소스 파일에만 종속되기 때문에 정해진 순서가 아닌 임의 순서로 컴파일될 수 있다. 하지만 빌드 도구는 빌드 기술 파일에 기술된 순서로 이들을 처리하기 원한다. 이는 petstore.obj 이전에 animals.dll이 빌드되는 것으로 이해할 수 있다.

두 작업이 병렬로 빌드된다면 다음과 같은 순서로 빌드가 진행될 것이다.

Time	CPU 1	CPU 2
1	dog.obj	cat.obj
2	animals.dll	petstore.obj
3	petstore.exe	

이 빌드 프로세스는 5단계가 아닌 3단계로 처리되지만, 그 결과는 동일하다. dog.obj와 cat.obj는 같은 종속성을 지니고 있지 않기 때문에 병렬로 컴파일할 수

있다. 마찬가지로 animals.dll과 petstore.obj도 병렬 컴파일이 가능하다.

자, 그럼 한 번에 세 개의 작업이 빌드되는 경우를 살펴보자.

Time	CPU 1	CPU 2	CPU 3
1	dog.obj	cat.obj	petstore.obj
2	animals.dll		
3	petstore.exe		

불행하게도 이 빌드 프로세스의 최대 병렬 처리 수준을 확인할 수 있다. animals.dll은 dog.obj와 cat.obj가 컴파일 완료될 때까지 기다려야만 하고, 마찬가지로 petstore.exe는 animals.dll이 컴파일 완료될 때까지 빌드할 수 없다. 따라서 더 나은 최적화를 볼 수 없다. 이 예제에서는 3rd 병렬 처리의 이점이 없다.

종속성 그래프에 관한 충분한 정보를 빌드 도구가 지니고 있지 않다면 무슨 일이 일어날까? 당연히 제대로 빌드가 완료되지 못한다. 특히 병렬로 빌드를 진행할 때 흔히 이런 문제가 발생한다. 자, 그럼 animals.dll이 cat.obj에 관한 종속성을 놓쳤을 때 무슨 상황이 일어나는지 알아보자.

Time	Job 1	Job 2
1	dog.obj	petstore.obj
2	cat.obj	animals.dll
3	petstore.exe	

이 경우에 animals.dll의 스케줄링이 잘못돼 cat.obj와 동일한 시각에 컴파일된다면 반드시 문제가 발생한다. animals.dll은 cat.obj에 종속되므로, cat.obj가 변경되는지 주시할 수밖에 없다. 따라서 이 빌드는 실패하고 만다.

이상하게 들릴 수도 있지만, 한 번에 하나의 작업이 실행된다면 이 누락 종속성은 문제를 일으키지 않는다. 두 파일이 올바른 순서로 늘 실행만 된다면 아무도 뭐가 잘못됐는지 눈치 채지 못한다. 이는 종속성과 상관없이 동일한 순서로 작업을 항상 진행하는 빌드 도구의 부작용 중 하나다. 빌드가 병렬로 많은 일을 수행할 때 문제들이 도출된다.

마지막으로 ElectricAccelerator 도구에 대해 알아보자. ElectricAccelerator 도구가 수백 개의 CPU로 구성되는 대규모 병렬 클러스터에서 빌드를 어떻게 수행하는지 이해하는 일은 흥미롭다. 이 도구의 장점은 이런 많은 계산량을 처리함에도 소프트웨어 이미지를 정확히 생산해낸다는 점이다. 뿐만 아니라 중대한 종속성을 좀처럼 누락시키지 않는다. 그리고 ElectricAccelerator의 주요 성공 요소로 각 컴파일 도구의 정확한 종속성 집합을 선정하는 파일 시스템 모니터링 기술을 사용하는 점을 들 수 있다.

그림 11.17에서 각 상자는 단일 컴파일 작업을 보여준다. 이 시스템은 네 개의 CPU로 구성되며, 각 CPU는 한 번에 하나의 작업만을 실행한다. time 5 때의 CPU 2에서 작업 B가 실행될 때까지 모든 작업은 천천히 컴파일된다. 그리고 이 시점에서 ElecticAccelerator는 이전 작업 A에서 이미 사용된 파일을 작업 B가 작성했다는 점을 주시한다. 이 도구의 종속성 분석에 관한 정확한 규칙은 알려져 있진 않지만, 이런 일련의 작업 과정을 통해 짐작할 수 있다.

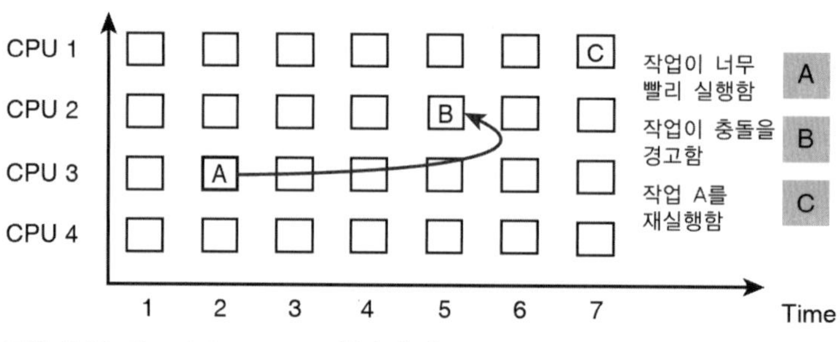

그림 11.17 ElectricAccelerator 충돌 해결(conflict-resolution) 시스템

ElectricAccelerator의 다음 단계는 잘못된 순서로 실행된 작업을 재실행하는 것이다. 위 예에서 작업 C는 작업 A와 동일시된다. 다만 작업 C가 작업 B의 결과물에 접근한다는 점을 제외하고는 말이다. ElectricAccelerator는 또한 이 충돌 상황을 주시하고 이후에 호출될 빌드 도구가 이 종속성을 알 수 있게 보장한다.

정리

빌드 도구는 3단계 프로세스를 준수해야 한다. 첫째, 특정 파일이 어느 파일로부터 파생되는지를 나타내는 종속성 그래프를 생성한다. 둘째, 빌드 도구는 마지막으로 빌드 도구가 호출된 후에 어느 파일이 변경됐는지를 선정하는 파일 시스템을 확인한다. 마지막으로, 오브젝트 파일과 라이브러리, 실행 프로그램을 최신 상태로 갱신하는 각각의 컴파일 도구를 호출한다.

종속성 그래프 생성은 필요한 정보를 다양한 방법으로 수집하기 때문에 빌드 시스템 생성의 주요한 부분임에 틀림없다. 컴파일 도구가 어느 파일에 접근하는지를 예측하는 일과 모든 선행 파일을 먼저 최신 상태로 만드는 점이 빌드 도구의 최종 목표다. 뿐만 아니라 빌드 도구는 계속 변경되는 빌드 기술 파일과 소스 파일, 컴파일 플래그를 최신 상태로 유지하기 위해 캐싱하는 일을 보장해야 한다.

특정 파일이 재컴파일될 필요가 있다고 판단될 때 빌드 도구는 각 파일의 타임스탬프를 조회하거나 파일의 체크섬을 계산, 기타 고급 메소드를 사용할 수 있다.

마지막으로, 정확한 종속성 그래프는 컴파일 명령이 올바른 순서로 실행될 수 있게 한다. 특히 여러 다른 CPU에서 병렬로 작업이 수행될 때 더욱 높은 정확성이 요구된다.

12 메타데이터로 빌드

빌드 시스템의 가장 중요한 목적이 고객에게 전달할 실행 프로그램을 생성하는 일임에도 불구하고 많은 빌드 변형이 소프트웨어 개발자만을 염두에 두고 있다. 5장에서 살펴본 대로 빌드 변형은 몇 가지 CPU 타입이나 소프트웨어 에디션에 대응해야 하는 경우와 같이 일정 범위에서 릴리스 패키지를 생성할 수 있게 해준다. 12장에서는 메타데이터의 작성에 초점을 두고 변형의 또 다른 그룹을 주제로 설명한다.

메타데이터를 간결하게 정의해보자면 데이터의 구조나 속성을 기술하는 데이터라고 할 수 있다. 빌드 시스템의 맥락에서 메타데이터는 실행 프로그램의 구조에 관한 추가 정보를 포함한다. 개발자는 이 정보를 사용해 다양한 방법으로 프로그램을 파악하거나 모니터링할 수 있다.

12장에서는 다음과 같은 타입의 메타데이터를 다룬다.

- **디버깅 지원** 실행 중인 프로그램을 소스코드 수준에서 디버깅할 수 있게 함으로써 개발자가 버그의 위치를 파악할 수 있게 돕는다.
- **프로파일링 지원** 프로그램이 실행 시간을 사용하는 방법을 결정해서 개발자가 코드에서 가장 시간 결정적time-critical인 부분을 최적화할 수 있게 한다.
- **커버리지 지원** 어느 코드 라인을 실행하고 있어야 하는지 결정한다. 이는 개발자가 자신의 코드가 완전히 테스트됐는지 여부를 좀 더 잘 알 수 있게 한다.

- **소스코드 문서화** HTML과 같은 포맷에 맞춰서 코드 API의 형식화된 문서를 제공한다. 개발자는 코드를 자세히 들여다볼 필요 없이 코드의 주 진입점을 이해할 수 있다.
- **단위 테스트** 릴리스 패키지 전체를 한 번에 테스트하는 대신, 프로그램의 개별 단위(모듈이나 함수)가 올바르게 동작하는지 유효성 검사를 수행한다.
- **정적 분석** 프로그램의 실행 중에 버그를 찾는 방법과는 대조적으로, 일반적인 프로그래밍 에러를 컴파일 시점에서 찾아낸다.

이런 빌드 변형은 특수 목적 컴파일 도구를 호출하거나 추가 플래그를 표준 컴파일러에 전달해서 빌드 시스템의 지원을 받아야 한다. 이런 기능이 선택 사항이긴 하지만, 잘 관리되는 빌드 시스템이라면 이를 모두 지원해야만 한다.

이제 목록에서 나열된 각 유형의 메타데이터를 간략히 살펴보고, 어떻게 소프트웨어 품질을 향상할 수 있는지 알아보자. 12장에서는 각 메타데이터 타입을 생성하는 한 가지 방법만을 설명하지만, 여러분은 유사한 기능을 제공하는 자신만의 개발 도구를 찾을 수 있을 것이다.

디버깅 지원

디버깅 지원debugging support은 가장 일반적인 컴파일러 옵션 중 하나다. 개발자는 자신이 작성한 코드가 실행되는 과정을 모니터링할 수 있는 능력을 반드시 갖춰야 한다. 개발자는 어느 코드 라인이 실행 중이며, 프로그램의 변수에 어떤 값이 할당돼 있는지 알 수 있어야 한다. 좋은 디버깅 지원이 이뤄지지 않는다면 소프트웨어의 버그를 찾고 수정하기가 훨씬 어려워진다.

프로그램은 기계어 코드(또는 바이트 코드) 명령을 차례로 수행하며 실행되지만, 개발자는 자신이 작성한 소스코드의 라인과 선언한 변수의 측면에서 생각하기를 선호한다. 컴파일러는 반드시 부가 정보를 생성해서 디버거 도구debugger tool가 프로그램의 실행을 리버스 엔지니어링reverse engineer할 수 있게 해야 한다. 이를 통해 개발자의 시각에 맞춰 프로그램의 런타임 상태를 표시할 수 있다.

컴파일러가 반드시 기록해야 하는 사항의 예로는 다음과 같은 요소가 있다.

- 프로그램 내부에 있는 각 변수의 메모리 주소와 데이터 타입

- 각 함수의 기계어 코드상 시작 주소와 매개변수 목록
- 소스코드의 개별 라인에 해당하는 메모리 주소

디버거는 이런 정보를 사용해서 필요한 값을 메모리(그리고 CPU 레지스터)에서 가져오고 현재 실행 중인 코드에 해당하는 라인을 표시할 수 있다. 또한 디버거는 변수 값을 읽어와 문자나 숫자, 문자열, 포인터 등과 같은 알맞은 데이터 포맷에 맞춰 그 값을 보여준다.

모든 최신 컴파일러는 디버깅 지원을 제공하며, 이는 커맨드라인 옵션(-g와 같은)을 추가해서 활성화할 수 있다. 그 중요성 때문에 많은 빌드 시스템은 기본적으로 디버깅 정보를 생성한다. 다음 예제는 GNU 디버거[67]가 프로그램의 실행을 추적하는 방법을 나타낸다. `list` 명령을 입력하면 프로그램의 소스코드 중 첫 10라인을 보여준다.

```
$ gcc -g -o prog prog.c
$ gdb prog
...
(gdb) list
 1     #include <stdio.h>
 2
 3     int main(int argc, char *argv[])
 4     {
 5       int i;
 6
 7       for (i = 0; i != 100; i++) {
 8         printf("The next number is %d\n", i);
 9       }
10       return 0;
```

다음으로 `break` 명령을 호출해 코드의 7번 행(`for` 루프문의 시작 위치)에 중단점breakpoint을 설정한다. 컴파일러가 생성한 메타데이터는 디버거에게 7번 행의 기계어 코드 주소가 `0x8048435`임을 알려준다.

```
(gdb) break 7
Breakpoint 1 at 0x8048435: file prog.c, line 7.
```

프로그램을 실행하면 7번 행에서 실행이 중단되고, 한 라인씩 실행을 계속할 수 있다(next 명령을 통해 요청한다).

```
(gdb) run
Starting program: /home/psmith/Book/examples/debugging-session/prog

Breakpoint 1, main (argc=<value optimized out>,
    argv=<value optimized out>) at prog.c:7
 7     for (i = 0; i != 100; i++) {
(gdb) next
 8       printf("The next number is %d\n", i);
(gdb) next
The next number is 0
 7       for (i = 0; i != 100; i++) {
(gdb) next
 8         printf("The next number is %d\n", i);
```

또한 각 프로그램 변수 값을 출력하는 옵션도 있다. 컴파일러는 디버거가 변수의 메모리 주소와 데이터 타입을 알 수 있게 충분한 메타데이터를 제공한다.

```
(gdb) print i
$1 = 1
```

이 디버깅 세션은 모두 텍스트 기반이지만, 많은 환경이 그래픽 디버깅을 함께 지원한다. 개발자는 자신의 편집기에서 바로 중단점을 설정하고 현재 어느 코드 라인이 실행 중인지 살펴볼 수 있다. 일부 디버거는 데이터 구조체를 그래픽으로 표시하는 기능을 제공하는데, 이는 각 구조체나 클래스를 상자로 보여주고 이들 간의 참조를 화살표로 나타내기도 한다.

여러분이 GNU C 컴파일러를 사용하고 있다면 이 책의 예제에서 사용하는 GDB 디버거에 관해 알아봐야 한다. 뿐만 아니라 프로그램에 관한 그래픽 뷰를 제공하는 DDD[68] 프런트엔드를 사용할지 고려해야 한다.

-g 옵션을 GCC로 전달하면 DWARF[69]와 같은 포맷으로 인코딩된 디버깅 정보를 생성한다. GCC는 실행 프로그램을 생성할 때 실행 파일의 특정 부분 안에 메타데이터를 삽입한다. GDB는 디버깅을 위해 이 정보를 추출한다.

자바 개발의 경우 대부분의 IDE가 자바 디버깅을 기본적으로 제공하지만, jdb

커맨드라인 도구(JDK[30]의 일부)를 알아본다면 유용할 수 있다. 이는 C#과 마이크로소프트 비주얼 스튜디오 도구에서도 마찬가지다.

✻ 프로파일링 지원

프로그램을 프로파일링profiling한다는 행위는 코드의 각 부분이 소모하는 CPU의 실행 시간을 확인하거나, 각 데이터 타입을 저장하는 데 사용하는 메모리의 양을 알 수 있음을 의미한다. 최종 목표는 개발자에게 프로그램이 어떻게 자원을 사용하는지의 뷰를 제공해서 이를 최적화할 수 있게 하는 데 있다. 여러분이 프로그램에서 가장 많은 시간을 허비하고 있는 부분의 최적화에 집중할 수 있다면 급격한 성능의 향상을 확인할 수 있을 것이다.

다음 출력 내용은 인터넷 사이트로부터 소스코드를 다운로드하는 시점에서 CVS 소스코드 관리 도구의 CPU 프로필을 나타낸 예다. GNU 프로파일러 도구[70]는 출력 내용을 생성하며, 이를 위해서는 모든 C 소스 파일이 특별히 -pg 플래그와 함께 컴파일돼야 한다. 여기서는 CVS 도구의 표준 빌드 시스템을 수정해 추가 플래그를 포함했다.

```
Each sample counts as 0.01 seconds.
  %   cumulative   self              self     total
 time   seconds   seconds    calls  ms/call ms/call name
 33.33      0.01     0.01     2541   0.00     0.00   buf_read_line
 33.33      0.02     0.01     2171   0.00     0.00   getstr
 33.33      0.03     0.01                             find_rcs
  0.00     0.03     0.00   76003     0.00     0.00   stdio_buffer_input
  0.00      0.03     0.00    16072   0.00     0.00   xmalloc
  0.00      0.03     0.00    15226   0.00     0.00   xstrdup
  0.00      0.03     0.00     3396   0.00     0.00   hashp
  0.00      0.03     0.00     3280   0.00     0.00   getnode
  0.00      0.03     0.00     2542   0.00     0.00   buf_flush
  0.00      0.03     0.00     2542   0.00     0.00   buf_send_output
  0.00     0.03     0.00    2542     0.00     0.00   stdio_buffer_flush
  0.00      0.03     0.00     2541   0.00     0.00   read_line
  0.00      0.03     0.00     2367   0.00     0.00   freenode_mem
  0.00      0.03     0.00     2171   0.00     0.00   getline
```

```
0.00     0.03     0.00    1950     0.00     0.00   getdate_yylex
0.00     0.03     0.00    1864     0.00     0.01   fgetentent
0.00     0.03     0.00    1762     0.00     0.00   fputentent
0.00     0.03     0.00    1753     0.00     0.00   Entnode_Create
[ output truncated ]
```

이 예제에서는 실행된 함수의 목록을 비롯해(name 열) 각 함수가 몇 번이나 호출됐는지 확인할 수 있다(calls 열). 여기서 알 수 있는 가장 중요한 사실은 대략 1/3의 CPU 시간(% time 열에 따라)을 buf_read_line과 getstr, find_rcs 함수 각각에 소모했다는 점이다.

흥미로운 점은 프로그램의 실행에 15초가 걸렸지만, 위의 세 함수를 실행하는 데는 오직 0.03초(self seconds 열을 보자)만을 소모했다는 점이다. 이는 프로그램의 성능이 I/O에 의해 결정되며, 코드상의 함수 때문에 발생하는 제약은 없음을 나타낸다. CVS 도구가 인터넷으로부터 코드를 다운로드하는 상황에서 이는 놀라운 결과가 아니다.

코드 프로파일링은 다양한 방법으로 구현할 수 있다. 앞 예제에서는 컴퓨터의 운영체제가 주기적으로 스냅샷을 찍어 각 시점에서 어떤 함수를 수행하고 있는지 확인했다. 1초에 100번의 스냅샷만을 찍었기 때문에 결과의 정밀도가 그리 높지 않았다. 예제를 보면 함수 대부분이 전혀 호출되지 않은 듯이 나타나지만, 이는 단지 스냅샷 시점에서 해당 함수가 실행 중이 아니었을 뿐이다.

다른 구현 방법으로는 컴파일러가 각 함수의 호출 횟수를 세는 기계어 코드를 추가하는 방법이 있다. 이 메트릭(예제의 calls 열을 보자)은 주기적 스냅샷 대신 신뢰할 수 있는 카운터에 기반을 두기 때문에 그 정확성을 보장할 수 있다. 각 함수의 메모리 사용을 프로파일링할 때(예제에는 없는)는 같은 방법을 사용해서 메모리 청크chunk가 할당되고 해제되는 횟수를 셀 수 있다.

커버리지 지원

코드 커버리지code coverage는 프로파일링의 특성과 유사하지만, 실행 중인 코드 라인과 코드 안의 경로를 정확히 결정하는 데 좀 더 초점을 두고 있다. 최종 목표는 개발자가 코드의 어느 부분을 더 테스트해야 하는지 이해하고, 발견되지 않은 버그가 여전히 남아있을 위치를 알 수 있게 하는 데 있다.

다음 출력 내용은 간단한 프로그램의 주석을 추가한 소스코드의 예다. 이 출력은 -fprofile-arcs와 -ftest-coverage 커맨드라인 옵션을 사용해 GCC로 컴파일한 프로그램에 GNU gcov 도구[25]를 실행해 얻었다.

첫 열의 숫자는 해당 코드 라인이 실행된 횟수며, #####은 한 번도 실행되지 않았음을 나타낸다.

```
        -:    1: #include <stdio.h>
        -:    2:
        -:    3: void divide(int number)
      100:    4: {
      100:    5:    if (number % 3 == 0){
       34:    6:       printf("This number is divisible by 3\n");
       66:    7:    } else if (number % 200 == 0){
    #####:    8:       printf("This number is divisible by 200\n");
        -:    9:    } else {
       66:   10:       printf("Not an interesting number\n");
        -:   11:    }
      100:   12: }
        -:   13:
        -:   14: int main(int argc, char *argv[])
        1:   15: {
        -:   16:    int i;
        -:   17:
      101:   18:    for (i = 0; i != 100; i++){
      100:   19:       divide(i);
        -:   20:    }
        1:   21:    return 0;
        -:   22: }
```

이상에서 알 수 있듯이 8번 행에는 한 번도 도달하지 못했으며, 이는 해당 코드 분기branch를 테스트하기 위해 추가 테스트 케이스가 필요함을 나타내는 단서다.

각 코드 블록이 실행된 횟수는 코드 커버리지 정보를 제공한다. 일부 커버리지 도구는 프로그램에서 특정 결정을 내리는 횟수도 셀 수 있고, 개별적인 불리언Boolean 테스트 수준까지도 내려갈 수 있다. 다음의 간단한 표현식은 가능한 네 가지 출력의 예다.

```
if (a < 10 && b < 5) {
  ...
} else {
  ...
}
```

분명하게 나타난 경로는 두 가지뿐이지만, 불리언 표현식Boolean expression의 각 부분을 개별적으로 생각할 수 있고, 따라서 네 개의 카운터를 사용한다. 이는 특정 코드 경로가 선택된 이유가 궁금하다면 특히 중요하게 다뤄야 한다.

카운터 번호	a < 10	b < 5	a < 10 %% b < 5
1	거짓	거짓	거짓
2	거짓	참	거짓
3	참	거짓	거짓
4	참	참	참

프로파일링처럼 각 오브젝트 파일에 횟수를 세기 위한 추가 명령을 삽입하는 일은 C 컴파일러로 필요한 커맨드라인 옵션을 전달함을 전제한다. 당연하게도 이는 커버리지 관련 장치가 없을 때보다 오브젝트 코드를 좀 더 크고 느리게 만든다.

소스코드 문서화

빌드 시스템의 가장 중요한 목표는 실행 프로그램의 생성이지만, 빌드 시스템은 웹 기반 API 문서를 생성할 수도 있다. 여기에는 함수와 메소드, 클래스, 변수, 상수 정의와 같은 상위 레벨의 세부 사항이 포함되며, 하위 레벨의 세부 구현에 관해서는 언급하지 않는다. 새로운 개발자에게 이런 문서가 제공된다면 라이브러리의 외부 API를 이해하는 데 매우 유용하다. 이를 통해 수천 라인에 이르는 소스코드의 상세한 세부 사항을 학습하지 않고도 제공되는 정의에 관해 학습할 수 있다.

개발자가 API 웹 페이지를 직접 갱신해야 한다면 이는 너무 많은 시간을 소모하고 에러가 발생하기 쉽다. 개발자가 코드의 작성에 집중해야 하는 상황에서 웹 페이지의 갱신은 부가적인 작업으로 여겨지고 방치된다. 그 대신 자동화된 도구를 사용해 소스코드로부터 바로 정보를 추출해서 웹 페이지를 생성할 수 있다.

이런 과정을 알아보기 위해 짧은 자바 클래스와 자바독 도구(자바 개발 킷의 일부)의 실행 결과를 살펴보자. 이는 자바 클래스가 제공하는 API를 나타내기 위해 산업계에서 널리 사용되는 도구다. 빌드 시스템의 입장에서 자바독은 단순히 .class 파일 대신 웹 페이지를 생성하는 컴파일러일 뿐이다.

이 자바 소스코드는 퍼블릭public API를 제공한다. 이 코드의 목적은 중요하지 않지만, 메소드의 이름과 매개변수, 코드상의 주석을 눈여겨보자.

```
/**
 * Manage a time using the 24-hour clock system.
 *
 * @author Peter Smith
 */
public class ClockNumber {

  /** The hour number, from 0 to 23 */
  int time;

  /**
   * Construct a new ClockNumber object, using
   * the provided parameter as the initial value.
   * @param hour The initial value for the hour, from 0 to 23.
   */
  public ClockNumber(int hour){
    time = hour;
  }

  /**
   * Construct a new ClockNumber, using midnight as
   * the default time.
   */
  public ClockNumber() {
    time = 0;
  }

  /**
   * Add the specified number of hours to the current time.
```

```
     * @param hours The number of hours to add to the current time.
     * @return The new hour value.
     */
    public int add(int hours) {
      time = (time + hours) % 24;
      return time;
    }
}
```

그림 12.1은 자바독을 실행해 생성한 웹 기반 출력물을 보여준다. 이 과정은 표준 javadoc 커맨드라인 도구나 자바독을 지원하는 IDE(이클립스 같은)를 통해 수행할 수 있다.

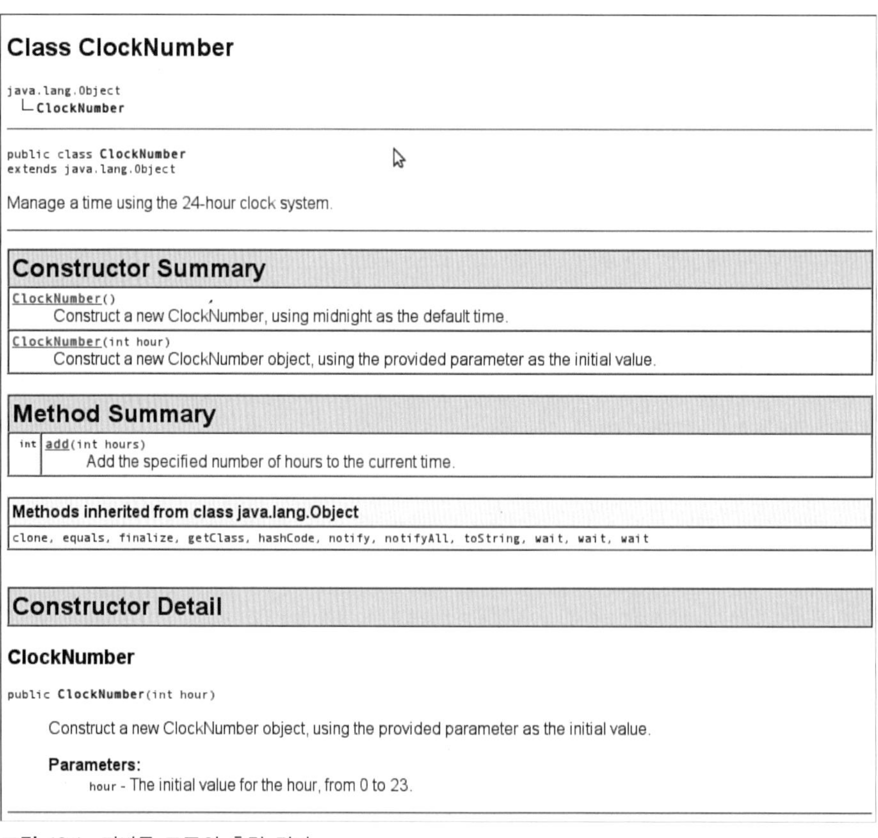

Class ClockNumber

java.lang.Object
└ClockNumber

public class **ClockNumber**
extends java.lang.Object

Manage a time using the 24-hour clock system.

Constructor Summary
ClockNumber() Construct a new ClockNumber, using midnight as the default time.
ClockNumber(int hour) Construct a new ClockNumber object, using the provided parameter as the initial value.

Method Summary	
int	add(int hours) Add the specified number of hours to the current time.

Methods inherited from class java.lang.Object
clone, equals, finalize, getClass, hashCode, notify, notifyAll, toString, wait, wait, wait

Constructor Detail

ClockNumber

public **ClockNumber**(int hour)

Construct a new ClockNumber object, using the provided parameter as the initial value.

Parameters:
hour - The initial value for the hour, from 0 to 23.

그림 12.1 자바독 도구의 출력 결과

이 페이지는 단순히 상위 레벨 정보만을 담고 있으며, 실제 코드는 포함되지 않는다. 클래스 생성자가 우선 나열되고, 이어서 각 퍼블릭 메소드가 언급된다. 자바독이 코드의 주석을 추출해서 `@param`과 `@return` 같은 태그에 따라 특별한 의미를 적용하고 있음에 주목하자.

자바독은 자바 코드에 맞춰 설계됐지만, 여러 언어를 지원하는 다른 도구들도 있다. C/C++를 지원하는 도구에는 독시젠Doxygen[71]과 DOC++[72]가 있고, C#에서는 샌드캐슬Sandcastle[73]을 사용할 수 있다.

단위 테스트

단위 테스트unit test의 변형을 빌드 시스템에 추가하면 개발자가 정확히 어떤 코드 단위(모듈이나 함수)에서 버그가 있는지 판단할 수 있다. 이는 완료된 프로그램이 올바르게 행동하는지 테스트하는 전통적인 접근법과는 대조적이다. 경험적으로 알 수 있는 사실은, 단위 테스트를 사용하면 더욱 손쉽게 넓은 범위의 버그 위치를 파악하고 수정할 수 있다는 점이다.

빌드 시스템이 단위 테스트를 생성하기 위해서는 표준 릴리스 패키지의 변형을 만들어야 한다. 빌드 시스템은 기본 실행 프로그램을 만드는 대신, 프로그램 코드를 테스트 스위트로 묶인 다양한 테스트 케이스 함수와 연결한다. 또한 빌드 시스템은 그림 12.2에 나타난 바와 같이 자동화된 테스팅 방법을 제공하는 단위 테스트 프레임워크를 추가한다.

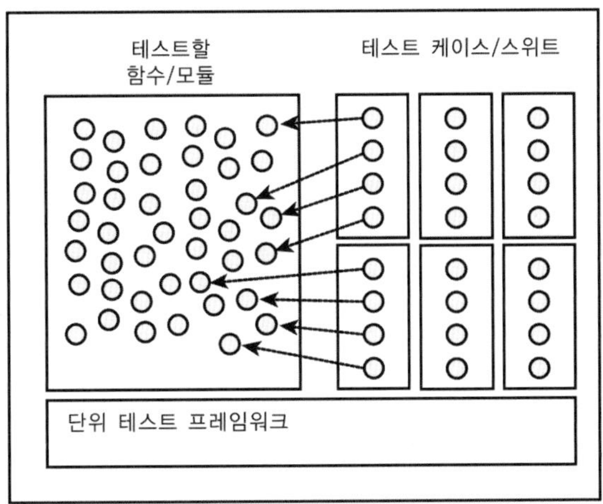

그림 12.2 단위 테스트 프레임워크가 테스트할 함수나 모듈의 집합. 이는 모두 단위 테스트 실행 프로그램으로 링크된다.

프로그램이 실행되면 단위 테스트 프레임워크가 각 테스트 케이스를 차례차례 호출한다. 각 테스트 케이스는 메인 프로그램의 코드로부터 특정 메소드나 모듈을 호출해서 올바르게 동작하는지 확인한다. 이 과정에서는 각 함수를 사전에 정의된 입력 매개변수 집합에 따라 호출하고, 반환 값을 확인해 기대했던 결과와 일치하는지 확인한다. 테스트가 실패하면 프로그램의 출력으로 에러 리포트가 제공되고, 문제를 디버깅할 수 있게 메타데이터를 생성한다.

이제 JUnit 테스트 프레임워크[74]를 사용한 간단한 단위 테스트 예제를 살펴본다. 우선 rectangle를 나타내는 간단한 자바 클래스를 알아보자.

```
public class Rectangle {

  private int width;
  private int height;

  public Rectangle(int w, int h) throws InvalidSizeException {
    if ((w <= 0) || (h <= 0)) {
      throw new InvalidSizeException();
    }
    width = w;
    height = h;
  }

  public int getWidth() {
    return width;
  }

  public int getHeight() {
    return height;
  }

  public int getArea() {
    return width / height;
  }
}
```

Rentangle 클래스는 하나의 생성자(6번 행)를 정의하고 있으며, 이 생성자를 호출하기 위해서는 폭과 높이의 값을 제공해야 한다. 이 값은 새로운 객체의 width와 height 필드(10~11번 행)에 기록된다. 이 값 때문에 크기가 0이나 음수인 사각형을 생성하면 InvalidSizeException 예외를 던진다(8번 행).

이 클래스는 폭과 높이를 가져올 수 있는 접근 메소드(14, 18번 행)도 제공한다. 23번 행에서의 면적 계산 결과가 올바르지 않으면 getArea() 메소드가 잘못된 값을 만들게 됨을 주의하자.

이제 TestRectangle이라는 두 번째 클래스를 살펴보자. 이 클래스는 Rectangle이 제공하는 기능을 테스트하기 위해 사용한다. TestRectangle 클래스는 테스트를 위한 목적으로만 프로그램과 연결되며, 기본 릴리스 패키지로 복사되지 않는다.

```
import static org.junit.Assert.*;
import org.junit.Test;

public class TestRectangle {

  @Test
  public void testRectangleValid()
      throws InvalidSizeException {
    Rectangle r1 = new Rectangle(1, 2);
    assertEquals(1, r1.getWidth());
    assertEquals(2, r1.getHeight());

    Rectangle r2 = new Rectangle(50, 23);
    assertEquals(50, r2.getWidth());
    assertEquals(23, r2.getHeight());
  }

  @Test(expected= InvalidSizeException.class)
  public void testRectangleInvalidSize()
      throws InvalidSizeException {
    Rectangle r3 = new Rectangle(-1, 10);
  }

```

```
24     @Test
25     public void testArea() throws InvalidSizeException {
26       Rectangle r4 = new Rectangle(10, 15);
27       assertEquals(150, r4.getArea());
28     }
29
30   }
```

TestRectangle 클래스는 JUnit 테스트 스위트의 한 예다. 이 클래스는 세 가지 테스트 케이스 메소드(testRectangleValid, testRectangleInvalidSize, testArea)를 포함하고 있고, 각 메소드는 Rectangle 클래스의 기능을 검증한다. 각 테스트는 다른 테스트와는 상관없이 개별적으로 통과하거나 실패할 수 있다.

testRectangleValid 메소드(6~16번 행)는 Rectangle 객체의 기본 생성에 관한 유효성을 검사한다. 이 메소드는 두 객체를 생성하고(r1과 r2에 저장), 각 객체는 지정된 폭과 높이로 설정된다. 이어서 getWidth()와 getHeight() 메소드를 호출해 생성자와 접근자 메소드가 기대했던 대로 작동하는지 확인한다.

assertEquals() 메소드는 JUnit 프레임워크 안에 정의된다. 기댓값(assertEquals()의 첫 번째 매개변수)이 getWidth()나 getHeight() 호출에 따른 실제 값과 다르다면 테스트 케이스는 실패했다고 표시된다.

testRectangleInvalidSize 메소드(18~22번 행)는 사각형의 크기가 0이나 음수로 생성될 가능성이 있는지 확인한다. 19번 행의 지시어는 새로운 Rectangle를 생성할 때 메소드가 InvalidSizeException을 던져야 한다고 기대함을 나타낸다. 예외가 던져지지 않는다면 테스트 케이스는 실패한다.

마지막으로 testArea() 메소드는 getArea() 메소드가 기대한 대로 동작하는지 확인한다. 하지만 getArea()에는 버그가 있다(계산에 * 대신 /가 사용됨). 그림 12.3은 특정 테스트 케이스가 실패했을 때 이클립스 JUnit 뷰의 출력을 보여준다.

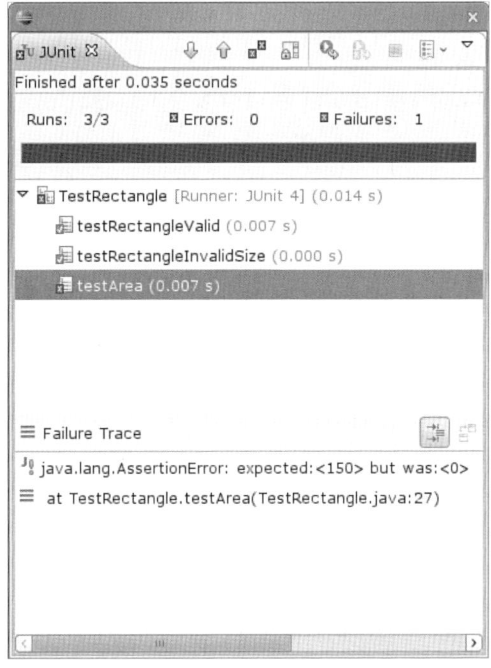

그림 12.3 TestRectangle 클래스의 결과를 나타내는 이클립스의 JUnit 뷰

테스트 스위트 집합을 올바르게 생성하려면 상당한 작업이 필요하지만, 그에 따라 얻을 수 있는 이득은 상당히 크다. 모든 테스트를 실행하는 데 수 분이 소요될 수 있지만, 문제가 정확히 어디서 발생했는지 알려주는 상세한 리포트가 있다면 단순히 전체 실행 프로그램을 디버깅하기보다 접근하기가 훨씬 쉽다. 비유하자면 이는 쌓여있는 건초 더미에서 직접 바늘을 찾지 않아도 되도록 바늘이 정확히 어디에 있는지 알려준다.

많은 개발 환경에서는 단위 테스트를 100% 통과하지 않는다면 빌드가 망가졌다고 여기는 방식이 표준적으로 통용된다. 즉, 단순히 코드의 컴파일이 올바를 뿐만 아니라 소프트웨어가 반드시 모든 테스트 케이스를 통과해야 한다. 실패가 발생한다면 코드는 다른 개발자에게 공유할 준비가 되지 않았음을 의미한다.

간단한 JUnit 예제는 단위 테스트의 모든 능력을 보여주지 못하며, 좋은 테스트를 작성하는 데 필요한 다양한 기법을 제대로 살펴볼 수도 없었다. 단위 테스트의 훌륭한 사례를 통해 더욱 자세하고 다양한 시점을 살펴보고 싶다면 참고 문헌[75]을 참고하자. 레거시 소프트웨어에 새로운 단위 테스트를 집어넣는 방법은 참고 문헌[76]을 참고하자.

정적 분석

12장에서 설명할 마지막 메타데이터의 타입은 소프트웨어 버그를 식별해주거나 주의하지 않으면 발생할 수 있는 잠재적 버그를 제안해주는 기능을 제공한다. 정적 분석static analysis 도구는 프로그램의 소스코드를 학습하며, 버그가 잠복할 수 있는 소스코드 라인의 위치를 정확하게 찾아준다. 개발자는 이 정보를 살펴보고 정말로 고쳐야 할 문제가 있는지 확인한다.

다음 예제는 여러 프로그래밍 에러를 포함하고 있는 작은 자바 클래스다.

```
import java.util.List;

public class Buggy {
  int myField;

  public void buggyMethod(List list, int number, String str) {
    int count;

    if (list == null) {
      list.add(Integer.valueOf(number));
    }
    myField = number;

    if (str == "Hello"){
      System.out.println("Hi");
    }
  }
}
```

파인드버그FindBugs 도구[8]를 통해 이 소스코드를 실행하면 자동으로 세 가지 문제를 발견할 수 있다. 파인드버그의 출력이 좀 당황스러울 수는 있지만, 자바나 C# 프로그래머라면 이런 에러를 판단할 수 있어야 한다.

```
$ findbugs Buggy.class
H C NP: Null pointer dereference of ? in Buggy.
buggyMethod(List, int,
```

```
        String) Dereferenced at Buggy.java:[line 10]
H B ES: Comparison of String parameter using == or != in
        Buggy.buggyMethod(List, int, String) At Buggy.
java:[line 14]
M P UrF: Unread field: Buggy.myField At Buggy.java:[line 12]
Warnings generated: 3
```

개발자는 이런 속성의 실수보다는 프로그램의 논리 구조 자체에만 집중하는 경향이 있어 아이러니하게도 이런 문제는 자주 개발자의 관심 범위에 포함되지 못하고는 한다. 정적 분석 도구는 무조건 반복하며 접근하는 주먹구구식 접근법을 통해 흔히 반복되는 패턴을 찾아내는 데 유용하다. 사람은 이런 주먹구구식 분석에 전혀 맞지 않다.

파인드 버그뿐만 아니라, 린트Lint나 커버리티 프리벤트Coverity Prevent[6], 록워크 인사이트Klocwork Insight[7] 같은 도구도 있다.

빌드 시스템에 메타데이터 추가

5장에서 살펴본 바와 같이 여러 방법을 통해 변형을 빌드 시스템에 추가할 수 있다. 2부에서는 각 빌드 도구(GNU Make, Ant, SCon, CMake, 이클립스)에서 변형을 추가하는 방법을 살펴봤다. 빌드 프로세스에서 메타데이터를 생성할 때도 이와 같은 방법을 사용한다.

개발자가 추가 메타데이터를 요청할 때는 몇 가지 접근법을 고려할 수 있다. 첫 번째 접근법은 표준 소프트웨어 릴리스 패키지를 빌드하되 추가 커맨드라인 플래그를 제공해서 메타데이터가 포함되게 요청하는 방법이다. 예를 살펴보자.

- **gmake DEBUG=1 all** 추가 디버깅 정보를 추가해 표준 릴리스 패키지를 빌드한다.
- **ant -Dcoverage=yes** 커버리지 데이터를 모으는 명령을 추가해 표준 소프트웨어를 빌드한다.
- **scons profiling=on** 프로그램의 실행을 프로파일링하는 명령을 추가해 표준 소프트웨어를 빌드한다.

각 예에서는 표준 릴리스 패키지를 빌드하고 있지만, 추가 메타데이터가 포함된다. 2부에서 살펴봤듯이 빌드 시스템은 어느 컴파일 도구를 사용할지 선택(GNU Make의 `cc` 변수)하거나 표준 컴파일러에 전달할 플래그를 수정(GNU Make의 `CFLAGS` 변수)할 수 있다.

다른 유형의 빌드 출력물을 만드는, 이 절에서 아직 언급하지 않은 나머지 메타데이터 타입은 전혀 다른 빌드 타겟을 사용하는 방법이 일반적이다.

- **gmake tests** 단위 테스트 스위트를 빌드하고 실행한다.
- **ant doc** 자바독을 사용해 API 문서를 생성한다.
- **scons analyze** 정적 분석 도구를 사용해 코드를 분석하고 버그 리포트를 생성한다.

이 세 가지의 경우 빌드 기술 파일에 완전히 새로운 부분을 만들어 메타데이터를 생성할 때 사용할 명령이나 태스크, 빌더 메소드 등을 명시한다. 이는 단순히 기존의 빌드 단계를 수정하는 방법과 대조적이다.

마지막으로 이클립스 IDE는 이런 메타데이터 타입을 기본적으로 지원하거나, 서드파티 도구와 상호 연결하는 기능을 제공한다. 이런 기능을 사용하기 위해서는 간단히 알맞은 이클립스 뷰나 구성 체크 박스를 열면 된다.

정리

빌드 시스템은 고객에게 바로 릴리스할 수 있는 패키지의 빌드뿐만 아니라, 메타데이터의 생성도 가능해야 한다. 이 데이터는 최종 사용자에게는 보이지 않지만, 개발자가 소프트웨어 품질을 높이거나 효율적인 개발을 할 수 있게 하는 기법을 제공한다.

프로그램의 메타데이터는 디버깅 지원과 커버리지 지원, 프로파일링 지원을 포함하며, 이는 개발자가 프로그램의 런타임 행동을 살펴볼 수 있게 한다. 문서 생성 도구는 프로그램의 주 함수나 메소드를 요약해 프로그램의 구조를 시각화하기 쉽게 한다. 마지막으로, 단위 테스트와 정적 분석은 프로그램의 실제 버그나 의심되는 버그에 관한 세부 내용을 제공한다.

메타데이터를 빌드 시스템에 추가하기 위해서는 단순히 빌드 플래그를 더하거나 다른 컴파일 도구를 더하거나 새로운 빌드 타겟을 더하는 방법을 사용하면 된다. 정확히 어떤 기법을 사용할지는 메타데이터의 타입을 생성하는 방법에 따라 달라진다.

13 소프트웨어 패키징과 설치

빌드 프로세스의 마지막 단계는 릴리스 패키지의 생성이다(그림 13.1). 이 패키지는 타겟 머신상에 설치할 파일의 완전한 집합을 포함해야 한다. 누구든 컴퓨터에 소프트웨어를 추가해본 적이 있다면 대개 컴퓨터를 갖고 있으며, 이 설치 프로세스에 쉽게 익숙해질 수 있다.

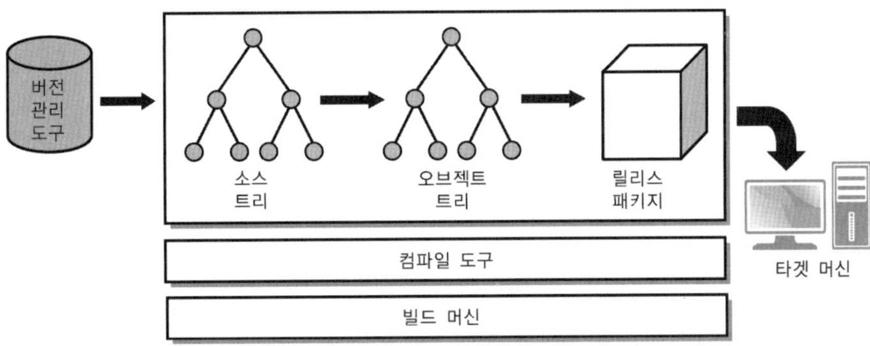

그림 13.1 릴리스 패키지의 생성을 중심으로 본 전반적인 모습

최종 사용자가 개발자가 아니고 프로그램을 소스코드에서 직접 컴파일하는 방법을 모른다고 가정하자. 사용자는 아마도 소프트웨어를 인터넷에서 다운로드하고 설치 아이콘을 두 번 클릭할 것이다. 어떤 사용자는 CD-ROM을 삽입하고 소프트

웨어가 자동으로 설치될 때까지 기다리기도 한다. 이는 분명 윈도우와 맥 OS X 운영체제의 뛰어난 기능으로, 이들의 유명세를 부분적으로나마 설명해준다. 나중에 살펴보겠지만, 유닉스 계열 시스템에서도 사용자 친화적인 패키지 설치 방법을 제공하기 시작했다.

패키징 프로세스는 여러 단계로 구성된다. 핵심 목표는 필요한 실행 프로그램과 동적 라이브러리, 데이터 파일 등을 오브젝트 트리로부터 가져와서 릴리스 패키지에 담는 데 있다. 이는 버전 번호를 추가하는 시점이기도 하다.

오브젝트 트리와는 달리 릴리스 패키지는 프로그램 실행에 필요한 파일만을 포함한다. 빌드 프로세스 중에 생성되는 어떤 중간 오브젝트 파일이든 포함하지 않는다. 또한 릴리스 패키지 내부 파일의 레이아웃은 반드시 타겟 머신 측에서 희망하는 레이아웃과 매칭돼야 한다. 이는 소스 트리나 오브젝트 트리에 파일을 저장하는 방법과는 상당한 차이가 있을 수 있다.

타겟 머신에 소프트웨어를 설치할 때면 일부 시스템은 하나의 파일 시스템 디렉터리에 자신의 모든 파일이 자리 잡고 있는 반면, 소프트웨어는 여러 디렉터리에 걸쳐 펼쳐져 있기도 한다. 예를 들어 마이크로소프트 윈도우의 장치 드라이버는 보통 C:\Windows\system32 폴더 안으로 복사되는 반면, 프로그램 자신은 C:\Program Files 안으로 들어간다.

또한 사용자가 설치 프로세스에서 제공하는 입력에 기반을 둬 새로운 사용자 계정이나 접근 그룹을 추가하는 일과 같이 타겟 머신의 시스템 구성 중 일부를 사용자가 지정해야 할 때도 있다. 자바나 C#과 같이 인터프리트된 바이트 코드를 사용하는 소프트웨어는 올바른 버전의 가상머신이 설치돼 있어야 한다.

13장에서는 릴리스 이미지를 패키징하는 세 가지 접근 방법을 알아본다. 각 방법은 자신만의 여러 이점을 갖고 있다.

- **아카이브 파일** 사용자가 직접 파일을 추출하는 간단한 접근법
- **패키지 관리 도구** 선행 패키지prerequisite package가 무엇인지 지정하고, 파일을 파일 시스템의 특정 부분으로 추출하고, 설치 후에 스크립트를 실행할 수 있는 좀 더 복잡한 접근법
- **커스터마이즈된 GUI 설치 도구** 최종 사용자가 GUI 인터페이스를 통해 소프트웨어 설치 방법을 커스터마이즈할 수 있는 고급 접근법

이제 각 접근 방법을 예제와 함께 더욱 자세히 알아보자.

아카이브 파일

파일을 아카이브에 저장하는 방식은 소프트웨어 릴리스를 패키징하는 가장 기본적인 방법이다. 마이크로소프트 윈도우의 세계에서 흔히 사용되는 유틸리티로 여러 입력 파일을 압축해서 하나의 큰 파일로 묶어주는 zip이 있다. 이 유틸리티는 입력 파일이 하위 디렉터리 안에 있는지에 관한 기록을 갖고 있어 타겟 머신에서도 같은 구조를 다시 만들어낼 수 있다. 유닉스에서는 `tar` 도구를 사용해 아카이브를 생성하고 `gzip`이나 `bzip2` 도구를 사용해 생성한 아카이브 파일을 압축해서 윈도우와 같은 효과를 얻을 수 있다.

이런 접근 방식을 취하는 패키징 시스템을 구현하기 위해서는 먼저 필요한 파일을 오브젝트 트리 밖으로 복사한 후 이 파일을 임시 보관 디렉터리에 보관한다(그림 13.2). 이 파일은 타겟 머신상에서 배치될 구조와 같은 구조로 정렬돼야 한다.

파일이 임시 보관 디렉터리로 완전히 옮겨지면 아카이빙 도구archiving tool를 호출해 디렉터리에 담긴 모든 내용을 하나의 파일로 패키징한다. 이 파일은 최종 사용자에게 전달되고, 최종 사용자는 같은 아카이빙 도구를 실행해 타겟 머신상에 압축을 푼다. 이 시점에서 소프트웨어의 실행을 위한 준비가 완료된다.

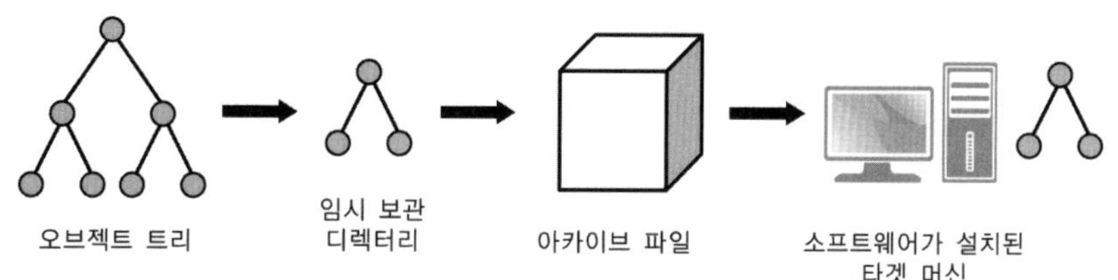

그림 13.2 파일 아카이브의 생성을 위해 임시 보관 디렉터리를 사용하는 릴리스 패키지의 생성 과정

패키징 스크립트

오브젝트 트리로부터 필요한 파일을 복사하는 간단한 스크립트를 사용해 임시 보관 디렉터리를 생성할 수 있다. 다음은 .zip 파일을 만드는 간단한 윈도우 배치 스크립트(이름은 packager.bat로 지었음)다. 이 예제는 7-Zip 유틸리티[77]를 사용해 여러 파일을 하나의 아카이브로 압축한다.

```
@echo off
REM 간단한 애플리케이션의 패키징 스크립트
REM 이 배치 스크립트는 전체 오브젝트 트리를 생성한 후에 실행된다.
REM 파일을 임시 디렉터리로 복사한 후에
REM 해당 내용을 담은 압축 파일을 생성한다.
REM 사용자는 반드시 버전 번호를 지정해야 한다.

REM 이 패키지의 버전 번호(사용자가 제공함)
set VERSION=%1%

REM 최종 소프트웨어 패키지 이름
set APPNAME=myapp

REM 완전히 빌드된 오브젝트 트리의 경로
set OBJDIR=obj

REM 임시 디렉터리의 이름(압축할 디렉터리)
set PKGDIR=myapp.%VERSION%

REM 임시 디렉터리 생성
mkdir %PKGDIR%

REM 이제 오브젝트 트리에서 패키지 디렉터리로 파일을 복사한다.
copy %OBJDIR%\calc.exe %PKGDIR%
copy %OBJDIR%\libs\libmath.dll %PKGDIR%
copy %OBJDIR%\libs\libgraphics.dll %PKGDIR%
copy %OBJDIR%\images\splash_screen.jpg %PKGDIR%
copy %OBJDIR%\languages\errors.en %PKGDIR%
copy %OBJDIR%\languages\errors.fr %PKGDIR%
copy %OBJDIR%\languages\errors.de %PKGDIR%

REM 마지막으로 임시 디렉터리를 압축해 최종 아카이브 파일을 만든다.
REM (myapp.<version>.zip)
7z -tzip a myapp.%VERSION%.zip %PKGDIR%
```

이 packager.bat 스크립트를 실행하며 소프트웨어 버전 번호를 매개변수로 전달하면 타겟 머신에 설치할 수 있는 완전한 파일 아카이브가 생성된다. 일반적인 빌드 시스템에서는 다른 컴파일 도구와 마찬가지로 빌드 도구가 패키징 스크립트를 호출한다.

```
c:\work> packager.bat 3.0.1
       1 file(s) copied.
       1 file(s) copied.
       1 file(s) copied.
       1 file(s) copied.
       1 file(s) copied.
       1 file(s) copied.
       1 file(s) copied.

7-Zip 4.65 Copyright (c) 1999-2009 Igor Pavlov 2009-02-03 Scanning

Creating archive myapp.3.0.1.zip

Compressing myapp.3.0.1\splash_screen.jpg
Compressing myapp.3.0.1\errors.de
Compressing myapp.3.0.1\errors.en
Compressing myapp.3.0.1\errors.fr
Compressing myapp.3.0.1\calc.exe
Compressing myapp.3.0.1\libgraphics.dll
Compressing myapp.3.0.1\libmath.dll

Everything is Ok
c:\work>
```

모든 작업이 올바르게 완료됐다면 myapp.3.0.1.zip이라는 이름을 가진 아카이브 파일 하나를 확인할 수 있다.

이제 릴리스 패키지를 최종 사용자에게 전달할 준비가 됐다. 최종 사용자는 인터넷이나 CD-ROM을 통해 파일을 받은 후 개인의 머신에 이를 설치한다. 이들은 우선 소프트웨어를 설치할 디렉터리를 생성하고, 언아카이브unarchive 명령을 실행해 각 파일을 꺼낸다. 사용자가 직접 별도의 단계를 수행하지 않는다면 파일은 처음 아카이브할 당시와 같은 상태로 압축이 해제된다.

일반적인 윈도우 사용자는 .zip 파일 아이콘을 오른쪽 클릭하고 압축 해제를 선택하겠지만, 커맨드라인을 사용해 아카이브의 파일을 추출할 수도 있다.

```
c:\work> cd C:\Program Files
c:\Program Files> 7z x myapp.3.0.1.zip

7-Zip 4.65 Copyright (c) 1999-2009 Igor Pavlov 2009-02-03

Processing archive: myapp.3.0.1.zip

Extracting myapp.3.0.1\splash_screen.jpg
Extracting myapp.3.0.1\errors.de
Extracting myapp.3.0.1\errors.en
Extracting myapp.3.0.1\errors.fr
Extracting myapp.3.0.1\calc.exe
Extracting myapp.3.0.1\libgraphics.dll
Extracting myapp.3.0.1\libmath.dll
Extracting myapp.3.0.1

Everything is Ok

Folders: 1
Files: 7
Size: 91
Compressed: 1069
```

마지막으로, 프로그램을 실행하기 위해 윈도우 탐색기에서 C:\Program Files\myapp-3.0.1 디렉터리를 찾아 calc.exe 실행 프로그램을 두 번 클릭한다.

이 예제에서는 파일을 타겟 머신상에서 나타날 모습과 같은 구조로 패키징해 파일 아카이브를 만든다고 가정했다. 간단한 소프트웨어 패키지에서는 이 기법을 사용할 수 있겠지만, 이를 사용하면 임의의 위치에 파일을 둘 수 없다. 또한 일단 타겟 머신에 파일을 설치한 이후에는 해당 파일을 수정할 수 없다.

대부분의 아카이브 파일은 이런 한계를 극복하기 위해 설치 스크립트 파일을 포함하고 있다. 사용자는 평소와 같은 방법으로 아카이브의 압축을 해제하고, 설치 과정을 완료하기 위해 별도로 작성된 설치 스크립트를 실행한다. 예를 들어 파일 아카이브에 install.bat 스크립트를 추가해 myapp.3.0.1 디렉터리에서 이 스크립트를 실행할 수 있다.

```
c:\Program Files\myapp.3.0.1> install.bat
Installation Complete
```

이 설치 스크립트는 파일을 시스템의 다른 위치로 옮기거나, 파일의 소유권을 변경하거나, 윈도우 레지스트리에 데이터를 추가하거나, 새로운 사용자 계정을 추가하는 등과 같은 임의의 작업을 수행할 수 있다. 그리고 설치 스크립트는 사용자와 대화하며, 사용자가 직접 소프트웨어의 설치 방법을 지정하게 할 수도 있다.

기타 아카이브 포맷

기본적인 zip 아카이브 포맷이나 이와 같은 기능을 수행하는 유닉스의 tar/gzip 포맷을 비롯해 몇 가지 다른 포맷도 알아보자.

- **ISO 9660 이미지**[89] 이 포맷은 CD/DVD-ROM 이미지를 만들 때의 표준 포맷이다. 패키징 스크립트는 zip 파일을 생성하는 대신 패키징 스크립트는 원시 디스크 이미지를 생성해 CD나 DVD를 구울 준비를 한다. 이 디스크 이미지 파일은 CD/DVD 파일 시스템을 추출한 복제로, 이후에 타겟 머신상에 마운트된다. 타겟 머신의 운영체제는 CD/DVD를 삽입할 때나 컴퓨터를 처음으로 부팅했을 때 스크립트나 프로그램을 불러와 실행한다.
- **맥 OS X .dmg 이미지** 이는 ISO 9660 포맷과 유사한 특징을 갖고 있고, 맥 OS X 시스템에서 사용된다.
- **자동 압축 해제 아카이브** 이 타입의 아카이브는 ZIP 파일과 유사하지만, 아카이브 자신이 실행 프로그램이라는 점이 다르다. 아카이브 파일을 실행하면 안에 담긴 파일이 타겟 머신상으로 추출되고 설치 스크립트가 실행된다. 이 포맷은 직접 설치하는 별도의 과정을 줄여서 한 번에 압축 해제와 설치 과정을 완료할 수 있게 한다.

이제 packager.bat 스크립트를 개선할 수 있는 몇 가지 중요한 방법을 알아보자.

개선 방법

10개보다 적은 파일로 구성된 프로그램을 위한 간단한 스크립트(packager.bat와 같은)는 훨씬 거대한 시스템이 겪는 확장성 문제와 같은 상황을 고려하지 않았음을 명심하자. 다음은 packager.bat 스크립트의 일부를 개선해서 확장성과 신뢰성과 사용자 친화성을 높이는 방법이다.

- **입력 매개변수의 유효성을 검사하라.** 버전 번호 매개변수는 반드시 그 유효성을 검사해야 하며, 적어도 공백이 입력되지는 않았는지 확인해야 한다. 스크립트를 보면 사용자가 커맨드라인 매개변수를 제공하지 않았을 때는 아무런 표시 없이 `%VERSION%` 변수에 빈 문자열을 대입하고 그대로 진행한다. 여기서는 이런 상황이 큰 문제를 유발하지는 않지만, 좀 더 복잡한 상황에서는 올바른 입력 값이 아니라면 릴리스 패키지가 잘못 만들어지는 원인이 될 수도 있다.

  이 문제를 해결하기 위해서는 적어도 사용자가 제공하는 버전 문자열의 유효성을 검사하는 부분만큼은 스크립트에 추가해야만 한다. 올바른 문자열이 전달되지 않았다면 반드시 유용한 정보를 담고 있는 메시지를 표시해서 사용자에게 스크립트가 기대하는 버전 문자열은 무엇인지 알려야 한다. 또한 버전 문자열이 올바른 포맷(3.0.1과 같이)을 따르고 있는지 검사할 수도 있다.

- **에러 발생 시 실행을 취소하라.** 스크립트 안에서 명령이 실패한다면 반드시 전체 스크립트를 종료하고 알맞은 종료 코드를 반환해야 한다. 이런 규칙을 제대로 지키지 않는다면 스크립트의 한 부분이 실패했음에도 최종 릴리스 패키지가 만들어질 수 있다. 작은 에러 메시지도 놓치지 않기 위해 빌드 로그를 조심스럽게 살펴보지 않는다면 패키징 단계가 성공했다고 잘못 믿어버릴 수도 있다. 잘못된 믿음 뒤에 숨어있는 진실은 소프트웨어가 온전성 테스트를 통과하지 못했을 때에 비로소 발견된다.

  예를 들어 완전히 빌드되지 않은 오브젝트 트리로부터 릴리스 패키지를 생성하면 패키징 스크립트는 릴리스 패키지가 생성됐음에도 필요한 모든 오브젝트 파일을 복사하지 못할 수 있다. 물론 여러분은 패키징 단계가 다른 단계보다 앞서 실행되지 않았고, 특히 빌드 단계가 실패했다면 패키징이 진행되지 않았다고 기대하는 편이 옳다.

- **의미 있는 에러 메시지를 제공하라.** 에러가 발생하면 항상 의미 있는 에러 메시

지를 제공해서 개발자에게 정확히 무엇이 잘못됐는지 알려야 한다. 앞서 살펴본 간단한 배치 스크립트에서 빠진 파일이 있다면 `copy` 명령은 `The system cannot find the file specified`이라는 아리송한 내용을 출력한다. 이 메시지는 빠진 파일이 무엇인지 명시하지도 않고, 개발자가 문제를 해결할 방법도 제공하지 않는다. 좀 더 의미 있는 메시지가 필요하다.

- **불필요한 복사를 피하라.** 오브젝트 트리가 아닌 소스 트리로부터 직접 파일을 패키징하는 기능을 지원해야 한다. `%SRCDIR%` 정의를 추가하면 빌드 프로세스가 수정하지 않는 구성 파일과 그래픽 이미지, 기타 데이터 파일을 복사할 수 있다. 예를 들어 빌드 프로세스가 errors.en과 errors.fr, errors.de라는 평문 텍스트 파일을 절대로 직접 수정하지 않는다면 이 세 파일을 굳이 먼저 오브젝트 트리로 복사할 필요가 없다.

- **미래의 확장성을 고려하라.** 오브젝트 트리에서 임시 보관 디렉터리로 파일의 사본을 만드는 접근 방식은 큰 규모의 소프트웨어 프로젝트가 확장하기 어렵게 만든다. 최종 릴리스 패키지의 크기가 100MiB(압축 후)라면 모든 파일을 보관 디렉터리로 복사하는 과정에 수 초가 소모되고, 추가적으로 이런 큰 데이터를 압축하는 데 더 오랜 시간이 필요할 수도 있다. 또한 압축되지 않은 임시 파일을 보관 디렉터리에 저장하기 위해서는 100MiB보다 훨씬 큰 공간이 필요하다.

  한 가지 해결책으로는 단순한 셸 스크립트 대신 빌드 도구를 사용해 복사하는 방법이 있다. 빌드 도구는 종속성 분석을 통해 마지막 패키징 단계가 수행된 이후 수정된 파일만 선택해서 보관 디렉터리로 복사한다. 반면 단순한 스크립트는 파일이 변경되지 않았더라도 매번 모든 파일을 복사한다.

  다른 해결책으로는 각 파일의 임시 복사본을 만드는 대신 파일의 오브젝트 디렉터리 안의 위치를 가리키게 보관 디렉터리 안의 파일 위치를 심볼릭 링크를 사용해 나타내는 방법이 있다. 패키징 스크립트는 매우 짧은 시간 안에 링크를 설정하며, 아카이빙 도구는 반드시 링크를 따라 해당 파일의 실제 내용을 가져와야 한다. 물론 이 방법은 원래 파일을 가져오기 위해 심볼릭 링크를 따라갈 수 있는 아카이빙 도구를 사용해야만 한다. 안타깝지만 이 접근법을 사용하면 심볼릭 링크 자체를 패키징할 수는 없다.

- **오래된 파일에 유의하라.** 보관 디렉터리를 파일로 채우기에 앞서 보관 디렉터리의 전체 내용을 삭제하고 싶을 때도 있다. 새로운 버전의 파일은 기존에 같은

파일이 있다면 모두 덮어쓰겠지만, 여전히 오래된 파일이 릴리스 패키지에 포함될 가능성은 남는다. 기존 패키징 스크립트가 포함하고 있던 파일을 스크립트에서 삭제하면(앞선 예제에서 copy 명령을 삭제하는 상황처럼) 이전 버전의 파일은 덮어써지거나 삭제되지 않고 여전히 보관 디렉터리에 남는다. copy 명령을 del 명령으로 바꾸거나(명시적으로 파일을 삭제하기 위해) 개발자가 전체 보관 디렉터리를 삭제하지 않는 이상, 해당 파일은 여전히 아카이브 파일로 패키징된다.

- **보관 디렉터리를 사용하지 말라.** 마지막으로, 큰 규모의 프로그램 확장에는 알맞지 않은 패키징 스크립트를 사용해 파일을 복사하는 대신, 빌드 시스템이 파일을 올바른 타겟 머신의 위치로 저장하게 설계할 수 있다. 이는 각 실행 프로그램이나 동적 라이브러리, 데이터 파일을 오브젝트 트리의 임의 위치에 저장하지 않고, 우선 이들을 보관 디렉터리에 둔다는 의미다. 이 방법을 사용하면 패키징 스크립트는 시간(과 디스크)을 소모하는 복사 단계를 수행하는 대신, 단순히 최종 아카이빙 작업을 수행할 뿐이다.

  안타깝게도 대부분의 빌드 시스템은 오브젝트 파일을 타겟 머신이 아닌 오브젝트 파일에 맞는 특정 위치에 저장한다. 많은 시스템이 소스 트리 안의 소스코드 경로와 바로 매핑되는 오브젝트 트리의 디렉터리로 만들어진 파일을 저장한다. 이 방법은 타겟 시스템이 요구하는 위치에 파일을 두기가 어렵게 만든다.

이처럼 릴리스 패키지를 생성하는 아카이빙 방법은 잘 동작하지만, 이런 방법은 무엇보다도 타겟 머신의 파일 시스템 레이아웃을 예측할 수 있을 때 적합하다. 실제로 이 방법은 많지 않은 수의 소프트웨어만이 실행되고, 최종 사용자가 어떤 사용자 정의 설정도 요구하지 않는 임베디드 시스템에서 매우 잘 동작한다. 반면 데스크탑 컴퓨터에 설치하기 위한 소프트웨어 패키지는 패키징 도구로부터 훨씬 많은 정보를 가져와야 하는 경향이 있다. 이제 더욱 복잡한 시나리오를 해결해주는 패키지 관리 도구를 살펴보자.

패키지 관리 도구

역사를 살펴보면 유닉스 계열의 운영체제를 대상으로 개발된 대부분 소프트웨어가 C나 C++ 같은 소스코드 포맷으로 제공됐다. 사용자는 파일 아카이브(보통 tar.Z나 tar.gz 확장자)에서 파일을 추출해서 실행 프로그램을 만들기 위해 빌드 시스템을 호출한다. 이런 방식을 사용한 주된 이유는 유닉스 프로그램을 실행할 유닉스의 표준 버전이나 CPU의 표준 타입이 없었기 때문이다. 소스코드의 배포가 사용할 수 있는 유일한 방법이었다.

잘 맞지 않는 운영체제 버전에서 유닉스 소프트웨어를 소스코드로부터 빌드하려고 시도하면 많은 수의 컴파일 에러가 발생하고는 한다. 헤더 파일이 빠졌거나, 동적 라이브러리가 빠졌거나, 시스템에서 일부 심볼 정의를 지원하지 않아 빌드가 실패할 수 있다. 좀 더 구체적으로 생각해보자면 여러분의 운영체제가 너무 다르거나 소프트웨어 작성자의 머신상에 있는 부가 패키지가 여러분의 운영체제에는 빠져있다면 빌드 실패를 유발할 수 있다.

유닉스 소프트웨어를 설치해본 경험이 있다면 어떤 패키지가 빠졌는지 파악할 수도 있다. 운이 좋다면 소프트웨어 작성자가 선행 패키지가 준비됐는지를 판단하기 위해 컴파일 시에 특별한 검사check를 추가했을 수도 있다. 적어도 작성자는 소프트웨어가 사용할 서드파티 패키지에 관해 작성한 문서를 제공해야 한다. 설치에 필요한 소프트웨어 중 일부는 자신의 종속성 집합을 포함하고 있어 프로그램의 컴파일과 설치를 진행하며 남은 하루를 더 의미 있게 보낼 수 있게 해준다.

이런 문제를 피하려고 유닉스 계열 시스템에서 소프트웨어를 배포하는 방법은 계속 발전해왔다. 일반적인 예로는 리눅스 운영체제가 기존의 어느 때보다 더 표준화됐고 대부분의 리눅스 시스템이 인텔 x86 기반 하드웨어에서 동작한다는 사실을 들 수 있다.

RPM 패키지 관리 포맷

리눅스 기반의 소프트웨어를 배포하기 위해 가장 널리 쓰이는 방법의 하나는 RPM 패키지 관리 포맷[78]이다. 처음에는 레드햇Red Hat 리눅스를 위해 만들어진 이 포맷은 이제 다양한 리눅스 배포 버전에서 소프트웨어를 패키징하기 위한 표준화된 방법으로 사용된다. RPM이라는 이름은 RPM 패키지 관리자RPM Package Manager의 머리글자를 스스로 다시 참조한 이름이다.

RPM 파일은 소스코드나 실행 프로그램을 포함할 수 있지만, 실행 프로그램을 담은 바이너리 RPM이 가장 일반적이다 배포 패키지로 바이너리 RPM을 사용하면 모든 선행 패키지의 설치를 포함해 불과 수 초 안에 소프트웨어의 설치 작업을 마칠 수 있다. 최종 사용자가 컴파일 단계를 수행하거나 컴파일 에러를 직접 다뤄야 할 필요가 없다는 점은 분명한 장점이다.

단순히 살펴보자면 RPM 파일은 타겟 머신에 설치할 한두 개의 파일을 담고 있다는 측면에서 유닉스 아카이브와 유사하다. 이들의 가장 큰 차이점은, RPM 파일은 설치 과정을 간단하고 강력하게 만드는 추가된 정보의 상세한 내용을 포함하고 있다는 점이다. 예를 들어 RPM 파일은 다음과 같은 기능이 있다.

- **일관성 있는 메타 정보** 패키지의 메타 정보는 일관된 방법에 따라 저장된다. 각 RPM 파일은 패키지의 이름과 이번에 릴리스하는 패키지의 버전 번호, 생성된 날짜, 작성자의 이름과 이메일 주소, 패키지를 다운로드할 수 있는 URL, 소프트웨어의 사용권 계약 등을 다른 요소들과 함께 저장한다. 이런 정보를 항상 README 파일에 저장(해서 아카이브로 패키징)할 수도 있지만, 모든 사항을 일관된 포맷에 맞추면 외부 프로그램이 여러 필드를 읽어 그에 따라 행동을 결정하는 일이 가능해진다.
- **내장 스크립트** RPM 파일은 기본적인 .zip이나 .tar 파일과는 달리 다양한 내장 스크립트를 포함한다. 파일을 설치하거나 설치 제거uninstall하기에 앞서 셸 명령의 시퀀스를 타겟 머신에서 실행할 수 있다. 물론 단순히 별도의 post-install.sh 스크립트를 아카이브의 파일 중 하나로 패키징해서 사용자에게 해당 스크립트를 직접 실행하게 요청할 수도 있다. 내장 스크립트는 단지 사용자가 올바른 시점에 올바른 스크립트를 실행하기 쉽게 하며, 추가 단계를 잊지 않게 해준다.
- **종속성 검사** 소프트웨어 패키지는 다른 패키지가 타겟 컴퓨터에 먼저 설치됐음을 확인해야 할 때가 있다. 이런 확인에는 자바나 C# 가상머신과 같은 런타임 환경도 포함된다. RPM 포맷은 이런 과정을 한 사람이 소프트웨어를 설치하며 수행해야 할 숙제로 남겨두지 않고, 작성자가 명시적으로 선행 패키지와 그 최소 버전의 목록을 작성할 수 있게 한다. 시스템은 선행 패키지가 빠졌거나 버전이 너무 낮다면 새로운 RPM 파일의 설치를 허락하지 않는다.
- **CPU 타입의 유효성 검사** RPM 설치 방식은 소프트웨어를 실행하는 데 필요한 CPU 타입의 유효성도 검사한다. 파워 PC 아키텍처를 위한 소프트웨어를 x86 프로세서가 장착된 머신에 설치할 수는 없다.
- **자동 설치 제거** RPM은 현재 타겟 머신에 설치된 패키지를 기록하기 위한 데이터베이스를 관리하며, RPM 도구는 이를 통해 설치했던 RPM 파일을 더는 사용

할 수 없더라도 소프트웨어를 설치 제거할 수 있다. 한 가지 주의 사항은 하나 이상의 다른 패키지에서 필요로 하는 패키지를 제거하려 한다면 RPM이 에러를 발생시킨다는 점이다. 예를 들어 표준 C 라이브러리 패키지를 삭제하려 한다면 시스템에서 해당 패키지에 종속성을 가진 모든 패키지를 확인하게 된다.

- **지능적인 업그레이드** RPM 시스템은 같은 패키지의 여러 다른 버전을 설치하고, 구성 파일이 로컬에서 수정되더라도 지능적으로 대처할 수 있게 한다. 예를 들어 아파치 웹 서버의 구성 파일은 /etc/apache2/default-server.conf로 설치된다. RPM 도구는 서버를 새로운 버전으로 업그레이드할 때 로컬에 사용자 정의 사항customization이 있다면 경고를 알리고, 이 구성을 새로운 버전으로 덮어쓰지 않는다. 대신 이 도구는 기존 구성 파일과 새로운 구성 파일을 /etc/apache2 디렉터리에 보관하고, 여러분에게 충돌이나 변경 문제를 해결하게 요청한다.

이처럼 RPM 시스템 사용의 주요 장점을 살펴봤지만 수많은 유용한 기능이 더 많이 있고, 이는 RPM 시스템을 소프트웨어 설치를 위한 이상적인 시스템으로 만들어준다. 다양한 기능을 살펴보고 싶다면 RPM 웹 사이트상의 훌륭한 문서[78]를 참조하자.

데비안 리눅스의 사용자(와 우분투 같은 다른 변형의 사용자)는 보통 RPM 시스템과 유사한 deb 파일 포맷[90]에 더 익숙하다. deb 파일은 패키지 파일을 다루기 위해 `dpkg`와 `apt` 명령을 사용한다.

이제 RPM 시스템을 사용하는 실제 예제를 살펴보자.

rpmbuild 프로세스

이 예제는 네 개의 파일만을 패키징하는 제약이 있지만, RPM 포맷의 다양한 기본 기능을 살펴보기에는 충분하다. 패키지 버전은 어떻게 정하는지, 선행 패키지는 어떻게 알 수 있는지, 설치 후 실행할 스크립트와 설치 제거 전에 실행할 스크립트는 어떻게 지정하는지 등의 내용을 살펴보자.

우선 RPM 파일을 생성하고 설치하는 상위 레벨의 흐름을 알아보자(그림 13.3).

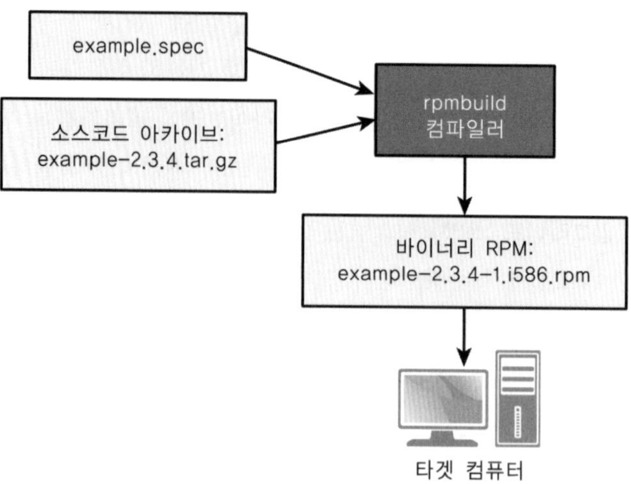

그림 13.3 RPM 파일을 생성하는 상위 레벨 흐름

다음은 각 단계에 관한 설명이다.

1. 릴리스 패키지 관리를 책임지는 빌드 엔지니어는 우선 RPM 명세 파일(example.spec)를 만들어야 한다. 이 파일은 패키징돼야 하는 파일의 목록을 비롯해 패키지의 메타 정보와 설치 스크립트를 담고 있다. 후반부에서 이 파일 중 하나를 주제로 좀 더 자세히 살펴본다.

2. RPM 프로세스의 두 번째 입력은 주로 tar.gz 파일로 제공되는 원본 소스코드 아카이브다. 패키징 프로세스는 소스 파일을 추출하고, 필요한 실행 파일을 만들기 위해 빌드와 설치의 표준 절차를 따른다. 여러분은 단순히 최종 사용자가 직접 소스코드를 설치할 때와 같은 빌드 지침을 따르기 때문에 이 단계에서는 특별한 사항이 없다(예를 들자면 `make all`과 `make install`). 다만 여러분은 코드 작성자이기 때문에, 사용자와는 달리 여러분의 컴퓨터에서 컴파일하는 데 큰 애로 사항이 일어나지 않는다는 점에 유념할 필요가 있다.

3. 다음으로 `rpmbuild` 도구가 RPM 파일을 만들어 최종 사용자에게 배포할 준비를 마친다. 이 도구는 example.spec 안의 지시 사항을 읽어 제품의 소스코드를 구성하고, 최종 실행 프로그램을 빌드한다. 또한 필요한 메타 정보와 설치 스크립트를 RPM 파일 안에 집어넣는다. 빌드 프로세스의 출력물은 RPM 포맷에 따른 example-2.3.4-1.586.rpm 파일이다.

4. 마지막 단계는 최종 사용자가 RPM 파일을 얻어서(주로 인터넷을 통해 다운로드) 자

신의 컴퓨터에 설치하는 과정이다. 간략히 살펴보겠지만, rpm 도구는 RPM 패키지를 설치하고 설치 제거하기 위해 사용하며, 현재 설치된 패키지의 집합은 무엇인지 질의하기 위해 사용할 수도 있다.

RPM 명세 파일의 예

이제 네 개의 파일을 패키징하는 RPM 명세 파일인 example.spec을 알아보자. 다음 절에서는 rpmbuild 도구가 이 명세 파일을 구문 분석해서 바이너리 RPM 파일을 만드는 과정을 알아본다. 먼저 example.spec 파일의 전체 내용을 살펴보며 어떻게 모든 요소가 서로 잘 맞물려 구성되는지 확인해보자. 그다음에는 이 파일의 각 부분을 자세히 살펴본다.

```
Name: example
Version: 2.3.4
Release: 1
Group: Applications/Publishing
Vendor: Arapiki Solutions, Inc.
URL: http://www.arapiki.com
Packager: Peter Smith <psmith@arapiki.com>
Summary: This is an example program to show how RPMs work.
License: Exampleware

# 소스는 다음 위치에서 가져온다. /usr/src/packages/SOURCES/...
Source: %{name}-%{version}.tar.gz

# 빌드된 소프트웨어를 설치할 때 다음을 루트로 사용한다.
Buildroot: %{_tmppath}/%{name}-%{version}-buildroot
Requires: glibc > 2.8

%description
This is an example program that demonstrates how RPMs work.

We show a spec file that is passed into the "rpmbuild" program
in order to package up the files. In this example, we see how
to build from source code, how to run a post-installation script,
```

```
and how to ensure that prerequsite packages are already installed.

%prep
%setup -q

%build

# 일반 빌드 절차에 따라 소스코드를 컴파일한다.
make

%install

# 컴파일한 소프트웨어를 '가짜' 루트에 설치한다.
make install PREFIX=$RPM_BUILD_ROOT

%files

# 어떤 파일을 설치할지 지정한다.
# 소유권과 접근 권한 비트도 함께 지정한다.
%attr(0750,root,root) /usr/bin/example
%attr(0755,root,root) /usr/lib/libexample.so.1
%attr(0755,root,root) /usr/lib/libhelper.so.4
%attr(0644,root,root) %doc /usr/share/doc/manual/example.pdf

%clean
rm -r $RPM_BUILD_ROOT

%post
groupadd exgroup
chgrp exgroup /usr/bin/example

%preun
groupdel exgroup
```

우선 설명을 시작하기 위해 rpmbuild 도구가 사용할 디렉터리 구조를 알아보자. 여러분의 리눅스 시스템이 RPM 기반이라면 RPM 파일을 생성하고 발행하는 시스템 레벨 디렉터리를 찾을 수 있다. 이 디렉터리를 반드시 사용할 필요는 없지만 (대신 홈 디렉터리를 이용할 수도 있음), 표준 디렉터리가 이미 만들어져 있기 때문에 이 예제에서는 이를 사용하기로 한다. 여기서는 리눅스 시스템이 이미 다음과 같이 /usr/src/packages 안에 누구나 쓰기가 가능한 디렉터리를 만들어뒀다.

```
$ ls -l /usr/src/packages/
total 20
drwxrwxrwt 4 root root 4096 2009-09-14 15:30 BUILD
drwxrwxrwt 9 root root 4096 2009-05-16 22:26 RPMS
drwxrwxrwt 2 root root 4096 2009-09-08 19:37 SOURCES
drwxrwxrwt 2 root root 4096 2008-12-02 17:41 SPECS
drwxrwxrwt 2 root root 4096 2008-12-02 17:41 SRPMS
```

각 디렉터리는 특정한 목적이 있다.

- **BUILD** 이 디렉터리는 rpmbuild가 원본 소스코드 아카이브(여기서는 example-2.3.4.tar.gz)를 컴파일하며 생성한 소스코드와 오브젝트 트리를 저장하기 위해 사용한다.
- **RPMS** 이 디렉터리는 최종 출력 파일인 example-2.3.4-1.586.rpm이 위치하는 디렉터리다.
- **SOURCES** 원본 소스코드 아카이브(example-2.3.4.tar.gz)는 rpmbuild가 찾을 수 있게 반드시 이 디렉터리에 저장돼야 한다.
- **SPECS** example.spec 구성 파일은 이 디렉터리에 저장된다.
- **SRPMS** 이 디렉터리는 RPMS 디렉터리와 유사하지만, 바이너리 RPM 파일 대신 소스 RPM 파일을 저장하는 데 사용된다는 점이 다르다. 이 예제에서는 이 디렉터리를 사용하지 않는다.

이제 example.spec 파일을 살펴보기에 충분한 배경 지식을 갖췄다. 파일의 첫 번째 부분은 패키징된 소프트웨어를 설명하는 여러 가지 메타 정보 필드를 담고 있다.

```
Name: example
Version: 2.3.4
```

```
Release: 1
Group: Applications/Publishing
Vendor: Arapiki Solutions, Inc.
URL: http://www.arapiki.com
Packager: Peter Smith psmith@arapiki.com
Summary: This is an example program to show how RPMs work.
License: Exampleware
```

각 필드는 명확한 의미가 있으며, RPM 파일을 처리하는 특별한 도구뿐만 아니라 최종 사용자도 직접 찾아볼 수 있게 작성된다.

- **Name** 이 패키지를 고유하게 설명하는 짧은 식별자다. 이름은 RPM 데이터베이스 내부에 저장되고, 향후 RPM 작업에서 이 패키지를 식별하는 데 사용된다. 예를 들면 질의를 판단하거나 소프트웨어를 설치 제거할 때 이 이름을 사용한다.
- **Version** 이 소프트웨어 릴리스의 버전 번호다. 설치된 같은 패키지가 여러 버전을 가질 수 있을 뿐만 아니라, RPM 시스템이 선행 패키지를 확인할 때도 이 버전 번호를 사용한다. 실제로 그렇지는 않겠지만, 어떤 개발자가 example 패키지가 제공하는 기능을 사용하는 RPM 패키지를 생성했다고 생각해보자. 이 개발자의 명세 파일에는 아마도 버전이 2.0.0이거나 그보다 더 높은 example을 반드시 우선해서 설치해야 한다는 언급이 포함된다.
- **Release** `Version` 필드가 설치하는 소프트웨어의 버전을 고유하게 식별해주기는 하지만, 정확히 같은 버전의 소프트웨어를 담고 있는 두 개의 서로 다른 RPM 파일을 만드는 상황에 놓일 수도 있다. 이는 흔히 벌어지는 상황은 아니지만, 잘못 패키징된 릴리스 1 RPM을 대체하기 위해 버전 2.3.4 소프트웨어의 릴리스 2 RPM을 만들어야 할 수도 있다. 이상적으로 생각해보면 RPM 빌드 프로세스는 반드시 완전히 자동화되고 완벽히 테스트돼야 하므로 이런 일이 절대 일어나선 안 된다. 실제로 출시하는 소프트웨어에서는 이런 종류의 실수가 절대로 발생해서는 안 된다.
- **Group** 최종 사용자가 GUI 도구를 통해 소프트웨어를 설치하면 소프트웨어의 그룹 필드는 이 소프트웨어가 어떤 항목 안에 나타나야 하는지에 관한 정보를 제공한다. 이 파일에서는 RPM이 발행 애플리케이션publishing application으로 분류돼야 한다고 요청하고 있다.

- **Vendor, URL, Packager** 이 세 가지 필드는 어떤 단체가 패키지를 만들었는지, 어디서 다운로드할 수 있는지, 누가 패키징을 했는지에 관한 세부 정보를 제공한다. 이런 정보는 시스템에 이미 설치된 패키지에 관한 정보를 찾아볼 때 유용하다(또는 디스크에서 설치 제거된 RPM 파일을 발견하고는 이 파일이 어디서 왔는지 궁금해 하는 상황에 놓일 때에도).
- **Summary** 이 필드는 패키지 안의 소프트웨어에 관한 간략한 설명을 제공한다. 이 정보는 보통 GUI 도구가 소프트웨어에 관한 한 줄의 개요를 표시하는 데 사용된다. 더 자세한 정보를 제공해야 한다면 여러 줄의 텍스트를 담을 수 있는 `%description` 절(뒤에서 살펴본다)을 사용할 수 있다.
- **License** 이 필드는 소프트웨어를 설치하는 데 따르는 법적 효력을 설명한다. 많은 소프트웨어 제품이 상세한 라이선스 문서와 함께 배포되지만, 이 필드는 BSD나 GPL, LGPL, Apache 같은 짧은 라이선스 이름을 표시하게 고안됐다.

지금까지 상위 레벨에서 패키지의 세부 사항을 설명하는 방법을 살펴봤는데, 소스코드를 얻는 방법과 이를 컴파일하는 방법에 관해 더 자세한 정보를 제공해야 할 수도 있다. `Source` 지시어는 반드시 SOURCES 디렉터리 안에 위치해야 하는, 소스코드의 타르볼tar-ball 파일 위치를 제공한다.

```
Source: %{name}-%{version}.tar.gz
```

타르볼의 이름을 만들 때 변수 치환을 사용하는 방법에 주목하자(이 경우는 example-2.4.5.tar.gz로 확장된다).

`Buildroot` 지시어는 `rpmbuild`에 프로그램의 실행 파일이 설치돼야 하는 위치를 알려준다. 이는 앞서 살펴본 소스코드의 압축을 풀고 컴파일하는 BUILD 디렉터리와는 다르다. 대신 빌드 루트build root가 타겟 머신상의 설치 디렉터리를 미러링하는 임시 보관 디렉터리를 나타낸다.

```
Buildroot: %{_tmppath}/%{name}-%{version}-buildroot
```

컴파일된 프로그램을 빌드 머신상의 /usr/bin에 설치하는 대신, 이를 /tmp/example-2.3.4-buildroot/usr/bin에 위치시킨다. 무엇보다도 여러분이 이 소프트웨어를 빌드 호스트에 설치하고 싶어 할 리가 없다. 그보다는 아카이브에 포함될 모든 파일을 모으기 쉬운 위치를 선택해서 타겟 머신에 설치할 준비를 하는 편이 더 편하다.

다음 지시어인 Requires는 example 패키지를 설치하기 위해 glibc 패키지가 반드시 필요함을 나타낸다. 그리고 설치된 glibc 패키지는 2.8 버전보다 더 최신이어야 한다.

```
Requires: glibc > 2.8
```

패키지가 빠졌거나 너무 오래된 버전이라면 rpm 도구는 예제 RPM 파일의 설치를 거절한다. Requires 지시어는 필요한 선행 패키지의 수만큼 몇 번이고 사용할 수 있다.

다음으로 %description 영역에는 패키지에 관한 임의의 텍스트 기반 설명을 기재한다. 이는 앞서 살펴본 Summary 지시어보다 더 상세한 내용을 제공한다.

```
%description
This is an example program that demonstrates how RPMs work.

We show a spec file that is passed into the "rpmbuild" program
in order to package up the files. In this example, we see how
to build from source code, how to run a post-installation script,
and how to ensure that prerequsite packages are already installed.
```

%prep 절(prepare를 의미)은 소프트웨어의 소스코드 트리를 준비하기 위한 명령의 목록을 제공한다. 타르볼의 압축을 풀어 소스코드를 가져오기 위해 표준 동작을 사용하고 빌드가 BUILD 하위 디렉터리에서 이뤄지기 때문에, 기본 제공 명령인 %setup -q를 사용해 파일을 추출할 수 있다.

```
%prep
%setup -q
```

반면 소스코드를 버전 관리 도구(CVS나 서브버전 같은)에서 가져오거나 개발자가 갖고 있던 소스 트리를 그대로 사용한다면 필요한 명령을 이 절 안에 나열해야 한다.

다음으로 %build 절은 소스코드를 컴파일해 실행 프로그램을 만드는 셸 명령을 제공한다. 여러 빌드 단계를 example.spec 파일에 채워 넣는 대신, 이 예제에서는 이미 만들어진 makefile을 사용한다. 두 개의 다른 빌드 시스템을 따로 사용하는 상황은 결국 별다른 의미가 없어 rpmbuild를 통해 기존 시스템을 호출하는 방법이 최선이다.

```
%build
make
```

이외에도 개발자를 대신해 컴파일 명령을 수행해주는 대신 개발자가 직접 명령을 실행하게 하는 방법도 있다. 이 경우에는 빌드 시스템이 모든 오브젝트 파일이 갱신된 후에 반드시 rpmbuild를 호출하는 명시적인 단계를 포함하고 있어야 한다. 이 방법을 사용하면 컴파일 작업이 앞서 완료되기 때문에 %build 절은 비워둔다.

%install 절이 소프트웨어를 설치하는 명령을 제공한다는 사실은 전혀 놀랍지 않다. 하지만 실행 프로그램을 빌드 머신에 설치하지 않고, 대신 $RPM_BUILD_ROOT(그리고 앞서 지정한 Buildroot 지시어)가 나타내는 임시 보관 디렉터리에 설치한다.

```
%install
make install PREFIX=$RPM_BUILD_ROOT
```

기존 make install 빌드 타겟을 재사용해 타겟 머신이 요청한 디렉터리 구조대로 정확히 소프트웨어를 위치시킨다. 여기서도 필요한 출력 파일을 설치되기만 한다면 어떤 식으로든 셸 명령을 나열할 수 있다.

지금부터 여러분이 가장 기다려왔을 부분을 알아보자. 이제 RPM 아카이브로 패키징해서 타겟 머신상에 설치할 모든 파일을 나열해야 한다.

```
%files
%attr(0750,root,root) /usr/bin/example
%attr(0755,root,root) /usr/lib/libexample.so.1
%attr(0755,root,root) /usr/lib/libhelper.so.4
%attr(0644,root,root) %doc /usr/share/doc/manual/example.pdf
```

파일의 접근 제어 정보(권한 비트, 파일 소유자, 파일 그룹)도 함께 지정해야 하며, rpm 도구는 패키지를 설치할 때 여기서 지정한 속성을 설정해준다. 또한 %doc 지시어를 사용해 어떤 설치 파일이 단순한 문서인지(마음대로 무시할 수 있는지) 구분한다.

example.spec 파일은 빌드 프로세스가 끝난 후에 청소할 정보를 제공해서 잘 정돈된 상태를 유지하게 한다. 이 예제에서는 RPM 파일이 만들어지면 보관 디렉터리의 내용을 삭제한다.

```
%clean
rm -r $RPM_BUILD_ROOT
```

example.spec 파일의 마지막 단계는 설치 전 스크립트와 설치 후 스크립트의 목록이다. 이 절은 소프트웨어를 설치하거나 설치 제거한 전후에 실행할 유닉스 셸 커맨드의 목록을 제공한다. 따라서 다음과 같이 각기 다른 시점에 실행되는 네 부분으로 나뉜다.

- **%pre** 파일을 설치하기 전에 실행하는 셸 스크립트
- **%post** 파일을 설치한 후에 실행하는 셸 스크립트
- **%preun** 파일을 시스템에서 제거(설치 제거)하기 전에 실행하는 셸 스크립트
- **%postun** 파일을 시스템에서 제거한 후에 실행하는 셸 스크립트

이 예제는 새로운 유닉스 그룹(exproup)을 추가하는 설치 후 스크립트를 포함하고 있으며, 이 그룹의 구성원만이 /usr/bin/example 프로그램을 실행할 수 있게 제한한다. 앞선 `%file` 절에서 권한 비트permission bits를 0750으로 설정했음을 상기하자.

지금까지 RPM 명세 파일 예제를 살펴봤다. 요약하자면 추가된 메타데이터는 이 패키지의 이름과 버전, 연락처 정보를 알려주고, 또한 패키징할 파일의 목록과 설치 전후에 실행할 스크립트의 집합에 대한 정보를 담고 있다. 이제 **rpmbuild** 도구를 사용해 RPM 파일을 만들 준비가 끝났다.

명세 파일로부터 RPM 파일 작성

다음의 출력은 example.spec을 입력으로 사용해 `rpmbuild` 명령을 실행한 결과를 나타낸다. 나열된 내용이 전체 출력을 모두 담고 있지는 않지만, 설명했던 기본 동작 일부를 확인할 수 있다. 가장 주목해야 할 부분은 소스코드를 BUILD 디렉터리로 추출하는 `gzip` 명령이다. 또한 나열된 내용의 마지막 부분에서는 `rpmbuild` 도구가 소스코드를 컴파일할 때 사용하게 지정했던 `make` 명령을 찾을 수 있다.

```
$ rpmbuild -bb example.spec
Executing(%prep): /bin/sh -e /var/tmp/rpm-tmp.68587
+ umask 022
+ cd /usr/src/packages/BUILD
+ cd /usr/src/packages/BUILD
+ rm -rf example-2.3.4
+ /usr/bin/gzip -dc /usr/src/packages/SOURCES/example-2.3.4.tar.gz
```

```
+ tar -xf -
+ STATUS=0
+ '[' 0 -ne 0 ']'
+ cd example-2.3.4
++ /usr/bin/id -u
+ '[' 1000 = 0 ']'
++ /usr/bin/id -u
+ '[' 1000 = 0 ']'
+ /bin/chmod -Rf a+rX,u+w,g-w,o-w .
+ exit 0
Executing(%build): /bin/sh -e /var/tmp/rpm-tmp.68587
+ umask 022
+ cd /usr/src/packages/BUILD
+ /bin/rm -rf /var/tmp/example-2.3.4-buildroot
++ dirname /var/tmp/example-2.3.4-buildroot
+ /bin/mkdir -p /var/tmp
+ /bin/mkdir /var/tmp/example-2.3.4-buildroot
+ cd example-2.3.4
+ make
Building all example code.
... Remaining output truncated ...
```

모든 사항이 올바르게 동작했는지 다시 한 번 확인하기 위해 RPMS 하위 디렉터리에서 RPM 파일을 찾아봐야 한다.

```
$ cd /usr/src/packages/RPMS/i586/
$ ls -l
total 4
-rw-r--r-- 1 psmith users 2706 2009-09-14 15:16 example-
2.3.4-1.i586.rpm
```

이 파일의 이름은 패키지 이름과 버전 번호, 실행할 아키텍처(인텔 i585 계열), RPM 패키지 파일임을 알려주는 파일 확장자 등을 나타내기 때문에 중요하다. 모든 RPM 파일은 반드시 같은 명명 포맷naming format을 따라야 한다.

rpmbuild 도구가 가진 또 하나의 추가 기능으로, 이 도구를 통해 example.spec 파일에 명시적으로 나열되지 않은 파일이 빌드 루트 디렉터리에 설치됐는지를 확인할 수 있다. 이런 에러를 잡으면 하나 이상의 중요한 파일이 빠진 소프트웨어를 릴리스하는 실수를 피할 수 있다. 이런 상황은 make install 타겟을 변경해 필요한 요소를 반영했음에도 RPM 명세 파일을 갱신하는 일을 잊어버린 개발자에 의해 유발될 수 있다.

다음 예제는 에러 메시지를 보여준다.

```
$ rpmbuild -bb example.spec
... lots of output removed ...
Checking for unpackaged file(s): /usr/lib/rpm/check-files /
var/tmp/example-2.3.4-buildroot
error: Installed (but unpackaged) file(s) found:
    /usr/lib/libhelper.so.4

RPM build errors:
    Installed (but unpackaged) file(s) found:
    /usr/lib/libhelper.so.4
```

이제 완성된 RPM 파일을 갖게 됐다. 이어서 파일을 타겟 머신에 설치하는 방법을 살펴보자.

RPM 예제 설치

RPM 파일은 지정된 운영체제와 CPU 타입을 대상으로 하므로 어렵지 않게 RPM 파일을 타겟 머신에 설치할 수 있고, 소스코드를 컴파일할 필요가 없다. 모든 과정이 잘 진행된다면 설치 작업은 조용하게 마무리되지만, 최악의 경우 선행 패키지의 설치를 요구할 수도 있다.

우선 RPM 패키지의 내용을 살펴보자. -q 옵션으로 rpm 명령을 실행하면 RPM 파일의 내용을 질의한다. -i 하위 옵션을 함께 사용하면 모든 메타 정보를 확인할 수 있다.

```
$ rpm -q -p -i example-2.3.4-1.i586.rpm
Name        : example        Relocations: (not relocatable)
Version     : 2.3.4          Vendor: Arapiki Solutions, Inc.
Release     : 1              Build Date: Mon 14 Sep 2009 03:16:06 PM
Install Date: (not installed)         Build Host: linux
```

```
Group       : Applications/Publishing  Source RPM:
example-2.3.4-1.src.rpm
Size        : 12                   License: Exampleware
Signature   : (none)
Packager    : Peter Smith psmith@arapiki.com
URL         : http://www.arapiki.com
Summary     : This is an example program to show how RPMs work.
Description :
This is an example program that demonstrates how RPMs work. We show a
spec file that is passed into the "rpmbuild" program in order to package
up the files. In this example, we see how to build from source code, how
to run a post-installation script, and how to ensure that prerequsite
packages are already installed.
Distribution: (none)
```

-l 하위 옵션을 사용해서 아카이브 내의 파일 목록을 확인할 수 있다.

```
$ rpm -q -p -l example-2.3.4-1.i586.rpm
/usr/bin/example
/usr/lib/libexample.so.1
/usr/lib/libhelper.so.4
/usr/share/doc/manual/example.pdf
```

올바른 패키지라는 확신이 든다면 설치를 진행한다. 시스템 레벨 디렉터리에 파일을 설치하기 때문에 root 사용자로 로그인해야만 한다. -i 옵션과 함께 rpm 명령을 실행하면 패키지를 설치한다.

```
$ sudo -s
# rpm -i example-2.3.4-1.i586.rpm
```

이 명령을 실행하더라도 아무 내용도 출력되지 않기 때문에 반드시 모든 과정이 잘 완료됐다고 생각해야 한다. 확실히 해두기 위해 -q 옵션을 다시 사용해서 설치된 패키지를 확인하자. -a 하위 옵션은 현재 시스템에 설치된 모든 패키지를 보여주지만, example 패키지만이 여러분의 관심사다.

```
# rpm -qa | grep example
example-2.3.4-1
```

이 명령에서 grep 필터를 빼고 다시 실행한다면 현재 자신의 컴퓨터에 설치된 모든 패키지를 볼 수 있다.

필요한 파일이 올바른 위치에 설치됐는지와 이들이 올바른 파일 권한을 가졌는지의 유효성을 검사해서 설치가 성공했는지 재확인할 수 있다. 예상했겠지만 /usr/bin/example 파일은 exgroup 그룹이 소유하고 있고, 다른 사용자는 접근할 수 없다.

```
# ls -l /usr/bin/example
-rwxr-x--- 1 root exgroup 3 2009-09-14 15:16 /usr/bin/example
# ls -l /usr/lib/libexample.so.1
-rwxr-xr-x 1 root root 3 2009-09-14 15:16 /usr/lib/libexample.so.1
```

시스템에서 패키지를 삭제하는 일도 이처럼 간단하다. -e(erase를 의미) 옵션은 설치된 모든 파일을 시스템에서 제거하고, 설치 제거 스크립트는 exgroup을 유닉스 그룹에서 삭제한다.

```
# rpm -e example-2.3.4
```

이 명령은 어떤 출력도 나타내지 않기 때문에 여러분은 모든 일이 순조롭게 진행됐다고 생각하면 된다.

수행 중에 무엇인가 잘못됐을 때는 어떤 일이 일어나는지 궁금하다면 다음과 같은 시나리오를 생각해보자. 예제 패키지를 오래된 리눅스 시스템에 설치하려 하면 필요한 선행 패키지가 설치돼 있지 않은 상황에 빠질 수 있다. 타겟 머신이 충분히 최신 버전의 표준 C 라이브러리를 갖고 있지 않을 때 나타나는 출력은 다음과 같다.

```
# rpm -i example-2.3.4-1
error: Failed dependencies:
    glibc > 2.8 is needed by example-2.3.4-1.i586
```

따라서 최종 사용자는 반드시 C 라이브러리(그리고 최종적으로는 전체 운영체제까지)를 업그레이드할지, 아니면 새로운 버전의 C 라이브러리가 필요 없는 example 패키지의 이전 버전을 가져올지 결정해야 한다.

두 번째 예제와 같은 맥락에서 exgroup이 타겟 머신상에 이미 존재할 때 어떤 일이 일어나는지 살펴보자. 새로운 버전의 패키지로 업그레이드할 때는 이런 일이 흔히 일어나는데, 이는 이전 버전에서 이미 그룹을 만들었기 때문이다.

```
# rpm -i example-2.3.4-1
groupadd: Group 'exgroup' already exists.
```

이를 해결하기 위해서는 새로운 패키지 버전으로 업그레이드할 때도 올바르게 동작할 수 있게 설치 후 스크립트에 정보를 추가해야 한다.

요약하자면 지금까지 완전한 명세 파일을 만들고 RPM 파일을 타겟 머신에 설치하는 과정을 알아봤다. 이는 모두 최종 사용자의 간섭을 최소화하며, 소스코드 배포보다 훨씬 쉽게 진행된다. 앞서 언급했듯이 example.spec 파일은 RPM 도구가 수행할 수 있는 기능이 무엇인지 살펴볼 수 있게 설계했다. RPM 명세 파일은 다른 많은 지시어와 절을 포함하며, 이런 요소는 스스로 공부해보기를 권장한다.

커스터마이즈된 GUI 설치 도구

세 번째이자 마지막으로 살펴볼 설치 시스템의 타입은 커스터마이즈된 GUI 설치 도구다. 다시 되짚어보자면 첫 번째 방법은 파일을 파일 아카이브로 패키징하는 방법이었고, 두 번째 방법은 패키지 관리 도구를 사용하는 방법이었다. 이런 두 방법과는 달리 세 번째 접근은 타겟 머신에 소프트웨어를 설치할 때 훨씬 풍부한 사용자 경험을 제공한다.

설치 프로그램installer을 실행하면 소프트웨어의 설치 방법을 제어하는 여러 화면이 사용자를 안내한다. 마이크로소프트 윈도우 시스템에서 소프트웨어를 설치해본 사람이라면 누구나 이 과정에 익숙하다. 다음은 대표적인 정보 페이지다.

- 설치 중인 소프트웨어를 알려주는 시작 화면이나 환영 메시지
- 소프트웨어의 서비스 계약terms of use을 설명하며, 설치 전에 사용자에게 허가를 구하는 사용권 계약
- 소프트웨어가 설치될 디렉터리를 사용자가 선택하는 파일 브라우저
- 사용자가 설치할 대상을 선택할 수 있는 옵션 소프트웨어 컴포넌트의 목록
- 사용자가 설치 매개변수를 구성할 수 있는 사용자 정의 페이지

- 설치 진행 상황을 나타내는 진행률 표시줄progress bar

설치 프로그램은 이런 공통 페이지뿐만 아니라 타겟 머신에서 소프트웨어를 제거할 때 사용할 설치 제거 애플리케이션도 만든다. 최종적으로 설치 프로그램은 시스템을 재부팅한다.

그래픽 설치 프로그램은 타겟 머신상에서 임의의 코드를 실행할 수도 있으며, RPM 파일도 같은 기능을 수행할 수 있지만 간단한 아카이브 도구에는 이런 기능이 없다. 이는 설치 프로그램이 시스템 구성 파일을 수정하거나 윈도우 레지스트리를 갱신하거나 어떤 유형의 외부 애플리케이션이든 실행할 수 있게 해준다. 이런 수준의 자유도는 설치 과정 중에 사실상 모든 일이 가능하게 해준다.

설치 애플리케이션을 생성하는 데는 여러 종류의 도구를 사용할 수 있고, 이런 도구는 일반적으로 마이크로소프트 윈도우 환경에 초점을 맞추고 있다. 가장 유명한 도구는 윈도우 환경의 네이티브 코드 설치 프로그램을 만들 수 있는 인스톨쉴드InstallShield[79]다. 인스톨쉴드와 같은 벤더가 제공하는 인스톨애니웨어InstallAnywhere 도구[79]를 사용하면 더욱 다양한 범주의 타겟 머신(유닉스 계열 시스템을 포함한)을 위한 자바 기반 설치 프로그램을 만들 수 있다. 다음으로 윈도우 인스톨러Windows Installer[80]는 이제 마이크로소프트 윈도우 환경 표준의 일부가 됐고, 이런 이유로 더욱 유명해지고 있다. 마지막으로 널소프트 스크립터블 인스톨 시스템NSIS, Nullsoft Scriptable Install System[81]은 인터넷에서 다운로드받아 자유롭게 사용할 수 있는 도구다.

13장의 나머지 부분에서는 NSIS 도구를 사용하는 실제 사례를 살펴본다. 이 도구는 기본 설치 프로그램의 생성이 간단할 뿐만 아니라, 자유롭게 사용할 수 있고 개발과 지원이 활발하게 이뤄지고 있기 때문에 선택했다.

널소프트 스크립터블 인스톨 시스템(NSIS)

이름에서 알 수 있듯이 NSIS는 설치 과정의 모든 작업을 나타내는 자신만의 스크립트 언어가 있다. 이는 설치 페이지를 구성하는 기본 제공 함수를 포함하고 있고, 사용자는 자신만의 함수를 만들 수도 있다. 이는 산술 연산 지원과 사용자 정의 대화 페이지를 만드는 고급 기능을 제공한다. 마지막으로, 서드파티 라이브러리(플러그인)를 만들어 기본 언어를 확장할 수도 있다.

NSIS 스크립트는 .nsi 확장자를 가진 소스 파일 안에 저장된다. NSIS 컴파일러는 이 파일을 전달받아 실행할 수 있는 설치 애플리케이션을 만든다(그림 13.4). 이 과정의 일부로 우선 모든 프로그램 파일(실행 프로그램이나 동적 라이브러리, 데이터 파일)을 압축하고, 이를 설치 프로그램으로 패키징한다.

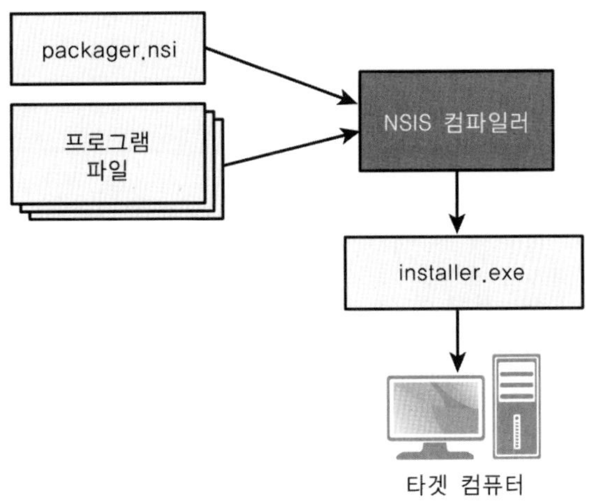

그림 13.4 NSIS 기반 설치 프로그램을 생성하는 상위 레벨의 흐름

installer.exe가 실행되면 프로그램 파일의 압축을 풀어서 타겟 머신상의 올바른 위치로 복사한다.

NSIS가 동작하는 방법의 이해를 돕기 위해 간단한 설치 애플리케이션을 살펴보자. 이 설치 프로그램은 여러분이 익숙해져야 하는 다음과 같은 여러 표준 개념을 포함하고 있다.

- 소프트웨어 버전 번호
- 라이선스 승인 페이지
- 설치 디렉터리를 선택하는 페이지
- 부가 언어 지원을 선택하는 목록(반드시 하나 이상 선택)
- 시작 메뉴 항목에 추가
- 바탕 화면 바로가기 추가(사용자가 원한다면)
- 설치 제거 프로그램의 생성

이 설치 프로그램 예제는 간단한 NSIS를 사용하는 방법을 알려주기 위해 NSIS 문서를 처음 읽은 후 단 5시간 만에 만들었다. 이 시스템은 배우기 그리 어렵지 않다.

설치 스크립트

여러 단계에 걸쳐 설치 스크립트를 알아봤지만, 전체 프로그램은 packager.nsi라는 하나의 스크립트 파일에 담긴다. 완전한 프로그램의 모습을 알 수 있게 전체 코드를 살펴보며 설명을 시작한다.

```
!define VERSION "3.0.1"

; 체크박스 위젯
Var Checkbox

; 위젯의 상태 (선택 여부)
Var Checkbox_State

Name "NSIS Packaging Example - ${VERSION}"
OutFile "packager.exe"
InstallDir $PROGRAMFILES\Packaging-Example

;--------------------------------
; 페이지 정의

Page license
Page directory
Page components "" "" validateComponents
Page custom optionsPage optionsPageLeave
Page instfiles

; 설치 제거 페이지
UninstPage uninstConfirm
UninstPage instfiles

;--------------------------------
; 라이선스 페이지 다루기

LicenseData obj\license.txt
LicenseForceSelection radiobuttons "Yes, I agree" \
```

```
        "No, I don't agree"

;-------------------------------
; 주 컴포넌트 정의

Section "-Main Component"

  SetOutPath $INSTDIR

  ; 필수 파일 설치
  File obj\calc.exe
  File obj\libs\libmath.dll
  File obj\libs\libgraphics.dll
  File obj\images\splash_screen.jpg

  ; 옵션 파일을 위한 디렉터리 생성
  CreateDirectory $INSTDIR\errors

  ; 설치 제거 애플리케이션 생성
  WriteUninstaller $INSTDIR\uninstaller.exe

  ; 시작 메뉴 항목 생성
  CreateDirectory "$STARTMENU\My Calculator"
  CreateShortCut "$STARTMENU\My Calculator\Calculator.lnk"
      $INSTDIR\calc.exe
  CreateShortCut "$STARTMENU\My Calculator\Uninstall.lnk"
      $INSTDIR\uninstaller.exe

  ; 바탕 화면 바로가기 생성 가능
  ${If} $Checkbox_State == ${BST_CHECKED}
  CreateShortCut "$DESKTOP\Calculator.lnk" $INSTDIR\calc.exe
  ${EndIf}

SectionEnd

;-------------------------------
```

```
; 부가 언어 지원

Section "English Language Support" sec_english
  SetOutPath $INSTDIR\errors
  File obj\languages\errors.en
SectionEnd

Section /o "French Language Support" sec_french
  SetOutPath $INSTDIR\errors
  File obj\languages\errors.fr
SectionEnd

Section /o "German Language Support" sec_german
  SetOutPath $INSTDIR\errors
  File obj\languages\errors.de
SectionEnd

;-------------------------------
; 유효성 검사 함수

Function validateComponents

  ; 선택된 컴포넌트를 확인
  SectionGetFlags ${sec_english} $0
  SectionGetFlags ${sec_french} $1
  SectionGetFlags ${sec_german} $2
  IntOp $0 $0 & ${SF_SELECTED}
  IntOp $1 $1 & ${SF_SELECTED}
  IntOp $2 $2 & ${SF_SELECTED}

  ; $0 = 선택된 컴포넌트의 수
  IntOp $0 $0 + $1
  IntOp $0 $0 + $2

  ${If} $0 == 0
    MessageBox MB_OK "At least one language must be selected"
```

```
    Abort
    ${EndIf}

FunctionEnd

;-------------------------------
; 사용자 정의 옵션 페이지 - optionsPage

Function optionsPage

  ; 새로운 대화 페이지 생성
  nsDialogs::Create 1018
  Pop $0
  ${If} $0 == error
    Abort
  ${EndIf}

  ; 체크박스 생성
  ${NSD_CreateCheckbox} 20% 20% 100% 10u "&Create a desktop shortcut"
  Pop $Checkbox

  ; 체크박스를 기본으로 선택
  ${NSD_Check} $Checkbox

  ; 페이지 내용 표시
  nsDialogs::Show

FunctionEnd

;-------------------------------
; 사용자 정의 옵션 페이지 - optionsPageLeave

Function optionsPageLeave
  ${NSD_GetState} $Checkbox $Checkbox_State
FunctionEnd
```

```

;--------------------------------
; 설치 제거 프로그램 정보

Section "Uninstall"

   ; 필수 및 옵션 파일의 삭제
   Delete $INSTDIR\errors\*
   RMDir $INSTDIR\errors
   Delete $INSTDIR\*
   RMDir $INSTDIR

   ; 시작 메뉴 항목 삭제
   Delete "$STARTMENU\My Calculator\*"
   RMDir "$STARTMENU\My Calculator"

   ; 바탕 화면 바로가기 삭제
  Delete "$DESKTOP\Calculator.lnk"

SectionEnd

;--------------------------------
```

긴 프로그램이기는 하지만 각 기능을 상세히 살펴보자. 우선 스크립트는 모든 설치 프로그램이 필요로 하는 여러 기본 정의를 포함하고 있다.

```
!define VERSION "3.0.1"

Name "NSIS Packaging Example - ${VERSION}"
OutFile "packager.exe"
InstallDir $PROGRAMFILES\Packaging-Example
```

버전 번호(3.0.1)는 컴파일 시점의 정의를 통해 결정된다(C 전처리기 정의와 유사). 실제 설치 시스템에서는 이 버전 번호를 스크립트에 직접 하드 코딩하기보다는 NSIS 컴파일러 커맨드라인에 입력한다.

다음으로 GUI 페이지의 제목 표시줄에 나타날 설치 프로그램의 이름을 지정한다. 이 예제에서는 여기에서만 버전 번호를 사용한다.

OutFile 지시어는 NSIS에 생성할 실행 프로그램의 이름을 알려준다. 실제 시스템에서는 설치 프로그램의 다른 버전과 충돌을 피하고자 여기에 버전 번호를 함께 사용할 수 있다.

마지막으로 InstallDir 지시어는 기본 설치 경로를 제공한다. 사용자는 설치 프로그램 GUI를 통해 이 경로를 변경할 수 있다. 타겟 머신이 어디에 프로그램을 설치하려고 하는지를 나타내는 $PROGRAMFILES 변수의 사용을 기억하자(여기서는 C:\Program Files).

페이지 정의

설치 프로그램 스크립트의 다음 부분에서는 설치 프로그램이 최종 사용자에게 보여주기 원하는 페이지의 목록을 지정한다. 이 페이지 중 일부는 모든 설치 프로그램에서 표준으로 사용되지만(license, directory, instfiles 페이지 등), 사용자 정의 페이지를 만들 수도 있다.

```
Page license
Page directory
Page components "" "" validateComponents
Page custom optionsPage optionsPageLeave
Page instfiles
```

이번에는 표준 페이지인 license와 directory로 시작한다. 페이지가 시작되면 어떤 옵션 컴포넌트를 설치할지 사용자에게 선택을 요청한다.

이 components 페이지에서는 사용자가 다음 버튼을 누르면 콜백 함수인 validateComponents가 실행된다. 이는 선택된 컴포넌트 목록의 유효성을 검증해 사용자가 페이지를 올바르게 완성하지 못했을 때는 제출 내용을 거절할 수 있게 한다(여기서는 적어도 하나의 언어가 반드시 선택돼야 한다). 뒤에서 이 콜백 함수를 간단히 살펴본다.

컴포넌트 페이지에 이어 여러분의 애플리케이션만을 위해 작성된 사용자 정의 페이지를 만든다(재사용 가능한 표준 페이지를 사용하는 대신). 여기서는 optionsPage 콜백이 페이지 내용의 여러 부분을 만드는 가운데 optionsPageLeave 함수가 사용자 입력의 유효성을 검사한다. 이런 함수도 뒤에서 살펴본다.

마지막으로 instfiles 페이지는 프로그램의 파일을 설치하는 실제 작업을 수행한다. 이는 진행률 표시줄progress bar을 보여주고 사용자가 설치된 목록의 세부 내용을 살펴볼 수 있게 해준다.

라이선스 페이지

이제 초기 license 페이지를 살펴보자(그림 13.5). 이 설치 프로그램은 마치 이전 버전의 윈도우에서 실행되는 듯한 화면을 보여주는 기본 NSIS 스타일을 사용한다. NSIS는 좀 더 최근 버전의 윈도우에서는 최신 윈도우 스타일도 지원한다.

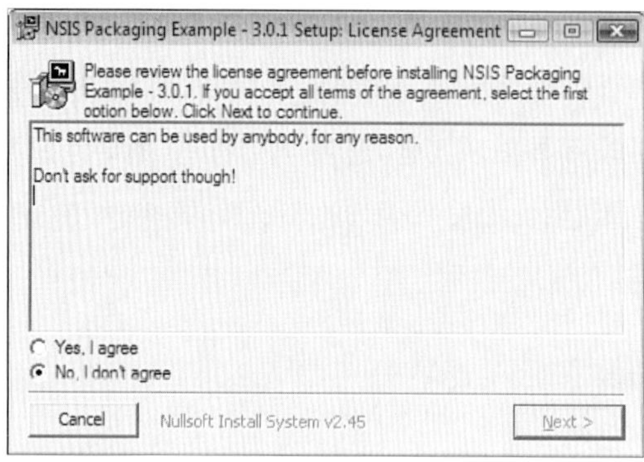

그림 13.5 설치 프로그램의 라이선스 페이지

license 페이지는 상당히 표준화돼 있지만, 몇 가지 간단한 방법을 통해 커스터마이징했다.

```
LicenseData obj\license.txt
LicenseForceSelection radiobuttons "Yes, I agree" \
        "No, I don't agree"
```

우선 LicenseData 지시어는 사용권 계약 내용(빌드 머신상의 파일)을 찾을 수 있는 위치를 설치 프로그램에 알려준다. 다음으로 LicenseForceSelection 지시어는 사용자가 설치를 진행하기 전에 명시적으로 해당 사용권 계약에 동의하거나 거절해야만 하게 강요한다.

디렉터리 선택

사용자가 라이선스에 동의한 다음에는 디렉터리 선택 페이지가 나타난다(그림 13.6). 설치 프로그램은 설치 프로그램의 실행 파일 안에 패키징된 추가 파일에 따라 디스크 공간이 얼마나 필요한지 자동으로 계산한다. 또한 설치할 내용을 설치 과정 중에 다운로드하거나 자동 생성할 때는 설치 프로그램에 추가 공간이 얼마나 필요한지 알려줄 수도 있다.

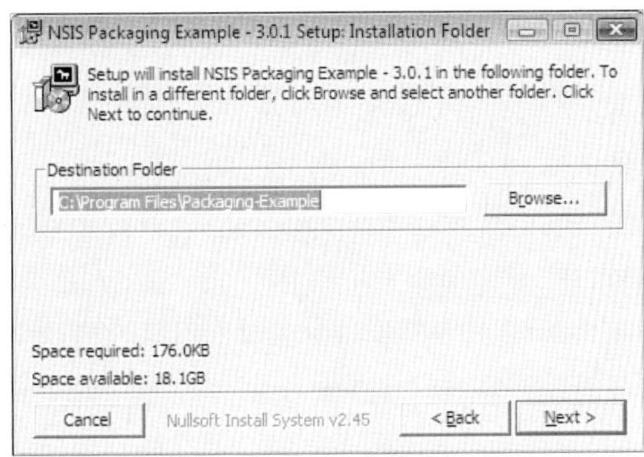

그림 13.6 설치 프로그램의 지시어 선택 페이지

주 컴포넌트

설치 프로그램의 실행 파일에 어떤 내용을 패키징해서 타겟 머신에 설치할지 지정하기 위해 개발자는 반드시 빌드 머신의 파일에서 타겟 머신의 파일로의 매핑을 제공해야만 한다. 전체 파일을 여러 섹션으로 나눠 각각을 선택하게 할 수도 있다. 이 예제에서는 하나의 섹션이 반드시 설치돼야 하고, 다른 섹션은 옵션으로 선택적으로 무시할 수 있다.

우선 Main Component라는 섹션의 정의를 알아보며 시작하자. 이 섹션은 항상 설치해야 할 모든 파일을 담고 있다(뒤에 살펴볼 바탕 화면 바로가기는 예외다).

```
Section "-Main Component"

  SetOutPath $INSTDIR

  ; 필수 파일을 설치한다.
```

```
41     File obj\calc.exe
42     File obj\libs\libmath.dll
43     File obj\libs\libgraphics.dll
44     File obj\images\splash_screen.jpg
45
46     ; 옵션 파일을 위한 디렉터리를 생성한다.
47     CreateDirectory $INSTDIR\errors
48
49     ; 설치 제거 애플리케이션을 생성한다.
50     WriteUninstaller $INSTDIR\uninstaller.exe
51
52     ; 시작 메뉴 항목을 생성한다.
53     CreateDirectory "$STARTMENU\My Calculator"
54     CreateShortCut "$STARTMENU\My Calculator\Calculator.lnk"
55         $INSTDIR\calc.exe
56     CreateShortCut "$STARTMENU\My Calculator\Uninstall.lnk"
57         $INSTDIR\uninstaller.exe
58
59     ; 바탕 화면 바로가기를 만들 수도 있다.
60     ${If} $Checkbox_State == ${BST_CHECKED}
61       CreateShortCut "$DESKTOP\Calculator.lnk" $INSTDIR\calc.exe
62     ${EndIf}
63
64   SectionEnd
```

이 섹션은 여러 흥미로운 개념을 갖고 있다. 우선 38번째 행의 SetOutPath 지시어는 어떤 디렉터리에 파일을 설치해야 하는지 설치 프로그램에 알려준다. 여기서는 타겟 머신상의 $INSTDIR 디렉터리에 파일을 설치하기를 원하고 있으며, 이는 사용자가 디렉터리 선택 페이지에서 선택한 바로 그 위치다. 파일을 다른 디렉터리에 설치하길 원한다면 SetOutPath를 다시 호출해야 한다.

41~44번째 행에서는 타겟 머신에 설치하길 원하는 모든 파일마다 File 명령을 각각 한 번씩 호출한다. File 명령은 빌드 머신(타겟 머신이 아니다)에서 가져올 파일의 위치를 알려주는 인수를 하나 넘겨받는다. NSIS 컴파일러는 File 명령을 사용해 모든 입력 파일을 가져오고, 이를 설치 프로그램의 실행 파일 안에 압축해 넣는다. 이 정보는 타겟 머신에서 해당 파일을 추출할 때 사용된다. 추출 단계에서는

SetOutPath 지시어에 따라 지정된 디렉터리에 파일을 쓰고, 원본 파일의 빌드 머신상의 디렉터리 경로는 제거된다. 다시 한 번 분명히 하자면 File obj\calc.exe 명령은 빌드 머신의 obj\calc.exe 경로로부터 파일을 가져오고, 이를 타겟 머신에서 $INSTDIR\calc.exe로 설치한다.

47번째 행의 CreateDirectory 명령은 당연하게도 타겟 머신에서 디렉터리를 생성한다. 전달되는 하나의 인수는 시스템에 생성해야 할 디렉터리를 알려준다.

50번째 행의 WriteInstaller 명령은 생성할 설치 제거 프로그램의 이름을 지정한다. 여러분은 설치 제거 프로그램을 나머지 소프트웨어와 같은 디렉터리에 저장해서 사용자가 필요할 때 쉽게 찾을 수 있게 할 수 있다.

다음 단계에서는 calc.exe 프로그램과 uninstaller.exe를 윈도우 시작 메뉴 항목으로 추가한다. 이는 53~57번째 행에서와 같이 상당히 직관적인 과정으로, $STARTMENU 디렉터리(타겟 머신에 맞게 정의된) 안에 새로운 하위 디렉터리를 만드는 과정을 포함하고 있다. 이 항목은 사용자가 다음에 시작 메뉴를 열면 자동으로 나타나게 된다.

마지막으로 60~62번째 행에서는 사용자의 바탕 화면에 calc.exe의 바로가기를 생성한다. 뒤에서 살펴보겠지만, 이 단계는 옵션이고 사용자 정의 설치 프로그램 페이지에서 구성한다. 바로가기는 사용자가 체크박스을 선택했을 때만 만들어진다.

옵션 컴포넌트

이제 옵션 섹션에 초점을 맞춰보자. 이 애플리케이션에서는 사용자가 하나 이상의 언어 지원 패키지를 설치할 수 있게 하고자 한다. 이를 간단히 다루기 위해 언어별로 파일을 하나씩 설치하고 이를 $INSTDIR\errors에 둔다. 실제 시스템에서는 이 섹션이 훨씬 커지고 여러 파일을 포함하게 된다.

```
69  Section "English Language Support" sec_english
70    SetOutPath $INSTDIR\errors
71    File obj\languages\errors.en
72  SectionEnd
73
74  Section /o "French Language Support" sec_french
75    SetOutPath $INSTDIR\errors
76    File obj\languages\errors.fr
```

```
SectionEnd

Section /o "German Language Support" sec_german
  SetOutPath $INSTDIR\errors
  File obj\languages\errors.de
SectionEnd
```

두 가지 새로운 개념이 등장했다. 첫 번째로, 섹션의 이름이 가로줄(주 컴포넌트와 같이)로 시작하지 않았고, 이는 사용자가 컴포넌트 설치를 옵션으로 선택할 수 있음을 의미한다(그림 13.7). 기본적으로 영어 지원이 선택되며, 프랑스어와 독일어는 설정되지 않은 상태가 초기 값이다(/o 옵션 때문에).

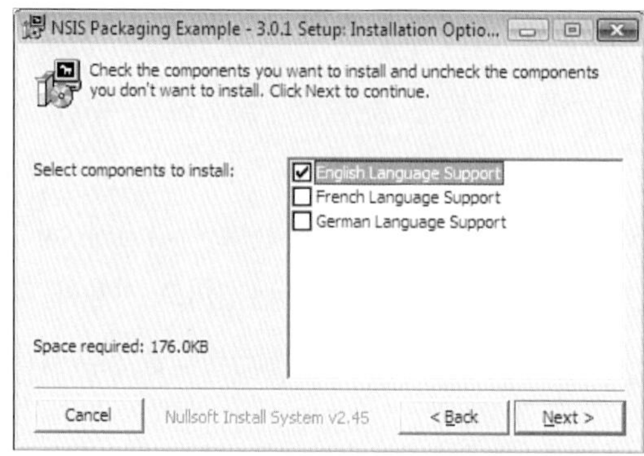

그림 13.7 설치 프로그램의 컴포넌트 선택 페이지

두 번째 흥미로운 개념은 sec_english, sec_french, sec_german으로, 각 섹션에 이름을 붙였다는 점이다. 이 이름을 통해 모든 스크립트 함수 안에서 각 섹션을 참조할 수 있다. 여기서는 콜백 함수를 통해 적어도 하나의 언어가 선택됐음을 확인한다. 앞서 validateComponents 함수가 어떻게 components 페이지와 함께 동작하는지 살펴봤는데, 이제 콜백 함수의 정의를 알아보자.

```
Function validateComponents

  ; 어떤 컴포넌트가 선택됐는지 결정한다.
  SectionGetFlags ${sec_english} $0
  SectionGetFlags ${sec_french} $1
  SectionGetFlags ${sec_german} $2
```

```
93   IntOp $0 $0 & ${SF_SELECTED}
94   IntOp $1 $1 & ${SF_SELECTED}
95   IntOp $2 $2 & ${SF_SELECTED}
96
97   ; $0 = 선택된 컴포넌트의 수
98   IntOp $0 $0 + $1
99   IntOp $0 $0 + $2
100
101  ${If} $0 == 0
102  MessageBox MB_OK "At least one language must be selected"
103    Abort
104  ${EndIf}
105
106 FunctionEnd
```

이 코드를 처음 보면 생소할 수도 있지만, NSIS 설치 프로그램에서 실행되는 산술 연산 방식을 보여준다. 90~95번째 행은 영어, 프랑스어, 독일어 섹션 각각에 대응되는 섹션 플래그를 검색한다. 이 플래그는 참/거짓 값이 각 섹션에 관한 정보를 제공하는 이진 비트맵binary bitmap이다. SF_SELECTED 플래그가 설정되면 사용자가 대상 섹션의 체크박스를 선택했음을 나타낸다. 사용자가 컴포넌트 페이지에서 다음 버튼을 누른 직후에 이 함수가 바로 호출되고, 사용자가 올바른 입력 값을 제공했는지를 평가할 수 있다.

NSIS 스크립트 언어는 명시적으로 선언할 필요가 없는 여러 기본 제공 변수를 포함하고 있다. 우선은 $0과 $1, $2 변수에 섹션 플래그를 읽어오고, 이어서 SF_SELECTED에 AND 비트 연산을 수행해서 해당 값의 다른 모든 비트를 무시한다. 다음 부분(98~99번째 행)에서는 $0과 $1, $2를 더하는데, 결과가 0이라면 어떤 언어도 선택되지 않았음을 의미하고 0이 아니라면 적어도 하나의 체크박스가 설정됐음을 의미한다.

101~104번째 행에서는 앞 산술 연산의 결과가 0이라면 제출을 거절하고 사용자에게 적어도 하나 이상의 언어 지원 유형을 선택하게 알린다. MessageBox 명령이 확인 버튼이 포함된 대화상자 페이지로 팝업돼 나타나며, Abort 명령은 설치 프로그램의 GUI에서 다음 페이지로 넘어가지 말고 컴포넌트 페이지에 그대로 남아있게 설치 프로그램에 알려준다.

사용자 정의 페이지 정의

지금까지의 모든 과정이 성공적이었다면 설치 프로그램은 다음 페이지로 넘어가고, 이 예제에서는 보여주기를 원하는 어떤 내용이든 담을 수 있는 사용자 정의 페이지가 표시된다(그림 13.8). 앞서 언급했듯 바탕 화면 바로가기는 사용자가 설치를 선택했을 때만 설치한다. 사용자 정의 페이지는 체크박스를 추가해 사용자가 바로가기를 원하지 않는다면 이를 사용하지 않을 수 있게 한다.

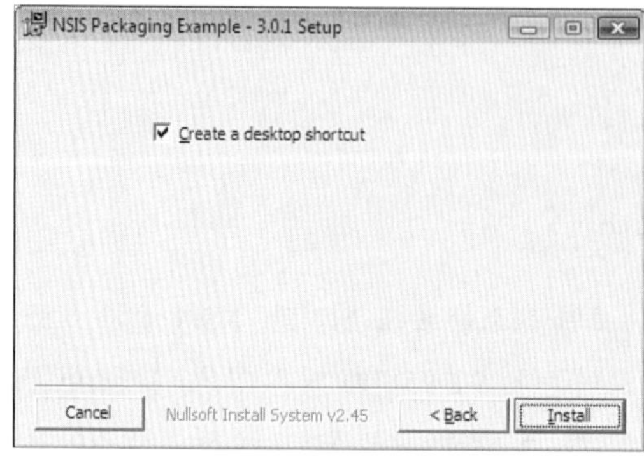

그림 13.8 사용자가 디자인한 설치러 페이지

사용자 정의 페이지는 페이지의 내용을 만드는 optionsPage와 사용자가 다음 버튼을 누를 때 실행되는 optionsPageLeave의 두 콜백 함수를 사용한다.

먼저 optionsPage 함수를 살펴보자.

```
; 체크박스 위젯
Var Checkbox

; 위젯의 상태 (선택 여부)
Var Checkbox_State
Function optionsPage

  ; 새로운 대화 페이지를 만든다.
  nsDialogs::Create 1018
  Pop $0
  ${If} $0 == error
    Abort
```

```
118    ${EndIf}
119
120    ; 체크박스를 만든다.
121    ${NSD_CreateCheckbox} 20% 20% 100% 10u "&Create a
       desktop shortcut"
122    Pop $Checkbox
123
124    ; 체크박스를 기본으로 선택한다.
125    ${NSD_Check} $Checkbox
126
127    ; 페이지 내용을 보여준다.
128    nsDialogs::Show
129
130 FunctionEnd
```

이 사용자 정의 페이지는 네 가지 큰 단계를 포함하고 있다. 114~118번째 행에서는 nsDialogs::Create 함수가 설치 프로그램 GUI에 새로운 페이지를 만든다. Create 함수의 반환 값을 암묵적으로 스택의 위에 넣게 되고, 그다음에 명시적으로 $0 변수로 꺼내 담는다. 에러 코드가 반환되면 함수가 중단된다. 스택 기반 프로그래밍 언어의 사용자라면 이런 타입 값의 등장에 이미 익숙할 것이다.

다음 단계로 121~122번째 행에서는 NSD_CreateCheckbox 함수를 호출해 체크박스 위젯을 페이지에 추가한다. 숫자 매개변수가 위치 정보를 제공해 체크박스와 그와 관련된 문자 레이블이 페이지의 상단 근처에 위치하게 된다. 스택에서 체크박스 위젯의 참조를 가져와 $Checkbox 변수에 저장한다.

세 번째 단계로 125번째 행에서는 NSD_Check 함수가 체크박스를 기본적으로 활성화한다. 사용자는 바로가기를 만들고 싶지 않다면 명시적으로 체크박스의 선택을 해제한다.

마지막 단계로 128번째 행에서는 nsDialogs:Show 함수가 페이지의 내용을 만든다.

체크박스의 값을 저장했는지 분명히 하기 위해(선택 여부) Install 버튼을 누르면 추가 콜백 함수를 실행한다.

```
135 Function optionsPageLeave
136    ${NSD_GetState} $Checkbox $Checkbox_State
```

```
FunctionEnd
```

이 페이지에서는 유효성을 검증할 대상이 없어 로직을 분석할 내용도 없다. 하지만 반드시 NSD_GetState 함수를 호출해 체크박스의 상태를 $Checkbox_State 변수에 저장해야 한다. 바탕 화면 바로가기의 설치에 관한 앞선 설명을 되짚어 본다면 먼저 $Checkbox_State을 검사해 설정 여부를 확인한다는 점을 알 수 있다.

설치 페이지와 설치 제거 프로그램

설치 프로그램의 마지막 페이지는 진행률 표시줄과 현재까지 설치된 파일의 상세 목록을 제공한다(그림 13.9). 이 페이지는 자동으로 생성되고 추가 구성이 필요 없다.

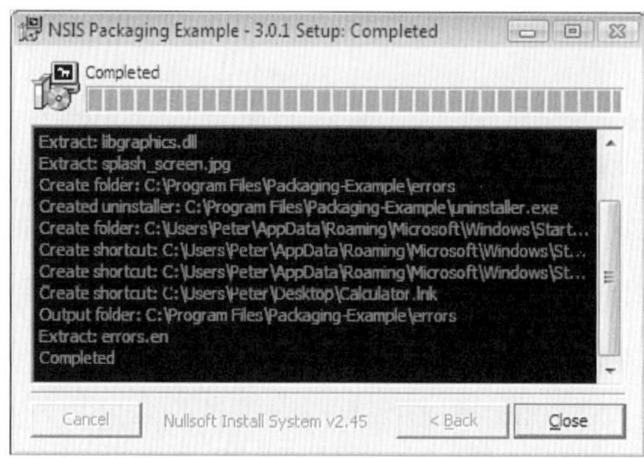

그림 13.9 설치 프로그램의 진행률 페이지

소프트웨어가 설치된 다음에는 반드시 uninstaller.exe 프로그램도 설치 디렉터리에 함께 저장돼야 한다. 이 설치 제거 프로그램를 구성하려면 단순히 설치 과정에서 생성한 모든 파일과 디렉터리를 삭제하는 또 하나의 섹션을 생성하면 된다.

```
; 설치 제거 프로그램 페이지
UninstPage uninstConfirm
UninstPage instfiles
```

```
Section "Uninstall"

  ; 필수 파일과 옵션 파일을 삭제한다.
  Delete $INSTDIR\errors\*
```

```
    RMDir $INSTDIR\errors
    Delete $INSTDIR\*
    RMDir $INSTDIR

    ; 시작 메뉴 항목을 삭제한다.
    Delete "$STARTMENU\My Calculator\*"
    RMDir "$STARTMENU\My Calculator"

    ; 바탕 화면 바로가기를 삭제한다.
    Delete "$DESKTOP\Calculator.lnk"

SectionEnd
```

설치 제거 프로그램은 정말로 파일을 삭제하길 원하는지 확인하는 사항 외에는 별다른 정보가 필요 없다(그림 13.10).

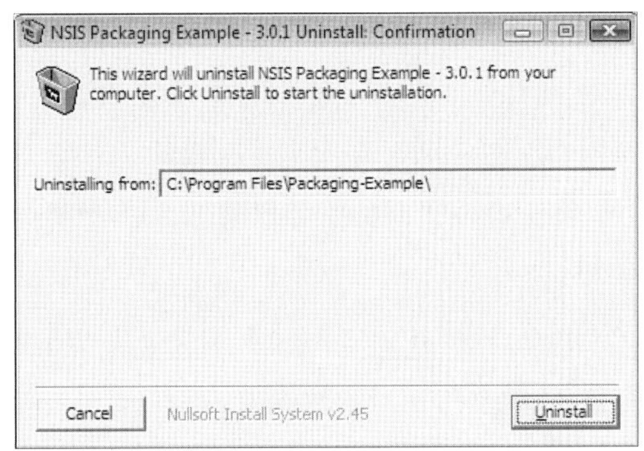

그림 13.10 사용자 확인을 구하는 설치 제거 프로그램 페이지

지금까지 모든 내용을 살펴봤다. 여러분이 완전한 기능을 수행하는 설치 애플리케이션을 만드는 일은 이제 시간문제다. 언어 기능의 일부는 처음 사용하기에 조금 생소할 수도 있지만, NSIS는 여러분의 소프트웨어 릴리스 패키지를 설치할 때 훌륭한 사용자 경험을 만들어준다. 이 도구에 관한 더 자세한 정보는 NSIS 웹사이트를 참고하자[81].

✻ 정리

소프트웨어 릴리스 패키지를 만드는 일은 일반적으로 빌드 과정의 마지막 단계다. 중요한 목표는 기술에 익숙하지 않은 사용자라도 손쉽게 타겟 머신에 소프트웨어를 설치하게 하는 일이다. 이는 사용자가 소프트웨어를 구동하기 위해 소프트웨어를 소스코드로부터 컴파일하거나 많은 단계를 직접 수행할 필요가 없게 해야 함을 의미한다.

시간의 낭비를 줄이기 위해서는 패키징 스크립트가 잘못된 사용자 입력을 확인하고, 모든 가능한 에러를 보고하고(단순히 무시하지 않고), 파일을 복사할 때 최소한의 시간과 디스크 공간을 소비하는 기능이 중요하다. 낮은 품질의 패키징 스크립트는 잘못된 릴리스 패키지를 만들 수 있다.

첫 번째 패키징 방법으로는 모든 대상 파일을 하나의 ZIP이나 TAR 아카이브로 압축하고, 패키징 스크립트를 사용해 올바른 위치에 파일을 저장하는 방법이 있다. 이는 간단하기는 하지만 설치된 이후에 파일에 관한 사용자 정의 동작을 수행할 추가 설치 스크립트가 필요하다.

두 번째 방법으로는 패키지 관리 도구를 사용해 대상 파일을 타겟 머신에 설치하는 방법이 있다. 이 방법은 설치 과정의 전후에 임의의 코드를 실행할 수 있게 해준다. 릴리스 패키지에 버전 종속성 정보를 추가해 필요한 선행 패키지가 먼저 타겟 머신에 설치됐는지 확인한다.

마지막으로, 커스터마이즈된 GUI 도구는 주 활동들을 별도의 페이지로 구분해 친숙한 사용자 경험을 제공한다. 여기에는 설치 디렉터리의 선택과 사용권 계약의 동의와 설치할 옵션 컴포넌트의 선택 등이 포함된다. 설치 과정의 전이나 후에는 임의의 스크립트를 실행할 수 있다.

14 버전 관리

컴퓨터 소프트웨어는 수시로 변한다. 소프트웨어의 주요한 특징 중 하나는 버그 수정이나 새로운 기능 추가로 빈번히 업데이트할 수 있다는 점이다. 이런 변화를 제어하기 위해 버전 관리 시스템version-control system을 활용해 소프트웨어를 관리한다(그림 14.1).

이 버전 관리 시스템을 토대로 각 프로젝트 개발자는 중앙 리포지토리repository로부터 소스코드 복사본을 가져와 수정할 수 있으며, 수정한 내용을 다른 이들과 공유하기 위해 다시 중앙 리포지토리에 반영할 수 있다.

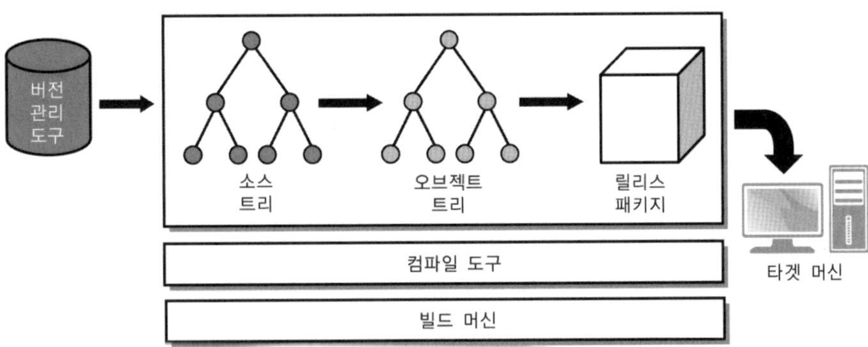

그림 14.1 빌드 시스템의 버전 관리 다이어그램

버전 관리 시스템의 주요 기능은 소스코드의 완전한 이력을 재생산할 수 있다는 점이다. 다시 말해 여러 다른 개발자는 소프트웨어의 여러 다른 버전에서 작업할 수 있으며, 각 버전은 나머지 버전과의 독립성이 보장된다(그림 14.2). 또한 이전 버전 코드에서 버그가 발견된다면 개발자는 해당 버전 코드를 컴파일할 때 사용했던 소스 파일을 정확히 가져올 수 있다. 그러고 나서 해당 버그를 수정하고, 수정된 버전을 릴리스할 수 있다.

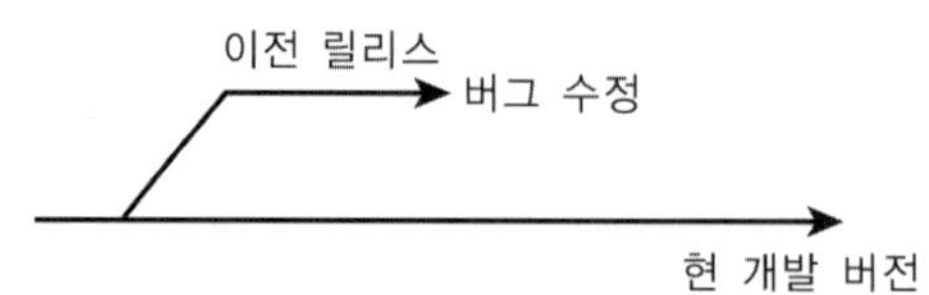

그림 14.2 코드 스트림(code stream)을 구분하는 버전 관리 브랜치 사용하기

버그 수정 작업은 현 개발 버전과 독립돼야만 한다. 그렇지 않다면 버그가 수정됐을 때 해당 버전에는 없던 현 개발 버전의 새로운 기능들이 추가돼 버린다. 다른 한편 수정된 버그는 다음 릴리스에 반영되게 현 개발 버전 브랜치branch에 반영돼야 할 것이다.

빌드 시스템의 관점에서 볼 때 버전 관리 시스템은 모든 빌드 기술 파일(예, Makefile 또는 SConstruct)을 관리하는데, 빌드 기술은 현재 소스 파일들과 일치해야 하고 소스코드와 조화를 이루게 변경돼야 한다. 최종 목표는 재생산돼야 할 소프트웨어의 이전 버전을 빌드하는 일인데, 이는 빌드 시스템과 소스 파일과의 일관성이 유지되지 않으면 불가능하다.

14장에서는 버전 관리 시스템이 빌드 시스템의 디자인과 구현에 어떻게 영향을 끼치는지에 대해 집중적으로 알아볼 예정이지만, 그 외의 일상적인 작업(예, 체크아웃check out이나 제출submit)에 대해서는 다루지 않는다. 버전 관리 도구(CVS[2], 서브버전Subversion[3], 깃Git[4], 클리어케이스ClearCase[5])에 관한 더 많은 정보를 원한다면 다른 책을 참조하길 바란다.

14장에서는 세 가지 주제를 다루는데, 그 첫 번째는 버전 관리 대상이 되는 파일 유형을 정의하고, 두 번째는 소스코드 트리 외로 관리 대상이 되는 파일을 정의한다. 그리고 마지막에서는 버전 번호 매기기version numbering의 기초 개념을 다룬다.

전통적 소프트웨어 구성 관리SCM, Software Configuration Management는 시간이 지남에

따라 변화하는 소프트웨어를 관리하는 데 초점을 맞추며, 결점과 새로운 기능 추적을 포함한다. 하지만 14장에서는 SCM 분야 중 일부분만을 다루며, 이런 주제는 다루지 않는다.

버전 관리로 할 수 있는 일

일반적으로 모든 이가 작성한 소스 파일은 버전 관리 시스템에 저장돼야 한다. 소스코드와 더불어 버전 관리 시스템은 소스코드를 에러 없이 컴파일하는 빌드 기술 파일을 포함한다. 그리고 이는 여러 코드 스트림(예, 릴리스)이 있더라도 일관성이 유지돼야만 한다. 반면 버전 관리 시스템은 빌드 과정 중에 생성된 파일(예, 오브젝트 파일이나 실행 프로그램)은 일절 포함하지 않는다.

버전 관리 시스템에서 지켜져야 할 네 가지 유형은 다음과 같다.

- **빌드 기술 파일** 소스코드를 컴파일하는 일련의 과정을 정의한다.
- **도구 참조** 어느 컴파일 도구가 사용돼야 하는지 정의한다.
- **큰 바이너리 파일** 버전 관리 시스템이 용량이 작은 소스 파일을 관리하는 방식과 동일한 방법으로, 큰 바이너리 파일을 저장한다.
- **소스 트리 구성** 전 소스 트리가 구성되는 방법을 정의한다.

위 모든 경우에 있어 버전 관리 시스템은 여러 개발 버전을 포함할 수 있다는 점을 명심하자. 즉, 이 버전들 가운데 일부는 이미 고객에게 배포된 소프트웨어의 소스코드를 포함할 수 있으며, 나머지는 새로운 기능 추가를 위해 개발 중인 버전일 수도 있다.

빌드 기술 파일

빌드 기술 파일build description file이 버전 관리하에 있어야 한다는 점에 대한 더 이상의 언급은 필요 없을 것이다. 다만 자동 빌드 과정이 제품을 빌드하는 데 사용되는 완전한 명령 집합을 다룬다는 점은 반드시 기억해두자. 때에 따라 빌드 프로세스는 모든 프로세스를 관장하는 이가 없다면 여러 단계로 나눠질 수 있다. 특정 개발자가 수동으로 처리해야 할 단계가 많아진다면 빌드 프로세스가 오작동하기 쉬워질 뿐만 아니라, 심지어 시간이 지나면 지날수록 빌드 프로세스가 에러를 다량으로 유발하게 된다. 결국 신뢰성 없는 소프트웨어 빌드가 되기 십상이다.

제품을 빌드하는 방법을 명시하는 웹 페이지를 보유하는 개발 단체는 흔치 않다. 그리고 빌드 시스템이 성장함에 따라 이 정보는 수정되며, 항상 컴파일을 시작할 필요가 있는 최신 정보를 포함한다. 경험이 많은 개발자일수록 빌드 프로세스에 관한 주석을 상세하게 기재한다. 다음 발췌문은 대표적인 사례다.

```
Use the following steps to build the product:
To build the prerequisite libraries, do:
        cd src/libs
        make LIBARCH=i386
        make LIBARCH=mips

If you're using a code base newer than October 17 th , or on the
Release_2.0
branch, execute "make LIBARCH=x86_64" instead of the i386 target.

To build a debug image, instead do "make LIBARCH=<arch> DBG=1", but
this doesn't yet work properly for the MIPS target.

To link everything together, do:
        cd src/target
        make all
```

이 빌드 프로세스는 굉장히 단순해보이지만, 확장한 후에 무슨 일이 일어날지 생각해보자. 예를 들어 개발 기간이 1년 이상 연장된다면 빌드 프로세스는 2배 또는 3배로 길어질 수 있으며, 더 많은 참조할 데이터와 브랜치를 포함할지도 모른다. 따라서 올바른 빌드 단계 설정은 큰 과제거리임에 틀림없다.

경험 많은 개발자라면 꿈에서조차 해당 단계들을 기억하고 수행할 수도 있지만, 아직 경험이 미숙한 개발자는 기타 여러 옵션을 사용해봄으로써 겨우 수행해낸다. 그 결과 중요한 빌드 단계를 실수로 빠뜨렸을 때 잘못된 빌드의 수가 증가하는 것을 보게 된다. 또한 개발자는 빌드 프로세스의 과정을 낱낱이 조사해야 할 때나 빌드 프로세스 과정상의 다음 명령을 기다리고 준비해야 할 때 좌절을 맛보게 된다.

이런 문제를 해결하기 위해 거의 모든 빌드 명령을 자동화할 필요가 있으며, 더 나아가 버전 관리 시스템에 관련된 일단의 정보를 저장해야 한다. 이는 개발자에게 체크아웃한 코드에 대한 빌드 단계의 현재 설정을 확인하는 표준 방법을 제공한다. 이런 단계는 여러 다른 코드 브랜치에서 달라질 수 있지만, 소스코드와 일관성을 지니는 버전 관리가 있기 때문에 문제없이 유지된다.

예를 들어 make help를 입력하면 코드를 빌드하는 방법에 관한 유용한 정보가 제공된다.

```
$ make help
Help information:
    make help           - show this help page
    make libs           - build all the prerequisite libraries
    make libs LIBARCH={x86_64,mips}
                        - build the libraries for one architecture
                          (i386 is no longer supported)
    make link           - perform the final linking phase
    make all            - build the entire program from scratch.
Options:
    Add DBG=1 to generate debugging information (mips not supported)
```

현재 체크아웃한 소스코드 트리에 관련된 문서에 일자와 브랜치 정보가 전혀 없다. 이전 코드가 체크아웃됐다면 이 문서의 내용은 달라진다.

all 타겟은 빌드 단계 실행을 사용자에게 개별적으로 요구하는 것 없이 처음부터 끝까지 제품 전체가 완전히 빌드되는 점을 보장한다. 달리 말해 빌드 프로세스의 상세한 내용은 시간이 지남에 따라 변경될 수 있지만, 개발자는 항상 all 타겟을 신뢰할 수 있다. 게다가 그들은 여전히 각 빌드 단계(예, libs와 link)에 접근할 수 있지만, 그들을 사용할 필요는 없다.

도구 참조

신뢰성 있는 빌드 시스템의 또 다른 주요 구성 요소는 사용하는 컴파일 도구의 집합이다. 빌드 도구는 컴파일 도구를 호출하고 필요한 커맨드라인 매개변수(예, 소스와 오브젝트 파일명)를 전달한다. 다음 makefile에서는 GNU C 컴파일러(gcc)가 실행될 컴파일러로 정의됐다.

```
CC := gcc
```

```
prog: main.o helper.o
	$(CC) -o $@ $^
```

$(CC) 변수는 prog에 대한 명시적 규칙explicit rule에 따라 사용되고, C 소스 파일(main.c와 helper.c)을 컴파일하는 방법을 아는 기본 제공 규칙에 따라 사용된다.

불행하게도 이 방법은 몇 가지 문제점이 있는데, 소수 사용자가 사용하는 비교적 간단한 프로젝트에서는 잘 동작할지 모르지만 개발 환경이 복잡해지면 몇 가지 문제가 발생한다.

그 첫 번째는 gcc 프로그램이 사용자 셸 경로(유닉스 계열 시스템에서 $PATH 환경 변수)에서 검색된다는 점이다. gcc가 잘 알려진 위치(예, /usr/bin)에 설치돼 있다면 올바른 버전이 발견되지만, gcc가 비표준 위치(예, /tools/bin) 또는 $PATH 환경 변수와 무관한 위치에 저장돼 있다면 gcc의 잘못된 버전이 사용될 수 있다.

잘못된 컴파일러를 사용했을 때 악영향이 발생할 수 있는데, 이는 두 컴파일러가 어떻게 다른지와 언어 기능에 전적으로 달려 있다. 예를 들어 특정 개발자가 새로운 언어 기능(새로운 컴파일러에서만 동작)을 사용하는 코드를 작성했다면 이전 버전 컴파일러를 사용하는 나머지 개발자는 빌드 에러에 직면하게 된다.

다음과 같은 예를 살펴보자.

- **새로운 명령을 인식하지 못하는 이전 버전 컴파일러** 예를 들어 자바 1.5 이상 컴파일러에서만 사용되는 구문인 generic 개념으로 작성된 코드를 자바 1.2 컴파일러로 컴파일 시도하면 다음과 같은 에러가 발생한다.

```
Generics.java:5 Identifier expected.
    public List<Integer> myList;
                       ^
1 error
```

- **이전 버전 프로그램에서 새로운 컴파일러로 인한 문제** 예를 들어 assert 변수는 자바 1.4의 예약어다. 반면 이전 버전 자바 프로그램에서는 assert를 일반 변수의 이름으로 사용할 수 있다. 따라서 이전 버전 코드를 컴파일하기 위해서는 자바 1.3 컴파일러를 사용하거나 자바 컴파일러에 -source 옵션이 부여돼야만 한다.

```
AssertTest.java:4: as of release 1.4, 'assert' is a keyword, and may
not be used as an identifier (use -source 1.3 or lower to use assert'
as an identifier)
int assert = 0;
     ^
1 error
```

- **새로운 컴파일러가 더 많은 경고를 보고** GNU C 컴파일러의 최신 버전은 이전 버전보다 더 많은 경고를 보고한다. 컴파일러 경고를 직면하면 강제 종료하는 빌드 시스템에서는 결국 빌드를 실패하고 만다.

```
#ifdef FOO
...
#endif FOO /* error! */
program.c:27:8: warning: extra tokens at end of #endif directive
```

- **이전 버전 도구에서 해결된 버그** 때때로 개발자는 도구나 관련된 라이브러리에서 버그를 발견하는데, 이런 버그는 개발자의 소스코드상에서 해결돼야 한다. 프로그램 로직은 그들이 현재 사용하고 있는 도구의 버전에 적합할 수밖에 없다. 따라서 버그를 고치기 위해 컴파일 도구를 업그레이드하는 일은 개발자가 노력해서 해결한 일을 무효하게 만들 뿐만 아니라 또 다른 문제를 야기할 수 있다.

```
int get_stats(char *name, int size)
{
  int stats[size];
  int rc = process_stats(stats, size);
  /*
   * 컴파일러 최적화 버그로 인해
   * 다음 if문이 필요하다.
   * 필수 사항은 아니다.
   */
  if (rc == 1){
    size += 1;
  }
  send_stats(stats, name, size);
```

}

- **디프리케이티드(deprecated) 명령 옵션이 제거됨** 시간이 지남에 따라 여러 컴파일 도구는 이전 커맨드라인 옵션을 대체하는 새로운 옵션을 취한다. 하지만 이전 옵션을 완전히 제거하는 대신, 호환성을 위해 일정 기간 동안 디프리케이티드로 처리한다. 즉, 현재는 사용 가능하지만 앞으로 릴리스되는 버전에서는 사용할 수 없다는 점을 알린다. 그 결과 컴파일 도구의 이전 버전과 새로운 버전의 호환성은 사라진다.

이런 문제를 방지하는 일반적인 방법은 애매한 점을 제거하게 각 컴파일 도구의 요구 버전을 빌드 기술 파일에 하드 코딩하는 일이다. 소프트웨어의 최신 버전이 최신 버전의 도구를 채택하더라도 버전 관리 시스템은 이전 소프트웨어가 이전 도구를 사용할 수 있게 해야 한다.

동일한 빌드 머신상에 컴파일 도구의 여러 버전이 있는 것은 당연한 일이다. 이는 빌드 도구의 최신 버전이 이전 버전을 제거하면서 치환되는 경우를 제외하고는 거의 모든 도구에 해당한다.

특정 빌드 도구의 여러 버전이 준비된 경우 도구의 어느 버전을 사용할 것인가를 다양한 방법으로 명시할 수 있다.

1. 절대 경로를 하드 코딩

이 경우 빌드 기술 파일은 컴파일 도구의 절대 경로를 포함한다. 또한 이 경로는 버전 번호와 같은 버전 구분자를 포함해야 한다.

```
CC := /tools/bin/gcc-3.3
prog: main.o helper.o
    $(CC) -o $@ $^
```

절대 경로를 사용할 경우 사용자 검색 경로($PATH)는 조사되지 않는데, 이는 잘못된 컴파일러 사용 가능성을 사전에 방지한다. 하지만 이 방법을 이용하기 위해서는 모든 빌드 머신이 동일하게 설치된 도구 집합을 가져야 하며, 파일 시스템 위치가 동일해야 이용할 수 있다. 이에 관해서는 15장에서 빌드 머신 관리를 알아보면서 좀 더 살펴본다.

컴파일러 버전 번호가 파일명에 추가되기 때문에 자연히 버전 관리가 쉬워진다.

이 번호는 컴파일러 업그레이드할 때 매우 중요하다. 예를 들어 소프트웨어 릴리스 버전 1과 버전 2가 같은 GCC 3.3 버전을 사용했지만, 다음 버전에서는 GCC 4.2 버전을 사용한다고 가정해보자. 이때 잘못된 컴파일러 버전으로 컴파일된 소스코드는 문제가 될 수 있다. 그러나 버전 관리 도구를 바탕으로 이를 해결할 수 있다. 소프트웨어 R1과 R2의 브랜치[branch] 코드는 GCC 3.3을 사용하게 하드 코딩돼 있을 것이다. 반면 개발 메인 트렁크[truck]는 GCC 4.2를 사용한다. 따라서 각 브랜치 코드는 어려움 없이 필요한 버전을 사용할 수 있다.

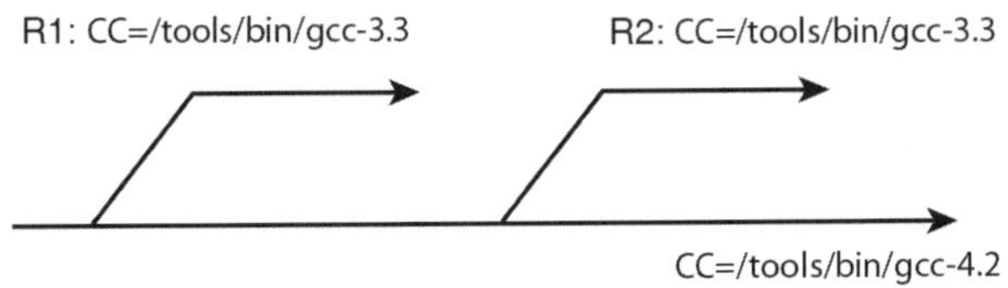

그림 14.3 컴파일 도구 경로를 하드 코딩함으로써 각 브랜치는 올바른 빌드 도구 버전을 사용한다.

이 예에서도 알 수 있듯이 프로젝트 초기 단계부터 빌드 도구의 버전화를 구현한다. 소프트웨어를 릴리스할 때 GCC의 버전 관리를 잘하지 못하면 이후에 큰 곤경에 처할 수 있다.

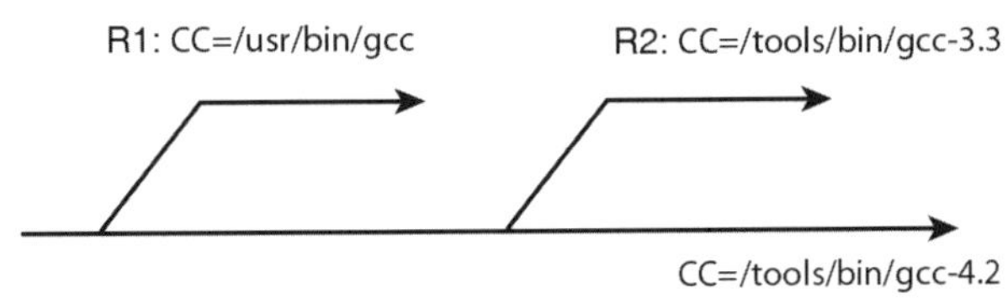

그림 14.4 빌드 도구의 버전 관리에 실패하면 문제가 발생한다.

이 경우 R1 소스코드를 확실히 재생성할 수 있는 유일한 방법은 /usr/bin/gcc가 항상 버전 3.3으로 설정돼 있어야만 한다. /usr/bin이 표준 운영체제의 일부분이라면 이 컴파일러의 버전을 제어하기가 까다로워진다. 예를 들어 새로운 운영체제에서 컴파일하기 원한다면 /usr/bin/gcc를 버전 3.3으로 다운그레이드해야 한다. 결국 이는 빌드 머신상의 나머지 프로그램에 악영향을 미칠 우려가 있다.

여러분은 R1 브랜치의 빌드 도구를 /tools/bin/gcc-3.3로 왜 변경할 수 없는지 그 이유가 궁금할 것이다. R1 브랜치에 있는 새로운 버그는 문제없이 고칠 수 있지만, 재생성할 필요가 있는 이전 버전의 소프트웨어는 그렇지 않다. 예를 들어 R1의 버그를 수정한 소프트웨어 버전이 1.2.3이라는 가정하에 1.2.2 버전이나 이보다 이전 버전을 재생성하려고 시도한다면 결국 버전 관리되지 않은 컴파일러를 사용하게 된다. 좋든 싫든 버전 관리 시스템을 이용해 이전 버전으로 돌아가 수정할 수 없다.

마지막으로 유념해야 할 점은 시스템에서 오래된 컴파일러를 제거하는 데 신경 써야 하는 일이다. 소프트웨어의 이전 버전을 재생성할 필요가 있다면 컴파일러와, 이와 관련된 필요한 것들을 보존하고 있어야 한다. 일부 시스템에서는 2개의 이전 릴리스만 지원한다. 그래서 1년이 지난 후에도 오래된 컴파일러를 제거할 수 있다. 나머지 시스템에서는 확장된 소프트웨어를 일정 기간 지원하기 때문에 더욱 긴 기간 동안 컴파일러를 보존해야 한다.

2. $PATH 환경 변수 하드 코딩

두 번째 방법은 첫 번째 방법과 유사하게 올바른 컴파일러가 사용되는 것을 보장하는 일이다. 하지만 이번 경우는, 사용자가 올바른 검색 경로를 구성하는 일이 아니라 `$PATH` 환경 변수 값을 하드 코딩하는 일이다. 빌드 기술 파일에 검색 경로를 저장하는 일은 버전 관리와 검색 경로를 갱신할 수 있게 한다.

```
PATH := /usr/bin:/tools/bin:/tools/java-1.5/bin
CC := gcc-3.3
JAVAC := javac
```

이 예제는 컴파일 도구 검색 대상이 되는 디렉터리 리스트를 제공한다. `$(CC)`와 `$(JAVAC)`가 컴파일 도구를 참조할 때 왼쪽에서 오른쪽으로 경로가 검색된다. 다시 말해 /usr/bin부터 검색해 마지막에 /tools/java-1.5/bin를 검색한다. 그리고 검색 도중 처음 발견되는 실행 프로그램을 사용한다.

경로 검색은 조심스럽게 조절돼야 하지만, 이 방법은 잘 동작한다. 개발자가 /tools/java-1.5/bin/ 디렉터리의 `javac` 프로그램을 사용하려고 의도했지만, /usr/bin 디렉터리에 `javac` 프로그램이 있다면 잘못된 컴파일 도구가 사용되고 만다. 이 문제를 해결하는 데 많은 시간은 걸리지 않지만, 적어도 잘못된 실행은 모든 사용자에게 영향을 미친다.

이 방법의 또 다른 제약은 빌드 도구가 실행될 때 개발자는 어떤 도구가 사용되는지 정확히 구분하지 못한다는 점이다.

```
$ make all
javac ...
```

이 빌드 로그로부터 javac가 실행된 사실은 알 수 있지만, 어느 디렉터리의 javac인지는 알 수 없다. 컴파일 도구의 전체 경로를 명시했다면 빌드 로그에서 그 경로를 확인할 수 있다.

```
$ make all
/tools/java-1.5/bin/javac ...
```

이 차이는 빌드 로그의 정보를 복사하거나 붙여넣기 할 때 매우 유용하다. Makefile에 $PATH 환경 변수를 설정하지 않으면 다른 도구가 사용될 수 있다는 점을 명심하자.

3. 버전 관리 시스템에 도구 저장

세 번째 방법은 소스코드를 버전 관리하는 방법과 동일한 방식으로 컴파일 도구를 버전 관리한다. 이는 도구 버전과 이 도구를 필요로 하는 소스코드를 관련짓게 한다. 최신 컴파일러로 업그레이드하면 단순히 최신 도구를 확인하고, 이를 이용해 빌드 프로세스를 진행하면 된다. 그리고 소스코드의 이전 버전을 재생성하길 원한다면 해당 버전에 맞는 도구가 사용된다.

빌드 기술 파일은 각 도구에 대해 빌드 트리의 상대적 경로를 포함해야 한다. 그렇다고 해서 경로명에 버전 번호를 반드시 붙일 필요는 없다.

```
CC := $(SRC_TREE)/tools/bin/gcc
JAVAC := $(SRC_TREE)/tools/bin/javac
```

이 시스템이 잘 동작하게 하려면 큰 바이너리 파일을 잘 저장할 수 있는 버전 관리 도구를 사용해야만 한다. CVS는 큰 파일을 잘 처리하지 못하는 것으로 유명하므로, 가급적 그 외의 도구를 사용하는 것이 바람직하다. 게다가 버전 관리 도구가 각 개발자의 로컬 파일 시스템에 모든 파일의 복사본이 있기를 요구한다면 초과 용량 사용으로 곤란할 것이다. 한편 IBM Rational의 ClearCase 같은 일부 도구는 도구의 단일 복사본을 공유할 수 있게 해준다.

큰 바이너리 파일

컴파일 도구에 대한 버전 관리를 논의한 개념은 그 외의 큰 파일에도 응용할 수 있다. 많은 프로그램은 그래픽 이미지와 사운드 파일, 서드파티 코드 라이브러리와 같은 데이터 파일을 사용한다. 버전 관리 도구가 큰 바이너리 파일을 다룰 수 있다면 당연히 이 파일들을 커밋commit할 수 있으며, 각 개발자의 소스 트리에 이 파일들이 체크아웃check out될 수 있다. 반면 버전 관리 도구가 큰 바이너리 파일을 지원하지 않거나 디스크 용량을 절약하고 싶다면 블랍blobs, binary large objects 형식으로 공유된 리포지토리 생성을 고려해야 한다.

컴파일 도구에서 했던 것처럼 블랍의 각 버전은 버전 번호를 포함하는 파일 시스템 경로에 저장되는데, 각 블랍의 여러 버전은 각 파일의 올바른 버전을 참조하는 빌드 기술 파일(버전 관리에 저장된)과 함께 병렬로 존재할 수 있다. 예를 들어 다음과 같다.

```
/usr/blobs/images/splash-screen/20100811/image.jpg
/usr/blobs/images/splash-screen/20100715/image.jpg
/usr/blobs/images/splash-screen/20100704/image.jpg
/usr/blobs/images/about-menu/20100728/about.jpg
/usr/blobs/images/about-menu/20100728/help.jpg
/usr/blobs/images/about-menu/20100713/about.jpg
/usr/blobs/images/about-menu/20100713/help.jpg
```

각 디렉터리는 블랍의 각 버전 하위 디렉터리를 포함함과 동시에 사용되는 블랍을 혼동 없이 기술할 수 있게 고유한 명칭으로 명명해야 한다. 날짜 스탬프date stamp (예, 20100728)는 언제 블랍의 버전이 생성됐는지 판단하는 데 용이하며, 빌드 기술 파일에서 적절한 버전을 참조할 수 있다.

```
/usr/blobs/images/splash-screen/20100811/image.jpg
/usr/blobs/images/splash-screen/20100715/image.jpg
/usr/blobs/images/splash-screen/20100704/image.jpg
/usr/blobs/images/about-menu/20100728/about.jpg
/usr/blobs/images/about-menu/20100728/help.jpg
/usr/blobs/images/about-menu/20100713/about.jpg
/usr/blobs/images/about-menu/20100713/help.jpg
```

about-menu 디렉터리의 서로 다른 2개의 파일이 블랍의 각 최신 버전으로 저장된다. 논리적인 관점에서 볼 때 모든 개별 파일의 고유 버전 번호를 관리하는 것보다는 단일 그룹 내에서 많은 파일을 일괄적으로 관리하는 편이 더 용이하다.

소스 트리 구성

버전 관리를 유지하는 마지막 정보 유형은 소스 트리 구성이다. 이는 소프트웨어를 빌드하는 개발자 작업 공간workspace에서 사용 가능한 소스코드 디렉터리 집합이며, 버전 관리 도구에 따라 모듈module 또는 구성 스펙config sepc[1], 뷰 스펙view spec[2]으로 이 정보를 참조한다. 예를 들어 개발자가 다음과 같이 디렉터리 집합을 체크아웃하면 버전 관리 리포지토리 위치(왼편)는 개발자 소스 트리 위치(오른편)로 매핑된다.

```
/repo/trunk/libraries/graphic/       -> libraries/graphic
/repo/trunk/libraries/math/          -> libraries/math
/repo/trunk/programs/calc            -> source
```

이 경우 개발자가 소스코드 트리를 체크아웃하면 리포지토리로부터 /repo/trunk/libraries/graphic 디렉터리의 최신 버전이 검색된다. 이 파일들은 개발자 빌드 트리의 libraries/graphic 하위 디렉터리에 저장되며, 나머지 두 라인 또한 유사하게 처리된다. 이 파일에서의 엔트리 수는 리포지토리에서 빌드 트리로 매핑되는 만큼 충분히 변경될 수 있다.

아이로니컬하게도 이 매핑 수법을 버전 관리하는 버전 관리 시스템은 몇 안 된다. 따라서 이전 빌드 트리를 항상 재생성하는 일은 결코 쉽지 않다. 그러므로 개발자는 어느 디렉터리 집합이 필요하고, 매핑이 어떻게 변하는지를 미리 파악하고 있어야 한다. 개발자가 소스 트리의 이전 버전을 원한다면 당연히 이전 매핑을 사용해야만 한다.

---

1. config spec(configuration specifications)은 ClearCase에서 흔히 사용하는 용어인데, ClearCase에서 뷰에 표시되는 요소의 브랜치 또는 버전을 명시하는 일이다. – 옮긴이

2. view spec(view specifications)은 config spec과 마찬가지로 ClearCase에서 흔히 사용되는 용어인데, 뷰의 종류를 명시한다. 대표적인 뷰의 종류로는 Snapshot view(서버의 내용을 자신의 작업 공간에 복사)와 Dynamic view(디폴트로, 서버의 내용이 자신의 작업 공간이 아닌 네트워크 공간에 있음)가 있다. – 옮긴이

이 제약을 회피하는 한 가지 방법은 버전 관리 시스템에서 잘 알려진 위치로 매핑을 커밋하는 일이다. 예를 들어 개발자가 나머지 디렉터리에 접근할 때 /repo/trunk/view.dat 파일을 리포지토리로부터 처음 체크아웃하고 사용한다. 그리고 나중에 새로운 디렉터리가 필요하면 추가 구성 라인을 view.dat에 추가하면 된다. 이는 소스코드를 체크아웃할 때 2단계 프로세스에 걸쳐 진행돼 번거로울 수 있지만, 이 정보를 버전 관리하에 두는 일은 매우 큰 장점을 지닌다.

소스 트리에서 하지 말아야 할 점

앞 절과 반대로 버전 관리에 저장하지 말아야 할 파일을 고려할 필요가 있다. 게다가 마치 버전 관리되지 않는 것처럼 소스코드와 동일한 디렉터리에 저장하지 말아야 할 파일을 파악할 필요가 있다.

이 절에서는 다음과 같은 세 가지에 대해 알아본다.

1. 소스 트리에 생성된 파일
2. 버전 관리에서 생성된 파일
3. 빌드 관리 스크립트

자, 그럼 각 항목에 대해 차례로 알아보고, 올바른 파일 시스템 위치에 이 파일들을 저장하는 데 왜 신경을 써야 하는지 알아보자.

소스 트리에 생성된 파일

기본적으로 대부분의 컴파일 도구는 입력 파일과 동일한 디렉터리에 출력 파일을 생성한다. 따라서 빌드 시스템에서 소스코드 트리 전반에 걸쳐 오브젝트 파일이 소스 파일과 뒤섞여서 위치하는 것은 당연한 일이다. 예를 들어 다음과 같은 디렉터리가 있다고 하다.

```
$ ls
calc.c calc.o Makefile math.c math.o numbers.c numbers.o
```

당연히 큰 프로젝트에서는 추가적인 작업이 필요하며, 별도로 지정된 출력 디렉터리에 오브젝트 파일을 저장함으로써 많은 이점을 얻을 수 있다. 예를 들어 소스코드가 sources 하위 디렉터리에 저장된다면 오브젝트 파일은 objects 하위 디렉터리에 저장돼야 한다. 이 디렉터리들은 하위 디렉터리 계층을 포함하므로, sources/a/b/file.c와 같은 소스 파일은 objects/a/b/file.o와 같은 오브젝트 파일로 컴파일된다.

이 절차를 무시하면 다음과 같이 열거된 문제들 가운데 하나 이상을 직면하게 된다.

- **소스 파일처럼 보이는 자동 생성된 파일** 파일이 소스 파일인지 생성된 파일인지 구분되지 않는 혼동이 발생한다. 이는 오브젝트 파일(.o 확장자) 문제가 아니라, 실제 소스 파일과 자동 생성된 소스 파일의 구별이 어려운 점이 문제다. 이 점을 해결하기 위해 통상적으로 다음 형식과 같은 주석을 자동 생성된 파일에 추가한다.

  ```
  /* Warning - auto-generated file - do no edit */
  ```

  대부분의 버전 관리 도구는 커밋돼야 할 파일을 구별하지만, 이 파일을 시스템으로는 귀속시키지 않는다. 예를 들어 많은 CVS 연산자[operations]는 파일의 수정 이력 로그뿐만 아니라 이 파일로 무엇을 할지 나타내는 서술을 제공한다. 버전 관리되고 있는 디렉터리에 있는 파일들 가운데 아직 커밋되지 않은 파일은 다음과 같이 ? 심볼이 표시된다.

  ```
  $ cvs update
  ? Data.java
  U Main.java
  U Database.java
  U Data.list
  ```

  개발자는 Data.java가 리포지토리에 아직 커밋되지 않은 진짜 소스 파일인지, 커밋될 필요가 없는 자동 생성 파일인지 정확히 구별해야 한다. Data.java가 오브젝트 디렉터리에 저장돼 있다면 우선 자동 생성된 파일인지 의심해볼 필요가 있다.

- **클린(clean) 타겟을 구현하기 더 어려움** 생성된 파일이 소스 파일과 함께 섞여 있으면 클린 빌드 타겟 구현은 더욱 어렵다. 생성된 모든 파일이 단일 오브젝트 디렉터리에 있다면 전체 빌드 트리를 청소하기 쉬운(디렉터리를 단순히 삭제) 반면,

소스코드와 함께 뒤섞여 있다면 생성된 파일을 삭제하기란 결코 쉽지 않다. 이 경우 클린 타겟이 올바르게 작동(생성된 파일을 올바르게 삭제)할 수 있게 많은 노력을 기울이지 않으면 생성된 파일 모두를 깨끗이 청소하지 못하는 리스크가 발생한다. 이 시나리오는 종속성 문제 때문에 클린 빌드에 기대는 개발자에게 큰 부담이 될 수 있다. 개발자는 빌드 트리에서 당연히 재빌드돼야 할 파일이 재빌드되지 않을 때 곤욕을 치르는데, 더 심각한 문제는 이들이 신규fresh 트리로 작업을 재개하려고 할 때 이런 파일을 삭제하지 못한다는 점이다.

- **여러 CPU 유형으로 서로 혼합된 오브젝트 파일** 5장에서 이미 설명했듯이 일부 빌드 시스템은 하나 이상의 CPU 유형(예, i386 또는 MIPS)에서 코드를 빌드할 수 있다. 하지만 별도로 출력 디렉터리를 구분하지 않고 오브젝트 파일을 저장한다면 파일들이 혼합돼 결국 CPU별 오브젝트 파일을 구별하기가 어렵다.
- **디스크 용량을 충족시키기 어려움** 일부 환경에서는 여러 디스크 스토리지를 지니는데, 이를 효율적으로 활용하는 것은 매우 중요하다. 일부 디스크는 정기적으로 백업되지만, 나머지는 그렇지 않을 수 있다. 여러분이 소스코드를 안전하게 확보하려 한다면 가장 신뢰성 있는 백업 디스크에 저장할 것이고, 반대로 오브젝트 파일은 쉽게 재생성 가능하므로 흔히 더 싼 디스크에 저장할 것이다. 이처럼 2개의 디스크를 사용하면 소스코드와 생성 코드를 서로 다른 2개의 디렉터리로 관리하는 것이 현명하다.

다행히도 이전 예제는 빌드 도구가 기본적으로 지원하지 않더라도 출력 디렉터리를 구분해 오브젝트 파일(그리고 자동 생성되는 파일)을 생성하는 일이 충분한 가치가 있음을 보여줬다.

버전 관리하에서 생성된 파일

오브젝트 파일이나 자동 생성된 소스 파일이 버전 관리 시스템으로 커밋된다면 이는 잘못된 일이다. 분명 개발자는 이 생성된 파일을 소스 파일로 착각하고 커밋했을 것이다. 앞서 언급한 바와 같이 사람들은 생성된 파일을 소스코드와 동일한 디렉터리에 잘못 저장하는 실수를 종종 범한다.

생성된 파일을 버전 관리하에 두면 발생하는 한 가지 부작용은 다음과 같다. 첫 개발자가 실수로 커밋한 후에 나머지 개발자도 마찬가지로 동일한 실수를 범한다는 사실이다. 생성된 파일은 빌드 시스템에 의해 자동으로 작성되므로 누군가가 빌드를 실행할 때마다 그 파일은 수정된다. 그러므로 당연히 버전 관리 시스템은 파일이 수정됐으며, 리포지토리에 다시 커밋된다는 점을 개발자에게 알린다. 이때 개발자가 주의하지 않는다면 불필요하게 동일한 파일을 수도 없이 커밋하게 된다.

이 문제를 조속히 처리하는 방법으로, 읽기 전용으로 파일을 체크아웃하는 것을 고려해보자. 소스 트리가 재빌드될 때 생성된 파일을 작성하려고 하면 빌드 시스템은 에러를 발생시킨다. 이때 개발자는 파일이 실수로 커밋됐고, 버전 관리 시스템에서 이 파일을 제거해야 한다는 점을 알아차린다.

일반적이지는 않지만 종종 생성된 파일을 버전 관리에 커밋해야 하는 경우도 있다. 예를 들어 자주 변경되지 않는 빌드 트리의 일부(예, 서드파티 라이브러리)를 미리 컴파일해 둠으로써 빌드 프로세스를 가속화할 수 있는데, 이는 라이브러리를 미리 컴파일하고 생성된 파일을 버전 관리 시스템에 커밋해 둠으로써 개발자가 라이브러리를 직접 컴파일하지 않아도 되는 이점이 있다. 그러나 라이브러리를 빌드하는 특정 빌드 타겟이 필요하다. 결론은 이를 통해 라이브러리가 기본적으로 재생성되지 않을 뿐만 아니라 수정됐다고 표시도 되지 않는다는 점이다.

더 나아가 개발자가 재빌드rebuild하는 시간을 절약하기 위해 일부 버전 관리 도구는 생성된 파일을 자동으로 캐싱하는 수법을 취하는데, 이 메커니즘에 대해서는 19장에서 알아보자.

빌드 관리 스크립트

마지막 시나리오는 스크립트나 도구가 제품 소스코드보다는 특히 외부 환경에 더욱 의존할 때 버전 관리 시스템에 코드를 커밋하지 못하는 경우가 발생한다. 이런 도구의 특성은 버그를 수정하는 데 필요한 유지 보수 작업을 증가시킨다.

예를 들어 스크립트는 어느 빌드 머신이 더 빠른지 혹은 어느 파일 시스템이 버전 관리 시스템에 더욱 적합한지를 개발자에게 알려준다. 이는 소프트웨어 릴리스 1과 릴리스 2 때의 빌드 도구의 버전을 시사하는 것이 아니다. 실제로 이 스크립트에서 버그를 수정하면 소스코드의 모든 버전 관리 브랜치가 수정될 수밖에 없는데, 이는 분명히 바람직하지 않은 일이다.

대신 스크립트는 일반 디스크 파일(예, /tools/bin/disk-advisor)로 저장돼야 한다. 새로운 빌드 머신이나 디스크의 상세한 명세 추가 같은 스크립트의 사소한 수정 사항은 한곳에서 수행될 수 있다. 그리고 그 스크립트는 모든 코드 브랜치에서 이용되지만, 소스코드의 특정 브랜치와 또 다른 브랜치에서 다르게 동작할 필요는 없다.

스크립트 작업들 가운데 일부가 특정 브랜치 코드에 의존된다면 버전 관리에도 스크립트의 구성을 저장할 수 있지만, /tools/bin 디렉터리에 스크립트의 주요 내용을 저장할 수 있다. 예를 들어 `disk-advisor` 스크립트가 빌드 프로세스에 의해 생성되는 출력 디렉터리가 어디에 있는지 알 필요가 있다면 이 정보를 열거하는 구성 파일을 작성할 수 있다.

```
# list of output directories
obj
data
mips
powerpc
```

버전 관리 시스템에서의 각 브랜치는 제각기 다른 구성 파일을 가질 수 있으므로, 각 스크립트는 제각기 다르게 실행된다. 그리고 더욱 정교한 기술을 위해서는 제품 소스코드와 다른 위치에서 `disk-advisor` 스크립트가 버전 관리돼야 한다. 스크립트는 생명주기를 가지므로, 스크립트가 변경된다면 완전히 다른 버전 관리 시스템으로 버전 관리돼야 한다. 따라서 `disk-advisor`의 변경은 주요 제품의 변경과 독립적이어야 한다.

이 절에서는 버전 관리돼야 할 것과 되지 말아야 할 것에 대해 상세히 알아봤다. 자, 그럼 버전 번호와 사용법을 알아보자.

버전 번호 붙이기

버전 관리에서의 마지막 주제는 버전 번호 붙이기version numbering다. 소프트웨어를 다운로드하고 설치한 경험이 있으면 적어도 그 소프트웨어의 버전 번호 정도는 알고 있다. 시간이 지남에 따라 소프트웨어는 새 기능이 추가되고 버그가 수정되는데, 이때마다 소프트웨어의 버전 번호는 증가한다. 달리 말해 버전 번호의 정확한 의미는 각 제품을 구별하는 식별자이고, 고객에게 배포되기 전까지 반드시 소프트웨어에 버전 번호가 할당돼야 한다.

14장에서는 버전 번호에 관한 주제 가운데 다음과 같이 빌드에 관련된 주제만 간결히 다룬다.

- 버전 번호가 무엇이며 무엇을 뜻하는지
- 버전 번호가 어떻게 관리되며 갱신되는지
- 버전 번호가 어떻게 소프트웨어로 저장되며 고객이 식별하는지

버전 번호 붙이기 시스템

버전 번호에 관한 의견은 다양하며, 표준 또한 없다. 하지만 기본 규칙은 새로운 소프트웨어가 릴리스될 때마다 버전 번호는 증가한다는 점이다. 일부 경우 버전 번호가 전혀 사용되지 않는 대신, 소비자를 유혹하는 이름이 이를 대신하는 때도 있다. 이는 다음과 같은 것이 될 수 있다.

- R1, R2, R3
- 1.2.0, 1.2.1, 1.2.2, 1.3.0
- 3.1, 95, NT, 98, Me, 2000, XP, Vista, 7
- 737-300, 737-400, 737-500, 747-300, 747-400

이외에도 많은 방법이 있으며, 이는 제품 관리자가 자신의 제품에 맞게 결정하면 되는 일이다.

소프트웨어에서 가장 보편적인 버전 시스템은 세 자리 번호 방식이다. 의심스럽겠지만, 이는 저작권 변호사와 분쟁이 발생하지 않는 시도되고 검증받은 해법이다(버전명으로 Vista 사용은 곤경에 처할 수 있다). 세 자리 번호 방식은 큰 기능 변화와 작은 기능 변화, 버그 수정을 구분 짓는다.[3] 이 방식을 사용하면 버전 번호는 X.Y.Z(빌드 B) 형식으로 구성되는데, 여기서 각 자리의 값과 뜻에 대해 알아보자.

- X는 소프트웨어에 큰 기능 변화가 있을 때 증가하는데, 이는 소프트웨어의 이전 버전에서 사용되던 구성 파일과 데이터 파일이 호환되지 않는 점을 종종 뜻하기도 한다.

---

3. 세 자리 번호 방식(three-number approach)은 흔히 major.minor.patchlevel 또는 major.minor.micro 형태로 구성된다. - 옮긴이

- Y는 사소한 기능 변화가 있을 때 증가하는데, 이는 소프트웨어에 새로운 기능을 추가하지만 소프트웨어 사용 방법에 큰 영향을 미치는 변경 사항이거나 업그레이드에 지장을 초래하는 일이 아닌 경우가 해당된다.
- Z는 버그나 버그 집합이 수정될 때 증가하는데, 이는 소프트웨어에 새로운 기능이 추가되진 않았지만 사용자는 소프트웨어가 이전보다 안정됐다는 것을 느낄 수 있다.
- (Build B)는 소프트웨어의 릴리스 빌드 때마다 증가한다. 소비자는 이 번호에 대해 신경을 쓸 필요가 없고, 단순히 새로운 패키지가 얼마나 많이 테스트됐는지를 뜻하는 정도다. 게다가 패키지에 존재할지 모르는 새로운 기능이나 버그 수정에 대한 것이 아니며, 이 번호는 일반적으로 그 값이 크며, X, Y, Z의 값과 아무런 관련이 없다.

개인 소비자는 버전 번호를 평가할 때 자신의 개인 환경을 사용한다. 그리고 신중한 소비자는 버전 번호 중 Y와 Z 둘 다 0인 릴리스 사용을 꺼리는데, 이는 매우 큰 기능이 새로이 반영됐다는 것을 암시하기 때문이다. 그래서 이런 종류의 소비자는 버전 번호 가운데 Z가 증가할 때까지 기다리는 경향이 강하다. 그 이유는 이전 버전의 버그가 수정됐을 가능성이 높기 때문이다.

버전 번호 편성과 업데이트

릴리스 빌드 시스템을 구현할 때 버전 번호의 이력을 관리하고 적절히 업데이트하는 메커니즘이 반드시 있어야 한다. 계속되는 소프트웨어 릴리스는 버전 번호 가운데 일부 번호를 적절히 증가시키면서 연속된 버전 번호를 사용한다. 따라서 버전 번호는 릴리스 빌드 사이에 적절히 기록돼야 한다.

연이은 빌드 사이에서 버전 번호는 다음 중 하나의 방식으로 저장될 수 있다.

- **외부 디스크 파일에** 릴리스를 담당하는 엔지니어는 현재 버전 번호(예, 1.2.3 (Build 832))를 포함하는 디스크 파일을 유지 보수한다. 그리고 각 빌드가 성공한 후에 스크립트는 빌드 번호를 증가시킨다. 반면 빌드가 실패한 후에는 빌드 번호를 증가시키지 않는데, 이는 빌드가 실패된 제품을 릴리스할 수 없기 때문이다.

- **버전 관리 시스템 안에** 외부 디스크 파일을 사용하는 대신, 각 빌드가 성공한 후에 버전 관리 시스템에 버전 번호를 커밋한다. 이 방법은 소프트웨어의 각 빌더마다 버전 번호를 영구히 저장할 수 있는 장점이 있을 뿐만 아니라, 개발자가 소프트웨어의 이전 버전으로 돌아가길 원한다면 버전 관리 시스템에서 이전 버전을 획득할 수 있다.
- **빌드 관리 도구에 의한 관리** 빌드 관리 도구의 주요 목적 중 하나는 버전을 관리하는 일이다. 빌드 포지Build Forge, 일렉트릭커맨더ElectricCommander, 크루즈컨트롤CruiseControl, 허드슨Hudson 같은 도구는 도구 자신이 기본 제공하고 있는 데이터베이스에 현재 버전 번호를 저장하고, 빌드가 성공한 후에는 버전 번호를 증가시킨다. 빌드 관리 도구를 현재 사용 중이라면 버전 번호를 관리하는 것이 어렵지 않을 것이다.

자, 이제 여러분은 버전 번호를 어딘가에 저장해 뒀다면 그 번호를 어떻게 업데이트할 것인가? 빌드 번호 B는 빌드가 성공할 때마다 자동으로 증가하지만, 반드시 X, Y, Z 요소는 그렇지 않다. 이 요소들은 제품 관리자가 신중히 의사 결정한 후에 직접 증가시켜야 한다.

새로 부여되는 버전 번호 X, Y, Z를 가장 간단히 설정하는 방법은 직접 정하는 일이다. 예를 들어 가장 최근에 릴리스한 소프트웨어가 2.3.0이고, 이번에 릴리스할 소프트웨어가 일부 버그만을 수정한 버전이라면 2.3.1로 정하면 된다. 한편 이번에 릴리스할 소프트웨어가 몇 가지 기능을 추가한 버전이라면 버전 번호를 2.4.0으로 하면 된다.

예를 들어 릴리스를 담당하는 팀이 다음과 같이 일단의 릴리스 빌드를 생산한다.

- 2.3.0 (Build 1623): Released to customers
- 2.3.1 (Build 1624): Internal only
- 2.3.1 (Build 1625): Internal only
- 2.3.1 (Build 1626): Internal only
- 2.3.1 (Build 1627): Internal only
- 2.3.1 (Build 1628): Released to customers

소비자는 목록에서 처음과 마지막을 뺀 패키지를 전혀 알 수 없다. 그리고 소비자로부터 빌드 번호를 감추고 싶다면 특정 명령이나 메뉴 옵션으로 감출 수 있다. 또한 소비자는 개발 팀에서의 작업 내용, 즉 얼마나 많이 빌드됐고 테스트됐는지 별로 신경 쓰지 않는다. 다만 빌드 번호가 자주 증가하지 않으면 제품을 성실히 테스트하지 않고 있다고 추측은 할지 모른다.

테스트 팀은 버그가 보고될 때 빌드 번호(예, 1628)로 패키지를 참조하는데, 이때 빌드 번호는 나머지 릴리스와 구별할 때 절대적으로 중요하다. 다시 말해 2.3.1 릴리스에 대한 많은 내부 버전이 있고, 그들 각각은 버그를 포함할 수 있다.

릴리스를 담당하는 이는 빌드 1628이 2.3.1 버전의 공식 릴리스 버전이라는 것을 표시하기 위해 버전 관리 시스템에 태그[tag]를 부여한다. 개발자가 이 버전의 소스코드를 재생산한다면 `Release_2.3.1` 같은 적절한 태그를 참조할 것이다. 내부 릴리스[internal release]를 재생산하려면 태그는 `Release_2.3.1_Build_1626`이어야 한다.

소프트웨어 버전화를 위한 또 다른 방법은, alpha와 beta, rc[release candidate](릴리스 후보) 같은 릴리스 수식어[release qualifier]를 추가하는 일인데, 이 태그로 소프트웨어의 최종 릴리스와 이전 릴리스 버전을 구별할 수 있다. 예를 들어 다음과 같다.

- 2.3.0 (Build 1623): Released to customers
- 2.3.1-alpha (Build 1624): Internal only
- 2.3.1-alpha (Build 1687): Internal only
- 2.3.1-beta (Build 1742): Internal only
- 2.3.1-beta (Build 1786): Internal only
- 2.3.1-rc1 (Build 1828): Release candidate; still internal
- 2.3.1-rc2 (Build 1829): Release candidate; still internal
- 2.3.1 (Build 1830): Released to customers

이 방법으로 내부 릴리스와 소비자에게 제공되는 버전을 명료하게 구분할 수 있다. 버전 2.3.1을 생성하기 위해서는 버전 2.3.1-rc2가 재컴파일돼야 하고, 그러고 나서 다시 테스트돼야 한다는 불편한 점이 있다. 다시 말해 두 버전 사이에 차이가 없더라도 불필요한 추가 작업이 발생한다.

앞서 언급한 바와 같이 다양한 방법으로 버전 번호 붙이기 시스템을 구현할 수 있으며, 각 제품 개발 팀이 개별적으로도 소프트웨어 버전을 관리할 수 있다.

버전 번호 저장과 검색

버전 번호 붙이기 프로세스 중 마지막 단계는 소프트웨어 패키지에 버전 번호를 저장하는 일이다. 소비자는 그들이 사용하거나 설치할 소프트웨어의 버전을 식별할 방법이 필요하다. 게다가 소비자는 고객 지원실에 버그를 통보할 때 어느 버전인지 알 필요가 있다. 따라서 버전 번호는 다음과 같이 알기 쉬운 곳에 저장돼야 한다.

- **릴리스 패키지 이름에** 버전 문자열은 소프트웨어 패키지 이름(예, package-2.3.1.zip)에 기록돼야 한다. 내부 릴리스는 소비자에게 전달되는 일이 없으므로, 이름에 빌드 번호가 기재된 것이 좋다.
- **소프트웨어의 About 메뉴에** 사용자가 소프트웨어의 GUI에서 Help 또는 About 메뉴를 선택하거나 커맨드라인에서 `version`과 같은 명령을 입력하면 버전을 표시한다. 이는 빌드 번호를 표시하기에도 적절한 방법이다.
- **설치되는 디렉터리 이름에** 동일한 타겟 머신에 여러 버전의 소프트웨어를 지원하려면 제품이 설치된 디렉터리가 버전 번호를 포함해야 한다. 예를 들어 C:\Program Files\MySoftware-2.3.1 디렉터리에 소프트웨어를 설치한다.
- **프로그램의 데이터 세그먼트에** 이 방법은 알기 쉽지는 않지만, 프로그램 버전 정보를 데이터 세그먼트 내에 저장해둠으로써 프로그램이 크래시[crash]해 코어 덤프(core dump를 지원하는 환경에서)를 생성할 때 버전 번호에 접근하기 용이하다. 이는 크래시를 일으킨 소프트웨어의 버전 번호 없이 사용자가 개발자에게 원인 분석용으로 코어 덤프된 파일을 보낼 때 매우 유용하다.

  운영체제는 코어 덤프 내에 프로그램 코드(텍스트 세그먼트)를 포함하지 않기 때문에 상수 문자열 대신 데이터 세그먼트 내에 데이터 변수로 버전 번호를 저장하는 것이 바람직하다.

잠깐, 여기서 빌드 시스템에서 버전 번호를 프로그램의 적절한 곳에 저장하는 방법에 대해서 알아보자. 먼저 표준 소프트웨어 빌드 명령에 버전 플래그를 추가해 보자.

```
$ make all VERSION=2.3.1 BUILDNUM=1628
```

빌드 시스템은 `VERSION`과 `BUILDNUM`을 경로명, 파일명, 메뉴, 데이터 세그먼트 등 제품의 적절한 부분에 추가한다.

마지막으로, 개발자가 버전 문자열을 부여하지 않고 개인 빌드private build한다면 무슨 일이 일어날지 궁금할 것이다. 이 경우 공식 릴리스 빌드가 아닌 디폴트 버전 번호인 0.0.0이 사용되며, 또한 어떤 이가 소프트웨어를 빌드했는지를 독창적으로 표시할 수 있다.

```
Private build by psmith@arapiki.com
Version 0.0.0 (Build private)
```

버전 관리 시스템에 릴리스 빌드 번호를 커밋하는 방법을 택했다면 더욱 명시적인 버전 문자열을 생성할 수 있다. 예를 들어 개인 빌드를 바탕으로 한 릴리스 빌드를 보여줄 수 있다.

```
Private build by psmith@arapiki.com
Based on Version 2.3.1 (Build private)
```

중요한 점은 어느 누가 소프트웨어 패키지를 사용하더라도 누가 소프트웨어를 빌드했으며, 대략적인 기능들을 식별할 수 있어야 한다. 또한 버그 수정을 추적하고 보고하는 수단으로 버전 번호가 이용되는 점은 매우 유용하다.

정리

14장에서는 빌드 시스템의 버전 관리에 관련된 다양한 주제를 다뤘다. 빌드 기술 파일이나 컴파일 도구의 버전 관리가 제대로 이뤄지지 않으면 잘못된 빌드를 도출하거나 소프트웨어의 이전 버전을 재생성할 수 없게 된다.

버전 관리에는 다양한 항목이 보존되는데, 이는 총체적인 빌드 프로세스를 기록하고, 컴파일 도구의 각 버전과 큰 바이너리 파일, 체크아웃되는 디렉터리를 정의하는 소스코드 트리의 구성을 참조하는 빌드 기술 파일을 포함한다.

반대로 소프트웨어의 각 버전과 직접적인 관련이 없는 생성된 소스 파일과 오브젝트 파일, 빌드 관리 스크립트 등과 같은 파일들은 버전 관리 시스템에서 제외시켜야 한다.

마지막으로, 버전 번호는 사용자가 소프트웨어 릴리스의 내용물과 안정성을 측정하는 데 중요한 방법이다. 또한 이 번호는 버그 보고를 추적하고 버그 수정에 이용된다.

15 빌드 머신

14장에서는 버전 관리하의 소스코드와 빌드 기술 파일 보존에 관해 설명했지만, 15장에서는 빌드 머신을 다룬다(그림 15.1). 새로운 버전의 운영체제가 정기적으로 릴리스되는 것처럼 빌드 머신 또한 정기적으로 업그레이드된다. 당연히 빌드 머신에서의 변경이 빌드 프로세스의 일관성을 손상하지 않게 하기 위해서는 몇 가지의 관리 방법이 필요하다.

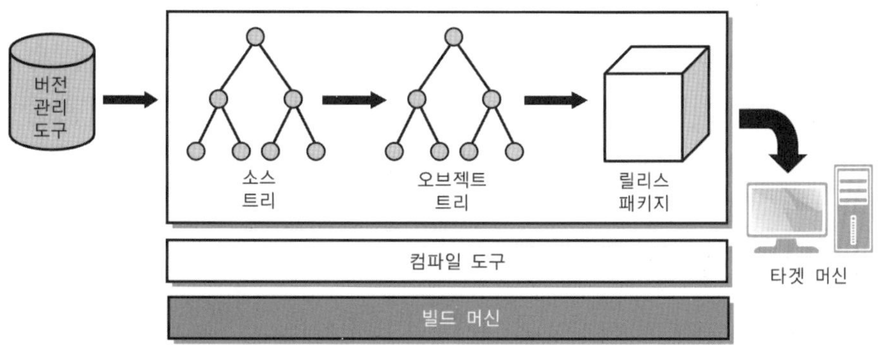

그림 15.1 빌드 머신 중심으로 본 다이어그램

대부분의 빌드 환경은 많은 컴파일 도구를 포함하는데, 그 중 일부는 운영체제의 일부분이고, 나머지는 서드파티 벤더가 제공하는 것(예, 웹사이트에서 다운로드한 것)이

다. 일부 도구는 특정 개발 조직의 빌드 환경에 적합하게 커스터마이즈되고 관리된다. 15장에서는 기본 운영체제의 주요 고려 대상인 표준 도구와 그 도구의 기능을 중점적으로 알아보고, 16장에서 서드파티 도구와 사용자가 작성한 도구에 대해 알아본다.

빌드 머신을 관리하지 않는다면 빌드 실패나 잘못된 소프트웨어 패키지가 빈번하게 발생할 수밖에 없다. 물론 이 문제가 일주일에 한 번 또는 두 번 발생한다 하더라도 문제 해결에 필요한 작업은 신경이 쓰이고 추가되는 호환성 문제 또한 해결해야 한다. 운이 나쁘면 수백 명의 개발자로 구성된 팀조차도 빌드 실패를 해결하지 못해 외부 빌드 전문가를 고용해야 할지도 모를 일이다.

따라서 15장에서는 이와 같은 빌드 머신의 버전 관리에 관련된 이슈를 살펴본다. 이는 외부에 노출하지 않고 통제된 환경에서의 중앙 집중식 개발뿐만이 아니라 다양한 사용자를 지니는 오픈소스 환경을 포함한다.

또한 15장은 GNU Autoconf 사용법에 대해서도 알아본다. 이 도구는 여러 플랫폼을 지원하는 소프트웨어를 작성할 때 개발자에게 큰 도움이 된다.

상기한 주제로 들어가기 전에 1장에서 간략하게 소개한 네이티브 컴파일과 크로스컴파일에 대해 자세히 알아보자.

네이티브 컴파일과 크로스컴파일

빌드 시스템의 관점에서 볼 때 소프트웨어를 실행하는 타겟 머신이 소프트웨어를 컴파일하는 머신과 같은지 아니면 완전히 다른 유형의 머신인지 종종 신경 쓰인다. 하지만 크게 걱정할 필요는 없다. 각 방법은 장단점이 있으며, 빌드 환경에 따라 적절한 방법을 선택하면 되기 때문이다. 그럼 이 두 방식에 대해 알아보자.

네이티브 컴파일

네이티브 컴파일native compilation 환경에서의 빌드 시스템은 빌드 머신에 존재하는 어떤 파일이든 사용할 수 있다. 예를 들어 유닉스 계열 시스템에서 /usr/lib 디렉터리의 어떤 라이브러리와 /usr/include 디렉터리의 어떤 헤더 파일이든 빌드 프로세스 일부로 포함할 수 있다. 빌드 머신이나 이와 유사한 머신에서 소프트웨어가 실행된다면 빌드 머신의 운영체제와 일치하는 라이브러리와 헤더 파일을 사용할 필요가 있다.

네이티브 컴파일의 장점 중 하나는 개발자의 '수정-컴파일-실행' 사이클을 단축한다는 점이다. 게다가 타겟 머신으로 프로그램을 복사하는 등의 번거로운 작업 없이 최종 프로그램을 컴파일한 머신에서 간단히 실행할 수 있다. 또한 이는 개발자의 에디터나 통합 개발 환경IDE 내에서 프로그램을 실행하고 디버깅하기 쉽게 해준다.

빌드 머신에서 코드를 작성하고 테스트할 때 신경 써야 할 사항 중 하나는, 사용자 머신에 설치돼 있지 않은 라이브러리와 도구를 추가로 갖고 있다는 점이다. 예를 들어 윈도우 개발자가 코드를 컴파일할 때 비주얼 스튜디오를 사용한다면 비주얼 스튜디오가 설치돼 있지 않은 머신에서 소프트웨어가 제대로 동작하는지 확인해야 한다. 라이브러리 등이 누락된 환경에서 사용자가 소프트웨어를 실행할 때 테스트에 실패하고 `missing library`와 유사한 에러 메시지를 보게 될 것이다. 하지만 이는 어떤 개발 라이브러리도 설치돼 있지 않은 타겟 머신에서 테스트를 수행할 수밖에 없는 크로스컴파일 환경보다는 문제가 많지 않다.

크로스컴파일

크로스컴파일cross compilation 환경에서의 프로그램은 빌드를 진행한 머신에서 실행하지 못한다. 이는 타겟 머신과 아무런 관련이 없는 빌드 머신의 라이브러리와 헤더 파일을 일체 사용해서는 안 되기 때문이다. 또한 프로그램을 실행하기 전에 반드시 타겟 머신에 실행 프로그램을 복사해둬야 하는 번거로움이 있다.

크로스컴파일 사용의 주된 장점은 빌드 시스템을 실행시킬 충분한 능력을 지닌 빌드 프로세스를 모든 타겟 머신이 지닐 필요가 없다는 점이다.

예를 들어 주방용품의 CPU를 상상해보자. 이 CPU는 컴파일러를 빠른 속도로 실행시키지 못할 뿐 아니라 설치된 메모리 또한 충분치 않다. 마찬가지로 게임 콘솔과 같은 장치는 충분한 CPU 성능과 메모리를 지니지만, 소프트웨어를 개발할 수 있는 충분한 유저 인터페이스(예, 키보드와 마우스)를 갖고 있지 않다.

임베디드 환경에서 성공적으로 개발하려면 다음 두 가지가 절대적으로 필요하다. 첫째, 크로스컴파일러는 빌드 머신에서 실행하지만, 타겟 CPU에 적합한 코드를 생성한다는 점이다. GNU C 컴파일러와 같은 일부 컴파일러는 다양한 백엔드back end 타겟을 지원한다. 따라서 이런 유형의 컴파일러는 크로스컴파일 환경에 이상적이라 할 수 있다. 예를 들어 게임 콘솔용 컴파일러는 인텔 CPU가 장착된 리눅스 머신에서 실행하고, 임베디드용인 MIPS 프로세서에 적합한 코드를 생성한다.

임베디드 시스템의 두 번째 요구 사항은 빌드 머신과 타겟 머신 간의 좋은 통신 링크communication link다(그림 15.2). 개발자는 타겟 머신에 소프트웨어 패키지를 업로드한 후 원격으로 프로그램을 시작하고 종료해야 한다. 그러고 나서 타겟 CPU의 상태를 확인하는 대화식 디버거interactive debugger를 사용한다.

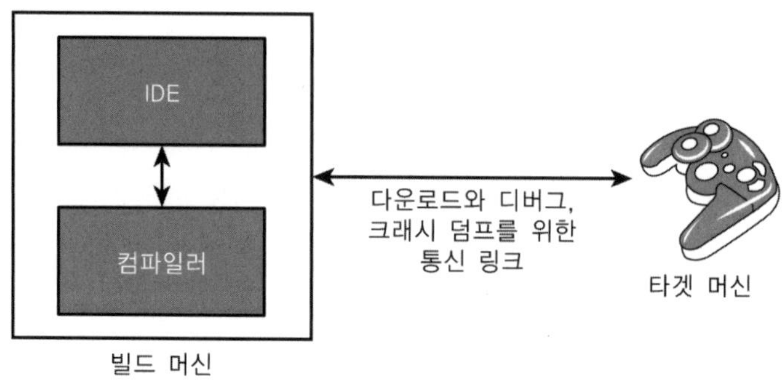

그림 15.2 특수 목적 통신 링크를 이용한 개발 환경과 타겟 머신 간의 분리

이런 모든 기능이 이용할 수 있다면 네이티브 컴파일에서와 같이 실행 프로그램과 상호 작용하는 표준 에디터나 IDE(빌드 머신에서)를 사용하지 못할 이유는 없다.

혼합 환경

소비자가 제품을 사용하기 전인 제품 개발 단계 동안 개발자는 소프트웨어를 개발하기 위해 혼합hybrid 방식을 선택할 수도 있다. 이 개발자는 타겟 머신에 적합하게 코드 컴파일은 하지만, 작업을 효율성을 향상시키기 위해 실제 타겟 하드웨어에 소프트웨어를 업로드하지 않고, 빌드 머신에서 소프트웨어를 테스트하길 원한다.

이를 위한 첫 번째 방법은 가상머신을 사용하는 자바 같은 프로그래밍 언어로 개발하는 일이다. 자바 프로그램은 타겟 아키텍처와 상관없이 모든 유형의 머신에서도 동작할 수 있기 때문에 빌드 머신에서 소프트웨어 대부분이 실행되고 테스트될 수 있다. 하지만 실제 타켓에서만 사용할 수 있는 물리적 장비로의 접근 제약이 따르는데, 이 문제는 종종 빌드 머신에서 시뮬레이션으로 대체할 수 있다.

두 번째 방법은 CPU 에뮬레이터를 사용하는 일이다. 이 경우 빌드 머신은 적어도 소프트웨어의 입장에서 타겟 머신과 정확히 동일하게 재현할 수 있는 인공적인 환경을 생성한다. CPU 아키텍처가 빌드 머신과 다를 경우에는 소프트웨어가 실제로 실행할 수 있게 에뮬레이터가 머신 명령를 해석해준다.

이런 유형의 혼합 솔루션을 바탕으로 개발자는 실제 하드웨어에서의 작업이 불편함을 줄여 생산성을 극대화할 수 있다.

중앙 집중식 개발 환경

빌드 머신과 관련된 다음으로 주요한 주제는 중앙 집중식centralization 개발 환경이다. 중앙 집중식 개발로 소프트웨어의 구성 범위를 컴파일하는 많은 빌드 머신을 사용할 수 있다. 모든 머신은 동일한 단체(예, 회사 또는 재단)가 관리하며, 동일한 목적을 위해 사용한다(그림 15.3). 이 환경은 이어지는 절에서 다룰 예정인 오픈소스 개발 환경과 대조적이다.

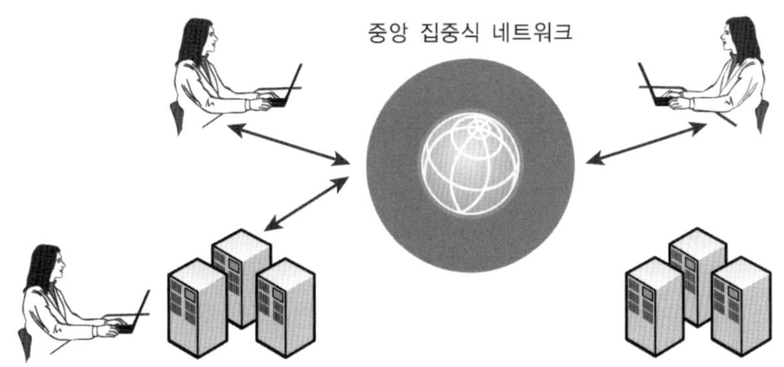

그림 15.3 일관성 있는 툴셋(tool set)과 머신 유형으로 전형적인 중앙 집중식 환경의 상위 레벨 뷰

중앙 집중식 소프트웨어 환경은 다양한 운영체제가 동작하는 10대에서 10,000대에 이르는 빌드 머신으로 구성되는데, 이 머신들은 서로 다른 국가와 시간대time zone로 구성되며, 여러 사람이 관리할 수 있다. 5~8년 이상된 빌드 머신을 종종 목격하는데, 3~5년 사용하면 빌드 머신이 너무 느려서 유용성이 떨어진다.

이런 유형의 환경에서는 빌드 머신이 원활히 운영되게 유지하기 위해 많은 관리 작업이 필요하다. 게다가 개발자 수와 그들의 요구 사항 때문에 빌드 시스템이 모든 이에게 늘 동일한 결과를 낸다는 보증은 어렵다.

이상적 환경에서 모든 빌드 머신은 적어도 소프트웨어의 관점에서만큼은 동일해야 한다. 다시 말해 CPU 속도와 메모리 성능 면에서 하드웨어가 동일한지 아닌지는 중요하지 않고, 대신 운영체제와 CPU 아키텍처, 툴셋이 모든 머신에서 일치해야 한다. 이는 빌드 머신 간의 사소한 차이가 발생하면 빌드를 실패할 우려가 있기 때문이다.

솔라리스Solaris와 리눅스 시스템 양쪽에서 컴파일이 가능한 소프트웨어를 상상해 보자. 두 운영체제는 유닉스 호환이지만, 표준 유닉스 프로그램의 위치와 허용되는 커맨드라인 인수에서 아직 많은 차이가 있다. 빌드 시스템이 필요로 하는 특수 목적 도구(예, 컴파일러 또는 코드 생성기)는 양쪽 플랫폼에서 사용 가능해야 한다.

빌드 시스템을 유지 보수하는 관리자는 이런 두 유형의 머신에서 빌드 시스템이 잘 동작할 수 있게 끊임없이 노력해야 한다. 예를 들어 개발자가 솔라리스 머신에서 코드를 컴파일하기 선호한다면 관리자는 리눅스 머신에서도 빌드 시스템이 잘 동작하는지 중복 확인해야 한다. 개발자 대부분은 자신의 소프트웨어를 불필요하게 두 번씩 중복해서 컴파일할 여유가 없으므로 빌드 파손은 예상보다 흔한 게 사실이다. 머신 간의 호환성 결여는 빌드를 실패하게 하는 주된 원인이다.

따라서 유닉스 시스템 관리자는 할 일이 배로 많아지는데, 이는 솔라리스와 리눅스 관리에 능숙해야 할 뿐만 아니라, 운영체제를 유지 보수하고 각 머신 유형에 도구를 패치하는 데 배 이상의 작업을 소화해야 하기 때문이다. 그래서 대부분의 관리자는 동시에 두 개의 시스템을 관리하기 싫어한다.

빌드 머신이 다른 이유

단일 형식의 빌드 머신만 갖는 것이 바람직하지만, 여러 가지 이유로 이는 불가능하다. 빌드 시스템이 다년간에 걸쳐 존속한다는 사실과 종종 빌드 머신보다 더 오래 존속한다는 사실을 명심하자. 왜 소프트웨어 구성이 하나 이상의 빌드 머신을 지원해야 하는지 그 이유를 함께 알아보자.

- **소비자는 여러 운영체제를 사용함** 솔라리스 시스템을 사용하는 층과 리눅스 시스템을 사용하는 층을 동시에 지원할 필요가 있다면 하나의 빌드 머신 유형으로 모두 다 지원하는 것은 불가능하다. 반대로 소스코드를 각 타겟 머신에 맞게 크로스컴파일할 수 있다면 하나의 빌드 플랫폼으로 관리할 수 있다. 단 한 가지 요구사항은 크로스컴파일러와 크로스 라이브러리가 각 타겟 플랫폼에 준비돼 있어야 한다는 점이다.

홈 PC 시장의 소프트웨어를 개발한다면 소비자가 사용하는 모든 소프트웨어를 업그레이드해야 한다. 이 책을 집필할 때 마이크로소프트는 윈도우 7 운영체제를 막 릴리스했다. 이 시점에서 윈도우 XP와 비스타를 지원하는 일은 현명하지 않을 수 있다.

- **개발 도구가 특정 운영체제를 필요로 함** 소프트웨어 개발자는 특정 유형의 도구를 요구한다. 예를 들어 흔히 사용되지 않는 CPU 유형의 컴파일러나 데이터 정의 언어data-definition language를 위한 사용자 정의 코드 생성기custom code generator 도구에서 문제가 발생한다면 벤더에게 필요한 정보나 소프트웨어 패치를 요구할 수 있다. 하지만 한 가지 유념해야 할 사항은 허가된 운영체제에서 도구를 실행해야 한다는 점이다. 가령 벤더는 최신 윈도우 버전 또는 레드햇 엔터프라이즈Red Hat Enterprise 리눅스 같은 운영체제만 지원하고, 5년 이상된 FreeBSD 같은 버전은 지원하지 않을 수 있다.

  벤더가 지원하지 않는 운영체제를 사용한다면 지원하는 운영체제로 반드시 교체해야 한다. 이것이 싫다면 벤더가 제공하는 도구를 사용하지 않는 편이 바람직하다. 운영체제의 이전 버전(예, 레드햇 리눅스의 이전 버전)에서 도구를 사용할 수 있을지라도 아무런 보장을 받지 못한다. 즉, 도구는 운영체제에서 누락된 기능 때문에 실패할 수 있거나, 필요한 동적 라이브러리dynamic libraries를 찾을 수 없어 `missing library` 에러를 발생할 수 있다. 도구 요구 사항이 충족되지 않는다면 대신 여러 머신으로 빌드 프로세스를 처리할 수 있다. 다시 말해 전체 소프트웨어 패키지를 빌드할 때 빌드 트리 일부는 특정 빌드 머신에서 특정 도구로 컴파일하고, 트리의 또 다른 부분은 나머지 머신에서 컴파일하면 된다. 이는 분명 바람직 못한 방법이지만, 특정 컴파일 도구가 소프트웨어 제품에 있어 중요하다면 불가피하게도 이 방법이 최선책이 될 수도 있다.

- **새로운 운영체제 버전이 릴리스됨** 여러분이 처음 소프트웨어를 개발할 때 빌드 머신에 적합한 운영체제를 선정한다. 그러나 시간이 지남에 따라 빌드 시스템은 운영체제의 기능 가운데 장점 일부를 충분히 활용하게 되지만, 2~3년이라는 시간이 지난 후 사람들은 그 운영체제의 새로운 버전을 이용할 수 있다는 점을 알게 되고, 자신이 사용하기 원하는 추가 기능을 계속해서 사용하기 원한다.

  한편 현재 사용 중인 버전을 벤더로부터 더 이상 지원받지 못하는 문제가 있다.

대부분의 벤더는 그들의 운영체제 가운데 최신 2~3개의 버전만 지원하고, 나머지는 최신 릴리스로 업그레이드하기를 사용자에게 권고한다. 뿐만 아니라 이전 버전에 대한 버그 수정bug fix과 보안 패치security patch를 더 이상 지원하지 않는다.

이런 경향을 봤을 때 빌드 머신의 운영체제를 직접 지원할 계획이 없다면 업그레이드하는 것이 최상의 선택이다. 게다가 빌드 시스템을 일부 수정할 필요가 있지만, 장기적으로 봤을 때 업그레이드를 통해 비용 절감 효과를 볼 수 있다.

- **이전 버전 운영체제가 새로운 하드웨어를 지원하지 않음** 빌드 머신은 통상적으로 5~8년의 수명을 지니지만, 초기에 구매한 하드웨어는 3년 후면 성능이 현저히 떨어진다. 그 결과 한동안 새로운 하드웨어를 구매해 그동안 사용해 온 운영체제와 동일한 버전을 설치해 사용한다. 하지만 이전 운영체제가 최신 하드웨어를 지원하지 못하면 울며 겨자 먹기 식으로 업그레이드할 수밖에 없다.
- **운영체제가 인기를 잃음** 빌드 머신의 운영체제를 수년 전에 선택했다면 업데이트가 발생할 때마다 최신 개정판으로 업그레이드해야 한다. 시간이 지남에 따라 운영체제가 시장에서 인기를 잃고, 벤더로부터의 지원이 점점 없어지는 점을 알게 된다. 좋은 예로 최근 10년간 리눅스는 많은 성장을 한 반면 솔라리스는 시장에서 그 인기가 하락했다. 솔라리스 빌드 머신을 사용했었다면 이젠 더 빠르고 더 싼 리눅스 환경으로 탈바꿈하길 원할지도 모른다. 심한 경우에는 벤더가 사업을 포기해서 어쩔 수 없이 새로운 플랫폼으로 바꿔야 할 때도 있다.
- **회사 통합** 첨단 기술 기업의 세계에서는 M&A(기업 인수 합병)가 흔한 일이다. 이를 통해 두 회사가 자신의 제품이나 개발 자원을 공유함으로써 시너지 효과를 볼 수 있다. 한 예를 들자면 두 개의 제품 라인이 하나의 제품으로 통합된다면 두 개의 빌드 시스템이 하나로 통합돼야 한다. 또 다른 경우에는 한 제품 라인 개발자가 현존하는 빌드 머신을 가지고 또 다른 제품 라인 작업에 투입될 수도 있다. 따라서 빌드 머신 플랫폼이 표준화될 때까지는 두 개의 머신으로 작업을 병행해야 한다.
- **개발자의 개인 선호** 여러 다른 빌드 머신을 사용하는 마지막 이유는 모든 개발자의 선호도 때문이다. 많은 이들은 특정 운영체제에서 작업하길 선호하고, 자신이 사용하는 플랫폼에서 빌드 시스템을 사용하길 고수한다. 물론 개중에는 변경하는 이들 또한 있지만 말이다. 따라서 시스템 관리 그룹이 이런 상황을 제어하지 않는다면 결국 다수의 빌드 머신으로 작업할 수밖에 없는 상황에 이른다.

이 모든 동기 부여로 소프트웨어 릴리스가 다년간의 수명을 지닐지도 모른다는 사실을 명심하자. 2년 전에 제품을 릴리스하고 그 제품에 대해 아직 고객 지원 서비스를 제공하고 있다면 해당 소프트웨어를 컴파일할 몇 가지 방법이 필요하다. 새로운 빌드 머신(새로운 운영체제가 탑재된)이 오래된 소스코드를 컴파일할 수 없다면 남은 유일한 선택은 2개 이상의 빌드 머신을 관리하는 일이다.

그림 15.4에서 솔라리스 버전 8과 9, 10은 제품을 컴파일하는 데 이용됐다. 가장 오래된 릴리스는 EOL^end of life^(서비스 종료)에 도달했으므로 솔라리스 8 빌드 머신은 더 이상 필요 없다. 하지만 솔라리스 9 머신의 일부 리소스는 관리해야 한다. 경우에 따라서는 릴리스 2를 체크아웃하고 재컴파일할 필요가 있다. 그리고 대부분의 개발자는 자신의 기본 빌드 머신으로 솔라리스 10을 사용해야 한다.

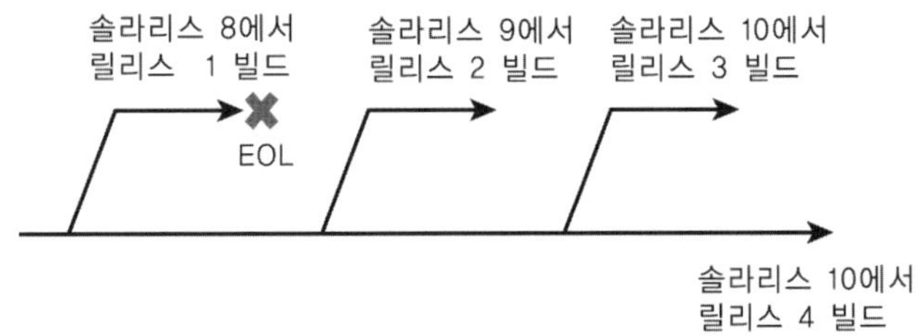

그림 15.4 각 버전 관리 브랜치는 빌드 머신의 다른 유형을 요구한다.

상상할 수 있듯이 긴급 상황 때까지 기다리지 말고 빌드 머신을 적극 업그레이드하는 것이 좋다. 빌드 시스템 유지 보수에 경험 많은 사람이라면 빌드 머신이 갑자기 고장 나서 급히 새로운 머신으로 교체한 아찔한 경험을 한 번쯤 했을 것이다. 특히 운이 나쁜 경우에는 필요한 운영체제 버전이 더 이상 이용 불가능하고, 이전 소프트웨어를 컴파일할 수 있는 새로운 시스템이 없을 수도 있다.

그들이 빌드 머신 업그레이드와 빌드 시스템 수정에 관한 적절한 시점을 명확히 정했었더라면 이런 긴박한 상황에 직면하지 않았을 것이다. 최신 소프트웨어 릴리스로 빨리 전환하는 소비자의 근면성은 EOL 릴리스를 촉진하게 한다.

여러 다른 빌드 머신 관리

짧은 기간이라도 어쩔 수 없이 여러 빌드 환경을 가질 수밖에 없는 상황이 발생한다. 이런 상황에서 빌드 환경을 수정할 때 시스템 관리자는 계획을 유심히 수립하고 열심히 일하는 것 외에는 달리 뾰족한 해결법이 없는데, 이때 무엇으로 그 차이를 최소화함으로써 혼동을 줄일 수 있는지 알아보자.

- **머신별로 특정 소프트웨어 사용을 허가하지 않음** 각 사용자는 선호하는 애플리케이션을 자신의 머신에 설치하기 원하지만, 이를 허가하지 않는 쪽으로 고려해야 한다. 소프트웨어 패키지가 한 번 설치된다면 이는 일부가 아닌 모든 빌드 머신에서 사용 가능해야 한다. 검증자들은 새로운 소프트웨어의 각 요구 사항을 평가하고 나서 이 소프트웨어가 모든 머신에 설치돼야 하는지를 판단한다.

  사람들은 사용자 정의 설치 파일을 표준 빌드 머신 환경의 상위 집합superset으로 여긴다. 하지만 프로그램을 시스템 디렉터리(예, C:\Windows 또는 /usr)에 설치하는 일은 현존 도구에 부작용을 미칠 수 있다. 예를 들어 프로그램은 동적 라이브러리의 특정 버전을 설치하지만, 이 라이브러리로 인해 현존하는 나머지 애플리케이션이 오작동을 일으킬 수 있다. 새로운 애플리케이션이 수정하는 시스템 구성 파일 또한 마찬가지다.

  괜찮은 한 가지 해법은 사용자가 자신의 홈 디렉터리에 애플리케이션을 설치하는 일이다. 사용자는 시스템 디렉터리나 구성 파일의 쓰기 권한이 없으므로, 도구의 동작 방식을 수정할 방법이 없다. 또한 이는 빌드 시스템이 사용자 `$PATH` 값을 거부한다고 볼 수 있다.

- **관리자 접근을 허가하지 않음** 가급적이면 사용자가 관리자나 슈퍼 유저superuser로 빌드 머신에 접근하지 못하게 차단해야 한다. 이는 사용자에게 수정이라는 유혹을 사전에 차단하는 일이다. 이를 방치하면 각 머신은 미세하게 서로 다른 구성으로 이뤄져 결국 빌드 시스템은 각 경우에 따라 다르게 동작해 버리고 만다. 수정된 특징에 따라 문제는 몇 달이나 몇 년 동안 통보되지 않을 수 있으며, 문제가 발견되더라도 변경된 시점을 찾아내는 일은 좀처럼 쉽지 않다.

- **테스트 머신에서 빌드 머신 변경을 평가함** 빌드 머신을 대폭 변경(예, 패치 적용 또는 운영체제 업그레이드)하기로 했다면 먼저 테스트 머신에서 변경 사항을 충분히 평가해야 한다. 이는 설치 단계를 시연하는 일과 빌드 시스템 무결성을 평가하는 일을 포함한다. 게다가 코드 브랜치의 이전과 최신이 다르다면 반드시 둘 다 빌드해야 한다. 작업의 신뢰성을 더욱 높이기 위해 시스템 관리자는 빌드 관리자와 함께 일하는 경우가 많다.

- **하나의 운영체제 이미지를 사용함** 각 빌드 머신에서의 새로운 소프트웨어 설치 작업은 수동이 아닌 자동화된 방식을 취해야 한다. 설치 프로세스가 테스트 머신에서 제대로 평가됐으면 그 외의 모든 머신에서도 소프트웨어 설치에 관해서 어떤 문제도 발생하지 않는다. 하드웨어 차이를 무시하면 각 머신은 설치된 소프트웨어의 동일한 집합으로 시작하게 되고, 결국 각 머신은 소프트웨어의 동일한 새로운 집합으로 구성된다.

  아직 아무런 소프트웨어도 없는 완전히 새로운 컴퓨터를 구매한다면 필요한 운영체제와 도구를 쉽게 설치할 방법을 모색하라. jump-start(솔라리스 설치 자동화) 또는 kick-start(리눅스 설치 자동화)는 설치 자동화를 토대로 한 시스템 배포를 이끌어 낸다.

- **개인 머신 사용을 거부함** 앞서 언급한 바와 같이 많은 개발자는 가장 편안하면서 자신의 개인 머신에서 잘 동작하는 운영체제를 사용하길 선호한다. 그러나 그들에게는 유감스러운 일이지만, 일관성을 유지하기 위한 현명한 방법은 개인의 선택권을 허락하지 않는 일이다. 또한 사용자의 머신을 네트워크로 연결하지 못하게 하는 것은 원치 않은 일이지만, 적어도 빌드에서 문제가 발생하면 지원하지 않는 편이 바람직하다.

- **운영체제를 지원하는 도구를 벤더에 문의함** 서드파티 개발 도구를 지원하기 위해 빌드 머신 운영체제를 변경하는 대신, 벤더가 현존 운영체제를 지원할 수 있는지 문의하는 것도 좋다. 벤더가 지원하지 않는다고 하면 어쩔 수 없지만, 운 좋게 지원받을 수만 있다면 불필요한 마이그레이션[migration] 작업을 피할 수 있다.

- **시스템 관리자가 빌드 시스템을 완벽하게 이해하게 함** 빌드 머신의 운영체제와 도구를 엄격하게 유지 보수해야 한다는 사실은 아무리 강조해도 지나치지 않는다. 시스템 관리자가 이 문제를 이해하지 못한다면 패치와 업그레이드를 하고 싶은 유혹을 받을지도 모른다. 소프트웨어 개발에 특화되지 않은 기관에서의 시스템 관리자 그룹은 사용되는 소프트웨어 버전과 어떻게 컴퓨터들을 관리할지에 대해 많은 의견을 내지만, 이 의견이 빌드 시스템에 반영되는 경우는 드물다.

- **매직 머신을 유심하게 관찰함** 주의하지 않는다면 빌드 시스템 일부분이 사용자가 임의로 구성한 빌드 시스템에서만 실행할 수 있다는 사실을 발견하게 된다. 이 일은 일련의 과정 가운데 일시 도구나 특정 파일 포맷을 사용하는 모호한 단계를 수행할 때 흔히 발생한다. 많은 경우 이 매직 머신은 서버 룸의 모서리나

개발자 책상 밑에 있으므로, 대부분의 사람들은 매직 머신이 위치하는 장소를 잘 알지 못한다.

이 모호함 때문에 매직 머신은 빌드 프로세스의 주된 부분에서 제외되는 경향이 있으며, 그 결과 소프트웨어의 사소하거나 옵션적인 부분을 컴파일하는 데 국한한다. 예를 들어 임베디드 시스템은 디스크로부터 전체 운영체제를 로드하는 작은 부트로더bootloader에 의지하는데, 이 부트로더는 플래시 메모리(전원 공급이 없어도 데이터가 사라지지 않는)에 저장될지도 모르며, 일 년에 한두 번밖에 변경이 잘 일어나지 않는다.

이 문제점을 상상해보자. 부트로더 소프트웨어를 재컴파일할 방법 없이 내버려 둔 채 매직 머신이 실패한 것을 누군가가 눈치 채기 전까지 6개월은 그냥 지나칠 수 있다. 따라서 매직 머신을 계속 파악함과 동시에 일반 빌드 머신에서 더 많은 도구가 이용 가능하다는 점을 보장하는 일은 중요하다.

- **필요하다면 가상머신을 사용함** 매직 머신 지원을 회피하는 방법 중 하나는 가상머신을 사용하는 일인데, 이는 최신 운영체제 안에 이전 운영체제를 사용할 수 있게 한다. 운영체제 이미지는 단순히 큰 디스크 파일이며, 이 파일은 필요한 시점에 가상머신 플레이어로 로드될 수 있을 뿐만 아니라, 이 파일이 필요한 개발자에게 복사와 배포를 쉽게 할 수 있다. 가상머신은 매직 머신의 오랜 성장과 실패에 대한 우려를 완화하기 위해 모든 현대적인 빌드 시스템에서 실행된다.

빌드 머신들을 관리하는 일은 결코 쉽지 않다. 적절히 관리하지 않으면 머신 간의 빌드 실패와 불일치성이 발생한다. 운에 맡기는 대신 빌드 머신을 관리하는 확실하고 반복 가능한 절차를 만드는 것이 중요하다.

자, 그럼 이제 오픈소스 환경으로 넘어가 보자. 오픈소스 환경은 중앙 집중식 환경보다 빌드 머신 간의 일관성이 다소 낮다.

오픈소스 개발 환경

오픈소스 프로젝트의 특징은 중앙 집중식 소프트웨어 개발 프로젝트와 확연히 다르다. 대부분의 프로젝트는 20명 이하의 개발자로 구성되지만, 오픈소스는 수천 명에 이르는 이용자가 소프트웨어를 다운로드하고 컴파일한다(그림 15.5). 특히 리눅스 같이 널리 사용되는 플랫폼은 사용자의 편의를 도모하기 위해 소프트웨어가 미리 컴파일된 형식precompiled form으로 준비돼 있지만, 나머지 경우에는 사용자가 직접 프로그램을 컴파일해야 한다. 각 사용자는 자신의 컴퓨터를 소유하며, 그 컴퓨터의 관리자일 가능성이 높다(특히 홈 사용자일 경우는 확실하다). 종종 소프트웨어는 기업 머신에도 다운로드되지만, 요구되는 빌드 머신의 표준 사양은 없다.

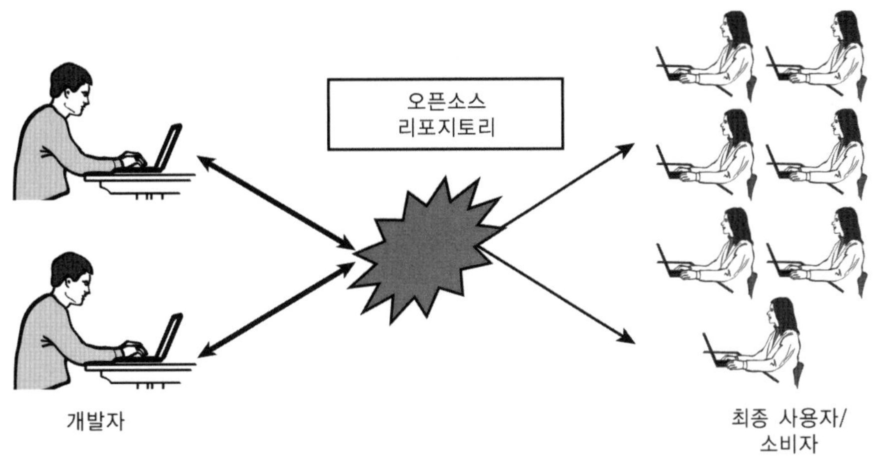

그림 15.5 소수 개발자와 수많은 소비자로 구성되는 전형적인 오픈소스 환경. 각 개발자와 소비자는 자신만의 빌드 머신 버전을 사용한다.

예를 들어 소수 전문가가 공을 들여 개발한 소프트웨어인 아파치Apache 웹 서버를 생각해보자. 소비자 측면에서 보면 많은 최종 사용자는 소스코드로부터 `httpd` 프로그램을 컴파일한다. 이 초보 최종 사용자는 도구가 어떻게 동작하거나 소프트웨어가 어떻게 빌드되는지에 대해 전혀 모른다. 더 정확히 말하자면 그들은 완성된 제품에만 관심이 있을 뿐이다. 다행스럽게 `httpd` 프로그램은 소스코드로부터 컴파일될 필요 없이 많은 운영체제로 미리 컴파일돼 있다.

여기에서의 요점은 오픈소스 프로젝트를 유지 보수하는 사람은 어느 운영체제가 소스코드를 컴파일하는 데 이용되는지 정확히 기술할 수 없다는 점이다. 특정 한 회사가 빌드 머신을 소유할 수 없기 때문에 빌드 시스템은 어떤 플랫폼에서든 동작해야 한다. 새로운 운영체제 버전은 빈번히 릴리스되는데, 이때 사용자는 각 새로운 빌드 머신에서 자신이 지니고 있는 소프트웨어가 당연히 컴파일되리라 기대한다.

오픈소스 소프트웨어를 컴파일해 본 적이 있는 사용자라면 특히 흔치 않은 유닉스 계열 버전에서 빌드를 실패한 경험이 종종 있을 것이다. 사용하는 운영체제와 동일한 버전에서 소프트웨어를 테스트한 유지 보수 관리자가 있다면 다행이지만, 일반적으로 운영체제의 특성에 차이가 있거나 소프트웨어가 의존하는 서드파티 패키지 가운데 일부가 시스템에서 누락됐다면 십중팔구 빌드 에러가 난다.

대부분의 오픈소스 패키지는 유닉스 계열 시스템에서 동작하지만, 그 중 일부는 마이크로소프트 윈도우를 지원한다는 점을 명심하자. 그리고 또한 많은 유닉스 계열 시스템이 있지만, 각각은 서로 약간씩 다른 특징이 있다. 유닉스 계열 가운데 대표적인 것으로는 맥 OS X, 리눅스(데비안, 수세, 우분투, 레드햇, 젠투 등), FreeBSD, NetBSD, 솔라리스, HP-UX, 제닉스Xenix, 미닉스Minix 등이 있다. 이 가운데 몇 개 정도는 한 번 이상 접한 적이 있을 것이다. 빌드 시스템은 이 모든 시스템에서 동작할 수 있게 다재 다능해야 한다.

오픈소스 소프트웨어를 컴파일할 때 직면할지도 모르는 빌드 실패의 일반적인 사례를 살펴보자.

- **선행 패키지의 이용 가능성** 많은 경우 오픈소스 프로젝트는 타켓 머신에 이미 설치돼 있는 선행 패키지에 의존한다. 예를 들어 소프트웨어가 MySQL 데이터베이스 시스템을 이용한다면 MySQL은 반드시 설치돼 있어야 한다. 그리고 패키지는 추가로 파이썬Python이나 펄Perl이 필요할 수도 있다.

  대부분의 오픈소스 프로젝트는 어느 패키지가 설치돼 있어야 하는지를 상세히 기술하는데, 이를 바탕으로 최종 사용자는 각 패키지를 다운로드하고 설치할 수 있다. 가끔 이 작업이 몇 시간이나 걸리는 예도 있다.

- **도구와 패키지의 버전** 선행 패키지가 타켓 머신에 이미 설치돼 있을지 모르지만, 최신 버전은 그렇지 않을 수도 있다. 이 경우 빌드 시스템이 필요한 모든 패키지 버전을 확인하고, 조건에 충족되지 않으면 의미 있는 에러 메시지를 표시하면서 실패하리라고 생각할 수 있다. 하지만 안타깝게도 개발자들은 이에 대한 예견을 잘하지 못하는 게 현실이다.

  때에 따라서는 이전 패키지가 최신 명령이나 파일 포맷을 인식하지 못할 때 표시되는 에러 메시지를 보게 되는데, 이 때문에 일부 오픈소스 유지 보수 관리자는 그들의 소프트웨어가 이전 빌드 머신에서 잘 동작하는 점을 보여주려고 고의로 최신 버전의 패키지로의 의존을 회피하는 경향이 있다.

- **도구 경로** 유닉스 변형 사이에서의 큰 차이는 프로그램이 어느 디렉터리에 위치해 있는가다. 대부분의 표준 프로그램(예, ls와 cat, more)은 /bin 또는 /usr/bin에 설치되지만, 그 외의 비표준 프로그램은 OS 관리자가 선택한 곳(예, /opt 또는 /usr/local/bin, /usr/tools)에 위치하게 된다. 필요한 도구를 검색하는 빌드 시스템은 올바른 $PATH 설정을 갖는 사용자 정보에 의지하거나, 이 정보가 여의치 않으면 각 도구는 설치된 장소를 추측할 수밖에 없다. 하지만 이는 빌드 실패의 주된 원인이 된다.
- **커맨드라인 옵션의 이용 가능성** 유닉스 도구가 성공적으로 설치되더라도 이 도구는 그 외의 유닉스 버전에서와 같이 동일한 커맨드라인 옵션이나 구문syntax을 사용하지 않을 수 있다. 이는 각 운영체제가 서로 다른 버전의 도구를 포함하며, 때에 따라서는 1년 이상 된 도구를 포함하는 예도 있다. 또 다른 경우는 운영체제가 자신에게만 특화돼 구현된 도구를 가지며, 특히 이 도구를 여러 해 동안 사용하는 예도 있다. 예를 들어 BSD 기반 유닉스 시스템(예, NetBSD와 FreeBSD, OpenBSD)은 BSD 버전의 Make 도구를 사용한다. 이 도구는 리눅스 시스템의 기본 GNU Make와 구분되며, 다른 스타일의 makefile을 사용한다.
- **이미 설치된 라이브러리의 이용 가능성** 소프트웨어 패키지가 시스템에 존재하지 않는 동적 라이브러리를 참조하는 것을 종종 목격하게 되는데, 이는 운영체제의 가장 최신 버전이나 아주 오래된 이전 버전에서 컴파일된 프로그램을 실행하려고 할 때 자주 발생한다. 예를 들어 운영체제에는 /usr/lib/libfoo.so.5가 설치돼 있지만, 프로그램은 /usr/lib/libfoo.so.6을 참조할지도 모른다. 소스코드로부터 소프트웨어를 재컴파일하면 이런 문제는 간단히 해결되는데, 이는 운영체제에 현존하는 라이브러리를 참조하기 때문이다. 최악의 경우 소프트웨어가 libfoo.so.6에 추가된 함수를 사용하지만, 이 함수가 libfoo.so.5에 존재하지 않는다면 빌드 에러를 목격하게 된다.

오픈소스 소프트웨어를 컴파일하는 일이 늘 간단하지만은 않다. 일부 패키지는 한 번에 잘 컴파일되지만, 나머지는 빌드에 성공하는 데 며칠이 소요될 수도 있다. 모든 것은 운영체제와 소프트웨어가 사용하는 기능, 관리자가 소프트웨어의 이식성에 얼마나 많이 노력하느냐에 달려 있다.

다행스럽게도 많은 운영체제 관리자는 소프트웨어를 미리 컴파일해서 패키지화해둠으로써 이런 문제를 방지한다. 예를 들어 레드햇 패키지 관리자Package

Manager(13장 참조) 같은 소프트웨어 패키지 시스템은 모든 선행 패키지를 먼저 다운로드해 설치하고 나서 사용자가 미리 컴파일된 소프트웨어 패키지를 단시간에 설치할 수 있게 한다. 많은 경우 운영체제 관리자는 자신의 완벽한 패키지 컬렉션collection이 서로 충돌 없이 잘 동작하게 제공하지만, 사용자가 지원되는 운영체제를 사용하지 않거나 좀처럼 사용되지 않는 소프트웨어를 설치하려고 시도한다면 미리 컴파일된 패키지의 장점을 충분히 활용하지 못하게 된다.

서로 다른 운영체제에서의 소프트웨어 이식성을 향상하는 몇 가지 방법을 좀 더 알아보자.

- **플랫폼에 독립적인 스크립트 언어 사용** 운영체제에 특화된 프로그램(예, /usr/bin에 있는 것들)을 참조하는 소프트웨어를 작성하는 대신, 펄이나 파이썬 같은 스크립트 언어의 장점을 활용하는 편이 낫다. 이 언어들은 플랫폼에 독립적인 방법으로 시스템 기능에 접근할 수 있게 한다. 예를 들어 디렉터리를 생성하려고 운영체제의 특정 기능을 호출하는 대신, 펄의 `mkdir` 함수를 사용한다. 이 `mkdir` 함수는 윈도우를 포함한 모든 플랫폼에서 동일한 방법으로 동작한다.

```
if (mkdir("mydir", 755) == 0){
    print STDERR "Failed to create directory\n";
}
```

- **호환성 있는 라이브러리 사용** 이 라이브러리들은 표준 운영체제 라이브러리상에 선택적으로 추가된다. 그리고 이것들은 호환성 레벨을 제공하고, 오픈소스 소프트웨어 컴파일을 쉽게 할 수 있게 한다. 가장 유명한 호환성 라이브러리 가운데 하나는 시그윈Cygwin[82]인데, 시그윈은 마이크로소프트 윈도우에서 리눅스와 유사한 환경을 제공한다.
- **GNU 버전의 도구 사용** 소프트웨어 패키지가 각 도구의 모든 변형으로 동작하게 하는 것보다는 GNU 버전의 기본 유닉스 도구(`ls`, `cat`, `sort` 등)를 사용하는 편이 훨씬 좋다. 이것은 운영체제의 표준 설정을 대체하는 옵션 도구다. 단 리눅스 환경에서는 디폴트로 GNU 도구를 이미 사용하므로 제외하자. GNU 도구에 의존하는 빌드 시스템은 더욱 다양한 플랫폼을 지원할 수 있다. 따라서 일부 전문가들은 서로 다른 시스템에서의 호환성 문제 때문에 /bin이나 /usr/bin에 위치한 도구 사용을 권장하지 않는다.

마지막 해법은 GNU Autoconf 도구를 사용하는 일인데, 이 도구는 빌드 머신이나 타켓 머신의 실제로 검증된 운영체제 기능을 사용한다. 뿐만 아니라 이 도구는 오픈소스 소프트웨어 세계에서 매우 중요한 역할을 한다. 이에 대해서는 다음 절에서 자세히 알아본다.

GNU Autoconf

각 유닉스 계열 운영체제는 자신만의 차이를 관리하는 간단한 방법이 필요하다. 다시 말해 각 시스템은 대략 동일한 기능성을 제공하지만 일부 기능은 다르게 구현되는데, 그 차이란 프로그램이 포함하는 C 헤더 파일이나 C 라이브러리 함수에서의 차이, 표준 프로그램에 관한 파일 시스템 경로에서의 차이다. 이런 변형을 조율하는 일은 모든 타켓 플랫폼상에서 컴파일되고 실행되는 프로그램 작성을 어렵게 한다.

GNU Autoconf 도구[63]는 로우레벨 시스템 프로그래밍에서 흔히 사용되는 C와 C++ 언어에 관한 이런 차이를 관리하는 가장 보편적인 방법이다. Autoconf는 빌드 머신이 어느 함수가 이용 가능한지와 그것들을 어떻게 구현할지를 결정하는 것을 유심히 관찰한다. 이 Autoconf는 사용되는 헤더 파일이나 함수 집합을 커스터마이즈하는 데 이 정보를 사용하므로, 다양한 빌드 머신을 지원할 수 있다. Autoconf는 9장에서 이미 설명한 Automake와 같은 도구 패밀리다.

이전에 유닉스 시스템용 소프트웨어를 컴파일해 본 적이 있다면 실제로 Autoconf 도구를 사용하지는 않았더라도 표면적으로나마 Autoconf 도구를 사용해 본 적이 있을 것이다. 흔히 `make` 명령이 호출하기 전에 `configure` 스크립트가 실행되는 것을 보게 된다. 자, 그럼 `configure` 스크립트가 어떻게 생성되고, 이 스크립트가 컴파일이 필요한 소프트웨어를 커스터마이즈하는 데 어떻게 이용되는지 예제를 통해 알아보자.

자바 같은 언어는 Autoconf를 필요로 하지 않는데, 이는 플랫폼과 독립적으로 설계됐기 때문이다.

상위 레벨 작업 흐름

어떻게 Autoconf가 작업하는지 상세히 세분화하기 전에 이 도구의 상위 레벨 작업 흐름을 이해해야 할 필요가 있다. Autotool 시스템을 사용해봤다면 `configure` 스크립트를 실행시킬 때 소스코드 트리에 수많은 추가 파일이 생성되는 점을 목격했을 것이다. 생성된 파일 가운데 많은 파일의 서두는 `autogenerated - do not edit`라는 주석 코드로 시작되며, 파일의 본문에는 잘 알지 못하는 수많은 셸 명령과 지시어가 있다.

소프트웨어 작성자는 configure.ac를 주로 다루는데, 이는 소프트웨어가 필요로 하는 다양한 운영체제 기능을 정의하는 마스터 파일이다. 작성자는 소프트웨어를 컴파일하는 데 필요한 컴파일 도구와 그 외의 중요한 C 언어 헤더 파일, 프로그램이 사용하는 일부 라이브러리 함수를 여기에 열거한다. 앞으로 살펴볼 예제인 configure.ac를 통해 어떻게 이 필요한 요소들이 명시되는지 살펴보자.

그림 15.6에서 보다시피 configure.ac 파일은 Autotool 패밀리 가운데 두 가지 도구의 입력 요소로 사용된다.

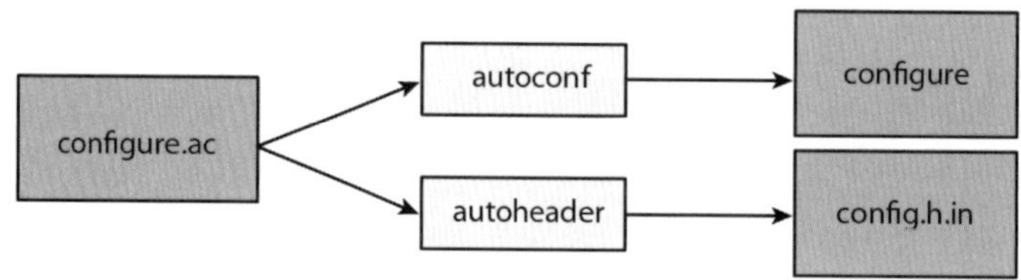

그림 15.6 Autoconf와 Autoheader 도구의 상위 레벨 흐름

- **Autoconf** 이 도구는 configure.ac 파일을 읽고, 이 파일 내용을 바탕으로 유닉스 셸 스크립트인 `configure`를 생성한다. 이 스크립트의 주된 목적은 필요한 컴파일러의 위치를 알아내고 타겟 머신에서 필요한 헤더 파일과 라이브러리 함수를 결정한다. 따라서 `configure`는 configure.ac에서 명시된 규칙을 실제로 수행하는 것으로 보면 된다.
- **Autoheader** 이 도구는 configure.ac 파일을 읽는다는 점에서 Autoconf와 유사할지 모르지만, 이 도구의 주된 목적은 config.h.in이라는 템플릿 헤더 파일을 생성하는 데 있다. 앞으로 간략하게나마 살펴보겠지만, config.h.in는 config.h 헤더 파일을 생성하는 모태가 되며, 소프트웨어가 사용할 모든 시스템 기능을 열거한다. 예를 들어 빌드 머신이 `memcpy` 함수를 지원한다면 이 파일은 `HAVE_MEMCPY` 심볼을 정의하게 된다.

Autotool 패밀리는 Automake와 Autoscan 같은 그 외의 여러 프로그램을 포함하는데, 여기서는 다루지 않는다. Autoconf 프로세스의 그다음 부분은 사용자의 빌드 머신에서 발생한다(그림 15.7). 그림에서와 같이 사용자의 편의를 고려해 작성자는 첫 단계에서 자동 생성된 `configure` 스크립트와 config.h.in 파일을 미리 패키지화해 놓았을 뿐만 아니라, Makefile.in이라는 템플릿 makefile 또한 제공했다.

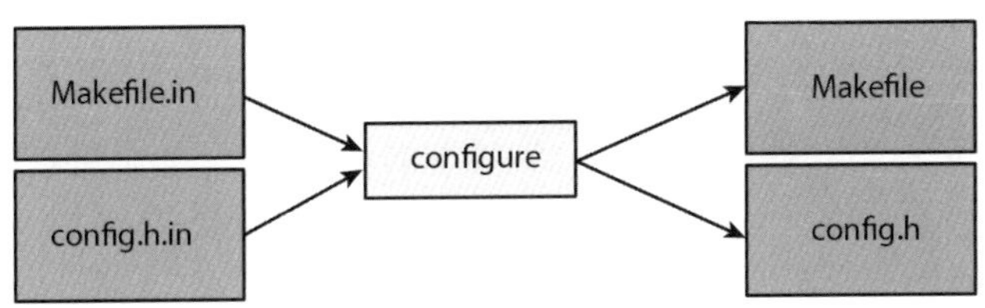

그림 15.7 타켓에 특성화된 빌드 시스템을 생성하기 위한 configure 스크립트 사용하기

여러분의 경험에서도 이미 알다시피 사용자가 로컬 빌드 머신에서 `configure` 스크립트를 실행함으로써 이 모든 작업이 시작된다. 이 스크립트는 configure.ac 파일에 열거된 필요 요소들을 검증하고, 빌드 머신이 이 요소들을 충족하지 않는다면 에러 메시지를 표시하게 한다. 통상적으로 소프트웨어는 컴파일한 머신과 동일한 머신에서 실행되는데, `configure` 스크립트는 소프트웨어를 크로스컴파일할 수 있는 능력이 있다.

많은 경우 `configure`는 명시된 커맨드라인 옵션 없이 실행하지만, 사용자는 이 기본 옵션이 마음에 들지 않을 때 커맨드라인 인수를 다양한 방법으로 변경할 수 있다. 예를 들어 소프트웨어 일부분을 활성화하거나 비활성화할 수 있을 뿐만 아니라, 바이너리가 컴파일되는 위치와 라이브러리가 저장될 위치가 기본인 /usr/bin과 /usr/lib가 아닌 다른 곳으로도 명시할 수 있다. 이 점은 Autoconf가 다양한 머신에 소프트웨어를 설치할 수 있게 해 준다.

`configure`가 완료된 후 사용자는 Makefile와 config.h를 실행하는데, 예제에서 봤듯이 이 파일들은 빌드 머신이 가진 기능을 토대로 커스터마이즈된다. 그리고 사용자가 `configure` 스크립트에 전달한 커맨드라인 옵션을 반영한다.

이제 유일하게 남은 작업은 표준 Make 도구를 실행하는 일인데, 소프트웨어가 타켓 머신에서 실행할 수 있게 컴파일되고 구성된다. 따라서 사용자는 사용하는 빌드 머신이 처음 빌드 스크립트를 작성한 사람의 머신과 다르더라도 신경 쓸 필요가 없다. 이는 Autoconf 도구가 이런 문제들을 알아서 해결해 주기 때문이다.

자, 그럼 빌드 머신과 타켓 머신의 요구 사항이 어떤 방식으로 명시되는지 살펴보자.

Autoconf 예제

이 절에서 알아보는 간단한 예제는 Autoconf 도구의 몇 가지 기능을 보여준다. 모든 기능을 지니는 빌드 시스템을 조합하는 대신, 일부 기본 기능만을 먼저 살펴보자. 소프트웨어 작성자의 관점에서 볼 때 다음과 같이 구성에 필요한 두 파일이 있다.

- **configure.ac** 빌드 머신과 타켓 머신의 요구 사항을 기술한다.
- **Makefile.in** 소프트웨어를 빌드하게 될 makefile의 템플릿으로 수행한다.

configure.ac를 살펴보면서 시작해보자. 편의를 위해 모든 내용을 대략 살펴본 후 부분별로 상세히 알아본다.

```
AC_INIT([Example], [1.0.0])
AC_CONFIG_HEADERS([config.h])
AC_CONFIG_FILES([Makefile])

AC_PROG_CC
AC_PATH_PROG([JAVA], [java])
if test "x$JAVA" = 'x'; then
    AC_MSG_ERROR(Cannot find a usable Java compiler)
fi
AC_PROG_LN_S

AC_CHECK_HEADERS([errno.h fcntl.h limits.h],[],
              [AC_MSG_ERROR([Missing required header file.])])
AC_CHECK_HEADERS([asm.h],[],[])

AC_CHECK_FUNCS([memcpy],[],
              [AC_MSG_ERROR([Missing required memcpy function])])
AC_CHECK_FUNCS([strcpy],[],
              [AC_MSG_ERROR([Missing required strcpy function])])
```

```
AC_REPLACE_FUNCS([megacpy])

AC_RUN_IFELSE(
      [AC_LANG_PROGRAM([], [ return !(getpwent() != 0)])],
      [AC_MSG_RESULT([getpwent() works correctly])],
      [AC_MSG_FAILURE([getpwent() function non-functional])])

AC_OUTPUT
```

이 파일이 특수 목적 언어로 작성된 것으로 보이지만, 실은 M4 매크로 명령과 유닉스 본 셸Bourne shell 명령의 조합이다. Autoconf와 Autoheader 도구는 configure와 config.h.in 파일을 생성하는 데 필요한 매크로 정의를 제공한다.

첫 세 지시어는 Autoconf가 사용하는 메타 정보를 제공한다.

```
AC_INIT([Example], [1.0.0])
AC_CONFIG_HEADERS([config.h])
AC_CONFIG_FILES([Makefile])
```

AC_INIT는 소프트웨어 패키지 이름과 버전 번호를 취하는 매크로다. AC_CONFIG_HEADERS 매크로는 어느 헤더 파일이 이용 가능한 시스템 기능을 기록하는지 명시한다. 즉, 템플릿으로 config.h.in를 사용함으로써 커스터마이즈된 config.h를 생성한다. 마지막으로 AC_CONFIG_FILES 매크로는 Makefile이 Makefile.in으로부터 파생돼야 한다는 점을 명시한다. 하지만 템플릿의 매개변수들은 실제 상황에 맞게끔 변경되기도 한다. 후반부에서 이 파일들의 내용을 간략하게 살펴보자.

그다음 부분은 소프트웨어를 빌드할 때 필요한 컴파일 도구를 명시한다.

```
AC_PROG_CC
AC_PATH_PROG([JAVA], [java])
if test "x$JAVA" = 'x'; then
    AC_MSG_ERROR(Cannot find a usable Java compiler)
fi
AC_PROG_LN_S
```

AC_PROG_CC 매크로는 configure 스크립트가 사용 가능한 C 컴파일러의 위치를 정의해야 한다는 점과 $CC 변수에 컴파일러 이름이 할당돼야 한다는 점을 명시한다. $CC 변수는 C 컴파일러가 필요할 때마다 빌드 시스템의 다른 부분에서 참조될 수 있다. 이용 가능한 컴파일러가 없다면 configure 스크립트는 에러를 표시하면서 실패한다.

자바는 C보다는 덜 이용되는 도구이기 때문에 사용자 셸 경로 환경 내에 적절한 실행 프로그램(java라는 이름을 가지는)의 위치를 가리키는 범용 AC_PATH_PROG 매크로를 이용해야만 한다. 명시한 도구가 발견되면 $JAVA 변수는 자바 도구의 절대 경로명으로 할당되며, 발견되지 않는다면 $JAVA 변수는 아무것도 정의되지 않은 채 본 셸에 적절한 에러 메시지가 표시된다.

마지막으로, 특수 목적 매크로인 AC_PROG_LN_S는 타켓 머신이 파일 시스템상의 심볼릭 링크symbolic link를 지원할 수 있게 보장한다. Autoconf는 이런 수많은 특수 목적 매크로를 지원하고, 다양한 유닉스 플랫폼에서의 많은 일반 운영체제 기능을 다룬다.

다음은 C 언어 헤더 파일 존재를 유사한 방식으로 검증한다.

```
12  AC_CHECK_HEADERS([errno.h fcntl.h limits.h],[],
13           [AC_MSG_ERROR([Missing required header file.])])
14  AC_CHECK_HEADERS([asm.h],[],[])
```

첫 번째 AC_CHECK_HEADERS 매크로는 각 헤더 파일인 error.h와 fcntl.h, limits.h가 빌드 머신에서 이용 가능한지 확인한다. 이 파일들이 존재한다면 아무런 작업이 발생하지 않지만(매크로의 두 번째 인수에 아무것도 기술되지 않는다면), 파일 중 하나라도 없다면 에러가 사용자에게 보고되고 configure 스크립트가 취소된다.

반면 두 번째 AC_CHECK_HEADERS(14행)는 첫 번째와 달리 asm.h 파일이 없더라도 프로그램이 실행된다는 점에서 더 완화됐다. 다시 말해 configure 스크립트가 취소되는 대신, C 전처리 심볼(HAVE_ASM_H)이 이용 가능한 파일을 알려준다. C 프로그램은 #ifdef HAVE_ASM_H로 이 심볼을 테스트할 수 있으며, 상황에 맞게 동작을 변경할 수 있다.

유사한 방법으로 필요한 C 함수의 존재를 확인할 수 있다. 하지만 사용되는 유닉스 버전에 따라 이런 함수 가운데 일부는 이용할 수 없을 수도 있다는 점을 명심하자.

```
AC_CHECK_FUNCS([memcpy],[],
        [AC_MSG_ERROR([Missing required memcpy function])])
AC_CHECK_FUNCS([strcpy],[],
        [AC_MSG_ERROR([Missing required strcpy function])])
AC_REPLACE_FUNCS([megacpy])
```

첫 두 AC_CHECK_FUNC는 memcpy와 strcpy 함수를 검색하는데, 함수가 정의돼 있다면 Autoconf는 HAVE_MEMCPY와 HAVE_STRCPY 전처리 심볼을 정의한다. 함수가 정의돼 않다면 적절한 에러 메시지를 표시하고 configure 스크립트를 취소한다.

AC_REPLACE_FUNCS의 경우 타겟 머신에 megacpy가 존재하는지 조사한 후 없다면 함수 구현을 제공한다. 다시 말해 이 함수가 이용 가능한 시스템 라이브러리를 발견하지 못한다면 빌드 프로세스는 함수 구현을 포함하는 megacpy.o 오브젝트 파일을 자동으로 추가한다.

configure.ac 파일에서의 최종 테스트는 특정 라이브러리 함수가 의도한 대로 동작하는지 확인하는 일이다. 이는 함수 구현에 결함이 있을 때 매우 유용하다.

```
AC_RUN_IFELSE(
       [AC_LANG_PROGRAM([], [ return !(getpwent() != 0)])],
       [AC_MSG_RESULT([getpwent() works correctly])],
       [AC_MSG_FAILURE([getpwent() function non-functional])])
```

이 경우 getpwent 함수가 적절히 포인트 값을 돌려주는지 또는 처음 실행했을 때 NULL 포인트를 적절히 돌려주는지 테스트한다. AC_RUN_IFELSE 매크로는 getpwent 함수를 호출하는 작은 C 프로그램을 생성하고 컴파일하고 실행하는 AC_LANG_PROGRAM 매크로를 사용하며, 원하는 결과를 볼 수 있는지에 따라 테스트는 적절한 메시지를 표시하면서 성공하던지 실패한다.

마지막으로 AC_OUTPUT 매크로는 모든 것을 구현하고, 이 구현을 configure과 config.h.in 두 결과output 파일로 생성한다.

```
AC_OUTPUT
```

configure.ac 검토는 완료됐지만, 소프트웨어 작성자는 또 다른 파일을 제공해야만 한다. Makefile.in 파일은 일종의 Makefile 템플릿에 불가하지만, 실제 값 대신에 수많은 변수(예, @CC@)를 갖고 있다. configure 스크립트가 실행될 때 머신에 특화된 값이 이 변수로 대체되며, 그 결과로 Makefile이 생성된다.

다음 예제에서의 @CC@와 @JAVA@는 이전 예제에서의 AC_PROG_CC와 AC_PATH_PROG 매크로에 의해 정의되는 반면 나머지 템플릿 변수는 configure 스크립트에 의해 암시적으로 생성된다.

```
# @configure_input@

JAVA        = @JAVA@
CC          = @CC@
SRCDIR      = @srcdir@
BINDIR      = @bindir@
EXTRADEFS   = @DEFS@
... Makefile.in 파일의 나머지는 생략 ...
```

나중에 빌드 머신에서 configure 스크립트가 실행될 때 자동 생성되는 makefile에서 이 예제를 살펴보자.

authheader와 autoconf 실행

자, 그럼 이번에는 configure.ac의 내용을 이해할 차례다. configure.ac 파일을 전달받은 Autoheader와 Autoconf가 실행할 때 어떤 일이 일어나는지 자세히 알아보자. 먼저 Autoheader 도구는 실행할 때 config.h.in 파일만 생성하고, 그 외의 출력물은 전혀 생성하지 않는다.

```
$ atuoheader
```

configure.ac에 요구 사항이 기술돼 있다면 Autoheader 도구는 빌드 머신에서 어느 기능을 실현할 것인지 판단한다. 각 기능은 기능이 존재하는지를 암시하는 C 언어 전처리기 심볼로 적절히 명명되고, 이 심볼들은 빌드 시스템이나 C 소스코드로 테스트된다.

본질적으로 config.h.in은 잠재적으로 정의될 수 있는 모든 심볼을 열거하는 일종의 템플릿이다. 빌드 머신에서 configure 스크립트를 실행한 직후 심볼 가운데 일부가 정의된다. 이 정의들은 config.h.in 템플릿이 아닌 특정 머신에 특화된 config.h 파일에 기술된다.

다음 출력물은 config.h.in 템플릿 파일의 일부를 보여준다. 심볼 가운데 일부는 configure.ac에 명시된 요구 사항과 관련이 있지만, 그 외는 Autoheader가 추가한 부가적인 심볼이다.

```
/* config.h.in. Generated from configure.ac by autoheader.
 */
/* Define to 1 if you have the <asm.h> header file. */
  #undef HAVE_ASM_H

/* Define to 1 if you have the <errno.h> header file. */
  #undef HAVE_ERRNO_H

/* Define to 1 if you have the <fcntl.h> header file. */
  #undef HAVE_FCNTL_H

/* Define to 1 if you have the <inttypes.h> header file. */
  #undef HAVE_INTTYPES_H

/* Define to 1 if you have the <limits.h> header file. */
  #undef HAVE_LIMITS_H

/* Define to 1 if you have the 'memcpy' function. */
  #undef HAVE_MEMCPY

/* Define to 1 if you have the <memory.h> header file. */
  #undef HAVE_MEMORY_H
```

Autoheader와 유사한 방법으로 Autoconf 도구 또한 configure 스크립트를 생성하는데, 생성 도중에 에러가 발생하지 않는다면 어떤 결과물도 생성하지 않는다.

```
$ autoconf
```

configure 스크립트의 복잡성 때문에 이 책에서는 그런 내용까지 자세히 다루지 않는다. GNU 소프트웨어 패키지를 인터넷을 통해 다운로드해서 configure 스크립트를 사용해보자. 처음에는 configure 스크립트가 낯설고 복잡해 보이지만, 실제로 사용해보면 보이는 것과는 달리 어렵지는 않나.

configure 스크립트는 플랫폼과 독립적으로 작성된다. 달리 말해 이 스크립트는 비표준 셸 기능을 전혀 사용하지 않으며, 사용하게 되면 타켓 머신에서 적절하게 실행되지 않는다.

빌드 머신상의 configure 스크립트 실행

지금까지 봐온 단계는 소프트웨어 작성자에 의해 실행됐다. 설치의 복잡성을 피하고자 이 작성자는 사용자 머신에 Autoconf와 Autoheader 설치를 요구하는 대신, 사전에 준비된 configure와 config.h.in을 최종 사용자에게 제공한다.

사용자가 소프트웨어를 다운로드한 후 그들의 빌드 머신에 configure 스크립트를 처음 실행한다. 스크립트는 요구 사항에 부합되는지 확인하기 위해 머신을 조사한다. 그러고 나서 앞서 말한 Makefile과 config.h를 자동 생성한다.

먼저 configure 스크립트의 결과물을 살펴보자. 유닉스 계열 시스템에서의 오픈소스 소프트웨어를 설치한 적이 있다면 익숙할 것이다. 결과물을 신중히 살펴보면 configure.ac 파일에서 많은 테스트 케이스를 적절한 매크로로 관련지을 수 있다.

```
$ ./configure
checking for gcc... gcc
checking for C compiler default output file name... a.out
checking whether the C compiler works... yes
checking whether we are cross compiling... no
checking for suffix of executables...
checking for suffix of object files... o
checking whether we are using the GNU C compiler... yes
checking whether gcc accepts -g... yes
checking for gcc option to accept ISO C89... none needed
checking for java... /usr/java/latest/bin/java
checking whether ln -s works... yes
checking how to run the C preprocessor... gcc cc
checking for grep that handles long lines and -e... /usr/bin/grep
checking for egrep... /usr/bin/grep re
checking for ANSI C header files... yes
checking for sys/types.h... yes
checking for sys/stat.h... yes
checking for stdlib.h... yes
checking for string.h... yes
checking for memory.h... yes
```

```
checking for strings.h... yes
checking for inttypes.h... yes
checking for stdint.h... yes
checking for unistd.h... yes
checking errno.h usability... yes
checking errno.h presence... yes
checking for errno.h... yes
checking fcntl.h usability... yes
checking fcntl.h presence... yes
checking for fcntl.h... yes
checking limits.h usability... yes
checking limits.h presence... yes
checking for limits.h... yes
checking asm.h usability... no
checking asm.h presence... no
checking for asm.h... no
checking for memcpy... yes
checking for strcpy... yes
checking for megacpy... no
getpwent() works correctly
configure: creating ./config.status
config.status: creating Makefile
config.status: creating config.h
```

이어서 config.h와 Makefile의 내용물을 살펴보자. 여기서 주목할 점은 configure는 타켓 머신에 관한 확실한 정보를 갖고 있다는 점이다. 따라서 템플릿 파일에서의 부족한 점을 메꿀 수 있다. 예를 들어 config.h는 모든 기능 가운데 어느 기능을 구현할 것인지 안다. 따라서 구현되지 않는 기능이라면 #undef 지시어를 주석 처리하고, 반대로 구현되는 기능이라면 아래 예제와 같이 '1' 값으로 적절히 설정한다.

```
/* config.h. Generated from config.h.in by configure. */
/* config.h.in. Generated from configure.ac by autoheader.
 */
/* Define to 1 if you have the <asm.h> header file. */
/* #undef HAVE_ASM_H */
```

```
/* Define to 1 if you have the <errno.h> header file. */
   #define HAVE_ERRNO_H 1

/* Define to 1 if you have the <fcntl.h> header file. */
   #define HAVE_FCNTL_H 1

/* Define to 1 if you have the <inttypes.h> header file. */
   #define HAVE_INTTYPES_H 1

/* Define to 1 if you have the <limits.h> header file. */
   #define HAVE_LIMITS_H 1

/* Define to 1 if you have the 'memcpy' function. */
   #define HAVE_MEMCPY 1

/* Define to 1 if you have the <memory.h> header file. */
   #define HAVE_MEMORY_H 1
```

Makefile에서는 Makefile.in에서의 모든 템플릿 변수가 머신에 특화된 값으로 대체되고, JAVA와 CC 변수는 configure 스크립트에서 설정한 값으로 설정된다.

```
# Makefile. Generated from Makefile.in by configure.
JAVA        = /usr/java/latest/bin/java
CC          = gcc
SRCDIR      = .
BINDIR      = ${exec_prefix}/bin
EXTRADEFS   = -DHAVE_CONFIG_H

... Makefile.in 파일의 나머지 부분 생략 ...
```

전체 makefile에서 일부분만이 표시됐지만, 여러분은 전체 makefile을 기반으로 한 빌드 시스템을 어떻게 구축할 것인지 틀림없이 상상할 수 있다. Autoconf는 커스터마이즈된 makefile을 포함하는 디렉터리 계층을 개발자가 생성할 수 있게 한다.

구성 정보 사용

Autoconf 프로세스에서의 마지막 단계는 전처리기 정의preprocessor definition를 사용하는 일이다. 방금 취득한 구성 지식을 활용한 C 언어 소스 파일을 살펴보자.

```
1  #ifdef HAVE_CONFIG_H
2  #include "config.h"
3  #endif
4
5  #ifdef HAVE_ASM_H
6  #include <asm.h>
7  #endif
8
9  void example_func()
10 {
11   ...
12 #if HAVE_MEMCPY
13   mempcy(temp_buffer, source, sizeof(temp_buffer));
14 #endif
15 ...
16 }
```

1~3행은 config.h 파일을 인클루드한다. 이 파일은 각 기능의 활성화나 비활성화를 설정한다. `#ifdef HAVE_CONFIG_H` 지시어는 필수다. config.h 파일을 생성하지 않고, makefile 변수인 `@DEFS@`를 통해 모든 전처리기 정의를 설정할 수 있기 때문이다.

다음 부분(5~7행)은 asm.h 헤더 파일을 선택적으로 인클루드한다. 또한 (`#ifdef`와 `#endif` 사이에) `#else` 절을 기술해 `#ifdef` 절 조건에 부합되지 않을 때 필요한 정의를 설정할 수 있다.

마지막으로, 함수 내부(12~14행)의 `HAVE_MEMCPY` 심볼을 통해 `memcpy` 함수를 호출해도 되는지 테스트한다. `HAVE_MEMCPY` 심볼이 정의돼 있지 않다면 `#else` 절을 추가로 기술해 의도한 결과를 유도할 수 있다.

요약하면 Autoconf는 다양한 유닉스 계열 운영체제에서의 까다로운 작업을 용이하게 해준다. 게다가 소프트웨어가 특정 머신 유형에 치우쳐 작성되지 않았기 때문에 최종 사용자가 컴파일 에러를 직면하는 일은 더 이상 없다. 게다가 소프트웨어 작성자는 사용 가능한 각 운영체제를 일일이 열거하는 대신, 사용 가능한 각 특정 기능에 집중할 수 있다.

✻ 정리

빌드 머신은 어떤 소프트웨어 빌드 시스템에서든 가장 중요한 부분임이 틀림없다. 머신에서의 사소한 변경 사항도 신중히 다뤄져야 한다. 이와 같이 하지 않을 경우 빌드를 성공적으로 하지 못하거나, 소프트웨어의 이전 버전을 재생성할 수 없는 우려가 있다.

중앙 집중식 개발 환경에서 모든 빌드 머신을 규격화하는 일은 이상적이지만, 보통 이 규격화가 쉽지 않다. 따라서 각 개발자는 각각 다른 빌드 결과를 보게 된다. 변형은 빌드 머신들 사이에서 늘 존재하며, 특히 고객 요구 사항과 컴파일 도구 요구 사항, 하드웨어 요구 사항이 운영체제 업그레이드를 요구할 때 더욱 많은 변형이 생성된다. 반대로 소프트웨어의 이전 버전을 지원하는 일은 안심하고 이전 빌드 버전을 계속 사용할 수 있게 한다.

오픈소스 개발 환경에서는 모든 사람이 소프트웨어를 다운로드하고 컴파일하기 때문에 소프트웨어 작성자는 어느 빌드 머신이 최종적으로 사용될 것인지 파악할 필요성을 느끼지 못할 수도 있다. 이런 경우 빌드 시스템이 수용하는 폭이 넓고 다양한 빌드 머신을 지원하는 점이 중요하다. 마지막으로 Autoconf 도구는 다양한 유닉스 계열 빌드 머신에서 동작하는 빌드 시스템을 생성하는 데 가장 널리 사용되는 도구 중 하나라는 점을 잊지 말자.

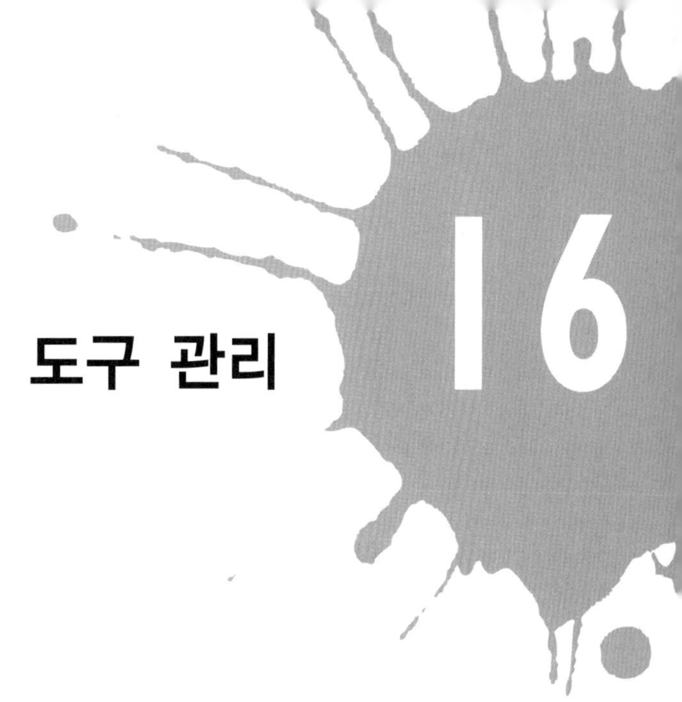

16 도구 관리

15장에서 빌드 머신과 이 머신에서 발생하는 변경을 효과적으로 제어하는 방안에 초점을 맞췄다. 이와 유사한 맥락에서 16장에서는 컴파일 도구의 관리에 초점을 맞춘다. 16장의 목표는 신뢰성 있고 반복할 수 있는 빌드 프로세스를 제공하는 데 있으며, 이 프로세스는 도구를 업그레이드했거나 도구에 변경이 발생하는 상황에서도 여전히 보장돼야 한다.

여러분의 빌드 시스템에서는 다음과 같은 옵션 도구가 필요할 수 있다.

- **크로스컴파일** 예를 들어 인텔 리눅스 플랫폼에서 실행되는 MIPS 컴파일러가 필요할 수 있다.
- **인터페이스 정의 컴파일러** 상위 레벨 인터페이스 정의를 읽어 그에 해당하는 클라이언트 스텁을 자바나 C++ 언어로 생성해주는 CORBA 컴파일러가 여기에 포함된다.
- **사용자 정의 코드 생성기** 도메인 특화 언어를 처리해서 그에 해당하는 자바 코드를 생성하는 도구를 설치할 수 있다.
- **빌드 가속 도구** 19장에서 등장하는 병렬 빌드 도구나 빌드 회피 도구가 필요할 수도 있다.

이런 도구가 운영체제 표준 이미지에 포함되지 않았다면 각 도구를 개별적으로 설치하고 관리해야 한다. 많은 도구는 벤더 지원의 형식으로, 도구를 설치하기 전에 먼저 비용을 지불해야 한다. 일부 다른 도구는 무료로 사용할 수 있으며, 바이너리나 소스코드 형태로 배포된다.

16장에서는 컴파일 도구를 개발하고 설치하고 원하는 대로 설정하는 기본 규칙을 설명한다. 또한 자신만의 도구를 만드는 데 필요한 요소를 간단히 다룬다.

도구 관리 규칙

어느 도구를 사용하고 그 도구의 출처가 어디이든 상관없이 도구를 관리하거나 빌드 시스템에 설치할 때 따라야 하는 기본적인 규칙이 있다. 지금부터 이 규칙을 하나하나 자세히 살펴본다.

도구 규칙 #1: 노트를 작성하라

도구를 컴파일하거나 빌드 시스템에 설치할 때는 노트를 작성하자. 도구를 컴파일할 때 불분명한 문제에 빠져 실패하거나 도구 설치 시에 예상치 못한 단계를 거쳐야 한다면 이를 자세히 기록해야 한다. 노트를 작성해 두지 않는다면 차후에 전체 과정을 다시 조사해나가야 하는 상황에 빠지며, 그 시점이 위급한 상황(디스크 크래시의 복구)일지도 모른다. 처음 컴파일이나 설치 프로세스를 진행할 때 반나절의 노력이 들었다면 아마도 기꺼이 노트를 만들어 두고자 할 것이다.

노트에는 다음과 같이 다양한 유형의 정보가 기록된다.

- 어디서 소프트웨어를 다운로드했는가? 한 시간 이상이 걸린 인터넷 검색 끝에 도구를 발견했다면 해당 웹 페이지의 URL을 재빨리 북마크에 추가하고 이를 노트에 써넣자. 그렇지 않는다면 다음에도 다시 한 시간의 시간을 허비해야 한다.
- 해당 소프트웨어를 컴파일하는 데 사용한 명령의 집합을 정확히 적어둔다. 소프트웨어의 README 파일을 따라 진행했고, 단번에 성공했다면 운이 좋을 뿐이다. 이럴 때는 해당 지침을 따랐다고 간단히 적어두면 된다. 진행 과정이 순조롭지 못하고 추가 단계를 수행해야만 했다면 이를 꼼꼼하게 노트에 남겨야 한다.

- 소프트웨어를 설치할 때 설치된 파일 시스템 디렉터리와 선택한 설치 옵션을 노트에 적어둔다. 앞으로 누군가가 이 소프트웨어를 유지 관리한다면 프로그램이 설치된 위치와 다시 설치할 방법을 알아야 한다.
- 사용 중인 도구의 라이선스 제한은 무엇인가? 동시 사용자 수에 제한이 있거나, 아니면 장치의 수에 제한이 있지는 않은가? 예를 들어 오픈소스의 경우 다운로드와 컴파일이 무료다. 하지만 소스코드의 수정과 재배포에는 제약이 있을 수 있다는 점을 상기하자.
- 모든 암호와 추가 구성 세부 사항과 라이선스 키를 기록한다. 다음번에 도구를 변경할 때 십중팔구 이 정보가 필요하다. 예를 들어 새로운 버전으로 업그레이드할 때 이 정보를 이용해 소프트웨어를 재구성해야 한다.
- 모든 도구의 모든 라이선스 키를 특정 한곳에 기록한다. 언제 라이선스가 만료되는지 잊기 쉽고, 벤더가 제시간에 알려주지 않는다면 도구는 동작을 거부하게 된다.
- 도구의 소스코드를 어딘가에 저장했다면 그 위치는 어디인가? 소스코드를 가져오기 위한 명령은 무엇인가?

이런 모든 정보가 중요하다. 이를 믿을 수 없다면 동료 중 한 명이 3주간의 휴가를 떠나기 전에 중요한 도구를 설치했다고 상상해보자. 긴급 패치를 적용해야 하는 상황이 발생한다면 여러분은 아마도 여러 정보를 적기 위해 시간을 투자한 동료에게 감사할 것이다. 위키 페이지는 무엇이든 문서로 만들 수 있는 훌륭한 장소고, 특히 접근성이 좋고 빠진 정보를 갱신할 수 있다는 장점이 있다.

이제까지의 경험으로 볼 때 일부 개발 도구(상용이든 오픈소스든)는 올바르게 동작할 때까지 며칠이 필요할 때도 있었다. 노트를 적어야 한다는 사실은 몇 번을 강조해도 지나치지 않다.

도구 규칙 #2: 소스코드는 반드시 버전 관리하에 두라

여러분이 도구를 소스코드 형태로 구했다면 소스코드를 버전 관리 시스템에 저장하자. 코드를 다운로드해서 도구를 컴파일하고 설치했다면 소스코드를 바로 버리셨다는 유혹을 이겨내야 한다. 소스코드는 필요할 때 언제나 다시 다운로드할 수 있다고 생각할지도 모르지만, 다음에 소스코드를 찾게 됐을 때는 같은 버전의 소스코드를 구할 수 없을지도 모른다. 웹사이트가 다운되거나 영영 접근할 수 없게 닫혔을 수도 있고, 여러분이 찾는 버전을 더 이상 목록에서 찾지 못할 수도 있다.

도구를 수정할 계획이 전혀 없을지도 모르지만, 개발자가 활발하게 도구를 사용하기 시작하면 고쳐야 할 버그가 발생하기 마련이다. 도구가 점차 널리 알려짐에 따라 사용자들이 기능 추가를 요구하기도 한다. 개발자가 절대 이런 일이 일어나지 않게 하겠다고 맹세하는 상황이라 할지라도 항상 이런 일이 일어날 수 있음을 잊지 말아야 한다.

소프트웨어 조직은 주로 도구의 소스코드를 저장하기 위해 별도의 리포지토리 repository를 마련한다. 로컬에서 도구를 변경(버그 수정이나 새로운 기능과 같은)할 때마다 이를 체크인하고 변경 내용을 문서에 남겨야 한다. 향후 도구의 새로운 버전으로 업그레이드(웹사이트에서 도구를 다운로드해서)하는 순간이 오면 여러분은 로컬에서 변경한 각 사항을 다시 살펴 변경 내용이 여전히 적합한지 결정해야 한다. 통상적으로 로컬 변경을 새로운 버전에 다시 적용하는 일은 상당한 노력이 필요하므로 정말 필요한 상황이 아니라면 적용 작업을 피해야 한다.

도구가 오픈소스라면 여러분의 로컬 변경을 주 배포판에 다시 반영하는 일을 고려해보자. 버그 수정이나 새로운 기능이 다른 사용자에게도 적용 가능하다면 도구의 유지 관리자는 공개 리포지토리에 여러분의 변경을 반영하게 허락할 확률이 높다. 그런 다음에 새로운 버전을 다운로드한다면 그 버전에는 이미 여러분의 로컬 변경이 반영돼 있으며, 직접 추가적인 작업을 수행할 필요가 없다. 오픈소스 소프트웨어 정신의 측면에서 여러분에게도 다른 이가 버그를 수정해주거나 누군가 새롭게 추가한 기능을 활용할 수 있다는 이점이 있다.

마지막으로, 이상적인 상황에서는 단순히 버전 관리 시스템에서 소스코드를 체크아웃 받아 `make all`을 타이핑하는 과정만으로 전체 컴파일 도구 집합을 소스코드로부터 다시 생성할 수 있다. 하지만 현실에서는 변경이 발생할 때마다 도구를 다시 설치하기 위해 적어도 각 도구의 컴파일을 자동화하는 셸 스크립트를 작성해야 한다.

도구 규칙 #3: 주기적으로 도구를 업데이트하라

여러분의 빌드 시스템이 사용하고 있는 모든 컴파일 도구의 상태를 계속 감시해서 이따금 업그레이드를 해주자. 하지만 단순히 업그레이드 자체가 목적이라기보다는 새로운 버전을 적용해야 하는 이유를 염두에 두고 있어야 한다.

- **버그 수정의 이점을 얻기 위해** 이는 현재 도구에서 나타나는 문제를 수정해 여러분의 시간과 우려의 낭비를 줄여준다는 점은 분명하다. 도구의 버그는 제품의 버그처럼 보일 때가 많고, 해당 문제의 실제 원인을 밝혀낼 때까지 며칠이 소요될 수도 있다. 주기적인 업그레이드는 이런 시간 낭비를 최소화해준다.
- **도구에 추가된 새로운 기능을 활용하기 위해** 벤더는 고객에게 필요한 새로운 기능이 무엇인지에 관한 조사를 위해 많은 시간과 노력을 쏟는다. 제품이 시장의 요구를 제대로 충족시키지 못한다면 당연히 고객은 그 제품을 더 이상 구매하지 않는다. 여러분은 이런 새로운 기능이 여러분의 소프트웨어 개발에 유용하게 사용될 것이라 기대할 만하다.
- **새로운 운영체제 버전에 맞춰 도구를 최신 상태로 유지하기 위해** 5년 전의 도구를 최신 운영체제에서 사용하고자 한다면 그 도구는 더는 제대로 동작하지 않을 수도 있다. 이런 문제는 필요한 동적 라이브러리가 존재하지 않거나, 오래된 도구가 메모리나 파일 크기를 지원하지 못할 때 발생한다.
- **도구 지원을 계속 받기 위해** 벤더는 모두가 소프트웨어의 최신 버전을 사용하게 해서 지원 비용을 줄이고자 한다. 가장 최신 릴리스만을 지원하고 도구의 이전 버전은 지원하지 않는 방법은 벤더가 이런 문제를 대할 때 선택하는 일반적인 접근법이다. 따라서 계속 지원받기를 원한다면 반드시 업그레이드해야 한다.

당연히 도구의 업그레이드에는 일부 아쉬운 면도 있다. 버전의 변경에 따라 도구의 동작이 변경되거나 명령 집합이나 파일 포맷이 다르다면 업그레이드 시에 필요한 작업량이 상당히 많아진다. 예를 들어 GNU C 컴파일러를 사용할 대는, 고맙게도 새로운 버전의 컴파일러가 이전 버전보다 더 많은 경고를 밝혀낸다는 점을 알 수 있다.

메이저 업그레이드major upgrade는 개발 사이클 중 적합한 시기를 선택해 진행해야 한다. 컴파일러 업그레이드를 버그 수정이나 단순한 기능 추가 같은 마이너 업그레이드 수준에서 처리하기를 원하는 이는 없다. 대신 개발 중인 소프트웨어의 다음 메이저 릴리스major release에 맞춰 계획을 세워야 한다. 예를 들어 현재 릴리스된 버전이 1.2.3이라면 해당 업그레이드는 2.0.0 릴리스에 맞춰 진행하고, 1.2.4 버전에서는 이전 컴파일러를 사용한다.

당연하게 느껴질 수도 있지만, 새로운 도구의 적용 전에 먼저 테스트를 충분히 해야 함을 잊지 말자. 이전 버전과 비교했을 때 도구 사용의 결과가 크게 다르지 않을 수 있다. 하지만 여러분의 소프트웨어가 정확하게 빌드됐고 모든 회귀 테스트를 통과했음을 확인하지 않는다면 제품에 버그를 초래할 수 있다. 업그레이드가 성공적으로 완료됐음을 알리기에 앞서 상당한 규모의 테스트를 계획해야 하고, 모든 개발자에게 충분히 경고해야 한다.

도구의 새로운 버전이 나온 직후나 벤더가 업그레이드를 권유한다고 해서 그 즉시 업그레이드할 필요는 없다. 실제 상황에서는 4.0.0이라는 버전처럼 마지막 숫자가 0으로 끝나는 새로운 릴리스를 적용하는 데 부담을 느끼기 마련이다. 부담이 된다면 버그가 수정된 4.0.3이나 4.0.4 버전을 기다리는 것이 현명하다. 물론 이 점을 감수하고 최신이자 최선의 기능을 사용하고자 한다면 4.0.0 릴리스를 바로 적용하는 것도 나쁘지 않은 선택이다.

도구 규칙 #4: 도구 바이너리의 버전 관리

앞서 살펴본 규칙에서 설명한 바와 같이 제품 소스코드의 새로운 브랜치에서는 반드시 업그레이드된 도구를 사용해야 한다. 이렇게 되면 기존 소스코드 브랜치는 자신의 역할을 다 할 때까지 이전 버전의 도구를 사용하는 상태로 남는다. 소스코드뿐만 아니라 각 도구의 실행 프로그램도 버전 관리 기법이 필요하다.

15장에서 언급했듯이 빌드 시스템과 빌드 시스템의 도구 간의 모든 참조는 반드시 버전 관리를 사용해야 한다. 빌드 기술 파일(makefile과 같은)은 해당 도구의 정확한 경로는 물론이고, 정확한 버전까지 갖고 있어야 한다. 각 도구의 이름에 접미사를 붙이는 방법도 있다. 예를 들어 여러 버전의 파이썬 도구를 유지 관리하기 위해서는 /usr/local/bin에 python2.5와 python2.6, python2.7과 같이 구분해 설치할 수 있다.

이 규칙으로부터 알 수 있는 또 다른 요소는, 표준 운영체제 도구의 사용을 피해야만 한다는 점이다. 빌드 시스템이 /usr/bin/java에 의존한다면 시스템 관리자가 자바 언어의 새로운 버전을 업데이트할지 보장할 수 없어 빌드에 실패할 수 있다. 이런 상황은 특히 자동으로 업데이트를 확인해서 새로운 버전이 있을 때마다 스스로 업그레이드하는 상황에서 자주 나타난다.

운영체제에 기본으로 포함되지 않은 개발 도구를 저장할 때는 반드시 별도의 파일 시스템 위치를 생성해야 한다. 기본 제공 도구를 위해 예약된 /bin이나 /usr/bin

에 새로운 프로그램을 추가하면 안 된다. 대신 공개적으로 읽을 수 있는 위치에 새로운 디렉터리를 만들자. 별도 파일 시스템 그룹을 사용해 해당 파일의 쓰기 권한을 제한함으로써 이런 방식이 가능해진다. 전문성이 부족한 사용자가 새로운 프로그램을 추가할 수 있는 권한을 가진다면 버전 관리 규칙을 따르지 않는 경우가 생겨 이전 소프트웨어 릴리스의 재빌드가 어려워지는 상황에 빠지게 된다.

다음은 권장하는 파일 시스템 레이아웃이다.

```
/tools/pkg/gmake/3.79 /...
/tools/pkg/gmake/3.82/...
/tools/pkg/ant/1.7 /...
/tools/pkg/ant/1.8/...
/tools/pkg/python/2.5/...
/tools/pkg/python/2.6/...
/tools/pkg/python/2.7/...
/tools/pkg/perl/5.10/...
/tools/pkg/perl/5.12/...
/tools/pkg/gcc/i386-linux-gcc-3.4/...
/tools/pkg/gcc/i386-linux-gcc-4.5/...
```

이 예제에서는 각 소프트웨어 패키지가 /tools/pkg 디렉터리에 깔끔하게 설치됐다. 고유한 하위 디렉터리는 설치한 각 도구의 버전별로 관리된다. 새로운 버전이 추가될 때 도구의 기존 버전에는 영향을 미치지 않으면서 새로운 디렉터리를 생성한다. 또한 이전 도구에 의존적인 모든 코드 브랜치의 수명이 끝날 때까지 어떤 이전 도구도 삭제해서는 안 된다.

빌드 시스템에서 도구를 참조할 때는 항상 도구의 절대 경로명을 사용하자.

```
CC := /tools/pkg/gcc/i386-linux-gcc-3.4/bin/gcc
```

그리고 /tools/bin은 모든 개발자가 `$PATH` 변수에 추가해야 할 디렉터리다. 이 디렉터리는 빌드 시스템이 접근하는 프로그램이 아니라, 커맨드 셸(`gmake`나 `ant`와 같은)에서 실행하는 프로그램을 포함하고 있다.

```
/tools/bin/...
    gmake -> ../pkg/gmake/3.79/bin/gmake
    ant -> ../pkg/ant/1.7/bin/ant
```

```
    ...
```

이 디렉터리의 프로그램은 심볼릭 링크가 도구의 새로운 버전을 가리키게 함으로써 언제든지 간단히 새로운 버전으로 업그레이드할 수 있다. 말할 필요도 없지만, 빌드 시스템은 반드시 /tools/pkg 디렉터리에서 상대 경로로 도구에 접근해야 하고, /tools/bin에 있는 버전 관리하에 있지 않은 도구에 의존해서는 안 된다.

도구의 특정 버전이 필요한 사용자에게 편리함을 제공한다는 측면에서 버전이 없는 링크에 버전이 표시된 심볼릭 링크를 포함하더라도 문제가 되지 않는다. 그 예를 살펴보자.

```
/tools/bin/...
    gmake -> ../pkg/gmake/3.79/bin/gmake
    gmake-3.79 -> ../pkg/gmake/3.79/bin/gmake
    ant -> ../pkg/ant/1.7/bin/ant
    ant-1.7 -> ../pkg/ant/1.7/bin/ant
    ...
```

시스템 관리자의 측면에서는 반드시 모든 빌드 머신이 /tools 디렉터리를 사용할 수 있게 보장해야 한다. 가장 쉬운 방법은 네트워크 파일 시스템의 마운팅을 /tools로 지정해서 모든 머신이 동시에 해당 파일의 복사본에 접근할 수 있게 하는 일이다. 도구가 추가되면 즉시 모든 빌드 머신에 나타나며, 머신에선 별도의 노력이 필요 없다.

반면 높은 성능의 빌드 시스템을 목표로 한다면 빌드 머신마다 모든 도구의 로컬 복사본을 마련해두기 원할 수 있다. 로컬 디스크에서 도구에 접근하면 네트워크를 통할 때보다 훨씬 빨라지며, 특히 하루 중에서 파일 서버가 특히 바빠지는 시점에 유용하다. 다양한 방법을 통해 하나의 패키지를 여러 머신에 설치할 수 있지만, 보통 소프트웨어 업데이트 기법의 형태로 수행된다(소프트웨어 패치가 자동으로 배포되는 방법). 안타깝게도 이 접근법은 완전히 자동화되지 않으면 시간이 허비되며, 따라서 작은 구성 변경을 일일이 기존 패키지로 전달하기가 상당히 부담스러워진다.

여러분의 조직이 여러 개발 현장에 분산돼 있다면 복제[replication]를 고려해야 한다. /tools 디렉터리를 포함한 단일 네트워크 파일 시스템은 확장성이 없어 /tools를 여러 위치로 복제해야 할 필요가 생긴다(그림 16.1).

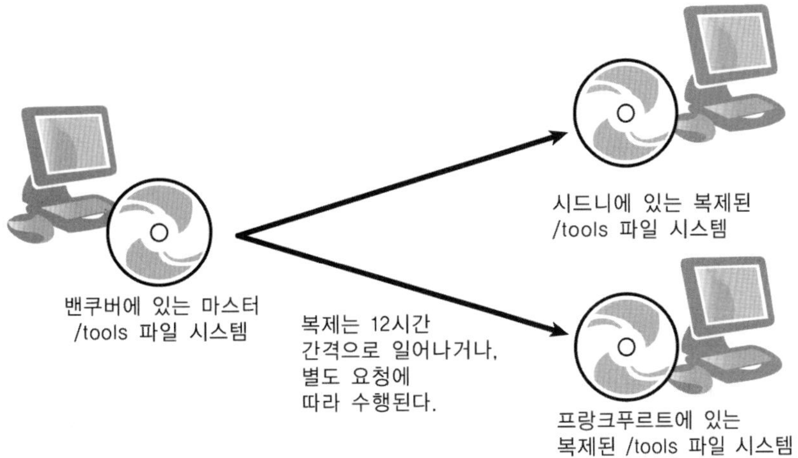

그림 16.1 여러 개발 위치로의 컴파일 도구 복제

주기적으로 파일을 복제할 때 주의를 기울이지 않으면 일부 개발 위치에서는 최근 추가된 도구를 볼 수 없게 된다. 빌드 시스템이 새로운 컴파일 도구를 사용하게 수정하기 전에 도구가 성공적으로 모든 위치에 복사됐는지 분명히 확인해야 한다.

마지막으로, 제품 소스코드의 각 브랜치가 올바른 버전의 도구를 사용하게 보장하는 또 다른 방법이 있다는 점을 언급하고 싶다. 이때는 도구의 소스코드를 같은 버전 관리 리포지토리로 커밋하고, 이로써 리포지토리는 해당 도구를 사용하는 소프트웨어가 된다. 제품의 빌드 시스템을 이루는 한 부분으로, 먼저 도구의 소스코드를 컴파일해서 실행 프로그램을 만들게 된다. 이어서 빌드 시스템은 컴파일된 도구를 사용한다.

예를 들어 이 기법은 소스코드에서 사용하기 위해 특별한 목적의 언어를 만들었을 때 유용하다. 해당 도구는 개발자가 새로운 기능을 언어에 추가해주기를 요청할 때마다 빈번히 변경되고, 따라서 소스코드와 도구의 버전을 함께 관리하는 편이 올바르다. 예상했겠지만 이전 코드 브랜치는 언제나 이전 버전의 컴파일 도구를 사용해야 한다.

규칙 깨기

이런 많은 규칙 때문에 개발자는 실수를 범했음에도 안심할 수 있었다. 이는 보통 불필요하게 보이는 작업을 하기 위해 여분의 시간을 허비한다고 생각되기 때문이다. 이런 규칙은 처음 도구를 설치할 당시의 긴급한 요구 사항을 염두에 두기보다는 미래를 염두에 두고 만들어졌음을 잊지 말자. 1~2년 후 도구를 업그레이드하거나 버그 수정 사항을 적용하거나 망가진 파일 시스템을 복구할 필요가 발생한 상황을 상상해보자. 처음부터 규칙을 잘 따르는 편이 여러분을 편안하게 해준다.

일부 사람들은 왜 규칙을 지키지 않으려 할까? 다음과 같은 일반적인 변명 거리를 살펴보자.

- 나는 단지 도구를 다루며 알아가고 있었을 뿐이고, 우리가 도구를 실제로 사용할지는 결정되지 않았었다. 이제 공식적으로 이 도구를 사용하기로 했지만, 규칙을 지키기 위해 처음으로 돌아가기는 너무 불편한 상황이 됐다.
- 새로운 도구를 설치하고 이를 다뤄보는 일은 재미있지만, 문서화와 형식은 그다지 흥미롭지 않다.
- 다른 개발자가 어딘가에서 도구를 구해왔고, 지난 몇 달간 개인 디렉터리에서 그 도구를 실행했었다. 우리는 이제 소스코드가 어디에 있는지 찾을 수 없고, 단지 /tools에 설치된 실행 프로그램만 넘겨받았을 뿐이다.
- 나는 너무 바쁘고, 관리자는 이를 당장 설치하라고 압박하고 있다. 물론 문서화가 중요하다는 사실은 알고 있지만, 난 지금 문서 작업을 할 시간이 없다.

지금 어떤 비용도 내걸기 꺼린다면 미래에 훨씬 더 큰 비용을 치러야 하는 상황에 빠지고는 한다. 그리고 이미 그 시점은 지금보다 더 촉박한 상황일 때가 많다.

자신만의 컴파일 도구 작성

모든 소프트웨어 개발자는 C와 C++, 자바, C# 같은 언어로 직접 작성한 자신의 프로그램에 익숙하다. 이는 이런 방식이 소프트웨어를 개발하는 표준 방법이기 때문이다. 최신 개발 환경에서는 자동 코드 생성기를 사용해 상위 레벨 언어를 입력해서 소스코드의 생성을 출력하게 할 수도 있다. 여기서 분명한 점은, 같은 기능을 상위 레벨 언어로 작성할 때가 범용 언어general-purpose language로 작성할 때보다 몇 배나 빠를 수 있다는 점이다.

2부에서는 `mathcomp` 컴파일러를 커스터마이즈된 컴파일 도구의 한 예로 살펴봤다. 이 도구는 일련의 수학 표현식을 입력으로 받아 그와 일치하는 C나 자바 파일을 생성하는 파이썬 스크립트다. 이렇게 생성된 파일은 일반적인 C나 자바 컴파일러로 넘겨져 오브젝트 파일을 생성하게 된다.

큰 빌드 시스템에서 커스터마이즈된 도구를 사용해 소프트웨어 구축을 단순하게 하는 상황은 드문 일이 아니다. 이 도구를 작성할 때는 스크립트 언어의 사용이 일반적이며, 특히 검색과 처리를 쉽게 하려고 라인 지향line-oriented 입력을 활용한다. 좀 더 복잡한 도구는 구조가 있는 복수 라인을 입력으로 받는데, 이때는 완전한 기능을 갖춘 검색기와 파서의 사용이 일반적이다.

컴파일 도구가 작업을 수행하는 세부 사항을 너무 상세히 알아보려 하기보다는 입력된 데이터를 검색하고 파싱하는 이면에 숨어있는 기본적인 이론과 기법을 알아보자. 이런 유형의 도구를 작성하는 더 자세한 내용은 컴파일러 교제[83]를 참고하자. 컴파일러는 쉽게 이해하기에는 너무 복잡해서 자신만의 컴파일러를 작성하는 일은 절대 쉽지 않다는 점을 경고해둔다.

렉스와 야크로 사용자가 작성한 도구

컴파일 도구를 작성하는 전통적인 방식은 렉스Lex와 야크Yacc를 사용하거나, 이보다 좀 더 최근에 만들어졌으며 같은 기능을 수행하는 플렉스Flex[91]나 바이선Bison[92]을 사용한다. 이런 도구는 컴파일러를 만드는 데 사용하기 위해 특별히 설계됐고, 유닉스 운영체제 초기부터 사용됐다. 렉스 도구는 입력 스트림으로부터 연속된 문자를 읽어 `if`나 `then` 또는 숫자 `176`과 같이 의미 있는 언어 토큰이나 키워드로 변환한다. 야크 도구는 프로그래밍 언어에 정의된 규칙에 따라 이런 토큰이 논리적인 순서로 나타나는지 확인한다.

렉스와 야크 도구의 출력은 자동 생성된 C 언어 파일의 집합이고, 이 파일은 사용자 정의 언어의 컴파일러 중 일부 구현이다. 다음 예제는 일련의 입력 문자를 매칭하기 위해 어떻게 패턴(정규식으로도 알려진)을 사용하는지 보여준다. 입력 토큰을 완전히 식별한 후에는 일정 유형의 동작(C 코드로 작성된)이 수행된다.

```
DIGIT [0-9]
NUMERAL {DIGIT}+
WORD [a-z]+

```

```
%%
{NUMERAL}           { printf("The number %s\n" yytext); }
if|then|else|fi     { printf("You've selected a keyword\n"); }
{WORD}              { printf("You've entered the word:
                    %s\n", yytext);
```

이 코드는 DIGIT 클래스의 문자(0부터 9까지)와 하나 이상의 숫자로 이어지는 NUMERAL 클래스, 소문자로 이어지는 WORD 클래스에 관한 정의로 시작한다.

그다음으로 다음과 같은 유형의 세 가지 규칙을 정의한다.

1. NUMERAL 클래스로 정의되는 전체 숫자
2. 예약어의 이름으로 여기서는 if나 then, else, fi
3. WORD 클래스에 나타난 문자를 매칭하는 식별자

입력된 문자의 순서를 적절한 패턴과 매칭시키면 그에 따라 오른편의 C 코드에 해당하는 행동이 수행된다.

빌드 시스템의 시점에서는 이전 코드가 반드시 .l 확장자 파일로 저장돼야 한다. 이 소스 파일은 렉스 도구에 의해 lex.yy.c라는 이름의 C 출력 파일로 변환된다. 이 출력 파일은 모든 사용자 정의 행동의 코드를 포함하고 있을 뿐만 아니라, 정규식과 입력 스트림의 패턴 매칭에 필요한 추가 로직도 함께 담고 있다. 개발자는 자동으로 생성된 C 코드가 어떻게 작업을 수행하는지 이해할 필요가 없으며, 단순히 다음 토큰을 받고 싶을 때 yylex() 함수를 호출하면 된다.

렉스가 생성한 프로그램을 실행하면 일련의 입력 문자를 연속된 출력 메시지로 변환할 수 있다. 예를 살펴보자.

```
123
if then begin
hello
456
```

입력 순서가 위와 같다면 다음과 같은 출력이 표시된다.

```
The number 123
You've selected a keyword
```

```
You've selected a keyword
You've entered the word: begin
You've entered the word: hello
The number 456
```

야크 도구도 같은 방식으로 동작하지만, 토큰(렉스가 식별한)이 올바른 순서로 나타남을 보장한다는 점이 다르다. 다음 명령문은 개발자 대부분이 분명하게 이해할 수 있다.

```
if (a == 5) then hello();
```

하지만 다음과 같은 명령문은 토큰이 논리적인 순서로 나타나지 않았기 때문에 구문 에러를 발생시킨다.

```
if (== 5) a then hello();
```

개발자가 코드의 의도를 짐작할 수 있더라도 컴파일러가 실제 의미를 짐작하기를 기대할 수는 없다. 야크가 생성하는 코드는 연속된 입력 토큰을 파싱하며, 논리적이고 유의미한 순서로 도착했음을 확인한다.

다음 예제(확장자가 .y인 파일에 저장된)는 숫자와 연산자와 괄호가 모두 올바르게 매칭됨을 보장하면서 간단한 산술 표현식을 파싱하는 방법을 보여준다.

```
expr: '(' expr ')'
     | expr '+' expr    { ... action ... }
     | expr '-' expr    { ... action ... }
     | expr '*' expr    { ... action ... }
     | expr '/' expr    { ... action ... }
     | INTEGER          { ... action ... }
     | FLOAT            { ... action ... }
     ;
```

여기서는 표현식 '(expr)'을 정의해서 괄호 안에 또 다른 표현식을 넣거나, 덧셈이나 뺄셈이나 곱셈이나 나눗셈을 사용해 두 개의 하위 표현식을 조합하거나, 아니면 단순히 정수나 부동소수점floating point 수를 나타내게 했다. 하지만 이 예제는 설명을 위해 단순하게 표현했을 뿐이고, 실제로는 곱셈이 덧셈보다 높은 우선순위를 갖는 것처럼 연산자 우선순위precedence나 결합성associativity 등을 고려해야 함을 명심하자.

렉스와 함께 야크 도구를 사용하면 상위 레벨 언어를 실제 작업이 수행되는 하위 레벨 C 프로그램으로 컴파일할 수 있다. 이 도구는 다음과 같은 두 가지 주요 출력 파일을 만든다.

- **y.tab.c** 사용자 정의 언어를 위한 완전한 파서를 포함하고 있는 C 소스 파일이다. 이 파일은 행동에 관한 C 소스코드뿐만 아니라, 입력을 매칭해서 올바른 행동을 수행시킬 수 있게 보장하는 데 필요한 파싱 로직까지 포함하고 있다.
- **y.tab.h** 입력 토큰(INTEGER나 FLOAT 같은)의 집합을 정의한 C 헤더 파일이다. 입력 스트림으로부터 입력 토큰은 가져올 때 일관된 시각을 유지하기 위해 렉스가 생성한 프로그램과 야크가 생성한 프로그램은 모두 이 파일을 포함하고 있다.

그림 16.2는 렉스와 야크를 사용해 새로운 컴파일 도구를 생성하는 과정을 요약하고 있다. 렉스와 야크는 C 코드를 생성하지만, 다른 프로그래밍 언어도 이와 같은 도구의 자신만의 버전을 갖고 있다.

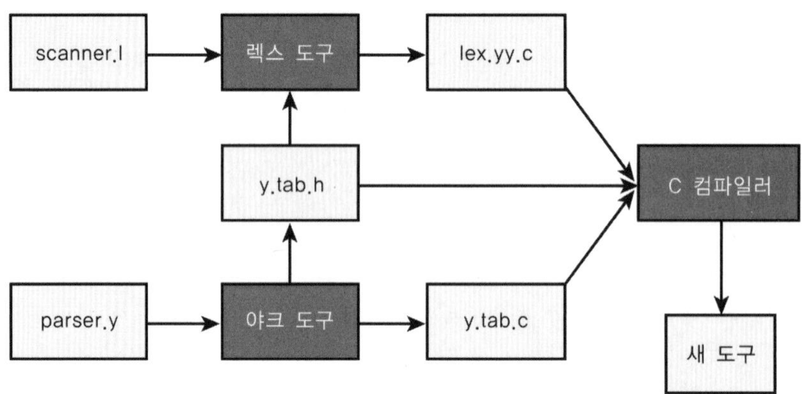

그림 16.2 작은 컴파일러를 생성하기 위한 렉스와 야크의 사용

이런 기본적인 규칙 집합의 정의를 바탕으로, 이제 입력 데이터를 읽고 처리하는 간단한 검색기와 파서가 준비됐다. 개발자로서는 자동으로 생성된 yyparse() 함수를 호출해서 입력 스트림을 파싱하고 모든 행동 코드를 실행시킨다. 물론 16장에서는 이 행동 코드를 주제로 설명하지는 않았다(이 사항도 더 자세한 정보는 컴파일러 교제를 참고하자).

※ 정리

신뢰성 있고 반복 가능한 소프트웨어를 빌드하려면 사용하는 컴파일 도구의 집합을 관리하는 일이 무엇보다 중요하다. 이는 특히 도구의 새로운 버전이 소개됐거나 도구의 버그가 수정됐을 때 그렇다.

컴파일 도구의 관리에 도움이 되는 여러 기본 규칙이 있다. 도구가 컴파일하고 설치하는 방식을 이해한다면 앞으로 도구의 변경이 발생했을 때 시간을 절약하는 데 중요하게 쓰인다. 소스코드 형태로 유지 관리되는 도구는 소스코드가 버전 관리 시스템에서 유지되게 해야 한다. 이는 버그를 수정하거나 업그레이드된 버전에 다시 로컬 변경을 적용할 때에도 도움이 된다. 주기적으로 도구를 업데이트해야, 버그 수정과 새로운 기능을 활용할 수 있을 뿐만 아니라 벤더 지원을 잘 받을 수 있다. 마지막으로, 도구의 실행 프로그램이 버전 관리되게 해서 여러 버전의 소프트웨어가 서로 다른 버전의 도구를 사용할 수 있게 해줘야 한다.

자신만의 컴파일 도구를 만들기 원한다면 렉스와 야크의 사용을 고려하거나, 프로그래밍 언어의 선택에 따라 이들 도구와 같은 기능을 제공하는 도구를 고려해보자. 이런 도구는 검색기와 파서를 생성해서 입력 포맷이라는 중요한 대상을 처리할 수 있게 해준다.

4부

확장

4부에서는 빌드 시스템의 규모가 확장됐을 때 무슨 일이 일어나는지 알아본다. 예를 들어 수백 명의 개발자가 소프트웨어 개발에 투입되고, 그 소프트웨어가 1천만 이상의 소스코드 라인으로 구성된 소프트웨어라면 무슨 일이 일어나는지 함께 알아보자. 빌드 시스템을 상주해서 관리하는 사람이 1명 이상 있을 것이다. 이 경우 소프트웨어를 컴파일하는 일은 각 개발자의 일과 중 주된 작업이 된다.

안타깝게도 실제로는 소프트웨어의 규모가 작을 때 만들어진 빌드 시스템이 시간이 지남에 따라 확장되리라고 생각하지 못한다. 이와 마찬가지로 코드 작성의 효율성을 높이기 위해 개발 팀이 증강되고 변경된다면 당연히 빌드 시스템은 변경돼야만 한다. 해당 소프트웨어가 작았을 때의 추정은 1천만 소스코드 라인으로 성장하지 않는다는 점이었다. 4부는 다음과 같은 주제를 다룬다.

- **17장, 최종 사용자를 위한 복잡성 감소**에서는 빌드 시스템이 성장하면 소프트웨어 개발자는 이해하기 어렵고 혼란스러워지므로 최종 사용자가 더욱 사용하기 편리한 빌드 시스템을 만드는 기술에 대해 알아본다.
- **18장, 빌드 크기 관리**에서는 코드가 시간과 함께 증가할 때 개발 도구와 빌드 머신은 한계에 이르게 되므로 소프트웨어 제품을 더 관리가 용이한 구성 요소로 분할하는 법을 알아본다.
- **19장, 더 빠른 빌드**에서는 코드 라인이 많을 경우 더 많은 컴파일 시간이 필요하고 더 느린 빌드 프로세스가 되므로 빌드 시스템의 성능을 평가하는 법과 성능을 저하시키는 주된 원인을 찾는 법을 알아본다. 뿐만 아니라 불필요한 컴파일을 회피하는 법과 컴파일 작업을 더욱 신속하게 처리할 수 있는 여러 빌드 머신 사용법을 알아본다.

지금 당장은 대규모의 빌드 시스템을 관리하지 않을 수 있지만, 이 주제들을 다룰 충분한 가치는 있다. 결론부터 말하자면 큰 소프트웨어 제품은 늘 작은 제품에서 출발한다는 점이다. 따라서 이미 알아보고 통찰력을 갖는 일은 충분한 가치가 있다. 아무리 소스코드가 커지더라도 사전에 준비를 잘해 둔다면 빌드 시스템의 수명을 기대 이상으로 연장할 수 있다.

17

최종 사용자를 위한 복잡성 감소

대부분의 소프트웨어 개발자들에게 빌드 시스템은 단순히 코드를 컴파일하기 위한 수단에 불과하다. 개발자들은 자신의 프로그램이 합리적인 시간 내에 컴파일된다면 빌드 절차가 어떻게 동작하는지에는 별 관심이 없다. 완전히 컴파일된 소프트웨어 패키지를 생산하기 위해 그들이 원하는 점은 누를 수 있는 하나의 버튼이나 실행시킬 수 있는 하나의 명령이다. 하지만 현실에서 빌드 시스템은 어느 정도의 유지 시간이 요구된다. 개발자에게는 최소한으로 사용될 컴파일 플래그와 컴파일될 소스 파일들을 나열하기 위한 시간이 필요하지만, 최악의 경우에는 자신들이 결함이 있는 종속성 시스템과 분투하고 있거나, 단순히 빌드가 완성될 때까지 너무 많은 시간을 기다리고 있음을 발견하게 된다.

이런 문제들은 더 많은 개발자가 참여하는 대규모 소프트웨어에서 더욱 악화될 것이다. 이런 빌드 시스템은 구성 변경과 더 이상 사용되지 않는 코드, 특이한 소스 코드나 컴파일 도구들을 다루기 위한 일단의 코너 케이스로 뒤섞이게 돼 개발자들이 빌드 시스템을 사용하기 어렵게 한다.

경험 많은 소프트웨어 엔지니어라면 복잡성 때문에 원인을 알 수 없는 실패와 시스템을 유지함에 어려움이 발생할 수 있음을 잘 인식한다. 예를 들어 종속성 분석 시스템을 이해하기 위해 전문가를 부를 정도로 복잡하다면 그만큼 에러가 발생할 가능성이 크다. 결국 개발자는 빌드 시스템이 잘못됐다는 점을 알기 전까지 컴파일되지 않는 코드를 작성한 자신을 비난하는 데 많은 시간을 헛되이 보내게 된다.

복잡한 빌드 시스템은 많은 문제 보고서를 발생시킨다. 개발자는 누락된 종속성이나 올바른 작업을 하지 않는 컴파일 도구, 다른 이들조차 컴파일하지 않은 불필요한 코드까지도 문제로 보고한다. 이런 일이 발생할 때마다 빌드 엔지니어는 개발자가 잘못하고 있는 점이 무엇인지 찾기 위해 문제를 파악하거나, 또는 새로이 코너 케이스를 처리할 수 있는 패치를 빌드 시스템에 적용해야 한다.

빌드 시스템 관리자들에게도 복잡한 시스템은 다루기 어렵다. 빌드 시스템을 처음으로 설계한 사람이 더 이상 없는 경우 새로운 빌드 엔지니어는 모든 것을 이해하기 위해 많은 시간과 노력을 기울여야 한다. 특히 여러 사람이 패치 작업 솔루션을 새로 만들면서 몇 년에 걸쳐 빌드 시스템을 변경해 온 경우에는 더욱 그렇다.

17장에서는 개발자가 사용하기 쉽고 빌드 엔지니어가 유지 보수를 용이하게 할 수 있게 빌드 시스템의 복잡성을 줄이는 기술에 초점을 맞춘다. 어떤 점에서는 이해의 충돌이 될 수 있다. 즉, 개발자에게 쉬운 빌드 시스템을 만드는 일은 빌드 유지 관리자가 해야 하는 일을 더 복잡하게 만들 수 있기 때문이다. 복잡성은 다른 사람들에게는 또 다른 일을 의미함을 명심하자.

빌드 시스템 프레임워크의 개념에 대한 설명으로 17장을 시작하고, 여러 다른 빌드 변형을 지원하는 데 있어서의 단점들을 알아보자. 그다음으로 빌드 시스템의 복잡성을 줄이기 위한 기술의 범위에 대해 설명한다. 마지막으로, 빌드 시스템 변경에서의 일정 관리와 적절한 인력 할당의 중요성에 대해 다룬다.

빌드 프레임워크

대규모 빌드 시스템은 자연스럽게 어느 정도의 복잡성을 갖는다. 다양한 컴파일 도구들을 사용하거나 다양한 파일 형태를 사용하는 소프트웨어는 작은 규모의 소프트웨어보다 더 복잡한 요구 사항들을 가진다. 이 책을 통해 설명한 바와 같이 이런 요구 사항을 제대로 인식하고 있지 않다면 많은 빌드 실패를 만날 수밖에 없다.

대부분의 소프트웨어 개발자는 어떤 소스 파일이 컴파일되고, 어떤 컴파일 플래그가 사용될지에 관해서만 신경을 쓴다. 이를 개발자의 영역이라 한다. 반면 개발자들은 빌드 시스템이 어떻게 동작하는지에는 관심이 없을 뿐만 아니라 세부 사항까지 알아야 한다면 좌절한다.

2장에서 알아본 바와 같이 빌드 시스템 프레임워크의 개념은 중요하다. 다시 말해 빌드 시스템의 복잡성을 추상화해 최종 사용자에게 복잡성이 드러나지 않게 해야 한다. 이런 연유로 빌드 기술에는 다음과 같은 두 가지 부분이 있다.

- **빌드 기술에서 개발자 해당 부분** 이는 소프트웨어 개발자가 직접 빌드 기술에서 볼 수 있는 부분으로, 컴파일될 모든 소스 파일들과 생성돼야 하는 실행 프로그램을 나열하는 부분이다. 또한 소프트웨어 개발자는 최적화 플래그와 디버깅 플래그, 다른 컴파일 기능들을 활성화하거나 비활성화할 수 있다.
- **빌드 기술에서 프레임워크 해당 부분** 이는 빌드 기술에서 기본 컴파일 도구상에 일단의 확장 기능을 제공한다. 예를 들어 프레임워크는 자동 종속성 분석과 여러 다른 디렉터리 컴파일, 일단의 새로운 컴파일 도구들을 지원할 수 있다.

각 부분이 포함하는 것이 무엇이며, 서로 어떻게 관계를 갖는지에 대해 초점을 맞춰 이 두 부분을 좀 더 자세히 알아보자.

빌드 기술에서 개발자 해당 부분

개발자는 빌드 시스템의 상위 레벨 세부 사항만을 보기 원한다. 그들은 새로운 소스 파일, 새로운 실행 프로그램, 그리고 컴파일 플래그를 구성할 필요가 있지만 하위 빌드 도구의 구문을 배우기를 원하지는 않는다.

다음 예제는 프레임워크를 사용하는 GNU Make 프로그램의 예를 보여준다.

```
1  EXE_NAME = myapp
2  C_SRCS := main.c data.c gui.c util.c
3  LINK_LIBS := z bfd
4  C_FLAGS := -O -g
5
6  include framework.mk
```

처음 4행은 실행 프로그램의 이름 정의와 C 소스 파일들, 실행 프로그램에 링크되는 라이브러리, 사용할 컴파일 플래그들을 보여준다. 그리고 마지막 행에서 외부 프레임워크 파일을 인클루드한다. 경험에서도 알 수 있듯이 이 외부 파일은 복잡하지만, 다행히도 개발자는 프레임워크가 하는 일을 이해할 필요 없이 대부분 완료된 작업을 얻을 수 있다.

Ant나 SCons 같은 도구들은 전형적으로 대부분 요구되는 기능들을 언어 안에 만들어 놓았기 때문에 추가적인 프레임워크가 덜 필요하다. 예를 들어 SCons로 만든 같은 코드를 살펴보자.

```
Program('myapp', ['main.c', 'data.c', 'gui.c', 'util.c'],
          LIBS = ['z', 'bfd'],
          CFLAGS = ['-O', '-g']);
```

소프트웨어 개발자들이 SCons 도구의 기본적인 사항들을 알 필요가 있다고 느꼈을 것이다. 하지만 적어도 GNU Make 프로그램과 비교하면 초보 사용자가 이해하기에는 SCons 언어가 더 쉽다.

상위 레벨 세부 사항을 추상화함으로써 얻는 또 다른 장점은 사용자가 스스로 지원할 수 있다는 점이다. 그들은 새로운 소스 파일을 추가하거나 컴파일러 플래그를 변경할 때마다 빌드 엔지니어와 상의할 필요가 없다. 이는 모두에게 생산성 향상을 가져온다.

반면 어떤 빌드 시스템 변경에서 정말 복잡한 코드는 프레임워크 바깥쪽에 놓이기를 요구한다. 이는 보통 프레임워크가 제공하는 모델에 깔끔하게 맞지 않는 특수 목적 소스 파일의 경우이다. 늘 그렇듯이 이런 코드가 어떤 것인지를 최종 사용자에게 설명할 수 있는 적절한 주석을 달아줘야 한다.

빌드 기술에서 프레임워크 부분

프레임워크의 목표는 소프트웨어 개발자에게 복잡성을 숨기는 점이다. 소프트웨어 개발자도 프레임워크가 사용돼야 한다는 것은 알지만, 그것이 어떻게 작동하는지 이해해야 한다는 점을 강요받길 원치 않는다. 오직 자격을 갖춘 빌드 엔지니어만 프레임워크의 빌드 기술을 다뤄야 한다.

예를 들어 다음은 일반적으로 프레임워크 내부에 숨기는 기능들이다.

- GNU Make의 경우 자체 자동 종속성 분석과 자체 여러 다른 디렉터리 빌드 지원, 각 새로운 컴파일 도구에 대한 사용자 정의 규칙들이 구현돼야 한다. 사용자의 makefile은 단순히 일련의 상위 레벨 변수들을 정의하고 기본 프레임워크를 부르기 위해 `include` 지시어를 사용한다. 완전히 별개의 makefile에 프레임워크를 갖고 있게 하는 것이 중요하다.

- Ant의 경우 사용자가 정의한 태스크는 프레임워크 내부에 캡슐화된 다음 `taskdef` 지시어를 사용해 주 build.xml 파일로 통합된다. `import` 지시어를 통해 인클루드되게 하려면 재사용 가능한 헬퍼 타켓helper target 작성을 고려해 볼 수도 있다. 소프트웨어 개발자는 이런 새로운 태스크와 타켓을 Ant 언어에 내장된 것처럼 사용할 수 있다.
- SCons의 경우 프레임워크는 주요 빌드 기술을 간략화하기 위해 많은 헬퍼 함수뿐만 아니라 각 새로운 타입의 소스 파일에 대한 빌더 메소드와 조사 도구scanner를 포함하고 있다. SConstruct 파일은 기본 SCons 언어를 확장하기 위해 이런 새로운 함수들을 가져온다.

프레임워크가 소프트웨어 개발자들로부터 숨겨져 있기 때문에 복잡해도 사용하는 데에는 큰 지장이 없을 수 있다. 하지만 일부 소프트웨어 개발자는 여전히 프레임워크 내부를 뒤져 보고자 할 것이고, 스스로 확장하려고 한다. 특히 이는 이미 빌드 시스템을 유지 보수한 경험이 있는 엔지니어에게서 나타난다.

프레임워크가 평균 개발자가 이해하기에 충분한지를 확인하는 것이 좋다. 정기적으로 프레임워크를 검사하게 권장하지 않지만, 복잡한 빌드 시스템은 보통 유지 보수하기 힘들고 종종 버그가 있다. 프레임워크를 가능한 한 명확하고 간결하게 유지한다는 것은 버그가 발생할 가능성을 최소화한다는 것과 같다. 빌드 전문가조차도 복잡한 프레임워크를 이해하기는 결코 쉽지 않다.

어떤 경우에는 선택의 여지없이 복잡한 프레임워크를 갖게 될 수 있다. 예를 들어 6장의 포함inclusive Make 프레임워크는 결코 이해하기 쉽지 않다. 평균 개발자는 많은 빌드 전문가들이 했던 것처럼 어떻게 작동되는지 이해하기 위해서는 힘든 시간을 보내야 한다. 따라서 적어도 모든 동작이 어떻게 수행되는지를 설명하는 상세 주석을 제공해야만 한다.

마지막으로, 결국 프레임워크가 일부 사람만이 이해할 수 있는 복잡성을 갖게 됐다면 잘못된 빌드 도구를 사용했기 때문일 것이다. 한 사람만이 쓸 수 있는 소프트웨어를 만든다는 점이 사업적으로 아주 잘못된 결정인 것처럼 빌드 시스템도 마찬가지다. 개발자들은 계속 교대를 하면서 어떻게 빌드 시스템이 작동하는지에 대한 교육이나 훈련을 받아야 한다.

구성상의 규약

빌드 프레임워크를 선택함에 있어 주요 트레이드오프 대상은 단순함 대 유연성이다. 단순함은 개발자가 많은 노력 없이도 간단한 빌드 시스템을 갖고자 함이고, 이와 반대로 유연성은 개발자가 더 많은 유연성을 얻기 위해 빌드 기술을 정의하는데 더 많은 시간을 할애하는 것을 뜻한다.

표준 템플릿 범주 내에서 소프트웨어를 구조화한다면 구성상의 규약의 개념은 빌드 시스템을 쉽게 생성하게 해준다. 이는 자신의 입맛에 맞게 빌드 시스템을 만들 수 없다는 것을 의미하지는 않지만, 그렇게 하기 위해서는 많은 시간이 걸린다.

하나의 예로 이클립스 빌드 시스템은 적어도 Ant 기반 시스템보다 사용하기 쉽다. 이클립스 사용자는 필요한 프로젝트 유형을 선택한 후 몇 가지 간단한 질문에 답하면 이클립스가 전체 빌드 환경을 생성해 준다. 이는 많은 선행 작업 없이 코드 개발을 시작할 수 있지만, 제한된 빌드 환경이다. 이런 제한된 환경을 벗어나기 원한다면 더 구성이 가능한 Ant 도구로 전환하면 된다. 빌드 시스템 규약은 쉽게 찾을 수 있다. 예를 들어 표준적인 규약은 다음과 같다.

- C와 C++ 언어의 소스 파일은 각각 .c 와 .cc로 끝나야 한다. 파일명은 사용할 컴파일 도구와 컴파일러 플래그를 빌드 시스템에 알려준다. 사용자는 기본 값을 변경하지 않는 한 이런 정보를 제공할 필요가 없다.
- 기본 이클립스 프로젝트는 src 디렉터리의 모든 소스코드를 컴파일하고 bin 디렉터리에 해당 오브젝트 파일을 생성한다. 프로젝트 설정을 변경하지 않는 한 빌드 시스템은 자동으로 이 경로를 사용한다.
- 대부분의 빌드 시스템은 `compile`, `clean`, `package`, `test`, `install` 같은 타겟을 갖고 있다. 일부 빌드 도구는 기본으로 이런 타겟을 지원한다. 지원하지 않는다면 빌드 시스템 설계자는 당연히 타켓을 생성할 것이다. 이를 통해 개발자는 익숙하지 않은 소프트웨어로 작업을 쉽게 할 수 있다.

자, 그럼 이제 구성상의 규약 원리를 따르는 Maven 빌드 도구를 알아보자. Maven은 새로운 빌드 시스템을 아주 쉽게 생성할 수 있게 해준다.

Maven: 예제 빌드 도구

Maven 시스템[84]은 자바 기반 프로젝트를 위한 빌드 도구이며, Ant 대용으로 사용할 수 있다. Maven은 제대로 갖춰진 빌드 도구다. 2부에서 Maven에 관련된 내용을 추가할 수 있었지만, 이 책에서는 구성상의 규약을 이용해 단순히 Maven 기반 빌드 시스템 생성의 용이성에 초점을 맞추고 있다.

새로운 Maven 기반 빌드 시스템을 만들려면 개발자는 원형archetype으로 알려진 프로젝트 템플릿을 선택한다. 그러면 일단의 표준 빌드 타켓뿐만 아니라 프로젝트의 소스 파일과 오브젝트 파일에 대한 기본 레이아웃을 제공한다.

Maven 빌드 시스템을 생성하는 일은 다음과 같은 명령을 입력하는 것처럼 간단하다.

```
mvn archetype:generate \
      -DarchetypeArtifactId=maven-archetype-quickstart \
      -DgroupId=com.arapiki.calc \
      -DartifactId=calculator \
      -DinteractiveMode=false
```

이 명령은 Maven에 quickstart 원형을 이용해 신규 프로젝트(그리고 빌드 시스템)를 생성하게 요청한다. 소스코드가 com.arapiki.calc 자바 패키지에 저장되게 하고 프로젝트 이름은 calculator로 요청한다. 다른 구성 매개변수configuration parameters 역시 커스터마이즈할 수 있지만, 이 예제에서는 기본 설정을 사용하기 위해 대화형 모드interactive mode를 사용하지 않았다.

프로젝트가 생성된 후 기본 quickstart 프로젝트 트리는 현재 작업 디렉터리에 놓이게 된다.

```
./calculator/pom.xml
./calculator/src/main/java/com/arapiki/calc/App.java
./calculator/src/test/java/com/arapiki/calc/AppTest.java
```

Maven은 빌드 기술을 포함하는 pom.xml 파일을 자동으로 생성한다. 이 파일은 규칙이나 직업의 목록을 보유하지 않는 대신, 관련 파일들이 프로젝트 내 어디에 저장돼 있으며 어떤 타겟들이 만들어질 수 있는지에 대한 상위 레벨 정보를 제공한다.

이와 더불어 간단한 JUnit 테스트 세트를 포함하는 AppTest.java 파일과 간단한 main 프로그램을 포함하는 App.java 파일을 제공받았다. 물론 이 파일들을 여러분의 소스코드로 대체할 수 있지만, Maven이 작업 프로젝트를 제공한다는 점은 분명 반가운 일이다.

이 예제 애플리케이션을 컴파일하고 단위 테스트를 실행하고 JAR 파일을 작성하려면 다음 명령을 실행한다.

```
mvn package
```

Maven은 여러분이 빌드 시스템을 구성하지 않더라도 템플릿으로부터 이 프로젝트를 생성해 소프트웨어를 컴파일, 테스트, 패키징할 수 있다. 그리고 다음과 같이 프로그램을 실행할 수 있다.

```
$ java -cp target/calculator-1.0-SNAPSHOT.jar com.arapiki. calc.App
Hello World!
```

이 프로젝트는 compile(컴파일 단계에서만 수행하는), test, install, clean 타겟은 물론이며, 그 외의 수많은 빌드 타겟을 포함하고 있다. quickstart 원형이 사용돼서 어떤 추가 작업 없이도 간단한 자바 프로젝트에 필요한 모든 것이 생성됐다.

고급 사용자는 여러 프로젝트를 연결하고, 이들 간의 종속성을 설정할 수 있다. 또한 인터넷으로부터 서드파티 JAR 파일의 특정 버전을 다운로드하고, 이를 프로그램에서 사용할 수 있게 Maven에 요청할 수 있다.

마지막으로, 표준 원형이 여러분의 요구 사항을 만족시키지 못할 경우 여러분 스스로 원형을 만들 수 있다. 그리고 이 원형을 다른 이들에게 배포할 수 있다.

여러 다른 변형 지원을 피해야 하는 이유

이 책을 통해 살펴본 바와 같이 많은 중요한 이유로 빌드 시스템은 여러 변형을 지원해야 한다. 그것이 여러 CPU 종류를 위하든, 여러 에디션을 위하든, 또는 프로파일링이나 디버깅을 위해 메타데이터를 추가하기 위하든 간에 소프트웨어 제품을 빌드하기 위해 아주 많은 방법을 사용하게 된다.

너무 많은 선택 사항을 갖고 있는 점에 대해 문제를 인식할 필요가 있다. 제품을 빌드하는 새로운 방법을 추가할 때마다 추가적인 빌드 시간과 개발 시간, 테스트 시간을 사용하게 되는 별도의 복잡성을 갖게 될 것이다. 여러 변형을 지원하는 것이 더 중요한지, 빌드 시스템 사용에 따른 비용을 줄이는 것이 중요한지는 결국 사업적인 결정으로 이뤄져야 한다. 별도의 변형을 지원해야 하는 명백한 이유가 있지 않은 한 개발 조직은 이를 지원하지 않는 것이 바람직하다.

이 절에서는 이 새로운 복잡성이 어떻게 도입되는지를 살펴본다.

테스트해야 할 다른 변형들을 갖게 됨

여러분의 고객이 의도하는 또 다른 변형을 추가할 경우 테스트해야 할 별개의 변형을 갖게 된다. 개발자는 소프트웨어의 한 변형에서 수정한 코드를 다른 모든 변형에 반드시 반영하고 테스트해야 한다. 먼저 컴파일 에러가 없게 가능한 한 모든 타켓에 대한 소프트웨어를 빌드해야 한다. 그런 다음 소프트웨어의 모든 변형에 대해 몇 가지 온전성 테스트sanity test를 해야 한다. 마지막으로, 고객에게 소프트웨어 패키지를 건네기 전에 테스트 그룹은 각 변형에 대해 완료 테스트complete test를 수행해야 한다.

하지만 개발자는 가능한 모든 조합을 빌드하고 테스트할 시간이 없다. 종종 한 타겟을 컴파일한 다음, 나머지 타겟에서도 문제없이 컴파일되기 만을 바란다. 이는 소프트웨어가 모든 경우에 99% 이상 동일하다면 유용한 접근 방법이지만, 개발자가 자신의 코드 일부(나머지 1%)에서 이식성 문제가 없는지 확신이 서지 않을 경우 다른 모든 변형에 관해 재확인double-check해야 한다. 대형 소프트웨어 제품은 빌드에 많은 시간이 소요되고, 개발자가 최선을 다해 유지 보수하는 것이 일반적인 전략이다.

모든 타겟을 테스트할 시간이 없으면서 소프트웨어의 품질 악화를 막기 위해서는 변형들을 가능한 한 비슷하게 하는 것이 좋다. 특히 동일한 컴파일 도구로 모든 변형을 컴파일하면 적어도 빌드 시스템에서 발생하는 에러들의 차이만이라도 줄일 수 있다. 물론 이는 우선적으로 변형을 갖는 목적을 해하지 않는 가정하에서 이뤄져야 한다.

다음 지침을 항상 염두에 두자.

- **모든 타켓 아키텍처에 대해 동일한 컴파일의 동일한 버전을 사용하자.** 예를 들어 인텔 x86 타겟에 대해 GCC의 버전 4.2를 사용하는 경우 파워 PC 타켓에 대해

서도 같은 버전을 사용해야 한다. 이렇게 하면 두 개의 컴파일러가 동일한 프로그래밍 언어 구문을 수용하고, 같은 경고와 에러를 발생시킬 가능성이 현저히 높아진다. 하지만 불행하게도 일부 에러나 경고가 아키텍처 특성에 의존하기 때문에 동일한 컴파일러를 사용해도 다소의 문제가 발생하고, 모든 차이를 완벽하게는 제거할 수 없다.

- **CPU의 바이트 순서에 의존하는 코드를 작성하지 말자.** 예를 들어 리틀 엔디언little endian 바이트 순서를 갖는 CPU에 따르는 코드는 빅 엔디언big endian 시스템에서 작동하지 않는다. 따라서 가능한 한 엔디언 중립endian-neutral 코드를 작성해야 한다. 이것이 힘들다면 엔디언에 의존하는 코드는 잘 알려진 장소에 한정시켜야 한다. 어떻게 하던지 모든 플랫폼에 대해 빌드하고 테스트해야 함을 절대 잊어서는 안 된다.
- **일정한 CPU의 워드(word) 크기를 사용하자.** 32비트 CPU에서 작성된 코드는 64비트 시스템에 정상적으로 작동하지 않을 수 있다. 데이터 타입의 크기를 추정할 필요가 없는 코드나 적어도 이런 부분을 특정 장소로 제한하는 코드를 작성해야 한다.

경험이 풍부한 개발자라면 일반적으로 회피하고자 하는 다른 많은 차이점을 생각할 수 있을 것이다.

소스코드가 난해해짐

너무 많은 변형을 갖는 것을 피해야 하는 두 번째 이유는 소스코드가 결국 조건부 코드conditional code로 끝날 수 있다는 점이다. 자바 프로그램의 경우는 파일당 또는 디렉터리당 변형을 사용하므로 심각한 문제가 되지 않지만, 단일 함수가 여러 #ifdef 지시어를 포함하는 C/C++의 경우에는 심각하게 복잡해질 수 있다. 예를 들어 다음 코드는 모든 조건부 변수conditional variable들이 무엇을 나타내는지 제대로 인지하지 않다면 읽기가 매우 어렵다.

```
int init_database(char *db_ref)
{
    int data_index;
#ifdef SUPPORT_BACKUPS
```

```
    init_backups(db_ref);
#endif
#if (DB_VERS >= 4)
    db_fixup(db_ref, DB_VERS);
#endif
    data_index = get_index(db_ref, DB_MAX_SIZE);
#ifdef BIG_ENDIAN
    switch_endian(data_index, DB_MAX_SIZE);
#endif
    process_data(data_index, DB_MAX_SIZE);
#ifdef OLD_THREADS
    init_threads(0, 5);
#else
    init_threads(THREAD_START_PRIORITY);
#endif
}
```

이 예는 조건부 컴파일을 과도하게 사용하는 두 번째 문제를 보여준다. 빌드 시스템이 더 이상 `OLD_THREADS` 지시어를 사용하지 않으면 해당 심볼에 대한 모든 참조는 이미 코드 베이스에서 삭제됐어야 한다. 하지만 프로젝트에 참여 중인 현재 개발자 중 아무도 그 지시어에 대한 의미를 명확히 모르므로, 개발자는 오래된 코드를 제거하는 데 망설일 수밖에 없다. 이런 불필요한 라인들이 계속해서 코드 베이스에 남아 있게 됨에 따라 당연히 프로그램이 지저분해진다.

빌드 시간이 증가할 수 있음

하나 이상의 변형을 컴파일하기 위해 빌드 시스템을 수정하는 경우 보통 빌드하는 데 사용되는 시간이 크게 증가함을 볼 수 있다. 일반적으로 한 번에 하나의 변형을 빌드할지라도 하나의 빌드 명령으로 여러 변형을 동시에 빌드하지 못할 이유는 없다.

예를 들어 x86 프로세서와 MIPS 프로세서 모두가 포함된 타겟 컴퓨터에 소프트웨어를 빌드하는 일을 상상해보자. 각 프로세서가 유사한 소프트웨어를 실행할 경우 여러분은 두 CPU 유형에 동일한 유틸리티 라이브러리를 컴파일하고자 한다. 원래 x86 프로세서에 대한 컴파일은 30분 걸리지만, MIPS의 변형을 추가한 이후에는 추가로 30분이 더 걸리게 될 것이다. 특히 x86 변형에서의 변경이 빈번하게 MIPS 변형에서의 변경을 유도할 경우 빌드 시간 증가는 불가피하다.

더 많은 디스크 공간이 요구됨

각 빌드 변형에 대해 각기 다른 오브젝트 트리를 갖게 한 경우 당연히 더 많은 디스크 공간이 필요하게 된다. 이 문제에 대응하기 위해 단일 오브젝트 트리를 사용할 수 있지만, 이 또한 좋지 않은 결과를 초래한다. 결국 제대로 동작하는지 확인하기 위해 각 변형을 재컴파일하는 데 더 많은 시간을 보내거나, 견고한 테스트 부족으로 잘못된 빌드와 테스트 케이스 실패가 증가하는 일을 겪게 된다.

복잡성을 줄이기 위한 다양한 방법

지금까지 프레임워크가 어떻게 빌드 시스템을 쉽게 이해할 수 있게 하는지, 그리고 여러 다른 변형을 지원하는 방법에 따라 어떤 문제가 발생할 수 있는지에 대해 알아봤다. 이제 다른 접근 방법들에 대해 알아보자. 안타깝게도 단 하나의 해결책으로는 복잡성 문제를 완벽하게 제거할 수 없다. 빌드 시스템 기능을 빌드 엔지니어가 빌드 커스터마이즈할 수 있다는 점은 문제의 잠재적인 원인이 될 수 있다. 여기서 주목할 점은 엔지니어가 어떻게 이런 기능을 사용하는지며, 그들이 모범 사례의 표준 집합을 준수하는지다.

이 절은 복잡성을 줄이기 위한 방법들을 다룬다. 복잡성은 주관적인 용어다. 따라서 여기서 다루는 방법 가운데 일부는 빌드 시스템 자체의 복잡성을 줄이고, 나머지는 최종 사용자에 대한 복잡성을 줄인다. 이런 기술들은 특정 순서로 나열된 것이 아니며, 특정 빌드 도구나 프로그래밍 언어에 적용할 수 있다. 그리고 각각의 지침을 따르지 않을 경우 발생할 수 있는 문제점을 주제로 설명한다.

최신 빌드 도구를 사용

Make 도구가 1970년대 만들어진 이래, 사람들은 그 사용성을 향상시킬 방법을 찾아왔다. 심지어 GNU Make는 선행 조건prerequisite으로부터 타켓을 생성하기 위해 셸 명령을 제공하는 각각의 규칙과 종속성 규칙을 정의하는 기본 전제를 따른다.

많은 사용자는 이 방법을 사용해 크고 신뢰성 있는 빌드 시스템을 구축하는 것이 거의 불가능하다고 생각한다.

반면 Ant, SCons, CMake, 이클립스 같은 도구들은 요구되는 작업량을 줄이기 위해 노력하고 있다. 자동 종속성 분석, 다중 디렉터리 지원 및 크로스플랫폼 컴파일 등과 같은 기능은 이제 표준화된 기능이다. 또한 새로운 도구들은 개발자가 어떻게 컴파일해야 하느냐는 것보다는 컴파일하고자 하는 대상을 지정하는 태스크 또는 빌더 모델에 초점을 맞추고 있다.

여러분의 빌드 시스템에서 무엇이 필요한지 유심히 고찰해야 한다. 자바 프로그래머라면 Ant나 이클립스 기반, 아니면 이 둘을 조합해 빌드 시스템을 만들고자 할 것이다. C/C++ 개발자라면 SCons나 CMake가 더 나은 선택이 될 것이다. 각 도구는 빌드 기술을 이전보다 더 간단하게 작성할 수 있다는 점을 강조하고 있으며, 이는 에러가 발생할 가능성을 현저히 줄여준다.

확신이 드는 경우에만 GNU Make 도구를 사용하는 것이 좋다. 단지 가장 널리 사용되기 때문에 사용하는 것은 피해야 하며, 종속성 그래프를 유지해야 한다든지, 프레임워크 지원을 추가해야 한다는 복잡성은 피하는 것이 좋다.

마지막으로, 새로운 빌드 도구를 꾸준히 알아보는 것이 좋다. Ant, SCons, CMake, 이클립스는 많은 한계를 갖고 있어, 새로운 빌드 도구는 나중에 이런 도구들을 대체할 가능성이 높다.

자동으로 종속성을 검출

지금쯤 여러분은 잘못된 종속성 정보가 빌드 시스템 문제의 주된 원인이라는 점을 알게 됐을 것이다. 상호 파일 간 종속성을 계산하거나 문서화하는 일을 각 개발자에게 의존한다면 문제가 될 소지가 크다. 따라서 가능한 한 종속성 분석 도구를 사용해 이런 작업을 해야 한다.

2부에서 각 빌드 도구를 알아볼 때 여러 형태의 자동 종속성 분석을 살펴봤다. 어떤 경우에는, 어느 파일들이 컴파일 도구에 의존하는지 컴파일 도구에 요청할 수 있다. 그 밖의 경우에는, 빌드 도구는 소스 파일의 종속성을 식별하기 위해 특수 목적 조사 도구를 사용한다. 마지막으로, 어느 파일에 접근하고 있는지 정확히 확인하기 위해 기반 파일 시스템을 감시할 수도 있다.

정확한 종속성 정보를 갖는 일은 빌드 시스템의 복잡성을 줄이는 중요한 방법이며, 개발자의 전반적인 생산성을 향상시킨다. 그러므로 가능하다면 종속성을 계산하기 위해 자동화된 방법을 사용해야 한다.

생성된 파일을 소스 트리 외부에 보관

14장에서 설명한 바와 같이 모든 생성 파일을 소스코드와 상관없는 개별 디렉터리에 저장하는 것이 중요하다. 명확한 분리는 재생산될 수 있는 것들과 가치 있는 소스 파일을 구별하기 쉽게 한다. 이런 규칙을 따르지 않으면 빌드 시스템의 복잡성을 증가시킨다.

예를 들어 일부 코드 생성기는 자바나 C# 같은 고급 언어로 작성된 파일을 만든다. 이런 출력 파일이 소스 트리에 잘못 저장되면 사용자는 혼란스러워하고, 실수로 수동으로 편집할 수 있다. 또한 소스 파일로 착각하고 버전 관리 시스템에 이 생성된 파일을 등록할 수도 있다.

그러므로 생성된 파일을 소스코드와 상관없는 별도 위치에 관리함으로써 사용자 에러를 현저히 줄일 수 있다.

빌드 트리 클리닝이 올바르게 동작하는지 확인

증분 빌드가 항상 올바른 오브젝트 파일들을 재성성한다고 믿지만, 매번 그렇지는 않다. 단지 모든 오브젝트 파일이 재생성됐는지 확인하기 위해 클린 빌드를 수행하는 일은 유용할 수 있다. 일부 경우에는 더 이상 오브젝트 파일이 필요 없고, 소스코드만을 보존하고 싶어 한다.

무엇보다 빌드 시스템의 `clean` 타겟이 예상대로 작동하는 것이 중요하다. 이 타켓이 빌드 트리의 최상위 레벨에서 호출되면 소스코드는 그대로 보존되고, 나머지 모든 생성된 파일은 제거돼야 한다. 이것이 하위 레벨 디렉터리에서 호출되면 해당 디렉터리 내에 있는 오브젝트만 제거돼야 한다.

`clean` 타겟이 제대로 작동하지 않는 경우 개발자들은 사용할 수 없는 빌드 트리에 막히게 된다. 클리닝 작업을 몇 번이나 수행해도, 소스 트리를 제대로 컴파일할 수 없는 데, 그 근본 원인은 생성된 파일이 제대로 삭제되지 않아서, 재생성되지 않는 것이다. 이런 원인이 품질이 낮은 종속성 시스템과 결합하게 돼 높은 유지보수가 필요한 빌드 시스템을 갖게 된다.

첫 번째 에러 후 빌드를 중단

일반적으로 첫 번째 에러가 발생 후 빌드 시스템을 중단하는 것은 좋은 생각이다. 이 에러는 뭔가 잘못됐음을 개발자들에게 즉각적인 피드백을 제공하고 주의를 해야 함을 알린다. 대부분은 빌드 로그의 마지막 10~20행에서 정확한 에러 메시지를 보여준다. 첫 번째 에러가 발생한 한참 후 멈추거나 아예 멈추지 않는다면 근본적인 원인을 찾는데 많은 시간이 걸린다.

다행히 빌드 도구는 컴파일 도구 중 하나가 '0'이 아닌 종료 코드exit code를 반환할 때마다 빌드를 중단한다. 마찬가지로 대부분(전부는 아니다)의 컴파일 도구 또한 소스코드에서 에러가 발생하면 컴파일을 중단한다. 하지만 에러 후 빌드 과정을 중단하지 않는 변종 컴파일 도구를 조심해야 한다.

아마도 이 규칙을 준수하지 않는 가장 일반적인 곳은 셸 스크립트일 것이다. 명령 중 하나가 '0'이 아닌 종료 코드를 반환해도 대부분의 셸은 기본적으로 실행 명령을 계속 진행한다. 셸 스크립트가 끝까지 실행한 후 몇 가지 암호 같은 에러 메시지 외에는 스크립트가 실패했다는 내용을 나타내지 않는다. 스크립트 일부가 실패해도 대부분 스크립트는 여전히 성공적으로 완료했다는 메시지를 출력한다.

더 심각한 경우는 셸 명령이 의도적으로 실패하고자 하는 경우에도, 개발자가 게을러서 에러 메시지를 표시하지 않는 경우이다. 이런 류의 개발자는 그 에러가 별문제 되지 않으며 간단히 무시할 수 있다고 변명한다. 그러나 이런 과도한 에러 메시지가 실제로 보고돼야 하는 에러를 간과해 버리게 할 수 있다. 그리고 최종 사용자가 셸 스크립트를 볼 수 있더라도, 문젯거리가 되지 않는 에러 메시지를 직면하게 될 것이다.

여러분은 빌드 시스템의 복잡성을 줄이기 위해, 다음과 같은 여러 가지 방법을 활용할 수 있다.

- 에러가 발견되면 '0'이 아닌 종료 코드를 알려주는 컴파일 도구만을 사용하라. 이것이 불가능하다면 명시적으로 도구의 출력에서 에러 메시지를 찾는 셸 스크립트로 도구를 래핑wrapping하는 것을 고려해야 한다. 예를 들어 출력 로그에 어떤 행들이 에러 키워드로 시작하는 경우 래퍼wrapper는 적절한 에러 코드를 반환해야 한다.
- 모든 스크립트에서 어떤 명령이 '0'이 아닌 종료 코드를 반환할 때 멈출 수 있는

스크립트를 구성해야 한다. 보통 커맨드라인 플래그나 셸 변수shell variable는 이런 동작을 제어한다.

- 명령이 정상 행동의 하나로 '0'이 아닌 종료 코드를 반환하는 경우 해당 상황을 처리하기 위한 추가 핸들러handler 코드를 작성해야 한다. 예를 들어 유닉스 grep 명령은 정규식regular expression과 일치하는 파일의 모든 행을 찾을 수 있는지를 나타낸다. 명령의 종료 코드는 에러 상태를 보고하는 대신, 정규식 매칭 여부를 명시하는 데 사용될 수 있다. 이 경우 셸 스크립트는 실행을 중지해서는 안 된다.
- 추가 안전을 위해서는 경고에 대해 '0'이 아닌 종료 코드를 반환하게 컴파일 도구를 구성한다. 많은 도구는 기술적으로 컴파일에서 프로그램을 중단하지 않고 대신 프로그램에서 어느 부분을 개선해야 하는지를 나타내는 경고 메시지를 제공하기 때문에 이는 좋은 습관이다.

첫 번째 에러에서 중단하게 하는 관행은 매우 좋은 방법이지만, 도구의 기본 동작을 재정의하는 것이 효과적일 때가 있다. 예를 들어 GNU Make는 완전히 작업을 소진할 때까지 컴파일 도구를 계속 호출하는 -k 옵션을 지원한다. 물론 의도적으로 에러 메시지를 건너뛰려는 경우에만 이 기능을 사용한다.

의미 있는 에러 메시지를 제공

소프트웨어 개발자는 고객의 관점이 아니라 자신의 관점에서 에러 메시지를 작성하는 것으로 악명이 높다. 예를 들어 개발자는 다음과 같은 에러 메시지를 작성할 것이다.

```
Error: malloc failed for new data component.
```

이는 개발자에게는 의미가 있을지 모르지만, 초보자인 최종 사용자에게는 아무런 도움이 되지 않는다. 대신 개발자는 다음과 같은 에러 메시지를 작성해야 한다.

```
Error: Your system is running low of memory, please close other
programs and try again.
```

이 경우 최종 사용자는 소프트웨어 지원 팀에 문의하지 않고도 스스로 문제를 해결할 수 있다.

빌드 시스템의 최종 사용자가 개발자일 가능성이 높지만, 사용자는 여전히 자신에게 의미 있는 에러 메시지가 제공되기를 바란다. 그들은 Missing File 같은 모호한 에러를 표시하는 이유를 알아보기 위해 빌드 기술을 샅샅이 조사하기를 원치 않는다.

물론 누군가 문제에 직면할 것을 예상해 빌드 처리 모든 단계에서 에러 메시지를 만드는 일은 실용적이지 않을 수 있다. 대신 빌드 시스템의 같은 영역에 일단의 문제 보고서를 볼 수 있다면 코드를 고쳐 문제가 되지 않게 하거나, 문제에 대해 좀 더 상세하게 설명하는 의미 있는 에러 메시지를 제공해야 한다.

입력 매개변수의 유효성을 확인

빌드 시스템의 사용자가 커맨드라인 입력을 사용할 기회를 얻게 되는 경우 유효하지 않은 데이터를 입력할 수도 있다. 모든 것이 원활하게 실행되게 하려면 항상 커맨드라인 입력이 사용되기 전에 유효성을 검사해야 한다. 악의적인 의도가 없는 경우에도 잘못된 데이터는 혼란을 일으킬 수 있다.

다음과 같은 유닉스 셸 스크립트에서 빌드 엔지니어가 입력 매개변수의 유효성을 검사하지 않았다.

```
#!/bin/sh

my_dir=$1

rm -rf $my_dir/
mkdir $my_dir
cp file.dat $my_dir/file.dat
...
```

이 스크립트의 목적은 우선 해당 디렉터리를 제거하고 다시 만든 후 임시 저장 위치로 일단의 파일들을 패키징하는 데 있다.

이 스크립트의 문제는 $1(첫 번째 커맨드라인 인수)이 사용자가 어떤 인수도 제공하지 않는 경우 빈 문자열을 기본적으로 갖는다는 점이다. 다음은 인수가 주어지지 않은 상태에서 스크립트가 실행하면 실제로 어떤 일이 일어나는지를 보여준다.

```
rm -rf /
mkdir
cp file.dat /file.dat
```

첫 번째 행은 루트 파일 시스템에 있는 모든 파일을 재귀적으로 삭제하지만, 이는 root로 로그인하지 않는 한 큰 문제가 되지 않는다. 두 번째 행은 완전한 명령이 아니므로 실패하고, 세 번째 행은 권한 에러(사용자가 root로 로그인하지 않은 경우)로 실패한다.

빌드 시스템의 여기저기를 다뤄보는 것을 좋아하는 개발자는 문제가 있을 때 의미 있는 도움말이 제공될 것으로 믿고 아무런 인수 없이 위 스크립트를 실행해 볼 것이다. 하지만 현재 파일 시스템이 삭제되고 있다는 점을 거의 눈치 채지 못한다.

최종 사용자를 위해 복잡성을 줄이기 위해서는 항상 사용자의 입력이 유효한지 검사해야 한다. 인수의 수가 정확한지, 입력 값이 유효한지, 반드시 사용되기 전에 검사해야 한다. 사용자의 입력 값이 올바르지 않은 경우 왜 그런지에 대한 의미 있는 에러 메시지를 표시해야 한다.

빌드 스크립트를 필요 이상으로 복잡하게 만들지 마라

많은 개발자가 무시하고 있는 오래된 원칙은 단순하게 유지해야 한다는 개념이다. 개발자는 최종 사용자가 필요로 하는 기능들을 예측하기를 좋아하는 창조적인 사람들이다. 자신의 계획이 모든 것을 담고 있기 때문에 때때로 최종 사용자에게 소프트웨어에서 필요한 것이 무엇인지 물어보지도 않는다.

빌드 시스템의 경우 이런 결과로 복잡한 프레임워크와 일련의 지원 스크립트가 있게 된다. 단점은 사용하기에 너무 혼란스럽고 유지 관리가 쉽지 않다는 점이다. 심지어 문서는 가능한 모든 코너 케이스를 다루기 위해 압도적인 분량이 될 것이다. 개발자가 단일 명령으로 호출할 수 있는 간단한 빌드 시스템을 만들어야 한다는 점은 더 이상 언급할 필요가 없다.

가장 좋은 방법은, 시작은 간단하게 하지만 시간이 지남에 따라 커지게 될 것을 대비하는 일이다. 미래에 요구될 것들에 놀라지 말고 현재 사용자들에게 필요한 것만 제공해야 한다. 2주 후 사용자들이 사용할 수 있는 간단한 빌드 시스템을 제공하는 것이 6개월 후 놀랄만한 전체 빌드 시스템을 제공하는 것보다 낫다. 적어도 현재까지는 사용자가 원하는 것이 간단한 솔루션임을 알면 놀라게 될 것이다.

애매한 언어 기능 사용을 피하라

제품의 수명 주기 동안 여러 빌드 엔지니어가 빌드 시스템을 유지 보수할 수 있다. 당연히 기존 작성자가 없을 경우에는 새로운 빌드 엔지니어가 참여해야 한다. 새로운 엔지니어는 빌드 시스템에 대해 아무것도 모르고 해당 작업을 배워야 할 가능성이 높다.

불행하게도 많은 엔지니어는 빌드 도구의 모든 고급 기능을 알고 있는 것에 자부심을 가지고, 이를 사용하는 일을 두려워하지 않는다. 이런 고급 기능들은 초보 사용자들에게 익숙하지 않거나, 시행착오를 거쳐야만 찾을 수 있는 문서화돼 있지 않은 동작들이 포함될 수 있다. 엔지니어의 최종 목표는 애매한 솔루션일지라도 빌드 기술을 최대한 간결하게 작성하는 일이다.

빌드 시스템을 이해하기 위해 학습해야 하는 시간이 의외로 많이 걸린다는 점은 명백히 문제가 된다. 초보 빌드 엔지니어는 빌드 시스템을 이어받게 되지만, 어떻게 동작하는지, 왜 특정 언어 기능이 사용됐는지에 대해 완전히 이해하기 어렵다. 기존 작성자가 자신이 한 작업에 문제가 없다는 점을 보장하더라도, 그가 팀을 떠나게 되면서부터 빌드 시스템은 혼란스럽게 된다.

복잡성을 줄이기 위해 빌드 시스템을 초보 빌드 엔지니어도 이해할 수 있을 만큼 제대로 된 문서화 기능을 사용하고 있는지 확인해야 한다. 고급 기능을 사용하고자 할 경우 프레임워크 내부에 해당 복잡성을 숨겨야 하고, 작성하는 모든 코드에 주석이 잘 달렸는지 확인해야 한다. 항상 빌드 시스템에서의 모든 변경 사항을 검토하고, 너무 복잡한 경우에는 해당 변경을 거부해야 한다.

제대로 이해된 기능을 이용해 빌드 시스템을 구현할 수 없다면 잘못된 빌드 도구를 사용하고 있다고 생각해야 한다.

빌드 프로세스를 제어하기 위해 환경 변수 사용을 자제하라

모든 주요 운영체제는 사용자가 로그인 계정을 커스터마이즈할 수 있게 환경 변수environment variable의 개념을 지원한다. 무엇보다도 이런 변수들은 명령 셸의 동작, 사용자의 홈 디렉터리 식별, 실행 프로그램을 찾기 위한 검색 경로(PATH라는 변수에 익숙할 것이다)를 저장하는 방법 등을 제어한다. 또한 여러분만의 환경 변수를 정의할 수도 있다.

운영체제는 로그인 셸이 처음 생성될 때 변수의 일부를 설정하는 반면 사용자 자신의 시동 스크립트(예, 유닉스 계열 시스템에서 cshrc나 bashrc)는 다른 것을 설정한다. 중요한 것은 각 사용자가 필요에 맞게 환경을 커스터마이즈할 수 있다는 점이다.

빌드 시스템을 작성함에 있어 사용자 환경에 의존하는 것은 좋은 생각이 아니다. 이렇게 하면 여러 최종 사용자를 지원할 필요가 있는 경우 각 사용자에 대해 각기 다르게 동작하는 빌드 시스템을 만들어야 한다. 예를 들어 빌드 시스템이 적절한 컴파일러를 찾기 위해 사용자의 PATH 변수에 의존하는 경우 다른 사용자들은 결국 의도와 다른 컴파일러를 사용하게 된다.

최선의 방법으로 빌드 시스템은 환경으로부터 값을 상속받는 대신 환경에 의존하는 모든 변수를 완전히 초기화해야 한다. 특히 PATH 변수가 이에 해당한다. 빌드 시스템에 구성 매개변수를 전달해야 하는 경우 다음과 같이 유용한 두 가지 방법이 있다.

- **커맨드라인에 변수를 제공하라.** 예를 들어 빌드 시스템이 컴파일할 때 쓰일 CPU 종류를 알려주기 위해 PLATFROM 변수를 전달할 수 있다.

```
gmake PLATFORM=i386 build
```

- **변수를 저장하는 빌드 트리를 구성하라.** 일일이 타이핑하는 것을 피하고자 빌드 트리에 구성 매개변수를 저장할 수 있다. 빌드 도구를 호출할 때마다 저장된 매개변수를 사용한다.

```
gmake configure PLATFORM=i386
gmake build
```

이런 PLATFORM 정의는 명백해 두 사용자가 같은 명령을 실행시킬 때 정확히 같은 결과를 얻게 된다. 빌드를 수행하기 위해 사용자의 암시적 환경에 의존하지 않는다. 빌드는 한 사용자와 다른 사용자 간에 변할 수 있기 때문이다. 사실 명시적으로 두 사용자 간의 차이를 나타내는 환경 변수를 무시하는 빌드 시스템을 만드는 것이 바람직하다.

안타깝게도 이 문제는 환경 변수에 국한되지 않는다. 대부분의 셸은 시동 파일에서 명령 순서를 읽으면서 시작한다. 환경 변수를 정의하는 것 외에도 이런 명령들은 화면 메시지 표시와 같이 임의의 순서로 수행될 수 있다. 빌드 시스템이 이 셸 스크립트를 호출할 때 이런 명령은 혼란 없이 실행될 수 있다.

해결 방안으로는 사용자별 구성 파일을 시작과 함께 읽지 않는 방법으로, 각 컴파일 도구가 호출되는지 확인해야 한다. 여러분의 도구에 이런 옵션이 없는 경우에는 다른 도구 사용을 고려해야 한다.

릴리스와 디버그 빌드가 유사한지 확인하라

대부분의 빌드 시스템은 개발자가 디버그 릴리스나 프로덕션 릴리스 중 하나를 만들 수 있게 해준다. 디버그의 경우 여분의 정보를 릴리스 패키지에 추가해 런타임이나 사후 메모리 덤프를 통해 소프트웨어를 디버깅할 수 있게 해 준다. 반면 프로덕션 릴리스는 여분의 정보 없이 최종 소프트웨어만을 포함한다.

추가 디버그 정보를 제외하고 디버그와 프로덕션 이미지는 최대한 유사해야 한다는 점이 중요하다. 개발자가 테스트한 것과 다른 것을 사용자에게 제공해서는 안 된다. 고객이 버그를 보고하면 개발자는 이 문제를 다시 재현하는 데 힘든 시간을 보낼 수 있기 때문이다.

예를 들어 개발자는 디버그 이미지에만 특수 코드를 추가하는 것이 일반적이다.

```
#ifdef DEBUG
display_record();
#endif /* DEBUG */
```

이는 개발자가 테스트하기 위해 요구하는 별도 지원을 추가한 것이지만, 프로그램의 동작을 바꾼다. 게다가 이 새로운 코드는 프로덕션 릴리스에 여전히 나타나는 버그를 감출 수 있다.

이런 불일치를 해결하려면 다음 두 가지 방법을 고려해야 한다.

- **디버그 이미지를 빌드한 후 디버그 정보는 제거하라.** 같은 소프트웨어를 두 가지 버전으로 컴파일하는 대신, 디버그 릴리스만을 빌드하는 것을 고려할 필요가 있다. 그런 다음, 프로덕션 릴리스를 만들기 위해 별도의 디버그 정보를 제거하는 것은 간단한 문제다. 디버그 릴리스에서 나온 정보를 이용해 프로덕션 릴리스로부터 메모리 덤프를 디버깅할 수 있게 하면서 실행 코드 자체는 두 경우 모두

동일한 것을 보장할 수 있다.

- **프로덕션 소프트웨어에 숨겨진 명령을 추가하라.** 디버그 릴리스에 특수 코드 부분을 추가하는 대신, 고객이 모르게 프로덕션 릴리스에 숨겨진 기능을 추가하는 방법을 고려해야 한다. 이렇게 함으로써 개발자는 고객의 위치에서 이런 숨겨진 명령을 실행할 수 있게 구성 파일을 편집하거나 숨겨진 명령을 타이핑할 수 있을 뿐만 아니라, 개발자 환경에서 이런 기능을 사용할 수 있게 한다. 이 기능은 고객의 버그 보고에 대한 분석을 훨씬 쉽게 해준다.

  이런 예로 디버그와 프로덕션 소프트웨어 모두에 컴파일되는 `assert()` 함수가 있다. 같은 코드가 양쪽에 있지만, 디버그 버전에서만 에러를 보고한다. 프로덕션 소프트웨어에서는 별도로 에러를 보고하게 명시적으로 어떤 방법을 활성화하지 않는다면 런타임 시 자동으로 이 기능을 무시한다.

실행될 정확한 명령을 표시하라

빌드 시스템이 호출되는 정확한 컴파일 명령을 화면에 출력하는 것은 당연하다. 빌드 로그에서 명령을 복사하고 붙여 넣어 수동으로 직접 그것을 실행할 수 있기 때문에 디버깅 문제를 쉽게 해결할 수 있다. 또한 커맨드라인 옵션을 수정하는 것이 문제 해결에 도움이 된다면 이를 사용할 수 있다.

예를 들어 빌드 로그에서 다음과 같은 출력을 볼 수 있다.

```
gcc -o data.o -c -O -g data.c
gcc -o gui.o -c -O -g gui.c
gcc -o main.o -c -O -g main.c
gcc -o util.o -c -O -g util.c
gcc -o myapp main.o data.o gui.o util.o -lz -lbfd
```

main.c가 제대로 컴파일되지 않은 것을 알게 되면 C 언어의 전처리기 심볼preprocessor symbol을 빼먹었을 거라고 의심할 수 있다. 이런 경우 빌드 로그에서 해당 행을 복사하고 `-o main.o -c`를 다음과 같이 `-E` 옵션으로 대체할 수 있다.

```
gcc -E -O -g main.c
```

이 명령은 전처리기가 실행한 후 정확하게 C 코드의 어느 행이 컴파일됐는지 알 수 있게 해준다. 빌드 시스템이 실행되고 있는 명령을 표시하지 않는다면 어떻게 컴파일 도구를 호출해야 할지는 추측할 수밖에 없다.

이 기능은 좋은 기능이지만, 모든 빌드 도구가 이런 기술을 지원하지는 않는다. 특히 Ant 빌드 도구는 원본으로 사용하는 명령을 화면에 표시하지 않을 뿐만 아니라 명령이 거의 사용되지 않는다. 대신 Ant는 직접 라이브러리 함수를 호출하거나 작업을 완료하기 위해 특수 목적 자바 클래스를 인스턴스화한다.

도구에 대한 버전 관리 참조

14장에서 설명한 대로 컴파일 도구에 대한 모든 참조에 대해 버전 관리를 해야 한다. 이렇게 하려면 빌드 기술 파일에서의 도구 경로를 하드 코딩하고, 도구의 각 인스턴스를 버전 번호로 표시했는지 확인해야 한다. 이런 지침을 따르지 않으면 이전 소프트웨어 릴리스는 여전히 이전 도구를 계속 사용할 수 있게 하면서 새로운 컴파일러로 업그레이드하기 어렵다.

빌드 명령의 버전 관리

14장에서도 빌드 기술은 버전 관리가 돼야 한다는 생각을 소개했다. 시간이 지남에 따라 소프트웨어 변경으로 빌드 시스템 또한 변경돼야 한다. 소프트웨어와 동기화된 모든 빌드 단계를 유지하지 못하면 이전 버전을 재현하는 데 어려움을 겪을 수 있다.

적어도 빌드 시스템의 도움말이 버전 관리하에 있는지 확인해야 한다. 개발자가 소스코드의 이전 버전을 다시 빌드해야 하는 경우 개발자는 무엇을 해야 하는지 다시 확인하기 위해 항상 도움말을 읽을 수 있다.

컴파일 플래그 변경 자동 검출

컴파일 플래그가 변경될 때마다 빌드 시스템이 오브젝트 파일을 새로이 갱신하게 하는 것이 바람직하다. 예를 들어 개발자가 처음부터 최적화 없이 프로그램을 컴파일했다면 새로운 플래그 추가는 기존의 모든 오브젝트 파일을 제거하고 다시 생성하게 한다.

오래된 파일을 정리하지 않으면 같은 실행 프로그램과 오브젝트 파일 간의 불일치가 발생할 수 있다. 이런 것이 문제를 일으킬지는 컴파일 플래그의 성격에 따라 결정된다.

가능하면 SCons 같이 이런 기능을 자동으로 지원하는 빌드 도구를 사용해야 한다. 다른 빌드 도구의 경우 이런 기능을 구현하는 것은 가능하지만 쉽지는 않다. 어떤 자동화도 없는 경우라면 개발자는 플래그를 수정할 때마다 반드시 클린 빌드를 수행해야 함을 잊어서는 안 된다.

빌드 시스템에서 버전 관리 도구 호출을 자제하라

일반적으로 빌드 시스템은 프로그램의 소스가 버전 관리 도구 내에 저장돼 있을지라도 해당 도구와 직접 상호 작용해서는 안 된다. 불행하게도 일부 빌드 엔지니어들은 이런 관계를 이용하려고 한다.

Make와 Ant, SCons 같은 도구를 이용하는 빌드 시스템과, Build Forge와 Hudson, 1장에서 언급한 ElectricCommander 같은 빌드 관리 도구는 명확하게 구별돼야 한다. 빌드 관리 도구는 버전 관리 도구를 호출하게 돼 있지만, 빌드 시스템은 그렇지 않다.

첫 번째 예로 버전 관리 시스템의 최신 내용으로 빌드 시스템이 소스코드 트리를 갱신하는 일은 좋은 생각이 아니다. 개발자가 특정 소스 파일군에서 작업할 때 마지막으로 하고자 하는 일은 빌드 시스템이 새로운 버전의 코드를 다운로드하는 일이다. 이렇게 함으로써 개발자가 제어할 수 없는 불안정한 환경을 만들게 된다. 또한 개발자가 아직 해결할 준비가 돼 있는 않은 소스코드 충돌이 발생하게 된다.

두 번째 예는 빌드 시스템이 파일의 어느 리비전revision이 사용되고 있는지 확인하기 위해 버전 관리 도구에 접근할 때 발생한다. 접근을 통해 고유의 버전 번호를 얻을 수는 있지만, 빌드 시스템이 하부 버전 관리 시스템과 밀접하게 묶이게 된다. 게다가 버전 관리 도구를 다른 도구로 변경하면 더는 이전 버전 소프트웨어를 빌드할 수 없게 된다.

마지막 예로 독립 실행형standalone 머신에 소프트웨어를 빌드할 수도 있다. 많은 버전 관리 도구들은 중앙 서버에 직접 접근하는데, 연결할 수 없는 환경(예, 항공기 또는 해변에서 등)에서는 제대로 동작하지 못한다.

가능한 한 자주 지속적인 통합을 하라

이 책은 지속적인 통합에 대해 많이 다루고 있지는 않지만, 빌드 시스템을 만들 때 이 지속적인 통합 작업을 수행하는 편이 좋다. 다른 소프트웨어와 마찬가지로 변경 사항이 빌드 시스템에 제대로 구현되지 않을 수 있다. 이럴 때 가능한 한 빨리 문제를 파악하고 해결해야 한다.

정기적(매시간, 매일, 또는 코드 변경 시마다)으로 소스코드를 컴파일함으로써 빌드 시스템 동작을 확인할 수도 있다. 증분 빌드가 최근 코드 변경 사항을 컴파일하는 데 사용될 때는 더욱 그렇다. 종속 시스템이 충분히 높은 품질을 갖고 있지 않은 경우 잘못된 빌드를 하게 될 가능성이 높다. 이런 문제에 대응하기 위해 증분 빌드뿐만 아니라 정기적으로 전체 빌드를 수행해야 한다.

단일 형식의 빌드 머신에 대한 표준화를 하라

15장에서 언급한 바와 같이 빌드 시스템을 실행하려면 단일 형식의 빌드 머신을 갖는 편이 좋다. 여러 머신을 지원하는 경우 플랫폼의 차이로 복잡성이 가중됨을 볼 수 있다. 이런 차이를 최소화함으로써 지원 비용을 줄일 수 있다.

하지만 불행하게도 여전히 여러 빌드 머신을 지원해야 할 필요가 있다. 예를 들어 윈도우와 리눅스, 맥 OS X 등과 같은 여러 타켓 머신을 지원해야 하지만, 빌드는 타켓 머신 자체에서만 실행될 수 있다. 크로스컴파일은 항상 가능한 것이 아니다. 또한 사용하는 컴파일 도구가 오직 하나의 빌드 머신만을 지원할 수 있고, 그 머신은 특정 도구만 지원할 수도 있다.

단일 컴파일러에 대한 표준화를 하라

14장에서 특정 컴파일 도구의 버전에 따라 사용하는 구문이 다를 수 있다는 점을 소개했다. 빌드 프로세스가 하나 이상의 타겟 플랫폼(CPU 또는 운영체제)에 대한 코드를 생성하는 경우 동일한 컴파일러가 모든 경우에 사용됐는지 확인해야 한다. 컴파일러의 다른 인스턴스를 가질 수는 있지만, 모두가 같은 구문을 허용하고 같은 기능을 지원해야 한다.

같은 컴파일러나 컴파일러군을 사용할 수 없는 경우 복잡성이 증가함을 볼 수 있을 것이다. 이런 경우 개발자가 하나의 플랫폼에 대해서만 자신의 코드를 테스트하더라도 그 코드가 다른 플랫폼에서는 컴파일되지 않을 수 있다. 이런 문제를 해결하려면 모든 플랫폼에서 모든 코드 변경을 반드시 테스트해야 한다.

#ifdef로 코드가 난잡해지는 것을 피하라

5장에서 언급한 것처럼 다양한 방법으로 각 빌드 변형에 대한 소스코드를 선택할 수 있다. C/C++에서 가장 널리 사용되는 기술 중 하나는 #ifdef 지시어를 사용하는 일이다. 하지만 이를 남용하면 혼란스러운 코드가 될 수 있다.

소스코드가 읽기 어렵게 되면 각 변형의 복사본을 가지고, 차분differ 코드를 추출하는 것을 고려해보자. 즉, 코드의 본체는 모든 변형에 대해 동일하지만, 각 변형에 특화된 코드는 개별 함수로 추출해야 한다. 이런 추출이 과도한 작업으로 보일 수 있지만, 같은 함수에서 여러 변형을 처리하기 위해 복잡하게 #ifdef 지시어를 쓰는 것보다는 차분을 추출하고 개별 함수로 만드는 것이 더 좋은 대안이 될 수 있다.

의미 있는 심볼 이름을 사용하라

소프트웨어를 다양한 빌드 머신에서 컴파일할 때 적절하게 빌드 시스템 변수 이름을 지정해줘야 한다. 예를 들어 운영체제 버전 3.0에서 처음으로 스레드 모델을 사용하게 설계한 경우 여러분은 다음과 같은 코드를 구현하고자 할 것이다.

```
if OS_VERSION >= 3.0
  ... use the new threading model ...
endif
```

불행하게도 현재 운영체제 이후의 모든 버전도 이 스레드 모델을 지원할 것으로 가정하고 있다. 몇 년 동안 그럴 수도 있지만, 결국에는 컴파일이 되지 않을 것이다. 대신 다음과 같은 접근 방식을 취하자.

```
if HAS_THREADS
  ... use the new threading model ...
endif
```

이 경우 빌드 시스템은 어떻게든 운영체제가 스레드 모델을 지원하는지를 검출해야 하고, 그런 후 HAS_THREADS 심볼을 정의해야 한다. 지금껏 살펴본 바와 같이

Autoconf, SCons, CMake 등의 다양한 빌드 도구들이 이런 자동 검출 기능을 지원한다.

소스코드가 제품 마케팅 이름을 사용할 때 비슷한 사례가 발생한다. 예를 들어 기업의 마케팅 팀이 다음에 릴리스될 버전의 이름을 Aardvark라고 정하는 경우 다음과 같이 코드를 구현하는 것은 좋지 않다.

```
if AARDVARK
  ... use the new threading model ...
endif
```

단기간 사용될 이름이지만 향후 릴리스에도 AARDVARK 심볼을 정의할 필요가 있고, 그렇지 않으면 스레드 모델이 사용되지 않을 것이다. 다시 말하지만 HAS_THREADS 같은 기능 이름feature name을 사용해야 한다. 많은 경우에 마케팅 팀은 제품이 개발되는 동안 제품 이름을 여러 번 변경할 수 있기 때문에 제품 이름을 코드 베이스에 넣는 것은 좋지 않다.

마지막으로, 심볼 이름 중 NEW나 OLD 같은 단어 사용은 가급적 피하는 편이 좋다. 여러분이 HAS_NEW_THREADS라는 심볼을 정의하고 나서 어느 정도 시간이 경과해 더 새로운 스레드 기능이 추가된다면 HAS_NEW_THREADS 심볼을 HAS_OLD_THREADS로 변경할지도 모른다. 하지만 이보다는 HAS_THREADS_V2와 같이 버전 번호를 사용하는 편이 좋다.

오래된 코드를 제거하라

작은 조각 같던 소프트웨어가 커짐에 따라 빌드 시스템이 빌드 변형과 컴파일러 옵션을 지원하면서 난잡해지는 경향이 있다. 일부 경우에는 기능이 더 이상 필요하지 않게 되면서 아무도 해당 코드를 건드리지 않게 된다. 하지만 필요 없는 오래된 코드가 계속 있게 되면 유지 보수 비용만 증가한다.

시간이 지난 후에도 여러 사람이 빌드 시스템을 확인해보고 수정하는 일을 절대 잊어서는 안 된다. 오래된 코드가 더 이상 필요 없는데도 제거하지 않는다면 많은 이들은 그것을 유지해야 할 가치가 있다고 착각하게 된다. 따라서 아무도 더 이상 필요 없다는 점을 확신하지 못한다면 그 코드를 제거하지 않을 것이다.

오래된 코드는 빌드 시스템을 어지럽힐 뿐만 아니라 빌드 엔지니어의 시간을 낭비하게 한다. 엔지니어가 목적을 뚜렷하게 이해하지 못하면 각 새로운 빌드나 타켓 시스템이 동작하게 모든 시도를 할 것이다. 극단적 경우에는 심지어 새로운 빌드 도구에 해당 기능을 옮기려 할지도 모른다. 그들이 미리 더 이상 필요 없는 코드라는 점을 알았더라면 시간을 낭비하지 않았을 것이다.

오래된 코드를 제거하는 것에 거부감이 있다면 해당 코드가 버전 관리 이력에 항상 있다는 점을 염두에 두면 된다. 주저하지 말고 해당 코드를 주석 처리하고, 이 코드가 더 이상 사용되는 않는다는 설명 메모를 추가해보라. 코드가 더 이상 사용되지 않음을 표시하는 어떤 방법이든 나중에 유지 보수 차원에서 이득을 얻게 될 것이다.

소스 파일을 이중화하지 말라

좋은 개발자는 소스코드를 이중화하는 것이 좋은 생각이 아니라는 점을 잘 알고 있다. 하지만 많은 이들은 빌드 시스템의 한계 때문에 여전히 이중화하고 있다. 유감스럽긴 하지만 여러분의 빌드 프레임워크로 프로그램이 소스 파일을 얻을 수 있는 위치를 제한할 수 있다. 재귀 Make 시스템에서 종종 볼 수 있듯이 모든 소스 코드들이 빌드 기술 파일과 같은 디렉터리에 있기를 여러분은 요구할지도 모른다.

개발자가 기존 코드 기능을 재사용해 시간을 절약하고자 한다면 프로그램에 이 기능을 포함하기 위한 몇 가지 선택 사항이 있다.

- **중복 파일을 만들어라.** 최악의 상황에 개발자는 소스 파일의 완전히 새로운 복사본을 만들어 원하는 디렉터리에 저장한다. 그러나 두 위치에 있는 소스코드를 함께 갱신해야 하므로 유지 보수 측면에서 문제가 생긴다.
- **심볼릭 링크를 사용하라.** 심볼릭 링크[symbolic link]를 지원하는 머신에서 빌드 시스템은 소스 파일의 원래 위치에서 필요한 디렉터리로 링크를 걸 수 있다. 이렇게 함으로써 두 곳에 있는 파일을 함께 갱신할 필요가 없어지지만, 모든 도구가 제대로 심볼릭 링크를 처리할 수 없으므로 이 방법은 가끔 지원 문제를 발생시킨다.
- **상대 경로를 사용하라.** 빌드 시스템이 상대 경로를 허용하는 경우 원래 위치에서 소스 파일에 접근하기 위해 상대 경로를 사용할 수 있다. 예를 들면 다음과 같다.

```
C_SRCS := main.c data.c gui.c ../../../dispatch/lib/util.c
```

이것은 스파게티 같은 소스 트리를 만들기 시작한다는 점을 제외하면 좋은 솔루션이다.

- **재사용 가능한 라이브러리를 만들어라.** 최종 솔루션은 공유 소스 파일을 공통 위치로 이동하고 라이브러리 아카이브를 생성하는 일이다. 공유 코드에 접근해야 하는 빌드 시스템의 각 부분은 소스코드 자체를 컴파일하는 대신 공통 라이브러리에 대해 링크할 수 있다.

라이브러리를 만드는 마지막 솔루션은 아주 말끔한 방법이지만, 구현하기 어렵다. 그래서 안타깝게도 많은 개발자는 여전히 파일을 복사하거나 심볼릭 링크 생성에 의존한다.

일관성 있는 빌드 시스템을 사용하라

일반적으로 코드를 새롭게 작성하는 것보다는 습득 때문에 소프트웨어는 급속히 성장한다. 방대한 양의 새로운 소스코드는 오픈소스 프로젝트에서 얻거나, 서드파티 벤더가 작성하거나, 두 회사의 합병 이후 추가될 수 있다. 며칠 만에 소프트웨어 규모가 두 배가 되는 경우도 흔히 볼 수 있다.

새로운 소프트웨어를 통합하는 가장 빠른 방법은 소스코드의 원original 빌드 시스템을 사용하는 것이다. 단점은 빌드 시스템이 다른 프레임워크들을 붙이는 패치 작업이라는 점이다. 코드를 빌드하기 위한 일관된 방법이 없다면 이를 지원하는 비용이 과도하게 높아질 수 있다.

너무 많은 작업량이 아니라면 소프트웨어의 모든 부분에 대해 공통 빌드 시스템을 사용하는 일을 고려해야 한다. 이는 레거시 빌드 시스템을 버리는 것을 포함하지만, 자체적으로 장점과 한계를 갖는 여러 가지 프레임워크를 지원하는 것보다 쉬울 수 있다.

작업 부담 이외에도 기존 빌드 시스템을 교체하는 단점은 원 코드에서의 변경 내용을 최신 상태로 유지하기 어렵다는 점이다. 서드파티 벤더에서 받거나 오픈소스 소프트웨어를 활용하면 원 빌드 시스템은 지속해서 바뀐다. 소프트웨어의 새로운 버전을 통합할 때마다 새로운 빌드 시스템에 해당 변경 사항을 확인해야 한다.

빌드 시스템 변경에 대한 일정과 인력 관리

빌드 시스템이 어떻게 더 복잡해질 수 있는지 봐왔고, 이제 이런 문제점을 해결할 방법들을 고려해야 한다. 원하는 기술적 솔루션은 일반적으로 명확하지만, 실제 개발 환경에서는 그렇게 하기에는 너무 많은 일을 해야 하고, 그런 일을 할 사람도 충분하지 않다. 항상 인적 자원 측면을 고려해야 한다.

기업 리더들은 종종 회사를 유지하기 위해 고객을 만족시키는 일에 중점을 두고는 한다. 그들의 관심은 인프라나 기반 기술보다는 새로운 제품 기능의 개발과 출시에 있다. 고객이 빌드 시스템의 품질에 대해 흥미를 느끼리라고는 상상하기 어렵다. 그래서 관리자들도 동일하게 이에 무관심한 경향이 있다. 어떤 경우에는 빌드 시스템을 필요악으로 보고 있다.

여러분이 빌드 시스템을 관리하고 있거나 빌드 엔지니어의 그룹을 선도하는 경우 지속해서 빌드 시스템을 관찰하고 개선을 옹호해야 한다. 제품의 기능을 제공해야 하는 일정이 빡빡할지라도 빌드 시스템이 복잡해짐으로써 발생하는 비용이 비싸다는 점을 항상 염두에 둬야 한다. 여러분의 리더가 빌드 프로세스에 무관심할지라도(수시로 빌드 시스템에 대해서 불만은 토로하는 것보단 낫지만) 항상 이 문제에 관해서 관심을 두게 해야 한다.

빌드 시스템을 개선하기 위해 일정 관리를 할 때 다음과 같은 몇 가지 기본 관리 규칙을 고려해야 한다.

- **일정이 현실적이어야 한다.** 해당 작업으로 좋은 성과를 내기 위해서는 충분한 시간을 할당해야 한다. 빌드 시스템을 시간에 쫓겨 대강 처리하게 되면 자연히 복잡해지고, 그 결과 심각한 문제를 가져올 수 있다. 좋은 빌드 도구와 프레임워크 선택은 작업을 쉽게 할 수 있지만, 레거시 시스템에 국한되게 할 수 있다. 주요 빌드 시스템의 변경을 완료하기 위해서는 수 주 내지는 몇 달씩 소요될 수 있다.
- **새로운 제품 개발은 빌드 전문가에게 맡겨라.** 새 제품을 만들거나 기존 제품의 주요 변경 시 가능한 한 빨리 빌드 전문가를 확보해야 한다. 좋은 빌드 시스템 없이 소프트웨어를 개발할 수 없음을 다들 알고 있음에도 불구하고, 많은 프로젝트 작업에서 소프트웨어 개발자 중 한 명을 해당 작업에 지정하고 있다. 그 개발자가 이 분야에서의 경험이 없다면 문제를 직면하는데 그리 오랜 시간이 걸리지

않을 것이다.

- **빌드 시스템에 문제가 생길 때까지 기다려서는 안 된다.** 중요한 소프트웨어 프로젝트에서는 빌드 시스템 변경 사항을 미리 계획하는 일이 중요하다. 소프트웨어 설계 시 여러 측면을 고려하는 것과 마찬가지로 문제가 나타날 때까지 기다린다는 생각은 현명하지 못하다. 단순히 빌드 전문가의 도움이 필요할 때까지 기다리고만 있으면 전체 프로젝트를 지연시키게 된다. 빌드 전문가는 필요할 때 그 즉시 이용할 수 있을 만큼 한가하지 않기 때문이다.
- **비전문가에 의해 만들어지는 빌드 시스템의 변경을 지속해서 관찰해야 한다.** 소프트웨어 개발자는 자신의 즉각적인 요구에 맞게 사소하게 빌드 시스템을 변경하는 경향이 있다. 개발자의 입장에서는 이 작업을 전문가에게 맡기고 싶지만, 적시에 전문가가 없기 때문이라고 말할 수밖에 없다. 이런 일이 발생하면 변경이 합리적이었는지 나중에 확인하는 작업이 중요하다. 빌드 전문가는 버전 관리 시스템에 적용하기 전에 변경 사항을 반드시 점검해야 한다.
- **대상을 생각하라.** 소프트웨어 제품에서 한 것처럼 대상과 사용 패턴을 고려해야 한다. 릴리스 엔지니어의 목표는 완전히 버전화된 소프트웨어 패키지를 빌드하고 릴리스하는 일이다. 반면 소프트웨어 개발자는 증분 빌드에 대해 빠른 처리 시간을 기대한다. 빌드 시스템을 설계할 때, 이런 대상들을 모두 고려해야 한다. 그렇지 않으면 너무 오래 걸리는 증분 빌드에 따른 소프트웨어 개발자의 긴 컴파일 시간, 또는 릴리스 패키지를 빌드할 때 과도하게 복잡한 절차를 가져오게 될 것이다.

마지막으로, 소프트웨어 개발자가 마지막 순간까지 변경 사항을 알려주지 않아서 즉각적으로 빌드 시스템에 변경 사항을 적용하기 어려울 때는 현재 문제를 신속하게 처리하기 위해 임시변통 솔루션을 사용하는 편이 좋다. 최종 솔루션까지 기다리면 몇 달이 걸릴지 아무도 모르기 때문이다. 하지만 임시변통 솔루션은 최대한 빨리 없애주는 편이 좋다. 시간이 오래 걸릴 수도 있지만, 최종적으로는 요구 변경 사항이 적절히 완료됐는지를 확인해야 한다. 이렇게 해야 복잡성이 장기간의 문제로 남아있지 않게 된다.

✻ 정리

일반적으로 빌드 시스템에서의 복잡성은 나쁘다. 이는 무작위로 빌드 에러가 발생할 확률을 증가시키고 개발자들이 이런 문제를 해결하기 위해 추가로 일해야 한다. 많은 경우에 빌드 시스템은 각각의 개발자에게서 다르게 작동되며, 소프트웨어 개발 시간을 증가시킨다. 자연스럽게 이런 모든 문제는 빌드 시스템 지원 팀에게 과도한 부하를 주게 된다.

빌드 시스템 프레임워크를 사용하는 일은 최종 사용자로부터 복잡성 일부를 숨길 수 있는 좋은 방법이다. 대부분의 경우 문제를 완벽하게 회피할 수는 없지만, 적어도 특정 빌드 기술 파일로 그 범위를 제한할 수 있다. 이 범위란, 주로 빌드 전문가들의 영역인 컴파일 규칙과 테스크 정의, 매크로, 빌더 메소드들이 포함된다. 반면 컴파일돼야 하는 파일 리스트, 사용되는 일단의 컴파일 플래그, 기타 상위 레벨 지시어 등은 소프트웨어 개발자들에게 완전히 드러나야 한다.

복잡성은 여러 가지 이유로 발생할 수 있으며, 각각에 대한 해결 방안이 있다. 예를 들어 최신 빌드 도구를 사용하거나, 소스 트리 밖에 생성 파일을 보관하거나, 의미 있는 에러 메시지를 제공하거나, 빌드 기술로부터 오래된 코드를 제거할 수 있다. 이런 기술을 바탕으로 빌드 시스템을 사용하기 쉽고 유지 관리하기 쉽게 할 수 있다.

마지막으로, 빌드 시스템 변경 일정을 계획하는 일은 적극적으로 이 분야에 관심을 갖지 않는 팀에게 특히 어려운 일이다. 하지만 여러분은 미래에 일어날 모든 빌드 변화를 유심히 관찰하고 있다는 점을 확인하고 개선해나가야 함을 지지할 필요가 있다.

18 빌드 크기 관리

4부에서 두 번째로 주목할 주제는 확장인데, 이는 빌드 시스템의 크기를 효율적으로 관리하는 일이다. 소프트웨어 제품은 최초에 단 한 행의 코드로 시작하지만, 프로젝트에 참여하는 새로운 개발자가 늘어나거나 서드파티 라이브러리를 코드에 추가할수록 규모가 커진다. 즉, 작고 관리하기 편한 간단한 소프트웨어에서 출발해 점점 커지고 복잡한 제품으로 성장해 나아간다.

소프트웨어 빌드 시스템은 이 규칙을 수용해야 한다. 10개의 소스 파일로 구성된 프로그램은 하나의 makefile이나 Ant 스크립트로 관리하기 쉽다. 심지어 1,000개의 파일로 구성돼 전 제품을 컴파일하는 데 15분가량 걸리더라도 빌드 시스템을 변경 없이 그대로 사용할 수 있다. 그러나 빌드를 완료하는 데 1.5시간 심지어 15시간이 걸릴 때는 실제 문제에 직면하게 된다. 각 개발자가 `make all`로 빌드를 하는 일은 더 이상 바람직하지 않다.

일반적으로 확장성 이슈는 '끓는 물 속 개구리 우화frog in the boiling port[1]'와 매우 흡사하다. 처음 생성된 빌드 프로세스는 모든 사람이 사용하기 편하게끔 간단하고 효율적이다. 그러나 세월이 지나면 이 빌드 시스템은 느려지고 생산성이 떨어지게

---

1. 끓는 물 속 개구리, boiling frog이라고도 한다. 서양의 우화인데, 뜨거운 물이 담긴 항아리에 개구리를 넣으면 개구리가 뛰쳐나오지만, 낮은 온도의 물에 개구리를 넣고 물을 서서히 끓이면 개구리가 죽는다는 이야기다. – 옮긴이

마련이지만, 이를 신경 쓰는 이가 없는 것이 현실이다. 끓는 물 속 개구리와 같이 사소한 문제들이 점차 많아지는 한편, 사람들은 이 문제점의 심각성에 주의하지 않게 된다. 그러나 다행히도 팀에 새롭게 합류한 팀원은 이 비효율성을 알아차리게 된다.

18장에서는 소프트웨어를 구성하는 컴포넌트 모델component model(구성 요소 모델)에 대해 살펴본다. 컴포넌트 모델은 모놀리식 모델monolithic model(단일 모델)과 반대되는 모델이다. 모놀리식 모델의 경우 모든 소스코드는 같은 트리에 저장되고, 단일 빌드 시스템으로 컴파일된다. 그리고 빌드 시스템이 여러 부분을 가지고 있더라도 각 개발자는 우선 모든 프로그램을 컴파일해야만 한다.

한편 컴포넌트 모델은 소스코드를 독립된 여러 컴포넌트로 나누며, 각 컴포넌트는 자신만의 빌드 시스템을 지니는 차이가 있다. 개발자는 특정 컴포넌트 내에서 수정하거나 컴파일할 소스코드만 할당받고 나머지 컴포넌트는 소스코드를 직접 컴파일하지 않고 바이너리나 라이브러리 형태로 제공만 받는다.

18장에서는 컴포넌트 기반 소프트웨어의 다음과 같은 점을 다룬다.

- **모놀리식 빌드 문제** 모놀리식 빌드가 확장될 수 없는 이유와 컴포넌트 기반 빌드가 더 좋은 이유를 다룬다.
- **컴포넌트 기반 소프트웨어** 컴포넌트 기반 소프트웨어의 개요를 소개한 후 컴포넌트의 내부 구조와 각 컴포넌트를 큰 프로그램으로 통합하는 프로세스를 소개한다.
- **사람과 프로세스 관리** 컴포넌트 기반 소프트웨어를 관리하고 통합하는 일이 단일 모놀리식 코드 기반 관리와 어떻게 다른지를 소개한다.
- **아파치 아이비** 컴포넌트 기반 개발을 지원하는 아파치 아이비Apache Ivy 빌드 도구에 대해 간략히 알아본다.

모놀리식 빌드가 왜 성가신지와 컴포넌트 모델을 사용해야만 하는 이유를 알아보자. 18장에서 소개하는 것 가운데 아이비Ivy 외에는 굉장히 추상적이다. 그리고 각 개발 환경은 개발자의 환경에 맞게 구현해야만 한다.

✻ 모놀리식 빌드의 문제점

모놀리식 빌드 시스템이란 모든 소스코드가 단일 엔티티로 처리되는 것을 뜻한다. 다시 말해 더 작은 독립된 구조로 나눌 수 없을 뿐만 아니라 소프트웨어의 다른 부분으로 이관 또한 어렵다. 빌드 시스템 관점에서 다음과 같이 이 정의들을 더욱 상세히 명시할 수 있다.

1. 단일 소스 트리에 모든 소스코드가 저장된다. 그리고 각 개발자는 작업을 시작하기 전에 소스 트리의 복사본을 가져온다. 이 파일들 가운데 일부라도 빠진다면 소프트웨어가 제대로 컴파일되지 않는다.
2. 단일 빌드 시스템이 전체 제품을 빌드한다. 그리고 이 빌드 시스템의 임의의 부분은 소스 트리의 특정 부분을 전담할 수 있지만, 독립적으로 동작할 수는 없다.
3. 소스 파일은 소스 트리의 다른 부분에서의 정의나 함수, 클래스를 이용할 수 있다. 그러므로 한 소스 파일에서의 변경은 빌드 시스템의 모든 부분에 영향을 미칠 수 있다.

모놀리식 방식은 널리 사용되며, 대부분의 소프트웨어 제품은 이 방식으로 개발을 시작한다. 모든 소스코드를 단일 소스 트리로 관리하면 통합된 빌드 시스템이 최종 릴리스 패키지를 생성하는 데 많은 장점이 있다. 이를테면 모놀리식 방식으로 소프트웨어를 이해하고 구현하고 관리하기 쉽다.

하지만 소프트웨어가 개발자도 이해하기 어려울 정도의 규모이거나 빌드를 완료하는 데 많은 시간이 소요될 정도의 큰 규모로 확장됐을 경우 모놀리식 방식의 한계에 접하게 된다. 자, 그럼 모놀리식 소프트웨어의 확장성 제약에 대한 몇 가지 이유를 알아보자.

- **불투명한 경계 정의** 소프트웨어 개발자가 새로운 기능을 추가할 때 이 기능을 어느 곳에 추가해야 할지 파악하는 것은 결코 쉽지 않다. 새로운 코드는 각 하위 시스템의 정해진 영역이 아닌 아무 곳이든 추가될 수 있다. 그 결과 코드가 무질서하게 되고, 이 때문에 개발 비용이 배로 증가한다. 달리 말해 개발자는 코드의 명확한 영역 구분을 제대로 파악하지 못할 수 있을 뿐만 아니라 다른 개발자가 맡고 있는 소스 파일을 무심코 수정할지도 모른다.

- **변경 사항이 예상치 못한 영향을 가져옴** 개발자가 시스템의 타 영역 기능이나 컴파일에 영향을 주는 소스 파일을 수정할지도 모른다. 그러므로 모든 변경 사항은 소프트웨어 제품을 컴파일하고 테스트를 통해 검증돼야 한다. 그리고 고려 대상 영역은 코드가 변경된 영역만이 아니라는 점을 명심하자. 경험 많은 개발자는 코드 변경에 따른 영향을 파악할지라도, 경험이 부족한 개발자는 이를 충분히 파악하지 못하고 시스템의 다른 영역에 악영향을 미치고 만다.
- **빌드 시간 증가** 모놀리식 코드 기반으로 작업을 진행한다면 모든 개발자는 전체 소스 트리를 컴파일해야 한다. 이는 소스 파일 가운데 일부만 수정했다 하더라도 프로그램을 실행하기 전에 전체 소스 트리를 컴파일해야 하는 점을 시사한다. 따라서 모든 개발자는 전체 빌드 시스템을 호출해야 하며, 그 결과 빌드 시간이 기하급수적으로 증가한다.
- **빌드 머신 메모리 증가** 단일 빌드 시스템으로 수많은 소스 파일을 컴파일하면 결국 큰 종속성 그래프가 생성되고 만다. 소스 트리상의 파일 수가 증가하면 할수록 이와 비례해 종속성 그래프는 배 이상으로 커진다. 그 결과 빌드 머신은 추가 메모리가 필요하게 된다. 게다가 파일 간의 상호 종속성이 복잡해지면 소스 파일 수와 비례해 종속성 수는 배 이상 증가해, 결국 더 많은 메모리가 필요하게 된다.
- **디스크 사용량 증가** 모든 개발자가 전체 모놀리식 소스 트리를 컴파일해야 한다면 오브젝트 트리 또한 모놀리식으로 생성된다. 프로그래밍 언어에 따라 차이는 있지만, 1GB의 소스코드는 그 10배인 10GB의 오브젝트 트리를 생성할 수도 있다. 이 문제는 최근 디스크 용량이 커져 큰 문제가 되지 않을 수 있지만, 수백 명의 개발자가 동일한 파일 서버를 공유할 경우 디스크 용량 부족 문제가 일어날 수 있다.
- **네트워크 사용량 증가** 많은 조직은 관리를 용이하게 하고 다른 개발자와의 파일 공유를 위해 중앙 집중식 파일 서버 사용을 선호한다. 최고 사양의 파일 서버는 큰 부하가 발생하지 않는 이상 신속하게 처리하지만, 동시에 많은 사용자가 모놀리식 코드를 컴파일한다면 네트워크 리소스는 단숨에 고갈되게 마련이다. 결국 이는 로컬 디스크를 사용할 때보다 오히려 빌드가 느려진다.
- **보안상 취약점 큰 소프트웨어** 개발 회사는 제품 가운데 일부 개발 작업을 서드파티 회사로 아웃소싱하는 경향이 있다. 보안적 관점으로 봤을 때 제품의 전체

소스코드를 그 서드파티 회사로 공유하기를 원치 않을 것이다. 하지만 모놀리식 코드는 전체 소스코드를 공유하지 않을 수 없다. 이는 전체 소스 트리 없이 소스 코드의 일부를 컴파일할 수 없기 때문이다.

단순히 더욱 빠른 빌드 머신이나 파일 서버를 도입함으로써 위에서 열거한 이슈를 해결할 수 있지 않겠느냐고 생각할지 모른다. 빌드 서버는 디스크 용량 증가와 더불어 꾸준히 성능이 향상한다. 따라서 매년 빌드 머신을 업그레이드함으로써 전체 빌드 시간을 거의 동일하게 유지할 수도 있다.

이 접근 방식은 일부 소프트웨어 제품에서는 유용할 수 있지만, 지속적으로 개발되는 제품은 매년 용량이 배로 증가함으로써 하드웨어만으로 이를 극복하기 어려울 수도 있다. 이는 서드파티 코드나 아웃소싱한 코드가 현존하는 코드에 추가돼 빌드 시간이나 디스크 사용량이 하룻밤만에 증가할 때 더욱 두드러진다. 예를 들어 유닉스 기반 제품이 마이크로소프트 윈도우로 컴파일될 때와 같이 새로운 빌드 변형이 기존보다 배 이상의 디스크 용량을 사용할 수 있다. 결국 이는 컴파일 시간을 배 이상 증가하게 한다.

요약하자면 매년 새로운 빌드 머신을 추가할 여유가 없거나, 제품이 매우 빨리 성장한다면 하루빨리 모놀리식 소프트웨어로부터 탈피하는 것이 바람직하다. 빌드 성능이 주된 관심사가 아니더라도 개발자들은 자신이 다루어야 할 소스코드 분량이 적은 것을 당연히 선호한다.

컴포넌트 기반 소프트웨어

모놀리식 소프트웨어를 확장하기 위한 일반적인 방법은 더욱 작은 컴포넌트 component로 나누는 일이다. 유사한 방법으로 객체 지향 프로그래밍 소프트웨어를 클래스와 패키지로 나누는 일을 들 수 있다. 이를 통해 소프트웨어를 상위 레벨 high-level 컴포넌트로 나눌 수 있다. 그리고 개발자는 자신이 맡는 컴포넌트만 집중하고, 나머지 컴포넌트를 신경 쓰지 않음으로써 생산성을 극대화할 수 있다. 각 컴포넌트의 소스코드는 특수한 함수와 심볼을 제외하고는 나머지 컴포넌트와 독립적이다. 즉, 각 컴포넌트는 public API를 통해 나머지 컴포넌트에 접근하고, 그 외 대다수의 소스코드는 private으로 처리된다. 빌드 프로세스 관점에서 각 컴포넌트는 빌드 시스템으로부터 독립하게 된다.

개발자가 컴파일 시간을 단축하려면 모든 컴포넌트로부터 미리 빌드된 라이브러리를 사용하면 되고, 이를 수정할 필요는 없다. 이 개념은 서드파티 라이브러리를 흔히 사용하는 Java와 C# 개발자에게 익숙하다. 이 라이브러리를 인터넷으로부터 다운로드하지만 이 메커니즘은 개발 팀이 로컬 환경에 저장하는 방식과 동일하기 때문이다.

그림 18.1은 여러 다른 컴포넌트를 통합해 생성되는 회계accounting 프로그램의 예를 보여준다.

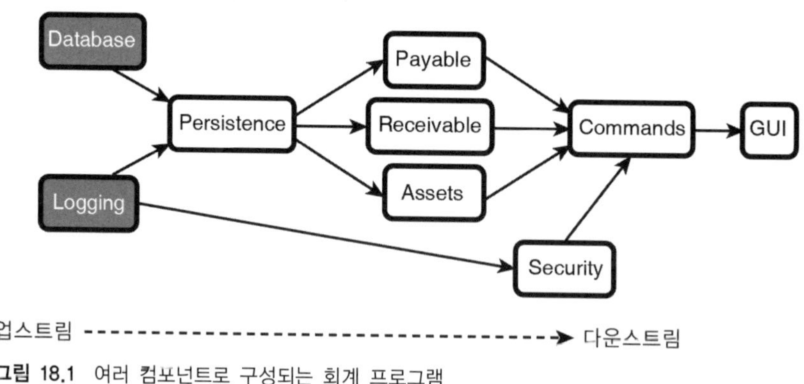

그림 18.1 여러 컴포넌트로 구성되는 회계 프로그램

그림에서 각 컴포넌트는 하나의 소프트웨어 패키지로 생각할 수 있다. 또한 각 컴포넌트는 수백에서 수천에 이르는 소스 파일을 포함할 수 있고, 개별화된 빌드 시스템을 지니며, public API를 통해 코드를 공유할 수 있다. 단, `Database`와 `Logging` 컴포넌트의 경우 자바의 JAR 파일과 같이 바이너리 형태의 컴포넌트이므로 기본적으로 소스코드 사용이 불가능하다.

최종 소프트웨어 제품을 생성하기 위해 이 컴포넌트 집합들은 서로 통합돼야 한다. 메인 프로그램은 GUI 컴포넌트에 있으며, 최종 사용자에게 그래픽 인터페이스를 제공한다. 하지만 작업 대부분은 `Commands` 컴포넌트에 위임하고, 마찬가지로 `Commands` 컴포넌트는 작업 대부분을 `Payable`과 `Receivable`, `Assets`, `Security` 컴포넌트에 의존한다. 각 컴포넌트 빌드 시스템의 결과물은 실행 프로그램 형태로 링크된다.

컴포넌트들이 어떻게 통합되는지 더욱 자세히 알아보기 위해 `Persistence` 컴포넌트와 `Payable`, `Receivable`, `Assets` 컴포넌트 사이에서의 관계를 먼저 살펴보자. Persistence 컴포넌트는 업스트림upstream이며, 다운스트림downstream 컴포넌트에 public 인터페이스를 제공한다. 따라서 Persistence 빌드 시스템은 다운스트림 컴포넌트가 링크할 수 있게 출력 파일을 생성해야 한다.

다음과 같은 형식으로 이 출력 파일은 구성될 수 있다.

- **libpersistence.a** C/C++로 작성된 컴포넌트로, 출력 파일은 컴포넌트의 기능을 구현한 정적 라이브러리나 동적 라이브러리다. 그 외의 컴포넌트는 원 소스코드에 접근할 필요 없이 라이브러리를 링크할 수 있다.
- **persistence.h** 각 다운스트림 컴포넌트는 #include 지시어로 콘텐츠를 임포트import함으로써 라이브러리는 헤더 파일로 연동된다. 함수와 타입 정의는 헤더 파일 내에 기술되며, 이 정의는 라이브러리를 사용하는 데 충분한 컴파일 정보를 제공한다.
- **persistence.jar** 자바 기반 소프트웨어를 위한 것으로, 각 컴포넌트는 단일 JAR 파일로 캡슐화돼 있다. 다운스트림 컴포넌트는 공유된 클래스를 임포트할 수 있다.
- **persistence.dll** 윈도우 기반 소프트웨어를 위한 것으로, 동적(공유) 라이브러리는 컴포넌트의 구현을 제공하고, 다운스트림 컴포넌트는 이 라이브러리를 임포트한다.

여기서 주목할 점은 다운스트림 컴포넌트는 업스트림 컴포넌트의 내부 소스코드에 직접 접근할 필요가 없다는 점이다. 모든 공유는 public API를 통해 이뤄지며, 컴포넌트는 업스트림 컴포넌트의 소스코드를 직접 컴파일하는 대신, 라이브러리를 링크함으로써 연동한다.

또 한편 주목할 점은 Payable, Receivable, Assets 컴포넌트가 자신의 헤더 파일과 라이브러리를 생성할 필요가 있다는 점이다. Commands 컴포넌트는 이 컴포넌트들 각각에 링크될 뿐만 아니라, Security 라이브러리에도 링크된다. 그리고 이 프로세스는 GUI 컴포넌트(메인 프로그램)가 완전히 컴파일될 때까지 반복된다.

18장 후반부에서 보게 되겠지만, 각 컴포넌트의 변경 사항을 조율하고 최종 프로그램으로 통합하는 일은 컴포넌트 기반 빌드 시스템에서의 주된 과제 중 하나다.

컴포넌트 사용의 장점

컴포넌트 기반 소프트웨어의 특성 가운데 일부 장점에 대해 알아보자. 이 장점 가운데 절반 이상은 모놀리식 빌드를 사용하지 않으면 자연히 나타나는 특성으로 앞서 설명한 것과 중복될 수 있다.

- **개발자가 쉽게 소프트웨어를 가시화할 수 있다.** 개발자가 컴포넌트 구조를 가시화한다면 수정 작업을 더욱 쉽게 할 수 있다. 이를 위해 각 컴포넌트의 목적과 컴포넌트 간의 API를 문서화해야 한다. 이는 버그가 발견될 만한 곳이나 새로운 기능이 추가될 만한 곳을 파악하기 쉽게 한다.
- **개발자는 나머지 컴포넌트의 내부 구현을 신경 쓰지 않아도 된다.** 그림 18.2는 개발자가 `Receivable` 컴포넌트의 소스코드는 갖지만, 그 외 `Payable`, `Assets`, `Persistence` 컴포넌트는 소스코드 대신 미리 빌드된 버전을 사용하는 방법을 보여준다. 개발자는 `Receivable` 컴포넌트의 내부 코드와 `Persistence` 컴포넌트의 public API를 이해해야 할 필요는 있지만, 나머지 코드는 개발자가 어떻게 동작하는지 알 필요가 없으므로, 블랙박스로 간주하면 된다.

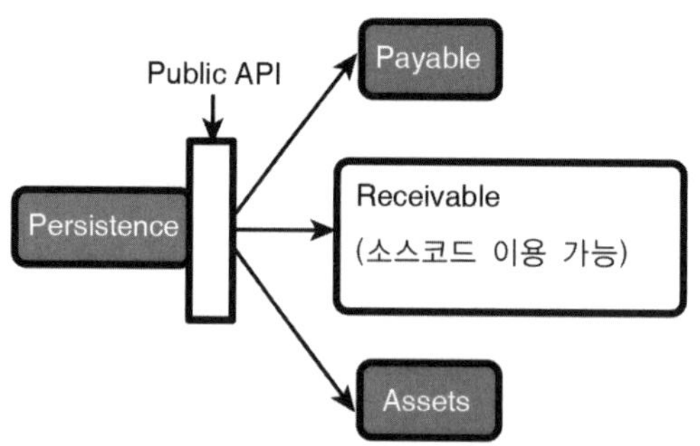

그림 18.2 상세한 내부 사항을 숨긴 컴포넌트 간의 관계

- **내부 코드 변경은 나머지 빌드 시스템에 영향을 주지 않는다.** 내부 소스코드에서 특정 컴포넌트의 변경은 해당 컴포넌트로 국한된다. 다시 말해 컴포넌트 내의 어떤 파일이 수정되더라도 나머지 컴포넌트의 컴파일에는 아무런 영향을 주지 않는다. 분명한 사실은 빌드 시스템은 파일을 절대 공유할 수 없다. 하지만 주의해야 할 사항은, 컴포넌트의 public API 수정은 나머지 컴포넌트에 영향을 미칠 수 있으므로 이 API와 관련된 파일은 분명히 구분돼야 한다는 점이다. 18장의

후반부에서 보겠지만, 내부 소스 파일에서 수정이 발생하면 잠재적으로 컴포넌트의 기능이 변경되는데, 그 결과 나머지 컴포넌트는 예상과 다른 동작을 실행할지도 모른다. 다만 이 오동작은 빌드 시가 아니라 런타임 시에 발생한다.

- **각 컴포넌트는 자신만의 빌드 시스템을 가진다.** 각 컴포넌트가 자신만의 빌드 시스템을 가진다는 사실은 모놀리식 방식에서의 많은 확장성 이슈를 해결한다. 빌드 시스템은 종속성 그래프 축소, 메모리 소비량 감소, 디스크 사용량 감소, 파일 서버와 네트워크에서의 부하 감소 등으로 이유로 덜 복잡해진다. 추가로 두드러진 장점은 전체 빌드 시간 단축이다. 특히 미리 빌드된 컴포넌트를 사용할 때 이 특징은 두드러진다.
- **소스코드의 보안성 증대** 컴포넌트 기반 시스템에서는 전체 소스코드를 공유하지 않고 서드파티 벤더와 컴포넌트를 공유하는 일이 흔하다. 나머지 모든 컴포넌트의 미리 빌드된 버전 제공만으로도 서드파티는 소프트웨어 릴리스 패키지를 충분히 생성할 수 있다.

여태까지 여러 번에 걸쳐 미리 빌드된 컴포넌트 사용에 대해 언급해 왔다. 따라서 이번에는 이 개념에 대해 더욱 자세히 알아보자. 컴포넌트 기반 빌드의 주된 장점은 개발자가 실제로 수정한 컴포넌트만 컴파일하면 된다. 그리고 이를 위해서는 누군가가 미리 나머지 컴포넌트를 컴파일해놓고 다른 이들이 사용할 수 있게 해 놓아야 한다.

그림 18.3은 컴포넌트 캐시component cache의 개념을 보여준다. 개발자는 컴포넌트를 변경할 때 다른 개발자가 이 컴포넌트를 사용할 수 있게 새로운 바이너리 버전을 컴파일하고 검증한 후 릴리스한다. 후반부에서 특히 지속해서 컴포넌트가 변경될 때의 컴포넌트 캐시 관리법에 대해 알아보자.

예제에서 `Receivable` 컴포넌트를 수정하는 개발자는 `Persistence` 라이브러리와 헤더 파일을 링크하고 컴파일해야 한다. 이들은 소스코드로부터 생성되는 대신, 컴포넌트 캐시로부터 직접 임포트된다.

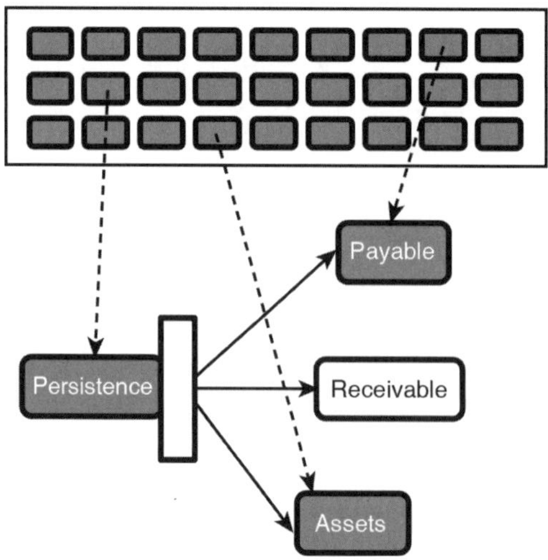

그림 18.3 컴포넌트 캐시로부터 미리 빌드된(바이너리) 컴포넌트 사용하기

한마디로 말하자면 컴포넌트 기반 빌드라 하더라도 모든 일을 깔끔하게 해결하지는 못한다. 때에 따라서는 오버헤드를 불러올 수 있다. 나중에 보겠지만, 컴포넌트가 캐시에 추가될 때 추가 개발 작업이 뒤따르며, 각 컴포넌트를 컴포넌트 캐시로 릴리스하기 전에 반드시 테스트하고 검증해야 한다. 이런 후에야 변경된 코드를 나머지 개발자가 제대로 사용할 수 있다.

이 프로세스에 대해 좀 더 알아보기 전에 컴포넌트의 정확한 구조에 대해 자세히 알아보자.

컴포넌트란?

컴포넌트 기반component-based 소프트웨어의 개념은 이미 업계에 널리 알려졌지만, 정확한 정의는 사용하는 곳에 따라 다소 차이가 있다. 통상적인 개념은 컴포넌트란 단독으로 프로그램이 될 수 없으며, 나머지 컴포넌트와 반드시 통합돼야 한다. 수많은 서드파티 벤더는 컴포넌트의 재사용을 염두에 두고 디자인하고 개발한다.

실행 프로그램과 달리 컴포넌트는 그래픽 사용자 인터페이스 또는 심지어 커맨드라인 인터페이스를 항상 제공하지는 않는다. 컴포넌트의 궁극적인 목표는 더 큰 프로그램으로 통합되는 것이다. 따라서 나머지 인터페이스는 종종 소프트웨어 개발자의 몫이 된다. C/C++ 컴포넌트에서의 인터페이스는 API 함수를 정의하는 헤더 파일과 함께 정적 라이브러리나 공유 라이브러리가 될 수 있다. 자바 프로그램에서의 인터페이스는 수많은 공유된 클래스를 포함하는 JAR 파일이 될 수 있다.

일부 컴포넌트는 그래픽 인터페이스와 API 지원을 혼합한다. 웹 기반 플러그인은 다운스트림 컴포넌트를 호출하는 API를 제공하지만, 플러그인의 주된 목표는 그래픽 이미지를 렌더링render하는 데 있다. 물론 회계 프로그램 예제에서의 GUI 컴포넌트는 단 하나의 그래픽 인터페이스를 갖는데, 다운스트림 컴포넌트 자신이 최종 사용자가 되는 경우다.

단독 빌드 시스템에서의 컴포넌트는 독립적으로 개발되고 컴파일될 수 있는 소스 파일의 집합으로 간주된다. 이는 그 외의 컴포넌트에 대한 소스코드가 빌드 머신에 없어도 되는 것을 뜻하며, 개발자는 그 코드를 컴파일할 필요도 없다. 반면 각 업스트림 컴포넌트가 제공하는 public API에는 접근해야 한다.

그림 18.4는 컴포넌트의 상위 레벨 뷰를 보여준다. 각 컴포넌트의 콘텐츠가 각기 다르더라도, 각 컴포넌트의 주요 경계는 반드시 구분돼야 한다.

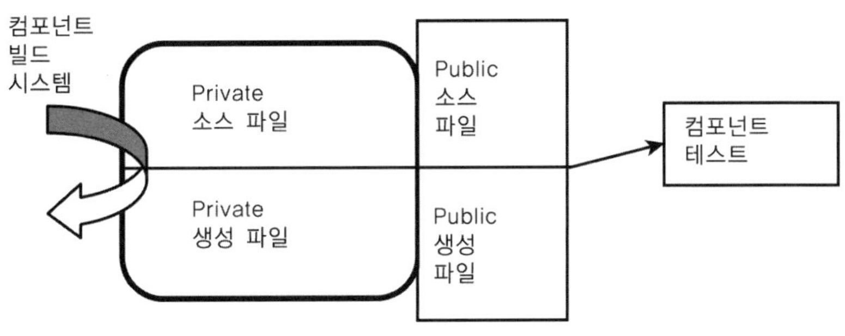

그림 18.4 임의 컴포넌트의 구성도

private 소스 파일

private 소스 파일은 컴포넌트의 기능 대부분을 제공하는데, 나머지 컴포넌트에서는 이를 볼 수 없다. 개발자가 코드를 빌드하려면 private 소스 파일의 완전한 복사본을 반드시 가져야 한다. 이는 본질적으로 각 컴포넌트 스스로 모놀리식임을 의미한다.

컴포넌트는 C/C++ , 자바, C# 같은 언어로 작성된 많은 private 소스 파일을 포함할 수 있다. 소스코드를 컴포넌트로서 구성할 가치를 부여하려면 적지 않은 소스 파일로 형성되는 것이 좋다. 반대로 너무 많은 파일을 지니는 것은 실용적이지 않는데,작은 컴포넌트로 작업하는 장점이 무효화되기 때문이다.

컴포넌트의 private 소스 파일은 동일한 컴포넌트 내의 다른 파일에서만 볼 수 있게 해야 한다. 달리 말해 나머지 컴포넌트들은 독립적으로 컴파일할 수 있어야 하는 것을 시사한다. 그리고 이 컴포넌트 빌드 시스템은 컴포넌트 내의 모든 private 소스 파일에 접근할 수 있지만, 나머지 컴포넌트의 빌드 시스템은 이 private 소스 파일 존재 자체를 몰라야 한다.

public 소스 파일

컴포넌트의 public 소스 파일은 구현이 아닌 외부 인터페이스를 제공한다. 컴포넌트 간의 상호 종속성을 줄이기 위해 public 소스 파일은 실제로 외부에 공개될 필요가 있는 정보만 포함해야 한다. 예를 들어 C/C++ 컴포넌트는 데이터 타입과 함수를 정의하는 헤더 파일을 제공하는데, 이 파일은 내부 함수와 데이터 구조체를 위한 것이 아닌 외부 컴포넌트가 참조하게 한 것이다.

컴포넌트는 수많은 public 소스 파일을 포함할 수 있지만, private 파일과 비교해 일반적으로 현저히 적다. 결국 컴포넌트 사용의 주목적은 상세한 구현 사항을 외부에 노출하지 않는 데 있다. 달리 말해 많은 소스 파일을 가급적 내부에 숨기고, 일부 public API만 외부에 공개하는 일이 매우 중요하다.

public 소스 파일과 public 생성 파일 간의 차이가 조금 애매한데, 이에 관해서는 다음 절에서 알아본다. 이름에서도 유추할 수 있듯이 public 소스 파일은 빌드 시스템이 생성하지 않고 컴포넌트 개발자가 직접 관리하며, 컴포넌트 API의 일부로 취급된다. 대표적인 예로 C/C++ 헤더 파일을 들 수 있다. 하지만 자바의 JAR 파일은 빌드 시스템이 생성하기 때문에 이에 해당하지 않는다.

심한 경우 컴포넌트는 public 소스 파일만 포함할지도 모른다. 다시 말해 private 소스 파일이나 빌드 시스템을 일절 포함하지 않는다. 이런 경우 컴포넌트는 단순히 나머지 컴포넌트와 공유할 목적으로 헤더 파일이나 데이터 파일, 구성 파일을 포함한다. 예를 들어 C/C++ 기반 프로그램은 프로그램의 모든 부분에서 사용되는 공통 타입과 구조체 정의를 가진다. 따라서 이 정의 가운데 하나라도 변경된다면 나머지 컴포넌트 컴파일에 영향을 미친다. 따라서 모든 정의는 public API에 정의돼야 한다.

public 생성 파일

public 생성 파일은 컴포넌트 빌드 시스템에 의해 생성되고, public API의 일부로 외부에 노출된다. 개발자가 컴포넌트를 임포트하려고 할 때 흔히 이 생성 파일 가운데 하나 이상을 참조한다.

public 생성 파일을 참조하는 다운스트림 컴포넌트의 임포트 방식에 따라 public 생성 파일은 여러 형태로 형성된다. 대표적인 예는 다음과 같다.

- **정적 라이브러리** 정적 라이브러리static library는 여러 오브젝트 파일 집합이 단일 아카이브로 합쳐진 것으로 볼 수 있다. 업스트림 컴포넌트가 공개한 라이브러리는 다운스트림 컴포넌트의 빌드 시스템 일부로, 실행 프로그램으로 링크될 수 있다. 정적 라이브러리는 통상적으로 public 헤더 파일과 연계되는데, 이 헤더 파일에는 라이브러리를 사용하는 데 필요한 함수와 데이터 타입 정의가 있다.
- **공유 라이브러리** 공유 라이브러리shared library는 다운스트림 컴포넌트가 링크할 수 있다는 점에서 정적 라이브러리와 유사하다. 그러나 공유 라이브러리 파일(확장자 .so 또는 .dll)은 실행 프로그램으로 통합되는 대신, 최종 소프트웨어 제품과 함께 패키지화되며, 타겟 머신에 설치된다.
- **자바의 JAR 파일** 자바에서는 컴포넌트를 릴리스할 때 일반적으로 JAR 파일(확장자 .jar)로 릴리스한다. 단, 자바 컴파일러 클래스 패스에 포함된 JAR 파일만 다운스트림 컴포넌트가 포함할 수 있다. 런타임 시에는 JAR 파일이 가상머신의 클래스 패스에 포함됐을 때에만 포함된다. C/C++와 달리 자바에서는 개별 헤더 파일에 컴포넌트의 인터페이스를 일일이 나열할 필요는 없다.
- **실행 프로그램** 컴포넌트가 실행 프로그램으로 생성되지 말라는 법은 없다. 예를 들어 최종 소프트웨어 릴리스 패키지가 그 외의 많은 프로그램과 라이브러리를 포함하고, 이 모든 패키지가 하나의 릴리스로 되는 경우를 들 수 있다. 게다가 컴포넌트는 다운스트림 컴포넌트 빌드에 사용되는 컴파일 도구에 (실행 프로그램 형태로) 노출될 수 있다.
- **자동 생성 헤더 파일** C/C++ 헤더 파일은 종종 일종의 소스코드로 생각되지만, 이 파일들을 자동 생성해 public API의 일부로도 만들 수 있다. 예를 들어 컴포넌트 빌드 시스템component build system은 내부 함수를 정의하기 위해 특수 목적 인터페이스 정의 언어interface-definition language를 사용할지도 모른다. 다운스트림 컴

포넌트에서 쉽게 사용할 수 있게 인터페이스 정의는 C 헤더 파일로 번역되고, `#include` 지시어로 이 헤더 파일을 인클루드한다.

- **자동 생성 소스 파일** 자동 생성 헤더 파일과 마찬가지로 컴포넌트는 수많은 소스 파일을 자동 생성할 수 있는데, 이 파일들을 public API의 일부로도 만들 수 있다. 그리고 다운스트림 컴포넌트는 자신의 빌드 프로세스의 입력으로 이 파일들을 사용할 수 있다. 예를 들어 RPC[remote procedure call] 컴포넌트는 리모트 RPC 서버에 접속하기 위해 자바 소스 파일을 생성할지도 모른다. 이런 소스 파일을 컴파일함으로써 다운스트림 컴포넌트는 서버와 통신하는 데 필요한 모든 기능을 갖게 된다.
- **프레임워크나 런타임 시스템** 최근 소프트웨어 제품에서 프레임워크나 런타임 시스템 내부에서 실행하는 소프트웨어를 디자인하고 구현하는 추세가 강하다. 예를 들어 대부분의 웹 기반 애플리케이션은 웹 애플리케이션 서버 내에서 동작한다. 그리고 일반적으로 갖는 모든 웹 애플리케이션 기능을 구현할 필요가 없다. 프레임워크를 컴포넌트의 한 부분으로 포함하면 애플리케이션 개발자는 프로그램의 로직과 프레젠테이션에만 집중할 수 있다. 기타 공통 인프라는 신경 쓰지 않아도 된다.

public 소스 파일과 함께 각 유형의 public 생성 파일은 컴포넌트 캐시로 공개된다. 그리고 이 캐시에서 해당 파일들은 기타 컴포넌트에 사용될 수 있으며, 궁극적으로는 프로그램의 최종 릴리스 패키지로 통합된다.

private 생성 파일

컴포넌트의 private 생성 파일은 단순히 빌드 시스템의 아티팩트로, 최종 사용자는 관심을 잘 두지 않는다. private 생성 파일이란 C/C++ 오브젝트 파일(.o 또는 .obj) 또는 자바 클래스 파일(.class), 내부 사용 목적으로 자동 생성된 모든 파일이다. 컴포넌트를 수정하는 개발자는 최종 빌드 출력물을 생성하는 과정 중 임의 단계에서 이 private 파일을 생성할 필요가 있다.

특정 컴포넌트의 private 생성 파일을 나머지 컴포넌트가 참조할 일은 없다. 따라서 private 생성 파일을 public API의 일부로 고려할 필요가 전혀 없다. 그러므로 컴포넌트 캐시에 이 private 생성 파일을 공개하지 않는다.

컴포넌트 빌드 시스템

빌드 시스템은 각 컴포넌트의 필수 요소이면서 동시에 생성 파일generated file의 생성을 책임진다. 이 파일들(확장자 .o 파일) 가운데 일부는 내부에서만 사용되는 반면, 나머지는 컴포넌트의 public API가 된다. 빌드 시스템이 public 소스 파일만 포함하고 private 소스 파일을 전혀 지니지 않을 때는 아무것도 실행할 것이 없다.

컴포넌트 빌드 시스템은 외부 컴포넌트의 private 소스 파일과 생성 파일에 접근하지 못하는 점을 제외하고는 타 빌드 시스템과 유사하다. 하지만 모든 업스트림 컴포넌트의 public 소스 파일과 생성 파일에는 접근할 수 있는데, 이는 컴포넌트 캐시를 통해 이뤄진다.

컴포넌트 레벨 테스트

소프트웨어의 모든 부분은 규모와 상관없이 반드시 테스트돼야 한다. 테스트의 일반적인 형태는 프로그램이 올바르게 동작하는지 확인하는 작업을 수반한다. GUI 기반 소프트웨어 테스트는 미리 예정된 순서로 위젯을 호출하며, 이 위젯이 올바른 결과를 가져오는지 확인하는 작업을 수반한다. 커맨드라인 소프트웨어 또한 마찬가지다. 다른 점이라면 위젯 대신 입력 값에 대한 올바른 결과 값이 돌아오는지 확인하는 일이다.

로컬 테스트 실패를 더욱 정확하게 발견하기 위해서는, 단위 테스트(12장 참조)를 활용해 소프트웨어의 작은 단위를 독립적으로 검증하는 편이 훨씬 효과적이다. 소프트웨어 제품 전체를 실행해 로컬 테스트를 하는 것보다 내부 API가 올바르게 동작하는지 직접 호출하는 편이 낫다. 특히 작은 단위fine-grained 접근법을 이용하면 소스코드 테스트 실패 위치를 더욱 쉽게 찾을 수 있다.

각 컴포넌트는 컴포넌트의 기능을 검증하는 테스트 케이스test case를 가져야 한다. 이 테스트가 완전 자동화돼 있으면 수정 사항이 발생하더라도 검증 작업을 용이하게 할 수 있다. 그리고 모든 테스트가 완료된 컴포넌트만이 컴포넌트 캐시에 추가돼야 다운스트림 컴포넌트가 안심하고 임포트할 수 있다.

단위 테스트에 대해 더 상세히 다루려면 이 책의 범위를 넘어선다. 하지만 여기서 강조하고 싶은 점은, 컴포넌트 개발자는 단위 테스트를 충분히 활용해야 한다는 점이다. 컴포넌트 기반 소프트웨어의 주된 장점 중 하나는 소프트웨어의 품질을 향상한다는 점을 들 수 있지만, 이는 반드시 컴포넌트가 충분히 테스트와 검증이 완료됐을 때에만 보장된다. 또한 최종 제품이 완벽한 시스템이 되도록 철저히 테스트하는 일은 아무리 강조해도 지나치지 않다.

컴포넌트를 단일 프로젝트로 통합

지금까지 컴포넌트의 내부 구조와 public API 개념에 대해 알아봤다. 그렇다면 이제는 컴포넌트 통합에 대해 알아보자. 특정 컴포넌트에서 변경이 발생하면 이와 관련된 모든 다운스트림 컴포넌트는 재컴파일돼야 한다. 따라서 부주의로 public API를 변경하면 나머지 컴포넌트에 영향을 준다는 점을 명심하자.

예를 들어 `Persistence` 컴포넌트가 `save_database` 함수를 익스포트export하는 점을 상상해보자. `Payable` 컴포넌트가 이 함수를 임포트하고 호출한다. 그리고 `Persistence` 컴포넌트는 정적 라이브러리와 이와 관련된 헤더 파일인 persistence.h를 익스포트한다.

```
/* persistence.h */

void save_database(char *name);
void load_database(char *name);
```

`Payable` 컴포넌트 내의 payable.c 파일은 하나의 인수argument를 갖는 `save_database` 함수를 호출한다.

```
#include "persistence.h"

...
void save_all()
{
  save_database(my_db_name);
}
```

`save_database` 함수가 두 인수를 필요로 하게 돼 `Persistence` 컴포넌트가 변경된다면 persistence.h 헤더 파일 또한 수정돼야 한다. `Persistence`의 public API의 변경 때문에 payable.c의 private 소스코드 또한 수정돼야 하며, 이뿐만 아니라 `Payable` 컴포넌트도 재컴파일돼야 한다.

이 문제는 컴포넌트 기반 시스템에서 흔한 일이다. 종속성 그래프만으로는 어느 컴포넌트를 재컴파일해야 할지 결정하기 쉽지 않다. 그럼 이제 또 다른 일반적인 사례를 알아보자.

단일 빌드로 모든 컴포넌트 빌드

이 문제를 해결하는 가장 단순한 방법은 소스코드로부터 관련된 모든 컴포넌트를 재컴파일하는 것이다. 분명 이런 작업은 많은 컴파일 시간을 요구하고, 이미 미리 빌드된 컴포넌트를 불필요하게 재빌드해야하는 결점이 있다. 반면 어떤 소스 파일이 수정되더라도 빌드 프로세스가 항상 정확히 수행한다는 장점이 있으며, 많은 경우 추가 작업 없이 수 초 내에 다운스트림 컴포넌트 빌드 시스템이 완료될 가능성이 충분히 있다.

그림 18.5는 컴포넌트가 재빌드되는 순서를 보여준다. 가장 왼편의 컴포넌트는 바이너리 형태로만 제공되므로, 소스로부터 재컴파일될 수 없다.

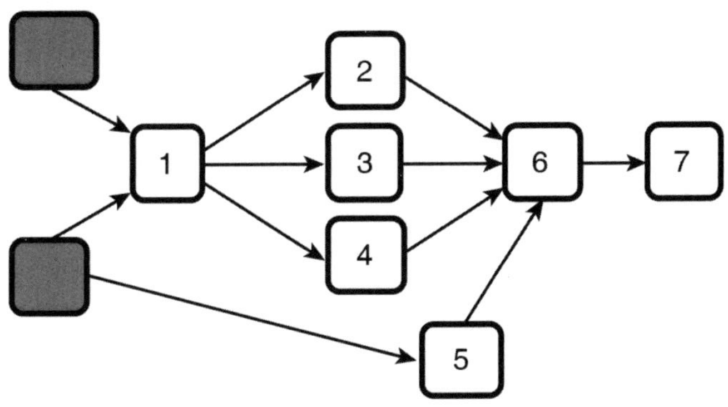

그림 18.5 단일 빌드로 모든 컴포넌트 빌드하기

그림에서의 순서는 컴포넌트 간의 기본 업스트림이나 다운스트림 관계를 따른다. 업스트림 컴포넌트의 public 파일은 다운스트림 컴포넌트가 임포트하기 전에 반드시 최신 상태로 갱신돼 있어야 한다. 이 순서가 올바르게 지켜지지 않으면 빌드는 실패하게 된다.

개발자는 당연히 수정한 컴포넌트를 잘 알고 있다. 그리고 그 컴포넌트의 private 소스 파일을 수정했는지 public 소스 파일을 수정했는지 잘 알기 때문에 이 단순한 방식보다 더 효율적인 방식으로 처리할 수 있다. 그럼 더욱 효율적인 방법을 알아보자.

미리 빌드된 컴포넌트로 최종 애플리케이션 빌드

가장 오른편 컴포넌트(예제에서의 GUI)의 코드만을 변경했다면 소프트웨어의 나머지 부분을 컴파일할 필요가 전혀 없다. 이는 그림 18.6에서와 같이 GUI 컴포넌트의 public API를 사용하는 컴포넌트가 없기 때문이다.

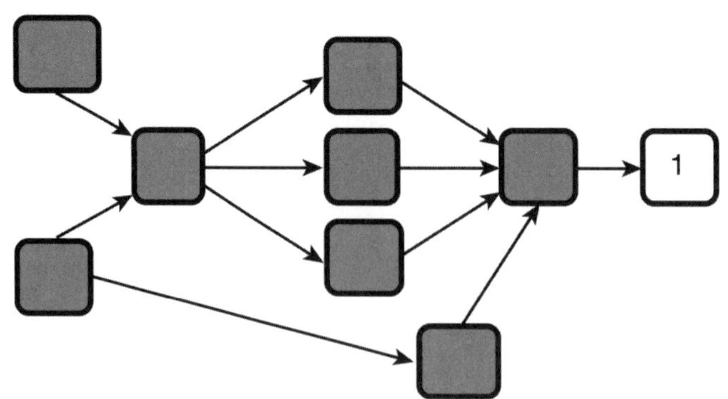

그림 18.6 최종 애플리케이션을 제외하고 미리 빌드된 모든 컴포넌트 사용하기

모든 컴파일이 정상 완료됐더라도 모든 작업이 완료된 것은 아니다. 아직 전체 시스템 기능을 테스트해야 한다. 이는 최근에 변경한 코드가 업스트림 컴포넌트를 새로운 방식으로 호출할지도 모르기 때문이다. 예를 들어 GUI 컴포넌트는 새로운 업스트림 API 함수를 사용할지 모르며, 또는 다른 입력 매개변수로 기존 함수를 사용할지도 모른다. 이런 때 업스트림 컴포넌트에서 버그를 발견할 수 있다.

새로운 버그를 발견하면 업스트림 컴포넌트에 새로운 테스트 케이스를 추가해야 한다. 그래야만 앞으로도 유사한 버그가 발생하지 않는다.

컴포넌트의 private 소스 파일 수정

컴포넌트의 private 소스 파일을 수정하면 함수 기능이 당연히 변경된다. 하지만 다운스트림 컴포넌트 컴파일에는 아무런 영향을 미치지 않는다. 이전에도 언급했듯이 다운스트림 컴포넌트는 컴포넌트의 public API만 임포트할 뿐이며, private 소스 파일의 변경은 다운스트림 컴포넌트에 아무런 영향을 미치지 않는다. 그림 18.7은 재컴파일할 필요가 있는 수정된 컴포넌트를 보여준다.

한편 private 소스 파일 수정은 컴포넌트의 구현을 변경한다. 따라서 컴포넌트의

public 생성 파일을 다운스트림 컴포넌트로 다시 링크하거나 최종 릴리스 패키지로 이것들을 리패키지repackage해야 한다. 예를 들어 컴포넌트가 정적 라이브러리를 생성한다면 이 라이브러리를 인클루드하는 다운스트림 컴포넌트로 다시 링크할 필요가 있다. 반면 동적 라이브러리나 JAR 파일에서는 단순히 릴리스 패키지에서 이 파일을 인클루드하면 된다.

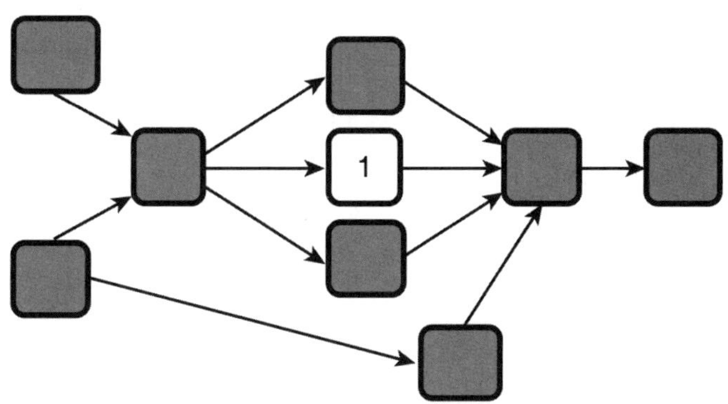

그림 18.7 컴포넌트의 private 소스 파일 수정하기

재차 말하지만 먼저 수정된 컴포넌트를 단위 테스트하고 나서 소프트웨어 제품을 릴리스하기 전에 반드시 전체 시스템 테스트를 수행해야 한다는 점을 잊지 말자. public 함수가 동적 라이브러리로부터 제거되는 경우 이 동적 링크를 사용하는 소프트웨어는 쉽게 손상될 수 있다. 이는 프로그램이 처음 컴파일됐을 때 이 링크 파일이 있었을지라도 공유 라이브러리의 변경에 따라 해당 파일이 제거될 수 있기 때문이다. 또한 이런 현상은 컴파일 시가 아닌 런타임 시에만 발견된다는 점을 유념하자.

컴포넌트 API 수정

마지막으로 컴포넌트의 public API가 수정됐을 때 무슨 일이 일어나는지 알아보자. 그림 18.8에서와 같이 컴포넌트를 수정하면 다운스트림 컴포넌트들을 재컴파일해야 하는데, 이 컴포넌트들이 조금 전에 수정한 API 코드를 이용할 경우 재컴파일에 실패할 수 있다.

그림에서 `Commands` 컴포넌트(2)는 `Receivable` 컴포넌트(1)에 직접 종속된다. 하지만 GUI 컴포넌트(3)와 `Receivable`(1)의 public API 간의 컴파일 시 종속성은 없을 수도 있다. 이럴 경우 GUI 컴포넌트를 재컴파일하는 대신 다시 링크하는 쪽이 현명하다.

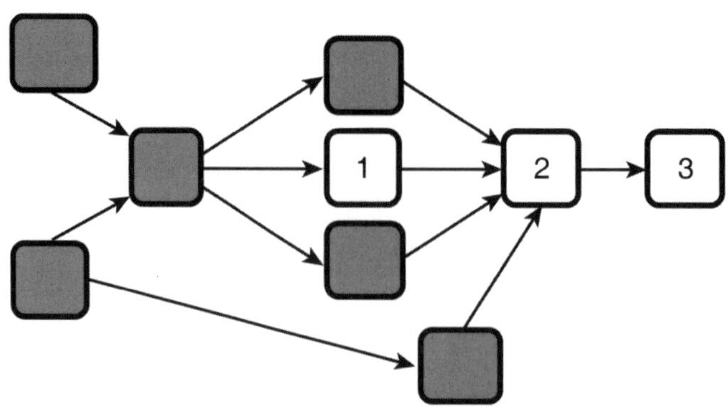

그림 18.8 컴포넌트의 public API 수정하기

이 마지막 적용 사례에서 변경된 컴포넌트와 그 변경이 public 파일이나 private 파일에 어떻게 영향을 미치는지 앎으로써 컴파일 시간을 절약할 수 있다. 그렇다고 해서 단위 테스트와 시스템 테스트를 하지 않아도 된다는 말은 아니다. 이 둘은 신뢰성을 확보하기 위해 반드시 매번 수행돼야 한다.

사람과 프로세스 관리

컴포넌트 기반 소프트웨어의 장점을 최대한 살리기 위해서는 컴포넌트 간의 경계를 잘 관리해야 한다. 소프트웨어 개발자는 컴포넌트 모델의 개념을 이해하고, 그 개념을 따라야 한다. 그렇지 않으면 소프트웨어가 모놀리식 파일 집합으로 급격하게 저하되고 만다. 그리고 이 책임이 대부분 개발자에게 떠넘겨지는 것이 현실이다.

개발 팀은 코드 수정 관리에 엄격한 프로세스를 가져야 한다. 이는 코드 한 줄의 버그 수정뿐만 아니라 public API에서의 주요한 수정이 될 수 있다. 어떤 상황에서도 이 규칙은 수정이 발생한 장소와 시간, 어떻게 테스트돼야 하는지, 코드가 그 외의 개발자에게 제공되는 때를 다뤄야 한다.

컴포넌트 기반 소프트웨어를 실제로 구현하는 데 있어 추가 관리 작업은 만만치 않다. 개발자가 각 업스트림 신규 컴포넌트 버전이 기존 제품에 문제없이 통합된다고 착각을 하면 통합 작업 시의 추가 작업량에 놀라지 않을 수 없다. 새로운 컴포넌트 버전들을 통합하는 일은 모놀리식 방식 때에는 발생하지 않았던 주요한 과제다. 다시 말해 변경과 상관없이 컴포넌트를 통합하는 비용과 분리하는 이점의 균형을 잘 유지해야 한다.

이 번거로운 작업을 용이하게 하려면 다양한 규칙으로 API를 관리하면 된다. 예를 들어 이전 버전과 호환이 되는 API 함수는 통합 작업 시에 많은 문제를 일으키지 않는다. 업스트림 컴포넌트로 추가되는 새로운 기능은 기존 함수와 호환이 되는 신규 API 함수를 반드시 포함해야 한다. 이는 상당히 중요하지만, 이 책의 범위를 넘어서므로 더 이상 다루지 않는다.

이 절에서는 컴포넌트 기반 소프트웨어에서의 작업에 관한 프로세스 중심 요구사항을 설명하고, 다음과 같은 주제를 다룬다.

- **개발 팀 구조** 큰 소프트웨어 그룹을 더 작은 컴포넌트를 중심으로 하는 팀으로 나눈다.
- **컴포넌트 라인업(line up) 관리** 각 컴포넌트의 어느 버전이 최종 소프트웨어 릴리스로 통합되는지를 결정한다.
- **컴포넌트 캐시 관리** 미리 빌드된 컴포넌트의 캐시를 관리하고, 더 이상 필요하지 않은 이전 버전을 제거한다.
- **새로운 소프트웨어 기능 조정** 새로운 소프트웨어 기능이 효율적으로 관리되는 점을 보증한다. 특히 여러 다른 컴포넌트가 수반될 때 이는 매우 중요하다.

이 주제들은 빌드 시스템과 직접적인 관련은 없지만, 개발 전략을 어떻게 재구성해야 하는지 다시 생각하게 하는 데 많은 도움이 된다.

개발 팀 구조

소프트웨어 개발 조직의 규모가 크다면 더 작은 규모의 팀으로 나누는 일은 흔하다. 그리고 각 팀은 전체 소스코드 가운데 일부만을 담당한다. 수백 명의 개발자가 하나의 소프트웨어 제품을 개발하지만, 각 팀은 소수 개발자와 그 개발자들을 관리하는 매니저로 구성된다. 실제로 모든 개발자가 하나의 팀으로 구성되는 것보다 오히려 여러 팀으로 구성돼 각 팀을 관리하는 편이 훨씬 능률적이라는 것은 많은 사례에서 볼 수 있다.

작은 여러 개의 팀으로 구성되면 여러 면에서 관리하기 쉬워진다. 하지만 내부 API가 정의되지 않는 모놀리식 코드 방식에서는 특정 팀이 다른 팀의 코드를 허락 없이 수정하는 일을 막을 방법이 없었다. 이는 책임 영역 간의 경계 구분이 명확하지 않았기 때문이다. 오히려 다른 팀 코드에 영향을 주지 않은 채 자신의 팀 코드를 수정하는 일이 매우 까다롭다.

심지어 그 경계선을 제대로 준수했더라도 실수로 일부 개발자가 새로운 상호 종속성을 추가해 버릴지도 모른다. 코드 가운데 일부분은 공통 모듈로 간주할 수 있는데, 이는 모든 이가 수정 가능한 영역이다.

이 문제는 컴포넌트 기반 소프트웨어의 필요성을 느끼게 한다. 각 개발 팀은 하나 이상의 컴포넌트를 담당하는데, 변경이 발생한 곳과 이 변경으로 인한 다른 팀으로의 영향을 정확히 안다. 그리고 각 팀원은 그들의 컴포넌트 소스코드를 개발하고 컴파일하며 테스트하지만, 자신들이 담당하지 않는 그 외의 컴포넌트에 대해서는 자세히 알 필요가 없다.

그림 18.9는 예제 소프트웨어 제품의 책임 영역을 보여준다. 일부 팀은 여러 다른 컴포넌트를 담당하고, 그 외의 팀들은 팀당 하나의 컴포넌트를 담당한다.

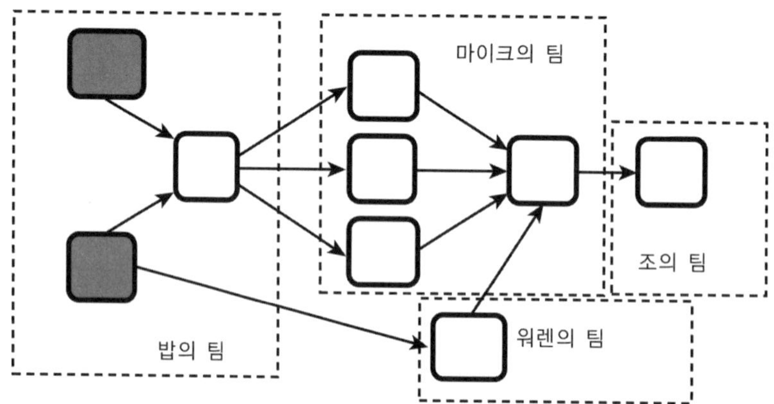

그림 18.9 어느 팀이 컴포넌트를 변경할 수 있는지를 나타내는 컴포넌트 오너십

일반적으로 소프트웨어는 팀 구조와 유사한 구조로 결국 형성되는데[93], 특히 컴포넌트 기반 시스템을 구축한다면 이미 이와 유사한 개발 조직이 있을 수 있다. 반대로 모놀리식 코드 기반을 컴포넌트로 나누기로 했다면 먼저 하위 팀 구조와 컴포넌트 구조에 대해 생각하는 일부터 시작하는 것이 좋다.

각 컴포넌트를 단일 팀이 담당할 때의 장점을 요약해보면 다음과 같다.

- 컴포넌트의 하위 팀원만 private 파일에 접근할 수 있다. 이는 컴포넌트를 컴파일할 필요가 있는 개발자 수를 제한한다. 그 외 하위 팀의 모든 개발자는 이 파일들을 컴파일하는 대신, 미리 빌드되고 검증된 컴포넌트의 버전을 사용한다.
- 각 팀은 시스템에서 자신들이 담당하고 있지 않은 부분을 신경 쓰지 않고, 오직 자신이 맡은 컴포넌트의 내부 구현에만 집중할 수 있다. 그리고 팀원들은 업스트림 컴포넌트의 public API를 이해하고 있어야만 한다. 이를 위해 문서화가 제대로 이뤄져야 할 뿐만 아니라 문서의 내용이 이해하기 쉬워야 한다. 이를 통해 작업의 효율성이 극대화된다.
- 모든 개발 팀 가운데 특정 팀만 변경할 수 있는 권한이 있다면 컴포넌트에서의 수정 사항 관리는 더욱 쉬워진다. 다만 팀 관리자는 새로운 기능과 버그 수정을 관리하기 위해 모든 변경 내용을 파악하고 있어야 한다(최소한 상위 레벨).
- 팀은 더욱 활발하게 작업을 할 수 있다. 모든 개발자는 사무실에서 만날 수 있어서 이견 조율이 더욱 빨라진다. 뿐만 아니라 제한된 시간 내에 코드 변경을 구현하고 테스트가 가능하므로 새로운 기능과 버그 수정의 작업량은 자연히 줄어든다.
- 팀은 시스템의 나머지 부분과 격리된 자신의 컴포넌트를 테스트하는 데 전문성을 가질 수 있다. 이 전문성은 소프트웨어의 포괄적인 품질을 향상한다.

위와 같은 장점이 있는 반면 단점 또한 있다. 컴포넌트 중심으로 구성된 팀은 자신들만의 영역을 형성하므로 개발자는 시스템의 나머지 부분을 임의로 변경할 수 없다. 그러므로 팀 매니저를 통해 나머지 팀과 변경 사항에 대해 잘 협상해야 한다. 때에 따라 이 프로세스는 많은 시간이 걸리며, 심지어 새로운 코드가 미리 빌드된 컴포넌트 캐시에 공개되기 1~2주 전에 겨우 협상이 타결되기도 한다.

그렇지만 실제로 팀 간의 작업 구분은 구현상의 문제로 가끔 충돌하는데, 충분한 협의가 있어야만 특정 하위 팀이 나머지 팀의 소스코드를 수정할 수 있다. 그리고 다른 하위 팀의 개발자는 컴포넌트의 공식 릴리스를 마냥 기다리는 대신 private 소스 트리를 공유하거나 공유 받을 수 있는데, 이 비공식 팀 구조는 지나친 관리 작업 없이 컴포넌트 사용의 장점을 제공한다.

컴포넌트 라인업 관리

모놀리식 코드 기반에서 각 개발자는 공유된 버전 관리 시스템으로부터 소스코드 복사본을 가져온다. 그러고 나서 개발자는 코드를 변경하고 변경된 내용을 동일한 리포지토리에 커밋한다. 이런 점에서 모놀리식 코드 기반은 모든 변경 내용이 모든 개발자에게 공유되는 하나의 코드 변경 스트림으로 볼 수 있다.

모놀리식 소프트웨어 제품을 최종 사용자에게 릴리스하기 위해서는 모든 빌드 시스템이 호출되며, 최종 결과물은 타켓 머신에 설치 준비된 소프트웨어 릴리스 패키지가 된다. 그리고 릴리스 패키지는 소프트웨어의 다른 릴리스와 구별되게 고유한 버전 번호(예, 2.0.1)를 가진다.

컴포넌트 기반 소프트웨어 사용 시에는 모놀리식 때와 동일한 원칙이 적용되지만, 적용 범위가 다르다. 즉, 각 컴포넌트는 자신만의 소스코드 리포지토리에 저장되고, 컴포넌트에 관련된 개발자에게만 공유된다. 다시 말해 컴포넌트와 관련 없는 팀 개발자에게는 공유되지 않는다. 컴포넌트 빌드 시스템은 public 생성 파일을 생성하고, 이 파일들은 미리 빌드된 컴포넌트 캐시에 패키지화돼 놓이게 된다. 그리고 고유 버전 번호는 다음에 릴리스되는 컴포넌트와 구별하기 위해 당연히 부여돼야 한다.

모놀리식과 컴포넌트 기반 소프트웨어, 이 둘은 유사하지만 주된 차이점은 어떻게 컴포넌트를 통합하는냐는 점이다. 그림 18.10은 각 컴포넌트가 자신만의 릴리스 스트림을 지니며, 각 릴리스는 고유한 버전 번호를 지니고 있는 것을 보여준다. 마지막 단계에서 각 컴포넌트 스트림의 릴리스는 전체 소프트웨어 릴리스 패키지로 통합된다.

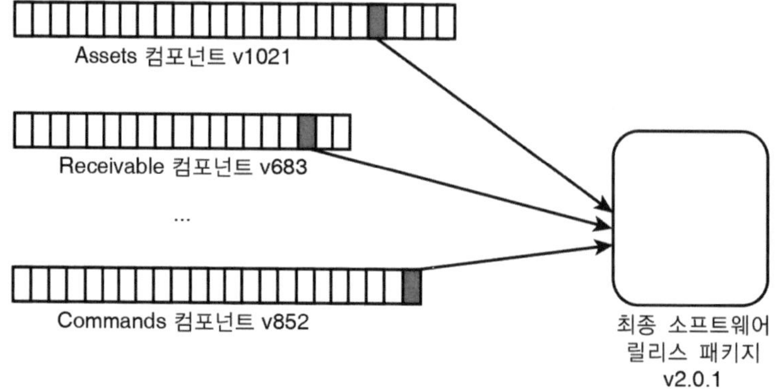

그림 18.10 각 컴포넌트는 릴리스 스트림을 지니며, 각 버전은 최종 제품으로 통합된다. 각 컴포넌트는 고유한 버전 번호를 가지며, 최종 소프트웨어 릴리스 패키지 또한 고유 버전 번호를 가진다.

각 컴포넌트의 여러 버전 가운데 통합돼야 할 버전을 파악할 수 있는 빌드 시스템을 위해서는 컴포넌트 라인업component line-up의 개념을 이해해 둘 필요가 있다. 다음 목록은 회계 프로그램에 관한 라인업 예제를 보여준다.

```
Database            5.1.12
Persistence         152
Logging             1.2.14
Payable             762
Receivable          683
Assets              1021
Security            53
Commands            852
GUI                 362
```

버전 번호는 정해진 규칙이 없고 임의적이다. 따라서 각 컴포넌트는 정해져 있는 범위 내에서 버전 번호를 자유롭게 사용하면 된다. 여기서는 일관성을 위해 컴포넌트 캐시로 릴리스될 때마다 증가하는 단일 번호single number(.를 포함하지 않는)를 컴포넌트는 사용한다. 한편 Database와 Logging 컴포넌트는 서드파티로부터 제공된 것으로, 벤더가 제공한 세 자리 번호three-number[2] 버전 스키마를 그대로 사용하고 있다.

그림 18.10은 최종 링크나 패키징 단계로 통합되는 것을 보여줄 뿐이며, 실제로 어떻게 동작하는지를 보여주지는 않는다. 대신 각 다운스트림 컴포넌트가 컴파일되거나 링크될 때 업스트림 컴포넌트가 사전에 컴파일돼 컴포넌트 캐시로 퍼블리시돼 있을 필요가 있다. 예를 들어 Commands 컴포넌트의 버전 852를 컴파일하기 위해 컴파일러나 링커는 Payable 버전 762와 Receivable 버전 683, Assets 버전 1021, Security 버전 53을 이용한다.

뒤에서 보겠지만, 버전 번호의 정확한 라인업은 소프트웨어 구성에 있어서 매우 중요하다. 따라서 캐시로부터 컴포넌트의 최종 버전을 단순히 사용하거나 다른 버전을 임의로 선택하면 안 된다. 모든 변경 사항은 신중히 관리돼야 하고, 컴포넌트 라인업이 수정되기 전에 반드시 검증돼야 한다.

2. 세 자리 번호는 흔히 major.minor.micro 형태로 구성되며, 더욱 상세한 설명은 14장의 버전 번호 붙이기 절을 참조하라. - 옮긴이

이전 릴리스를 재생성하기 위해 라인업 파일은 반드시 버전 관리 시스템에 저장돼야 한다. 시간이 지남에 따라 소스코드는 당연히 변경되므로 컴포넌트 라인업은 반드시 필요하다. 예를 들어 GUI 컴포넌트에 새로운 기능을 추가하고, `Payable` 컴포넌트의 일부 버그를 수정했다면 당연히 수정한 컴포넌트의 버전 번호를 증가시켜야 한다(GUI의 버전은 362에서 363, `Payable`의 버전은 762에서 763으로 증가함). 다만 수정되지 않은 컴포넌트의 버전 번호는 그대로 둬야 한다.

```
Database        5.1.12
Persistence     152
Logging         1.2.14
Payable         763
Receivable      683
Assets          1021
Security        53
Commands        852
GUI             363
```

소프트웨어의 이전 버전을 재생성하려면 개발자는 번저 이전 버전의 소스 파일과 라인업 파일을 구해야 한다.

여기서 한 가지 주목할 점은, 최종 릴리스 패키지는 최종 사용자가 볼 수 있는 버전 번호를 가지며, 이 번호는 컴포넌트의 버전 번호와 구별돼야 한다는 점이다. 일반적으로 소프트웨어 이용자는 버전 번호가 릴리스의 새로운 콘텐츠를 반영한다고 생각한다. major 버전 번호(세 자리 버전 번호 가운데 첫 번째)가 증가하면 이용자는 새로운 기능이 소프트웨어에 추가됐다고 유추한다. 반대로 컴포넌트의 버전 번호가 소프트웨어 제품 내부에 있다면 크게 신경 쓰지 않고 각 릴리스의 버전 번호를 단순히 증가하는 것이 일반적인 방식이다.

요약하면 모놀리식 소프트웨어에서는 코드를 변경하고 반영하는 즉시 전체 시스템으로 통합된다. 반면 컴포넌트 기반 빌드 시스템은 각 컴포넌트 릴리스 스트림을 관리하는 데 많은 작업량이 필요하며, 컴포넌트 기반 제품의 안정성과 품질을 확보하기 위해서는, 컴포넌트의 라인업을 제어하는 추가 관리 작업이 필요하다.

컴포넌트 캐시 관리

지금까지 각 컴포넌트의 미리 빌드된 버전을 저장하는 데 이용되는 컴포넌트 캐시component cache의 개념을 알아봤다. 또한 유일한 버전 번호를 지니는 컴포넌트의 여러 다른 복사본이 캐시에 놓일 수 있다는 점을 배웠다. 마지막으로, 라인업 파일은 각 컴포넌트의 어느 버전이 최종 릴리스 패키지로 통합돼야 하는지를 명시한다는 점을 배웠다.

이 시점에서 캐시 관리에 관한 주된 질문 2개가 생긴다. 첫째 얼마나 자주 컴포넌트의 새로운 버전이 캐시로 놓이는지? 둘째 오래된 버전이 언제 제거되는지? 이 질문에 대한 답은 개발 프로세스에 따라 다양하게 변하는데, 하나씩 알아보자.

새로운 컴포넌트 버전 추가

일반적인 규칙으로 컴포넌트의 품질이 보장될 때에만 컴포넌트 캐시에 컴포넌트를 저장해야 한다. 이 판단은 다운스트림 컴포넌트가 무엇에 의존하는지에 따라 달라지지만, 컴포넌트 캐시로 컴포넌트를 퍼블리시할 때의 몇 가지 가이드라인을 명심해야 한다.

- 아직 개발 중인 새로운 컴포넌트의 경우 아직 완성되지 않은 코드라도 그 중 일부 릴리스를 제공할 수 있다. 이는 컴포넌트 라인업에는 아직 등록되지 않았지만, 테스트 목적으로 다운스트림 컴포넌트가 이 릴리스를 사용할 뿐이다. 이 컴포넌트의 새로운 버전은 몇 달마다 또는 새로운 기능이 테스트 가능할 때마다 릴리스될지도 모른다.
- 소프트웨어의 납품일이나 출하일이 다가오면 새로운 기능을 추가하는 일보다 버그 수정하는 일에 집중하게 된다. 흔히 버그 수정은 일 단위로 이루어지는데, 가능한 한 자주 컴포넌트는 테스트되고, 퍼블리시된다. 그리고 컴포넌트 라인업은 새로운 버전으로 통합되기 위해 매일 갱신된다.
- 컴포넌트 품질이 상위 레벨에 도달하면 새로운 버전 생성은 서서히 없어지거나, 필요 없게 된다. 새로운 추가 기능이나 버그 수정이 필요 없다면 컴포넌트는 수개월 또는 수년 동안 그대로 지속한다. 이런 경우 새로운 버전이 컴포넌트 캐시로 퍼블리시되지 않는다.

- 일부 소프트웨어 제품은 여러 다른 변형을 지원하기 위해 빌드되기도 한다. 따라서 각 컴포넌트는 이들 변형도 지원해야 한다. 예를 들어 인텔 플랫폼뿐만 아니라 MIPS 플랫폼에서 실행되는 제품은 컴포넌트 캐시에 두 변형이 있어야 한다. 이를 준수하기 위한 가장 단순한 방법은, 두 변형을 동시에 퍼블리시하면 된다.
- 최종 시나리오에서 컴포넌트는 여러 다른 개발 스트림을 가질지도 모르며, 이들 각각은 다른 비율로 컴포넌트 캐시에 퍼블리시될지도 모른다. 예를 들어 소프트웨어 버전 2.0으로 통합되는 컴포넌트는 빈번하게 변경되지 않지만, 릴리스 버전 3.0으로 통합되는 컴포넌트는 빈번한 버그 수정 등으로 자주 변경된다. 따라서 각 컴포넌트의 소스코드는 버전 관리 시스템에서 다른 코드 브랜치로 관리돼야만 한다.

알다시피 컴포넌트를 컴포넌트 캐시로 퍼블리시할 시점을 안다는 것은 문제를 해결할 능력이 있다고 볼 수 있다. 컴포넌트는 충분히 검증받은 후에만 퍼블리시돼야 하지만, 다운스트림 컴포넌트는 언제든지 이 코드에 접근할 수 있어야 한다. 자, 그럼 얼마나 자주 이 컴포넌트 릴리스가 컴포넌트 캐시에서 제거될 수 있는지 알아보자.

컴포넌트 버전 만료

이상적인 환경에서의 컴포넌트 캐시는 무제한의 용량을 지닌다. 그리고 개발자는 컴포넌트의 이전 버전이 얼마나 자주 사용됐는지와 퍼블리시된 시점을 신경 쓰지 않고, 컴포넌트의 각 버전에 항상 접근할 수 있다. 하지만 실제로는 컴포넌트 캐시는 아주 많은 디스크 공간을 사용하며, 새로운 버전이 퍼블리시될 때마다 이 공간은 줄어든다.

특정 컴포넌트 버전이 컴포넌트 캐시에서 제거되더라도 소스코드로부터 이를 재생성할 수 있다는 점을 상기하자. 버전 관리 시스템은 오래된 데이터라 할지라도 임의로 그 데이터를 삭제하지 않는다. 그리고 컴포넌트의 이름과 버전 번호를 알고 있다면 버전 관리 시스템을 통해 언제든지 재생성할 수 있다. 컴포넌트 캐시를 사용하는 주된 목적은 불필요한 빌드 소요 시간을 줄이는 데 있다. 따라서 재생성할 필요가 없는 버전만을 제거한다.

어느 컴포넌트 버전이 앞으로 사용될지 모른다면 학습 해결법heuristic solution이 최상의 방법이다. 컴포넌트 버전의 시기(컴포넌트 캐시로 퍼블리시된 때)를 기반으로, 또는 컴포넌트 버전이 마지막으로 접근된 때를 기반으로 할 것인지 결정할 수 있다.

첫 번째 학습법은 컴포넌트 캐시에 3개월 전(제품과 관련 없음)에 놓인 버전을 전부 삭제하는 일이다. 삭제한 후 컴포넌트의 모든 사용자는 새로운 버전을 사용하게 될 것이다. 예를 들어 `Assets` 컴포넌트의 1에서 856까지의 버전이 3개월 전에 퍼블리시됐으므로 삭제할 수 있다. 이는 이제 컴포넌트의 모든 사용자는 857 버전 이상을 사용함을 시사한다.

이 규칙은 꽤 심플해 보이지만, 일부 코너 케이스corner case가 있다. 예를 들어 컴포넌트가 안정화돼 최근 3개월 동안 퍼블리시된 새로운 버전이 없다면 당연히 가장 최근 버전을 유지할 필요가 있다. 이 버전은 현재 라인업 파일에서 참조되므로 캐시에 보존돼야만 한다.

두 번째 학습법은 어느 컴포넌트 버전이 실제로 사용되는지를 조사하는 일이다. 예를 들어 빌드 시스템이 호출되고 미리 빌드된 컴포넌트가 캐시에서 검색될 때 이를 카운터에 기록한다. 일정 기간이 지난 후 캐시 메커니즘은 카운터의 정보를 바탕으로 어느 컴포넌트 버전이 아직 사용되고 있으므로 제거하면 안 되는지 알 수 있다.

두 번째 학습법은 하루에 한 번씩 버그가 수정되는 것과 같이 계속해 새로운 버전이 생성될 때 유용하다. 반면 하루만 사용되는 버전은 재빨리 제거된다.

새로운 소프트웨어 기능 조정

소프트웨어 제품에 새로운 기능을 추가할 때 먼저 할 일은 새로운 기능이 무엇을 하는지와 현 제품에서의 동작이 어떤 식으로 변경되는지를 상위 레벨 관점으로 상세히 기술하는 일이다. 이 과정 후 소프트웨어 개발자들은 어느 코드 라인을 변경할지 계획하며, 특히 여러 개발자가 참여해야 하는 큰 개발 프로젝트에서는 각 개발자가 자신의 일정을 조정할 필요가 있다.

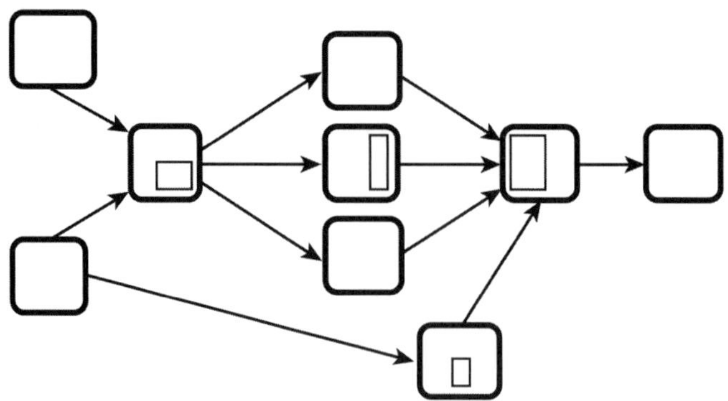

그림 18.11 새로운 기능 도입은 많은 컴포넌트의 코드 변경을 야기한다.

컴포넌트 기반 소프트웨어에서 컴포넌트를 변경할 때 새로운 기능은 각 컴포넌트 내에 추가돼야 하고 새로운 코드에 접근할 수 있는 public API가 제공돼야 한다. 그림 18.11은 이런 개념을 보여준다.

관리 관점에서 보자면 이 기능 추가는 여러 다른 많은 개발 팀을 참여하게 한다. 그들은 자신들이 맡고 있는 컴포넌트에 관한 전문 지식을 지니고 있어서, 어느 코드 라인을 수정해야 할지 금방 안다. 신경 써야 할 부분은 각 변경 사항을 다른 컴포넌트 팀과 어떻게 공유할지를 결정하는 일인데, 가장 기본적인 작업 흐름은 다음과 같다. 먼저 업스트림 팀은 자기 일을 마무리하고 나서 미리 빌드된 컴포넌트 캐시에 컴포넌트를 퍼블리시한다. 그런 다음 다운스트림 팀은 업스트림 컴포넌트가 제공하는 새로운 API를 사용하기 시작한다.

당연히 이 일련의 접근법은 기능 구현 소요 시간을 장기화하므로 매우 효율적이라고 하기는 어렵다. 실제 프로젝트에서 개발 팀은 변경 사항을 조정하는 데 추가 관리 작업이 발생하더라도 병렬로 자기 일에 최선을 다하는 것이 사실이다.

단계적 릴리스

병렬 작업의 장점으로 업스트림 컴포넌트를 단계적으로 처리할 수 있는 점을 들 수 있다. 즉, 업스트림 컴포넌트에서 요구하는 코드 변경 사항을 동의한 후 모든 작업이 완료되고 테스트될 때까지 가만히 기다리는 대신, 단계별로 하나씩 작업을 진행할 수 있다. 게다가 각 컴포넌트 버전을 모든 기능을 완벽히 갖추지 않더라도 캐시에 퍼블리시할 수 있다.

첫 릴리스는 함수 프로토타입function prototype과 상수 정의 같은 새로운 public API

변경 내용을 포함해야 한다. 스터빙stubbing 함수[3]라도 다운스트림 컴포넌트는 이 API로 컴파일하고 링크할 수 있다. 이를 통해 다운스트림 팀은 업스트림 컴포넌트가 완전히 준비됐을 때까지 기다리면서 자신들의 코드를 계속해 작성할 수 있다.

당연히 이 방식을 사용하면 또 다른 문제가 발생한다. 팀 매니저는 public API의 변경 사항뿐만 아니라 구현될 기능의 순서를 확정해야 한다. 업스트림 팀이 순서를 지키지 않고 다른 작업을 먼저 진행한다면 다운스트림 팀은 기다리는 것 외에는 달리 방법이 없다. 추가로 팀은 동의 없이 public API를 수정해서는 절대 안 된다. 다운스트림 팀은 확정된 API만을 기대하지만, public API 수정에 따른 자신의 코드 수정을 원하지 않기 때문이다.

새로운 릴리스 검증

컴포넌트 캐시로 새로운 컴포넌트 버전이 추가될 때 이 컴포넌트 버전이 최종 릴리스 패키지로 통합될 준비가 아직 돼 있지 않을지도 모른다. 다른 컴포넌트와 완전히 격리된 단위 테스트가 완료됐더라도 새로운 버전은 나머지 다운스트림 컴포넌트와 호환되지 않을 수 있다. 이 문제가 해결되기 전까지 라인업 파일을 새로운 버전에 포함되게 절대로 갱신하면 안 된다.

이 문제를 해결하려면 새로운 컴포넌트는 컴포넌트 캐시로, 테스트 목적으로만 릴리스돼야 한다. 그러고 나서 다운스트림 컴포넌트는 이 새로운 버전에 대해 재컴파일되고 테스트돼야 한다. 뿐만 아니라 함수 자체 기능이 올바른지도 확인해야 한다. 그렇지 않다면 다운스트림 컴포넌트의 새로운 버전이 필요하다. 그림 18.12는 `Persistence` 컴포넌트의 새로운 버전 생성 과정을 보여준다.

---

3. 함수의 전체 윤곽만 제공되고, 아직 구현부가 실제로 구현되지 않은 함수를 가리킨다. 예를 들어 아래와 같은 스터빙 함수를 정의해 타 영역에서 이 함수를 호출할 수 있게 한다. - 옮긴이

```
public String toString(){
    return "";
}
```

그리고 타 영역에서 준비가 완료된 후 다음과 같이 구현부를 실제로 구현한다.

```
public String toString(){
    return "Hello World!";
}
```

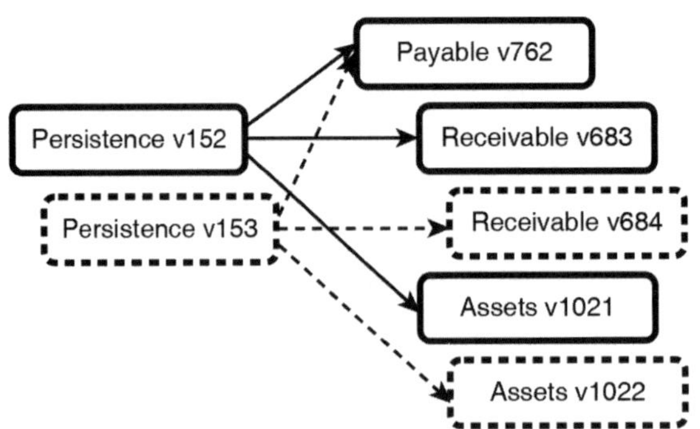

그림 18.12 새로운 컴포넌트 버전이 릴리스될 때 다운스트림 컴포넌트는 재컴파일되고 재차 테스트돼야 한다. 때에 따라 다운스트림 컴포넌트의 새로운 버전이 생성될 필요가 있다.

이 예에서 `Persistence`의 새로운 버전(버전 153)은 캐시로 추가된다. 그리고 각 다운스트림 컴포넌트는 이 새로운 버전에 대해 재컴파일되고 테스트돼야 한다. `Payable` 컴포넌트의 경우 버전 762로 수행하는 데 지장이 없으므로 새로운 버전이 필요 없다. 하지만 `Receivable`과 `Assets` 컴포넌트는 갱신된 `Persistence` API를 참조하기 때문에 변경이 필요하다. 따라서 새로운 버전들이 생성돼 컴포넌트 캐시로 추가돼야 한다.

모든 다운스트림 컴포넌트가 테스트된 후에 컴포넌트 라인업 파일이 갱신될 수 있는데, 이 예제에서는 세 가지의 새로운 컴포넌트가 동시에 라인업 파일로 추가됐다. 이 변경이 일치하지 않는다면 잘못된 릴리스 패키지가 생성될 수 있다.

모든 소스코드 가져오기

마지막 접근 방식으로, 컴포넌트 개발 방식이 아닌 모놀리식 개발 방식으로 되돌림으로써 릴리스 조정에 대한 관리 부하를 줄일 수 있다. 이는 단순히 모든 다운스트림 개발자가 업스트림 컴포넌트의 소스코드를 자기 영역에 복사하면 그만이다. 컴포넌트가 컴포넌트 캐시로 (심지어 수 주간) 릴리스되기까지 마냥 기다리는 대신, 그들은 즉시 모든 최신 코드에 접근할 수 있다.

자연히 개발자들은 모놀리식 빌드에서 경험한 성능 문제와 품질 문제에 직면해야만 한다. 뿐만 아니라 업스트림 컴포넌트의 private 파일 종속성 문제를 대처해야 한다. 실제로 이런 리스크는 병렬 작업의 추가 효율에 비해 사소하다.

자, 그럼 이런 방식을 지원하는 빌드 도구를 살펴보면서 컴포넌트 기반 소프트웨어에 관한 설명을 마무리 짓자.

✻ 아파치 아이비

컴포넌트 기반 소프트웨어 개념은 최근 대세로 자리 잡고 있다. 특히 이는 자바 세계에서 두드러지는데, 인터넷으로부터 다운로드해 재사용 가능한 서드파티 때문이다. 이 컴포넌트들은 다양한 기능을 제공한다. 예를 들어 데이터베이스 액세스와 GUI 관리, 네트워크 프로토콜 구현 등이 있다.

아파치 아이비Apache Ivy 도구[85]는 자바의 JAR 파일 형태로 컴포넌트를 다루는 메커니즘을 제공하는데, 이 컴포넌트들은 인터넷 기반 리포지토리로부터 다운로드할 수 있을 뿐만 아니라 사내 캐시에서 컴포넌트들을 관리할 수 있다. 두 경우 모두 빌드 시스템은 필요한 컴포넌트의 버전을 알며, 올바른 버전의 다운로드를 보증한다. 뿐만 아니라 아이비는 독립standalone 실행형으로도 사용할 수 있는데, 이는 더욱 활용성이 높은 Ant 도구와 연동될 때다.

아이비 빌드 기술build description은 기본적으로 컴포넌트 종속성 그래프의 텍스트 기반 버전이며, 컴포넌트 간의 관계를 묘사한다. 그리고 라인업 파일에 기재된 버전 번호가 반드시 제공돼야 한다. 아이비의 주된 목적은 각 컴포넌트의 올바른 버전을 다운로드하고 나서 다운로드한 .jar 파일을 자바 클래스 패스로 인클루드하는 데 있다. 자바 컴파일러는 다운스트림 컴포넌트를 빌드할 때 이 클래스패스를 사용한다.

다음 Ant 스크립트는 `Persistence` 컴포넌트를 컴파일한다. `Persistence`는 인터넷으로부터 다운로드한 서드파티 컴포넌트인 `Logger`와 `Database`에 종속된다는 점을 상기하기 바란다. 이 예제에서 아이비 빌드 도구는 하나의 Ant 태스크로 실행된다.

```
<project name="Persistence" default="build"
        xmlns:ivy="antlib:org.apache.ivy.ant">

  <import file="../template/build.xml"/>

  <target name="build" depends="enable-ivy">
    <ivy:cachepath
        organisation="log4j"
        module="log4j"
        revision="1.2.14"
        pathid="logger.pathid"
```

```
12          inline="true" />
13      <ivy:cachepath
14          organisation="mysql"
15          module="mysql-connector-java"
16          revision="5.1.12"
17          pathid="database.pathid"
18          inline="true" />
19
20      <mkdir dir="${build.dir}"/>
21      <javac srcdir="${src.dir}" destdir="${build.dir}">
22        <classpath refid="logger.pathid"/>
23        <classpath refid="database.pathid"/>
24      </javac>
25    </target>
26
27  </project>
```

7~12행과 13~18행 부분을 눈여겨보자. Ant 구문으로 작성돼 있지만, 이 정보는 아이비 도구로 전달된다. 첫 번째 `ivy:cachepath` 절은 `Persistence` 빌드 시스템이 `log4j` 패키지의 1.2.14 버전에 종속한다는 점을 명시한다. 마찬가지로 두 번째 절은 `mysql-connector-java`의 5.1.12 버전이 필요하다는 점을 명시한다.

코드의 나머지 부분인 20~24행은, 실제로 컴파일할 `Persistence` 컴포넌트의 private 소스 파일을 기술한다. 특히 눈여겨볼 점은 클래스 패스에 있는 `log4j`와 `mysql-connector-java` JAR 파일로 컴파일된다는 점이다. 따라서 `Persistence` 소스코드는 이 업스트림 컴포넌트의 public API를 임포트할 수 있다.

또한 아이비 도구는 서드파티 컴포넌트를 다운로드할 수 있다. 기본적으로 아이비는 미리 빌드된 컴포넌트의 public 리포지토리repository(예, http://repo1.maven.org/maven2)를 검색한다. 이 리포지토리는 무료로 제공되는 수많은 패키지를 포함하는데, 각 컴포넌트는 벤더가 직접 제공한 것이다. 웹사이트의 폴더 계층 구조hierarchy는 아이비가 각 컴포넌트의 특정 버전을 식별할 수 있게 한다. 컴포넌트가 다운로드될 때 아이비는 더 필요한 패키지가 있는지 주시하는데, 이는 다운로드하는 서드파티 컴포넌트가 다른 패키지(주로 업스트림 컴포넌트)에 의존하는지를 확인하는 것이다. 아이비는 필요한 모든 업스트림 컴포넌트를 다운로드하고 로컬 빌드 시스템에서 이용할 수 있게 보장한다. 다만 처음 아이비 기반 빌드가 호출될 때 필요한 모든

JAR 파일을 다운로드하는 데 다소 시간이 소요된다.

게다가 아이비는 로컬 컴포넌트 캐시를 생성할 수 있는데, 로컬에서 작성된 컴포넌트(예, Persistence, Payable, Assets)는 버전 번호와 함께 이 캐시로 퍼블리시되고, 다운스트림 컴포넌트가 이를 사용할 수 있게 한다.

여기서는 아파치 아이비의 기본적인 기능만을 다뤘다. 더욱 복잡한 컴포넌트 기반 소프트웨어를 개발하고 싶다면 아이비를 더욱 상세히 다루는 문헌을 참고하기 바란다. 17장에서 설명한 컴포넌트를 관리하는 기능을 제공하는 메이븐Maven[84]은 아이비와 유사한 도구다.

정리

규모가 큰 소프트웨어 제품은 소프트웨어의 소스 파일이 모놀리식으로 관리될 때 잘 확장하지 못하고, 대신 컴포넌트로 나누고 개별화된 제품으로 다룰 때 많은 이점이 있다. 다시 말해 컴파일 시간이 단축되고, 디스크 사용량이 줄어들고, 소스코드의 품질을 향상시킬 수 있다. 뿐만 아니라 빌드 머신에서의 부하 또한 줄일 수 있다.

각 컴포넌트는 private 소스 파일과 private 생성 파일뿐만 아니라 public 소스 파일public source file과 public 생성 파일public generated file로 구성된다. 컴포넌트 개발 팀만이 private 파일을 알며, 다른 개발자는 컴포넌트의 public API에만 관심을 둔다.

각 컴포넌트는 자신만의 빌드 시스템과 단위 테스트unit test 집합을 지닌다. 빌드 시스템은 컴포넌트의 private 소스 파일을 컴파일하지만, 나머지 컴포넌트 내부로는 접근할 수 없다. 단위 테스트는 다른 컴포넌트와 격리된 상태의 컴포넌트를 public API를 실행시켜 검증해야 한다.

컴포넌트 기반으로 소프트웨어를 개발하는 소프트웨어 개발 팀은 수많은 프로세스 중심process-centric 관리 이슈를 고려해야 한다. 첫째, 개발자는 어느 팀이 특정 컴포넌트를 담당하는지 명확히 파악해야 한다. 둘째, 최종 릴리스 패키지로 통합되는 각 컴포넌트의 정확한 버전을 신중히 다뤄야 한다. 미리 빌드된 컴포넌트의 캐시는 신중히 다뤄야 하며, 더 이상 필요 없는 캐시 정보는 제거해야 한다. 마지막으로 소프트웨어의 새로운 기능 추가는 개발 팀 사이에서 신중한 협의가 필요하다.

자바 개발자는 아파치 아이비 빌드 도구를 통해 각 컴포넌트가 어느 서드파티나 로컬 패키지에 종속하는지 명시할 수 있다. 이를 통해 각 컴포넌트의 버전들은 자신에 맞는 종속성을 인터넷이나 사내 리포지토리로부터 가져올 수 있다. 각 컴포넌트가 컴파일될 때 업스트림 JAR 파일은 컴파일러의 클래스패스로 추가된다.

19 더 빠른 빌드

19장에서는 빌드 시스템이 더 빠르게 작업을 수행하는 방법에 대해 알아본다. 대형 프로그램이 컴파일하는 데 시간이 오래 걸린다는 사실은 놀라운 일이 아니다. 그러나 전체 빌드 프로세스의 처리 속도를 증가시키고, 증분 재빌드rebuild에 걸리는 시간을 줄일 수 있는 여러 가지 방법이 있다. 여러 개의 컴포넌트로 소프트웨어를 나눈 경우에도 각 컴포넌트가 최대한 빨리 컴파일되길 원한다. 단순히 빠른 빌드 머신을 구매(종종 좋은 생각이다)하는 것 외에 19장에서는 다음과 같이 네 가지 주요 주제를 다룬다.

- **빌드 시스템 성능 측정하기** 빌드 프로세스를 빠르게 하는 방법을 결정하는 첫 번째 단계는 빌드 도구가 수행하는 여러 절차를 분석하는 일이다. 병목 현상을 찾은 경우 성능을 개선하는 접근 방식은 분명해진다.
- **불필요한 재빌드 제거하기** 컴파일 도구 호출은 많은 시간을 필요로 하기 때문에 반드시 파일이 변경되는 경우에만 다시 컴파일해야 한다.
- **병렬 처리하기** 여러 개의 CPU가 있는 빌드 머신이나 빌드 머신의 클러스터에서 병렬로 여러 컴파일 단계를 호출할 수 있다.
- **디스크 사용 줄이기** 디스크에서 파일을 읽고 쓸 때 지연이 발생한다. 디스크 액세스를 줄임으로써 더욱 빨리 빌드 프로세스를 완료할 수 있다.

각 경우에 있어 큰 빌드 시스템은 수십만의 소스 파일로 이뤄지며, 기가바이트의 결과물을 생성할 수 있으며, 심지어 처리가 완료되기까지 하루 이상 걸릴 수도 있다. 따라서 성능을 약간만 향상시키면 전체 빌드 소요 시간을 몇 시간 이상 단축할 수 있다.

빌드 시스템 성능 측정

빌드 시스템의 성능을 개선하는 첫 단계는 시간이 어떻게 쓰이는지를 이해하는 일이다. 빌드 시스템이 과도한 시간을 파일 종속성을 분석하는 데 사용할 수도 있고, 또는 소스코드를 컴파일하는 데 너무 많은 시간을 쓸 수 있다. 어떤 상황에서든 빌드 프로세스 각 부분의 비용을 수치화할 필요가 있다.

빌드 프로세스를 두 가지 주요 단계로 나눠 각각 자세히 알아보자. 시동 단계start-up phase에서는 빌드 도구가 빌드 기술 파일을 읽어 종속성 그래프를 생성하고, 수정된 파일을 식별한다. 컴파일 단계compilation phase에서는 빌드 도구가 오브젝트 파일을 갱신하기 위해 각각의 컴파일 도구를 호출한다.

이미 앞에서 살펴봤듯이 각 단계에서 수행되는 작업은 전혀 다르다. 두 번째 단계의 성능은 각 컴파일 도구가 일을 어떻게 효율적으로 처리하는지에 관련된 반면, 첫 번째 단계에서의 초점은 빌드 도구 자체에 있다.

시동 단계에서 성능 측정

빌드 도구가 처음 호출될 때 상당한 양의 선행 분석을 수행한다. 이 작업은 빌드 기술 파일의 구문 분석과 종속성 그래프 생성, 어느 소스 파일이 수정됐는지 조사하는 일이다. 종속성 그래프를 생성하는 일은 많은 메모리가 있어야 하지만, 빌드 기술 파일 읽기는 I/O 집약적인 일이다. 파일이 수정됐는지를 확인하는 일은 광범위한 양의 디스크 I/O를 필요로 한다.

개발자는 이런 작업들을 생산적인 작업이라기보다는 오버헤드overhead로 간주하며, 컴파일 도구들이 실제로 호출되는 것을 볼 때까지 빌드가 아직 진행 중이라고 간주할 것이다. 실제로 더 많은 시간이 선행 분석에 사용될수록 빌드 도구가 더 정확하게 컴파일 도구들을 호출한다. 이는 빌드 도구가 불필요한 파일들을 다시 빌드하지 않으므로 실질적으로 시간을 절약할 수 있다.

좀 더 자세히 알아보기 위해 많은 사람이 대규모라고 생각하는 가상 빌드 시스템을 살펴보자.

- 소스 트리에 단일 컴포넌트로 컴파일된 10,000개의 C/C++ 소스 파일이 있다.
- 소스 파일은 500개 디렉터리의 빌드 트리 계층 구조에서 균일하게 분산돼 있다. 따라서 각 디렉터리는 약 20개의 소스 파일이 있다.
- 시스템은 소스 파일에 의해 인크루드include되는 1,000개의 C/C++ 헤더 파일을 포함한다.
- 각 소스 파일은 평균적으로 10개의 헤더 파일을 포함한다.

빌드 프로세스의 각 단계를 수행하는 데 필요한 실제 시간은 나중에 알아보기로 하고, 우선 얼마나 많은 파일이 읽히고 써지는지, 얼마나 많은 종속성 그래프가 생성되는지, 그리고 얼마나 많은 타임스탬프가 검사되는지와 같은 동작이 얼마나 자주 수행되는지 이해해보자. 실제 시간은 빌드 머신의 CPU와 설치된 디스크 종류, 사용 가능한 메모리양, 머신이 다른 작업을 수행하고 있는지에 달려 있다.

자, 그럼 빌드 시스템의 네 가지 유형을 고려해보자. 각 시스템은 꽤 다른 방법으로 빌드 기술을 구문 분석하고, 종속성 그래프를 빌드하며, 만료된 파일을 확인한다. 시나리오는 다음과 같다.

- **makedepend를 이용한 재귀 GNU Make** GNU Make의 개별 인스턴스가 각각의 소스코드 디렉터리에서 사용되며, `makedepend` 도구는 종속성 정보를 제공한다.
- **포함(inclusive) GNU Make** GNU Make의 단일 인스턴스는 전체 디렉터리 계층 구조를 순회하며, GNU Make 프레임워크는 자동으로 종속성을 계산한다.
- **기본 설정의 SCons** SCons 도구는 전체 디렉터리 계층 구조를 순회하며, MD5 체크섬을 이용해 소스 파일의 변경 여부를 확인한다.
- **최적화된 SCons** 기본 설정의 SCons를 사용하는 대신 몇 가지 기본적인 최적화를 수행한다.

이런 비교는 어느 빌드 도구가 최고인지를 증명하기 위한 것이 아니다. 의도는 각 도구가 어디에서 가장 많은 시간을 소비하는지 이해하고, 성능 측정을 어떻게 해야 하는지 알아보는 데 있다.

예제: makedepend를 이용한 재귀 GNU Make

6장에서 설명한 것처럼 재귀[recursive] Make 시스템은 각 소스코드 디렉터리에 대해 GNU Make의 새로운 인스턴스를 호출한다. 가상 빌드 시스템에서는 500개의 GNU Make 도구의 개별 인스턴스를 호출하고, 각각은 단일 makefile을 읽고 관련 종속성 그래프를 구축한다.

빌드 시스템이 별개의 프레임워크 파일을 사용하고 각 makefile이 프레임워크를 포함하면 구문 분석돼야 할 파일 수는 당연히 증가한다. makefile의 끝 부분에서 다음과 같은 구문을 흔히 목격할 수 있다.

```
include framework.mk
```

이 예제에서는 1,000개의 파일을 읽는다. 500개의 makefile이 한 번에 구문 분석되고, 각 makefile은 단일 프레임워크 파일을 포함한다. 추가로 framework.mk가 그 외의 파일을 포함하는 경우 1500, 2000, 2500, 그 이상의 파일을 읽게 된다.

프레임워크 파일을 사용하는 편이 보통 이득으로 간주되지만, 각 파일이 별도의 디스크 액세스를 필요로 한다는 점을 잊지 말자. 파일 시스템 캐싱은 나중에 접근을 빠르게 하지만, 여전히 완료돼야 할 추가 작업이 있다.

빌드 프로세스의 다음 단계는 각 소스 파일이 인클루드할 헤더 파일을 파악하는 일이다. 이 시나리오에서는 6장에서 설명한 자동 종속성 시스템 대신 makedepend 도구를 사용한다. 사용자는 소프트웨어를 빌드하기 전만 아니라 종속성이 변경될 때마다 명시적으로 해당 도구를 호출한다.

다음은 makedepend에 대한 구문이다.

```
makedepend -f .depend -- $(CFLAGS) -- $(SRCS)
```

이 도구는 C 컴파일러 같은 역할은 하지만, 오브젝트 파일을 생성하는 대신 단순히 종속성 정보를 .depend 파일에 기록한다. makefile은 각 C 파일이나 C++ 소스 파일이 어떤 헤더 파일을 사용해야 하는지를 알기 위해 .depend 파일을 포함한다. 보통 .depend 파일은 다음과 같은 내용을 지닌다.

```
dog.o: header1.h header2.h header3.h
cat.o: header2.h
rat.o: header1.h header2.h
```

소스 트리의 각 디렉터리에 .depend 파일을 생성하기 위해 재귀 Make 시스템을 좀 더 알아보자. 암시적 종속성 계산은 GNU Make가 500번(각 디렉터리당 한 번씩) 호출되고, 각 호출이 개별 makefile을 구문 분석하고 개별 종속성 그래프를 생성한다. 또한 `makedepend` 명령은 500번 호출되고 각각 개별 .depend 파일을 생성한다.

`makedepend`는 컴파일러와 유사한 동작을 하므로, 어떤 헤더 파일이 인클루드되는지를 확인하기 위해 각 C/C++ 소스 파일을 살펴본다. 전체 소스 트리에 걸쳐 읽을 소스 파일이 10,000개 있고, 각각은 평균 10개의 헤더 파일을 인클루드한다. 그리고 이런 헤더 파일 역시 내포된 종속성을 찾기 위해 조사된다. 다행히 `makedepend`의 각 인스턴스는 한 번만 각 헤더 파일을 검사하지만, `makedepend`는 500개의 여러 다른 인스턴스를 갖고 있기 때문에 많은 중복된 작업이 있을 수 있다.

자, 이제 모든 .depend 파일을 계산했고 재귀적 Make 시스템의 두 번째 호출을 이용해 소프트웨어를 빌드해야 할 시간이다. 이는 500개 이상의 GNU Make를 호출하게 되고, 각각은 자체 종속성 그래프를 가진다. 각 디렉터리는 대략 20개의 소스 파일과 이에 상응하는 20개의 오브젝트 파일을 포함한다. 더 나아가 각 소스 파일이 10개의 헤더 파일 고유 집합을 포함하는 최악의 경우에는, 최대 200개까지의 헤더 파일이 인클루드될 수 있다. 따라서 GNU Make의 각 인스턴스는 오브젝트 파일이 최신인지 아닌지를 판단하는데 타임스탬프를 240번 확인하게 된다.

이런 작업이 상당히 방대해 보인다. 그럼 재귀 Make 솔루션이 실제로 무슨 일을 하는지 요약해보자. 이 분석은 사용자가 다음 명령을 실행했다고 가정한다.

```
make depend
make all
```

이는 표 19.1과 같은 통계를 보여준다.

표 19.1 솔루션 통계

동작	횟수	근거
Makefile 읽기/구문 분석 (단편 makefile 포함)	1,500	make depend 명령 500번, make all 명령 500번, 추가로 모든 .depend 파일 읽기 500번(이는 프레임워크 파일이 사용된 경우 더 높아질 수 있다)
종속성 그래프 생성	1,000	make depend 명령 500번, make all 명령 500번

(이어짐)

동작	횟수	근거
프로세스 생성	1,500	GNU Make 프로세스 1,000개, makedepend 프로세스 500개
소스 파일 읽기	10,000	makedepend가 500개 디렉터리에서 각 평균 20개 파일을 조사한다.
헤더 파일 읽기	최대 100,000	최악의 경우 디렉터리당 20개의 파일을 가정했고, 각 10개의 고유 헤더를 포함한다.
파일 쓰기	500	디렉터리당 하나의 .depend 파일
타임스탬프 검사	최대 120,000	최악의 경우에는 500개 디렉터리 각각에서 240개 파일을 가정(실제 시스템에 거의 발생하지 않음)

물론 이 모든 동작이 컴파일 작업 전에 발생한다. 뒤에서 이 수치들에 대해 살펴보고, 지금은 `make` 명령의 단일 인스턴스만을 사용하는 GNU Make를 이용하는 두 번째 방법을 살펴보자.

예제: 포함 GNU Make

이전 예와는 대조적으로 포함inclusive Make 시스템은 GNU Make 도구의 단일 인스턴스만을 사용한다. 각 디렉터리는 동일한 GNU Make 프로세스에 의해 구문 분석되는 Files.mk 파일을 포함한다. 따라서 프로세스 시동 시간start-up time이 줄어들 뿐만 아니라, 500개의 여러 조각을 갖는 대신 하나의 큰 종속성 그래프를 갖게 되므로 이득을 볼 수 있다.

이 예에서는 암시적 종속성 정보도 다르게 계산한다. 빌드가 수행되기 전에 명시적으로 `make depend` 단계를 수행하는 대신, 정규 빌드 프로세스 일부분으로 .d 파일을 자동으로 생성한다. .d 파일이 .c 파일보다 이전 파일이면 최신 종속성 정보를 가지고 자동 생성된다.

.d 파일을 생성하거나 갱신하기 위해 두 개의 서로 다른 프로세스를 호출한다. 6장에서 설명한 GNU Make를 상기해보자.

```
%.d: %.c
        @$(CC) -MM $(CPPFLAGS) $< | sed 's#\(.*\)\.o: #\1.o
        \1.d: #g' > $@
```

이 솔루션은 헤더 파일과 소스 파일의 종속성 목록을 제공하는 gcc -MM 명령을 통해 소스 파일을 전달한다. sed 명령은 해당 출력을 조작해 .d 파일 역시 같은 소스 파일과 헤더 파일에 의존하게 한다. 더 자세한 설명은 6장을 다시 참조하는 편이 좋다.

C 컴파일러 자체는 이 코드의 주요 작업을 수행하고, sed 명령은 컴파일러의 결과물을 수정한다. sed 명령은 C 컴파일러(이는 scenes 뒤에 하위 프로세스를 생성)보다 훨씬 더 가볍고, GNU Make 도구를 다시 호출할 때보다 현저히 가볍다.

각 .c 파일에 대해 개별 C 컴파일러 프로세스가 종속성을 검사하므로, 서로 다른 프로세스들은 종속성 정보를 공유하지 않는다. 그 결과 10,000개의 소스 파일들을 읽어야 하는데, 각 소스 파일은 평균적으로 10개의 헤더 파일을 포함한다. 같은 디렉터리 내에 있는 파일 간의 종속성 정보를 공유할 방법이 없으므로, 최악에는 100,000개의 소스 파일을 읽는 makedepend 상황과는 달리, 여기서는 평균적인 경우가 된다. 다시 말하자면 .d 파일은 소스 파일을 바탕으로 종속성 정보를 저장하지만, .depend 파일은 디렉터리를 바탕으로 작업한다.

종속성을 계산한 후 GNU Make는 단일 종속성 그래프를 만들 목적으로, 모든 .d 파일을 구문 분석한다. 이는 500개의 Files.mk 파일과 10,000개의 작은 .d 파일을 읽고 구문 분석하는 일이 수반된다. 프레임워크 파일이 사용되는 경우라면 디렉터리별이 아닌 전체 빌드 프로세스에서 한 번뿐이긴 하지만 그 파일 역시 구문 분석될 필요가 있다.

분명 빌드 프로세스에서 이 부분을 최적화하는 것이 중요하다. 개발자가 증분 빌드를 수행할 때마다 10,500개의 파일이 구문 분석되고 전체 종속성 그래프가 생성된다. 느린 파일 시스템일 경우 이를 처리하는 데 아주 긴 시간이 소요될 수 있다. 물론 GNU Make 전문가는 현재 빌드 타겟이 요구하는 .d 파일만을 구문 분석하게 포함[inclusive] 알고리즘을 최적화할 수도 있다.

마지막으로, GNU Make의 단일 인스턴스는 모든 소스와 헤더, 오브젝트 파일에 대해 타임스탬프를 검사한다. GNU Make의 단 하나의 인스턴스를 갖고 있기 때문에 각 타임스탬프는 한 번만 검사된다. 그러므로 오브젝트 파일이 오래됐는지 판단하기 위해서는 10,000개의 소스 파일과 10,000개의 오브젝트 파일, 1,000개의 헤더 파일을 갖게 된다.

표 19.2는 포함 GNU Make 솔루션에서의 동작 요약을 보여준다.

표 19.2 포함 GNU Make 솔루션에 대한 통계

동작	횟수	근거
Makefile 읽기/구문 분석 (단편 makefile 포함)	10,500	각 디렉터리에 하나의 File.mk 파일과 각 소스 파일 종속성에 대해 하나의 .d 파일이 있다.
종속성 그래프 생성	1	GNU Make의 단일 인스턴스가 사용된다.
프로세스 생성	20,001	10,000개의 .d 파일을 생성하기 위해 두 개의 프로세스가 생성된다. GNU Make 프로세스 하나만 생성돼 CPU와 메모리, I/O의 사용을 확장한다.
소스 파일 읽기	10,000	종속성이 계산됨에 따라 각 소스 파일이 한번 읽힌다.
헤더 파일 읽기	100,000	하나의 .d 파일을 생성하기 위해 C 컴파일러를 10,000번 호출한다. 각각은 평균적으로 10개의 헤더 파일을 읽는다(서로 다른 C 파일 간의 결과를 공유하지 않음).
파일 쓰기	10,000	개별 .d 파일이 각 소스 파일에 대해 생성된다.
타임스탬프 검사	21,000	각 소스 파일과 오브젝트 파일, 헤더 파일이 한번 검사된다.

GNU Make 성능에 대한 주제를 떠나기 전에 처음 두 시나리오는 몇 가지 방법에 있어 차이가 있다는 점을 깨달아야 한다. 그 첫 번째 측면은 종속성 그래프를 구축하기 위해 소스 트리를 순회하는 방법이고, 두 번째 측면은 소스 파일의 암시적 종속성을 확인하는 방법이다. 실제로 이런 기술을 함께 사용할 이유는 없지만, 이 예제에서는 편의를 위해 그렇게 했다.

예상되는 I/O 작업량을 살펴봄으로써 단일 GNU Make 인스턴스를 갖게 되면 생성되는 프로세스와 타임스탬프 검사 횟수를 줄일 수 있음을 알 수 있다. 반면 자동 종속성 생성의 사용이 더 정확해질 수 있지만 적어도 `makedepend` 솔루션에 비해 파일 시스템에 상당한 부하를 줄 수 있다는 점을 명심하자.

예제: 기본 설정의 SCons

세 번째와 네 번째 빌드 시스템 예제는 SCons 빌드 도구를 사용해 알아본다. 8장에서 설명한 바와 같이 단일 종속성 그래프를 생성할 때 SCons는 해당 도구의 단일 인스턴스를 가지고 전체 소스 트리를 빌드할 수 있다. 이는 포함 Make 솔루션과

유사하다.

전형적인 SCons 기반 빌드 시스템에서는 각 소스코드 디렉터리에 대해 서로 다른 SConscript 파일을 가질 필요가 없다. 얼마나 많은 디렉터리를 다루는지와 상관없이 소프트웨어의 각 주요 부분에 하나의 파일을 갖는 편이 대체로 더 쉽다. 예를 들어 소프트웨어 제품 내의 단일 라이브러리는 10개의 서로 다른 디렉터리에 걸쳐 분산될 수 있다. 각 디렉터리에 하나의 파일을 갖는 대신, 라이브러리의 하위 트리의 상단에 하나의 SConscript 파일을 사용한다.

물론 GNU Make 기반 시스템에서 각 디렉터리에 하나의 Files.mk 파일을 갖지 못할 이유는 없다. 공정한 비교를 위해 500개의 고유한 SConscript 파일이 있다고 가정하자. SCons 도구가 시작할 때 이런 파일 각각을 하나의 종속성 그래프로 구문 분석한다.

사용자가 제공한 기능user-supplied feature이 아닌 도구로 빌드된 것이기는 하지만, SCons에서 암시적 종속성 분석implicit dependency analysis은 GNU Make에서 본 것과 유사하다. SCons는 내부 데이터베이스에 종속성 정보를 저장하면서, 10,000개의 소스 파일과 1,000개의 헤더 파일을 읽는다.

타임스탬프 비교 검사comparison check를 사용하는 대신, SCons는 파일이 마지막으로 호출 이후에 수정됐는지 여부를 감지하기 위해 MD5 체크섬을 사용한다. 특히 타임스탬프를 간단히 검사하는 것에 비해 MD5 계산은 결코 저렴하지 않다. 이 예제에서 SCons는 10,000개의 소스 파일과 10,000개의 오브젝트 파일, 1,000개의 헤더 파일에 대한 MD5 체크섬을 계산한다. 이를 통해 SCons가 왜 느린 것으로 유명한지 이해할 수 있을 것이다.

SCons의 특출 난 점은 종속성 정보를 저장한다는 점이다. 디렉터리당 .depend 파일을 갖거나 소스 파일당 .d 파일을 갖는 GNU Make 솔루션과 달리 SCons는 빌드 사이에서 모든 변하지 않은 상태persistent state를 저장하는 하나의 데이터베이스를 사용한다. 운영체제의 관점에서는 하나의 커다란 파일을 읽고 쓰는 것이 수백, 수천 개의 작은 파일들에 접근하는 것보다 훨씬 더 효율적이다.

표 19.3는 첫 번째 SCons 예제에 대한 I/O 작업 요약을 나타낸다.

표 19.3 I/O 작업 요약

동작	횟수	근거
SConscript 읽기/구문 분석	500	소스코드 디렉터리당 하나의 파일로, 프레임워크 파일이 사용되면 전체 빌드 프로세스에 대해 한번 읽힌다.
종속성 그래프 생성	1	SCons의 단일 인스턴스가 생성된다.
프로세스 생성	1	모든 종속성 분석 작업이 SCons 도구 내에서 행해진다.
소스 파일 읽기	20,000	암시적 종속성 계산을 위해 10,000번 읽기, MD5 체크섬을 위해 10,000 이상 읽기
헤더 파일 읽기	2,000	소스 파일 개수와 같다.
오브젝트 파일 읽기	10,000	마지막 빌드 이후 변경 사항이 있는지를 확인하기 위해 각 오브젝트 파일의 체크섬이 계산된다.
파일 쓰기	1	단일 데이터베이스 파일이 사용된다.
타임스탬프 검사	0	기본적으로 SCons는 타임스탬프를 검사하지 않는다.
MD5 체크섬	21,000	소스 파일에 대해 10,000번, 오브젝트 파일에 대해 10,000번, 헤더 파일에 대해 1,000번

언뜻 보기에 이런 수치는 해당 GNU Make보다 훨씬 낮은 것으로 보인다. 그 주된 원인은 종속성을 계산하기 위해 개별 프로세스를 호출하는 대신, 단일 프로세스 내에서 모든 작업을 수행하기 때문이다. 반면 MD5 체크섬 추가 계산 작업이 과도해 SCons 기반 빌드가 용납할 수 없을 정도로 느려질 수 있다.

표에 나타난 수치와 더불어 시간을 많이 소모하는 작업을 언급할 가치가 있다. 로컬 컴퓨터의 컴파일 도구를 찾기 위해 SCons는 일단의 표준 파일 시스템 디렉터리를 검색하는데, 해당 도구를 찾으면 SCons는 도구의 버전 번호를 알아내는 데 필요한 플래그를 가지고 해당 도구를 호출한다. 예를 들어 리눅스 시스템에서 SCons는 /usr/bin/local/과 /opt/bin/, /bin, /usr/bin에 있는 `gcc` 프로그램을 검색한다. 찾은 후에는 `gcc --version` 명령을 사용해 어떤 버전의 도구가 유용한지 알아본다. 이런 기능은 각 도구에 대한 경로를 명시적으로 하드 코딩해 비활성화할 수 있다.

이제 더 높은 성능을 얻기 위해 기본 설정의 SCons 기능 일부를 사용하지 않게 설정하는 마지막 빌드 시스템 예제를 살펴보자.

예제: 최적화된 SCons

이전 SCons 예제는 총 32,000개의 파일 시스템 읽기 작업을 수행했다. 설상가상으로 파일 내용은 MD5 체크섬과 암시적 종속성 목록을 계산하는 데 사용됐다. 이런 추가적인 오버헤드는 전체 빌드를 진행하는 동안에는 눈에 띄지 않을 수 있지만, 증분 빌드할 때에는 지나치게 오래 걸리게 된다. 마지막으로 빌드가 호출된 후로 아무런 소스 파일이 수정되지 않은 경우 특히 문제의 소지가 있다. SCons 도구의 설계자는 이런 병목 현상을 이해하고 다른 대안 솔루션을 만들었다.

첫 번째 최적화는 SConstruct 파일에 다음과 같은 내용을 추가하면 된다.

```
Decider('MD5-timestamp')
```

이 지시어는 마지막 빌드가 호출된 후 파일의 타임스탬프가 변경된 경우에만 SCons에서 MD5 체크섬을 수행하게 요청한다. 타임스탬프가 변경되지 않은 경우 파일 내용 또한 변경되지 않았다고 논리적으로 추론한다. 반면 타임스탬프가 마지막 시각과 다른 경우 SCons는 현재 내용에 차분difference이 있는지 확인하기 위해 MD5 체크섬을 계산한다.

MD5-timestamp 결정자decider 기술을 사용하는 효과는 아주 크다. 전체 빌드 트리에서 모든 소스 파일을 읽는 대신, SCons는 각각에 대해 타임스탬프를 검사하는 동작을 수행한다. 이는 CPU와 파일 시스템 모두의 작업량을 현저히 줄인다. 이는 체크섬이 계산되지 않는다는 것을 의미하지는 않지만, 확률적으로 변경된 가능성이 높은 파일에 집중하는 효과가 있다.

두 번째 최적화는 빌드 도구가 호출될 때마다 종속성을 다시 계산하지 않고, 암시적 종속성implicit dependency을 캐싱하는 일이다. 다음과 같은 지시어를 SConstruct 파일에 추가하면 된다.

```
SetOption('implicit_cache', 1)
```

이는 SCons가 마지막 빌드 호출에서 계산된 일단의 종속성을 다시 사용하게 한다. 그리고 대부분은 매번 같은 결과를 준다. 새로운 종속성을 추가하고 새로운 #include 지시어를 C/C++ 파일에 추가하면 SCons은 어떻게 하든지 이런 변화를 감지해낸다. 이 수정(타임스탬프와 MD5 체크섬을 바꾸는)은 소스 파일이 다시 컴파일되게 하고, 새로운 종속성 정보가 발견된다. 분명한 사실은 이런 변화를 찾기 위해 모든 소스 파일들은 일일이 다시 검색할 필요가 없다는 점이다.

그러나 캐싱 정보를 사용하면 한 시나리오에서 문제가 발생한다. 다음과 같은 명령으로 소스코드를 컴파일한다고 가정해보자.

```
gcc -o calc/calc.o -IdirA -IdirB -c -O calc/calc.c
```

calc.c 파일에 `#include "config.h"` 지시어가 있으면 C 컴파일러는 dirB/ 디렉터리에 이어 dirA/ 디렉터리에서 config.h를 검색한다. 파일이 dirB/에 있는 경우 경로 dirB/config.h는 calc.o 파일의 종속성 목록에 저장된다. `implicit_cache`를 1로 설정하면 SCons는 다음번 빌드에서도 이런 연속성이 계속된다고 가정한다.

dirA/config.h와 같이 소스 트리에 새로운 파일을 추가한다고 가정해보자. 이전 컴파일러의 검색 경로에 dirA/가 있었기 때문에 C 컴파일러를 호출하면 config.h는 dirA/ 디렉터리 내에서 찾아진다. 그러나 불행하게도 SCons는 아직도 dirB/config.h에 의존한다. 따라서 dirA/config.h로의 변경이 새로운 빌드에 적용되지 않을 수 있다. 이런 경우는 분명 문제가 있다.

이런 에러가 문제를 일으키지 않으리라고 보인다면 `implicit_cache` 기능을 활성화해 추가적인 성능을 얻을 수 있다. 표 19.4에 표시된 이런 동작들의 요약을 살펴보자.

표 19.4 작업 요약

동작	횟수	근거
SConscript 읽기/구문 분석	500	소스코드 디렉터리당 한 개의 파일
종속성 그래프 생성	1	SCons의 단일 인스턴스 생성
프로세스 생성	1	모든 종속성 분석 작업은 SCons 도구 내에서 이뤄진다.
소스 파일 읽기	약간	다른 타임스탬프를 갖는 파일만이 MD5 체크섬이 계산된다. 암시적 종속성은 캐시에서 얻어진다.
헤더 파일 읽기	약간	소스 파일의 경우와 같다.
오브젝트 파일 읽기	약간	소스 파일의 경우와 같다.
파일 쓰기	1	단일 데이터베이스 파일이 사용된다.

(이어짐)

동작	횟수	근거
타임스탬프 검사	21,000	모든 소스 파일, 오브젝트 파일, 헤더 파일에 대해 타임스탬프가 검사된다.
MD5 체크섬	약간	타임스탬프가 변경된 파일만

마지막으로, 이런 최적화는 두 번째와 연속 빌드에만 영향을 끼친다는 것을 깨달을 필요가 있다. 빌드 트리가 처음 컴파일될 때 캐시에는 아무런 내용이 없고, MD5 체크섬과 암시적 종속성이 계산돼야만 한다.

이제 컴파일 명령을 실제로 호출하는 빌드 프로세스의 두 번째 단계로 옮겨 보자.

컴파일 단계에서의 성능 측정

빌드 도구가 제대로 자신의 작업을 완료했다면 이제 다시 컴파일될 파일의 목록이 생성된다. 소스 파일의 변경이 발생하지 않았다면 빌드는 어떤 컴파일 작업도 진행하지 않고 멈춘다. 실제로 변경 사항이 없는 경우 개발자들은 빌드 프로세스를 호출하지도 않을 것이다. 그러므로 최대한 효율적으로 컴파일 도구가 작업을 수행하게 주의를 기울여야 한다. 이 절에서는 도구 성능에 초점을 맞추고 있다.

이제 최적화될 수 있는 세 가지 측면을 고려해보자. 첫 번째 고려 사항은 도구를 호출하는 데 걸리는 시간이 얼마인지, 그 일부는 호출되는 횟수와도 관계되는 사항이다. 그다음으로 도구 자체가 고도로 최적화돼 있는지, 비효율적인 알고리즘을 사용하는지를 고려한다. 마지막으로, 소스 파일 속에 숨겨진 일단의 암시적 종속성은 컴파일 시간에 지대한 영향을 미친다.

시동 시간 처리

컴파일 도구를 호출하면 실제로 의미 있는 작업을 시작하기 전이라도 다소 시간이 걸린다. 도구 대부분은 개별 실행 프로그램으로 저장되므로 기본 운영체제가 새로운 프로세스를 어떻게 생성하는지에 유념할 필요가 있다. 뿐만 아니라 프로세스가 데이터 구조체를 완전히 초기화하는 데 걸리는 시간에 주의해야 한다. 김파일 도구를 시작하는 데 필요한 작업과 시동 오버헤드를 줄일 방법에 대해 생각해보자.

첫 번째 단계는 운영체제가 디스크에서 실행 프로그램의 정확한 위치를 찾고,

그것을 읽어 메모리로 로드하는 일이다. 도구가 공유 라이브러리를 사용하는 경우 해당 라이브러리를 사용하기에 앞서 동적으로 로드하고 링크를 건다. 대부분의 운영체제는 디스크 파일을 메모리에 캐싱해 놓으므로 두 번째 호출 이후에는 훨씬 빨라진다. 또한 공유 라이브러리 사용의 궁극적인 목적은 메모리에 이미 로드된 코드를 재사용하기 위한 일이다. 이를 통해 도구를 시작하거나 실행하는 것이 빨라질 수 있다.

다음 단계는 도구가 구성 파일을 읽고 내부 데이터 구조체를 초기화하는 일이다. 호출되는 도구에 따라 이 처리 시간은 달라진다. 펄, 파이썬, 자바 같은 언어로 작성된 도구는 도구 자체 코드가 이미 실행된 후라도 코드 라이브러리 로드와 데이터 구조체 초기화, 구성 파일을 읽는 데 많은 시간이 필요한 점을 알 수 있다. 한편 완전히 기계어 코드로 된 컴파일 도구는 이런 오버헤드 대부분을 피할 수 있다.

캐시를 사용하면 도구의 시동 시간start-up time은 매우 일정하게 된다. 로드와 초기화에 0.2초 정도 걸리는 일은 적어도 빌드 시스템이 크게 확장되기 전까지는 큰 문제가 되지 않는다. 예를 들어 100개의 도구를 호출하면 전체 빌드 시간이 20초 추가되고, 1,000개를 호출하면 3분 이상 더 걸리게 된다. 그러므로 가능한 한 시동 시간을 단축하는 일은 매우 중요하다.

컴파일 도구의 시동 시간을 단축하는 방법에 대한 몇 가지 대안을 살펴보자.

- 항상 빌드 도구가 호출하는 고유 프로세스의 개수에 유의해야 한다. GNU Make의 경우 한 규칙에서의 각 명령은 개별 셸을 사용해 호출된다. 예를 들어 다음 코드를 고려해보자.

  ```
  .depend:
      rm -f .depend
      touch .depend
      makedepend -f .depend -- $(CFLAGS) -- $(SRCS)
  ```

  이 경우 GNU Make는 총 6개의 프로세스를 호출한다. 세 명령 모두 셸(기본 설정이라면 /bin/sh)에 전달된다. 그리고 셸은 차례로 `rm`, `touch`, `makedepend` 명령을 호출한다.

  반면 Ant와 같은 빌드 도구는 외부 프로세스를 호출하지 않고, 내부적으로 작업의 많은 부분을 구현한다. 가능한 한 Ant 태스크는 같은 효과를 얻기 위해 직접 시스템 호출system call을 사용한다.

- 시동 비용start-up cost을 좀 더 고려하자면 자체 컴파일 도구를 구현하는 경우 가급적 셸 스크립트 작성을 피해야 한다. 셸 기본 제공 함수built-in function에서 예외 상황이 발생하면 셸 스크립트는 당연히 별도의 프로세스를 호출한다. 이와 반대로 펄이나 파이썬 스크립트의 경우 매번 새로운 프로세스를 호출하는 추가 오버헤드 없이 시스템 호출을 직접 호출한다.
- 도구의 시동 초기화의 일부가 바이너리 형식으로 캐싱될 수 있는지를 고려해야 한다. 도구가 호출될 때마다 텍스트 기반 구성 파일을 구문 분석하는 대신, 바이너리 형식으로 도구의 내부 데이터 구조체를 캐싱하고 이를 디스크에 저장할 수 있다. 연속해 도구가 호출될 때 바이너리 캐시는 구문 분석 단계 없이 메모리에 직접 로드된다. 원본 텍스트 기반 구성 파일의 변경과 같은 드문 경우 도구는 캐싱된 이진 데이터binary data를 다시 생성하는 데 추가 시간을 사용해야 한다.
- 컴파일 도구가 위 기능을 지원하는 경우 가능한 한 많은 소스 파일 이름을 도구에 전달하고 한 번에 모든 파일을 컴파일한다. 이는 각각의 소스 파일에 대해 도구의 개별 인스턴스를 호출하는 것과는 대조적이다. 예를 들어 개별 명령으로 모든 소스 파일을 컴파일하는 일을 회피하려고 시도해보자.

```
cc -c aardvark.c
cc -c bear.c
cc -c camel.c
```

대신 다음과 같이 하나의 명령으로 조합해보자.

```
cc -c aardvark.c bear.c camel.c
```

컴파일러에 따라 프로세스 시동 시간을 줄일 수 있다. 운이 나쁘면 컴파일러는 단순히 각 소스 파일에 대한 개별 프로세스를 만들 수 있다. 이 경우 한 행에 모든 파일을 나열할 수 있는 기능은 순전히 개발자의 편의를 위한 것이다.

이제 시동 부분은 이쯤 마무리하고, 실제 컴파일이 시작할 때 더 효율적으로 동작할 수 있게 하는 방법을 알아보자.

컴파일 도구 성능

여느 소프트웨어와 마찬가지로, 일반적으로 프로그램을 최적화해 동작을 더 빠르게 할 수 있다. 수천 개의 소스 파일을 갖는 대규모 빌드 시스템에서 성능을 10%만 개선하더라도 상당한 양의 시간을 절약할 수 있다. 도구가 실행한 후에도 컴파일 도구의 성능을 개선할 수 있는 몇 가지 방법에 대해 다뤄보자.

도구를 직접 작성하거나 도구의 소스코드에 접근할 수 있는 경우 다음과 같은 최적화를 고려하자.

- 이미 설명한 바와 같이 도구가 한 번의 호출로 여러 소스 파일을 처리할 수 있는지 확인해야 한다.
- 선택의 여지가 있는 경우 작업을 수행하기 위해 외부 프로그램을 요청하지 않아야 한다. 대신 이에 상응하는 시스템 호출이나 라이브러리 함수를 사용한다.
- 가능하면 파일 버퍼링을 사용해야 한다. 바이트 단위로 파일을 읽거나 쓰는 대신 내부 버퍼를 이용해 큰 덩어리로 된 파일에 더 빠르게 접근할 수 있는지를 고려해보자. 많은 운영체제와 프로그래밍 언어가 버퍼링을 지원해 주는데, 이 지원이 효율적인지도 확인할 필요가 있다. 여러분은 I/O 처리 방법에서의 사소한 변화가 도구 성능에 큰 영향을 미칠 수 있다는 점에 놀랄 수 있다.
- 도구들이 대규모 빌드 시스템에서 어떻게 확장하는지 알기 위해 모든 도구의 알고리즘을 확인해야 한다. 도구 개발자는 종종 소규모 환경(100개 미만의 소스 파일)에서 자신의 코드를 테스트하지만, 수천 개의 파일을 가지고 테스트할 기회는 얻기 힘들다. 내부 알고리즘의 작은 변화는 도구가 동작을 더 효율적으로 하는 데 많은 도움을 줄 수 있다.
- 도구가 어디서 얼마만큼의 시간을 보내고 있는지를 알아보기 위해 코드 프로파일링code profiling 기법을 사용하라. 프로그램에서 사소한 변경이 도구의 성능을 대폭 개선할 수 있음을 알게 될 것이다.
- 오픈소스 소프트웨어의 소스코드를 컴파일하려고 할 때 가능한 한 많은 최적화를 사용해야 한다. 종종 사람들은 새로운 도구가 하는 일을 정확히 고려하지 않고 그 도구를 다운로드하고, 구성하고 컴파일하고, 설치한다. 사용하지 않는 옵션 기능option feature을 해제할 수 있는 구성 옵션configuration option을 활용한다면 도구를 더욱 효율적으로 사용할 수 있다.

소스가 공개되지 않은 도구의 경우 소스코드에 접근할 수 없지만, 여전히 일부 최적화를 통해 이득을 얻을 수 있다. 도구 벤더는 종종 성능을 제어하기 위한 구성 옵션을 제공한다.

- 도구의 로깅이나 디버깅 기능이 정말로 필요치 않은 경우 그 기능을 해제한다. 로그 파일은 문제 해결에 유용하지만 추가적인 디스크 I/O로 성능을 저하시킬 수 있다.
- 옵션 기능을 배우는 데 시간을 할애하고, 그 기능이 필요치 않다면 해제한다. 여러분은 이런 기능들이 도구에 포함되는 것을 막을 수는 없지만(공개 소스 도구의 경우에는 할 수 있지만), 도구 벤더는 해당 기능을 막을 수 있는 어떤 수단을 제공할 수도 있다.

요약하자면 도구 알고리즘과 옵션 기능을 최적화하는 데 조금의 노력을 기울이면 빌드에 걸리는 시간을 대폭 줄일 수 있다. 마지막으로, 컴파일하는 소스코드의 내용이 어떻게 컴파일 도구에 영향을 주는지에 대해 고려해보고 이 절을 마친다.

소스코드 크기와 암시적 종속성

10,000개의 라인으로 작성된 소스 파일을 컴파일하는 데는 100개의 라인으로 작성된 파일보다 시간이 오래 걸리는 것은 당연하다. 컴파일 도구는 소스코드를 읽고 구문 분석한다. 그리고 내부 데이터 구조체를 만들고 해당 오브젝트 코드를 생성한다. 따라서 소스 파일이 클수록 이 처리 시간은 당연히 오래 걸린다.

이 과정을 최적화하려면 정말로 필요한 소스코드를 도구가 컴파일하는지를 확인해야 한다. 소스코드는 일반적으로 빌드 엔지니어가 아닌 소프트웨어 엔지니어의 영역이다. 그러므로 개발 팀에 소스코드 구조를 최적화하는 방법에 대한 좋은 의견을 줘야 한다.

예를 들어 C 또는 C++의 경우 각 소스 파일은 하나 또는 그 이상의 헤더 파일에서의 정의를 사용하기 위해 `#include` 지시어를 사용한다. 컴파일러는 소스 파일 본문을 컴파일하는 데 필요한 타입과 구조체 정의structure definition, 전처리기 정의preprocessor definition, 함수 프로토타입function prototype을 찾기 위해 헤더 파일을 조사한다. 헤더 파일이 중첩nested 헤더 파일을 포함하는 일은 파일을 포함하는 전체 계층 구조를 형성하기 위해 일반적이다.

의구점은 프로그램이 모든 헤더 파일을 필요로 하는지다. 그리고 다음과 같은 고려 사항이 있다.

- 개발자들이 처음에 필요하지 않았더라도 실수로 이 파일들을 포함할 수 있다.
- 프로그램은 어느 시점에서는 이 파일들이 필요했지만, 소스코드의 최근 변경으로 #include 지시어를 쓸모없게 만들었다.
- 해당 파일에 정의된 심볼을 사용하기 위해 특정 헤더 파일이 포함됐다. 그 부작용으로 발생한 컴파일 에러를 단순히 피하고자 그 밖의 헤더 파일을 포함해야 한다.

세 번째 경우는 생각보다 더 자주 발생한다. 대부분의 경우 소스코드는 헤더 파일에서 단 하나의 정의를 필요로 하지만, 그 파일은 어쩔 수 없이 수백 가지 다른 정의를 포함하고 있다. 애플리케이션 프로그램의 일부로 다음과 같은 헤더 파일을 갖고 있다고 가정해보자.

```
#include <stdio.h>

/* graphics functions */
extern void draw_line(int x1, int y1, int x2, int y2);
extern void draw_circle(int x1, int y1, int radius);
extern void draw_rectangle(int x1, int y1, int width, int height);

/* database functions */
extern FILE *open_data(char *db_name);
extern void save_data(FILE *file_h);
extern void close_data(FILE *file_h);
```

이 헤더 파일은 두 개의 목적을 갖고 있다. 많은 그래픽 관련 함수 프로토타입과 데이터베이스 액세스 함수를 정의한다. studio.h 헤더가 포함돼 있으므로 데이터베이스 함수는 FILE 데이터 타입을 이용할 수 있다는 점을 눈여겨보자.

이 시점에서 지금 처리해야 하는 네임스페이스 오점을 갖고 있다. 그래픽 관련 작업을 수행할 소스 파일은 아마도 데이터베이스 함수 사용에는 관심이 없다. 그러나 모든 함수가 동일한 파일에 선언돼 있기 때문에 개발자는 선택의 여지없이

stdio.h 파일뿐만 아니라 그 외의 모든 것을 포함해야 한다.

대부분의 소프트웨어에서 컴파일될 소스 파일과는 직접적인 관련이 없는 수백 개의 헤더 파일들이 각 소스 파일에 포함되는 것이 일반적이다. 그 결과 컴파일 도구는 헤더 파일을 읽고 구문 분석하는 데 과도한 시간을 사용하게 되며, 이는 빌드 프로세스가 필요 이상으로 시간을 걸리게 만든다.

빌드 시스템이 헤더 파일의 위치를 찾기 위해 긴 검색 경로를 사용할 때 더 나쁜 상황이 발생한다. C 컴파일러가 커맨드라인 옵션으로 `-IdirA -IdirB -IdirC`를 사용하면 헤더 파일 하나하나가 잠재적으로 세 가지 디렉터리의 어디에서든 발견될 수 있어 각 디렉터리를 반드시 검색해야 한다. 검색 경로에 100개 이상의 디렉터리가 있을 때 어떻게 될지 상상해보자. 특정 디렉터리에 파일이 없다는 것을 발견하는 일은 일반적으로 오래 걸리지는 않지만, 여전히 불필요한 작업이다.

헤더 파일 포함 문제를 해결하는 일은 특히 소프트웨어 개발자가 지속적으로 새로운 문제를 생성할 때 시간이 걸린다. 이때 고려해야 할 몇 가지 방법은 다음과 같다.

- 컴파일러가 지원하는 경우 미리 컴파일된 헤더 파일을 이용한다. 포함될 때마다 헤더 파일을 구문 분석하는 대신, 헤더 파일 내의 정보를 이진 형식[binary-format] 버전으로 컴파일러가 로드하게 한다. 원본 텍스트 형식 헤더 파일이 수정된 경우 미리 컴파일된 헤더 파일은 다시 생성돼야 한다.
- 가끔씩 실제로 얼마나 많은 헤더 파일을 포함하는지 확인해야 한다. 파일 수에 놀랄 수도 있지만, 그중 많은 것이 다시는 필요하지 않게 될 수 있다. 헤더 파일의 상단에 `#ifndef _HEADER_H_` 지시어를 놓는 일반적인 기법은 여러 번 구문 분석되는 것만을 막는다는 사실을 명심하자. 이는 매번 메모리에서 읽히는 것을 막지는 못한다.
- 헤더 파일을 여러 개의 작은 파일로 분할하는 일을 고려해야 한다. 이는 도전적인 작업이 될 수 있지만, 성공할 경우 분할 전의 헤더 파일에서 어떤 부분을 포함할지 더 많이 선택할 수 있다. 그 결과 불필요한 지시어를 넣을 필요도 없어지고, 추가적인 헤더 파일을 포함하지 않아도 된다. 물론 하나의 큰 파일을 포함하는 대신 여러 작은 파일을 포함하면 성능이 줄어들 수 있다. 어느 쪽이 최신인지는 상황에 맞춰 선택해야 할 문제다.

분명 소스 파일을 재배열해 빌드 시스템을 최적화하는 것은 항상 쉬운 일이 아니다. 하지만 속도가 느린 파일 시스템인 경우 염두에 둬야 한다.

성능 측정 도구

지금까지 19장에서는 성능 문제를 설명하기 위해 일화적인 접근 방식을 취했고, 각 동작이 실질적으로 얼마나 걸리는지에 대한 질문은 회피해왔다. 모든 빌드 머신은 자체적인 고유 타이밍 매개변수를 갖고 있어, 한 머신에서 파일을 읽고 쓰기가 다른 머신에 비해 아주 빠를 수 있다. 게다가 CPU와 네트워크, 디스크 성능은 시간과 함께 지속적으로 증가한다. 따라서 더 이상 수치를 열거하는 일은 큰 의미가 없다.

빌드 성능을 개선하기 위한 효율적인 결정을 하기 위해서는 어떻게 빌드 도구가 동작하는지와 예상에 대한 실제 시간 수치를 이해할 필요가 있다. 예를 들어 기본 설정 SCons 빌드가 많은 양의 MD5 계산을 수행한다는 점을 알 것이다. 하지만 각 동작이 실질적으로 얼마나 걸리는지 알 방법이 필요하다. 마찬가지로 종속성을 저장하기 위해 .d 파일을 사용하는 GNU Make 시스템은 이런 파일들을 읽고 구문 분석하는 데 많은 시간을 사용한다. 그렇다면 각 읽기 작업은 얼마나 걸릴까?

벽 시간

항상 취할 수 있는 첫 번째 방법은 '벽 시간wall clock time'을 측정하는 일이다. 즉, 빌드 프로세스가 초, 분, 시간 단위로 실제로 걸리는 시간을 측정한다. 예를 들어 유닉스의 `time` 명령은 다음과 같은 출력을 제공한다.

```
$ time make
...
[ build output will be shown here ]
...
2660.238u 279.513s 49:19.30 99.3%
```

이 예제에서 빌드 시스템은 작업을 완료하는 데 49분 19초가 필요하다. 여기에는 컴파일 도구를 실행하는 데 2,660초(44분)와 운영체제 커널에서의 실행 시간 279초(4.5분)가 있다. 빌드 시스템은 이 시간 가운데 99.3%의 CPU 점유율을 보였고,

I/O는 이번 시나리오에서 병목 상태는 아니다.

이 요약 정보는 반드시 유용한 것은 아니지만, 빌드 프로세스의 각 부분에 대한 벽 시간을 측정하는 일은 빌드에서 가장 많은 시간을 쓰는 부분이 어디인지 그 범위를 좁힐 수 있다. 예를 들어 다음과 같은 것을 측정하는 일 또한 유용하다.

- 빌드 기술 파일을 읽고 구문 분석하는 데 필요한 시간
- 어떤 소스 파일이 수정됐는지를 판단하는 데 필요한 시간
- 컴파일 도구를 호출하는 데 필요한 시간

빌드 도구에 따라 각 단계의 시작 시간이나 완료되는 시간을 보고하게 빌드 기술 파일에 특수 코드를 삽입할 필요가 있다. 이런 데이터를 갖게 되면 어디에서 시간이 소비되는지 잘 알 수 있게 된다.

시스템 호출 추적

최근 운영체제는 실행 중인 프로세스와 운영체제 커널 간의 상호 작용을 모니터링하기 위한 도구를 제공한다. 다음 예제는 리눅스의 `strace` 도구가 어떻게 GNU Make 도구의 실행을 모니터링하는 데 사용되는지 보여준다.

```
$ strace -tt -e trace=file make
9:20:28.867073 open("Makefile", O_RDONLY|O_LARGEFILE) = 3
9:20:28.867890 stat64("RCS", 0xbfa6d4d4) = -1 ENOENT
9:20:28.868048 stat64("SCCS", 0xbfa6d4d4) = -1 ENOENT
9:20:28.868104 stat64("Makefile", {st_mode=S_IFREG|0644,
➥st_size=98, ...}) = 0
9:20:28.869235 stat64("dog.o", {st_mode=S_IFREG|0644,
➥st_size=98, ...}) = 0
9:20:28.869339 stat64("dog.c", {st_mode=S_IFREG|0644,
➥st_size=43, ...}) = 0
9:20:28.869535 stat64("cat.o", {st_mode=S_IFREG|0644,
➥st_size=79, ...}) = 0
9:20:28.869636 stat64("cat.c", {st_mode=S_IFREG|0644,
➥st_size=21, ...}) = 0
9:20:28.869813 stat64("rat.o", {st_mode=S_IFREG|0644,
➥st_size=74, ...}) = 0
```

```
9:20:28.869914 stat64("rat.c", {st_mode=S_IFREG|0644,
➥st_size=21, ...}) = 0
```

이 경우 strace 도구는 파일 이름을 인수로 취하는 make 프로그램에 의해 발생한 시스템 호출을 보고한다. 또한 각 시스템 호출이 발생한 정확한 시간을 밀리초 단위로 보여주며, 각 호출이 실질적으로 얼마나 걸렸는지를 보여준다. 일부 시간이 프로그램 자체(커널 밖)를 실행하기 위해 사용되지만, 태스크를 완료하기 위해 걸린 시간에 포함된다.

여러분이 리눅스 시스템 호출에 대해 잘 알고 있지 않더라도 make 프로그램이 왜 그런 특정 호출을 부르는지를 해석할 수 있을 것이다. GNU Make 도구에 대해 알고 있다면 open()에서 Makefile이 열리고 구문 분석됨을 추측할 수 있을 것이다. 또한 stat64() 호출은 각 소스와 오브젝트 파일의 타임스탬프 정보를 읽기 위해 사용된다.

이 예제에서 즉시 분명하게 알 수 있는 것은 아니지만, 디스크 I/O는 일반적으로 빌드 도구의 병목 현상이다. 그러나 컴파일 도구는 종종 CPU 집약적이다. 빌드 도구가 수행함에 있어 적은 파일에 접근할수록 시스템 실행은 빨라진다. 파일을 읽고 쓰는 작업은 단순히 파일의 타임스탬프를 확인하는 것보다 상당히 많은 시간이 걸릴 수 있다. 게다가 CPU 동작은 I/O 동작보다 일반적으로 훨씬 더 빠르지만, MD5 체크섬과 같은 복잡한 계산을 수행할 때는 빌드 시스템을 느리게 할 수 있다.

앞 예에서의 strace 도구는 리눅스 운영체제를 위한 것이었다. 비슷한 도구가 솔라리스와 BSD, 그 외 유닉스 계열 운영체제에 존재한다. 마지막으로, 여러 추적 프로그램이 마이크로소프트 윈도우 환경에서 사용될 수 있다.

문제 해결: 성능 개선

빌드 시스템 성능 측정에 관한 설명을 완료하기 위해, 그리고 성능 이슈를 해결하고 파악하는 데 취할 수 있는 전반적인 접근 방식을 요약하기 위해 다음과 같은 세 가지 기본 단계를 따라야 한다.

1. **빌드 도구의 제어 흐름을 이해해야 한다.** 빌드 기술 파일이 어떻게 구문 분석되는지와 소스 파일이 갱신됐는지를 어떻게 확인하는지, 그리고 빌드 도구가 컴파일 도구를 어떻게 호출하는지를 이해해야 한다.

2. **빌드의 각 단계에서 실제로 걸리는 시간을 측정하기 위해 벽 시간이나 시스템 호출 추적을 사용한다.** 또한 수행되는 작업 횟수를 알아야 한다. 이런 수치를 알게 되면 빌드의 어느 부분에서 많은 시간을 쓰는지 확인하는 데 도움이 된다. 종종 문제가 매우 극적으로 놀랄 만큼 많은 수의 파일들에 접근하거나 생성되는 프로세스를 보게 될 것이다.

3. **병목 현상을 제거하기 위해 빌드 시스템의 설계를 다시 살펴봐야 한다.** 이는 일반적으로 빌드 기술 파일 변경과 관련이 있지만, 더 효율적인 빌드 도구로 전환하는 것도 포함할 수 있다. 이런 종류의 변경은 특히 완전히 이해하지 못한 레거시 빌드 시스템에서 많은 시간이 소요될 수 있다.

이어서 몇 가지 추가적인 솔루션에 대해서도 알아보자.

- 많은 작은 파일들이 만들어지거나 접근되는 경우 같은 정보를 하나의 큰 파일로 옮겨 보자. 빌드 도구가 허용할 경우 큰 파일을 읽는 것이 더 효율적이다.
- 컴파일 도구가 헤더 파일이나 라이브러리 파일을 열려고 할 때 많은 수의 'File not found' 에러를 보게 되는 경우 컴파일 검색 경로의 수정을 고려해봐야 한다. 검색 경로의 시작부에 가장 널리 사용되는 디렉터리를 기재함으로써 필요한 파일 조작의 수를 줄일 수 있다.
- 컴파일 도구가 무수히 많은 헤더 파일을 포함한다면 소프트웨어 개발자에게 더 세분화하고 파일들 간의 종속성을 줄이게 요구해야 한다. 최종 목표는 포함되는 헤더 파일의 총수를 줄이는 일이며, 특히 파일 중 많은 파일이 실제로 필요하지 않은 경우가 많기 때문이다.
- 과도하게 많은 프로세스가 생성되는 경우 각 파일에 대해 개별 프로세스를 생성하는 대신 한 번의 호출로 각 컴파일 도구가 여러 소스 파일을 처리할 수 있는지 알아봐야 한다.
- 컴파일 도구가 불필요한 파일을 생성하는 것처럼 보일 경우 원하지 않는 결과물이 나오지 않게 하는 옵션이 있는지 확인할 필요가 있다.
- 컴파일 도구가 실행하는 데 너무 오래 걸린다면 비활성화할 수 있는 옵션 기능이 있는지 확인해야 한다.
- 소스 파일을 열기도 전에 컴파일 도구가 많은 작업을 수행하는 경우 시동 프로세

스를 최적화하는 방법을 고려해야 한다. 시동 구성 파일 읽기를 비활성화하거나 자동 도구 검색을 중지할 수 있다.

이런 모든 옵션을 시도한 후 결국에는 빌드 시스템을 완전히 다시 작성하게 될 것이다. 예를 들어 GNU Make 기반 빌드 시스템이 디스크에서 수천 개의 작은 .d 파일들을 읽어 많은 시간이 걸리게 되면 SCons 기반 빌드 시스템으로 바꾸고 종속성을 저장하기 위해 단일 데이터베이스 파일을 사용하는 것이 더 쉬운 일일 수 있다.

이제 성능을 개선하기 위해서 다른 접근 방식을 취해보자. 지금껏 봐온 분석적 접근 방식과는 달리 어떻게 하면 빌드 도구가 좀 더 재치 있게 작업을 회피할 수 있는지 살펴보자.

빌드 회피: 불필요한 재빌드 제거

우리 삶에 있어 어떤 작업을 완료하는 가장 빠른 방법은 먼저 가치 있는 일이 무엇인지를 결정하는 일이다. 약간의 선행 계획을 통해 불필요한 일들을 회피할 수 있다. 이는 소프트웨어 빌드 시스템에서도 똑같이 적용된다.

이 책에서 언급한 모든 빌드 도구는 소스 파일이 변경됐는지를 알기 위해 동일한 접근 방식을 사용한다. 각 빌드 도구는 한 파일에서의 변경이 그 외 파일에 영향을 미치는지를 확인하기 위해 두 파일 간의 종속성을 확인한다. 이런 기능 없이는 빌드 도구가 호출될 때마다 소프트웨어를 완전히 다시 빌드해야 할 것이다.

대부분의 도구는 파일이 변경됐는지를 확인하기 위해 타임스탬프에 의지하지만, 일부 도구는 더 많은 노력을 기울이고 있다. SCons에서의 기본 동작은 파일 내용이 지난번에 비해 실질적으로 다른지를 좀 더 정확하게 확인하기 위해 MD5 체크섬을 계산한다. 최종 목표는 추가 선행 분석 비용을 지급해서라도 불필요한 재빌드를 줄이는 일이다.

이 절에서는 재컴파일recompile이 필요한지를 더 현명하게 결정하기 위한 몇 가지 고급 기법을 살펴본다. 이는 단순히 타임스탬프나 체크섬을 확인하는 것 이상이다.

- **오브젝트 파일 캐싱** 동일한 코드 베이스에서 여러 소프트웨어 개발자가 작업할 때 특정 개발자가 이미 동일한 파일 집합을 컴파일했을 가능성이 높다. 오브젝트 파일을 캐싱하는 일은 그 외 개발자가 재사용할 수 있게 오브젝트 파일의

공유 리포지토리를 만드는 일이다.

- **스마트 종속성** 대부분의 빌드 도구는 파일 A가 파일 B에 의존할 때 파일 B가 변경되면 파일 A를 다시 컴파일해야 한다. 반대로 스마트 종속성smart dependency 은 파일 B에서 변경된 부분이 실질적으로 파일 A에 영향을 주는가에 초점을 맞추고 있다.

이 두 방법뿐만 아니라 그 외의 덜 정교한 빌드 회피 방법에 대해서도 알아보자. 이 방법들 또한 불필요한 빌드 작업을 줄이는 데 유용하다.

오브젝트 파일 캐싱

오브젝트 파일 캐싱의 기본 원칙은 다시 컴파일하는 것보다 다른 개발자의 오브젝트 파일을 재사용하는 것이 더 빠르다는 점이다. 생성하고자 하는 파일과 정확히 같은 파일의 캐시 버전이 있는지를 빌드 도구가 식별하는 일은 정말 도전적인 일이다.

오브젝트 파일이 재사용될 수 있는가라는 결정을 특히 C와 C++ 같은 언어로 구현하기는 상당히 어렵다. 기존 오브젝트 파일이 호환되는지 확인하려면 빌드 도구는 컴파일러가 이전과 같은 소스 파일과 헤더 파일을 사용했는지와, 동일한 커맨드라인 옵션이 컴파일러에 전달됐는지 확인해야 한다. 개발자 중 한 명이 파일을 로컬 변경한 경우 해당 오브젝트 파일을 재사용할 수 없게 된다.

다음은 오브젝트 파일을 재사용할 수 있는지 판단하기 위한 좀 더 자세한 프로세스다. 상세한 내용은 도구마다 다르지만, 기본적인 과정은 동일하다.

1. 컴파일 도구가 읽을 소스와 헤더 파일의 정확한 집합을 선정한다. 소스 파일 이름은 알기 쉽지만, 어느 헤더 파일이 포함될지 결정하는 몇 가지 메커니즘이 반드시 존재해야 한다.
2. 각 소스 파일이나 헤더 파일에 대해 체크섬 값을 계산한다. 소스 파일의 전체 집합을 읽고 비교하는 대안으로 사용할 수 있다. 개발자가 자신의 파일 중 하나를 로컬 변경한 경우 해당 체크섬은 다른 개발자의 것과 다를 것이다.
3. 생성된 오브젝트 코드에 영향을 미칠 수 있기 때문에 컴파일러가 사용할 컴파일 플래그를 정확하게 결정해야 한다. 예를 들어 C/C++ 컴파일러의 커맨드라인에

서의 -D 정의는 코드의 어느 라인이 프로그램으로 컴파일되는지에 영향을 미칠 수 있다. 또한 -O(최적화) 또는 -g(디버그) 사용은 생성되는 오브젝트 파일에 직접 영향을 미친다.

4. 다른 개발자가 컴파일한 오브젝트 파일의 사본이 있는지 확인하기 위해 오브젝트 파일 캐시를 검색한다. 같은 체크섬 값을 가지며 같은 컴파일러 옵션으로 컴파일된 경우 동일한 소스 파일과 헤더 파일 집합으로 생성된 오브젝트 파일은 재사용될 수 있다.

5. 파일의 캐싱된 복사본이 존재하는 경우 개발자 자신의 빌드 트리에 해당 파일을 복사한다. 그렇지 않은 경우 원래 사용됐을 컴파일을 호출한다.

지금까지 살펴온 바와 같이 많은 선행 분석은 재사용 결정을 하기 전에 요구된다. 많은 파일이 지역적으로 수정된 경우라면 여전히 빌드 도구는 스스로 오브젝트 파일을 빌드하기 위해 선행 분석을 해야 한다. 결국 이는 빌드 시스템을 느리게 한다.

소프트웨어 개발자가 직접 일단의 작업을 수행하는 것보다 캐시에서 이미 만들어진 오브젝트 파일을 재사용하는 것이 가장 좋은 방법이다. 이를 위해 릴리스 엔지니어는 캐시의 신뢰성을 높이기 위해 손길이 닿지 않은 소스 트리를 정기적으로 빌드해야 한다. 지역적으로 수정된 파일이 없다면 개발자는 캐싱된 파일을 높은 확률로 재사용할 수 있다.

다음과 같이 오브젝트 캐싱 기능을 구현하고 있는 여러 도구가 있다.

- **Ccache**[86] Ccache 도구는 GCC 컴파일러와 함께 작동하게 설계된 오픈소스 제품이다. 개발자는 gcc 커맨드라인의 서두에 ccache 명령을 추가해 Ccache를 사용한다.

```
ccache gcc -g -c -o add.o add.c
```

  Ccache는 GCC 커맨드라인 옵션을 잘 알고 있으며, 오브젝트 코드에 영향을 미칠 수 있는 옵션을 알고 있다. 어느 헤더 파일이 사용되는지 확인하기 위해 Ccache는 효과적으로 모든 소스와 헤더 파일을 병합하는 C 전처리기를 통해 소스 파일을 전달한다. 또한 전체 프로그램에 대한 해시 값을 계산하기 위해 이 결합된 파일을 사용한다.

일치하는 오브젝트 파일이 공유 캐시에 있는 경우 파일은 개발자의 빌드 트리로 복사된다. 캐시와 빌드 트리가 동일한 파일 시스템에 있는 경우 캐싱된 파일에 대한 하드 링크hard link 또한 사용할 수 있다.

- **Clearmake** Clearmake 도구는 클리어케이스ClearCase 소스코드 관리 시스템[5]의 일부다. Clearmake의 'wink-in' 기능을 이용하기 위해 개발자는 클리어케이스 서버가 완전한 파일 서버처럼 동작하게 해주는 특별한 모드인 동적 보기Dynamic view 내에 소스코드를 컴파일해야 한다. 이 독특한 기능은 사용하는 소스 파일의 정확한 버전과 해당 파일이 어디서 수정됐는지를 클리어케이스가 알고 있음을 의미한다.

  클리어케이스가 모든 소스와 오브젝트 파일에 대한 모든 권한을 갖고 있다면 개발자는 약간의 추가 작업만 하면 된다. 클리어케이스 서버는 파일 서버 역할을 하므로 캐싱된 파일에 링크를 걸거나 복사할 필요가 없다. 대신 해당 파일은 즉시 빌드 트리의 올바른 위치에 나타나야 한다.

  Clearmake는 오브젝트 파일을 공유할 수 있는 새로운 기술을 사용하지만, GNU Make와 완벽하게 호환되지 않는 단점이 있다. 따라서 기존 Make 기반 빌드 시스템은 수정이 필요할 수 있다. 뿐만 아니라 Ant와 SCons 같은 그 외 빌드 도구에서는 wink-in 기능을 활용할 수 없다.

- **SCons[56]** SCons에서의 `Repository()` 함수는 현재 빌드 트리에 존재하지 않는 오브젝트 파일이나 소스 파일이 어디에 있는지를 빌드 도구에 알려준다. SCons는 이미 각 파일에 대한 MD5 체크섬을 추적하므로, 체크섬을 따로 계산할 필요는 없다.

  다음 예제는 리포지토리에서 오브젝트 파일을 재사용해 calculator 프로그램이 어떻게 빌드되는지를 보여준다. `Repository()` 메소드를 포함하기 위해 SConstruct 파일을 수정하는 대신 `-Y` 플래그를 사용해 그 위치를 알려준다.

```
$ scons -Y /home/psmith/scons-repo
scons: done readingscons: done reading SConscript files.
scons: Building targets ...
gcc -o calculator /home/psmith/scons-repo/calc.o
      /home/psmith/scons-repo/add.o
      /home/psmith/scons-repo/mult.o
```

```
        /home/psmith/scons-repo/sub.o
scons: done building targets.
```

이 경우 SCons는 로컬 빌드 디렉터리에서 아무런 오브젝트 파일을 찾을 수 없지만 리포지토리에서 그 파일들을 찾을 수 있다. 그리고 그 파일들의 복사본을 만드는 대신 단순히 그것들의 리포지토리 위치를 참조한다.

일반적으로 오브젝트 파일 캐시를 신중하게 사용해야 한다. 캐시는 종종 성능을 향상시키지만, 로컬 소스 트리에서 너무 많은 변경이 발생하는 경우 성능 저하를 일으킬 수 있다. 게다가 빌드 도구가 동일한 오브젝트 파일을 제공하지 않으면 혼란스런 컴파일 에러를 디버깅하는 데 많은 시간을 낭비할 수 있다.

스마트 종속성

두 번째 빌드 회피 기술인 스마트 종속성smart dependency은 특정 파일에서의 변경이 실제로 그 외의 파일에 영향을 주지 않는 경우 증분 컴파일을 회피한다. 대부분의 빌드 도구에 있어 특정 파일이 나머지 파일에 의존하는 상태에서, 나머지 파일에서 변경이 발생하면 특정 파일은 다시 컴파일돼야 한다. 빌드 도구는 스마트 종속성으로 단순히 타임스탬프를 조사하는 것보다 더 많은 일을 한다.

예를 들어 C 헤더 파일에 주석을 단다고 해서 관련 파일의 컴파일에 영향을 주지 않는다. 헤더 파일이 여러 다른 소스 파일에 포함된 경우에도 주석은 언제나 버려지기 때문에 빌드 결과물에는 아무런 변화가 일어나지 않는다. 빌드 도구가 이와 같은 무해한 코드 변경을 검출할 수 있다면 불필요한 작업을 방지할 수 있다.

스마트 종속성은 증분 빌드에만 영향을 미치는 점을 유념하자. 완전히 새로운 빌드fresh build의 경우 오브젝트 파일이 아직 존재하지 않아 항상 컴파일돼야 하므로 얻을 수 있는 최적화가 없다.

10장에서 이미 이클립스가 스마트 종속성을 사용한다는 점을 언급했지만, 지금부터 좀 더 자세하게 그 개념을 알아보자. 자바 언어에서 인기 있는 빌드 도구를 살펴보고, 어떻게 이 기술을 C/C++로 구현할 수 있는지도 생각해보자.

jmake 예제

jmake 도구[87]는 특히 자바 코드를 컴파일하기 위해 설계됐다. jmake는 일반적으로 Ant의 플러그인으로 사용되고, <jmake> 태스크는 기존 <javac> 태스크를 대체한다. jmake 종속성 시스템은 특정 코드 변경이 나머지 자바 파일에 영향을 미치는지를 판단하기 위해 자바 .class 파일로부터의 정보를 사용한다.

개발자가 클래스 정의 가운데 공개된 부분을 변경하면 그 코드 변경은 나머지 클래스의 컴파일에 영향을 미칠 수 있다. 이는 public 메소드의 이름이나 매개변수, 반환 형식return type에 대한 변경이 포함된다. 그러나 private 메소드의 변경이나 메소드 내의 코드 변경은 포함되지 않는다. jmake는 생성된 .class 파일을 면밀히 조사해 이 두 경우인지를 식별한다.

이제 자바 코드 예제를 이용해 이 시스템을 더 자세히 알아보자. 두 가지의 간단한 자바 클래스 A와 B로 시작하자. 클래스 A는 짧은 메시지를 표시하고 나서 클래스 B의 hello() 메소드를 호출한다.

A.java는 다음 내용을 포함한다.

```
public class A {

  public static void main(String args[]) {
    System.out.println("Hello World");
    B.hello();
  }
}
```

B.java는 다음 내용을 포함한다.

```
public class B {

  public static void hello() {
    System.out.println("Hello from class B");
  }
}
```

먼저 이 프로그램을 컴파일할 때 A.class와 B.class는 아직 존재하지 않기 때문에 처음에는 두 소스 파일은 컴파일된다. 또한 jmake는 클래스 A와 B에 대한 정보를 jmake.pdb라는 데이터베이스 파일에 저장한다.

```
[jmake] Jmake version 1.3.6
[jmake] Compiling 2 source files
[jmake] Writing project database... Done.
```

그럼 이젠 새로운 코드 주석(3번 행 참조)을 추가해 클래스 B를 변경해보자.

```
1  public class B {
2
3    /* adding comments doesn't change a .class file */
4
5    public static void hello() {
6      System.out.println("Hello from class B");
7    }
8  }
```

이 변경 후 jmake 출력은 하나의 파일(B.java)이 다시 컴파일됨을 보여준다. 여러분이 기대한 바와 같이 주석은 컴파일러 결과물에 영향을 주지 않기 때문에 B.class의 내용에는 아무런 변경도 일어나지 않는다. 또한 주석만 변경됐기 때문에 A.java는 재컴파일될 필요가 없는 것으로 간주된다.

```
[jmake] Jmake version 1.3.6
[jmake] Opening project database... Done.
[jmake] Compiling 1 source file
[jmake] Writing project database... Done.
```

이제 좀 더 의미 있는 변경을 가미해 B.java에 새로운 코드 라인을 추가해보자 (7번 행 참조).

```
1  public class B {
2
3    /* adding comments doesn't change a .class file */
4
5    public static void hello() {
6      System.out.println("Hello from class B");
7      System.out.println("This line won't impact A's
       compilation");
8    }
```

```
}
```

이 새로운 라인은 hello() 메소드에 기능적인 영향을 주었다. 따라서 클래스 A에 있는 main() 메소드의 행동에도 영향을 미친다. 그럼에도 A.class가 지난번과 다른 것은 아직 없다.

jmake의 출력은 이제 약간 달라진다. B.class가 마지막으로 컴파일된 이후 변경됐기 때문에 jmake는 변경이 공용성이 있는지를 확인한다. 공용적으로 변경된 점이 없다면 더 이상 추가적인 컴파일 작업은 이뤄지지 않는다.

```
[jmake] Jmake version 1.3.6
[jmake] Opening project database... Done.
[jmake] Compiling 1 source file
[jmake] Checking B
[jmake] Writing project database... Done.
```

다음으로 클래스 B에 새로운 메소드를 추가한다(10~12번 행 참조).

```
1  public class B {
2
3    /* adding comments doesn't change a .class file */
4
5    public static void hello() {
6      System.out.println("Hello from class B");
7      System.out.println("This line won't impact A's
       compilation");
8    }
9
10   public static void newMethod() {
11     System.out.println("newMethod won't cause A to rebuild");
12   }
13 }
```

놀라운 일일 수도 있지만, jmake의 출력은 이전과 동일하다.

```
[jmake] Jmake version 1.3.6
[jmake] Opening project database... Done.
[jmake] Compiling 1 source file
```

```
[jmake] Checking B
[jmake] Writing project database... Done.
```

B.class를 검사했어도 공용적으로 볼 수 있는 변경 사항이 없다. newMethod()가 최근에 추가됐기 때문에 A.java에서 존재하지 않았던 newMethod()를 호출할 방법이 전에 없었다. 결과적으로 이런 변경은 A.java 컴파일에는 아무런 영향을 주지 않는다.

마지막으로, 확실히 클래스 A.java를 컴파일하는 데 영향을 미치게 B.java를 변경해보자. 이 경우 새로운 매개변수를 hello() 메소드(5번 행 참조)에 추가한다.

```
1  public class B {
2
3    /* adding comments doesn't change a .class file */
4
5    public static void hello(int i) {
6      System.out.println("Hello from class B");
7      System.out.println("This line won't impact A's
       compilation");
8    }
9
10   public static void newMethod() {
11     System.out.println("newMethod won't cause A to rebuild");
12   }
13 }
```

예상하듯 jmake는 B.class의 내용을 확인하고 hello() 메소드의 형식 시그니처method's type signature에 대한 변경 사항을 감지한다.

```
[jmake] Jmake version 1.3.6
[jmake] Opening project database... Done.
[jmake] Compiling 1 source file
[jmake] Checking B
[jmake] Compiling 1 source file
[jmake] /home/psmith/javamake/src/A.java:5:
        hello(int) in B cannot be applied to ()
[jmake]         B.hello();
```

```
[jmake]           ^
[jmake] 1 error
[jmake] Compilation invoked by jmake failed,
        messages should have been provided.
[jmake] Writing project database... Done.
```

A.java가 `hello()` 메소드를 사용한다고 감안하고, jmake는 두 번째 소스 파일을 다시 컴파일한다. 그러나 A.java가 새로운 메소드 시그니처를 올바르게 사용하게 업데이트하지 않아 컴파일이 실패한다.

여러분이 경험이 풍부한 자바 프로그래머라면 이 기술을 통해 얼마나 많은 시간을 절약할 수 있는지 알 것이다. 대부분의 코드 변경은 특정 클래스 내부로 한정된다. 따라서 수정한 파일 이외의 것을 컴파일할 이유는 전혀 없다.

스마트 종속성은 관련 소스 파일의 컴파일이 영향을 받는지에 대한 여부만 판단한다. 그리고 관련 클래스의 기능이 실제로 변하는지에 대해서는 아무런 결정을 하지 않는다. 그 결과 변경된 코드가 영향을 줄지도 모르는 모든 클래스에 대해 단위 테스트를 실행하는 데 스마트 종속성은 유용하다.

C/C++에서의 스마트 종속성

자바 언어가 좋은 점은 클래스에서 전용private 부분과 공용public 부분을 구분하기 쉽다는 점이다. C/C++ 같은 언어에서 스마트 종속성을 구현하는 일은 매우 어렵다. 어떻게 C/C++ 빌드 도구가 이 문제를 해결하는지를 간단히 살펴보자.

C/C++에서 종속성은 보통 소스 파일(.c 또는 .C, .cc 확장자)과 헤더 파일 간의 관계다. 스마트 종속성을 사용하는 경우 빌드 도구는 각 헤더 파일에서 정의된 심볼의 목록을 계산하고 나서 이런 심볼이 그 외의 소스와 헤더 파일의 어느 곳에서 참조되는지를 검색한다. 심볼 정의가 변경되면 해당 정의를 사용하는 소스와 헤더 파일만이 영향을 받을 수 있다.

다음과 같은 헤더 파일과 관련된 소스 파일을 살펴보자. 첫 번째 파일인 fruit.h는 심볼과 새로운 타입을 정의하는 헤더 파일이다.

```
/* fruit.h */
#define FRUIT_UNITS 10
typedef int ripeness;
```

다음 파일인 apple.c는 `FRUIT_UNITS` 심볼을 사용한다.

```
/* apple.c */
#include "fruit2 #include "fruit.h"
int get_apples_unit()
{
  return FRUIT_UNITS;
}
```

마지막으로, banana.c 파일은 `ripeness` 타입 정의를 사용한다.

```
/* banana.c */
#include "fruit.h"
ripeness get_banana_feel()
{
  return 0;
}
```

일반 종속성 시스템에서의 apple.c와 banana.c는 모두 fruit.h에 의존한다. 그러나 스마트 종속성 시스템에서 banana.c는 ripeness 타입에만 의존하는 반면 apple.c은 `FRUIT_UNITS` 정의에만 의존한다. 빌드 시스템은 어느 심볼이 변경됐는지를 검출하고 이에 대응하는 소스 파일을 재컴파일해야 한다.

아주 간단한 C/C++ 프로그램이 아니고서는 전체적으로 연결된 종속성을 갖고 있을 수 있다. 한 헤더 파일은 다음 심볼을 정의하는 데 사용되는 심볼을 정의할 수 있다. 그리고 두 번째 심볼은 소스 파일에서 정의된 함수가 참조할 수 있다. 심볼 중 하나라도 변경되면 소스코드에 영향을 줄 수 있다.

C/C++를 위한 스마트 종속성 시스템 구현은 불가능한 일이 아니다. 하지만 자바나 C# 같은 최근 언어에 비해 더 많은 일을 요구한다. C 전처리기는 사용자에게 알리지 않고 함수와 변수 이름을 변경할 수 있으며, 심볼에 어떤 값으로든 정의하고 재정의할 수 있게 해준다. 예를 들어 다음 코드는 함수 호출이 기본 운영체제의 종류에 따라 어떻게 이름이 변경될 수 있는지를 보여준다.

첫 번째 파일인 os-header.h는 운영체제에 특화된 함수를 가리키는 `WRITE` 심볼을 정의한다.

```
/* os-header.h */
#ifdef linux
#define WRITE write_it
#else
#define WRITE save_data
#endif
```

두 번째 파일인 func.c는 헤더 파일을 포함하고 WRITE 함수를 호출한다. 이 코드는 기본 운영체제에 따라 다른 결과를 가진다.

```
/* func.c */
#include "os-header.h"

int write_file(char *data)
{
  WRITE(data);
}
```

이 코드를 이해하는 데 어려움은 없지만, 스마트 종속성 시스템을 확실히 더 복잡하게 만든다.

기타 빌드 회피 기술

빌드 회피 기술의 설명을 마무리하기 위해 몇 가지 다른 아이디어를 고려해 볼 필요가 있다. 이런 것들은 오브젝트 파일 캐싱이나 스마트 종속성에 비해 더 많은 수동 작업을 수반하지만, 여전히 유효한 접근 방식이라 할 수 있다.

- **컴포넌트 기반 빌드** 18장에서 설명한 바와 같이 컴포넌트 기반 빌드 시스템은 더 작은 소스코드 컴포넌트를 가지고 작업할 수 있게 해준다. 그리고 각 컴포넌트는 다른 컴포넌트와 잘 정의된 인터페이스를 사용한다. 따라서 필요 이상의 코드를 컴파일할 필요를 미연에 방지할 수 있다.
- **더 작은 단위(finer-grained) 빌드 타겟에 대한 계획** 소스코드를 컴포넌트로 나눌 수 없을지라도 소프트웨어의 다양한 조각들이 개별 빌드 타겟으로 컴파일될 수 있는지 확인해야 한다. 개발자는 어느 작은 단위 타겟이 다시 빌드돼야 하는

지 잘 알고 있다. 그리고 이를 통해 많은 시간을 절약할 수 있다.

- **수동 파일 제거** 빌드 시스템이 커짐에 따라 더 이상 필요하지 않는 소스 파일들이 생길 가능성이 높아진다. 빌드 시스템은 정기적으로 이런 파일들을 여전히 컴파일하지만, 이는 완전히 불필요한 작업이다. 정기적으로 소스 파일 조사를 통해 더 이상 사용하지 않는 파일이나 더 이상 필요하지 않는 전체 하위 트리를 제거할 수 있다.
- **미세 조정 재귀 Make** 명시화된 디렉터리 시퀀스가 빌드 시스템에 하드 코딩된 곳에서 재귀 Make 시스템을 사용하고 있으면 같은 빌드 프로세스가 특정 디렉터리를 여러 번 순회하는 것을 눈치 챌 것이다. 이때 디렉터리의 시퀀스를 미세 조정해 전체 빌드 시간을 줄일 수 있다.

이런 방법들이 매력적이지는 않지만, 소프트웨어를 빌드하는 데 걸리는 시간을 줄일 수 있다. 특히 증분 빌드의 경우 그 효과가 두드러진다.

병렬 처리

빌드 프로세스의 속도를 높이기 위한 가장 널리 사용되는 방법은 병렬로 파일을 컴파일하기 위해 여러 CPU를 사용하는 일일 것이다. 그 결과 멀티코어 컴퓨터의 인기가 증가했을 뿐만 아니라 로컬 네트워크에서 빌드 머신들을 쉽게 클러스터화할 수 있다. 배로 증가한 CPU 파워는 빌드 시간을 최대한 거의 반으로 줄일 수 있다.

11장에서 설명한 대로 병렬 빌드 시스템에서의 가장 중요한 요구 사항은 올바른 종속성을 아는 일이다. 빌드 도구가 두 파일 가운데 한 파일이 나머지 파일에 의존함을 알지 못하는 경우 동시에 또는 잘못된 순서로 두 파일을 컴파일하려고 할 것이다. 그 결과 잘못된 빌드나 손상된 소프트웨어 이미지를 만들게 된다.

안타깝게도 모든 빌드 시스템은 쉽게 병렬 컴파일을 지원하지 못한다. 제대로 설계되지 않은 비병렬 빌드 시스템은 항상 동일한 순서로 실행하는 작업에 의존한다. 이는 단지 컴파일 도구가 제대로 소프트웨어를 빌드하는 순서대로 호출되는 것을 시사한다. 결국은 종속성 그래프가 잘못돼 병렬 빌드가 실패하게 된다.

병렬 빌드는 이해하기 결코 어렵지 않다. 빌드 클러스터와 병렬 빌드 도구, 확장성의 한계를 포함해 몇 가지 흥미로운 주제를 살펴보자.

빌드 클러스터/클라우드

일부 빌드 도구에서는 각 머신이 동일한 파일들에 접근하는 한 컴파일 작업은 여러 다른 빌드 머신에 걸쳐 호출될 수 있다. 로컬 컴파일 도구를 시작하는 대신 원격 머신에 있는 도구를 호출하기 위한 통신 채널과 동일한 파일들에 동기적으로 접근할 수 있는 기능, 컴파일 출력을 다시 원래의 머신으로 보낼 수 있는 기능이 있어야 한다.

기업 환경에서는 코드 컴파일을 전용으로 하는 클러스터가 보통 있으며, 이를 흔히 클라우드라 칭한다. 개발자가 자신의 로컬 빌드 머신을 갖는 대신 중앙 클러스터를 이용함으로써 장비를 관리하거나 새로운 장비로의 업그레이드를 쉽게 할 수 있다. 빌드 머신이 잘못되거나 유용하게 사용하기에 너무 오래되면 관리자는 운영을 멈추고 새로운 장비로 교체할 수 있다. 더 높은 CPU 성능이 필요한 경우 새로운 머신을 클러스터에 추가할 수 있다.

또한 빌드 클러스터는 빌드 작업의 큐queue와 모니터링에 대한 지원을 제공한다. 동시에 모든 작업이 클러스터에서 실행되게 하는 대신 큐 메커니즘은 성공적으로 작업이 완료되게 충분한 CPU 시간을 벌어준다. 과도한 작업은 충분한 CPU 성능이 갖출 때까지 큐에서 대기하게 한다. 반면 모니터링 시스템은 성능 용량이 한계에 다다르게 됐고, 추가 빌드 머신이 필요하다는 점을 관리자에게 알려준다.

불행하게도 미세 조정 빌드 클러스터는 어려운 일이 될 수 있다. 파일에 대한 접근은 신중하게 조정돼야 한다. 한 머신이 특정 파일을 작성할 때 그 외의 머신이 같은 파일을 몇 초 후에 읽을 수 있다. 서로 다른 빌드 머신에서 파일 시스템에 대한 일관성을 보장받지 못하는 경우(분산 시스템에서는 어려운 일이지만) 신뢰성 문제가 끝없이 발생할 수 있다. 좋은 빌드 도구는 같은 머신에서 관련된 작업을 진행할 수 있게 스케줄링하거나, 단순히 파일의 새로운 복사본이 완전히 이용 가능할 때까지 대기한다.

병렬 빌드 도구

하나의 빌드 머신뿐만 아니라 머신들의 클러스터를 활용해 병렬 빌드를 지원하는 몇 가지 도구를 살펴보자.

- **GNU Make -j 옵션** 표준 GNU Make 도구는 하나의 빌드 머신에서만 병렬

컴파일을 지원한다. `-j N` 커맨드라인 옵션을 전달해 GNU Make는 동시에 N개까지의 컴파일 도구를 호출한다. 이는 특히 멀티코어 빌드 머신이나 CPU 부하가 크지 않는slightly loaded 머신의 경우 유용한다. 각 makefile에서 명시된 종속성은 정확해야 한다. 그렇지 않으면 빌드는 실패할지도 모른다.

- **SCons -j 옵션** SCons 도구도 GNU Make와 마찬가지로 단일 빌드 머신에서 다중 컴파일 작업을 할 수 있는 병렬 기능을 제공한다. SCons은 종속성 계산을 능숙히 잘하기 때문에 빌드를 성공할 확률이 매우 높다.
- **distcc 컴파일러**[88] GNU Make나 SCons와는 달리 distcc는 실제로 빌드 도구가 아니다. distcc는 원격 머신에 C 컴파일을 디스패치할 수 있게 GCC 컴파일러에 프론트엔드 래퍼wrapper를 제공한다. GNU Make나 SCons 같은 표준 빌드 도구가 여전히 사용돼야 하지만, `gcc` 실행 프로그램을 직접 호출한다면 `distcc` 명령을 호출해야 한다.

  클러스터의 각 빌드 머신은 컴파일 요청을 수신하고 처리할 수 있는 특별한 데몬 프로세스를 실행해둘 필요가 있다. `distcc` 프로그램은 어느 머신에 작업을 디스패치할지를 판단하기 위해 `DISTCC_POTENTIAL_HOSTS` 환경 변수를 확인한다.

  마찬가지로, 동일한 규칙은 빌드 시스템 종속성의 정확성에 대해서도 적용된다.
- **ElectricAccelerator**[48] ElectricAccelerator는 클러스터 환경에서 고성능 컴파일에 초점을 맞춘 상용 제품이다. Electric Make 도구는 기존 빌드 시스템이 클러스터에서 원활하게 실행하게 해주며, GNU Make와 NMake의 대체품이다. 또한 Ant와 SCons를 사용하는 빌드를 지원한다.

  나머지 빌드 도구와는 달리 ElectricAccelerator는 암시적 종속성을 찾기 위해 파일 시스템 모니터링 기술을 사용한다. 이는 빌드 기술 파일에 명시된 종속성에만 의존하지 않고, 각 컴파일 도구가 읽고 쓰는 파일을 능동적으로 감시한다. 순차적으로 처리돼야 하는 두 작업이 병렬이나 잘못된 순서로 실행됐다면 ElectricAccelerator는 이 부조화를 감지하고 첫 작업을 다시 실행한다. 뿐만 아니라 나중에 소프트웨어를 빌드할 때 정확한 종속성을 사용할 수 있게 이 잘못된 점을 기록해 놓는다.

사용할 수 있는 CPU 개수와 상관없이 병렬 빌드 시스템의 성능이 어떻게 그 한계에 도달하는지를 살펴보면서 설명을 마치고자 한다.

확장성의 한계

병렬 빌드 시스템은 빌드 프로세스를 더 빠르게 처리하는 좋은 방법이지만, 완벽한 솔루션은 아니다. 단순히 클러스터에 새로운 CPU를 추가한다고 해서 빌드 시스템이 CPU의 이점을 누릴 수 있다고는 말할 수 없다.

이 문제를 이해하기 위해 일단의 오브젝트 파일을 공유 라이브러리나 실행 프로그램으로 컴파일하는 전형적인 C/C++ 빌드 시스템을 생각해보자. 대형 빌드 시스템의 경우 전체 소프트웨어 패키지에 필요한 모든 공유 라이브러리와 실행 프로그램을 만들기 위해 컴파일을 수백 번 반복한다. 빌드 시스템은 본질적으로 오브젝트 파일을 컴파일하고, 이 파일들을 라이브러리나 실행 프로그램에 링크하는 일을 번갈아 가며 진행한다. 다음 예제를 살펴보자.

```
gcc -g -c add.c
gcc -g -c calc.c
gcc -g -c mult.c
gcc -g -c sub.c
gcc -g -o calculator add.o calc.o mult.o sub.o
```

오브젝트 파일(add.o와 calc.o, mult.o, sub.o) 생성 단계는 병렬로 실행될 수 있지만, 링크 단계linking phase는 완전히 순차적이며, 오직 하나의 CPU에서만 실행할 수 있다. 이 예에서 처음 4개의 작업은 병렬로 처리될 수 있지만, 마지막 작업만큼은 병렬 처리가 되지 않는 제약이 있다. 결국 5번째 CPU를 추가하더라도 빌드 프로세스의 속도는 올라가지 않는다.

여러 링크 단계를 갖는 대형 빌드 시스템에서 각 라이브러리와 실행 프로그램에 대한 모든 오브젝트 파일이 있다면 각 단계는 병렬로 처리될 수 있다. 다만 이는 빌드 도구가 전체 종속성 그래프를 제대로 파악해 다음 작업을 예지할 수 있는 능력이 필요하다.

빌드 클러스터의 두 번째 한계는 네트워크와 파일 시스템 대역폭과 같은 공유 리소스에 관한 사항이다. 클러스터에 새 CPU를 추가하더라도 네트워크 링크가 전체 수용력capacity에 도달하면 결국 빌드 시스템은 빨라질 수 없다. 공유 파일 시스템에서도 마찬가지로 모든 디스크 액세스 요청이 제때 처리되지 못하면 빠른 빌드 시스템을 기대하기 어렵다.

이런 한계점을 제쳐놓고 병렬 빌드는 여전히 빌드 프로세스를 좀 더 빠르게 할 수 있는 훌륭한 방법이다.

디스크 사용 줄이기

빌드 프로세스의 속도를 높이기 위한 마지막 방법으로 얼마나 많은 데이터가 디스크에 기록되는지를 고려하는 것이 중요하다. 알다시피 하드 디스크의 데이터에 접근하는 데는 수 밀리초가 소요되는 반면, 메인 메모리에서는 동일한 작업을 수천 배 빠르게 처리할 수 있다. 따라서 파일에 기록되는 데이터양을 줄임으로써 빌드 시간을 큰 폭으로 줄일 수 있다. 이는 특히 기가바이트 정도의 출력물을 생성하는 대형 빌드 시스템에서 두드러진다.

디스크 액세스 시간만이 문제가 되는 것은 아니다. 상당한 양의 데이터를 디스크에 쓰기 전에 CPU가 이 데이터를 생성하고, 메인 메모리에 저장해둬야 한다. 결국 이런 작업들은 다른 작업에 사용될 CPU 파워와 메모리 공간을 빼앗게 된다. 따라서 쓰고자 하는 데이터양을 단지 줄임으로써 디스크 액세스 시간과 CPU 사용률, 메인 메모리 사용을 절약할 수 있다.

디스크 스토리지에 대한 의존도를 줄이는 몇 가지 간단한 방법을 살펴보자.

- **라이브러리나 실행 프로그램의 크기를 제한하라.** 라이브러리나 실행 프로그램의 크기가 클수록 오브젝트 파일에서 이를 생성하는 데 더 많은 시간이 걸린다. 링크 프로세스가 너무 많은 CPU 시간과 메모리를 소모하게 되면 전체 빌드 머신은 자연스레 느려진다. 이는 특히 링크 프로세스가 메인 메모리 대부분을 사용해 그 외의 프로세스들이 어쩔 수 없이 스와프 파일을 사용하게 될 때 두드러진다. 이런 스와핑 메커니즘은 링크 작업을 진행하는 동안 빌드 머신이 잠시 멈춘 것 같이 보이게 한다.

  당연히 아주 극단적으로 너무 많은 작은 파일을 생성하는 이는 없겠지만, 각 라이브러리나 실행 프로그램의 크기를 제한하면 빌드 머신이 더 효율적으로 오브젝트 파일을 생성하고 링크 처리할 수 있다.

- **꼭 필요 경우에만 디버그 정보를 생성하라.** 소스코드 레벨의 디버깅 도구를 사용

하고자 하는 개발자에게 디버깅 정보를 생성하는 일은 필수적이다. 소프트웨어를 컴파일할 때 컴파일러와 링커는 각 오브젝트 파일에 기계어 코드 주소에서 다시 원래 소스코드의 라인으로 매핑하는 주석을 달게 된다. 하지만 이 디버그 정보를 추가하는 일은 추가 CPU 시간과 디스크 사용량이 있어야 하는 단점이 있다.

빌드 결과물의 크기를 줄이기 위해서는 빌드 시스템이 기본적으로 디버그 정보를 추가하지 않게 해야 한다. 다만 개발자는 자신의 코드에서 특정 부분에 관한 정보를 생성할 수 있는 옵션이 있어야 한다. 이는 빌드 시간과 디스크 사용량을 증가시키므로 개발자가 신경 쓰는 부분만을 대상으로 해야 되며, 절대 전체 빌드 트리를 대상으로 해선 안 된다.

릴리스 엔지니어링 관점에서 보면 고객을 대상으로 하는 모든 소프트웨어 릴리스는 디버깅 정보와 함께 빌드돼야 한다. 이 정보는 고객에게 알려지지 않지만, 버그 리포트와 개발자가 문제를 진단할 필요가 있을 경우 매우 유용하다.

- **작은 파일들은 많은 디스크 공간이 필요하다는 점을 잊지 마라.** 파일 시스템의 블록 구조block structure 특성 때문에 디스크 파일이 생각보다 많은 공간을 차지하는 경향이 있다. 예를 들어 1바이트 크기의 파일은 많은 파일 시스템에서 하나의 디스크 블록 전체를 차지해 저장되는데, 그 크기는 4~8킬로바이트가 된다. 이처럼 빌드 시스템에 작은 파일이 많은 경우 각각의 빌드 트리에서 사용되는 총 디스크양을 보고 놀랄 수 있다. 이것이 빌드 시스템을 느리게 하지는 않지만, 디스크 사용량 제약이 있을 경우 이 정보는 유용하다.

  예를 들어 .c 파일의 종속성에 대해 개별 .d 파일을 사용하는 GNU Make 빌드는 실제로 각 파일에 대해 4~8킬로바이트의 용량을 사용한다. 그러나 개발자의 관점에서 볼 때 각 파일은 100~200바이트만을 갖는 것처럼 보인다.

- **새 위치로 파일 복사하는 일을 삼가라.** 빌드 시스템을 유심히 살펴보면 빌드 시스템이 내용을 수정하지 않고 빌드 트리의 한 부분에서 그 외의 부분으로 파일을 복사하는 점을 알 수 있을 것이다. 이는 개발자가 자신의 빌드 시스템의 다른 부분에 있는 해당 파일을 사용하고자 해서 초래된 결과다. 빌드 프레임워크가 원래 위치에 있는 파일에 접근할 수 없게 됐을 때에는 해당 파일을 복사함으로써 이 문제를 해결할 수 있다.

예를 들어 두 개의 서로 다른 제품을 통합해 새로운 소프트웨어 제품을 만들 때 서로 호환이 되지 않는 두 개의 빌드 시스템을 직면할 확률이 높다. 이런 경우 제품 중 하나에서의 결과물을 나머지 제품의 빌드 트리로 복사하는 것이 파일을 공유하는 편리한 방법이다. 뿐만 아니라 빌드 시스템을 완전히 다시 작성해 두 제품 모두 같은 빌드 트리에 파일을 저장할 수도 있다.

또한 파일 복사가 필요하다고 판단될 경우 대신 심볼릭 링크 사용을 고려해보자. 심볼릭 링크는 완전히 새로운 파일을 만들기 위한 추가적인 CPU 시간이나 디스크 공간을 사용할 필요 없이 원래 파일이 새로운 위치에 보이게끔 한다. 다만 심볼릭 링크가 남용되면 혼란스러워질 수 있으므로 가능한 한 사용을 자제해야 한다.

- **빌드 트리의 성장을 모니터링하라.** 개발 팀이 코드를 많이 작성할수록 당연히 빌드 트리의 크기는 증가한다. 하지만 개발자가 빌드 시스템을 미비하게 변경했음에도 불구하고, 빌드 트리가 예상치 못한 방향으로 커질 수 있다는 점을 유념해야 한다. 따라서 주기적으로 빌드 트리의 크기를 모니터링함으로써 이런 일이 일어나지 않게 관리해야 한다.

  예를 들어 개발자는 서드파티 소프트웨어 패키지를 다운로드하고 이를 소스코드 베이스에 추가할 수 있다. 그 결과 모든 개발자가 이전보다 10% 더 많은 코드를 컴파일하게 되는데, 그들은 이 점을 인지하지 못할 수 있다. 그러므로 이런 일을 미연에 방지하기 위해 일부 개발자만이 컴파일할 필요가 있는 개별 컴포넌트를 만들게 권장해야 한다.

- **주기적으로 불필요한 파일을 삭제하라.** 충분히 성장한 소프트웨어 제품에 있어서 소스 파일과 오브젝트 파일은 종종 빌드 프로세스에서는 필요하지만, 최종 릴리스 패키지에서는 불필요하다. 빌드 시간을 줄이기 위해 이런 파일을 식별하고, 이를 제거하기 위해 프로젝트를 초기화하는 데 신경을 써야 한다. 소스 파일을 제거하기를 원하지 않는다고 해도 적어도 빌드 프로세스에서는 제거해야 한다.

- **네트워크 파일 시스템을 주의하라.** 소스 파일과 오브젝트 파일을 저장할 때 로컬 디스크보다 네트워크 파일 서버가 종종 빠를지라도 대규모 빌드 시스템에서는 반드시 그렇지 않다. 적지 않은 개발자가 같은 서버에 접속하면 네트워크와 디스크 혼잡으로 인한 성능 문제를 직면하게 되는데, 이런 경우 빌드 트리를 저장

하기 위해 로컬 디스크 사용을 고려해야 한다.

여러분이 경험하게 될 최악의 빌드 성능은 디스크 공간을 다 쓰게 되는 경우라는 점을 잊어서는 안 된다. 이때 빌드 프로세스는 에러와 함께 멈추게 되고, 계속 진행하기 전에 불필요한 파일들을 제거할 것을 요구한다. 이런 상황은 여러 이들과 함께 네트워크 파일 시스템을 공유할 때 더욱 심하다. 이는 파일이 제거되기 전까지 아무도 작업을 진행할 수 없기 때문이다. 디스크 사용량을 적극적으로 감시하는 일은 건전한 빌드 환경을 구축하는 데 있어 중요하다.

정리

빌드 시스템의 성능에 대한 문제가 있는 경우 시스템이 어떻게 동작하는지 이해하고 각 단계에서 걸리는 시간을 측정해 볼 필요가 있다. 이런 단계에는 빌드 기술 파일 읽기와 종속성 그래프 생성, 각 소스 파일의 암시적 종속성 계산과 저장, 컴파일 도구 호출 등이 포함된다. 병목현상을 발견하고, 성능을 향상시키기 위해 빌드 시스템의 작은 부분을 재작성할 수 있다.

빌드 시간을 단축시키는 또 다른 방법으로는 빌드 도구가 파일을 재컴파일할 필요가 있는지를 분석하는 데 더 많은 시간을 할애하는 일을 들 수 있다. 오브젝트 파일 캐싱의 경우 빌드 도구는 정확한 소스 파일들을 가지고 오브젝트 파일이 다른 개발자에 의해 컴파일됐는지를 판단한다. 이미 컴파일된 경우 오브젝트 파일은 다시 컴파일되는 대신, 로컬 빌드 트리에 복사돼도 무관하다.

스마트 종속성을 사용하는 빌드 시스템은 소스코드 변경의 영향을 분석하는 데 시간을 할애한다. 그 목표는 코드 변경이 다른 소스 파일에 영향을 미칠 수 있는지 또는 변경 사항이 현재 파일에 제한돼 있는지를 확인하는 일이다. 이 선행 분석에 시간을 할애함으로써 많은 불필요한 재컴파일을 방지할 수 있다.

빌드 프로세스의 속도를 높이기 위한 가장 인기 있는 기술은 병렬로 여러 컴파일 도구를 호출하는 일일 것이다. 그렇게 하기 위해서는 빌드 시스템의 종속성 그래프가 정확해야 하며, 빌드 클러스터의 머신들은 소스 파일이나 오브젝트 파일의 거시적인 일관성을 볼 수 있어야 한다. 하지만 안타깝게도 이론적 그리고 실질적 제한이 병렬로 처리하는 작업에 적용된다.

마지막으로, 디스크 파일에 기록된 데이터양을 줄이는 일은 처리하는 데 사용되는 CPU 시간과 메모리양을 줄여준다. 따라서 효율적으로 빌드 프로세스의 속도를 높일 수 있다.

참고 문헌

[1] Kumfert, Gary and Tom Epperly. 2002. Software in the DOE: The Hidden Overhead of "The Build." Livermore, CA: Lawrence Livermore National Laboratory.

[2] Vesperman, Jennifer. 2006. Essential CVS. Second Edition. Sebastopol, CA: O'Reilly Media.

[3] Collins-Sussman, Ben, Brian W. Fitzpatrick, and C. Michael Pilato. 2008. Version Control with Subversion. Second Edition. Sebastopol, CA: O'Reilly Media.

[4] Loeliger, Jon. 2009. Version Control with Git: Powerful Tools and Techniques for Collaborative Software Development. Sebastopol, CA: O'Reilly Media.

[5] Rational ClearCase. Product information available at http://www.ibm.com/software/awdtools/clearcase.

[6] Coverity Prevent. Product information available at http://www.coverity.com.

[7] Klocwork Insight. Product information available at http://www.klocwork.com.

[8] FindBugs: Find Bugs in Java Programs. Project web site http://findbugs.sourceforge.net.

[9] Google Earth. Available for download at http://www.google.com/earth.

[10] Build Forge. Product information available at http://www.ibm.com/software/awdtools/buildforge.

[11] ElectricCommander. Product information available at http://www.electric-cloud.com.

[12] CruiseControl. Available for download at http://cruisecontrol.sourceforge.net.

[13] Hudson. Available for download at https://hudson.dev.java.net.

[14] Duvall, Paul M., Steve Matyas, and Andrew Glover. 2007. Continuous Integration: Improving Software Quality and Reducing Risk. Upper Saddle River, NJ: Addison-Wesley Professional.

[15] Hähne, Ludwig. 2008. Empirical Comparison of SCons and GNU Make. Dresden, Germany: Technical University Dresden.

[16] GNU Make. Software and documentation available at http://www.gnu.org/software/make/.

[17] The Free Software Foundation. GCC, the GNU Compiler Collection. Project home http://gcc.gnu.org/.

[18] Levine, John R. 2000. Linkers and Loaders . San Francisco, CA: Morgan Kaufmann.

[19] Kernighan, Brian W. and Dennis M. Ritchie. 1988. The C Programming Language. Second Edition. Upper Saddle River, NJ: Prentice Hall.

[20] ISO/IEC JTC1/SC22/WG14. 1999. The C99 Standard for the C Programming Language. Available at http://www.open-std.org/JTC1/SC22/WG14/.

[21] Stroustrup, Bjarne. 2000. The C++ Programming Language. Third Edition. Upper Saddle River, NJ: Addison-Wesley Professional.

[22] Microsoft Corporation. Visual C++ Developer Center. Documentation available at http://msdn.microsoft.com/visualc/default.aspx.

[23] Green Hills Software. Green Hills Optimizing Compilers. Product details available at http://www.ghs.com/products/compiler.html.

[24] Intel Corporation. Intel Compilers—Intel Software Network. Product details available at http://software.intel.com/en-us/intel-compilers/.

[25] The Free Software Foundation. GCC online documentation. Tool documentation available at http://gcc.gnu.org/onlinedocs/.

[26] von Hagen, William. 2006. The Definitive Guide to GCC. Second Edition. Berkeley, CA: Apress.

[27] Tool Interface Standard Committee. 1995. Executable and Linking Format (ELF) Specification. http://refspecs.freestandards.org/elf/elf.pdf.

[28] Objdump manual page. http://linux.die.net/man/1/objdump.

[29] Lindholm, Tim and Frank Yellin. 1999. The Java Virtual Machine Specification. Second Edition. Upper Saddle River, NJ: Prentice Hall. Also available in HTML format at http://java.sun.com/docs/books/jvms.

[30] Oracle Corporation. Software and documentation available at http://www.oracle.com/technetwork/java/index.html.

[31] OpenJDK. Software and documentation available at http://openjdk.java.net.

[32] The Free Software Foundation. The GNU Compiler for the Java Programming Language. http://gcc.gnu.org/java/.

[33] Eclipse.org Home. Software and documentation available at http://www.eclipse.org.

[34] Microsoft Corporation. .NET Framework Developer Center. http://msdn.microsoft.com/netframework.

[35] ECMA International (2006). Standard ECMA-335. Common Language Infrastructure (Fourth Edition). Documentation available at http://www.ecma-international.org/publications/standards/Ecma-335.htm.

[36] Microsoft Corporation. Microsoft/Express. Available for download at http://www.microsoft.com/express.

[37] The Mono Project Page. http://mono-project.com.

[38] Microsoft Corporation. Microsoft Portable Executable and Common Object File Format Specification. http://www.microsoft.com/whdc/system/platform/firmware/PECOFF.mspx.

[39] Rumbaugh, James, Ivar Jacobson, and Grady Booch. 2004. The Unified Modelling Language Reference Manual. Second Edition. Upper Saddle River, NJ: Addison-Wesley Professional.

[40] Feldman, S. 1979. Make: A Program for Maintaining Computer Programs. Murray Hill, New Jersey: Bell Laboratories.

[41] Mecklenburg, Robert. 2005. Managing Projects with GNU Make. Sebastopol, CA: O'Reilly.

[42] Graham-Cumming, John. Ask Mr. Make. Series of articles archived at http://electric-cloud.com/resources/mrmake.php.

[43] GNU Make Standard Library. Available for download at http://gmsl.sourceforge.net .

[44] Miller, Peter. 1998. "Recursive Make Considered Harmful." AUUGN Journal of AUUG Inc., 19(1).

[45] Graham-Cumming, John. GNU Make Debugger. Software and documentation available at http://gmd.sourceforge.net.

[46] FreeBSD Man Pages: Make. Online manual page for the FreeBSD version of Make. http://www.freebsd.org/cgi/man.cgi?query=make.

[47] Microsoft Corporation. NMAKE Reference. Documentation available at http://msdn.microsoft.com/en-us/library/dd9y37ha.aspx.

[48] Electric Cloud, Inc., ElectricAccelerator: Software Build Acceleration. Product web site http://www.electric-cloud.com/products.

[49] Electric Cloud, Inc., SparkBuild. Software and documentation available at http://www.sparkbuild.com.

[50] The Apache Software Foundation. The Apache Ant Project. Software and documentation available at http://ant.apache.org.

[51] Loughran, Steve, and Erik Hatcher. 2007. Ant in Action . Greenwich, CT: Manning Publications.

[52] Ant-Contrib Tasks. Available at http://ant-contrib.sourceforge.net.

[53] NAnt home page. Software and documentation available at http://nant.sourceforge.net/.

[54] Microsoft Corporation. MSBuild Reference. Documentation available at http://msdn.microsoft.com/en-us/library/wea2sca5.aspx.

[55] Hashimi, Sayed and William Bartholomew. 2009. Inside the Microsoft Build Engine: Using MSBuild and Team Foundation Build. Redmond, WA: Microsoft Press.

[56] The SCons Foundation. SCons: A Software Construction Tool. Software and documentation available at http://www.scons.org.

[57] Python Programming Language: Official Website. Software and documentation available at http://www.python.org/.

[58] Beazley, David M. 2009. Python Essential Reference. Fourth Edition. Upper Saddle River, NJ: Addison-Wesley Professional.

[59] Cons: A Make Replacement. Software and documentation available at http://www.gnu.org/software/cons.

[60] Rake: Ruby Make. Software and documentation available at http://rake.rubyforge.org.

[61] CMake: Cross Platform Make. Software and documentation available at http://www.cmake.org.

[62] Martin, Ken, and Bill Hoffman. 2007. Mastering CMake . Clifton Park, NY: Kitware, Inc.

[63] Vaughan, Gary, Ben Elliston, Tom Tromey, and Ian Lance Taylor. 2001. GNU Autoconf, Automake and Libtool. Berkeley, CA: New Riders.

[64] Qt: Cross-platform Application and UI Framework. Software and documentation available at http://qt.nokia.com.

[65] Carlson, David. 2005. Eclipse Distilled. Upper Saddle River, NJ: Addison-Wesley Professional.

[66] Clayberg, Eric, and Dan Rubel. 2008. Eclipse Plug-ins. Third Edition. Upper Saddle River, NJ: Addison-Wesley Professional.

[67] The Free Software Foundation. GDB: The GNU Project Debugger. Tool documentation available at http://www.gnu.org/software/gdb/documentation/.

[68] The Free Software Foundation. DDD: Data Display Debugger. Available at http://www.gnu.org/software/ddd.

[69] DWARF Standards Committee. The DWARF Debugging Standard. Standards documentation available at http://dwarfstd.org.

[70] GNU gprof. Documentation available at http://sourceware.org/binutils/docs/gprof/index.html.

[71] Doxygen. Software and documentation available at http://www.doxygen.org.

[72] DOC++. Software and documentation available at http://docpp.sourceforge.net.

[73] Sandcastle: Documentation Compiler for Managed Class Libraries. Software and documentation available at http://sandcastle.codeplex.com.

[74] JUnit.org: Resources for Test Driven Development. Software and Documentation available at http://www.junit.org.

[75] Meszaros, Gerard. 2007. xUnit Test Patterns: Refactoring Test Code. Upper Saddle River, NJ: Addison-Wesley.

[76] Feathers, Michael. 2004. Working Effectively with Legacy Code. Upper Saddle River, NJ: Prentice Hall.

[77] The 7-Zip Archive Tool. Available at http://www.7-zip.org.

[78] The RPM Package Manager. Documentation available at http://www.rpm.org.

[79] Flexera Software. Install Shield Product Page. http://www.flexerasoftware.com/products/installshield.htm.

[80] Microsoft Corporation. Windows Installer. http://msdn.microsoft.com/en-us/library/cc185688%28VS.85%29.aspx.

[81] The Nullsoft Scriptable Install System. Information at http://nsis.sourceforge.net/Main_Page.

[82] Cygwin Installation and Information. Software and documentation available at http://www.cygwin.com.

[83] Aho, Alfred V., Monica S. Lam, Ravi Sethi, and Jeffrey D. Ullman. Compilers: Principles, Techniques, and Tools. Second Edition. Upper Saddle River, NJ: Addison-Wesley.

[84] The Apache Maven Project. Software and documentation available at http://maven.apache.org.

[85] Ivy: The Agile Dependency Manager. Software and documentation available at http://ant.apache.org/ivy.

[86] ccache: A Fast C/C++ Compiler Cache. Software and documentation available at http://ccache.samba.org.

[87] The JMAKE Utility. Software and documentation available at http://kenai.com/projects/jmake.

[88] distcc: A Fast, Free Distributed C/C++ Compiler. Software and documentation available at http://distcc.org.

[89] Standard ECMA-119 Volume and File Structure of CD-ROM for Information Interchange. Specification available at http://www.ecmainternational.org/publications/standards/Ecma-119.htm.

[90] Basics of the Debian Package-Management System. Documentation available at http://www.debian.org/doc/FAQ/ch-pkg_basics.

[91] Flex: The Fast Lexical Analyzer. Software and documentation available at http://flex.sourceforge.net.

[92] Bison: GNU Parser Generator. Software and documentation available at http://www.gnu.org/software/bison.

[93] Conway, Mel. 1968. How Do Committees Invent? http://www.melconway.com/Home/Conways_Law.html.

[ㅅ]

[ㅇ]

[ㅈ]

[ㅎ]

[A]

[B]

[**C**]

[R]

[S]

[T]

[U]

[V]

[W]

[Y]

에이콘출판의 기틀을 마련하신 故 정완재 선생님 (1935-2004)

소프트웨어 빌드 시스템 원리와 활용

인　쇄 | 2014년 7월 23일
발　행 | 2014년 7월 31일

지은이 | 피터 스미스
옮긴이 | 김선일 • 권오범 • 윤창석 • 정승원

펴낸이 | 권 성 준
엮은이 | 김 희 정
박 창 기
표지 디자인 | 한국어판_최광숙
본문 디자인 | 최 광 숙

인　쇄 | (주)갑우문화사
용　지 | 한신P&L(주)

에이콘출판주식회사
경기도 의왕시 계원대학로 38 (내손동 757-3) (437-836)
전화 02-2653-7600, 팩스 02-2653-0433
www.acornpub.co.kr / editor@acornpub.co.kr

ISBN 978-89-6077-567-1
http://www.acornpub.co.kr/book/software-build-system

이 도서의 국립중앙도서관 출판시도서목록(CIP)은 서지정보유통지원시스템 홈페이지(http://seoji.nl.go.kr)와
국가자료공동목록시스템(http://www.nl.go.kr/kolisnet)에서 이용하실 수 있습니다.(CIP제어번호: CIP2014021748)

책값은 뒤표지에 있습니다.